中国近代法学经典

狱务大全

Yuwu Daquan

孙雄／编著

黄东／勘校

北京大学出版社

图书在版编目(CIP)数据

狱务大全/孙雄编著. —北京:北京大学出版社,2014.9
(中国近代法学经典)
ISBN 978 - 7 - 301 - 24654 - 2

Ⅰ.①狱… Ⅱ.①孙… Ⅲ.①监狱制度—中国—民国 Ⅳ.①D929.6

中国版本图书馆 CIP 数据核字(2014)第 191519 号

书　　　名:**狱务大全**
著作责任者:孙　雄　编著　黄　东　勘校
责 任 编 辑:孙战营　刘雪飞
标 准 书 号:ISBN 978 - 7 - 301 - 24654 - 2/D · 3651
出 版 发 行:北京大学出版社
地　　　址:北京市海淀区成府路 205 号　　100871
网　　　址:http://www.pup.cn
新 浪 微 博:@北京大学出版社
电 子 信 箱:law@pup.pku.edu.cn
电　　　话:邮购部 62752015　发行部 62750672　编辑部 62752027
　　　　　　出版部 62754962
印 　刷 　者:北京大学印刷厂
经 　销 　者:新华书店
　　　　　　965 毫米×1300 毫米　16 开本　43.5 印张　828 千字
　　　　　　2014 年 9 月第 1 版　2014 年 9 月第 1 次印刷
定　　　价:78.00 元

《中国近代法学经典》序

近三十年来,中国法学繁荣发展,硕果累累。然学术理论的发展必以前人的积累为基础,不能凭空杜撰。中国近代西方法律制度的引入和学理探讨,便是今日法学繁荣的前提条件之一。

中国传统法律文化源远流长,但在近代以前,与西方传统迥然有别。罗马私法是近现代西方法律制度的源头,其规则来源于各部落和社会各阶层的利益平衡,并以公平正义为价值取向,因此,民法即私法极为发达,公法殊少规范。而近代公法的发展,也以保障私权利的实现为目标,强调私法优位。中国的法律传统却与罗马法截然相反,制定法几乎均为公法规范,而没有民事制定法,在公私法的制定上,与罗马法刚好形成正相对立的两极。其价值取向以统治为目的,公平正义只有在不危及统治时才会予以考虑。而在法律渊源上,也只有君主立法,法自君出,与普通民众无关,崇君权而抑民权,这也就是几千年的中国只有"王法"而无"民法"的原因所在。传统律学只局限于对"刑律"条文的解释,具有人文主义精神的士大夫,也只能在如何减轻酷刑上下工夫。因此,法律文化的历史虽然久远,却不能创造出具有符合人类社会发展与合作精神的社会规则。

近代西风东渐,乃中国几千年来未有之大变局。太阳从西方升起,真理之光透过弥漫的硝烟,照临东方这片古老的灰暗土地,与此同时,自由之风徐徐吹来。中国迎来了一个有可能自由发展的时代。这也是中国第一个立法和法学繁荣发展的时代。

中国近代法制始于20世纪初清朝末期的变法修律,至20世纪30年代国民政府完成六法全书的编纂,一个西方式的近代化的法律体系基本确立。与此同时,对立法的解释和学理的探讨,也取得了丰硕的成果,一大批著名法学家撰写了学术水平很高的法学著作,从而奠定了中国的近现代法学理论基础。但这一法律近代化进程在20世纪50年代戛然而止,中国全面倒向苏联,废除旧法统和六法全书。由于各种原因,按照苏联模式建立中国自己法律体系的努力并不成功。直到20世纪70年代末,可以说中国的法学有近三十年的时间等于空白。那些在20世纪30年代至40年代崭露头角的法学家,在这一时期也许没有停止思考,但却停止了创作。这一时期,法学理论不仅没有得到发展,而且还出现了断代。

正因如此,近代法学理论对20世纪80年代以后的中国法学发展便有了特别重要的意义。首先,中国近代法学是现代法的理论渊源,因为在传统法文化中寻找不到依据,我们无法追溯得更远。在百年历史进程中,中国移植西方法的足迹清晰可辨,其得失成败都可为我们的未来发展提供历史与现实的借鉴。其次,由于近代是中国历史上绝无仅有的一段舆论自由时期,思想之花竞相绽放,各种法学观点得以尽情发挥,在学术上也达到很高的水平,具有相当高的学术价值。再次,法律移植不能无视传统文化的影响,新制度对旧传统的改造当然不能一蹴而就。中国近代法学理论与实践的探索,对于今天中国法学克服传统消极因素影响,确定未来发展方向,仍然具有现实借鉴意义。

实际上,近代法学理论的价值和作用,现实已给予了充分肯定的回答。20世纪90年代以后,许多近代法学理论著作得以再版,为改革开放以后的中国法学发展提供了理论基础。但是,中国近代法学理论宝库极为丰富,至今仍有一些有价值的法学著作未能面世。因此之故,北京大学出版社选择部分近代法学著作予以再版,以飨读者,既可为新时期的法学发展提供理论支持,亦可免遗珠之憾。另启:因本套丛书原书出版年代久远,作者早已作古。如有人对本套丛书存有疑义,请直接与勘校者联系。

是为序。

王志华

2008 年 4 月 25 日于中国政法大学

勘 校 说 明

一、《狱务大全》为民国期间监狱实务工具全书，影响颇大，出版以来多次增订再版，本次勘校依托版本为商务印书馆 1935 年 9 月版。

二、该书分为七编：（一）法令提要，（二）法规，（三）命令，（四）公文，（五）指纹概要，（六）教诲词说，（七）簿册用纸。依出版需要，将第三编"命令"下之"建设"和第七编"簿册用纸"及附录"各省新监一览表"略去，详情见目录说明。

三、原书为竖排本，改为现在横排出版，故行文中"左列""左开""如左"等用语相应改为"下列""下开""如下"等等。

四、原书于各款序列多以"一"排印，今依据现行序列进行重新编排。原书中原有之"甲乙丙丁……辛酉戌亥"之类序列不做改动。

五、原书并无标点，今依据现行标点规范进行标点。

六、原书涉及人名、国名等，多依彼时习惯用法。勘校时若人名后附外文原名者则不做改动，如"刻忒勒（Kettler）"一如其旧；若非如此则改为现代习惯译法。国名改为今译，如"義大利"改为"意大利"，"和兰"改为"荷兰"。

七、本书为勘校本，对原书内容不做任何改动，只对原书手民之误者进行勘误修正。原书文字可商榷者则在其后附以商榷文字，置于"[ ]"内标明，如"德[意]国学者"。

勘校者识

《狱务大全》再版序

　　尝考一国之犯罪统计，即可征其国之政治、经济状况；观一国监狱之良窳，即可知其社会之文野、民智之通塞。盖监狱为社会缩景，故有称之为"小天地"者。夫人事日纷繁，则狱务日复杂；人心愈奸巧，则治狱愈不易。查各国监狱，举凡关于执行、戒护、给养、劳动、休止、交通以及一饮一啄、一沐一浴，极寻常琐屑之事，莫不有一定之准则，以示范围而资恪守。我国改良狱政，自清季迄今已二十余年，其于监所规章、命令，前后颁行，多至数百起，可谓应有尽有，且悉随事势之需要（如有某监保管品之诉讼，遂有《保管钱物办法》之颁行；有某监政治犯于接见时间长短之争执，遂有"接见处须悬时计"之规定等），绝非纸上谈兵所可同日而语。编者于民二即忝司狱政，为办事便利计，每见关于监所法规、命令、公牍等件，恒分门别类一一抄录。间有文义深奥者，加以解释，程序繁复者附以实例，积以岁月，竟成巨册。十九年春，奉调回湘。过京时，以之就正于监狱司长王公新之，公谓此书堪为治狱者参考之资，可付梓，乃谬然，益以历年实验所得指纹、建筑、教诲之类，并将法令中之重要者分类摘出，汇成一编，计共分七编。复蒙前司法院长王公亮畴题曰《狱务大全》，遂付梓。第自知谫陋，差误不免，未敢多印，讵意出版未久即售脱一空，近年来，狱界同人犹纷纷函索靡已，当中央两届监狱官考试时购者尤众，无以应答，良用歉然。迩者世界狱政改进之论日新月备，拘禁制度已由阶级而进为自治矣，自不定刑期之实行，监狱所负使命更为重大矣。即以我国论，凡关于改良诸端，学者鼓吹于野，政府试行于朝，如各种法规之修正，徒刑改垦条例之颁布，假释注重实质之令行，少年监之次第设立，累犯监之分期筹办，理论愈进，法令愈新，大有一日千里之势。倘无专门载籍，实不足以窥其底蕴而资研究。编者有见及此，爰就前编之《狱务大全》大加增删，复将近年办事、讲学一得之愚，编入其中，期切事时，不尚空论，用再付印，而名称一仍其旧书成。略述颠末，是为序。

民国二十四年一月二十日，孙雄识于上海第二特区监狱署

序　一

吾邑孙君拥谋,治狱所至有声,余久耳其名,未曾相识也。余长湖南高等法院之二年,部任拥谋署湖南长沙地方法院看守所所长,以所编《狱务大全》乞叙。余披览一通,其于见今法规暨表式搜罗无遗,诚可为治狱务者之圭臬也。夫治狱事至繁琐,贵以实心行实政,徒沾沾于规程,抑末也。然非通晓规程,则率由无自孟子所谓"不以规矩,不能成方圆"也。拥谋任所长,整理罔懈,靳合成规,以实心行实政,其庶几乎?迩者军事突起巷战,枪炮声震屋瓦,羁押在所者辄暴动图兔脱,而卒不能越尺寸,其应变有方又如此,然则拥谋固不仅练习典章矣。余喜此编出而谈狱政者有所遵循也,于是乎书。平江陈长簇。时在民国十九年七月。

序　二

方今朝野上下岌岌焉,谋撤废领判、收回法权为当务之亟,司法当局更积极进行,不遗余力。彼借口于吾国司法之不完善,几视狱政之臧否为目标,诚哉!改良监狱之未可忽也。实则吾国改良狱政具有悠久之历史,自建设新监以来,注重教诲,厉行感化,改善待遇,整理卫生,其间逐步改良历二十余年,已收渐进之功。只以近岁,因黎日增,经费日绌,环境转移,风纪废弛,识者颇具隐忧焉。孙子拥谋,湖南绩学士也,来苏办理狱务亦既有年,饱尝艰辛,孜孜不倦,比就其经验所得、精诚所及,成《狱务大全》一书,凡关于改良监所之各项法规及报告、表册、指纹、建筑等法,汇集殆遍,有条不紊,手兹一编,不仅为监所官吏暨研究监狱学者知所循守,即未明了吾国改良狱政之由来者,一览无余,亦将瞿然而起矣。犹忆曩岁躬典狱政,时民十五,国际考察委员团来苏,调查周询,尤注意于规章制度,不惮审究,惜语焉弗详,未足餍其观听。然则兹编之成,未始非折冲樽俎之一助也,因乐为之序。

中华民国十九年五月,吴县吴曾善

序 三

  法院为审判机关，监狱为执行机关，谈法学者恒视为双轨并行。是以监狱官吏于司法方面颇占重要位置。论其任务，不徒管理卫生、劝业诸端，且须教诲有方，能具化莠为良之善法，使狱中不致有再犯之囚，其狱政庶堪称善。惟近代法典迭颁，科条日密，欲资遵守，端赖成规。往岁，余在浙省法廨，曾汇集狱务法规，分类编成《监所官吏须知》一册，行销于世，一时称便。惜近年所颁各种章规未暇续编，辑成全豹，良以为憾。兹孙君拥谋编辑是书，益以命令、公牍、指纹、建筑、表册各项分为六篇，有条不紊，匪徒为监所官吏之指导，即研究犯罪学、监狱学者亦有所借鉴焉。爰书所见，以弁诸简端。

民国十九年五月，和县施泽臣

序　四

　　平江孙君拥谋，监狱界之巨子也。顷以其所著《狱务大全》问序于余。披读之馀，见其纲举目张，条分缕析，举凡关于监所、法令、指纹、建筑、公牍、教诲、统计表册诸端应有尽有，搜罗详尽，洋洋大观，匪惟监所官吏之南针，抑亦当世狱务得失之林也。余与孙君订交于壬戌夏时，余承乏江苏第二监狱教务所，孙君则任上海分监第二科科长，一见如故，觉其学行有过人者。时沪分监长为长沙杨君止园，尝谓余曰："此君在湘，治狱有能名，此间亦深得其力。"每观其治事，胸罗成竹，井井有条。杨君之言，益信其为不诬。其后孙君蒙司法当局之知遇，调办宁、苏各处，狱务所至有声。余则浮沉二监者八载，每一过从风雨，对床抵掌而谈，于监所利弊，洞若观火，其研究日深，益可想见。去夏，湖北高等法院院长周公召余来鄂，委管江陵狱务，兼筹备沙市地方法院、看守所修建事宜，孙君亦于秋间奉湘院长陈公调委长沙地方法院看守所长。一湖咫尺，时以新知识相诏。余之幸免陨越，孙君切磋之功良非浅鲜。夫狱务繁赜，非有专书难资研讨。曩在二监，既编述教诲浅说，复欲纂辑监所现行法规，以备翻检。簿书鞅掌，未克从事。孙君此著，固所以嘉惠同人，尤喜其适获我心也。故不揣固陋而为之序，且以志历年离合之迹焉。

　　　　民国十九年三月，浏阳邵振玑，识于湖北江陵县监狱署

例　言

一、本书共分七编:(1)法令提要;(2)法规;(3)命令;(4)公文;(5)指纹概述;(6)教诲词说;(7)簿册用纸。

二、吾国改良狱政历二十余年,关于监所法规,前后颁行多至九十种,而报告表册倍焉。欲知其底蕴,则非经长期间之研求断难起而有功。编者有鉴及此,爰将监所官吏应知各种法令、条文分门别类,提纲挈领,汇成一编曰"法令提要",约三万言。阅者不须终朝之功,而办理监所应知法令程序开卷即得,有事半功倍之效。

三、查指纹为近代个人识别良法,为监所官吏及研究犯罪学者应有之常识,故特本现行办法,加以历年经验所得,各汇集一编,以供参考。

四、本书公文,均系选录各监所法院及其他机关于狱务改进上极有价值之各种公文、材料,取其新颖,叙述归乎简明。举凡呈咨、公函、训令、指令、布告等,无一不备。即例文亦选数篇,庶未习者易入门径,已习者足备参考。

五、本书公文系以事实性质分类,为期贯串起见,或于呈文中仍附入原指令,令文中仍入原呈。至办理、交代、工程、假释,案牍较繁,特将上海第二特区监狱、江苏第二、第三等监狱最近关于上项全案公文分别编入,俾易查阅。

六、本书所采法令,以国民政府司法部、司法行政部所颁及前北京司法部颁行尚未废止者为限。其有由他省呈准之案,而各省堪以援用者,亦编入焉,如江苏省之《捐款改良监所奖励章程》、上海监所《囚粮购置委员会简章》《上海第一特区地方法院民事管收所暂行规则》,即其例也。

七、本书所采法令,本以监所为范围,间有其他机关颁布,而与监所有密切关系及准用者亦一并编入,如铁道部所颁《罪犯乘车法》、司法行政部所颁《司法官官俸施行细则》,以及卫生部所颁之《解剖尸体规则》、国府所颁《反省院条例》、军政部所颁《军人监狱各法规》,即其例也。

八、本书所辑教诲词说,其文虽多粗浅,而寓意或用党义灌输,或以宗教宣扬,或尚因果之说,或采互助之义,其途虽异而归善则同。并附有乐谱数则,庶于歌唱之中得收陶养之效,意在感化,幸勿以文义科之。

九、本书法令等编,均就事务性质分类,约别为改良、建设、任免、奖惩、经费、统计、羁押、执行、劳役、教诲、教育、给养、赦免、假释等项。若查考时,按其情形,一披即得,可省查阅之烦。

十、本书所采统计簿册(经费在内)式样,均以已奉明令颁行及各新监所现在适用者为限,其有任用手续繁复不易明了者,均于各该表簿附有说明或实例,以便仿行。

十一、本书初版系于民国十九年六月付印,所采集各种法令,至民国十九年五月终了为限。现在再版,所辑法令截至民国二十四年八月末日终止,其间有新颁或废止之件,均经分别编入删除,以期适用。嗣后设有修改或新颁,当于三版时陆续增编。

十二、本书编者谨就历年服务、讲学所得略参管见,仓猝付梓,挂一漏万在所不免。幸祈前辈贤哲赐予纠正,无任欣幸。

拥谋孙雄谨识

目　　录

第一编 法令提要

犯罪学及其学派概说

犯罪意义

人性爱群,故自有人类即有共同生活、共谋安荣之组织;又爱自由,故有自由天赋、"不自由宁死"之语。但天之生人,未能尽善,有本恶或习而恶之者,故自有人类同时,不免有违反或侵害共同组织或天赋自由之行为者。国家为谋多数人保障,防止此种违反社会意志行为之发生,立一准则,即曰"刑法"。有违反刑法明文规定者,即曰"犯罪"。孔子谓"齐之以刑",即此用意。至古托马斯·亚贵拉斯(Thomas Aquinas)等,谓"犯罪"为违反神意或天罚、佛罚、帝怒等,今苏俄称为违反社会秩序,或危及社会安全之过失行为者,不过各以其时代、国家组织之不同而解释差别之也。

犯罪学及其学派

犯罪学者,以科学方法研究犯罪现象如何发生,如何防止,并分析或综合一切有关系事实,探求一定之原理、原则之谓也。前既言犯罪系随人类产生,则人类发达,即犯罪发达。故自十八世纪以来,社会日进,人事日繁,而犯罪统计亦显著增加。其现象则千态万状,不徒为文明一大障碍,且为社会极难解决之问题,致引起学者之注意,由注意进而研究之,遂成社会科学之一。有谓犯罪由于个人之固有自由意思,意思为万能,与我儒所谓"一念之差,圣狂系之",佛家谓"一切为心所造"等说相同,盖皆主张"意思"为万物主宰之说。于犯罪亦然,绝不受环境支配,犯罪行为不过为"意思"之表现,人类为"意思"主体,随时得以"意思"决定其行为。此主唯心论者,盖从纯理方面立论。是派世称为"意思自由派",又曰"刑事旧派",其代表为俾克迈尔(Birkmayer)氏,主张刑罚对于犯罪应采正义报应手段,与汉高祖"约法杀人者死,伤人及盗抵罪"三章所采之义相合,科罚只问有无恶意,即我人所谓诛心之说也。有瓦哈(Wach)氏,则为是派改进代表者,虽主张稍异,而仍以报应为原则,皆旧派也。至新派,主张犯罪系由于内界、外界各种之一定关系,盖以物质为一切重心、万有之根本原因,即物质。人类意思,无论何时,必随内外界之关系所必然发生,以决定其结果,即全凭环境之情事以为转移,如闻鼓鼙则壮心生,见美色则淫念起。是此主唯物论者,从实验方面研究,世称为"意思必至派",又曰"刑事新派"。是派依因果律关系探求犯罪原因,谓意思系一定原因所成立之结果,断无意思不伴原因而行者。前者不主考求意思发动之原因,而此者则以考求意思发动之原因为目的,此两者不同之点,在学术上成为对峙之势矣。

而新派中主张亦不一致,复可大别之为二:(一)犯罪人类学派。是派龙布洛梭(Lombrose)(意人,生于维罗那地,肄业于汨渡亚、维也纳、巴黎等。一八一六年生,一九〇九年卒。著作甚多,如《犯罪人》《女犯》《政治犯及革命》《天才的人》《白色人有色人》等计十五种)氏为代表,又称为"意大利学派"。今英法各国尚多宗之,认定犯罪原因全由个人身上系以个性现象的犯罪为观察对象。对于犯罪之处置,以个别为标准,又可分为刑事生物学、刑事心理学,尔派前者以研究犯人之物理关系为主,心理关系为从,始于十九世纪初,仅为英之二三狱医及社会政策家根据达尔文氏之进化论所创。而龙布洛梭集其大成,尚研究体相、心相组织,兼及其生存状态,将犯人分为常态、变态两类,并认定犯罪者与常人特异,如相貌不合度,眼窝低陷,头盖变异,前额倾斜狭隘或突出,眉或腭突,耳为钩状或高耸、鼻钩颧突,发密,须少,手长等,皆为犯罪人之定型。至于女性,头之后部欠平整,齿列参差,面容肖男相等,亦皆犯罪征状也,并认大哲学家苏格拉氏之面容残忍而易动感情,苏氏自云其言不诬,亚里士多德亦谓人之头盖形象与智能有关。此派以研究犯人之物理关系为主要目的,故又称之为"刑事生物学派"也。后者以研究犯人之心理关系为主,物理关系为从,以犯人之性格、精神为重要问题。德[意]国学者罗法罗氏谓犯人心理有特异状态,即于剖解上亦发生异征,此辈大都只顾目前欲望,不知道义,且不具同情心,缺乏名誉心,为两大原因,绝无后悔改善之可能,主张隔离社会为处置方法。龙氏亦云犯人痛苦感觉极弱,藐视神威,轻生死,浮薄而残忍妒忌,行路亦与常人不同。此派以心理学为基础,而研究关于刑事作用者,又称之为"刑事心理学派"。前后两者合称之为"广义刑事人类学"者,按刑事人类学派,主张犯罪全由个人性格或体格所必然发生之产物。此说与我国之星相家观察面貌、气色能判定人之善恶、富贵、贫贱之术适合。其最著者,如星相家谓鼻准歪曲,其人必居心不正,耳高过眉,其人心计必工,齿乱者寡信,眉耸者凶残等说,而与龙氏所言尤不约而同,即与孔子所云"心广体胖"之理亦通。尝考曾文正公生平用人,必于人之态度、气宇三注意焉,故能网罗人才,成中兴之业。虽近代研究犯罪学者多注重社会环境方面。孟子云:"存乎人者,莫良于眸子。胸中正,则眸子瞭焉;胸中不正,则眸子眊焉。"目之瞭眊,既足以判别人之邪正,所谓"诚于中必形于外",反是亦然,足见人类身体、心神状态与人之善恶及犯罪与否实不无因果关系也。(二)犯罪社会学派。是派以研究犯罪之社会原因及与社会情事的关系为任务,即以社会的现象的犯罪现象为观察对象。社会现象千态万状,散布于全社会,在在足以激动使之成立犯罪,其重要原因,如种族、政治、经济、文化、宗教、习俗,种种皆足以影响犯罪,情事既杂,探讨非易,不若观察个人之易于着手。然非有精密之统计不为功,务先将社会各种现象使之集合,再考其内容结果,故又称为统计研究法。是派刻忒勒

（Kettler）氏为其代表，认定犯罪各种阶级，统由社会各种组织所构成，排斥刑事人类学派之主张，且认犯罪为社会关系之不变，为一种定理。其研究结果所得：以季节论，如春夏多身体犯，秋冬多财产犯；以地域论，温带之人多犯生命风俗之罪，寒带之人多犯财产之罪；以年岁丰歉论，凶年多犯窃盗，丰岁多犯奸淫。此等皆犯罪之发生、影响于社会环境关系之明证也。新犯罪社会学派，查犯罪原因，本极复杂，往往犯同一之罪，而原因绝不相同，同一原因又未必犯同一之罪。由于社会关系固所在多有。而由于个人身体、心神状态等影响之所及，亦为事实所不免。故是派纯以事实为立论基础，不偏不倚，各取其长而去其短。除认社会关系为犯罪外界原因，并认个人关系为罪犯内界原因，但不认"罪人定型"之说。两者皆为犯罪所必然发生之物，于是一方非难龙氏漠视社会关系，一方指刻氏否认个人关系为不当，此盖对于犯罪人类学派与犯罪社会学派两者采折中说者，成为一种新犯罪社会学派。国际刑事协会近代之议决案，多表同情于是派之所主张，堪称为该派之代表者。至韩特生（Henderson）、胜水淳行（日本犯罪社会学家）之学说，亦倾向于是派者也。

法令提要弁言

　　本编以现在监所法令种类繁多，如一一研讨，殆非长期所能起于有功，兹为简捷计，爰就现行各项监所法令及与监所法令有因果联络关系之其他各种法律（如刑法、刑诉法）、命令（如国府对司法官各通令）等中之重要而为监所服务人员所必须知之者，逐一提要编辑，分为：通则、经费、权责、执行羁押、人犯出入、戒护、作业、教诲、教育、给养、卫生、医治、接见、书信、赏罚、赦免、假释、保释、释放、死亡等项，并于每一提要下，简单注明系详某法规某条或某机关令某号，以备参考。而以通则冠其首，盖寓包括本编各则之意也。

一、通　　则

　　监所职员，除依监所法令服务外，须遵守党纪及《官吏服务规程》（二十二年七月国府公布）。

　　监所职员在服务时须一律着制服（守六训二）。

　　监所职员办公时间，须在开监前到勤，收监后退勤，夜勤均须轮值（二年三月部令二一二）。

　　长官办理交代，至迟不得逾一个月，须移交清楚（交代四），并应请直接上级机关派员监盘（交代三）。

　　监所应造送各种报告，须按照月报、年报等造报规则及统计考成规则办理

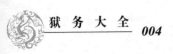

（详本书法规统计报告类）。

司法官不许兼任行政官吏（十六年十二月国府令），及须谢绝应酬（十七年五月部令）。

凡长官交代时，应将经管印信、人犯款项及物品造册详列，移交双方并须查照《公务员交代条例》办理。

凡政府机要严禁宣泄（十八年八月院令）。

各职员主管各项簿记表册须随时填载。

监所职员对于人犯不得有虐待、敲索及私役情事（处二）。

待遇人犯以公平、严肃为主，不得有愤怒、狎昵情状（守五）。

监所职员对于监所各场所须勤密视察，并注意卫生，厉行清洁（十年五月部令四四一）。

法院送达于监所人犯之文件，监所长官代收后，应送达之（刑诉五六二项）。

监所被告人提起上诉者，应经监所长官提出上诉之书状。被告于上诉期间内已提上诉书状于监所长官，即有上诉效力。监所长官接收上诉书状后，应附记接收年月日时，送交原审法院。被告人不能作上诉书状者，应由监所公务员代作（刑诉三四三·二项·三项）。至同被羁押人犯，则绝对禁止代撰诉状（十五年七月苏高检令一五四九）。

在监所人犯之物品，应查照《保管物品办法》为之保管（规七五），并分别登记于保管簿（看一七），出监所时仍悉数交还，并须使其证明（看一九规八七）。不适于保存物品须令本人为相当处分（规七七看一八）。

监所长官为个人识别及预防再犯方法，须办指纹（五年十二月令三九六）。

在监人身份簿，监狱长官应注意实行（训八）。县监身份簿表可照部颁表式从简造办（十七年十二月部令）。

有请参观监狱者，限于确系研究学术及有其他正当理由得许之（规一〇），须令遵守参观监狱规则及给以参观证。

依大理院统字第八八八号解释：羁押日数折抵方法，应从被告人利益解释之原则。若遇奇零日数，仍准折抵一日。

应收陆海军监狱者，若有职权者嘱托，亦得暂收于普通监狱（规一四）。

男女监所须严行隔离（各四规四）。

各县监所规则其他未尽事宜，准照关于监所各项法令办理（各四五）。

凡刑期称"以上""以下"者，俱连本数计算（刑一〇）。

监所人犯俱以号数代其姓名（看二〇）。

押解罪犯乘车，票价半价付给，但须乘最低之等级车（车一·五）。

监犯病死体得付医校或医院解剖（详剖规一·二）。

关于监所职员更动、惩戒、灾变、人犯死亡、反狱、逃走、捕获及其他非常事项,须随时呈报该管长官转部(报二)。

在监者不服监狱处分,得于十日内申诉于监督官署或视察员(规七)。

过失脱逃人犯,公务员亦须负刑事责任(刑一六三·二项)。但须按其情节,系应注意并能注意而不注意者方为过失(刑一四)。

办理出狱人保护事务在三年以上、成绩卓著或捐金千元以上者,该地方监狱长官须呈请给奖(护二)。

被诱人及被告人携带六岁以上、十二岁以下之子女或未满十六岁之被害人等,并无亲属可以责付者,须收容于看守所内,收容所并应特别待遇(详收容所规则)。

关于管收所入所人物品、衣食、书信、接见、送入品、卫生、医治、死亡各项,应准照《看守所暂行规则》办理(湘管一二)。

二、经　　费

凡公款均须存放中央银行,否则以舞弊论(十八年二月国府令)。

凡机关用物,有国货而用洋货者,以不经济支出论(十七年六月国府令)。

凡私人捐款及庆吊用费,不准作正开支(十七年七月国府令)。

凡监狱经费,经常费归第一科保管,作业费归第三科保管(保费二)。

款项须存银行。留用款项经常不得过三十元,作业不得过五十元(保费四)。

在监人款项及监狱慈惠费须查照《金钱保管办法》及《慈惠费管理法》办理。

关于经费收支等登记造报办法,须查照中央统一会计制度办法造办。

关于员士俸津薪贲等,须分别查照监所职员俸给津贴及看守薪贲各规则办理。

俸津之进级发给及计算,准用《司法官官俸发给细则》(俸细四与俸四)。

三、权　　责

凡办事权限不清,则责任难明,必致常时则多放弃,变时不免推诿,此权责所以须用明文规定也。

典狱长受司法部及该管高等法院院长之监督,掌理监狱事务,指挥督率所属职员(制六)(及详《高等法院院长办事权限规则》)。

分监长承典狱长之指挥,掌管分监事务,指挥督率所属职员(制一一)。

各主科看守长及各所主任承典狱长之命令,分掌监狱处务规则及教诲师、教师、医士等处务规则规定各项事务(处三)。

各科所有权限争议及意见不同者,取决于典狱长(处五)。

看守所由高等法院院长监督之,但高等法院院长得以其监督权委托高等分院院长及地方法院院长(看三)。

看守所所长或所官承该管法院院长之指挥,督率所属,掌理全所事务。同一看守所而有所长、所官者,所官应承所长之指挥,督率所属,分理该所事务(看六)。

看守所医士承所长、所官之指挥,办理卫生、医治事务(看七)。

主任看守承上官之指挥,管理看守,办理该所事务(看八)。

未设法院各县旧监狱管狱员受县长之指挥,掌管该所事务,同负完全责任(各五制一四)。

监狱看守点检时,首席看守长充点检官,次席看守长充指挥官(点四)。

经考试及格之看守,须加三个月之训练(练一)。

监所看守训练所所长以典狱长或所长充之,教习以看守长充之(练四)。

旧监狱内之医士、主任看守、男女看守,均受管狱员之指挥,分掌事务(各一三)。

地方不靖,或监所发现危险及县长远出时,管狱员须呈请县长加派警队,严密防范。此项警队应受管狱员之指挥(各二〇)。

典狱当严守关于监狱之一切法令,并督率其他官吏使之遵行(处一〇)。

管狱员请假,非经核准、遴员代理,不得擅离职守(二十一年二月部令)。

管狱员于县知事交替时,仍继续行其职务,后任县长不得无故呈请更易(各八)。

管狱员对于县知事所发命令认为违反法令时,得声明理由拒绝之。如有争议,呈由高等法院核办(各九)。

监所人员之用撤惩奖以及设置名数,由管狱员秉承县长办理,仍报高等法院备案(各一四)。

管收所职员即以看守所职员兼任(湘管三)。

管收所由各该管法院监督之(湘管四)。

关于在监者之待遇及其他监狱行政之重要事项,监狱长官须咨询监狱官会议之意见(规九)。

各种建筑物及所属之国有财产,典狱须注意整理、保管之(处一七)。

各县监所经费由县长按时筹发,所有收支、报销由管狱员经理(各一一)。

监狱分设第一科、第二科、第三科、教务所、医务所。各科设主科看守长,各所设主任分监。有必要情形呈明司法部,亦得分科设所(处一·二)。

第一科主管经常费出纳及职员之任免各称文件规则之起草,审查典守印信收发、名籍保管等事,以及不属于各科所主管事件(其细目载《监狱处务规则》二十条）。

第二科主管监狱警备及在监人之戒护、检束、训练、看守，施行卫生，督饬作业，处分在监人之疾病、死亡、监狱出入者之管理、在监人教诲、教育之管理等事（其细目载《监狱处务规则》二十一条）。

第三科主管作业经费及工业种类选择，物品之购入、收支及保管，物品卖价及工钱之征收，工业存废调查，作业课程制作品贩卖之评价，及在监人被服卧具、杂物之调制、保管及授受等事（其细目载《监狱处务规则》二十三条）。

教务所主管对于囚人培养道德及教育任务，并注重党义之灌输。

医务所主管囚人之诊检、治疗、卫生任务（两所任务细目均载教诲师等处务规则）。今将各科所事务列简表于下：

$$
\text{典狱长}
\begin{cases}
\text{第一科}\begin{cases}\text{会计　名籍　印信　保管}\\\text{文书　任免　收发　统计}\end{cases}\\[4pt]
\text{第二科}\begin{cases}\text{戒护　纪律　训练　作业督饬}\\\text{消防　检束　异别　赏罚施行}\end{cases}\\[4pt]
\text{第三科}\begin{cases}\text{作业　作业费　材料　成品}\\\text{雇佣　工程施行　食粮支配}\\\text{物品财产出纳}\end{cases}\\[4pt]
\text{教务所}\begin{cases}\text{教诲}\begin{cases}\text{个人}\\\text{分类}\\\text{集合}\end{cases}\text{教育}\begin{cases}\text{小学}\\\text{补习}\end{cases}\end{cases}\\[4pt]
\text{医务所}\begin{cases}\text{卫生　治疗　药剂}\end{cases}
\end{cases}
$$

看守所由所长（或所官）、医士、主任看守、看守等组织，而成医士、主任看守等承所长或所官之指挥，办理卫生、医治、会计、戒护、文书收发、保管等事项（详看各章），约可分为三股。

今列表于下：

$$
\text{所长或所官}
\begin{cases}
\text{第一股}\left(\text{主任看守掌之}\right)\begin{cases}\text{文书　会计　名籍　统计}\\\text{保管　收发　庶务　书信}\\\text{检阅　职别}\end{cases}\\[4pt]
\text{第二股}\left(\text{主任看守掌之}\right)\begin{cases}\text{警戒　纪律　习艺　清洁}\\\text{消防　检束　提收　监视}\\\text{接见　管理　看守}\end{cases}\\[4pt]
\text{第三股}\left(\text{医士掌之}\right)\text{卫生　治疗　药剂}
\end{cases}
$$

四、执行羁押（管收收容附之）

查监狱执行,有死刑、徒刑、拘役、易科监禁之别;看守所羁押,有刑事管收,有民事及有被害人收容所之划分,性质大异,管理不同,此不可不知者。

裁判除保安处分外,应于确定后,由应指挥之执行检察官指挥执行(公文用部定诉讼用纸九四号、九五号,或九九号、〇〇号)(刑诉四六〇·四六一)。

徒刑拘役之囚犯在监狱内拘禁之(刑诉四七〇)。易服劳役者应与徒刑拘役人犯分别执行(刑诉四八四)。有不得已时,被处徒刑及拘役者得暂禁于看守所(规二),准用监狱法令之规定(看二第二项)。

受宣告死刑者,于看守所监禁之(看二第一项)。

死刑于监狱内执行之(刑诉四六六·规一〇八)。

执行死刑时应由检察官莅视,及由在场之书记官制作笔录,并应由检察官、监狱长官署名、盖章。除经检察官或监狱长官之许可者外,他人不得入行刑场(刑诉四六七·四六八),以符行刑秘密之旨。

受死刑之谕知者,如在心神丧失之时,于其痊愈前,或孕妇于其生产前,由司法部命令停止执行(刑诉四六九)。

国庆纪念节日十二月三十一日至一月三日不执行死刑(规一〇八)。

凡犯危害民国紧急治罪法之罪刑之执行无期徒刑逾七年、有期徒刑逾三分之一而有悛悔实据者,应送入反省院。

受徒刑拘役之谕知,如系心神丧失,或怀胎七月以上,或生产未满一月,或现罹疾病恐因执行而不能保其生命者,依检察官之指挥,于其痊愈或该事故消灭前停止执行(刑诉四七一)。

在监者一律施教诲(规四八),并督饬教诲师照处务规则切实施行(二十一年四月部令)。

在监人一律施教育(规四八),并照实施教育办法办理(二十一年四月部令)。用书须先呈部审核(十九年一月部令)。

执行徒刑拘役之囚犯,须斟酌个人情形,令服劳役(刑诉四七〇·规三四)。看守所依被告人之情愿,得许其做工(看四四)。

刑期自裁判确定之日起算。放免人犯须于期满次日午前行之(刑四五·规九七)。

二以上之主刑之执行,除罚金外,应先执行其重者,但有必要时,检察官得命先执行他刑(刑诉四六三)。

反革命与普通犯应隔离禁押(十九年九月令三四三)。共同被告亦应隔离(二十二年四月令八四七)。

人犯受有期徒刑执行完毕,或无期徒刑、有期徒刑一部之执行而赦免后五年内再犯,有期徒刑以上之罪者,为累犯(刑四七)。

羁押被告应用押票(部定诉讼用纸第一七号)(刑诉一〇二)。发票之权,侦查中属于检察官,审判中属于审判长或受命推事签名(刑诉一〇二)。

押票应记载下列事项:(一)被告人之姓名、性别及住址;(二)案由;(三)羁押之理由;(四)应羁押之处所(刑诉一〇二)。

羁押被告人之衣食及日用必需物件,得许可自备,或由家属备送(各二九·及看二四·刑诉一〇五·三项)。

管束羁押之被告人,应以维持羁押之目的及所之秩序所必要者为限,其余待遇须与平民同(刑诉一〇五·看四)。

民事管收人在看守所内附设之管收所管收之。管收期间不得逾三个月(管收九),并须与刑事被告人严行隔离(湘管二)。

同一案件内有关系之人犯或共犯,须隔离羁押(看三七)。

五、人 犯 出 入

新入监者,监狱官非认定具备适法之公文并附判决书缮本或节本不得收之(规一五·刑诉四六二)。

看守所非奉有法院正式公文,不得将人犯收入或释放(看一五),并须核对发押公文官员之印鉴。

收所后须交收所证于押送人。提讯回所时亦同(看一六)。

管收所入所人,非验明有核管法院之管收票不得管收(管五)。

县长收提人犯,须用收签提签。此项收签提签须标明犯人姓名、案由及年月日,并由县长署名盖章(各一六)。

人犯入监所时须检查(规二〇·二一·又看二二·各一七)。提讯还押时亦同。

入监妇女携带之子女,以满一岁为限(规一六)。

入所妇女许携带之子女,以满三岁为限(看二三)。

未满十八岁者监禁于幼年监(规三)。如执行完毕,或赦免后,令入感化教育处所(刑八六·二项)。

被收容人之收提,应用收容票(诉讼纸一二五号)及收容人提票(诉讼纸一二六号)(容七)。

入监办法

一、收发室接到指挥执行机关之公文,拆后登记于收文簿,送交一科转送典狱长查阅。经认为适法,始将入监者验明收受,发给回证。如有携带物,由保管股检点保管之。

二、嗣,一科名籍股用入监簿通知典狱长及其他各科所长盖印,一面将人犯引交二科,除发、入浴及行身体上之检查,给换狱衣。如有携物,由保管股检点保管。

三、二科检点毕,再依次送由医务所,举行健康诊断。一科行个人识别,如摄影、捺指纹、量身之类,及个人身份、经历之调查,分别记明于身历表。此即办理在监人身份簿之开始,一面谕知应遵守事项。办毕,由二科长指定监房收监。

出监办法

查人犯出监,有期满、赦免、假释、保释、转监之别,而以期满出狱占最多数。至赦免、假释等,则奉令后即行释放。兹就期满出监手续述之如下:

一、期满释放者,三日前即由一科名籍股用出监通知簿通知其他各科所及保管股盖章。

二、各科所、股受通知后,二科即将期满者付独居拘禁;三科清算赏与金,送交一科保管股,清点保管财物为交付之准备;医务所行健康诊断;教务所举行出监教诲。上项办法均须于出监前三日内逐一为之。典狱长如认定释放者有再犯之虞,或难以谋生,须知照居住地之公安局,或送入地方平贫工厂习艺,以免堕落。至患重病、精神病人犯,则预先通知其家属或其他之受领人,届期如无人领受,则须设法移送医院,以免危险。

六、戒　　护

戒护,乃警戒、守护之意,即所以防脱逃也。罪犯在拘禁之中,大都有脱逃思想,治狱者如果防范森严,自可消患无形。且自刑法颁行,过失脱逃尚负刑事责任,此戒护益应特别注意者也。

监所职员对于监所各场所须勤密巡视。典狱长在二十四小时内,须巡视各场所一次(处一三)。

巡视时须注意墙壁四周、上下,及门窗锁钥有无损坏,器具什物有无异状,以及有无桌、凳、棍、绳索及其他足供人犯利用脱逃之具。

在监者有逃走、暴行、自杀之虞及在监外者,得加以戒具(规二五)。至被告人施用戒具时,须呈报监督长官(看四一)或检察官核准(刑诉一○五·三项)。

戒具分窄衣、脚镣、手铐、捕绳四种。

戒具非有监狱长官命令不得使用。但紧急时,得先行使用,再请监狱长官指挥(规二六)。

监狱官所携带之枪、刀,若遇在监者对于人之身体为危险暴行或加以将为暴行之胁迫时,或持有足供危险暴行所用之物不肯放弃时,或在监者聚众骚扰,或劫监,或帮助在监者为危险之暴行胁迫,或图谋逃走者以暴行拒捕,或制止不从仍行逃走时,方得使用(规二七)。

管收所入所人有逃走暴行或自杀之虞,须即时呈报监督长官,得其许可,施以相当之处分(湘管九)。

命、盗案犯有逃走、暴动或自杀之虞时,得上脚镣或手铐(各二一)。

旧监所早晚启闭时,由管狱员监视查点人犯一次(各二四)。

管狱员对于监所人犯,应随时加以约束。倘遇有脱逃、拒捕或恃强反狱各项情事,得使用刀剑或枪制止之(各三五)。

此外,监狱官吏须注意《监狱看守服务规则》第二十二条至四十七条,及一一四条,及一一八条各规定。

七、作　　业

我国刑法,分自由刑,为徒刑、拘役、均赋、定役。是监狱作业,实为行刑要素。被告人且有习业之规定,足征其重要也。

监狱作业,应视察各处情形,定必要科目(训四),以公署及社会必需品而适于经济、卫生者为限,并须报部备案(业二)。如有应废止或变更时亦同(业四)。

处徒刑拘役人犯,令服劳役(刑诉四七〇)。被告人亦得许其习业(看四四)。

服劳役者,须斟酌其年龄、罪质、刑期、身份、技能、职业、身体及将来之生计科之(规三四)。

监狱作业购入材料,价在五十元以上,应用投标或比较估价法。并无论价值多寡,均应派由他科人员会点(业二九·三〇)。

监狱作业用料须先尽本国所有(训五)。

监狱作业须备《作业规则》第十一、第十三、第十五各条规定各簿册单表。

监狱作业债权由主管员负责。如实系不能收回时,得详叙事由,报部核销(业一六)。

在监人服役时间:八时以上,十时以下,教诲、教育、运动等所须时间算入在内(规三七)。

在监人作业赏与金,徒刑囚不得超过该地普通佣工价十分之三,拘役囚不得过十分之五(规四三)。

在监人作业赏与金,三科已核定,应送一科保管,并取收证(业二二)。

刑期不满一年之犯,方许在监外服役(规三五)。在监外服役得加以戒具(规二五)。

理发、扫除、炊爨、看护等服役囚犯,应妥慎选择。

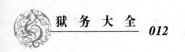

关于作业,尚须注意《看守服务规则》第二编第八章各条。

八、教诲教育

道德缺乏与知识薄弱皆为犯罪最大原因,故监狱有教诲、教育之设施。盖教诲即德育,所以陶冶德性;教育即智育,所以开通知识,均为感化罪囚不二法门。

在监者须一律施教诲、教育(规四七·四八)。

教育时间:每周二十四小时。内依小学程途或同等程途设相当补习科(规四九)。

在监者许其阅读书籍。但私有书籍非经监狱长官许可者外不得阅读。请在监房使用笔墨,亦得斟酌情形许之(规五○·五一)。

旧监教诲事务由管狱员兼理(各一二)。

教诲:集合、类别、个人三种举行(教处二)。

在监人每七日总集教诲一次,但对于个人教诲须随时行之(各三六)。

人犯得许阅看有益书籍,但报纸、杂志绝对禁止之(各三七)。

九、给 养

给养乃衣、食、住,为罪囚生命所击,若办理不得其宜,必使自由刑及羁押场所变为身体刑或生命刑矣。此监所给养所以宜加慎重之注意也。

对于在监者,须斟酌其体质、年龄、劳役及气候,给予必要之饮食、衣类。若在监者自备衣服,苟无害于纪律、卫生,得许之。公给衣服用灰色(规五三·五四)。

监所人犯所用菜蔬,应照时令采用,并分期用表报告(二十一年三月令五二五)。粮食应斟酌情形,分期投标预定,藉杜流弊(二十一年五月令一○四七)。

被告人饮食由所酌给。有请求自备,得许之。但衣类、卧具须自备,不能自备,方由所借与之。自备之饮食、衣类、卧具等均须检查(看二四·五二)

十、卫生医治

监所为多数的不自由人聚集之所,最易发生疾疫。欲防患未然,卫生固须注重;欲挽救已往,医治更不可忽。此卫生、医治所以规定详尽也。

监所须洒扫清洁,房间及衣类、杂具、厕所、便器等类须定次数清洁之(规五七·看四八)。

监所人犯须令沐浴、运动。运动每日半小时。入浴四月至九月三日一次,十月至三月七日一次(规五八·五九·看四九)。至新入监所人犯则须随时入浴。

监所人犯罹疾病时,速加治疗。病重者收入病室。至被告病危时,须通知其家属,并报告法院(指原指挥羁押机关)(规六〇·看五〇·各三二),经监狱长官许可,得自费延医诊治。至精神病、传染病或其他疾病,认为在监所内不能施适当医治,得呈请监督官署许可(被告人须得法院许可),得保外医治,或移送医院(规六六·看五一)。

监所人犯罹传染病时,须与他在监所人严行离隔(规六一·看五二)。

关于管收所之卫生及医治方法,适用《看守所暂行规则》(湘管一二)。新监关于人犯卫生治疗,由医务所掌管。至于看守所及旧监所洒扫、人犯沐浴暨其他关于卫生事项,则由所长或由管狱员酌定励行之(看四九·各三一)。

此外,监狱官并须注意《监狱看守服务规则》第十三章各条规定。

十一、接见书信

限制监所人犯与社会上之交际,原为杜绝恶交及便利侦查计,所以法令对于监所人犯接见、书信有种种规定也。

在监者只许与其家族人接见、发受书信,但有特别理由,得许与家族以外之人为之(规六八·七一)。被告人许与亲故接见。但无论监所人犯接见,均在接见室为之,每次不得逾三十分钟(规六九·看三〇),及须经监所官吏监视(规七〇·看三一)。

接见、书信如认有通谋、作弊或妨害监狱纪律时,得停止接见,或不许发收书信(规七〇·七三)。

在监人接见、书信,徒刑囚均每月一次,拘役囚每十日一次(规六九·七二),被告人则无上项规定。但无论监所人犯书信出入,均经检查。至被告人书信,非呈经法院认可不得发收(看二六)。

被告人因有案情关系,经法院停止接见或通信者,及在监人因惩罚停止接见、书信者,均不许接见、通信。

接见室应设一钟表,先以起讫时间指示接见人,俾免争执(二十二年四月令七三)。

被告人得接见他人及授受书信物品,但妨害羁押之目的及押所之秩序者,不在此限(刑诉一〇五·二项)。

辩护人得接见羁押之被告人,并互通书信。但有事实足认其有湮灭或伪造、变造证据之虞,或有勾串共犯或证人之虞者得限制或禁止之(刑诉三四)。

监所人犯接见,均须挂号及录其谈话大要,律师接见时亦同(看三一)。

接见被告人,如系携带幼童,或形迹可疑,或同时三人以上接见同一被告人,或法院指名不许接见者,得拒绝之(看三四)。

在管收所中接见时与看守所同(湘管一二)。

新监狱关于接见事项,应注意《监狱看守服务规则》第二编第十四章各条,及第三编第一章第一二七条至一二九条各条规定。

被告人不许发受之书信,须注明理由,通知该被告人,并须为之保管,俟该被告人出所时交还之(看二七·二八)。

接见办法

一、收发看守遇有人请接见在监人者,先查明其号数、姓名、工场、监房及其关系,并其接见大意,书具接见小册,径送一科。

二、一科检查日期相符及无停止接见之事,批许后,收发看守方得给予接见人接见证令,赴待见室待见。

三、一科批许后,二科派令看守提在监人,于接见室传接见人接见,并由二科派看守监视。其谈话要领须登记于接见簿。接见毕,人犯送还原监房或工场。

书信办法

一、发信　在监人出具书信请求,书由主管看守转呈二科批准后,至星期日下午免役时间(情形特殊除外),二科给予信纸、信封,提至书信室,自己或由二科指定人代为书写,并由管理书信主任择由登记,汇呈二科,检阅无碍,再封交第一科发之。

二、受信　收发室收到在监人信件,径送二科检阅,如无违碍及与日期相符,经准后方提收信者交付之。如本人不能阅读,则代为宣读。如附有送来财物,则交保管股。书信阅毕,仍交名籍股保存于该犯身份簿柜屉内,以备稽考。

(注意)在监人书信表系身份簿用纸之一,应由管理书信主任看守随时登记,最少每六月须整理一次。

十二、赏　罚

惩恶劝善,信赏必罚,为政之要,亦监狱感化妙用也。苟是非、善恶、因果倒置,适足长狡黠者之志,而绝一般人自新之机,此赏罚之所以当特别慎重也。

赏罚由监狱长官行之(规七九)。

赏,分增加接见、书信度数,许其阅私有书籍,增给赏与金或菜四项(规八四)。

在监人有《监狱规则》第八十五条所列情形,得赏给二十元以上之金钱。

罚,最轻面责,最重五日内之暗室监禁(详规八五)。减食、掌责等早经废止。

新监赏罚由第二科施行(处二一),并须分别填载赏与、惩罚各表备查。

旧监在监人犯服役勤敏或行状善良者,由管狱员得随时加以奖励(各三四)。

被告人如违所中纪律,得分别轻重,予以面责,或停止自备食物、用具,或二日内暗室监禁等惩罚(看三六)。

管收人有妨害所中秩序者,亦得施行相当处分,但须呈报监督长官(湘管九)。

在监人服劳役者,得斟酌其行状、罪质、成绩等,分别给予赏与金(规四二)。

如因劳役受伤、罹病或死亡,得申请给予恤金(规四六)。

赏与办法

无论何种赏与(种类详规八四条),经长官核准后,均由二科谕知在监人,或提至二科会议室教务所施行教诲。关于菜蔬,由二科谕知炊场主管照办。关于赏与金,通知三科移付一科保管,并登记于赏罚簿备查表,送一科编于身份簿内。

惩罚办法

无论何种惩罚,经核准后,均由二科提受罚者,于二科或教务所会议室作审问及教诲之施行。关于作业及赏与金者,由二科通知一、三两科办理。关于有影响身体之可虞之惩罚,如停止运动、独惧暗室之类,则事前、事后均须通知医务所施行诊断,以昭慎重。

(注意)赏与、惩罚各表均须随时依式办就,送交一科,以便编入身份簿。

十三、赦免、假释、保释、释放

赦免、假释、保释,乃放弃国家刑罚权之一部,所以矜怜犯罪者之心而励良善也。故法令规定详密,以为申请根据,亦所以保全刑罚威信也。

监狱长官得为受谕知刑罚之在监者为赦免之申请,但申请书须经由谕知刑罚之法院提出,司法部并附身份簿(规八八·八九)。

为执行徒刑申请假释者,无期徒刑须逾十年,有期徒刑逾二分之一者(必须执行已满一年),而有悛悔实据者(刑七七),并得监狱会议多数同意,方能申请假释(规九二)。

假释之申请,除附加在监者身份簿外,并将监狱官会议多数同意书盖印转部(规九二)。

办理假释并须具备实质上之条件(二十三年一月令二四二)。

旧监狱呈请假释办法,除按照刑法九十三条外,须呈送该在监人之判决誊本,或案情身份簿、身历表、行状录,及须查照司法行政部规定《旧监狱假释办法》各条办理(十八年九月十八日部令)。

假释、保释案件,划归检察处办理(十七年十二月令二〇九)。

无论假释、保释,未决羁押抵折日数以所余之刑期计算,不得算入在监经过刑期(旧刑九三)(十八年八月部令六八九)。

因假释释放者,监狱长官须依定式释放之,假释者并须交付证票(规九八)。

假释者由交付假释证书之监狱监督之,但监狱得以监督权委托假释者之居住地之公安局,或假释者之亲故,或出狱人保护会,或其他慈善团体(假一)。

假释者于释放时,监狱须将到达于居住地之期限记载于假释证书(假二)。

监狱交付假释证书时,应将假释之事由,报告于假释者居住地该管之地方法院检察处,及原判决之法院检察处,及假释者居住地之公安局(假四)。

旧监人犯服役勤敏或行状善良者,得随时加以奖励。如执行至合于刑法第九十三条所定期间时,得报由知事,呈请假释之(各三四)。

假释者及保释者在保释期内应守事项,均分别适用《假释管束规则》。释放在监者,依赦免、假释之命令,或期满之次日午前,由监狱长官释放之(规九二・九七)。

各县旧监人犯期满前三日,由管狱员呈报县长,届期释放(各四一)。

刑事被告人如宣告无罪,即日释放(各四二)。

新旧监人犯有超过预算额人数,或监狱不敷,收容者得依本条例保释之(保一)。

得保释之人犯,各县监狱应由该管狱员依照《监犯保释暂行条例》应开明各节陈报县长,呈由该管高等法院检察处复核无异,转呈司法部核准施行。但新监狱则由该典狱长径呈高等法院检察处转司法部核办,并函知地方法院(保七)。

$$
\text{假释须备条件}
\begin{cases}
\text{(1) 有期徒刑执行满一年,刑期过半,} \\
\qquad \text{或无期徒刑逾十年(刑七七)。} \\
\text{(2) 在监有悛悔实据(刑七七・规九一)。} \\
\text{(3) 经监狱会议多数同意(规九一)。} \\
\text{(4) 有二人之上妥保(各监通例)。}
\end{cases}
$$

办理假释程序

一、考查刑期及执行经过是否适刑法九十三条各项。

二、开监狱会议,审查历年行状有无悛悔实据,并得多数人同意。

三、取具负直接监督者之妥保。

四、整理身份簿。

五、检同身份簿及会议同意书,呈送高等法院检察处核转。

六、奉准假释后,应通知下列各处:

(1) 直接监督人;

(2) 假释者居住地地方法院检察处;

(3) 假释者原判决地方法院检察处;

(4) 假释者居住地公安局。

七、举行集合教诲(须照本党集会议式),发给假释证书,并谕知须遵守刑法九十三条一、三两款及《假释管束规则》各条。

八、拍照。

九、释放(照期满释放手续办理)。

十、连同照片,仍将办理情形呈报备案。

(注意)假释者如有罚金未缴或私诉未了,仍送原判决法院核办,至所用公牍,可参考本书公文类。

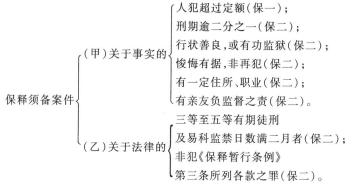

保释须备案件
- (甲)关于事实的
  - 人犯超过定额(保一);
  - 刑期逾二分之一(保二);
  - 行状善良,或有功监狱(保二);
  - 悛悔有据,非再犯(保二);
  - 有一定住所、职业(保二);
  - 有亲友负监督之责(保二)。
- (乙)关于法律的
  - 三等至五等有期徒刑及易科监禁日数满二月者(保二);
  - 非犯《保释暂行条例》第三条所列各款之罪(保二)。

办理保释程序

一、审查行状及具备上列甲、乙两项条件否。

二、取具监督人或他方公共团体、慈善机关保结(结式详本书"簿册"三五号)。

三、填造保释表(保七)(表式详"簿册"三六号、三七号)。

四、新监连保释表及保结,呈送高等法院检察处转部;旧监连表及保结,呈送县长核转(保七)。

五、残余刑期在十个月以下,高院检察处先行核准保释;十个月以上,须候呈部核准施行(十年二月部令一六四)。

六、监狱奉到核准保释命令一面函知原指挥执行法院,及通知保人、监督人。

七、举行集合教诲(照党的集会仪式)及谕知,应遵守《假释管束规则》各项(保六)。

八、释放。

九、以残余刑期倍数为保释期间。在保释期内,如无《保释暂行条例》第六条所列各款情形,即作刑期终了,应再呈报备案(保四·保六)。

(注意)保释者如有罚金未缴,或私诉未了,仍送原指挥执行机关核办。

兹将《保释暂行条例》第三条"不得保释"各罪列表于下。

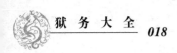

监犯《保释暂行条例》第三条规定"不得保释"各条之罪，
新刑律与旧刑法暨刑法条文对照表

暂行新刑律条文别	罪名别	犯罪情形	旧刑法条文别	刑法条文别	罪名别	备考
一〇三条	内乱	预备阴谋，或颠覆政府，僭窃土地，或紊乱国宪。	一〇三条第二项	一〇〇条第二项	内乱	
一一三条	外患	预备阴谋，将军事利益与敌国或酿成军事上不利益于中华民国。	一一〇条第二项	一〇六条第二项	外患	
一二〇条	妨害国交	对外国君主或大总统有不敬行为。	一二二条	一一六条	妨害国交	查刑法本条，对于友邦元首故意伤害、妨害自由罪及妨害名誉罪，加重本刑三分之一，但不敬行为无处罚明文。
一二二条第三款	同上	轻微伤害外国使节。	一二三条	一一六条	同上	查刑法本条，对于派至民国之外国代表犯罪者，准用妨害公务罪各条之规定。
一二三条	同上	对国外使节有强暴或胁迫行为。	一二三条	一一八条	同上	同上。
一四〇条	渎职	公务员于其职务，要求或期约或收受贿赂。	一二八条第一项 一二九条第一第二项	一二条	渎职	
一四一条	同上	公务员于其职务，事后要求或期约或收受贿赂，因为不正行为或不为相当之行为。	一三〇条第一项 一二九条第一第二项	一二二条第一项	同上	查刑法，公务员犯贿赂，无于其职务事后之规定，当概括在本条各项。
一六八条	脱逃	已、未决犯及其他按律逮捕监禁脱逃者。	一七〇条第一项	一六一条第一项	脱逃	
一六九条第一项	同上	已、未决犯及其他法律逮捕监禁人损坏监禁处所戒具或强暴、胁迫脱逃者。	一七〇条第二项	一六一条第二项	同上	

（续表）

暂行新刑律	条文别	罪名别	犯罪情形	旧刑法条文别	刑法条文别	罪名别	备考
一七〇条第一项	同上	盗取已、未决犯及其他按律逮捕监禁人者。	一七一条第一项前节	一六二条第一项	同上		
一七一条第一项	同上	便利脱逃。	一七一条第一项后节	一六二条第一项	同上		
一七二条	同上	公务员或其佐理人纵令人犯脱逃。	一七二节第一项	一六三条第一项	同上		
一七四条	同上	预备或阴谋聚众，以强暴胁迫图脱逃者。		一六一条第四项	同上	查刑法，无预备或阴谋聚众、强暴胁迫脱逃之规定，但一六一条之未遂犯罚之。
一八七条	放火	放火烧毁非一八六条所列举以外之他人所有建筑物、矿坑、船舰者。	一八七条	一七四条第一项	公共危险	
一八八条第一二项	同上	因而致有一九七条第一项损害之危险者；放火烧毁他人所有建筑物、矿坑、船舰以外之物者。	一八九条	一七五条第一项	同上	
一九三条	决水	决水侵害一八六条所列举以外之他人建筑物、矿坑或土地者。	一九二条	一七八条第一项	同上	
二四四条	伪造文书印文罪	官员犯于自己私文书、图样为虚伪之登载，足以证明他人之权利、义务之事实，或行使此种文书、图样或意图行使而交付于人。	二二四条及二二六条第一项	二一三条	伪造文书印文罪	
二五九条第二项	发掘坟	损坏盗取遗骨、遗发及殓物者。	二六二条第二项	二四七条	侵害坟墓尸体罪	

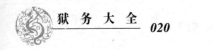

（续表）

暂行新刑律条文别	条文别	罪名别	犯罪情形	旧刑法条文别	刑法条文别	罪名别	备考
	二六一条	同上	发掘尊亲属坟墓者。	二六五条	二五〇条	同上	
	二六六条	鸦片烟	制造或贩卖鸦片，或意图贩卖而收藏之。	二七一条	二五六条二五七条	鸦片	又《禁烟法》第六条。
	二六八条	同上	税关官员或其佐理人自外国贩运鸦片，或吸烟具，或纵令他人贩运者。	二七一条二七二条	二六四条	同上	查刑法，无税关官员等贩烟或烟具之规定，但《禁烟法》第十五条规定之。
	二七〇条	同上	意图制造鸦片烟而栽种罂粟，或贩卖种子者。	二七四条	二六〇条	同上	又《禁烟法》第八条、第九条。
	吗一条	吗啡	制造或贩卖或意图贩卖而收藏、运送吗啡者。	二七一条前节	二六三条	鸦片	查刑法，吗啡、高根等罪，包括鸦片烟罪内，又《禁烟法》第六条。
	吗三条	同上	税关官员或其佐理人自外国贩运或纵令他人贩运者，贩运施打器具或纵令他人贩运者。	二七一条后节	第二六四条	同上	又《禁烟法》第七条。
	吗四条	同上	专为人施打吗啡者。	二七六条	二五九条	同上	又《禁烟法》第十条。
	二八三条	奸罪	对于未满十二岁之男女为猥亵之行为，及以他法使不能抗拒而为之者。	二四一条第二项	二二四条第二项	妨害风化	查刑法本条二项规定，系未满十四岁者。
	二八〇条	同上	对于十二岁以上以强暴或他法使不能抗拒而为猥亵之行为者。	二四一条第一项	二二四条第一项	同上	
	三一四条第三项	杀伤	轻微伤害尊亲属。	二九八条	二八〇条	伤害	查刑法本条规定，对于直系尊亲属犯伤害罪，加本刑二分之一。

（续表）

暂行新刑律 条文别	罪名别	犯罪情形	旧刑法 条文别	刑法 条文别	罪名别	备考
三四九条 第一项	略诱	略诱妇女或未满二十岁男子。	二五七条 第一项	二四一条 第一号	妨害家庭	如略诱已满二十岁之妇女，则须查照刑法第二百三十九条之规定。
三五〇条 第二项	和诱	和诱妇女或未满二十岁之男子于中华民国外者。	二五七条 第三项	二四〇条	同上	
三五一条 第二项	同上	意图营利和诱妇女或未满二十岁之男子。	二五七条 第二项	二四〇条 第三项	同上	
三七〇条	强盗	以强暴胁迫或他法强取他人所有物。	三四三条 第一项	三二八条 第一项	强盗	

十四、死　　亡

死亡为至寻常之事，所谓有生必有死也。而死亡之原因则大有区别，有病死，有自杀，且有误投医药死者。事实不可不辨，责任不可不明，此监所办理人犯死亡手续所以至为周密也。

在监者死亡，监狱长官须会同检察官检验其尸身（规一〇二）。

死亡者之病名、死因及死亡年月日时，应速知照死亡者之家族或亲故，一面填具死亡证书，呈由监督官署报部（规一〇四）。

各县旧监人犯死亡时，由管狱员呈报县长检验，有家属者通知其家属（各四四）。

死亡者之家属亲故请领尸体，应交付之，但经过二十四小时无请领者，立标浮葬之（规一〇五·一〇六）。

在所被告人死亡时，通知其亲属，并移置其尸体于停尸室（看四六），并详叙死亡原因，报由法院检察官检验（看四七）。

处亡办法

一、在监人死亡，无论病死、变死，一经发觉，医务所立须验明真伪及其死因，报告典狱长。

二、典狱长得报后，复验无异，即饬一科备文，请当地法院检察处派员莅验。

三、死者如有家属，一面通知其家属，限于二十四小时内承领尸体。

四、二科将死者尸体移置停尸室候验（死者倘系变死，应候检验后再行移动）。

五、检验毕，逾限尸体无人承领，由庶务处备棺（地方如有施材之慈善团体，则通知该团体，分别施材掩埋亦可），通知二科作掩埋之处分。

六、造具死亡证书，月终汇报备案，请验及呈报公文均详本书公文类（证书式详六编二九号）。

（注意）（1）检验时有备死亡检案书者（书式详六编二六号），后经检察官盖印。（2）尸体如掩埋时须由监狱给掩埋执照或由法院给印封，以便公安局放行。（3）如有家属请领尸体，须令具领结备查。（4）无论监狱或地方慈善团体安埋，必须于埋葬处将死者姓名、年籍及死亡年月日立标，以资识别。

十五、本编引用法令省文例

（守）看守服务规则

（部令）司法部令

（国府令）国民政府令

（训）四年司法部监狱训条

（审细）审计法施行细则

（处）监狱处务规则

（刑）刑法

（苏高检令）江苏高等检察厅训令

（看）修正看守所暂行规则

（俸细）司法官官俸发给细则

（车）罪犯乘车减价暂行办法

（报）监狱报告规则

（收）收容所规则

（制）监狱官制

（练）监狱看守训练规则

（业）监狱作业规则

（假）假释管束规则

（刑诉）刑事诉讼法

（规）监狱规则

（各）各县监狱看守所规则

（俸）监所职员官俸暂行条例

（剖）解剖尸体规则

（护）出狱人保护事务奖励规则

（管）管收民事被告人规则

（点）监狱看守点检规则

（保费）监狱经费保管规则

（教处）监狱教诲师教师医士药剂士处务规则

（保）监犯保释暂行条例

（湘管）湖南各级法院民事被告人管收所暂行规则

第二编 法 规

《改良监狱与出狱人保护会》

监狱为行刑机关,苟狱制不良,纵立法如何完善裁判、如何公平,断难收刑事制度圆满之效。

吾国裁判监狱向为各国诟病,故八十余年前即有领事裁判权等种种不平等条约之缔结。是监狱在今日,外则关系国际,内则关系主权,实为当务之急。

兹者,吾国监狱改良已历二十余年,以言建筑形式,或采扇面,或采星光,空气流通,光线充足,不可谓不善;以言教养,足衣足食,有工场授以手艺,有教师时加奖劝,所以启其知识,培其道德,不可谓不备。虽然,监狱之任务犹未已也。

盖刑典之设,首在化莠为良,即所谓"刑期无刑,辟以止辟"之义。要言之,必使未犯者知法定严密,有所警惕,而不敢有越轨之行动;已犯者受监狱教育陶冶,出狱后不再有侵害社会上公共秩序安宁之举。但是,出狱人是否果复归于良民的生活,及一般民众有无不敢轻于尝试之想,究非治狱者所敢知。是预防之法与夫善后之策,其事实较治狱为重。预防之法,责在行政;善后之策,事属地方。

今先论善后。考东西各国,对于幼年犯有感化院化除劣性,出狱犯有保护会维持生计,其监狱改良之处,必有多数保护,事业机关以为之助,因出狱人所最缺者身份、职业、境遇,保护事业即就其所缺乏者而与之。民国二年及十九年,吾国司法当局曾有《出狱人保护会奖励规则》之颁布,而前者仅北平有新民辅成会及俄犯救济会之设立,后者仅广州及山东范县、舍乡、烟台等处有出狱保护会之创办,他处绝无有起而应之者。吾国举凡慈善事业,既备既美,唯此一途,尚未发达,地方父老曷不急起直追,协力提倡为出狱人谋生计,即为地方上造幸福。编者不敏,窃愿随父老后,力促此等事业之实现也。

考 试

《检定考试规程》

(考试院十九年十月颁布。本规程第四条一项、
第五条二项包含监狱官检定考试办法,此注)

第一条 各种考试之检定。考试除特种检定考试另行规定外,均依本规程之规定行之。

第二条　检定考试由考试院就下列人员组织检定,考试委员会行之:

一、普通检定考试以省教育厅长或市教育局长为委员长,该省市所属中等以上学校教职员若干人为委员。

二、高等检定考试以省教育厅长或市教育局长为委员长,该省市区域内之大学或专科学校教职员若干人为委员。

前项之市为直隶于行政院之市。

第三条　有中等以上学校毕业之同等学力者,得应普通检定考试。

有大学或专科学校毕业之同等学力者,得应高等检定考试。

在中等以下学校肄业之学生,非离校一年后不得应检定考试。

第四条　普通检定考试分下列各种:

一、凡欲应行政人员、法院书记官、监狱官、教育行政人员之普通考试者,应试以国文、中外历史、中外地理、法制、经济大意、伦理大意五科目。

二、凡欲应农业技术人员、工业技术人员、卫生行政人员之普通考试者,应试以国文、数学、物理、化学、博物五科目。

第五条　高等检定考试分下列各种:

一、凡欲应行政人员、财务人员、统计人员、会计人员、外交官、领事官之高等考试者,应试以国文、比较宪法、政治学、经济学、行政法、中外历史、中外地理七科目;

二、凡欲应司法官、监狱官、警察官之高等考试者,应试以国文、政治学、民法、刑法、中外历史、中外地理六科目;

三、凡欲应教育行政人员之高等考试者,应试以国文、教育原理、教育史、教育行政、中外历史、中外地理六科目;

四、凡欲应农林各科技术人员之高等考试者,应试以数学、化学、植物学、动物学、外国文五科目;

五、凡欲应理工各科技术人员之高等考试者,应试以高等数学、高等物理、高等化学、外国文四科目;

六、凡欲应医师、药师、卫生行政人员之高等考试者,应试以物理、化学、生物学、生理卫生学、外国文五科目。

第六条　前两条所未列举之普通考试或高等考试,其检定考试应试科目另定之。

第七条　检定考试为笔试,仅举行一试,但得分场举行。

第八条　普通或高等检定考试及格者,由各该检定考试委员会分别发给检定考试及格证书,并呈由考选委员会转呈考试院备案。

得有前项普通或高等检定考试及格证书者,于每届各该考试时均有应试资格。

第九条 普通或高等检定考试不及格而其所受检定之科目中有得六十分以上者,检定考试委员会应就各该科目发给及格证明书,呈由考选委员会转呈考试院备案。

得有前项及格证明书者,于每届各该检定考试时,免除其业经及格科目之检定。

第十条 检定考试日期由考试院定之。

第十一条 本规程自公布日施行。

《普通考试监狱官考试条例》

(二十二年六月十九日考试院修正公布,同日施行)

(原公布及修正日期)十九年十二月二十七日考试院公布。

二十二年六月十九日考试院修正公布。

第一条 凡监狱官之普通考试,除法律别有规定外,依本条例之规定行之。

第二条 中华民国国民有下列各款资格之一者,得应监狱官之普通考试:

一、经立案之公私立高级中学、旧制中学或其他同等学校毕业得有证书者;

二、有前款所列学校毕业之同等学力,经检定考试及格者;

三、在国立及经教育部立案或承认之国内外专门以上学校,修政治、法律、社会、监狱等学科一年至二年毕业得有证书者;

四、有《考试法》第七条第一款至第四款所列资格之一者;

五、曾在监狱或司法机关服务三年以上、有证明书者。

第三条 甄录试之科目如下:

一、国文:论文及公文;

二、党义:《三民主义》《建国方略》;

三、中国历史及地理;

四、宪法(宪法未公布前,考《中华民国训政时期约法》)。

第四条 正试科目如下:

(甲)必试科目

一、监狱学;

二、监狱法规;

三、监狱卫生;

四、刑事政策。

(乙)选试科目

一、工场管理;

二、刑法概要;

三、刑事诉讼法概要;

四、民法概要。

以上选试科目任选一种。

第五条　面试就应考人正试之必试科目及其经验面试之。

第六条　考试及格者,应依《监狱官练习规则》所定,分派各新监练习,期满后依法任用。但曾在监狱学校毕业,或曾任监狱看守所委任官六个月以上、有狱务之实验者,得免其练习。

《监狱官练习规则》由司法行政部定之。

第七条　本条自公布日施行。

《高等考试监狱官考试条例》

（二十年一月考试院公布）

第一条　凡监狱官之高等考试,除法律别有规定外,依本条例之规定行之。

第二条　中华民国人民有下列各款资格之一者,得应监狱官之高等考试:

一、国立或经立案之公私立大学、独立学院或专科学校修政治、法律、社会、监狱等学科三年以上,毕业得有证书者;

二、教育部承认之国外大学、独立学院或专科学校修政治、法律、社会、监狱等学科三年以上,毕业得有证书者;

三、有大学或专科学校政治、法律、社会、监狱等学科毕业之同等学力,经检定考试及格者;

四、确有监狱专门学术技能或著作,经审查及格者;

五、经普通考试及格四年后,或曾任监狱行政机关、监狱看守所委任官及与委任官相当职务三年以上者;

六、在国内外专门以上学校修政治、法律、社会、监狱等学科一年以上,毕业得有证书,并曾在专门以上学校教授本条例第四条必试科目一年以上,或曾任监狱行政机关或监狱看守所委任官职务一年以上者。

第三条　第一试之科目如下:

国文:一、论文;二、公文。

党义:一、《三民主义》;二、《建国大纲》;三、《建国方略》;

四、中国国民党重要宣言及决议案。

第四条　第二试之科目如下:

（甲）必试科目:

一、国民政府组织法;

二、刑法;

三、刑事诉讼法;

四、监狱学;

五、现行监狱法规；

六、犯罪学；

七、工场管理；

八、刑事政策(注重感化政策及出狱人救济政策)；

九、监狱卫生学。

(乙)选试科目：

一、民法；

二、法院组织法；

三、指纹学；

四、社会学；

五、警察学；

六、监狱统计学；

七、犯罪心理学；

八、法医学大意；

九、外国文。

以上选试科目任选三种。

第五条 第三试就刑法、监狱学、现行监狱法规、刑事政策四科目及其经验面试之。

第六条 考试及格者，授以及格证书，依练习规则所定，分发各新监练习。期满后依法任用，但曾任典狱长或法院所属新监看守所所长一年以上者得免其练习。

练习规则由司法院定之。

第七条 本条例自公布日施行。

训　　练

《司法行政部招考监狱训练员简章》
(二十一年七月)

一、名额：录取四十名，送入监狱训练员训练所肄业。

二、毕业期限：六个月。

三、应试资格：中华民国人民，年在二十一岁以上三十岁以下，而有下列各款之一者，得应监狱训练员入所试验，但有考试法第六条第一款至第六款情事者不在此限：

(一)经立案之公私立高级中学、旧制中学或其他同等学校毕业得有证书者；

（二）有前款所列学校毕业之同等学力，经检定考试及格者；

（三）在国立及经教育部立案或承认之国内外专门以上学校修政治、法律、社会、监狱等学科一年至二年，毕业得有证书者；

（四）有考试法第五条第一款至第五款所列资格之一者；

（五）曾在司法机关服务三年以上，得有证明书者。

四、试验科目：（一）国文；（二）党义（《三民主义》）。

五、报名地点：本部监狱训练员入所试验事务处。

六、报名日期：本年七月二十日起，至本年九月十日止。

七、报名手续：须缴报名费一元（无论录取与否，概不退还），领取履历纸及保证书，于报名截止之日（即九月十日）以前，照式填缮详细履历，取具同乡现任委任官以上二员之保证，连同最近四寸半身照片二张及证明资格之文件，送缴本部监狱调练员入所试验事务处，掣取收据。

八、试验日期：本年九月二十一日。

九、毕业待遇：训练期满，请考试院派员，考试及格者授以及格证书，以委任监狱官任用。

《狱务研究所章程》

（二十一年四月　日公布）

第一条　司法行政部为改良狱务起见，设立狱务研究所。狱务研究所附设于法官训练所。

第二条　下列人员应分期入所研究，俱典狱长在职五年以上、著有成绩者，不在此限：

一、典狱长及分监长；

二、各监看守长；

三、各法院看守所所长、所官；

四、各县管狱员。

入所之先后由司法行政部指定之。

第三条　研究科目分为下列六种：

一、基本科目：

监狱学（沿革、监禁、戒护、作业、教化、卫生），监狱规则，刑事政策，刑法总论，刑法各论，刑事诉讼法，法学概论（公私法概论），会计法。

二、补助科目：

感化法，劳动法及工场管理法，教育学（社会教育、成人教育、低能儿教育），犯罪心理学，犯罪社会学，伦理学概论，社会政策，保护概论。

三、监狱实务：

阶级处遇法,被告人处遇法。

四、教养训练:

修养,训育,操练,国术。

五、实习:

狱务,统计,簿记,教务,营缮,指纹。

六、科外:

国民经济,警察行政,监狱建筑,科外讲演,社会事业。

第四条　研究期限定为六个月。

第五条　学员在研究期内,概支原薪。其所遗职务,另行派员代理。

第六条　研究期满,举行成绩考验,以平均分数满八十分以上者为甲等,满七十分以上者为乙等,满六十分以上者为丙等,不满六十分者为丁等,由狱务研究所造具名册,连同试卷,函由司法行政部部长核准后发给成绩证明书,仍回原任。

成绩考验列在甲等或丁等者,另由司法行政部分别奖励或降调。

第七条　研究所设所长一人,由法官训练所所长兼任之。

第八条　狱务研究所教员之定额及延聘,由所长商请司法行政部部长行之。

第九条　狱务研究所设事务员若干人,由法官训练所事务员兼任之。

第十条　狱务研究所因缮写文件、襄理杂务,得酌用雇员。

第十一条　狱务研究所教员及雇员之俸薪,由司法行政部部长定之。

第十二条　狱务研究所所长应按月造送支付预算书及支出计算书于司法行政部部长。

第十三条　本章程自呈奉 行政院核准公布日施行。

《修正监狱官练习规则》
(二十二年九月十八日公布)

第一条　经监狱官考试及格得有证书者,由司法行政部指定新监派往练习。但合于《高等或普通监狱官考试条例》第六条但书之规定者不在此限。

第二条　练习期间:高等监狱官考试及格者为一年,普通监狱官考试及格者为六个月,在监房工场及各科分期实习。

第三条　练习人员应受典狱长之指挥、监督。

第四条　典狱长对于练习人员,应随时随处加以切实指导,并将监狱所生事故发为问题,令作答案。

第五条　练习人员应作日记,每星期六呈由典狱长批阅。

第六条　练习人员每日应按照监狱勤务时间,随同监狱职员出勤,不得迟到或早退。

第七条　练习人员在实习时间应着制服。

第八条　练习期满,由典狱长就各该练习人员之操行能力及成绩出具切实报告书,连同日记呈部依法任用。

第九条　本规则自公布之日施行。

《修正监狱官练习规则第二条条文》
（二十四年二月六日部公布）

第二条　练习期间,高等或普通监狱官考试及格者均定为一年,在监房工场及各科分期实习。

《监狱学校规程》

第一条　监狱学校以养成监狱人才为宗旨。

第二条　监狱学校修业年限二年。

第三条　凡公立、私立监狱学校呈请设立,均须呈报司法总长,得其认可。

第四条　凡公立、私立监狱学校呈请司法总长认可时,须开具下列各项:

一、学校位置;

二、学生定额;

三、地基房舍之所有者及其平面图;

四、经费及维持方法;

五、开校年月;

六、校长、教职员之姓名、履历。

第五条　公立监狱学校征收学费,每月银元二元;私立监狱学校征收学费,每一学年至多不得过三十六元。

第六条　公立、私立监狱学校除遵照本规程外,关于学校管理学生学业成绩,考查操行成绩,考查学年、学期及休业日期、服制仪式等,概依教育部定各项规程办理。

第七条　监狱学校之学科如下:

法学通论,宪法,刑法,刑事诉讼法,法院编制法,监狱学,监狱施行细则,监狱实务,刑事政策,感化院制度,出狱人保护制度,民法大意,警察学,卫生学,心理学,统计学,建筑学,指纹学,体操。

第八条　监狱学校各科目授课时间由校长定订,呈报司法总长。

第九条　监狱学校学生入学资格如下:

一、年龄二十五岁以上,中学毕业及有与中学毕业相当之程度者;

二、曾于法律、政治学校修业二学期以上者。

第十条 凡公立、私立监狱学校学生肄业、期满毕业,得呈请司法总长,指定监狱练习实务。

第十一条 本规程自公布日施行。

《湖南管狱员练习暂行规则》

(部指四九六六核准二十四年三月二十一日)

第一条 现充本省各县旧监狱管狱员及在湖南高等法院登记之管狱员,由湖南高等法院派往湖南第一监狱练习之。

第二条 练习每年分为四班,以一月、四月、七月、十月为开始之期,每班暂以十五名为限。

第三条 练习期限定为三个月,前一个月在监房、工场等处练习,后二个月在各科所练习。

第四条 练习员须受典狱长之支配。

第五条 典狱长对于练习员应随时随处加以切实指导,并将监狱所生事故发为问题,令作答案。

第六条 练习员由监内发给日记簿,每日须将实习勤务事项详细记载于,退勤时呈由典狱长批阅。

第七条 练习员须按照监狱勤务时间,随同第三条规定,各该主任人员出勤不得迟到或早退。

第八条 练习员无故缺勤三次以上或不受指导者,得由典狱长呈请湖南高等法院停止其练习。

第九条 练习员在练习时间须着制服,暂照候补看守长服式。

第十条 练习员在练习期内一切费用概归自备。

第十一条 练习员不得入女监,但练习期满时得由典狱长带领参观之。

第十二条 练习期满,由典狱长考核成绩,评定分数,造具清册连同日记呈报湖南高等法院查核,酌量任用。但成绩不满六十分者即停止任用。

第十三条 本规则如有未尽,宜得随时修改之。

任 用

《公务员任用法》

(二十二年三月十二日公布)

第一条 公务员之任用,除法律别有规定外,依本法行之。

第二条 简任职公务员,应就具有下列各款资格之一者任用之:

一、现任或曾任简任职,经甄别审查或考绩合格者;

二、现任或曾任最高级荐任职二年以上,经甄别审查或考绩合格者;

三、曾任政务官一年以上者;

四、曾于民国有特殊勋劳,或致力国民革命十年以上而有勋劳者;

五、在学术上有特殊之著作或发明者。

第三条　荐任职公务员应就具有下列各款资格之一者任用之:

一、经高等考试及格,或与高等考试相当之特种考试及格者;

二、现任或曾任荐任职,经甄别审查或考绩合格者;

三、现任或曾任最高级委任职三年以上,经甄别审查或考绩合格者;

四、曾于民国有勋劳,或致力国民革命七年以上而有成绩者;

五、在教育部认可之国内外大学毕业而有专门著作,经审查合格者。

第四条　委任职公务员,应就具有下列各款资格之一者任用之:

一、经普通考试及格,或与普通考试相当之特种考试及格者;

二、现任或曾任委任职,经甄别审查或考绩合格者;

三、现充雇员继续服务三年以上而成绩优良者;

四、曾致力国民革命五年以上而有成绩者;

五、在专门学校以上之学校毕业者。

第五条　公务员之任用,除依前三条之规定外,并依其学识、经验与其所任之职务相当者为限。

第六条　有下列各款情事之一者,不得任用为公务员:

一、褫夺公权尚未复权者;

二、亏空公款尚未清偿者;

三、曾因赃私处罚有案者;

四、吸用鸦片或其代用品者。

第七条　简任职、荐任职公务员之任用,由国民政府交铨叙部审查合格后分别任命之。

委任职公务员之任用,由该管长官送铨叙部审查合格后委任之。

铨叙部接到前二项文件后,应即付审查,决定合格或不合格。

第八条　在请简呈拟委之期间,该管长官于必要时,得派有相当资格之人员代理,但代理期间不得逾三个月。

第九条　考试及格人员应按其考试种类及科目分发相当官署任用。

第十条　荐任职、委任职公务员,应就考试及格人员尽先任用。

考试及格人员之任用,以铨叙部分发先后为序。

第十一条　任用程序分为试署及实授。试署满一年者始得实授。

第十二条　初任人员应为试署,并从最低级俸叙起。但曾任公务员积有年

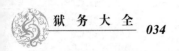

资及劳绩者,得按其原级叙俸。

有简任职资格而以荐任职任用,或有荐任职资格而以委任职任用者,得不适用前项之规定,并保留原有资格。

第十三条　本法于政务官不适用之。

第十四条　为施行本法,得由铨叙部分别拟订条例,呈由考试院转请国民政府核定之。

第十五条　本法施行日期以命令定之。

《修正公务员任用法施行条例》
（二十二年九月二十三日公布）

第一条　本条例依任用法第十四条之规定制定之。

第二条　本法所称政务官,以须经中央政治会议议决任命者为限。

第三条　本法第二条第一款、第二款,第三条第二款、第三款,第四条第二款所称"甄别审查合格",指经甄别审查合格,领有铨叙部证书者。所称"考绩合格",指在本法实施后依考绩法考绩合格者。

第四条　本法第二条第二款、第三条第三款、第四条第三款所称年限,应自国民政府统治之日起算。

荐任公务员之曾任简任职,或委任公务员之曾任荐任职者,应以最高级荐任职或最高级委任职并计其年限。

第五条　证明本法第二条第二款、第三款,第三条第三款,第四条第三款之年资者,须提出任状,如不能提出时,须有下列之一之证明:

一、原官署之证明;

二、有关系之公文书;

三、公报及其他足资证明之文件。

第六条　本法第三条第一款、第四条第一款所称考试,指依考试法举行之考试,或经考试复核委员会所复核之各种考试。所称"与高等考试相当之特种考试""与普通考试相当之特质考试",系指考试院指定之高等或普通特种考试。

证明前两项之资格者须提出考试及格证书。

第七条　本法第二条第四款所称之"特殊勋劳"、第三条第四款所称之"勋劳",除由本人开具事实外,须有下列之一之证明:

一、中央党部之证明书;

二、国民政府之文件。

第八条　本法第二条第四款所称之"致力国民革命十年以上而有勋劳者"、第三条第四款所称之"致力国民革命七年以上而有成绩者",除由本人开具事实外,须有中央党部之证明书。

第九条　本法第四条第四款所称之"曾致力国民革命五年以上而有成绩者",除由本人开具事实外,须有下列之一之证明:

一、中央党部;二、省党部;三、特别市党部;四、海外总支部。

第十条　本法第二条第五款所称"在学术上有特殊著作或发明者",须由本人提出著作或所发明之报告书及证件。

第十一条　本法第三条第五款所称"有专门著作,经审查及格者"须由本人提出,著作得由铨叙部送交专门研究机关审查之。

第十二条　证明本法第三条第五款上半段或第四条第五款资格者,须提出毕业证书。如不能提出时,须有下列之一之证明:

一、原学校之正式证明书;

二、教育部或该管教育厅之正式证明书;

三、毕业同学录或其他足资证明之文件。

第十三条　本法第四条第三款所称"继续服务",指在一机关中继续服务,现支该机关雇员最高薪额者。

第十四条　本法第七条所称"简任职、荐任职、委任职公务员之资格审查",应分别提出资格审查表及有关之证明文件。地方委任公务员之审查,在设有铨叙分机关区域,应向各该分机关提送之。

第十五条　公务员经审查合格任用后,应由各该机关将任用及到职日期暨所叙等级俸额报由铨叙部登记。但设有铨叙分机关之省市,关于委任公务员之登记事项,得迳报各该省铨叙分机关办理之。

第十六条　各机关荐委人员有缺额时,应依下列规定顺次序补:

第一次甲类　合于本法第三条第一款、第四条第一款资格者。

第二次乙类　合于本法第三条第二三四五款、第四条第二三四五款资格者。

第十七条　考试及格分发人员于叙用后,未经考绩,非因受惩戒处分而去职者,得向铨叙部申请改分。

上项申请人员如再度被用时,其试署期间得前后合并计算,但每员之去职申请以一次为限。

第十八条　考试及格人员之分发以规程定之。

第十九条　试署人员于试署终了时,应由主管长官考查成绩,加具考语,送由铨叙部审查后,分别呈请国民政府,或通知该管长官予以实授。其成绩不良者得降免之。

第二十条　本法第十三条所称"初任人员",系指在国民政府统治下无曾任简任、荐任、委任资历之人员。所称"从最低级俸叙起"系指从所拟任职务之各该官等最低级俸叙起。

第二十一条　本法第十二条下半段所称"曾任公务员,积有年资",系指在国民政府统治下,曾任与拟任职务较高,或同等之职务,在一年以上,有任状或原官署证明书,或其他足资证明之文件者。所称"得按其原级叙俸",系指得按其曾任职务之等级俸额酌叙级俸。

第二十二条　本法第十二条第二项所称"有简任资格而以荐任职任用,或有荐任资格而以委任职任用者,得不适用前项之规定",系指无庸试署,并不必从最低级俸叙起。所称"保留原资",系指与有原资相当官等缺出时,仍得提请任用。前项所称"有简任、荐任资格",其资格以合于本法第二条第一款、第三款,第三条第一款、第二款者为限。

第二十三条　本条例所适用之证明书及资格审查表格,其格式另定之。

第二十四条　本条例施行期以命令定之。

《监狱官任用暂行标准》

（二十一年六月十三日公布）

第一条　监狱官之任用,在《监狱官任用条例》未制定施行以前,依本标准行之。

第二条　甲种监狱典狱长,就有下列资格之一者遴任之:

一、经高等考试、监狱官考试及格,并练习期满或照章免予练习者;

二、现任或曾任甲种监狱典狱长,经甄别审查或考绩合格者;

三、现任或曾任乙种监狱典狱长,甲种监狱之分监长、主科看守长及地方法院以上看守所所长,合计八年以上,经甄别审查或考绩合格者;

四、现任或曾任司法官及荐任司法行政官,经甄别审查合格,并办监狱事务三年以上者;

五、在国立、或经最高教育行政机关立案或承认之国内外大学独立学院、专门学校修习政治、法律、社会、监狱等学科三年以上,毕业得有证书;曾于民国有特殊勋劳,或致力于国民革命五年以上而有勋劳,并办理监狱事务三年以上者;

六、得有第五款毕业证书,曾在前京师第一监狱练习,期满就监狱学科目著有专书,经司法行政部审查,认为足供监狱官指导或参考之用者;

七、得有第五款毕业证书,现任或曾任委任司法行政官,办理监狱事务五年以上,并经甄别审查或考绩合格者。

第三条　乙种监狱典狱长,甲乙两种监狱分监长、主科看守长、看守长,看守所所长、所官、管狱员,就有下列资格之一者,遴任之。但有第七款之资格者,初任时以甲乙两种监狱之看守长、所官、管狱员或乙种监狱之分监长及主科看守长为限:

一、经普通考试、监狱官考试及格,练习期满或照章免予练习者;

二、经监狱练习员考试或监狱官考试及格，并在前京师第一监狱练习期满，均得有证书，曾办监所事务者；

三、现任或曾任委任典狱长、分监长、主科看守长、看守长，看守所所长、所官、管狱员，经甄别审查或考绩合格者；

四、现任或曾任司法行政官，办理监狱事务三年以上，并经甄别审查或考绩合格者；

五、在警监学校监狱专修科或司法部核准之监狱学校毕业，得有证书，曾任或现任监所职员，经甄别审查或考绩合格者；

六、在专门学校修习法律、社会、监狱等科一年半以上，或在中学以上毕业，得有证书，曾于民国有勋劳或致力于国民革命五年以上而有勋劳，并办理监狱事务一年以上者；

七、曾任或现任候补看守长二年以上者。

第四条　教诲师及教师，应遴选在师范学校、高级中学或旧制中学毕业，或有同等学力且文理优长，善于讲演者派充之。

第五条　医士、药剂士、技士，应遴选在各该专门技术学校毕业，或有同等学力且富有经验者派充之。

第六条　得有第三条第六款毕业证书，曾充主任看守三年以上，著有成绩者，得呈司法行政部核准，派充候补看守长。

第七条　有下列各款情事之一者，虽有第二条至第六条各款资格，不得任为监狱官：

一、褫夺公权尚未复权者；

二、亏空公款尚未清偿者；

三、曾因赃私处罚有案者；

四、吸食鸦片或其代用品者；

五、精神病者；

六、残废或身体衰弱不能服务者；

七、曾受破产宣告尚未复权者；

八、有反革命行为经证实者。

第八条　初任或升任之荐任典狱长及委任监所职员，以派署为始，非满一年后著有成绩，委任监所职员不得实授，荐任典狱长不得荐署。荐署非满一年后不得实授。

第九条　监狱官之任用，司法行政部部长应将其资格及成绩提交审查委员会审查，决议后定之。审查委员会委员由司法行政部政务或常务次长、参事秘书、司长兼充，以政务或常务次长为委员长。

第十条　各高等法院院长得预将具有第二条、第三条各款资格人员，胪陈其资格、成绩及堪胜之任务,连同证明文件,呈请司法行政部部长交由前条委员会审查,决议后予以存记。

第十一条　本标准于呈准之日施行。

《监狱官审查委员会规则》

(二十一年七月二十日公布)

第一条　司法行政部依《监狱官任用暂行标准》第九条,设监狱官审查委员会。

第二条　监狱官审查委员会所任事务如下:

一、资格审查。

二、成绩审查。

第三条　资格审查就下列凭证文件行之:

一、学校毕业证书;

二、曾任监狱官或司法行政官之任命状;

三、曾应监狱练习员考试或监狱官考试及格证书,及监狱实地练习证书;

四、关于监狱之著述;

五、其他证明文件。

第四条　成绩审查就该管高等法院所具之监狱官成绩报告表行之。

第五条　监狱官审查委员会设委员长一人,委员四人。委员长以政务或常务次长充之,委员以秘书参事及司长充之。

第六条　监狱官审查委员会每月至少须开会二次,开会日期由委员长定之。

开会时以委员长为主席。委员长有事故时,得指定本会委员代理。

开会应有委员过半数之出席,议决应有出席委员过半数之同意。

第七条　审查委员会职员由司法行政部部员兼充,不另支薪。

第八条　各县监狱管狱员及看守所所长或所官之审查,由高等法院组织县监所职员审查委员会行之,并呈报司法行政部备案。

县监所职员审查委员会规则另定之。

第九条　本规则自公布之日施行。

《审查监狱官资格及成绩办法》

(二十一年七月二十日公布)

第一条　凡初任监狱官者,须先将履历及证明文件送由司法行政部,提交监狱官审查委员会审查。

第二条　监狱官审查委员会接收前条文件后,应分别荐任、委任,委任待遇及其官职按照《监狱官任用暂行标准》第二条至第六条规定审查之。

审查结果应记载于监狱官资格审查簿。

第三条　高等法院院长依据《监狱官任用暂行标准》第十条,预保人员应将履历及证明文件送交监狱官审查委员会审查。

审查结果应记载于预保人员资格审查簿。其审查合格者,应分别官职及其资格列表存记。

第四条　存记人员任用之次序,依下列标准定之:

一、任用之先后以资历定之。

二、资历相同者以存记年月日定其先后。

三、存记年月日相同者以学历定其先后。

四、学历相同者以毕业或考试成绩定其先后。

前项人员,司法行政部部长若认其资格优良者,得优先任用。

第五条　依《监狱官任用暂行标准》第八条,由派署呈改荐署、由荐署呈改实授者,应由高等法院调查该员办事成绩,填具成绩报告表(附表式),呈送司法行政部交由监狱司核签意见后提交监狱官审查委员会审查,审查结果应记于监狱官成绩审查簿。

第六条　曾经荐署或实授者,如调任他监所再呈改荐署或呈请实授时,得免送成绩报告表。

第七条　监狱官非在监狱任职满二年以上不得调任,但有特殊情形者不在此限。

调任办法应以本人成绩为根据,比较各地方情形及事务繁简定之。

第八条　各省区新监典狱长及法院看守所所长以下各职员,应由高等法院院长会同首席检察官,于每年年半及年终,汇集办事成绩,并就学识、操行加具切实考语,分别等级(应分甲乙丙丁四等),列表呈送司法行政部交由监狱司核签意见,随时提交监狱官审查委员会审查。

第九条　前条等级审查决定后,应由监狱司按照职别编列总表。

总表之次序依等级定之。等级同者依任职年限定之。

第十条　各省区监所高级职员如有缺额,监狱司应将该省次级职员列入甲乙等人员,依照表列次序开列呈核。如该省无甲乙等人员或因地方有特殊情形者,得以他省同级职员列入甲乙等人员开列。

第十一条　各监所进级人员,除依例进级者外,其未满二年择优呈保进级者,应按照本办法第五条所规定程序办理。

第十二条　本办法自公布之日施行。

《县监所职员审查委员会规则》

（二十一年八月五日公布）

第一条　高等法院依《监狱官审查委员会规则》第八条组织县监所职员审查委员会。

第二条　县监所职员审查委员会所任职务如下：

一、资格审查；

二、成绩审查。

第三条　资格审查就下列凭证文件行之：

一、学校毕业证书；

二、曾任监狱官或司法行政官之任命状；

三、曾应监狱练习员考试或监狱官考试及格证书，及监狱实地练习证书；

四、关于监狱之著述；

五、其他证明文件。

第四条　成绩审查就下列事项行之：

一、关于监所法令之遵守情形；

二、关于监所中各种建筑物及所属国有财产之整理保管情形；

三、关于监所经费之收支保管情形；

四、关于人犯个人关系之注意情形；

五、关于人犯精神改善及职业训练之实施情形；

六、关于人犯健康状态及卫生事项之设施情形；

七、关于人犯之戒护情形；

八、关于出狱人保护之注意情形；

九、其他关于各该员主管事项。

第五条　县监所职员审查委员会设委员长一人，委员四人。委员长以高等法院院长充之，委员以首席检察官、庭长、书记官长及当地甲种新监之典狱长充之。

第六条　县监所职员审查委员会每月至少须开会四次，开会日期由委员长定之。

开会应有委员过半数之出席，决议应有出席委员过半数之同意。

第七条　审查委员会职员由高等法院职员兼充，不另支薪。

第八条　审查县监所职员资格及成绩办法另定之。

第九条　本规则自公布之日施行。

《审查县监所职员资格及成绩办法》

（二十一年八月　公布）

第一条　凡初任县监所职员者,须先将履历及证明文件送由该管高等法院,提交县监所职员审查委员会审查。

第二条　县监所职员审查委员会接收前条文件后,应分别其资格及其官职,按照《监狱官任用暂行标准》第三条及第六条规定审查之。

审查结果应记载于县监所职员资格审查簿,其认为合格者,应分别官职及资格列表存记。

第三条　存记人员任用之次序依下列标准定之:

一、任用之先后以资历定之。

二、资历相同者以存记年月日定其先后。

三、存记年月日相同者以学历定其先后。

四、学历相同者以毕业或考试成绩定其先后。

前项人员,高等法院院长若认其资格优良者,得尽先任用。

第四条　依《监狱官任用暂行标准》第八条由派署改为实授者,应由该管县长调查该员办事成绩,填具成绩报告表(附表式),呈送高等法院交由监狱科核签意见后,提交县监所职员审查委员会审查,审查结果应记于县监所职员成绩审查簿。

第五条　曾经实授者,如调任他监所时,得免送成绩报告表。

第六条　县监所职员非在监所任职满二年以上不得调任,但有特殊情形者不在此限。

调任办法应以本人成绩为根据,比较各地方情形及事务繁简定之。

第七条　各县监所职员应由该管县长于每年年半及年终、汇集办事成绩,并就学识、操行加具切实考语,分别等级(应分甲乙丙丁四等),列表呈送该管高等法院,交由监狱科核签意见,随时提交县监所职员审查委员会审查。

第八条　前条等级审查决定后,应由监狱科按照职别编列总表。

总表之次序依等级定之。等级同者依任职年限定之。

前项总表应由高等法院按月呈报司法行政部备查。

县监所职员成绩报告表

官署	姓名 性别 别号数	年龄 性行	籍贯 体格	现职及等级	担任事务	任职年月	现支月俸	入党年月	铨叙部甄别审查合格证书号数	资格			著述	监狱科意见
										学历	经历	考语 等别		
曾否受过何种奖训					平时成绩					考核长官 职务 签名 盖印			中华民国　年　月　日　评定	中华民国　年　月　日　核签

第九条　各县监所职员如有缺额,监狱科应将存记人员依本办法第三条之规定开呈院长核派后,并呈报司法行政部备案。

第十条　本办法自公布之日施行。

县监所职员成绩报告表说明

县监所职员平时成绩应就下列事项详细叙述:

一、关于监所法令之遵守情形;

二、关于监所各种建筑物及所属国有财产之整理保管情形;

三、关于监所经费之收支、保管情形;

四、关于人犯之戒护情形;

五、关于人犯精神改善及职业训练之实施情形;

六、关于人犯健康状态及卫生事项之设施情形;

七、关于出狱人保护之注意情形;

八、其他关于各该员主管事项。

《司法官任用回避办法》

（二十一年一月　呈准）

一、各省区高等以下法院院长、首席检察官,不得以本省本区人充任,但边远及交通不便或有特殊情形者,暂得回避该法院管辖区域。

二、各省区各级法院推事、检察官应回避该法院管辖区域。

三、各省区应回避人员,由司法行政部酌定期间,分期调换。

四、本办法无论实缺、署缺、代理及候补司法官均适用之。

五、本办法第三款至第五款之规定,适用于法院书记官长、主任书记官、书记官及监所职员。

六、本办法自呈准日实行。

《湖南各县管狱员任用暂行章程》

（十七年六月二十七日司法部指令,湖南高等法院第二○一一号）

第一条　湖南各县管狱员在未经举行考试以前,依本章程规定任用之。

第二条　具有下列资格之一者得任为管狱员:

一、曾任管狱员一年以上确有成绩者;

二、曾经管狱员考试及格者;

三、在经核准之监狱学校、监狱专修科毕业,得有文凭者;

四、在警监学校毕业得有文凭者;

五、在法律、政治学校三年以上毕业,得有文凭者;

六、曾在新监所办理事务一年以上、著有成绩,或在新监实地练习一年以上、确有心得者;

七、曾充法院书记官三年以上、确有成绩者。

第三条 各县管狱员由高等法院院长遴员委任,呈由司法部核准备案。

第四条 有下列各款情形之一者不得为管狱员:

一、确有反革命行为者;

二、曾受徒刑之宣告者;

三、褫夺或停止公权尚未复权者;

四、受破产之宣告尚未复权者;

五、品行卑污或染有嗜好者;

六、有精神病或年力衰弱者;

七、其他法令有特别规定者。

第五条 管狱员应回避本县。其在该县继续居住三年以上者亦同。

第六条 各县管狱员惩奖条例另定之。

第七条 本章程自司法部核准之日拖行。如有未尽事宜,得随时呈请修正。

《河南各县管狱员及看守所长暂行任用条例》

(十八年六月十七日司法行政部指令,河南高等法院第五〇三六号)

第一条 各县管狱员及看守所长之任免,由高等法院院长依《各省高等法院院长办事权限暂行条例》第七条及本条例之规定处理之。

第二条 凡中国国民,年满二十岁以上,并为中国国民党党员,或深明党义,具有下列各款资格之一者,得任为各县管狱员及看守所长:

一、在国内外监狱学校或监狱专科修监狱之学一年以上,得有毕业文凭,并办理监狱事务半年以上,著有成绩者,或在新监狱练习半年以上,确有心得,或在法院监狱科充当书记官一年以上,办事有经验者;

二、经监狱官考试及格、练习期满者;

三、在国内外大学或高等专门学校习法律学三年以上,得有毕业凭证者;

四、充新监狱看守长一年以上,或充管狱员一年以上,著有成绩者;

五、有委任文官资格,办新、旧监所行政事务一年以上,著有成绩者,或新监狱练习半年以上,确有心得者。

第三条 有下列各款情事之一者,虽具有第二条各款之资格,不得任各县管狱员及看守所长:

一、有反革命行为者;

二、曾受徒刑之宣告,或褫夺公权,或停止公权尚未复权者。但因参加国民革命,在反革命势力之下处刑者不在此限;

三、品行卑污，被控有案，查明属实者；

四、受破产之宣告，确定后尚未复权者；

五、有精神病或年老力衰者；

六、侵蚀公款或亏欠公款者；

七、吸食鸦片者；

八、其他法令有特别规定者。

第四条 管狱员及看守所长之惩奖条例另定之。

第五条 本条例自呈准之日施行。

《热河各县管狱员任用暂行章程》

（十九年五月八日司法行政部指令，热河高等法院第五六七一号）

第一条 热河各县管狱员，在《管狱员任用章程》未奉令颁布通行及未经举行考试以前，依本章程之规定任用之。

第二条 具有下列资格之一者，得任用为管狱员：

一、曾任管狱员一年以上、确有成绩者；

二、曾经管狱员考试及格者；

三、在经核准之监狱学校或监狱专修科毕业，得有文凭者；

四、在警监学校毕业得有文凭者；

五、在法律、法政学校三年以上毕业得有文凭者；

六、曾在新监所办理事务一年以上，著有成绩，或在新监实地练习一年以上、确有心得者；

七、曾充法院书记官三年以上、确有成绩者；

八、有与委任职相当资格，在国内外法律、法政学校修习法律之学一年半以上，毕业得有证书者。

第三条 各县管狱员由高等法院院长遴员委任，呈由司法行政部核准备案。

第四条 有下列各款情形之一者不得为管狱员：

一、确有反革命行为者；

二、曾受徒刑之宣告者；

三、褫夺公权尚未复权者；

四、受破产之宣告尚未复权者；

五、品行卑污或染有嗜好者；

六、有精神病或年力衰弱者；

七、其他法令有特别规定者。

第五条 管狱员应回避本县，其在该县继续居住三年以上者亦同。

第六条 本章程自司法行政部核准之日施行。如有未尽事宜，得随时呈请修正。

《江苏上海第二特区监狱主任看守及看守任用标准暂行办法》

（二十四年四月部指七九四二号核准施行）

第一条　本监主任看守及看守之任用,除法令别有规定外,依本办法行之。

第二条　凡年在二十五岁以上五十岁以下,品行端正,身体强壮,五官健全,并具有下列各款资格之一者,得派充看守:

（一）看守考试及格,经练习期满者;

（二）曾任看守六个月以上、确无过犯者;

（三）在中学以上毕业,或有同等学力者;

（四）经看守训练毕业、得有证书者。

第三条　凡具有下列各款情形之一者,不得任用为主任看守或看守:

（一）年龄未满二十五岁或逾五十岁者;

（二）身体衰弱,或五官不健全,或有精神病及隐疾者;

（三）有不良嗜好者;

（四）品行不良者;

（五）经各监通知不许任用者;

（六）曾受徒刑执行或宣告者;

（七）曾受破产宣告或丧失财产信用者。

第四条　凡具备本办法规定看守资格而无缺额可补者,得先派备补看守。

第五条　凡主任看守,由本监长官在高级看守中遴选升任,但具有《监狱官任用暂行标准》规定委任以上资格或具有《普通监狱官考试条例》第二条所列各款之一以上资格或其他专门技术人才,不在此限。

第六条　本监主任看守、看守初任者之薪资,因受预算限制,暂照部颁《看守薪资规则》附表第八级叙支,但依次得进至同表第一级。至初任者资格充分或有专长者,得由本监长官酌量从优拟叙,呈报江苏高等法院第三分院院长核定。

第七条　本监主任看守、看守之薪资,除前条外,关于叙级、进级、特进、年功加薪等,均照部颁《看守薪资规则》办理。

第八条　备补看守得由本监长官酌给十元以上至十四元以下之薪资。

第九条　本办法如有未尽事宜,得随时呈请修改之。

第十条　本办法呈经转奉司法行政部核准施行。

《山东各县管狱员及看守所长暂行任用规则》

（十九年十二月六日司法行政部指令,山东高等法院第一四一四七号）

第一条　各县管狱员及看守所长之任免,由高等法院院长依《各省高等法院院长办事权限暂行条例》第七条及本条例之规定处理之。

第二条　具有下列各款资格之一者,得任为各县管狱员及看守所长,但第三款人员须办理监所事务一年以上,著有成绩,或在新监狱练习三月以上,确有心得者始得任用:

一、在国内外监狱学校或监狱专科修监狱学一年以上,得有毕业文凭,并办理监狱事务半年以上,著有成绩者,或在新监狱练习半年以上,确有心得者,或在法院监狱科充当书记一年以上,办事有经验者;

二、经监狱官考试及格,练习期满者;

三、在国内外大学或高等专门学校习法律、法政之学一年半以上,得有毕业凭证者;

四、充新监狱看守长一年以上,或曾充管狱员一年以上,著有成绩者;

五、有委任文官资格,办理新、旧监所行政事务一年以上,著有成绩者。

第三条　有下列各款情事之一者,虽著有第二条各款之资格,不得任各县管狱员及看守所长:

一、有反革命行为者;

二、曾受徒刑之宣告,或褫夺公权,或停止公权尚未复权者。但因参加国民革命,在反革命势力之下处刑者不在此限;

三、品行卑污,被控有案,查明属实者;

四、受破产之宣告,确定后尚未复权者;

五、有精神病或年老力衰者;

六、侵蚀公款或亏欠公款者;

七、吸食鸦片者;

八、其他法令有特别规定者。

第四条　管狱员及看守所长之惩奖,遵照现行法令办理。

第五条　本条例自呈准之日施行。

处 务

《修正官吏服务规程》
(二十二年七月五日公布)

第一条　官吏接奉任状后,除程期外,应于一个月内就职。但具有正当事由,经主管高级长官特许者,得延长之。其延长期间以一个月为限。

第二条　官吏应依法律命令所定,忠心努力,恪守誓言,执行职务。

第三条　官吏须诚实、清廉、谨慎、勤勉,不得有骄纵、贪惰、损失名誉之行为。

第四条　官吏不得假借权力,以图本身或他人之利益,并不得利用职务上之机会以加害于人。

第五条　长官就其监督范围以内所发命令,属官有服从之义务。但属官对于长官所发命令如有意见,得随时陈述。

第六条　官吏对于两级长官同时所发命令,以上级长官之命令为准。主管长官与兼管长官同时所发命令,以主管长官为准。

第七条　官吏对于本机关机密及未公布事件,无论是否主管事务,均不得泄漏,退职后亦同。

第八条　官吏应依法定时间到署办公。其有特别职务,经长官许可者不在此限。

第九条　官吏除下列情形外,不得请假:

一、疾病;

二、正当事由。

请假规则另以法令定之。

第十条　官吏无论直接间接,均不得兼营商业或公债交易所等一切投机事业。

第十一条　官吏除法令所定外,不得兼任他项职务。其依法兼职者不得兼薪。

官吏不得兼任新闻记者。

第十二条　官吏对于属官,不得推荐人员,并对其主管事件,不得为亲故关说或请托。

第十三条　官吏有隶属关系者,无论涉及职务与否,不得馈受财物。

官吏于所办事件,不得收受外间馈遗。

第十四条　官吏执行职务时,遇有涉及本身或其家族之利害事件,应行回避。

第十五条　官吏在职务内所保管之文书、财物,应尽善良保管之责,不得遗失、毁弃、私用、变更或借供私人营利之用。

第十六条　官吏对于下列各项与其职务有关系者,不得私相借贷,订立私人间互惠契约,或享受不当利得:

一、承办本机关或所属机关工程者;

二、经管本机关或所属事业来往款项之银行、钱庄;

三、承办本机关或所属事业公用物品之商号;

四、受有官署补助费者。

第十七条　官吏有违反本规程者,该管长官应按情节轻重依法申诫或惩戒。

第十八条　本规程凡受有俸给之公务员均适用之。

第十九条　本规程自公布之日施行。

《公务员交代条例》

（二十年十二月十九日公布）

第一条　凡中央地方各机关长官及其所属负有保管责任人员,前后任交代时,悉依本条例之规定。

第二条　前后任应交代之事项如下:

一、经费实领、实支及其余存数;

二、经收各款项已解、未解数;

三、票照存根及未用票照与票照性质类似之各种单证;

四、颁售及余存印花税票或其他债务;

五、公有财产及物品;

六、印章及各种文卷、图书、表册簿记、收支凭证。

第三条　前后任交代时,直接上级机关或主管长官应派员监盘。

第四条　前任人员应于后任接替之日,将印章及一切存款移交清楚,其余交代事项,至迟应于一个月内造具清册,悉数移交后任接收,非经取得交代清结证明书后不得擅自离去任地。但因病卸任或在任病故者,得由各该机关佐理人员代办交代,仍由前任负责。

第五条　前三条之规定,于因被裁而卸任之人员对接收人员移交时准用之。

第六条　凡款项交代,收入之款以票据印簿为凭,支出之款以单据为凭,公有财产及物品以财产目录、财产增损表及以前移交清册为凭。其有解款、划款、拨款者,解款以批回或银行、银号、钱庄票据为凭,划拨之款以往来文电及领款机关印收为凭。

第七条　后任或接收人员接到移交清册时,应即会同监盘员于十日内逐项盘查清楚,出具交代清结证明书,交前任或被裁人员呈缴并会呈上级机关或主管

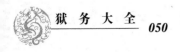

长官查核。

第八条　后任人员所造各项表册,其开始日期应与前任人员造报截止日期衔接。

第九条　前任或被裁人员,无论现任或调任,遇交代不清逾限一月以上者,停止任用一年;逾三月者,停止任用并限期严追。

第十条　因交代不清而逃匿或捏报病故者,除查封其财产抵偿外,并应依法惩处之。

第十一条　后任或接收人员对于交代故意留难或延不结报者,予以记过、减俸或免职处分。

第十二条　交代清册内,如发现有虚捏或漏报情事,除将前任或被裁人员照第九条、第十条分别办理外,应予后任或接收人员以记过、减俸处分,但自行揭报者不在此限。

前项情形,如后任或接收人员或监盘人员通同舞弊时,除依法惩处外,并应共负赔偿之责。

第十三条　因交代不清而停止任用之人员,任何机关不得予以任用。

第十四条　本条例施行规则由各主管机关分别定之。

第十五条　本条例自公布日施行。

《司法行政部所属各机关公务员交代条例施行规则》
(二十一年二月十六日公布)

第一条　本规则系依据《公务员交代条例》第十四条制定之。

第二条　卸任人员应将到任日期截至卸任前一日止所管下列各款之全部或一部,分别造具清册,移交接任人员:

一、经常、临时各项经费;

二、司法收入及印纸、状纸;

三、诉讼存款及赃物;

四、其他存款及保管物件;

五、作业收入及成品材料;

六、在监人及在押被告人;

七、公有财产及物品;

八、文卷簿记及收支凭证、折据。

第三条　卸任人员任内,应办各种收支月报及其他统计表册均须自行造报,并将底册移交接任人员。

前项底册如未移交,应由接任人员继续负责。

第四条　接任人员暨监盘员盘查交册,如发现亏短公款或挪用解款及诉讼存款情事,应立即揭报上级机关或主管长官核办。

第五条 接任人员接收征存未解之款,应于五日内扫数起解,至迟不得逾出具清结证明书之次日。

第六条 依《公务员交代条例》第九条至第十二条,应受之处分须依通常转报程序,呈请司法行政部核办。

第七条 接任人员暨监盘员依《公务员交代条例》第七条会呈交代清结情形,应依通常转报程序照录清册,呈赍司法行政部备查。

第八条 在《公务员交代条例》施行前发生之交代尚未清结者亦适用之。

第九条 本规则自公布之日施行。

《司法行政部处务规程第九条"监狱司掌理事务"》

（民国二十一年六月呈奉行政院第一五八〇号指令,饬以部令公布）

第九条 监狱司置下列四科:

第一科 掌理事务如下:

一、关于监狱看守所之设置或变更事项;

二、关于监所之组织管理及员额配置事项;

三、关于监所特别用度之查核事项;

四、关于监所人犯之出入及疾病、死亡事项;

五、关于监狱各种工业之兴废变更事项;

六、关于监犯之就役多寡及勤惰赏罚事项。

第二科 掌理事务如下:

一、关于监所职员及看守等练习考核事项;

二、关于监狱学校之审核事项;

三、关于监犯之教诲、感化及其他事项。

第三科 掌理事务如下:

一、关于监所之卫生及医药之考核事项;

二、关于监所人犯口粮之考核事项;

三、关于犯罪人之异同识别事项;

四、关于监犯之假释及出狱人保护事项;

五、关于犯人之脱逃事项。

第四科 掌理事务如下:

一、关于视察监所房屋构造事项;

二、关于视察监狱教诲、教育实施事项;

三、关于视察监犯健康状况及卫生实施事项;

四、关于视察作业进行事项;

五、关于视察监所经费收支事项；

六、关于视察监所全部事务、设施事项；

七、关于视察时人犯申诉事项；

八、关于出狱人保护会劝导事项；

九、关于县监所协进委员会指导事项。

《监狱处务规则》

(十七年九月二十一日国民政府司法部公布)

第一章 通则

第一条 监狱分设第一科、第二科、第三科、教务所、医务所。

第二条 各科设主科看守长，教务所设主任教诲师，医务所设主任医士。

分监不设科所。但遇有必要情形，得经典狱长之认可，呈明司法部长核定之。

第三条 主科看守长及各所主任，承典狱长之命令，掌本规则及其他规则所定各项事务。

第四条 各科事务有互相关联者协商行之。

第五条 各科所因事务关系有权限争议及意见不同时，取决于典狱长。

第六条 凡例行公文书，由典狱长拟定办法，交主管科所办理。除有不得已事由外，至迟不得逾三日。

第七条 凡公文书之有关于在监人权利、义务者，当迅速办理。

第八条 文书记录之保存方法另定之。

第九条 关于医士、教诲师等之处务规则另定之。

第二章 典狱长

第十条 典狱长当严守关于监狱之一切法令，并督率其他官吏使之遵行。

第十一条 典狱长当严禁所属各员私役在监人。

第十二条 关于监狱事务之上级官厅之命令，典狱长应记入训示簿，传示所属各员。

第十三条 典狱长对于监房、工场及其他一切场所二十四小时间须巡视一次。

第十四条 在监人之被服、卧具及其他有关于在监人之一切物品，典狱长须自检查之。

第十五条 在监人不守法规者，典狱长须自审问，除必要时，不使其他官吏列席。

第十六条 典狱长因训练及预防之必要得为消防及其他非常之练习。

第十七条 监狱中各种建筑物及所属之国有财产，典狱长须注意整理保管之。

第十八条　典狱长应每年二次以上巡视所辖分监及其他场所。

第十九条　监狱职员之处务、在监人之待遇及遵守事项,典狱长得于法令范围内发相当之命令、训示。

第三章　看守长

第二十条　第一科主管事务如下:

一、各种文件规则之起草及审查;

二、职员之登用、转任、免职、叙等、晋级、赏与、惩戒、年金给助及履历簿之编辑保存;

三、印信之典守及盖用;

四、统计之编制及其材料之收集,并各报告之作成;

五、文书之收发、处理及编制、保存、废弃等项;

六、职员、人民、在监人之请愿等之审查及处理;

七、收发室之监督、管理及值班顺序方法之查定;

八、在监人书信及令状等一切文书之收发;

九、在监人身份调查及身份簿之编制管理;

十、在监人之指纹摄影及保管;

十一、在监人携带物品之受付及保管;

十二、刑期之计算及刑之执行处分;

十三、公用及在监人使用书籍之整理及保管;

十四、在监人之携带乳儿及分娩;

十五、赦免、假释、减刑之申请及执行事务;

十六、在监人出狱及疾病死亡之通知;

十七、在监人接见及送入物之处分;

十八、预算、决算及经费之出纳;

十九、男看守、女看守之用免试验;

二十、不属于各科所主管事项。

第二十一条　第二科主管事务如下:

一、监狱警备及在监人之戒护检束;

二、男看守、女看守之勤务配置及休息;

三、看守以下之教习及训练;

四、看守寄宿舍之管理;

五、戒具及防火机之使用、试验及管理;

六、监房及诸门之启闭并其锁钥之管理;

七、在监人之押送;

八、在监人之食粮、衣类、卧具、杂物之分给及保管；

九、卫生、消毒、清洁法之施行；

十、作业之督饬检查；

十一、购入物之分配及管理；

十二、作业器具之检查；

十三、在监人监房、工场之异别；

十四、在监人各种呈请之调查；

十五、在监人之行状视察；

十六、在监人接见、书信之监视、检阅；

十七、在监人之疾病、死亡及尸体之处分；

十八、在监人逃走之追捕；

十九、在监人入浴、理发之施行；

二十、监狱出入者之管理；

二一、监狱内全部火具之管理；

二二、在监人书籍之授受及管理；

二三、看守以下使用公物之监督及检查；

二四、在监人赏罚之施行；

二五、在监人教诲、教育之管理；

二六、送入物之检查；

二七、监房及工场之检查；

二八、墓地之管理。

第二十二条　第三科主管事务如下：

一、物品之购入收支及保管；

二、建筑及修缮之工事施行；

三、不用品之变卖及保管、转换；

四、制作品之定做、保管、变卖；

五、物品卖价及工钱之征收；

六、保证金之保管及邮券之收支、保管；

七、佣役之雇入；

八、建筑物及官有财产之管理；

九、工业之种类选择；

十、工业之存废调查；

十一、工业之课程赏与金之计算及等级之升降；

十二、作业者之配置及转役；

十三、作业日课表之调查；

十四、赏与金之调查；

十五、制作品贩卖之评价；

十六、作业之原料、制品、器机之收支及保管；

十七、在监人食单更易之调查；

十八、看守以下贷与品之调制及保管、授受；

十九、在监人被服、卧具、杂物之调制、保管及授受；

二十、工业承揽之契约。

第四章　会议

第二十三条　典狱长当预定时间，于每星期二次以上召集看守长、医士、教诲师会议监狱一切事务。若有特别事务，典狱长得使前项以外之职员列席。

第二十四条　会议之事项如下：

一、关于调查在监者身份事项；

二、关于在监者衣服、卧具、疾病、疗养、卫生一切事项；

三、关于作业一切事项；

四、关于教诲、教育一切事项；

五、关于在监者赏罚等事项；

六、关于新入监人指定监房、工场及一切待遇事项；

七、关于出狱人行状、职业、家族之关系及应否保护事项；

八、关于在监人赦免、减刑、假释等事项；

九、关于在监人异同识别事项；

十、关于监狱建筑修缮等事项；

十一、关于监狱一切经费收支等事项。

第二十五条　典狱长于前次会议以后，所有在监人情状及一切事务之施行须使各主科看守长及各所主任为详悉之报告。

第二十六条　会议时设书记席，使记录会议之要领。

第二十七条　本规则自公布日施行。

《监狱教诲师、教师、医士、药剂士处务规则》

（十七年九月二十一日国民政府司法部公布）

第一章　教诲师之职务

第一条　教诲师承典狱长之命令，对于囚人专从事于培养道德之任务。

第二条　教诲分三种如下：

一、集合教诲；

二、类别教诲；

三、个人教诲。

第三条　集合教诲对于一般囚人于星期日、国庆日、纪念日等在教诲堂行之。

第四条　类别教诲须分别囚人之罪质、犯数、教育性情等,于工场或监房分类教诲之。

第五条　个人之教诲如下:

一、入监;

二、出监;

三、转监;

四、疾病;

五、亲丧;

六、惩罚;

七、接见;

八、书信。

第六条　赦免、假释及赏与教诲,得集合他囚人于教诲堂行之。

第七条　入监、出监及转监教诲于独居房行之。

第八条　疾病教诲于病监行之。

第九条　亲丧教诲于免服劳役日行之。

第十条　惩罚教诲于惩罚中及惩罚后行之。

第十一条　接见及书信教诲乘囚人感动时行之。

第十二条　对于昼夜独居者之教诲,每星期一次以上,于监房行之。

第十三条　教诲师须常巡视监房、工场,详察囚人之状况,并记录其大要,以备随时随事之教诲。

第十四条　教诲师应置教诲簿册备载教诲之程序及其成绩,每月汇呈典狱长核阅。

第十五条　关于囚人之赏罚,视为有必要时,得呈请于典狱长。若典狱长有咨询时,亦须陈述其意见。

第十六条　移送囚人于他监时,须将教诲上注意之特点及其他身份上之意见详细报告于他监。

第十七条　囚人有请阅读书籍时,须具适否之意见于典狱长。

第十八条　监狱未设置教师时,教诲师得兼任其职务。

第二章　教师之职务

第十九条　教师承典狱长之命令,从事于囚人之教育,注重党义之灌输。

第二十条　教师于就学者之年龄、智能、性情、境遇等,施个人适当之教育。

第二十一条　教师应置教育簿册,备载教育之课程及就学之年龄、月日并成绩优劣,每月汇呈典狱长核阅。

第二十二条　教授上必要之书籍、器具等，教师须注意管理。

第三章　医士之职务

第二十三条　医士承典狱长之命令，掌理关于囚人之检诊、治疗及监狱卫生之一切事务。

第二十四条　凡监房、工场、沟渠、厕所及一切场所之设备，须时加详察。

第二十五条　医士于劳役种类及方法认为有害囚人健康时，须陈述意见于典狱长。

第二十六条　囚人之身体、衣被及携带之物品，须注意使其清洁。关于沐浴、浣濯、熏晒等之规定，须随时督饬遵行。

第二十七条　医士应备置囚人健康诊断簿、病状日记簿、病状调治簿，详晰登注，每月汇呈典狱长核阅。

第二十八条　凡囚人新入监时，须检诊其身体，并记载其要领于囚人身份簿及健康诊断簿。

第二十九条　对于囚人之健康，宜随时就其居所视察。关于分居者尤须特别视察之。

第三十条　对于囚人之健康诊断，每半年至少须行二次，并记载其实况于健康诊断簿。

若认为有诊察之必要时，得不拘前项之次数。

第三十一条　凡诊察囚人疾病时，须将其姓名、病性、征候及处分等分别记载于病状日记簿、病状调治簿。

第三十二条　有流行病发生之兆及已发生时，须速报告典狱长，详考其病症并传染之状况，例行离隔及预防消毒之诸种方法。

当前项事故时，关于食物购求及物品送入停止等之处分，须具呈意见于典狱长。

第三十三条　囚人中认为有精神异常之疑虑时，须速施处遇方法，并报告于典狱长。

第三十四条　罹精神病、传染病及其他之疾病，认为在监狱不能施适当疗治者，得呈述意见于典狱长，为相当之处置。

第三十五条　治疗上施用手术，虑有危险之虞时，须预告于典狱长，得其许可。

第三十六条　对于患病人，认为有必要情形移置于病监者，须报其旨于典狱长。

第三十七条　对于病监之巡视，每日一次，考求清洁、温度及换气、离隔等之实益，更须将病者摄生看护诸方法详告主管员役。

第三十八条　对于患病人，认为健康上有运动之必要及须特别给付衣类物

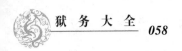

品者,须具陈其旨于典狱长。

第三十九条　患病人中,察知其有伪病及隐饰者,须报告于典狱长。

第四十条　对于患病新痊者,须酌定其堪任役业之种类,呈报于典狱长。

第四十一条　凡被处惩罚者,执行前必须为健康之诊断,若认为有不适当时,须陈述于典狱长。

第四十二条　对于废疾、危笃疾者,须将其情形报告于典狱长。

第四十三条　囚人死亡时,须将其死亡之原因及病状、死状等制作死亡证书,以备检察官相验时之参考。

第四十四条　给予囚人之食品数量,先协商于主任者,并时详察其烹调之方法。若于健康上认为不适当时,得陈述意见于典狱长。

第四十五条　对于看护夫,须切实纠察其服务,且常教以看护及救急治疗诸法,使练习看护上必要之事项。

第四十六条　检查看守志愿者之体格。

第四十七条　依典狱长之命令,得为监狱内各职员诊治疾病。

第四十八条　监狱未设置药剂士时,医士得兼任其职务。

第四章　药剂士之职务

第四十九条　药剂士承典狱长之命令,掌理调和药剂之事务。关于监狱卫生事项,得辅助医士之职务。

第五十条　药品及其他治疗之物品须缜密储藏。至于剧烈发毒等药,应另为庋贮。所有药盒之钥匙须置于一定处所。

第五十一条　药品及其他物品之收发、存储,每月须造具清册,送呈典狱长查核。

第五十二条　饮食物之分析、鉴别及其他卫生上必要之事项,得随时陈述意见于典狱长。

第五十三条　医疗器械、器具等须郑重保持。至贷与病者药瓶及诸用具,尤宜勤加洗濯,并定消毒方法。

第五章　附则

第五十四条　本规则自公布日施行。

《湖南高等法院整理各县旧监狱办法》
(二十四年三月二十一日部指四九六六核准)

第一条　本院所属各县旧监狱,分作三期整理,如下:

一、第一期:常德、醴陵、衡阳、邵阳、零陵、湘潭、澧县、桃源、岳阳、祁阳、益阳、安乡、浏阳、平江、耒阳、南县、衡山、华容、湘乡、湘阴、沅江、汉寿、临湘、宁乡等二十四县旧监狱。

二、第二期：桂阳、道县、武冈、茶陵、新宁、新化、东安、永明、宁远、常宁、郴县、宜章、江华、汝城、攸县、新田、安仁、鄘县、临武、嘉禾、桂东、蓝山、永兴、安化、资兴等二十五县旧监狱。

三、第三期：沅陵、溆浦、会同、永顺、保靖、永绥、芷江、慈利、黔阳、靖县、辰溪、临澧、凤凰、城步、龙山、泸溪、大庸、乾城、石门、麻阳、绥宁、桑植、晃县、通道、古丈等二十五县旧监狱。

上列第二、第三两期各旧监狱，遇有必要时得提前整理之。

第二条　由本院选派院监职员中富于监狱学验者为整理委员，依照前条规定，分赴各旧监狱实行整理。

第三条　整理委员对于修建、管理、戒护、卫生、作业、教诲、教育、给养以及一切设备等事项，应会同管狱员商订因地制宜整理方案，由管狱员负责实施。如在最短期内可以办竣者，整理委员得随时指导之。

第四条　整理委员与管狱员对于整理事项意见不能一致时，得将双方意见会呈本院核夺。

第五条　关于整理事项必须费用时，由整理委员、管狱员商由该管院县长官设法筹拨，如召集监所协进委员会解决，整理员亦得列席。

第六条　整理委员与管狱员对于整理事项应作成报告书，连同整理方案会呈本院查核。

第七条　选派院监职员充任整理委员者，仍留原缺原俸，旅费照常支给。

前项旅费暂由本院法收项下开支。

第八条　管狱员对于整理事项认真办理、卓有成效者，得酌给奖励；其因循敷衍者即予撤惩。

第九条　本办法如有未尽事宜，得随时修改之。

《山东少年监狱教务所处务规程》

第一条　少年监根据暂行办法第三条之规定制定本规程。

第二条　本所暂设教诲师一人，教师四人，科任教师若干人。

第三条　本所为处理教务上便利计，分设下列各股，除出狱人保护股由教诲师担任外，其余各股由教师分任之：

一、测验股；

二、成绩股；

三、统计股；

四、教学研究股；

五、出狱人保护股。

第四条　本所所长以教诲师充之。

第五条　每月开教务会议一次,请典狱长列席指导。于必要时得开临时会。

第六条　教诲师、教师每日应按照监狱规定时间到所办公。

第七条　教诲师、教师为专任职。

第八条　关于各股办事细则另定之。

第九条　教诲师秉承典狱长之命令,综理关于本监教务上一切重要进行事项,其职权如下:

一、订定本监少年犯教育方针及实施方案;

二、制定修改或废止本所各股办事细则;

三、规定全监学级编制方法;

四、支配教务进展之程序;

五、督促各股事务进行;

六、编排教学科目及时间;

七、指导教师随时实施各种教诲;

八、协定教材纲要及教学用书;

九、巡视各班教学状况;

十、召开教务会议并为主席;

十一、处理不属于其他各股之一切重要事项。

第十条　教师受教诲师之指导,处理下列各项职务:

一、主持全班班务并注意改进及发展;

二、协助所长编制本级课程表;

三、注意改进所任教科之教学方法;

四、考查本班少年犯之年龄、个性、境遇、智能等,加以道德之培养、智识之增进,随时实施教诲教育;

五、注意少年犯之体育,加以健康上必要之训练;

六、考察少年犯学课之学习过程,加以指导;

七、统计本班少年犯之各项成绩,报告教诲师,呈请典狱长核阅;

八、调制所担任各科之教学要目及实施录;

九、管理本班教室、教具、图书、仪器等;

十、分任本所各股事务;

十一、办理典狱长及教诲师交办事项。

第十一条　科任教师由典狱长就本监学识、经验两富之职员派充之,其任务如下:

一、注意改进所任教科之教学方法;

二、调制担任教科之教学细目及实施录;

三、考察少年犯学课之学习过程,加以指导;

四、评定少年犯学课成绩,并报告班任教师;

五、于必要时应分任本所各股事务暨典狱长交办事项。

第十二条　本规程经呈部核准施行。

《监狱官服制》

（附表）(民国四年六月体制馆呈准十七年六月部令三八五号,

除帽章须改用青天白日式,余暂适用。)

第一条　监狱官制服,除技士、教诲师、医士、药剂士外,均依附表及附图所定。

第二条　典狱长、看守长应着礼服时,于制服上加肩章,换礼帽、礼带,着短靴。但主任看守以下仅加肩章。

第三条　凡制服、制帽等料均用本国出品。

第四条　关于看守长制服之规定,管狱员准用之。

第五条　本制公布后一月内施行。

帽表（所用尺度以营造尺为准,各表同。图略。)

名称	地质	帽缘	帽章	眼庇	帽绊	形状
典狱长	与服同	同圆径一分,黑丝条三,于帽顶作交互形,但礼帽用全丝条为之	中为圆镜,缘以嘉禾,均用金色。横径一寸四分,直径一寸一分	革质,色与帽同	革质,黑色,左右金色纽各一	如第一图、二图、七图
看守长	同上	同上,但缘黑丝条二	同上	同上	同上	参照第一图、二图、七图
候补看守长	同上	同上,但缘黑丝条一	同上	同上	同上	同上
主任看守	同上	同上,但缘黑丝条二,无纵条	同上,但均用银色	同上	同上,但纽用银色	参照第一图及第二图
看守	同上	同上,但缘黑丝条一,无纵条	同上	同上	同上	同上

服表二

名称	地质	领章	袖章	肩章	纽	制式	形状
典狱长	用本国料，冬黑夏白	领口、各缘绣金一方，左右各缀嘉禾、圆镜，一缘黑丝条三，丝条制式与帽章同	袖口缘黑丝条三，作人字形，丝条制式与帽章同	长三寸五分，宽一寸五分，银地金边，边中缀银线一，中绣嘉禾、圆镜，均用金色	金色，圆形，中为圆镜，外缘嘉禾。大纽直径八分，小纽直径五分	服长与膝齐，袖与手脉齐，前对襟纽五，后下端开左右纽各一	如第三、第四、第五、第六第八、第十、第十一等图
看守长	同上	同上，但缘丝条二	同上，但缘黑丝条二	同上	同上	同上	参照上开各图
候补看守长	同上	同上，但缘丝条一	同上，但缘黑丝条一	同上	同上	同上	同上
主任看守	同上	无	同上，但作平行线二	同上，但用红地银边，边中缀红线一，嘉禾、圆镜均用银色	同上	同上	除袖章如第九图外，并参照第三、第五、第六、第十、第十一等图
看守	同上	无	同上，但作平行线一	同上	同上	同上	参照上开各图

裤表三

名称	地质	侧章	制式	形状
典狱长	与服同	黑色丝辫三，辫宽三分	前裆开，用暗扣上，缘左右用挂扣	如第十二图
看守长	同上	同上，但用辫二	同上	参照第十二图
候补看守长	同上	同上，但用辫一	同上	同上
主任看守	同上	无	同上	同上
看守	同上	无	同上	同上

刀表四

名称	刀身	刀柄壳及护手	刀鞘	刀带	刀穗	刀制式	形状
典狱长	钢制	铜质镀金，錾篆"某某监狱"字，用白鱼皮包裹	银色	皮制，黑色，但着礼服时得用丝制金色带，并换带扣	丝制，黑色	长二尺二寸，刀柄不计	如第十六、第十七、第十八等图
看守长	同上	同上	同上	同上	同上	同上	同上
候补看守长	同上	同上	同上	同上	同上	同上	同上
主任看守	同上	同上，但用黑鱼皮包裹	同上	同上，但用黄色	同上	同上	同上
看守	同上	同上	同上	同上	同上	同上	同上

外套表五

名称	地质	纽	带	袖章	制式	形状
各官均同	用本国料，黑色	左右各六	背皮，左右系带各一，中缀一扣，左右垂带各一，各缘三纽	与服同	长过膝，后下端开，正面斜袋左右各一	如第十三、第十四图

雨衣表六

名称	地质	制式	形状
各官均同	用本国料，黑色	长与外套同，上端作披风，无袖	如第十五图同

靴表七

名称	地质	制式	形状
各官均同	黑色	长靴与膝齐，短靴长过踝	如第十九、第二十、第二十一图

女看守制服表八

名称	帽	衣	裙	靴	形状
女主任看守	软质，圆形，色与衣同，边缘黑丝条二	冬黑夏白，袖口缘黑丝条二	筒形，色与衣同	革质，黑色	如第二十二、第二十三、第二十四、第二十五等图
女看守	同上，但边缘黑丝条一	同上，但袖口缘黑丝条一	同上	同上	同上

奖　　惩

《公务员惩戒法》

（民国二十年六月国府公布）

（第三条条文二十二年十二月修正公布）

第一章　通则

第一条　公务员非依本法不受惩戒,但法律别有规定者不在此限。

第二条　公务员有下列各款情事之一者应受惩戒:

一、违法;

二、废弛职务或其他失职行为。

第二章　惩戒处分

第三条　惩戒处分如下:

一、免职;

二、降级;

三、减俸;

四、记过;

五、申诫。

前项第二款至第四款处分,于选任政务官及立法委员、监察委员不适用之。第二款处分,于特任、特派之政务官不适用之。

第四条　免职除免其现职外,并于一定期间停止任用。前项停止任用之期间至少为一年。

第五条　降级依其现任之官级降一级,或二级改叙,自改叙之日起,非经过二年不得叙进。

受降级处分而无级可降者,比照每级差额减其月俸。其期间为二年。

第六条　减俸依其现在之月俸减百分之十或百分之二十支给,其期间为一月以上一年以下。

第七条　记过者自记过之日起,一年内不得晋级。一年内记过三次者,由主管长官依前条之规定减俸。

第八条　申诫以书面或言词为之。

第九条　惩戒处分由中央公务员惩戒委员会议决者,应于议决后七日内,连同议决书三份,报告司法院。被惩戒人为荐任职以上者,由司法院呈请国民政府或通知其主管长官行之;为委任职者,由司法院通知其主管长官行之。均应通知铨叙部。

惩戒处分由地方公务员惩戒委员会议决者,应于议决后七日内,连同议决书,通知被惩戒人之主管长官行之,并应同时报告司法院及铨叙部。

第三章　惩戒机关

第十条　监察院认为公务员有第二条所定情事应付惩戒者,应将弹劾案连同证据,依下列各款规定,移送惩戒机关:

一、被弹劾人为国民政府委员者,送中央党部监察委员会;

二、被弹劾人为前款以外之政务官者,送国民政府;

三、被弹劾人为事务官者,送公务员惩戒委员会。

第十一条　各院部会长官或地方最高行政长官认为所属公务员有第二条所定情事者,应备文声,叙事由,连同证据,送请监察院审查。但对于所属荐任职以下公务员,得径送公务员惩戒委员会审议。

第十二条　荐任职以下公务员之记过或申诫,得径由主管长官行之。

第四章　惩戒程序

第十三条　惩戒机关于必要时,对于受移送之惩戒事件,得指定委员调查之。

第十四条　惩戒机关对于受移送之惩戒事件,除依职权自行调查外,并得委托行政或司法官署调查之。

第十五条　惩戒机关应将原送文件抄交被付惩戒人,并指定期间命其提出申辩书,于必要时并得命其到场质询。

被付惩戒人不于指定期间内提出申辩书或不遵命到场者,惩戒机关得径为惩戒之议决。

第十六条　惩戒机关对于受移送之惩戒事件认为情节重大者,得通知该管长官先行停止被付惩戒人之职务。

长官对于所属公务员依第十一条之规定送请监察员审查或公务员惩戒委员会审议而认为情节重大者,亦得依职权先行停止其职务。

依前二项规定停止职务之公务员,未受免职处分或科刑之判决者,应许其复职,并补给停职期内之俸给。

第十七条　公务员有下列各款情形之一者,其职务当然停止:

一、刑事诉讼程序实施中被羁押者;

二、依刑事确定判决,受褫夺公权之宣告者;

三、依刑事确定判决,受拘役以上之宣告,在执行中者。

第十八条　依前二条停止职务之公务员,在停职中所为之职务上行为不生效力。

第十九条　公务员惩戒委员会委员之回避,准用刑事诉讼法关于推事回避之规定。

第二十条　惩戒机关之议决,以出席委员过半数之同意定之。出席委员之意见分三说以上不能得过半数之同意时,应将各说排列,由最不利于被付惩戒人之意见顺次算入次不利于被付惩戒人之意见,至人数达过半数为止。

第二十一条　惩戒机关之议决,应作成议决书,由出席委员全体签名。

前项议决书应由惩戒机关送达被付惩戒人,通知监察院及被付惩戒人所属官署,并送登国民政府公报或省市政府公报。

第五章　惩戒处分与刑事裁判之关系

第二十二条　惩戒机关对于惩戒事件,认为有刑事嫌疑者,应即移送该管法院审理。

第二十三条　同一行为已任刑事侦查或审判中者,不得开始惩戒程序。

第二十四条　同一行为在惩戒程序中开始刑事诉讼程序时,于刑事确定裁判前停止其惩戒程序。

第二十五条　就同一行为,已为不起诉处分或免诉或无罪之宣告时,仍得为惩戒处分。

第二十六条　同一行为虽受刑之宣告而未褫夺公权者,仍得为惩戒处分。

第六章　附则

第二十七条　应受惩戒之行为,虽在本法施行前者,亦得依本法惩戒之。

第二十八条　本法自公布日施行。

《修正公务员惩戒委员会组织法》
(二十三年五月二十二日国民政府公布)

第一条　公务员惩戒委员会直隶于司法院,除法律别有规定外,掌管一切公务员之惩戒事宜。

第二条　公务员惩戒委员会分下列二种:

一、中央公务员惩戒委员会;

二、地方公务员惩戒委员会。

第三条　中央公务员惩戒委员会置委员长一人,特任委员九人至十一人,简任,掌管全国荐任职以上公务员及中央各官署委任职公务员之惩戒事宜。

前项委员中应有三人至五人曾在国民政府统治下充简任法官者。

第四条　中央公务员惩戒委员会委员,非年满三十岁,于政治、法律有深切之研究并具有下列各款资格之一者不得作用:

一、曾在国民政府统治下任简任职公务员二年以上或荐任职公务员五年以上者;

二、对党国有特殊勋劳或致力革命十年以上者。

第五条　地方公务员惩戒委员会分设于各省,各置委员长一人,由高等法院院长兼任;委员七人至九人,掌管各该省委任职公务员之惩戒事宜。

前项委员由司法院就高等法院庭长及推事中遴派三人至五人,余就省政府各处厅现任荐任职公务员中遴派。

第六条 在直隶于行政院之市准用前条之规定,设地方公务员惩戒委员会,并得以地方法院院长兼任委员长,及遴派地方法院庭长及推事兼任委员。

第七条 惩戒事件之审议,在中央公务员惩戒委员会应有委员七人之出席,在地方公务员惩戒委员会应有委员五人之出席,由委员长指定一人为主席。

第八条 公务员惩戒委员会委员长综理会务,监督所属职员,对于惩戒事件得查察进行程序,但不得干涉惩戒。

第九条 中央公务员惩戒委员会置书记官长一人,荐任或简任,承长官之命,掌理典守印信,分配案件;书记官十五人至二十人,其中五人荐任,余委任,承长官之命,办理纪录编卷及其他事务。

第十条 中央公务员惩戒委员会为缮写文件及其他事务,得酌用雇员。

第十一条 地方公务负惩戒委员会之分配案件、纪录编卷等事务,由委员长调用法院职员办理。

第十二条 公务员惩戒委员会办事规则,由司法院定之。

第十三条 本法自公布日施行。

《监所职员奖惩暂行章程》

(八年四月二日司法部呈准公布)

第一条 监狱看守所职员之奖励,除别有法令规定外,依本条核办之。

一、办事敏速毫无贻误者;

二、戒护有方,未尝稍懈者;

三、作业售品,经营得法者;

四、卫生合法,死亡最少者;

五、尽心教导,感化多名者;

六、其他从事职务勤奋过人者。

有上列事实之一者,分别记功、记大功或记名升用,但成绩异常者得从优另请奖励。

第二条 监所职员之惩处,除别有法令规定外,依本条核办之。

一、办事迟误,屡诫不遵者;

二、疏脱人犯,情有可原者;

三、人犯变死,失于防范者;

四、挪用公款,图营私利者;

五、其他怠弃职务情节较轻者。

有上列情形之一者,分别记过、记大过、扣俸,但向无过失者得从轻先予

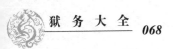

警告。

第三条　监所荐任、委任职员之成绩,由该长官分别考核,遇有应行奖惩事项,应具翔实之报告,呈候司法部核办,但委任待遇各员得由各该长官径行之,仍报告于司法部。奖励报告于年终为之,惩处报告于事项发生时为之。

第四条　所记功、过,准予抵消记功或记过三次,与记大功或记大过一次同。

第五条　监所职员因疏脱人犯应受扣俸处分时,其细数得照《县知事扣俸修监章程》办理。

第六条　各县监所未设专员时,关于奖惩各条之规定,县知事亦适用之。

第七条　本章程自呈准日施行。

《县知事疏脱人犯扣俸修监章程》

（六年一月二十一日内务司法部会同呈准公布）

第一条　县知事疏脱人犯,经该长官查明,情有可原,得准依本章程扣俸修监,呈请免付惩戒。但在本任内再有疏虞时不适用之。

第二条　扣俸标准列下:

一、疏脱死刑或无期徒刑人犯者,扣月俸三分之一;

二、疏脱一等至三等有期徒刑人犯者,扣月俸十分之二;

三、疏脱四等以下有期徒刑或拘役及由罚金易处监禁人犯者,扣月俸十分之一。

但上列各项人犯如疏脱之数在二名以上者,得展长扣俸期间,其期间至多一年为限。

第三条　疏脱刑事被告人,由高等检察厅斟酌案情,比照前条办法减半计算。

第四条　凡疏脱人犯能于三个月内缉获至半数者,给还扣俸之半;悉数缉获者全数给还。但内有死刑或无期徒刑暨其他重要人犯未能依限缉获者,除不给还扣俸外,并照章送付惩戒。

第五条　此项扣款核准后,应由高等检察厅呈请省长,令财政厅于该知事俸薪项下扣解该厅存储,按期汇报司法部。

第六条　此项扣款储为全省改良旧监补助费,不得移作别用。

第七条　依前条规定,动用此项扣款时应由高等检察厅呈请省长及司法部核准。

附则

第八条　本章程自公布日施行。

《江苏省捐款修建监所奖励暂行章程》

(十八年司法院指字三四号指令核准)

第一条　凡以个人名义或系私人结合之团体捐助改良监所经费者,依下列各款核给奖励:

一、捐款百元以上,三百元未满者,由高等法院核给奖证;

二、捐款三百元以上,五百元未满者,由高等法院核给黑字白地匾额;

三、捐款五百元以上,七百元未满者,由高等法院核给黑字红地匾额;

四、捐款七百元以上,千元未满者,由高等法院核给黑字金花红地匾额;

五、捐款一千元以上,三千元未满者,由高等法院呈请司法行政部给予黑字金地匾额;

六、捐款三千元以上,五千元未满者,由高等法院呈请司法行政部给予黑字花金地匾额;

七、捐款五千元以上,由高等法院呈由司法行政部呈请司法院院长呈请国民政府颁给匾额。

第二条　以动产或不动产捐助者,准折合银洋计算。

第三条　凡个人或私人结合之团体继续捐款在未给奖励以前,得合并计算,照第一条各款办理。

第四条　此项捐款由各县政府或由监所职责人员经募者,应随时呈报,汇解高等法院,存储国家银行,报部备查,专备修造监所之用。

第五条　凡能出力劝募改良监所经费者,依下列各款核给奖励:

一、募款在三百元以上者,核给第一条第一款之奖励,或由高等法院记功一次,并呈报司法行政部备案;

二、募款在千元以上者,核给第一条第二款之奖励,或由高等法院记功二次,并报部备案;

三、募款在二千元以上者,核给第一条第三款之奖励,或由高等法院记大功一次,并报部备案;

四、募款在五千元以上者,核给第一条第四款之奖励,或呈请司法行政部核给奖证;

五、募款在一万元以上者,予以第一条第五款之奖励;

六、募款任二万元以上者,予以第一条第六款之奖励;

七、募款在五万元以上者,予以第一条第七款之奖励。

第六条　捐款或募款者如系行政官吏,除依照第一条第五条各款分别奖励外,并须函知省政府查照备案。

第七条　本章程自奉司法行政部核准之日施行。

《湖南省捐款修建监所奖励暂行章程》

（十八年十一月八日司法院指令司法行政部第三三二号）

第一条　凡有个人名义或系私人结合之团体捐助修建监所者,依下列各款核给奖励:

一、捐款百元以上者,由高等法院核给奖证;

二、捐款三百元以上者,由高等法院核给黑字白地匾额;

三、捐款五百元以上者,由高等法院核给黑字红地匾额;

四、捐款七百元以上者,由高等法院核给黑字金花红地匾额;

五、捐款一千元以上者,由高等法院呈请司法行政部给予黑字金地匾额;

六、捐款三千元以上者,由高等法院呈请司法行政部给予黑字银花金地匾额;

七、捐款五千元以上者,由高等法院呈请司法行政部转呈司法院呈请国民政府颁给匾额。

第二条　以金钱以外之动产或不动产捐助者,折合银元计算。

第三条　凡个人或私人结合之团体继续捐款在未给奖励以前,得合并计算,照第一条各款办理。

第四条　此项捐款由县政府或由监所职责人员经募者,应随时呈报,汇解高等法院,存储湖南省银行,报部备查,专备修造监所之用。但各县监所有需修理情形临时募集者,须报高等法院核准,得暂存县政府。

第五条　凡能出力劝募修建监所经费者,依下列各款核给奖励:

一、募款在三百元以上者,核给第一条第一款之奖励,或由高等法院记功一次,并呈报司法行政部备案;

二、募款在一千元以上者,核给第一条第二款之奖励,或由高等法院记功二次,并报部备案;

三、募款在二千元以上者,核给第一条第三款之奖励,或由高等法院记大功一次,并报部备案;

四、募款在五千元以上者,给予第一条第四款之奖励,或呈请司法行政部核给奖证;

五、募款在一万元以上者,予以第一条第五款之奖励;

六、募款在二万元以上者,予以第一条第六款之奖励;

七、募款在五万元以上者,予以第一条第七款之奖励。

第六条　捐款或募款者如系行政官吏,除依照第一条及第五条各款分别奖励外,并须函知省政府备案。

第七条　前项经手人员倘有侵蚀、舞弊事情,应依法惩处。

第八条　本章程自奉司法行政部核准之日施行。

《河北省捐款修建监所奖励暂行章程》

（十九年一月二十七日司法行政部指令河北高等法院第一二号）

第一条　凡以个人名义或系私人结合之团体捐助修建监所经费者,依下列各款核给奖励:

一、捐款百元以上三百元未满者,由高等法院核给奖证;

二、捐款三百元以上五百元未满者,由高等法院核给黑字白地匾额;

三、捐款五百元以上七百元未满者,由高等法院核给黑字红地匾额;

四、捐款七百元以上一千元未满者,由高等法院核给黑字金花红地匾额;

五、捐款一千元以上三千元未满者,由高等法院呈请司法行政部给予黑字金地匾额;

六、捐款三千元以上五千元未满者,由高等法院呈请司法行政部给予黑字银花金地匾额;

七、捐款五千元以上者,由高等法院呈由司法行政部转呈司法院院长呈请国民政府颁给匾额。

第二条　以动产或不动产捐助者,准折合银元计算。

第三条　凡个人或私人结合之团体,继续捐款在未给予奖励以前,得合并计算,照第一条各款办理。

第四条　此项捐款由各县政府或有监所职责人员经募者,应随时呈报,汇解高等法院,存储国家银行,报部备查,专备修建监所之用。

第五条　凡能出力劝募修建监所经费者,依下列各款核给奖励:

一、募款在三百元以上者,核给第一条第一款之奖励,或由高等法院记功一次,并呈报司法行政部备案;

二、募款在一千元以上者,核与第一条第二款之奖励,或由高等法院记功二次,并报部备案;

三、募款在二千元以上者,核给第一条第三款之奖励,或由高等法院记大功一次,并报部备案;

四、募款在五千元以上者,核与第一条第四款之奖励,或呈请司法行政部核给奖励;

五、募款在一万元以上者,予以第一条第五款之奖励;

六、募款在二万元以上者,予以第一条第六款之奖励;

七、募款在五万元以上者,予以第一条第七款之奖励。

第六条　捐款或募款者如系行政官吏,除依照第一条及第五条各款分别奖励外,并须函知省政府查照备案。

第七条　本章程自奉司法行政部核准之日施行。

《山东省捐款修建监所奖励暂行章程》

（十九年十二月六日司法院指令司法行政部第四五二号）

第一条　凡以个人名义或系私人结合之团体捐助修建监所经费者，依下列各款核给奖励：

一、捐款百元以上者，由高等法院核给奖证；

二、捐款三百元以上者，由高等法院核给黑字白地匾额；

三、捐款五百元以上者，由高等法院核给黑字红地匾额；

四、捐款七百元以上者，由高等法院核给黑字金花红地匾额；

五、捐款一千元以上者，由高等法院呈请司法行政部给予黑字金地匾额；

六、捐款三千元以上者，由高等法院呈请司法行政部给予黑字银花金地匾额；

七、捐款五千元以上者，由高等法院呈请司法行政部转呈司法院呈请国民政府颁给匾额。

第二条　以动产或不动产捐助者，折合银元计算。

第三条　凡个人或私人结合之团体继续捐款在未给予奖励以前，得合并计算，照第一条各款办理。

第四条　此项捐款由县政府或有监所职责人员经募者，应随时呈报，汇解高等法院，存储国家银行，报部备查，专备修造监所之用。但各县监所有急需修理情形临时募集者，须报高等法院核准，得暂存县政府。

第五条　凡能出力劝募修建监所经费者，依下列各款核给奖励：

一、募款在三百元以上者，核给第一条第一款之奖励，或由高等法院记功一次，并呈报司法行政部备案；

二、募款在一千元以上者，核给第一条第二款之奖励，或由高等法院记功二次，并呈部备案；

三、募款在二千元以上者，核给第一条第三款之奖励，或由高等法院记大功一次，并报部备案；

四、募款在五千元以上者，给予第一条第四款之奖励，或呈请司法行政部核给奖证；

五、募款在一万元以上者，予以第一条第五款之奖励；

六、募款在二万元以上者，予以第一条第六款之奖励；

七、募款在五万元以上者，予以第一条第七款之奖励。

第六条　捐款或募款如系行政官吏，除依照第一条及第五条各款分别奖励外，并须函请省政府备案。

第七条　前项经手人员,倘有侵蚀舞弊情事,依法惩处。

第八条　本章程自奉司法行政部核准之日施行。

《江苏上海第二特区监狱主任看守及看守奖惩暂行办法》

(二十四年四月部指七九四二号核准施行)

第一条　主任看守、看守之奖励,由本监长官查照下列六种,酌量情形分别行之:

一、嘉奖;二、记功;三、记大功;四、奖给精勤证;五、记名提升;六、提升。

第二条　主任看守、看守之惩罚,由本监长官查照下列五种,酌量情形分别行之:

一、申诫;二、记过;三、记大过;四、降级;五、除名。

第三条　凡记三过等于一大过,记三功等于一大功。凡在两年考绩期内奖励、惩罚、处分得予抵消。又记过合计在三大过以上或降级二次以上,即予开除;记功合计在三大功以上或奖给精勤证三次以上,即予记名提升。

第四条　凡看守记过一次,扣薪资洋五角,记大过一次扣薪资洋一元五角;记功一次奖金洋五角,记大功一次奖金洋二元五角。主任看守功过照看守功过扣薪奖金办法加倍计算。

第五条　本办法数目,凡称"以上""以下",均连本数计算。

第六条　本办法如有未尽事宜,得随时呈请修改之。

第七条　本办法呈经转奉司法行政部核准施行。

《安徽高等法院看守所看守奖惩规则》 怀宁地方

(二十二年五月十七日核准)

第一条　本所看守之奖惩,除法令别有规定外,依本规则行之。

第二条　奖励分下列四种:

一、记功;二、记大功;三、记名擢升;四、升级。

第三条　惩戒分下列四种:

一、记过;二、记大过;三、降级;四、革除。

第四条　看守有下列成绩之一者,依第二条规定,分别予以奖励:

一、服务勤慎,并三月内未曾请假者;

二、三月内未曾请假,并请求加服夜勤,每月达五次以上者;

三、奉职勤劳,确有成绩,并于一年以内未受惩戒处分者;

四、于各号舍内或在押人身上搜出危险物或违禁物者;

五、见有火灾能异常出力、实时扑灭者;

六、探知暴动、越狱、逃走之阴谋,而能预为防止,经查究属实者;

七、遇有在押人逃走,能登时捕获者;

八、能捕获越狱逃走之在押人者;

九、能劝感在押人,确有改过自新之实据者;

十、遇天灾事变能护人命者;

十一、密告其他看守工役营私舞弊、破坏本所风纪,经查究属实者;

十二、拒绝收受在押人等贿赂小费并立即告发,经查究属实者。

前项情形,如有特别劳绩者,并得呈请法院优予奖励。

第五条　看守有下列情形之一者,依第三条之规定分别予以惩戒:

一、于勤务时间盘坐或任意谈笑及喧哗者;

二、于勤务时间睡卧或擅离岗位,私归休息室者;

三、于在押人面前举动不检或与其戏谑者;

四、任意损坏公用物品者;

五、与同人争斗或以私害公者;

六、上下班次及收封开封不遵守时刻者;

七、未经请假私自出署,或假期已满,未续假亦不销假者;

八、藐视长官或违抗命令者;

九、泄露秘密,使在押人知觉因而自尽者;

十、诈取在押人及其家属财物或私受其赠遗者;

十一、对于在押人妄作威福,或以私事役使,或肆行凌虐者;

十二、于本管区域内有在押人逃走而不知觉者;

十三、与在押人有其他不法行为者。

前项情形,如涉刑事范围者,于实施惩戒外,并应送请检察官侦查。

第六条　记功一次赏洋一角,记大功一次赏洋三角;记过一次罚洋一角,记大过一次罚洋三角。积功三次为一大功,满三大功者遇缺提升;积过三次为一大过,满三大过者降级,无级可降者革除。

第七条　前项功过赏罚,准予互相抵消,并于每月终,由主管看守长分别功过列表,呈送所长核阅公布之。

第八条　主管看守之奖惩,适用本规则之规定。

第九条　本规则于书记之奖惩准用之。

第十条　本规则如有未尽事宜,得随时呈请修正。

第十一条　本规则自呈奉司法行政部核准之日施行。

《修正热河省县长及管狱员疏脱监押犯处分暂行章程》

第一条　疏脱监押人犯之县长,除情节异常重大,查有应受褫职处分之嫌者,仍依例呈请交付惩戒。如有贿纵情事,并应交付法庭依法讯办外,余得依本章程呈请处分,免去请付惩戒程序,以期简严而资整饬,但本任内再有疏虞者不适用之。

第二条 疏脱监押人犯之管狱员,除认为情节轻微,仍依《监所职员奖惩暂行章程》第二条规定办理。如有贿纵及《刑法》第一百七十二条情事,并应交付法庭依法讯办外,余得依本章程呈请处分,但本任内再有疏虞者,仍得从重呈惩办,以资整饬。

第三条 各县疏脱监押犯,先将大概情形即日电报,并自逃脱之日起,限五日内将勘讯情形附具逃犯姓名、年岁、籍贯、面貌、案由表及姓名、年岁、案由、刑期各项清册,具文呈报高等法院。如逾限不报者,即依法作为匿报要案论,分别呈请惩办。

第四条 县长处分标准如下:

一、疏脱死刑或无期徒刑人犯者,扣月俸三分之一;

二、疏脱三年以上十五年以下有期徒刑人犯者,扣月俸十分之二;

三、疏脱二月以上三年未满有期徒刑或拘役及由罚金易处监禁人犯者,扣月俸十分之一。

但上列各项人犯,如疏脱之数在二名以上者,得展长扣俸期限,其期间至多以一年为限。

第五条 疏脱刑事被告人,由高等法院酌量案情,比照前办法减半计算。

第六条 县长疏脱人犯,能于两个月内缉获至半数者,给还罚俸之半;悉数缉获者全数给还。但内有死刑或无期徒刑暨其他重要犯未能依限缉获者,仍不给还罚俸。

第七条 县长于疏脱人犯后,如遇调任他县或撤任尚有未扣之俸,应照数核算,列入交代案内,移交后任接收,专案呈解高等法院。其继任人员若能将前任疏脱之逃犯于限内缉获重要人犯至全数或半数者,即将所扣前任之俸分别发还继任之员,以资奖励。

第八条 高等法院据县长呈报疏脱人犯后,即呈报司法行政部,并函省政府备案。俟县长将年貌表及逃犯清册呈送到院,即行照章拟处,呈请司法行政部核示遵行。

第九条 此项扣俸应由高等法院函请省政府,令财政厅于该县长俸薪项下扣拨高等法院存储,作为全省修监经费之用。

第十条 疏脱已、未决之管狱员先行记撤,如能于两个月内禀呈县长,缉获逃犯至半数者酌予记过,全数缉获者免议。若限满未能缉获或不及半数或虽至半数而非重要人犯者,即行撤差,以示儆惩。

第十一条 本章程如有未尽事宜,得随时呈请司法行政部修正之。

第十二条 本章程自呈奉司法行政部核准之日施行。

经 费 款 项

《监狱经费保管规则》

（十七年九月国民政府司法部公布）

第一条　监狱经费除法令有规定外，依本规则保管之。

第二条　经常费由第一科保管，作业费由第三科保管。

第三条　收入款项除填具领款证书（经常费）及收款证（作业费）外，须随时登记现金出纳簿。

第四条　收入款项除酌留若干应用外，应即存放妥实银行，领取存折及支票，并登记银行往来簿。提出时亦同。

前项留用之款，经常费不得过三十元，作业费不得过五十元。

第五条　支票由各该科主科看守长收存，存折及用作印鉴之图章由典狱长收存。

第六条　各项存折每届月终须持向银行核对一次。

第七条　购买物品其价值在五十元以上者，应用投标法或比较价格法。但系一家专有或一公司专卖之物品不在此限。

前项标单或比较价格单，应连同货样，提出监狱官会议审查决定。

第八条　物品购入后，典狱长须派他科人员会同收货人点验，并由收货及点验人员于单据上加盖印证，交与送货人，持向第一科或第三科取款。

第九条　前条单据经主科看守长复核无误，即加盖印章，并填具支票，送由典狱长查核盖章后，即将支票交付送货人，一面将单据分别登记保存。

第十条　各该科主任看守长每日须将收款证及支出单据连同现金出纳簿等，呈送典狱长核阅一次。

第十一条　本规则自公布之日施行。

《在监人物品保管办法》

第一条　在监人入监时所带物品，经第一科检查后，交由保管员保管之。如发现有监狱规则第七十七条情形时，应呈报监狱长官核办。

第二条　在监人之亲属馈送物品，除食物外，准用《在监人金钱保管办法》第二条第一项之规定。

第三条　保管员接受前二条之物品时，应将在监人姓名、番号、品名、数量登记于物品保管簿，使捺指印。

前项物品保管簿，每星期应呈送监狱长官查核。

第四条　保管之贵重物品及契据、印章等类，除依前条办理外，应纳入纸袋，眼同在监人封缄,并标明姓名、番号、数量,使捺指印,收藏于保险箱。其他物品于仓库收藏之。不洁之衣类应经洗濯或消毒后再为保管。

第五条　在监人请求发给保管物品时,须经监狱长官许可。发给时应令承领人于领物簿内捺印。

第六条　被保管之物品于在监狱人出监时发还之,并使其于物品保管簿内为领到之证明。

第七条　死亡或逃走者之遗留物,依监狱规则第八十二条规定办理。

第八条　本办法于看守所准用之。

第九条　本办法自民国二十一年一月一日施行。

《监狱慈惠费管理办法》

第一条　慈惠费以下列各款充之:

一、依惩罚或其他处分没收之在监人赏与金;

二、依《在监人金钱保管办法》第一条、第二条及第九条第二项规定没收之金钱;

三、依《在监人金钱保管办法》第六条规定所生之利息;

四、其他依监狱规则没收之金钱及物品变卖之代价。

第二条　慈惠费应由第一科保管员管理之。

第三条　慈惠费应存放当地国立银行或邮政储金局。如无国立银行或邮政储金局,则存放商立妥实银行或钱庄。

第四条　慈惠费之用途如下:

一、在监者携带子女之领养费;

二、在监者发寄私信所用之邮票及用纸;

三、出监者应交付之保管品洗濯或补缀费;

四、死亡者遗骸或遗留物之运送费;

五、重病者特种滋养品之购买费;

六、监狱规则第七十七条物品之处分费;

七、补助在监者家属之救济费。

前列各款概以在监人之无力自备者为限。

第五条　慈惠费之动支,应由监狱主科看守长开具理由,呈由监狱长官交付监狱官会议决定后,由保管员支付之,并取具收据。

第六条　保管员应将慈惠费收支簿及收据随时呈由主科看守长转呈监狱长官查核。

前项收支总数,每月应造具四柱表呈报高等法院。

第七条　本办法于看守所准用之。

第八条　本办法自民国二十一年一月一日施行。

《在监人金钱保管办法》

第一条　在监人携带之金钱,应于入监时点交第一科保管员保管。如匿不交出,得依监狱规则第八十条第二项办理。

第二条　由外送入在监人之金钱,应由收发处代收,填具收据,送由第一科主科看守长签名盖章后,交给送款人收执,一面将金钱送交保管员保管,并通知在监人。但有监狱规则第八十条第一项情形时,应呈报监狱长官核办。

监狱看守人等如有受在监人之请托私为传送金钱者,一经查出,应即呈报监狱长官惩处,其送入之金钱得没收之。

第三条　前二条金钱如发现有伪造或不适用者,应即退还送入人,或呈明长官没收之。

第四条　在监人应得之赏与金,每月由第三科示知本人后交保管员保管。

第五条　前三条之金钱,应由保管员登记金钱保管簿,除有价证券及赏与金外,应取具在监人印鉴,并以其名义代存当地国立银行或邮政储金局。如无国立银行或邮政储金局,则代存商立妥实银行或钱庄,利息归在监人所有,其存折由保管员保管之。但赏与金不满十元者,应由保管员将第一条、第二条之金钱酌留十元,以备应用。

保管之有价证券,应于本息到期时兑取现金,依前项办理。

第六条　保管之金钱,除有价证券及银行存折外,存留现金不得过百元,其余应以监狱名义,按照前条规定送出存放,其利息充监狱慈惠费之用。

第七条　存放款项之银行、钱庄或邮政储金局,应呈报高等法院查核。

第八条　保管之赏与金及第五条规定酌留备用之金钱,应填手折,发给在监人收执。其支用完讫时,应将手折缴销。

第九条　依第一条及第二条第二项没之金钱,自处分之日起一月内,如该在监人别无违背监狱纪律情事,得由第二科斟酌情形,呈请监狱长官核准发还之,并依第五条第八条规定办理。

没收之金钱,经过前项期间而未发还者,拨充监狱慈惠费之用。

第十条　在监人因购买物品或其他用途声请支用被保管之金钱,应将用途及金额填具声请书,连同手折,呈由监狱长官核准后,送交保管员办理。

前项声请书应由保管员保存。

第十一条　在监人出监时存有金钱,应持手折向保管员领取,并将手折缴销。其有第五条保管之存折,应交还之,并令其为收到之证明。

第十二条　在监人死亡或逃走后,遗留之金钱依监狱规则第八十二条规定办理。但逃走者遗留之赏与金,应依同规则第四十四条第二项处分之。

第十三条　保管员应将逐日旧管、新收、开除、实存各款开列清册,连同保管簿,送由主科看守长转呈监狱长官查核。前项收支总数,每月应造具四柱表呈报高等法院。

第十四条 保管之金钱不得挪用。

第十五条 本办法于看守所准用之。

第十六条 本办法自民国二十一年一月一日施行。

《江苏各县旧监狱及法院看守所保管存款办法》

（附表）（十八年十二月十八日司法行政部指令
江苏高等法院第一一五〇二号）

一、各县旧监狱管狱员及法院看守所所长经管银钱每日结存款项,除按照翌日需用,限度酌留现金以备开支外,其余应悉数存放本地殷实银行。如无银行地方,应存放殷实银号或钱庄,遇需用时再随时支取。

二、保管款项应按每日滚结数目及存放数目,随时填入报告表,俟月终时呈报高等法院。

三、存放之银行或银号钱庄须呈报高等法院查核。

四、高等法院应派员分赴所属各监所,随时抽查,至少每三个月应将各监所遍查一次。

五、各监所保管款项,如违背本办法或所填报之报告表,与实际数目不符及不按月呈报者,由高等法院分别予以惩处。

某某监狱或某某法院看守所存款报告表

日别 \ 款目 滚存数及存放数	保管金	赏与金	作业余利	节余囚粮	余额囚粮	经常费	合计	备考
滚存数								
存放数								

说明:

一、表面直长公尺二寸八分五厘,横宽二寸,边线直长二寸五分五厘。

二、本表由各旧监狱管狱员或看守所长按日填记,于翌月五日以前具报。

三、滚结数系包括本日结存及本日以前结存而言,如前月结存二百元,本月一日结存一百元,则滚结数为三百元,又如一日滚结三百元,二日支用一百五十元,则二日滚结数应填一百五十元。

四、存放数一栏,填载所留现金以外存放银行或银号钱号之数,其银行或银号、钱号牌名,须于备查栏记明。存放在两处以上者,并须注明某处存放若干。

五、行数依国历月份大小定之。是日滚结数无变动者,仍须依前一日数额照例,不得省略。

六、造报年月日及管狱员或看守所长署名、盖章于末行之。

中华民国

                                        年 月 日

                        管狱员   （署名盖章）

                        看守所长   （署名盖章）

薪　俸

《监所职员官俸暂行条例》

（七年五月公布）

第一条　监所职员俸给，依本条例所定俸给表。

第二条　监所职员之官俸如下：

甲种新监狱：

典狱长　荐任十一级至一级俸

分监长　委任九级至一级俸

主任看守长　委任十一级至一级俸

看守长　委任十三级至五级俸

乙种新监狱：

典狱长　委任九级至一级俸

分监长　委任十三级至五级俸

主任看守长　委任十三级至七级俸

法院看守所

所长　委任十一级至一级俸

所官　委任十三级至七级俸

第三条　监所职员之叙级、晋级由司法部长行之。

第四条　监所职员经司法部派署后，执务满二年应晋一级。但二年内曾受惩戒处分或因事请假逾二月、因病请假逾六月者不在此限。

第五条　监所职员受至各该最高级俸在五年以上、确有劳绩者，荐任职员得给以四百元以内之年功加俸，委任职员得给以一百八十元以内之年功加俸。

前项年功加俸由司法部长定之。

第六条　本条例施行时，现支俸给不及本条例所定俸给表最低级俸额者，应依最低级俸额叙支；其受有与俸给表各级相当之俸者，即为现叙之级，但其俸额如有零数逾一级俸额之半数者，晋一级，不满者，削除之；其现支俸额已超过最低级一级俸额者，由司法部长另行核叙。

第七条　监所职员官俸发给细则适用司法官官俸发给细则之规定。

第八条　本条例施行日期，由司法部长呈请国民政府定之。

监所职员俸给表

级别 \ 职别	荐任	委任
一	四〇〇元	一八〇元
二	三八〇	一七〇
三	三六〇	一六〇
四	三四〇	一五〇
五	三二〇	一四〇
六	三〇〇	一三〇
七	二八〇	一二〇
八	二六〇	一一〇
九	二四〇	一〇〇
一〇	二二〇	九〇
一一	二〇〇	八〇
一二		七〇
一三		六〇

《修正监所委任待遇职员津贴暂行规则》

（十九年十一月十四日公布）

第一条　监所委任待遇职员之津贴,依本规则所定"委任待遇职员津贴表"。

第二条　监所委任待遇各职之津贴如下:

一、甲种新监狱(容额五百人以上者)

教诲师	九级至一级
医士	九级至一级
候补看守长	十四级至十一级
教师	十六级至十三级
药剂士	十六级至十三级

分监

教诲师兼教师	十一级至五级
医士兼药剂士	十一级至五级
候补看守长	十五级至十三级

二、乙种新监狱(容额不满五百人者)

教诲师兼教师	十一级至五级
医士兼药剂士	十一级至五级
候补看守长	十五级至十三级

分监

教诲师兼教师	十五级至十一级

医师兼药剂士	十五级至十一级
候补看守长	十六级至十四级

三、法院看守所

医士兼药剂士	十一级至五级
候补看守长	十五级至十三级

第三条　监所委任待遇职员初任职者,其津贴应自最低级叙支。

前项职员之叙级,由各该长官拟定,呈由高等法院呈请司法行政部核准行之。晋级时亦同。

第四条　监所委任待遇职员,经司法行政部派充后,执务满二年即应进一级。但二年内曾受惩戒处分或因事请假逾二月、因病请假逾六月者不在此限。

第五条　本规则施行时,现支津贴不及本规则所定津贴最低级额者,应依最低级额叙支;其受有与津贴表最低级相当之津贴者,即为现叙之级,但其津贴如有零数逾一级津贴额之半数者,进一级,不满者,削除之。

第六条　监所委任待遇职员津贴发给细则适用司法官官俸发给细则之规定。

第七条　本规则施行日期由司法行政部令定之。

附监所委任待遇职员津贴表

一级	二级	三级	四级	五级	六级	七级	八级
一六〇元	一五〇	一四〇	一三〇	一二〇	一一〇	一〇〇	九〇
九级	十级	十一级	十二级	十三级	十四级	十五级	十六级
八〇	七〇	六〇	五五	五〇	四五	四〇	三五

《司法官官俸发给细则》

附表二(监所官准用)

(十七年六月十五日公布)

第一条　司法官官俸之发给,除别有规定外,均依本细则行之。

第二条　各级法院之官俸于每月最终一周间内发给。

第三条　年功加俸得计算每年所加总额,按月均分,与官俸同时发给。

第四条　退职或死亡时仍给本月全俸,其退职或死亡在第二条日期前者,得即时发给。

退职在本月以外,仍继续清理公务时,得按日计算给俸,至完结之日为止。

第五条　初任官、转任官之俸,均自到官之日起算,但转任官在程期以内,得支转任官缺之半俸。

前项转任程期,自交卸之翌日起算,由甲省至乙省者,适用司法官调任、转任官员由所在地方赴任程限表之规定。仍在原省者,由各该长官核定后报司法部备案。

第六条　转任者,前任官厅得按日计算,临时发给其应支之俸,至交卸之日为止。

第七条　暂署者支所署官缺最低级全俸,若原俸高于所署官缺之俸时仍支原俸。

第八条　代理者依下列各款支俸:

一、因本员请假转任或其他事故而代理不满十日者,及因本员出差而代理一月以内者,仍支原俸。

二、因本员请假转任或其他事故而代理十日以上者,支代理官缺最低级半数,其原有之俸亦支半数。若原俸高于代理官缺之俸时,仍支原俸。

三、代理者在本员请假回籍程期内,照第二款支俸。

四、代理者除去前款程期所余不满十日或十日以上者,在此所余之代理日期内,分别照第一款或第二款支俸。

五、因本员出差而代理一月以上者,其应支俸额,得由各该长官呈报司法部核定。

第九条　出差者仍支原俸。

第十条　凡请假不满十日者仍支原俸,但转任官在途请假者,虽不满十日,支半俸。

请假十日以上者,因丁忧三月以内,因省亲二月以内,因病四十日,因事二十日以内,均支半俸,自准假之日起算,逾期者停止支俸。

请假须回籍者,其假期除去程期计算之,程期内得支半俸。

请假回籍程期视所经地方交通便利与否,于本细则第五条转任程期二分之一范围内,由各该长官从严核定,造报司法部备案。

回籍省亲以二年一次为度。

因重大疾病或因公致疾时特别给假者,其假期内应支俸额,得由各该长官声叙特别事由,报司法部核定。

第十一条　一年以内因事请假积算逾三十者,因病请假积算逾九十日者,计其一年之俸扣四分之一。但已照第十条第二项因事假、病假逾期停支之俸额,得分别抵除之。

前项扣俸以九个月为期限,每月平均扣九分之一,如适值退职或死亡时,以本月应扣之俸额退还之。

第十二条　依照《司法官惩戒暂行条例》,停职者在停职期间内应停止支俸。

第十三条　法院书记官、翻译官及监所职员俸给发给准用本细则之规定。

第十四条　本细则自民国十七年七月一日施行。

各本省境内司法官赴任程限表

附郭地方	十五日	
距省百里以上	三十日	
距省五百里以上	四十日	如交通便利地方限二十日
距省千里以上	六十日	同上

司法官调任转任官员由所在地方赴任程限

	京	苏	赣	皖	浙	鄂	湘	闽	粤	豫	晋	鲁	陕	甘	川	桂	黔	滇	新	直	热	奉	吉	黑
京																								
苏	一五																							
赣	二〇	二〇																						
皖	二〇	二〇	二五																					
浙	二〇	二五	二五	二〇																				
鄂	二五	二五	三〇	二〇	二五																			
湘	二五	三〇	三五	二〇	三〇	二〇																		
闽	三〇	三五	三〇	二五	二五	三五	四〇																	
粤	三〇	三〇	三〇	三〇	三五	三五	三五	二五																
豫	二五	二五	二五	二〇	三〇	二〇	二五	四〇	四〇															
晋	二〇	二五	三〇	二五	三五	二五	三〇	四五	四五	二〇														
鲁	二五	二〇	三五	三〇	四〇	三〇	三五	五〇	五〇	二五	三五													
陕	四〇	四〇	四〇	四〇	四五	三五	四〇	五五	五五	三〇	三〇	四五												
甘	七〇	七〇	七〇	七〇	七〇	六〇	六五	七五	七五	六〇	六〇	七〇	三〇											
川	五五	六〇	六五	六〇	六五	五五	五五	六五	六五	五五	六〇	七五	五〇	四〇										
桂	六〇	六〇	六五	六〇	六五	六〇	五五	二五	二五	六五	七〇	八〇	六〇	六〇	三五									
黔	八〇	八〇	八五	八〇	八五	七五	七五	九〇	九〇	八五	九〇	一〇〇	八〇	八〇	四〇	三五								
滇	八〇	八五	八五	八五	八五	八〇	八〇	九五	九五	九〇	九五	一〇五	九〇	八五	五〇	四五	二五							
新	一〇五	一〇五	一一五	一〇五	一一〇	一〇五	一〇五	一一五	一一五	一一〇	一四五	一四五	一四〇	八〇	一一〇	一四五	一四五	一四五						
直	二五	二五	三五	三〇	四〇	三〇	三五	五〇	五〇	二五	二五	二〇	四〇	七〇	六〇	八〇	八〇	八〇	一〇五					
热	三五	三五	四五	三五	四五	四〇	四五	五五	五五	三五	三五	三五	四五	八〇	七〇	八五	八五	八五	一一〇	二〇				
奉	三〇	三〇	四〇	三五	四〇	四〇	四五	五五	五五	三〇	三五	三〇	四〇	七〇	六五	八〇	八〇	八〇	一〇五	二五	二〇			
吉	三五	三五	四〇	四〇	四五	四五	五〇	五〇	五〇	三五	三五	三五	四五	七五	七〇	八五	八五	八五	一一〇	三〇	二五	二〇		
黑	四〇	四〇	五〇	四五	五〇	五〇	五五	五五	五五	四〇	四〇	四〇	五〇	八〇	七五	九〇	九〇	九〇	一一五	三五	三〇	二五	二〇	

《江苏上海特区监所职员补助俸津办法》

（司法行政部二十二年十二月呈准施行）

第一条　江苏上海特区监所职员,除依《监所职员官俸暂行条例》及《修正监所委任待遇职员津贴暂行规则》叙支俸津外,得照下列数额分别给予补助俸津:

一、典狱长、分监长兼看守所所长暨民事管收所所长六十元至一百元。

二、看守长、教诲师、医士　四十元至六十元。

三、候补看守长　二十元至四十元。

四、教师、药剂士　十元至三十元。

第二条　给予补助俸津之额数,由司法行政部部长按各员资历核定之。

第三条　补助俸津尚未受至第一条所定最高额之人员,执务满一年以上者,办事成绩确系优良者,司法行政部部长得酌予增给。

第四条　叙支本俸本津贴较低之人员,给予补助俸津得超过第一条所定之最高额,但超过之数不得逾所叙支之本俸本津贴与其最高级之差额,本俸本津贴晋级时,并应照数递减。

第五条　本办法自公布之日施行。

视　察

《视察监狱规则》

（二十一年五月十九日公布）

第一条　视察监狱,除法令别有规定外,依本规则行之。

第二条　视察监狱以视察员及营缮、作业、卫生、教务、会计等专门人员任之。

第三条　视察监狱应将下列各项严密检查之:

一、房屋构造之状况;

二、教诲、教育实施之状况;

三、监犯健康及关于卫生之实施状况;

四、作业进行状况;

五、经费收支状况;

六、监狱全部事务设施状况。

第四条　视察员遇有人犯申诉事项,应即处理之。

第五条　视察监狱时,于其地方设有感化院、出狱人保护会及监所协进委员会者,并调查之。

第六条　视察员及各专门人员应将视察情形据实记录,不得委托监所职员

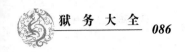

代为办理。

第七条　视察员每视察一处，须根据记录作成报告书，如有改良意见，另具意见书附呈查核。但立时可办者，得先指导办理，并于报告书内声明。

第八条　本规则于视察看守所准用之。

第九条　本规则自呈准公布之日施行。

《视察各省区司法规程》

（二十一年五月十日司法行政部公布）（同日施行）

第一条　司法行政部部长应视察各省、区法院及监所，每年至少一次。部长因事不能前往时，得派次长、参事司长、最高法院检察署检察官或委托司法院参事、最高法院庭长推事或富有法律学识经验之专家分区前往视察。

第二条　各省、区高等法院院长、首席检察官应视察法院及监所每年至少二次。

第三条　司法行政部部长派委人员及高等法院院长、首席检察官视察时，应就下列事项考核，其经过、成绩作成报告书报告于司法行政部部长：

一、法院监所行政状况；

二、诉讼事件、非诉讼事件、登记事件进行状况；

三、司法收入整理状况；

四、法院监所职员吏警配置及处理事务状况；

五、监所人犯收容及待遇状况；

六、其他与法院监所行政有关事项。

除前项所列外，高等法院院长、首席检察官职权内应行事项或视察人员经司法行政部部长特别指定或命令执行事项，得就近执行之。其有关于人员之进退者，并得随时报告司法行政部部长核定。

第四条　各省区法院监所组织及其他行政进行，如有应行变更或兴革者，各视察人员应就其视察所得，建议于司法行政部部长。

第五条　各省区如有特殊事件发生，于定期视察外，司法行政部长得随时指派可委托第一条第二项所列人员或高等法院院长、首席检察官视察、调查，或酌定期间暂驻指导各员视察、调查，所得及暂驻期间指导经过情形应作报告书，报告于司法行政部部长。

第六条　视察调查报告书涉及法官个人成绩者，司法行政部部长得送司法官成绩审查会参考。

第七条　视察调查暂驻指导等费用，应列入预算，作正开支。在预算未核准以前，应在经常费项下分月匀支。

第八条　视察、调查暂驻旅费川资，由视察调查员就所领经费内核实开报，不得由法院或监所供应，随从员役至多不得过三人。

第九条　查规程自呈准公布之日施行。

《参观监狱规则》

（二年一月司法部令一一号公布）

第一条　凡欲参观监狱者,须请由典狱长或典狱许可后,给以参观证方准入内。参观者得许可后,须于参观簿内记明其姓名、年龄、籍贯、职业及参观之目的。

第二条　参观证于参观后由该监狱收回。

第三条　参观者人数过多时,须分班参观。

第四条　未成年者不准参观。

第五条　酒醉及神经病者不准参观。

第六条　参观时须遵守下列各项:

一、衣服须整齐;

二、须静肃;

三、不得吸烟;

四、不得携带刀剑及伞杖之类;

五、对于在监者,不得交谈及授受物品;

六、须从监狱官吏之指导。

第七条　参观者有违反前项事项或其他不当行为时,得停止其参观。

第八条　本规则自公布日施行。

附参观证式

正面
第　　号
某某监狱参观证
民国　　年　月　日
背面
参观者遵守事项:
（一）衣服整齐动止静肃;
（二）不得吸烟;
（三）不得携带刀剑及伞杖之类;
（四）对于在监者,不得交谈及授受物品;
（五）有违反前列事项及不受监狱官吏之指导者,得停止其参观。

统 计 报 告

《各新旧监所暨反省院应造各种册报检查表》

编者

类别	册报别	造送机关	核转或汇报机关	造送期间	应造份数	其他
	监所人数月报表	新监所	司法行政部监狱司	翌月上旬	一份	式详行政执行册报类。
		旧监所	同上	同上	同上	
	月末罪名、刑名、刑期表	新旧监狱	同上	同上	同上	同上。
	反省院月报表	反省院	司法行政部	同上	同上	同上。
	新收、在所、开除花名日报簿	法院看守所	所隶法院	翌日缮就送阅	一册	查本簿最好用两册，以便单双日循环送核。
		各县看守所	县政府	同上	同上	
执行统计	监狱统计年报十种	新监	监督法院院长核转	翌年一个半月前	二份	式详行政执行册报类。
	旧监出监人数总表	旧监	监督长官汇报	同上	一份	同上。
	反省院收容人数年表	反省院	司法行政部	同上	二份	同上。
	反省院收容人数疾病死亡年表	反省院	同上	同上	同上	同上。
	疾病死亡原因统计表	新旧监	所隶监督机关		四份	式详同上。又查上两表系内政部托查报之表，临时性质，因表式颇详用，特编入以供参考。
	监狱卫生状况调查表	新旧监	同上		同上	同上。
	指纹报告	新监	高等法院	每月终汇报	各犯一份	此项指纹报告现只限于新监汇报，二十四年六月令，行式详统计报告。

（续表）

类别	册报别	造送机关	核转或汇报机关	造送期间	应造份数	其他
行政统计	教诲工作报告	新监	高等法院核转	翌月上旬	二份	按此项报告并无定式，约将每月教诲两种类，人数及其所演讲意义逐一摘要记明，月终再汇齐呈报可也。
		旧监	同上	同上	三分	
	司法行政监狱人员年表二种	新监	高院院长核转	翌年一个半月前	二份	式详行政执行册报类。
	司法行政看守所人员年表二种	看守所	所隶法院院长核转	同上	二份	同上。
	司法行政反省院人员年表二种	反省院	所隶高院院长核转	同上	二份	同上。
	旧监人员一览表	旧监	所隶高院院长汇报	同上	二份	同上。
	囚粮用款四柱清册	新旧监所	所隶法院核转	翌月五日前	二份	同上。
	囚粮结算月报表	各监所	同上	同上	同上	同上。
财政统计经常费部分	支付预算书附请款单	新监	高院	上月十五月前	四份	式详会计册报类。
		旧监所	县政府	同上	五份	
		法院看守所	所隶法院	同上	同上	
	支出计算书	新监	高院	翌月十五日前	八份	同上。
		旧监所	县政府	同上	九份	
		法院看守所	所隶法院	同上	同上	
	总平准表	新监				式详同上。本表系本机关于月终清造备查之用，不必呈报。
		旧监所				
		法院看守所			八份	
	收支对照表	新监	高院	同上	八份	式详会计册报类。
		旧监所	县政府	同上	九份	
		法院看守所	所隶法院	同上	同上	

（续表）

类别	册报别	造送机关	核转或汇报机关	造送期间	应造份数	其他
财政统计经常费部分	囚粮统计表	新监	高院	同上	二份	同上。
		旧监所	县政府	同上	三份	
		法院看守所	所隶法院	同上	同上	
	单据粘存簿	新监	高院	同上	一份	同上。
		旧监所	县政府	同上	同上	
		法院看守所	所隶法院	同上	同上	
	财产增加表种二减损	新监	高院	同上	四份	同上。
		旧监所	县政府	同上	五份	
		法院看守所	所隶法院	同上	五份	
	现存物品表	新监	高院	同上	四份	同上。
		旧监所	县政府	同上	五份	
		法院看守所	所隶法院	同上	五份	
	岁出决算报告书	新监	高院	八月末日前	八份	同上。
		旧监所	县政府	同上	九份	
		法院看守所	所隶法院	同上	同上	
	岁出预算书	新监	高院	七月前	八份	武详同上。又上海特区监所须用预算分配表。
		旧监所	县政府	同上	九份	
		法院看守所	所隶法院	同上	同上	
	甲种收支报告	新监	高院	每旬终结后	三份	本报系检查现金之用,现除上海特区监所照办外,其余从缓实行。
		旧监所	县政府	每旬终结后	四份	
		法院看守所	所隶法院	同上	同上	

（续表）

类别	册报别	造送机关	核转或汇报机关	造送期间	应造份数	其他
	收入计算书	新监	高院	翌月十五日前	四份	同上。
		旧监	所隶法院或县府	同上	五份	同上。
	支出计算书	新监	高院	同上	四份	同上。
		旧监	所隶法院或县府	同上	五份	同上。
	收支对照表	新监	高院	翌月十五日前	四份	同上。
		旧监	所隶法院或县府	同上	五份	同上。
	款项四柱清册	新监	高院	翌月十五日前	四份	式详统计报告类。
		旧监	所隶法院或县府	同上	五份	
财政统计作业费部分	材料四柱清册	新监	高院	同上	四份	同上。
		旧监	所隶法院或县府	同上	五份	
	成品四柱清册	新监	高院	同上	四份	同上。
		旧监	所隶法院或县府	同上	五份	
	收款证粘存簿	新监	高院	同上	一本	式详会计册报类。
		旧监	所隶法院或县府	同上	同上	
	单据粘存簿	新监	高院	翌月十五日前	一本	同上。
		旧监	所隶法院或县府	同上	同上	
	盈亏试算表	新监	高院	翌月十五日前	四份	同上。
		旧监	所隶法院或县府	同上	五份	同上。
	结算报告表	新监	高院	次年七月前	四份	每年度造终送。
		旧监	所隶法院或县府	同上	五份	

（续表）

类别	册报别	造送机关	核转或汇报机关	造送期间	应造份数	其他
财政统计作业费部分	财产增加及减损	新监	高院	翌月十五日前	四份	式详同上。又以上除结算表均系月报，应按月造送，又用财产目录册造办亦可。
		旧监	所隶院府	同上	五份	
	财产目录	新监	高院	同上	四份	年度造送式详会计册报类。
		旧监	所隶院府	同上	五份	
	年度收入预算书	新监	高院	每年度开始一月前	四份	同上。
		旧监	所隶院府	同上	五份	
	年度支出预算书	新监	高院	同上	四份	同上。
		旧监	所隶院府	同上	五份	
	年度收入决算书	新监	高院	翌年八月前	四份	同上。
		旧监	所隶院府	同上	五份	
	年度支出决算书	新监	高院	同上	四份	同上。
		旧监	所隶院府	同上	五份	

说明

一、查新旧监所，如关于职员更动、惩戒，或灾变，或人犯逃走、捕获、死亡等事项或其他非常事项，须于事故发生随时呈报。

二、凡分监应造送各种表报，除在监人数表径送司法行政部外，依照统系其余须由本监核转。

三、本表所列旧监所册报由县政府核转者，系指各县未设法院旧监或已设而仍兼监督监所之权之县府而言，否则旧监册报应由所隶法院核转。

四、凡新监经常费部分册报及其他非作业册报，均由一科主办；作业费册报及其他关于作业册报，均由三科主办。

五、查监所所用经常费册报式样，现在实际均分三种：一边远省份用丙种，即直式；各省用甲种，系横式，即新式；上海特区用中央所颁，即最新式。式均详后。

六、凡本表所载关于经常费册报，如财产增加减损表、两种现存物品表、甲种收支报告等，均系照中央所颁统一会计制度办法规定，除上海特区监所经费因系由中央直接拨发须查照实行以示统一外，其余各省监所已由部咨准暂缓造办，并令今详会计册报类饬知照。

七、凡财产目录、物品出纳计算书、收支对照表，除月报外，年度终结均须连同岁出、岁入决算书分别缮造。又年报须于八月以前送核，作业费部分尚须加送结算表。

八、关于出差旅费须另用旅费日记簿，并附工作报告。

九、关于临时费用须用临时经费支出计算书、收支对照表，并检同单据粘存簿专案呈报。式样用本、机关经常册报所采之式合并说明。

编者

（甲）行政执行册报

《监狱报告规则》

（二年公布）

第一条　监狱报告分下列三种：

一、临时报；

二、年报；

三、月报。

第二条　临时报于下列事故发生时，各该监狱应即呈由该管长官转报司法部：

一、监狱官吏更动及惩戒事项；

二、监狱灾变事项；

三、在监人反狱事项；

四、在监人逃走捕获事项；

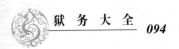

五、在监人死亡事项；

六、监狱中其他非常事项。

第三条 月报按照附表甲种第一号至第三号填注，年报按照附表乙种第一号至第九号填注。

第四条 各表尺寸、大小须依定式，不得变更。

第五条 月报分四期：一月至三月末为一期，四月至六月末为一期，七月至九月末为一期，十月至十二月末为一期。第一期月报于第二期第一月份二十日前由各该监狱填造，呈由该管长官报部，其余各期均以此类推。

第六条 年报第二年一月前由各该监狱填造，呈由该管长官报部。

第七条 本规则新、旧监狱适用之。如因该监狱设备不完，按照附表所定碍难填载时，得缺略之，但须说明其理由于备考栏内。

第八条 本规则自公布日施行。

本规则施行后有应增修者，得随时增修颁布。

第九条 司法部民国二年第二十二号训令废止之。

《法院、监狱、看守所办理司法统计考成规则》
（二十一年二月十二日公布）

第一条 法院、监狱、看守所办理司法统计表册，除法令别有规定外，依本规则考核之。

第二条 办理司法统计应由各级法院院长、首席检察官、各监狱典狱长、各看守所所长就所属人员中，择其算术精明或具有统计学识者指派之，呈报司法行政部备案，非有重大事故不得更调。

第三条 本规则所称"司法统计"分下列五种：

一、司法行政统计；

二、刑事统计；

三、民事统计；

四、监狱统计；

五、各项月报季报。

第四条 办理司法统计办事人员考成之方法如次：

一、奖励；

二、惩戒。

第五条 奖励分下列四种：

一、嘉奖；

二、记功；

三、记大功；

四、晋级。

第六条　惩戒分下列五种：

一、申诫；

二、记过；

三、记大过；

四、降级；

五、免职。

第七条　办理统计表册具有下列事实之一者得予以嘉奖：

一、各项月报恪遵定式填造明确，依限呈报，继续在半年以上者；

二、各项季报恪遵定式填造明确，依限呈报，继续在两次以上者；

三、各项年表恪遵定式填造明确，在未满造报限期以前二十日呈部者。

第八条　凡办理统计表册受嘉奖二次者，准记功一次。记功二次者准记大功一次。记大功二次者得予晋级一次。

第九条　前条得晋级人员，如系法院书记官，其员缺系代理者，待改予试署，试署者得改予补实。

第十条　办理统计表册具有下列事实之一者应予申诫：

一、无故延宕月报逾限十日，季报逾限十五日，年表逾限一月者；

二、不依定式造报者；

三、计算错误者。

第十一条　办理统计表册具有下列事实之一者应予记过：

一、无故延宕月报逾限二十日，季报逾限一月，年表逾限二月者；

二、有前条第二款及第三款情事之一，受申诫处分二次以上仍不悛改者；

三、填报表册无故遗漏或填报不全者。

第十二条　办理统计表册有下列情事之一者应予记大过：

一、无故延宕月报逾限一月，季报逾限二月，年表逾限三月者；

二、有前条第二款及第三款情事之一，受记过处分在二次以上仍不悛改者。

第十三条　办理统计表册有下列情事之一者应予降级：

一、无故延宕月报逾限二月，季报逾限三月，年表逾限半年者；

二、记大过二次以上仍不悛改者。

第十四条　办理统计表册有下列情事之一者应予免职：

一、受降级处分在二次以上仍不悛改者；

二、意存玩视，延不奉行，或捏造数目意图朦塞，经察觉有据者。

办理统计人员有前项第二款情事者，该管长官应连带负责，予以相当之处分。

第十五条　本规则各项奖惩，由司法行政部考核行之。

第十六条　晋级、降级依其现在俸级进支或降支一级。

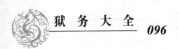
第十七条　无级可进者,得以较高职务存记升用;无级可降者,一次暂予登记,二次即予免职。

第十八条　记功与记过得互相抵消。

第十九条　本规则自部令公布之日施行。

《司法行政统计年表造报规则》

（摘录关于监所部分者）

第一条　各表统限每年度终了后一个半月内造齐报部。

第二条　造报机关名称记于表之首行下端。

第三条　造报用本国纸。表页全面直长公尺三寸二分（即三十二生的米突），横宽公尺五寸二分,边线直长公尺二寸八分,横宽公尺四寸二分,但因表内横直格过多必须扩充范围者,得将边线尺寸酌加变更。每表一纸,不敷用时得连载于数纸。

第五条　某项职员有多人者,表内应每人列一行,接连记载之。

除表式所列外,如有他项职员依其性质应列入本表者,应一并载于相当之处所。

第十二条　本表第二表式揭载第一表式,所列之法院人员与第一表同时,造报只记明每年度末日各项人员之现有人数及月给薪工。如其中有系女性者,应于备考栏附记其人数。

第三　监狱人员一览表

第十三条　本表适用于新监狱,揭载每年度末日在各监狱任事之现有人员,由典狱长或分监长编造,呈由高等法院院长转报。

填载本表准用第五条或第十二条之规定。

第四　看守所人员一览表

第十四条　本表揭载每年度末日在各看守所任事之现有人员,由看守所所长编造,呈由高等法院院长转报。填载本表准用第五条或第十二条之规定。

第五　反省院人员一览表

第十五条　本表揭载每年度末日在各反省院任事之现有人员,由反省院院长造报。

填载本表准用第五条或第十二条之规定。

第七　各县旧监狱人员一览表

第二十一条　本表揭载各县旧监狱每年度末日之现有监狱人员,由高等法院院长查明汇报。

填载本表准用第五条或第十二条之规定。

第二十二条　管狱员兼看守所所长者,应于是否兼管看守所栏记明"兼管"字样,不兼管者于该栏记明现管看守所人员之姓名。

第二十三条　管狱员以外之人员,应按向来沿用之名目填载之。

《监狱人员一览表》(一)(二十二年度)

江苏上海第二特区监狱

职别	姓名	籍贯	分掌事务	任用区别	任职年限		出身资格	备考
					现任	前资		
典狱长	孙雄	湖南平江	依照《监狱处务规则》第十条至十九条掌理全监事务	司法行政部派署	一年未满	四年以上	湖南公立法律学校监狱学修科毕业	
主科看守长	邵振骥	湖南浏阳	依照《监狱处务规则》第二条主管第一科事务	司法行政部委署	一年未满	八年以上	湖南中路师范学堂毕业	
主科看守长	欧阳森	湖南衡阳	依照《监狱处务规则》第二十一条主管第二科事务	司法行政部委署	二年以上	一年未满	浙江私立法政学校讲习科毕业	
主科看守长	李维才	江苏嘉定	依照《监狱处务规则》第二十二条主管第三科事务	司法行政部委署	二年以上	三年以上	日本大学法律专门部毕业	
候补看守长	姚昌睿	浙江萧山	主管人犯行状考核事项	江苏高等法院第三分院委任,呈奉部令核准	二年以上	四年以上	浙江私立监狱学校毕业	
候补看守长	张咸	湖南长沙	主管人犯移动事项	江苏高等法院第三分院委任,呈奉部令核准	一年以上		国民革命军第二十六军军官团毕业	

（续表）

职别	姓名	籍贯	分掌事务	任用区别	任职年限		出身资格	备考
					现任	前资		
候补看守长	韩景荣	河北宛平	主管经常费会计事项	江苏高等法院第三分院委任，呈奉部令核准	一年以上	二年以上	顺天第四中学校毕业	
分苏任用候补看守长	金绍丞	江苏武进		司法行政部分发任用	一年以上		司法行政部狱务训练所毕业	奉部令调江苏第二监狱办事
分苏任用候补看守长	严得中	安徽宿松		司法行政部分发任用	一年未满		司法行政部狱务训练所毕业	奉部令调江苏第二监狱办事
教诲师	萧健	江西雩都	主管人犯教诲事项	江苏高等法院第三分院委任，呈奉部令核准	一年未满		江西雩水中学毕业	
教师	胡延龄	湖南湘乡	主管人犯教育事项	江苏高等法院第三分院委任，呈奉部令核准	二年以上		全浙监狱专门学校毕业	
医士	胡起鹏	浙江建德	主管人犯检诊、全监医疗及卫生事项	江苏高等法院第三分院委任，呈奉部令核准	二年以上	四年以上	上海私立东南医科大学毕业	
药剂士	张兆熊	浙江杭县	主管调和药剂及辅助监狱卫生事项	江苏高等法院第三分院委任，呈奉部令核准	一年以上	六年以上	杭州广济医院调剂科毕业	

监狱人员一览表（二）二十二年度

江苏上海第二特区监狱

人员区别	人数						备考
	月给十元未满者	月给十元以上者	月给二十元以上者	月给三十元以上者	月给四十元以上者	月给五十元以上者	
主任看守	无	无	无	八	六	无	
看守	二三	四二	六三	六	无	无	十元以下者系预备看守及未满月之看守
监丁	二	八	无	无	无	无	十元以下者系厨丁二名

按以上两表，第一表系填载委任待遇以上人员，本表系填载雇用士丁。手续较繁用将上海第二特区监狱二十二年度是项年表照抄，作为实例，俾便参考。编者识

《监狱统计年表造报规则》

第一　总纲

第一条　监狱统计年表应由各新监狱依式编制，呈由该监督法院院长汇报。

第二条　各旧监狱应将本年度留监、入监、出监、在监之人数及其罪名，报由该监督法院院长汇报总表呈部。

各监狱应于每年度终了后一个半月以内，将应编各表造齐汇呈。

第三条　人数及金额均以数字记载。金额于千位下须附以点（,）之符号。

第四条　凡暂行寄禁及未决人犯，本表毋庸列入，但应于备考栏声明之。

第五条　造报用本国纸。表页全面直长公尺三寸二分（即三十二生的米突），横宽公尺五寸二分。

第二　入监出监人数表

第六条　本表揭载各监狱人犯出入之人数及其年终在监之确数。

第七条　"上年留监"一项系旧管人数。"本年入监"一项系新收人数。"本年出监"一项系开除人数。"本年末日在监"一项系实在人数。前二项合计之数须与后二项合计之数相符。

第八条　一日平均人数：将本年度自开始之日起至终止之日止每日之实在人数累计之，而以本年度之日数除之即得，如除得之数有零数时，应将其零数于备考栏内声明，而一日平均格内则仅记载其整数。

第三　本年新受徒刑拘役执行人犯表

第九条　本表揭载各监狱本年新受徒刑拘役执行人犯之罪名及其犯时之

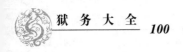

年龄。

第十条　并合论罪依下列填载

甲　刑名区别以应执行之刑名为准,分别填载。但有期徒刑、拘役及罚金易监禁合并执行者,应从一重填载之。

乙　罪名区别从一重填载,其轻重相若者,应仅记其最初犯之罪名。

第十一条　未遂罪与既遂罪揭载于同一项。

第十二条　罪名之区别依下列填载:

甲　刑法犯依刑法分则各章之标题。

乙　特别法犯依各该特别法之标题。

第十三条　本表合计栏总数格内所列人数,应与出、入监人数表入监栏新受徒刑拘役之执行格内人数相符。

第四　犯罪度数表

第十四条　本表揭载各监狱人犯犯罪之度数及其初犯与累犯百分之比较数。

第十五条　百分比较数应以初犯与累犯数相加为法数,以初犯人数为实数,末尾加两圈,使末尾之数变成百位,除得之数即为初犯百分之几数。又以累犯人数为实数,末尾加两圈,使末尾之数变成百位,除得之数即为累犯百分之几数。

第十六条　本表不得将出、入监人数年表入监栏内第二、第四、第七等项人犯列入。

第五　在监人犯疾病死亡表

第十七条　本表揭载在监人犯疾病死亡之人数及其年龄、病名。

第十八条　第一表所载之病死人数,毋庸复记于疾病格内。

第二表所载之死亡人数,以患该项所列病名而死亡者为限,应并列入患者格内。

第十九条　一人犯二种以上之疾病时,应从一重填载之。

第二十条　病名栏内应审视患时病况,对照表式所列病名分别记入,如所列病名为表内所无者,应列入其他格内。

第六　假释及撤销假释人数表

第二十一条　本表揭载各监狱假释人数及其撤销假释之人数。

第二十二条　假释人数栏内所填之人数,应以依刑法第九十三条规定办理者为限。如出狱后因有同法第九十四条所列各款情形之一撤销假释者,则假释人数栏内即应扣除,毋庸复记其人数。

犯罪度数表二十二年度

江苏上海第二特区监狱

犯罪度数	性别	总数	农业	矿业	工业	商业	交通运输	公务	自由职业	人事服务	无业	未详
初犯	男	六七六三	四六五		一〇〇一	二〇一	三二三	四五	三五三	七五六	三一一四	五一四
初犯	女	七三五	七		七七	一	一〇	一	四三	九二	四〇九	一〇六
累犯同一或同款之罪一次	男	二五〇	一一		二八	四九	一〇		三	三三	八八	二六
累犯同一或同款之罪一次	女	五二	三		一一	一三			三	一二	二八	一一
累犯同一或同款之罪二次以上	男	六七	四		六	一三	五		三	八	二五	一一
累犯同一或同款之罪二次以上	女	一一	一		三	四			一	一	五	一
累犯不同一或不同款之罪一次	男	二五			三	四	三				一二	一
累犯不同一或不同款之罪一次	女	一								四	三	
累犯不同一或不同款之罪二次以上	男	六			二	一					三	
累犯不同一或不同款之罪二次以上	女											
合计	男	七一一一	四八〇		一〇四〇	二六八	三三〇	四六	三六〇	八〇一	三二四五	五四一
合计	女	七九九	一一		一〇一	一			四七	一〇五	四二六	一〇八

初犯与累犯百分比较数				交通运输
初犯	男			〇·九五强
初犯	女			〇·〇五弱
累犯	男			〇·九二强
累犯	女			〇·〇八弱

备考

第七　监狱作业表

第二十三条　本表揭载各监狱作业状况、成品件数及其价值。

第二十四条　作业种类栏依下列分科记载之：

| 缝纫科 | 染织科 | 染色 |
| | | 织布 |

冶金科	印刷科	木板印刷
		铅印
		石印

| 铸字科 | 藤竹科 |

| 陶器科 | 漆器科 |

| 土木工科 | 雕刻科 |

| 鞋工科 | 装订科 |

| 农作科 | 洗濯科 |

| 制米科 | 造纸科 |

| 造胰科 | 其他 |

第二十五条　监狱作业,如某科无可填载时,即不列某科一项。

第二十六条　成立时期栏内应详填各工场最初成立之年月日。

第二十七条　经费栏内应填各工场作业经费之总数。

第二十八条　作业人数应以各监每月一日至末日共有在监人数以每月日数除之,再合计各月除得人数,以各该监月数除之,其所得数目不得超过各该监上年留监及本年入监合计之人数。

第二十九条　成品价值应填各科成品之合计价值。

第三十条　监狱作业人犯,如有一人兼在数科作业时,仍作一人计算。

第三十一条　各项作业如有无价值可记者,应于备考内声明。

第八　监狱教育调查表

监狱教育调查表二十二年度

江苏上海第二特区监狱

教师人数	被教育人数	每周教育时间	用书种类	成绩比较	
				能识字人数	能晓文义人数
一	二六五六〇	上课时间：每日上午十时至十一时，及下午时至二时行之，每周共十二小时。识字时间：每日上午九时至十二时，就各监房，教以方字，每周共十八小时。	国语用中华书局《平民千字课本》公民用中华书局《新中华公民课本》常识用中华书局《新中华常识课本》党义用世界书局《民众党义课本》算术用世界书局《民众算术课本》唱歌用中华书局"小学唱歌"。	一〇六二四	七九六八
备考	一　本表被教育人数，系逐月累计之总数。就监房教以识字之人数尚未计算在内。 一　本表"成绩比较"栏内所列能识字人数，合总数百分之四十；能晓文义人数合总数百分之三十。合并陈明。				

第三十二条　本表揭载各监狱被教育人数及其成绩。

第三十三条　每周教育时间及用书种类栏应核实填载，有变更时应于备考栏声明之。

第三十四条　本表成绩比较栏内应以百分数填载之。

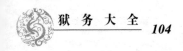

第九　监狱教诲调查表

监狱教诲调查表二十二年度

江苏上海第二特区监狱

教诲师人数	被教诲人数	每周教诲时间	用书种类	成绩比较	
				能听受人数	能感受人数
一	四〇二七九	教诲时间：每日个人教诲出监、入监各一小时。类别：教诲工场罪质各一小时，星期日举行集合教诲二小时，每周共二十六小时，其余亲丧、惩罚、接见、书信、纪念等随机行之。	查用书系选吾国固有道德及常识两种。道德方面，如修身古训、德育古鉴、八德须知、青年修养杂谈、青年人格修养法、人生指津等。常识方面，如少年自然科学丛书、日常生活科学丛谈、家庭与社会正义、与自由人生、生活学史等，并参讲新生活运动纲要及奉部审定邵振玑所编著之《教诲浅说》等书。至参考书籍繁多，不及备载。	三三〇二八	一八二一五
备考	一　表列教诲人数，系逐月份实在累计之数。 一　"成绩比较"栏能听受人数合百分之八十二，能感受人数合百分之四十五。				

　　按：以上各表填载手续较繁，故将上海第二特区监狱二十二年度是项年报一一照抄，作为实例，以便参考。（编者识）

　　第三十五条　本表揭载各监狱被教诲人数及其成绩。

　　第三十六条　第三十三及三十四条之规定，本表亦适用之。

　　第十　各县旧监狱出监、入监人数总表

　　第三十七条　本表揭载各县旧监狱留监、入监、出监、在监之人数及其罪名。

　　第三十八条　各县旧监狱中如有未经汇报者，应于备考栏内记载其监狱并未汇报理由。

《反省院收容人数年表造报规则》(略)

　　一、本表由各反省院依式填载报部。

　　二、造报本表以每年度终了后一个半月为限。

　　三、病死人数应列出院人数内。

四、反省人犯于每六个月反省期满后仍继续在院受反省处分者,应于备考栏内分别记载人数、次数及其原因。

五、"本年末日在院人数"栏内所列人数,须与该年度末日月报表所列月末在院人数相符。

六、造表用本国纸。表页全面直长公尺三寸二分(即三十二生的米突),横宽公尺五寸二分。

《反省院收容人疾病死亡造报规则》(略)

一、本表由各反省院依式填载报部。

二、造报本表以每年度终了后一个半月为期限。

三、病死人数不列于疾病格内。

四、本表用纸尺寸与反省院收容人数年表同。

《本月末日在监人犯罪名、刑名及刑期表造报规则》(略)

(一)本表由新旧监狱按月依式填造,径封送司法行政部监狱司查核,毋庸另行备文。

(二)本表造报期限为翌月上旬。

(三)罪名区别依下列各项填载:

(甲)刑法犯照刑法分则各章之标题。

(乙)特别法犯照各该特别法之标题(特别法指刑法以外各种附有罚则之法令而言,例如《危害民国紧急治罪法》乃《惩治盗匪暂行条例》之类是)。

(四)合并论罪依下列填载:

(甲)罪名从一重填载。轻重相差者仅记其最初之所犯。

(乙)刑名以应执行之刑为标准分别填载,但系有期徒刑、拘役及罚金易科监禁合并执行者从一重填载。

(五)本表所载人数以各该月末日闭监时之实数为准,并以已决人犯为限,凡未决寄监人犯毋庸列入。

(六)本表长、宽尺寸与监狱统计年表用纸相同。

《反省院月报表造报规则》(略)

一、本表由各反省院依式填载报部。

二、造报本表之期限篇翌月上旬。

三、出院及月末在院人数之和,须与旧管、新收两项人数之和相符。

四、反省人犯于每六个月反省期满后仍继续在院受反省处分者,应于备考栏内记载其人数、次数及原因。

五、本表用纸尺寸与反省院收寄人数年表同。

《监狱及看守所人数月报表造报规则》（略）

（一）本表第一表式适用于新监所，第二表式适用于旧监所。

（二）本表由各监所分别依式填载，按月径封送司法行政部监狱司，毋庸另行备文。

（三）各表造报期限为翌月上旬。

（四）开除实在两项人数之和，须与旧管、新收两项之和相符。

（五）死亡人数除在该栏填载外，仍应于开除栏内记载之。

（六）第一表之疾病人数，其系某月新病者，并应于备考栏内注明新病几名字样。

（七）表内所载人数，监狱以已决犯为限，看守所以未决犯为限，如监狱有寄押未决或看守所有寄押已决及其他人犯，应于备考栏内注明其人数及事由。

（八）造报第二表之各县监所，应于县份上填明省份。

（九）各表长、宽尺寸与监狱统计年表用纸同。

《视察监所报告单填载注意事项》

一、本报告单遵照十八年十二月二十一日第二〇六七号训令，由视察监所之检察官及县政府视察员于每次视察后详细填载，报由该管高等法院首席检察官转呈本部。

二、"人犯数目定额"项下，已规定收容额数者照填，未规定者应按照房间数目及房内气积，填载其可以收容之额数。

三、"卫生之衣被"项下，应填载发给数目及是否清洁。"饮食"项下应填载每日几餐、所食何物、是否清洁、菜蔬有无时常更换及是否公家购物、选犯炊爨。"卧处"项下应填载卧处有无潮湿，并人犯有无席地而卧等事。"沐浴"项下应填载沐浴之处所、每月每犯沐浴次数。"运动"项下应填载运动之场所及每次运动人数及时间。"厕所及便桶"项下，应填裁厕所便桶安置何处、是否清洁。"污洁"项下应填载监所全部污洁实在情形。

四、"教诲"项下应填载教诲人犯是否照章切实施行。

五、"教育"项下应填载是否遵照部定实施监犯教育办法办理。

六、"身份簿"各项下，应填载各该书表等编置齐全、其行状录是否经按期审查。

七、"稽核囚粮"项下，应填载购入囚粮种类、品质及价格是否相符、每日发给囚粮次数、每次每犯分量若干、看守所人犯中自备饮食者若干人。

八、本报告单用纸尺寸与公文用纸同。

视察江苏上海第二特区监狱 报告单

谨将二十三年六月份视察情形开单呈请

鉴核

江苏上海第二特区地方法院检察官

计开

(一)人犯数目

甲 定额 男女人犯九百七十名口

乙 实数 男犯 一千零零七名(内男俄犯二十一名) 外有寄押被告 男 六口

女 七十五口 女 三十二口

(二)建筑

甲 人犯房间是否敷用。监房共计三百九十二间,每间容人犯二人或三四人不等。近来迭经办理保释,并于本月份奉令将人犯一百五十名移禁江苏第二监狱执行,是以拥挤情形已较前减少。

乙 屋宇有无损坏。该监房屋应行修理之处,已由 高三分院筹划修葺,并由该监招工估办列册呈报转部核示,业奉核准于六月二十九日招商投标修理,不日动工。

(三)卫生

甲 衣被 在监人犯夏令各给单衣裤二套,就役人犯加各给汗背心两件。

乙 饮食 一、本籍犯早餐各给稀饭一次,中晚两餐各给干饭一次,均用白热米煮成。食菜每周除给鲜肉五次、盐鱼两次外,并以鲜菜三四种,附以蚕豆,输流更换,计鱼肉每次合一两二钱,鲜菜每日约合九两五钱。早餐稀饭用小麦、赤豆为补助食品,病犯另给上白米粥及萝卜干、酱瓜盐蛋,或给牛奶及面包,由医士酌定。饮料日给红茶三次,病犯得随时给予。二、外籍犯早餐给面包半磅,附砂糖少许;中餐一肉一菜一汤及面包半磅;晚餐一汤一面或米饭。饮料日给红茶三次。

丙 卧处 除外籍人犯及病犯备有铁床外,其余人犯均就楼板席地而卧。

丁 医药 患轻病人犯均在监内病房医治,药料自行配合。如患重病或传染病人犯,移送上海广慈医院医治。

戊 沐浴 现时就役人犯二日一浴,不就役人犯四日一浴。早晨均各洗面。

己 运动 各犯每日分班轮流运动一小时。

庚 厕所及便桶 各监房内均置有瓦钵便桶,每日倒洗二次。监房外有抽水坑厕。两处附有抽水机,以便随时洗涤。

辛 污洁 每日清洁无污。

壬 病犯数目 本月份共计七十六名口(内患重病男犯九名,在上海广慈医院医治)。

癸 两月内死亡人犯数目 本月份计已决男犯一名。

（续表）

（四）作业	
甲 基金	民国二十年十月，领到江苏高三分院拨给基金一千元。又民国二十三年二月及五月，先后借到高三分院基金三千元正。
乙 人数	本月份印刷科五十五人，装订科一百人，针织科二十八人，木工科二十五人，标本科二十三人，金工科六人，台球科一百十五人，缝纫科二十四人，皮革科十三人、糊盒科五十八人，竹工科三十四人，结网科一百五十人，女红科六十五人，炊事三十七人，杂务五十二人，清洁三十人，图书室二人。
丙 种类	印刷、装订、台球、针织、木工、标本、金工、缝纫、皮革、结网、糊盒、竹工、女红等十三科，尚有炊事、杂务、清洁、图室均未列科。
丁 收入	各科售品及工资收入，计洋三千零八十七元二角一分，除各科材料、杂支及赏与金、事务费洋二千六百四十四元一角九分七厘，实得益金洋四百四十三元〇一分三厘。
戊 成品有无积滞，无。	
己 赏与金	一百零二元四角五分六厘。
庚 纯益金	四百四十三元零一分三厘。

（五）教诲　集合教诲每逢星期日、纪念日行之。类别教诲于每周指定日期轮流行之。个人教诲除出、入监人犯逐日施行外，其他如转监、疾病、亲丧、惩罚、接见、书信等，均随时随机行之。入监人犯随时编制教诲原簿，并备有感想录，于人犯出、入监时令其填注。

（六）教育　教育事项，现分甲乙两班，每日授课两小时，课目以千字课、公民常识、算术、唱歌等编列课程表，按日分班行之。识字运动就各监房内悬挂识字牌，每日教以认识三字，盯有监房识字考查表，随时填注，以期进益。

（七）身份簿
（一）执行书判决书　齐全。
（二）身历表　齐全。
（三）作业表　齐全。
（四）赏誉表　遇有赏誉事项随时填列。
（五）视察表　遇有特殊足供参考事项均随时填列。
（六）惩罚表　遇有惩罚事随时填列。
（七）行状录　按期审查。
（八）身份关系一览表　齐全。
（九）书信表　遇有收发信件均随时登记。
（十）人相表　齐全。

（八）稽核囚粮　六月份购入稻米二百石，每石价洋七元四角，系由上海监所囚粮购置委员会标购。每日发给各犯稀饭一次，干饭两次，计用干粮二十两至二十八两不等，平均每人每日约合干粮二十一两。关于炊场饮食及用具各项，均属清洁囚粮用款逐日在炊场公布，俾众周知。

（九）人犯请求事项及处置方法
（十）有无应改良之处及其意见

《填造监狱卫生现状调查表令》
（二十年五月部令二四〇九）

为令饬事。案准内政部卫生署函开："查接管卷内，前卫生部为调查各省监狱暨看守所卫生现状起见，曾经制定调查表式，函请贵部饬属填报，函转在案。兹查除准咨送河南等十四省区外，尚有其余十四省区迄今犹未填报，前来相应检同已送各省区表一份暨调查表式三十份，函请查照，转饬所属迅即按表填报，并希随时函转过署。"等由准此。查此项调查表，该省尚未填报，兹准前由除分令外合行检发表式，令仰该院转饬所属新监所迅即遵照填报，以凭核转为要。此令。

（二十年五月二日）

计发《监狱卫生现状调查表》一份

《司法行政部训令》
（训字第二三七八号）

准内政部函送各省监狱看守所每月疾病死亡之原因、性别、年龄、实数统计表一百份，饬属填报，随时咨转，等由准此，除函覆外，合行检同表式三份，令发该院仰即转饬所属，按照格式，自本年七月份起，一律填报二份，以便存转。此令。

二十年九月三十日

附表式（略）

省监狱法院看守所 《月份疾病及死亡之原因、性别、年龄分类实数统计表》（略）

《制定在监人及被告人死亡证书格式通饬遵办由》
（二十二年一月部训训字第二一四号）

为令遵事。查监所人犯死亡证书格式，前经北京司法部制定颁行，其普通病死者应按月汇报，变死及有其他特别情形者应专案呈报，并经通饬遵照各在案。近查各该院对于前项证书或普通病死而专案呈报，或变死及有其他特别情形者，而按月汇报办法既不一致，证书用纸亦参差不齐，殊于稽核不便，兹制定在监人死亡证书及被告人死亡证书格式各一纸，令发该院仰即转饬所属各监所一体遵照（各县监所人犯死亡证书，应由该高等法院指定新监印制，令饬购用。新监如未成立，应饬向邻省新监定购）。至该院呈报手续，仍遵照前项通饬分别办理，惟按月汇报时，应将各监所证书依次汇订成册，并加具目录，以便查核。切切。此令。

《颁发各县监身份簿身历表行状录令》

附表式　十七年十二月二十一日司法行政部
训令各省高等法院第一五九号

为令遵事。按照《旧监狱呈请假释办法》第一款应送文件,内本有身历表、行状录及刑名、刑期等项清册三种,惟查各种格式及其用例迄未明白订定,以致各县旧监狱于人犯行状等项,平日既无从记载,临时遂任意补填,论内容则虚实难分,论形式则参差不一,殊不足以昭整饬而便考查。兹将旧监狱应用身历表、行状录参照新监狱格式酌加修正,用例更详细说明。至前项清册核与新监狱身份簿大致相同,并将身份簿修正施行,除分令外,合行发该院遵照翻印。纸格大小须与原式一律,每县寄发二份,一存县政府备查。饬该监狱照办务须详晰记载,毋得视为具文。切切。此令。

说明:按照此令,旧监办理假释,关于身份簿册,除执行书、判决书副本外,仅须身份簿面、经历表行状录乙、指纹、人相表五种。至此项表式用例等均详本书一科簿册用纸类,兹不赘录。——编者

《颁发假释期间行状调查表由》

（二十三年十一月部令三七二六）

案:查《假释管束规则》第十三条规定,假释者行状之良否、职业生计之种类及勤惰、亲属关系等,被委托监督者每六月一次须作调查书送由委托之监狱查考,并经本部于民国二十年八月六日以第一八五七号训令通饬认真监督,按期造送调查书(见二十年八月二十二日第一百一三十六号司法公报),以资查考。各在案。兹复厘定调查表式,通行遵办。此项调查表经被委托监督者填送到监,应由该监狱郑重考查。对于行状善良者随时加以赏誉,其有职业怠惰或亲属不能融洽暨其他行状不良者,应施以通信教诲或径派教诲师就地训导(若假释者现住地址系在他处并可委托就近监狱教诲师办理),俾免再犯。俟假释期间终了时,该监狱并应将监督经过情形详细报告转呈本部查核,除分令外,合行令仰该首席检察官知照,转饬所属各新旧败狱遵照前训令切实办理,毋任违延。此令。

（乙）经 费 册 报

《造办经费册报总说明》

（附令二）

按:监所系国家直辖机关,经常费应归国库负担,其造报办法自应照《中

央直属机关会计制度》办理。又查上项会计制度已经国府公布,自二十二年七月一日起一律施行,但此项新颁会计制度所用账簿及造报办法手续繁难,现各省监所经费不徒,尚多仰给于省库,且预算有限,若一旦实行统一会计办法,则人力、财力均所难能。我司法行政部有见及此,爰函商审计部关于各省院监所(上海特区除外)经费计算书类仍照现行表式造报,以免困难,经商准后,并随令所属知照(今见二十三年一月二十四日,详本书命令统计类)。至所称现行表式,即民国十八年十二月部令一九五九号,抄录于此,便知其详,并将上海第二特区监狱(以下简称二特区)二十三年六月份支出计算数目作为实例,用甲、丙两种表式概编入。又乙种表式系营业机关通用,现在各新监作业册报大抵遵用此种式样,兹将二特监二十三年六月份作业收支计算数目作为实例,用乙种表式编入。至收支对照表式则三种同一式样,并无出入。又统一会计制度造报办法,上海特区院监均已实行,并将二特监二十三年六月份及年度等计算书表作为实例,一一编入。又本编所编财产目录、物品出纳计算书式,均系十八年九月部令一一二二号转颁之件原令,附抄于次,以供参考。——编者识

《附抄司法行政部令发计算书表式由》
(十八年十二月训令一九五九号)

为令饬事。案据审计院呈称:"为呈请事,查国民政府所属各机关每月应编收支计算书类"送职院审查,业经规定,于审计法施行细则在案,乃查各机关造送计算书类,每不免格式分歧,以致无凭综核。兹由职院厘定格式三种,以资划一:(甲)普通机关计算书表;(乙)普通营业机关计算书表;(丙)普通机关直式计算书表。丙种系限于普通机关之在边陲地方,无法采用甲种格式,声叙理由,经审计院核者适用之。所有书表格式样本三种是否有当,理合呈请鉴定,颁发各机关,于十八年度开始一体照用,俾利计政,而便审查,实为公便。等情据此,除指令呈件均悉,业经分别发饬遵办矣。仰即知照此令印发,并分行外,合行检发原书表格式样本,令仰查照办理此令。计检发书表格式各一份。等因奉此,除分令外,合行印发书表格式,令仰遵照办理,并转饬遵办。此令。计发甲乙丙各种表式。

《附抄司法行政部令发财产目录物品出纳计算等由》
(十八年九月训令第一一二二号)

案奉国民政府训令第四九三号,内开:"案据审计院呈称:查《审计法施行细则》第三条及第十条规定,各机关应编成财产目录、物品出纳计算书送审计院审查等语,兹由本院制定财产目录及物品出纳计算书格式,附具说明书拟请钧府转

发,并令饬各机关按照格式编造本年六月底财产目录及物品出纳计算书,于文到后一月内送院审核,以重计政。理合检呈财产目录及物品出纳计算书格式各二百份,备文呈请鉴核施行,实为公便"等情,附财产目录、物品出纳计算书格式各二百份,据此自应照办,除指令外,合亟检发格式各一份,令仰该部即便遵照,依式编造,径行送院审核,以重计政。此令计检发财产目录、物品出纳计算书格式各一纸,等因奉此,除分行外,合亟抄发财产目录及物品出纳计算书格式附具说明书各一纸,令仰遵照办理,转饬所属,一体遵照办理。切切。此令。

一 经常费册报(略)

江苏上海第二特区监狱民国二十二年度六月份经常费支出计算书(丙种表式)(略)

(某机关)单据粘存簿(略)

江苏上海第二特区监狱本籍囚粮统计表二十三年六月份(略)

支出计算书(略)

收支对照表甲种表式(略)

财产目录(略)

(某机关)物品出纳计算书(略)

甲种收支报告(略)

支出计算书(略)

收支对照表(略)

财产增加表(略)

财产减损表(略)

总平均表(略)

在监人口粮花名细册(略)

本籍囚粮统计表(略)

出差旅费支出报告(略)

出差工作报告(略)

岁出决算报告书(略)

岁出收支对照表(略)岁出财产目录(略)

囚粮用项四柱清册(略)

某监狱看守所囚粮结算月报表(略)

出差工作报告

本月十日晚十一时由监动身,雇乘汽车至北火车站,购票搭车赴京,于十一日晨抵下关站,下车雇乘汽车至北门桥王寓,随往司法行政部面谒 监狱司长王,陈明广充本监作业办法,并请示机宜。当日公毕。十二日午前自北门桥起身,雇乘汽车至下关车站,购票登车返沪,下午六时抵北站,下车复雇汽车返监。谨具报告如上。

江苏上海第二特区监狱典狱长孙雄 三月十三日

按:此两种系计算书表附件,因为事实常见,特编入备考。——编者

附:《稽核各省监所囚粮办法》

一、各监所囚粮应由监所购买,粮食、油、盐、柴、菜选择人犯自炊,不得发给钱米自炊及包与厨房承办。

二、囚粮分量应以干粮(如米、麦粉、面粮等)为标准,每人每顿新制秤自十两至十四两,由监所长官斟酌(已决犯应分别劳役种类)规定,呈报高等法院备案。病犯酌给稀饭适当之饮食。

三、每人所用粮食、油、盐、柴、菜应由主管炊场人员核实,填列囚粮结算日报表,报告本监所长官,每届月终,即根据日报填列月报表,并造具囚粮用项四柱册,于翌月五日以前,呈报高等法院核明,转报司法行政部查考。

前项表册自民国二十二年一月份起造报,格式附后。

一、囚粮如有节余,应专款妥慎存储,以备将来粮贵时弥补囚粮之用,不准挪充公杂等费或其他用途。

二、表报购入粮价应由高等法院随时派员抽查,如果发现有与市价不符情弊,即行彻查惩办。

三、他机关寄禁、寄押人犯口粮应向原机关领用,一并造报。

(说明)按:以上两种册报,须于次月五日前专案造报。系二十一年十二月三二一九号部令。颁行原令详命令类卫生给养内。——编者

江苏上海第二特区监狱谨
将民国二十三年六月份作业成品造具四柱清册呈候

鉴核

计开:

旧管

一、皮革科成品合洋一百十八元五角九分八厘;

二、木工科成品合洋二十一元九角一分;

三、竹工科成品合洋二百零七元一角五分一厘;

四、印刷科成品合洋九十八元二角二分七厘;

五、金工科成品合洋六角一分;

六、结网科成品合洋二百零四元二角一分六厘;

七、台球科成品合洋三百四十九元四角七分五厘;

八、针织科成品合洋八十元。

以上合洋一千零八十元零一角八分七厘。

新收

一、缝纫科成品合洋四百零一元九角二分五厘；

二、皮革科成品合洋二百二十五元一角七分；

三、木工科成品合洋六百九十四元七角七分六厘；

四、印刷科成品合洋六百零五元八角七分；

五、金工科成品合洋十元零五角；

六、糊盒科成品合洋二十八元四角四分二厘；

七、结网科成品合洋二十二元七角；

八、生物标本科成品合洋五十元零二角六分；

九、台球科成品合洋二十二元三角四分；

十、针织科成品合洋二百八十三元七角九分；

十一、女红科成品合洋十一元。

以上合洋二千二百五十六元七角七分三厘。

开除

一、缝纫科成品合洋六百五十元零三角九分；

二、木工科成品合洋八百十四元一角九分；

三、竹工科成品合洋十六元八角一分二厘；

四、印刷科成品合洋五百十四元八角一分；

五、金工科成品合洋十二元；

六、糊盒科成品合洋三十一元七角六分三厘；

七、结网科成品合洋一百五十九元七角三分二厘；

八、生物标本科成品合洋十二元九角；

九、台球科成品合洋三百三十五元三角三分三厘；

十、针织科成品合洋二百七十八元一角；

十一、女红科成品合洋十二元二角四分。

以上合洋三千零八十七元二角一分。

实在

一、皮革科成品合洋一百十六元二角二分八厘；

二、木工科成品合洋二十四元；

三、竹工科成品合洋一百九十三元六角零四厘；

四、印刷科成品合洋二百六十七元八角七分八厘；

五、金工科成品合洋六角一分；

六、结网科成品合洋一百五十六元九角六分八厘；

七、生物标本科成品合洋四十二元四角七分一厘；

八、台球科成品合洋二百零四元九角零九厘；

九、针织科成品合洋八十元。

（说明）查本月份开除合计数内有益金洋八百三十六元九角一分八厘叙明。

江苏上海第二特区监狱谨将民国
二十三年六月份作业材料造具四柱清册呈候

鉴核

计开：

旧管

一、缝纫科材料及杂支合洋七百七十二元九角七分五厘；

二、皮革科材料及杂支合洋二百十元零五角二分一厘；

三、木工科材料及杂支合洋三百三十六元七角九分一厘；

四、竹工科材料及杂支合洋四十六元八角六分四厘；

五、印刷科材料及杂支合洋三百六十七元六角零四厘；

六、糊盒科材料及杂支合洋十三元三角一分四厘；

七、金工科材料合洋七元零六分；

八、结网科材料及杂支合洋二百三十一元八角三分七厘；

九、生物标本科材料及杂支合洋二百五十元零一角三分；

十、台球科材料及杂支合洋八十八元六角八分三厘；

十一、针织科材料及杂支合洋四十四元五角三分；

十二、女红科材料合洋二十三元三角五分。

以上合洋二千三百九十三元六角五分九厘。

新收

一、缝纫科材料及杂支合洋一百六十一元五角二分五厘；

二、皮革科材料及杂支合洋二百五十元零三角零二厘；

三、木工科材料及杂支合洋三百八十五元一角九分五厘；

四、印刷科材料及杂支合洋五百五十二元七角六分八厘；

五、糊盒科材料及杂支合洋一百三十九元六角七分；

六、金工科材料合洋十二元九角九分；

七、结网科杂支合洋二元七角；

八、生物标本科材料及杂支合洋十元零八角九分；

九、台球科杂支合洋二元二角三分；

十、针织科材料及杂支合洋一百三十九元二角六分；

十一、女红科杂支合洋二角一分。

以上合洋一千六百五十七元七角四分。

开除

一、缝纫科材料杂支合洋四百零一元九角二分五厘；

二、皮革科材料及杂支合洋二百二十五元一角七分；

三、木工科材料及杂支合洋六百九十四元七角七分六厘；

四、印刷科材料及杂支合洋六百零五元八角七分；

五、糊盒科材料及杂支合洋二十八元四角四分二厘；

六、金工科材料合洋十元零五角；

七、结网科杂支合洋二十二元七角；

八、生物标本科材料及杂支合洋五十元零二角六分；

九、台球科材料及杂支合洋二十二元三角四分；

十、针织科材料及杂支合洋一百八十三元七角九分；

十一、女红科材料及杂支合洋十一元。

以上合洋二千二百五十六元七角七分三厘。

实在

一、缝纫科材料及杂支合洋五百三十二元五角七分五厘；

二、皮革科材料及杂支合洋二百三十五元六角五分三厘；

三、木工科材料及杂支合洋二十七元二角一分；

四、竹工科材料及杂支合洋四十六元八角六分四厘；

五、印刷科材料及杂支合洋三百十四元五角零二厘；

六、糊盒科材料及杂支合洋一百二十四元五角四分二厘；

七、金工科材料合洋九元五角五分；

八、结网科材料及杂支合洋二百十一元八角三分七厘；

九、生物标本科材料及杂支合洋二百十元零七角六分；

十、台球科材料及杂支合洋六十八元五角七分三厘；

十一、女红科材料及杂支合洋十二元五角六分。

以上合洋一千七百九十四元六角二分六厘。

江苏上海第二特区监狱谨将民国二十三年六月份
作业收支款项造具四柱清册呈候

签核

计开：

旧管

上月结存洋一千二百十九元一角二分六厘。

以上合洋一千二百十九元一角二分六厘。

新收

一、收借入本监第一科洋二百元；

二、收缝纫科售品合洋六百四十一元六角五分；

三、收皮革科售品合洋二百十元零二角七分；

四、收木工科售品合洋八百十三元六角五分；

五、收印刷科售品合洋五百十元零零三分；

六、收竹工科售品合洋三元零六分二厘；

七、收金工科售品合洋十二元；

八、收糊盒科售品合洋二元零六分九厘；

九、收结网科售品合洋七十九元一角五分；

十、收生物标本科售品合洋十二元九角；

十一、收台球科售品合洋一百六十三元三角二分三厘；

十二、收针织科售品合洋二百七十八元一角；

十三、收女红科售品合洋十二元二角四分；

十四、收回债权合洋一百九十三元八角七分。

以上合洋三千一百三十二元三角一分四厘。

开除

一、支各科器具费合洋二百四十七元二角；

二、支缝纫科材料及杂支合洋一百六十一元五角二分五厘；

三、支皮革科材料及杂支合洋二百五十元零三角零二厘；

四、支木工科材料及杂支合洋三百八十五元一角九分五厘；

五、支印刷科材料及杂支合洋五百五十二元七角六分八厘；

六、支金工科杂支合洋十二元九角九分；

七、支针织科材料及杂支合洋一百三十九元二角六分；

八、支台球科杂支合洋二元二角三分；

九、支结网科杂支合洋二元七角；

十、支生物标本科杂支合洋十元零八角九分；

十一、支糊盒科材料及杂支合洋一百三十九元六角七分；

十二、支女红科杂支合洋二角一分；

十三、支各科赏与金合洋一百零二元四角五分六厘；

十四、支事务费合洋二百九十一元四角四分九厘。

以上合洋二千二百九十八元八角四分五厘。

实在

本月份结存洋二千零五十二元五角九分五厘。

以上合洋二千零五十二元五角九分五厘。

（说明）按：以上三种清册，系以上海第二特区监狱民国二十三年六月份所造是项册报作为实例。又：册式早经施行，二十三年七月起部令修正各种册报，此项清册仍继续造用，分册则废止之。——编者

中华民国二十二年度江苏上海第二特区监狱决算报告书

岁入作业门

上年度结存
本年度实收
总 数 结 存

科 目	本年度决算数 元		本年度预算数	比 较 增	减	备 考
第一款　作业收入	一七八〇八	七〇二				
第一项　售品收入	八四五〇	四七五				
第一目　皮革科	二〇五三	六九五				
第二目　木工科	二六七七	七八五				
第三目　竹工科	四六五	〇八〇				
第四目　金工科	四四六	一六五				
第五目　印刷科	一二三〇	六六六				
第六目　缝纫科	九四七	八一〇				
第七目　针织科	二七八	一〇〇				
第八目　糊盒科	八三	五六四				
第九目　结网科	九七	一五〇				
第十目　女红科	六七	三四〇				
第十一目　种植科	三三	六〇〇				
第十二目　台球科	五四	二二〇				
第十三目　生物标本科	一五	三〇〇				
第二项　工资收入	二五二二	九八七				
第一目　缝纫科	一一一六	四二四				
第二目　糊盒科	六三	八九〇				
第三目　外役科	一〇五六	九〇〇				
第四目　结网科	七五	七三〇				
第五目　女红科	四六	七二〇				
第六目　台球科	一六三	三二三				
第三项　收回债权	一三一〇	六六〇				
第一目　收回债权	一三一〇	六六〇				
第四项　借入款项	五五一〇	〇〇〇				
第一目　高三分院	三〇〇〇	〇〇〇				
第二目　本监第一科	二五一〇	〇〇〇				
第五项　杂收入	一四	五八〇				
第一目　废科收入	一〇	九三〇				
第二目　存款利息	三	六五〇				

中华民国二十二年度江苏上海第二特区监狱决算报告书

上年度结存

岁出作业门　本年度支出

总　数　结存

科　目	本年度决算数 元		本年度预算数	比　较 增	减	备　考
第一款　作业支出	一七〇六四	八六一				
第一项　器具费	三七〇二	六九四				
第一目　器具费	三七〇二	六九四				
第二项　材料费	一一四六八	三五七				
第一目　缝纫科	一六六九	二七〇				
第二目　皮革科	二〇六〇	一四八				
第三目　木工科	二四三三	一二二				
第四目　竹工科	二六〇	六二六				
第五目　金工科	三六二	八七五				
第六目　印刷科	一三五六	八八九				
第七目　糊盒科	二四七	一四八				
第八目　外役科	一四四一	五四五				
第九目　结网科	五六五	九七六				
第十目　种植科	九	五四〇				
第十一目　生物标本科	二六三	〇二〇				
第十二目　台球科	四五六	一二八				
第十三目　针织科	二六三	七九〇				
第十四目　女红科	七八	二八〇				
第三项　赏与金	四七九	一四四				
第一目　赏与金	四七九	一四四				
第四项　事务费	一四一四	六六六				
第一目　工师工资	七二四	四八五				
第二目　办工杂费	六九〇	一八一				

用法说明

按:本书式系各机关编制本身机关岁入、岁出决算报告书适用之。凡属于中央或地方之各机关,自府院部会以至各署局所,均应依照本书式编成岁入、岁出决算报告书(无收入之机关只编岁出决算报告书)。

本书科目栏内各科目均照月份计算书所列科目填列,但只列款项目三级而略其节,以期简明。

预算数栏内各数,均照该年度预算书填列,其曾经核准追加者得并计列入,但预算实行期间不足十二个月者,应按实行期间与十二个月之比例截取数之一部分为预算数。

决算数栏内各数,即将该年度各月份计算书所列各计算数分别并计填列,至具有特殊情形之机关。编制决算报告书办法规定如下:

一、机关之裁撤者应由主管机关代为编制;

二、机关之改组者(因机关内部改组而变更预算者)应由改组后之机关合并编制;

三、机关之名义变更者(例如大学院改为教育部之类),其决算应由变更后之机关按名义变更之前后分别编制;

四、数机关合并为一机关者(例如财政部所属财务机关中卷烟、煤油两税局,先系分设,嗣于十七年某月奉令并设一局之类),应由并存机关编制在未合并以前各分设机关之决算,并应由已合并后之并存机关代编;

五、数机关之预算,先合并而后分立者(例如财政部之关监两署预算,从先合并部内,现在分立编造之类),在合并时期内由原机关合并编制预算,分立以后由分机关编制。——编者识

看　守

《监所看守考试条例》

(二十年二月公布)

第一条　监所看守之考试依本条例行之。

第二条　中华民国人民具备下列资格者,得应监所看守考试:

一、年在二十五岁以上四十岁以下者;

二、小学校以上毕业或有同等以上学力者;

三、身度在一·四四公尺以上体格健全,无传染病者。

第三条　考试之科目如下:

一、三民主义;

二、国文(语体);

三、算术(加减乘除);

四、刑法大意;

五、现行监狱法规大意。

第四条　前条第一款、第四款、第五款之考试,得以测验或口试行之。

第五条　监所看守考试由各省高等法院院长行之,但必要时得委托地方法院院长或典狱长行之。

第六条　考试及格者,由高等法院院长给予及格证书。

第七条　考试结果应报由司法行政部,咨请考选委员会备案。

第八条 监所看守考试及格后,须经训练方得服务。训练规则由司法行政部定之。

第九条 本条例自公布日施行。

《监所看守训练规则》
(二十一年二月二十九日公布)

第一条 经监所看守考试及格之看守加以三个月之训练。但曾任监所看守六个月以上者得免训练。

第二条 看守训练除下列科目外,并加实地练习:

(一)现行监狱法规;(二)现行刑法大要;(三)现行法院编制法大要;(四)现行刑事诉讼法大要;(五)公文程式及纪录报告方法;(六)簿记;(七)体操,戒具使用法,消防演习,武艺;(八)礼式及其他纪律。

第三条 训练于监所内附设之,训练所行之。实地练习于监所内行之。

第四条 训练所置所长一人,以典狱长或所长充之。教习二人以上,以看守长充之。

第五条 看守训练毕业,由典狱长或所长给予文凭,授以相当职务。

第六条 本规则自公布日施行。

《监所看守薪资规则》
(二十一年十二月七日司法部公布)

第一条 监所主任看守及看守薪资之叙进,依本规则及附表行之。

附表

级别＼职别	主任看守	看守
一	四十元	三十元
二	三十七元	二十八元
三	三十四元	二十六元
四	三十二元	二十四元
五	三十元	二十二元
六	二十八元	二十元
七	二十六元	十九元
八	二十四元	十八元

第二条 监所主任看守及看守之薪资如下:

一、甲种新监:

主任看守　　四级至一级

看守　　　　五级至一级

二、乙种新监及甲种新监所属之分监,高等法院、高等分院、地方法院、地方分院所属之看守所:

主任看守　　五级至一级

看守　　　　六级至二级

三、乙种新监所属之分监及县监狱并地方法院分庭、看守所、县法院、看守所、县看守所:

主任看守　　八级至四级

看守　　　　八级至五级

第三条　监所主任看守之叙级、晋级,由该管长官呈请高等法院院长核定;看守之叙级、晋级,由该管长官核定,并呈报高等法院备案。

第四条　监所主任看守及看守服务满二年者,应进一级。但二年内曾受惩戒处分或因事请假逾二月、因病请假逾六月者不在此限。

第五条　监所主任看守及看守服务满一年有特殊劳绩者,得呈请特予晋级但人数不得超过定额三分之一。

第六条　监所主任看守及看守受至各该最高级之薪资五年以上确有劳绩者,主任看守得给以四十元以内之年功加薪,看守得给以三十元以内之年功加薪。

前项年功加薪由该管长官呈请高等法院院长核定。

第七条　本规则施行时,现支薪额不及附表最低级者,应依最低级叙支;其受有与附表定级相当之薪额者,即为现叙之级,但其薪额如有零数逾一级之半数者,进一级,不满半数者削除之。

第八条　初任者其薪资应自最低级叙支,晋级年限应依行政年度计算。

第九条　在练习期间之看守,酌给十元至十四元之薪资。

第十条　本规则呈奉 行政院核准,由司法行政部公布施行。

《监狱看守服务规规则》

（民国二年十月二十二日司法部训令第二百四十号公布）

第一编　总则

第一章　纪律

第一条　看守遵守官吏服务令外,须依本规则执行职务。

第二条　长官命令事件即须执行,须复命者不得懈怠。

第三条　礼式服装须照所定规则严行遵守。

第四条　携带之武器须小心时护,非依据法令不得使用。

第五条　待遇在监人取公平、严肃为主,不得有愤怒、狎昵情状。

第二章　服装

第六条　服务时须着制服。

第七条　服装须清洁整齐。

第八条　携带之武器常须注意,毋使生锈缺损。

第九条　雨雪时须着长靴。

第十条　捕绳、呼笛、日记、铅笔、名刺等须常携带。

第三章　出勤及缺勤

第十一条　出勤时记名于出勤簿。

第十二条　服务中言语、举动均须谨慎,公事外事项不得叙谈,与在监人接近地方,所有在监人事项及其他公事不得滥行交谈。

第十三条　在监狱内,除非常事变外,不得奔走。

第十四条　在监人申诉事件或转达于在监人事件须敏活执行。

第十五条　急遽之事,临机处置后报告于主管长官。

第十六条　服务中因病及其他不得已事由须离勤务地方时,应经长官许可,出署时亦同。

第十七条　退勤时,各主管事务须整理之文书及其他对象收检于一定地方。

第十八条　因病及其他事由缺勤时,须于午前呈递告假书于主管长官。

第十九条　告病假至七日以上者,其告假书须添附医生诊断书,续假时亦同。

第四章　杂则

第二十条　被任用者须于十日以内开具详细履历。

第二十一条　去职时所使用之公物,限于当日缴还。前项缴还物品如有损污,得视污损程度使其赔偿或命其修理完好。

第二编　戒护

第一章　通则

第二十二条　不问何时何地,不得任在监人独步及在视线之外。

第二十三条　戒具破损时,从速报告该管长官。

第二十四条　在监人犯狱则时即时报告该管长官。

第二章　检查

第二十五条　有必须通身检查,所有头发、口、耳、四肢、指间及各隐微等处均须详细检查。

第二十六条　外科病系绷带者,如疑有对象藏匿时,由医士解查。

第二十七条　在监人携带之乳儿,得通行检查之。

第二十八条　在监人入监时,所有衣类、携有物品均须检查之。

第二十九条 发现违禁物及私藏物时,报告该管长官。

第三十条 衣类卧具之检查,所有领袖襟袋及缝着等处均须严重行之。如疑有物藏匿时,得解缝检查之。

第三十一条 监外送入之书类须检查之。

第三十二条 作业者之检身于罢役后还房前行之。但认为必要时,得随时行之。

第三十三条 独居囚之检身,由浴室、运动场等处还房时行之。

第三十四条 在监人检身后,非有特别事由不得离位。

第三十五条 监房内之检查每日行之,但独居房须依该管长官之指挥。

第三十六条 监房内之检查,务于在监人出房时行之,但不得已时不在此限。

第三十七条 检查监房变更物品位置时须回复原状。

第三十八条 监房之检查须注意下列各事项:

一、门闩、墙壁、窗牖、关键;

二、房内上下四旁;

三、常置器具及携有物品;

四、各处破损之有无,各物污毁之有无。

第三章 监房

第三十九条 监房之视察,除依长官命令外,须注意在监人下列各事项:

一、坐位之整否及动作之情状;

二、在房者与房外名牌是否相符;

三、企谋逃走、反狱、自杀等事之有无;

四、争斗、谈话、游戏、喧哗等事之有无;

五、猥亵行为之有无;

六、衣被及其他常置器具之整否;

七、空气是否流通,扫除是否洁净;

八、处罚者悔悟之有无;

九、昼寝及假寐之有无;

十、将食物分与他人及交换之有无;

十一、将器物污损、弃掷及其他不洁行为之有无。

第四十条 夜间房门锁闭后,非有长官在场及特许外不得开之,但遇灾变时不在此限。

第四十一条 门须常时锁闭,锁钥须严重注意保管之。

第四十二条 疑有精神病者之监房时时视察之,将其举动报告该管长官。

第四十三条 在监人有逃走、反狱、自杀、湮灭罪证之虞者,须格外注意。

第四十四条　遇有疾病及变死者时,报告中央瞭望处并为相当之处置。

第四十五条　遇有图谋逃走或反狱者时,急报告主管长官并须设法防止。

第四十六条　遇有临时出监者时,奉长官命令后即行通知本人,使其自行整理其所有物品,抹销该监房前名牌,将该出监者交付于接受之看守。

第四十七条　在监人出房就役时,须受看守长之指挥,监房担当看守整列在监人于房前点检后,交于工场担当看守。罢役还房时,工场担当看守照前项之程序,交于监房担当看守。

第四十八条　食物及其他之支配,监房担当看守行之,但得雇员辅助之。

第四章　运动及沐浴

第四十九条　在监人因运动或入浴出房时,须使其肃静齐集于指定地点。

第五十条　运动、入浴毕,查点人数后,使其经由指定路线齐入监房。

第五十一条　运动中如遇有下列事项之一,须报告于主管长官:

一、私语;

二、通谋;

三、喧哗;

四、争斗;

五、放歌;

六、伫立;

七、指画;

八、物品之俯拾;

九、物品之抛弃。

第五十二条　老年者废疾者,经长官许可时,得使其在特别浴室入浴。

第五十三条　患疮疥及其他传染病者之入浴,须依医士之指挥。

第五十四条　入浴担当看守须按照时季定浴汤之温度。

第五章　理发

第五十五条　在监人之头发至少须每月整理一次。

第五十六条　妇女头发使其每朝梳理之。

第五十七条　在监人理发时不得任其与理发人交谈。

第五十八条　理发所用器具随时消毒。

第六章　书信

第五十九条　在监人之书信,限于免作业日为之,但紧要时不在此限。

第六十条　在监人不能自行写信时,看守中以一人当视察戒护之任,以一人为之代书。

第六十一条　在监人如有呈送各官厅书类,须即送呈主管长官。

第六十二条　来信及发信均须提出于主管长官。

第六十三条　写信时如见有犯则之行为，即停止之，并报告于主管长官。

第六十四条　代书时须将其书信原文读与在监人知之，代书者并须署名。

第七章　病监

第六十五条　病监担当看守须将下列各事项记入病监日记：

一、病人之姓名、年龄、罪质及病名；

二、病人之言语、举动足供医士之参考者；

三、癫狂之状态。

第六十六条　病人不服医士命令时，恳切训诫之，并一面报告主管长官。

第六十七条　病人有伪病、谋逃等情时，须格外注意。

第六十八条　长官巡视及医士到病监时，所有病人名数、病状及其他特须注意事项须静肃报告之。

第六十九条　传染病者所使用之物品不时消毒，更不得与他物相混。

第七十条　病人之衣类、卧具及其他对象不洁净时，须洗换之。

第七十一条　病人症候急变或危笃时，从速报告医士及主管长官。

第七十二条　在监人死亡，其领受人到监请问死者情状，得告知之。

第七十三条　死者之尸骸须加相当之保护。

第七十四条　死者之尸骸，非有长官监视不得入殓。

第七十五条　看护人之护持事务及病监之卫生，须依医士之指挥。

第七十六条　看护人对病人有无不当行为须严重注意。

第八章　工场

第七十七条　服役者之坐位，非有上官命令不得变更。

第七十八条　工场担当看守所有该管之在监人，须知其身份、关系，并检查其行状，报告主管长官。

第七十九条　工场担当看守在勤务中须检察下列各事项：

一、服役之勤惰；

二、服役之适否；

三、制品之精粗；

四、工业师之动作；

五、谋逃反狱及自杀者之有无；

六、材料器械有无缺损。

第八十条　在监人在工场服役时，除有不得已事由外，其大小便须于特定时间为之。尚须注意下列各事项：

一、人数及其动作；

二、藏匿物之有无；

三、谈话之有无；

四、污损便所及不正行为之有无。

第八十一条　服役课程之完否须检查记入日课簿。

第八十二条　检查课程时,对于课程不良者须告诫之。若出于怠惰,则报告主管长官。

第八十三条　对于服役未熟习者须督促之。

第八十四条　罢役时,工业器具即行严重检点,藏于一定地方。

第八十五条　工业器具点检之际,件数之足否及破损之有无须一一细查之。

第八十六条　工业材料于一定数量之外不得交付之。

第八十七条　使用火器之工场担当看守于罢役之时须注意熄火;锁闭工场时须再加检查。

第八十八条　工场之启闭,担当看守行之,其钥锁须交当值长官掌管。

第八十九条　长官巡视时须报告其人数。

第九十条　于监房内服役者适用本章之规定。

第九章　外役

第九十一条　外役者出役时,每二人联绊之,受主管长官之点检,罢役归监时亦同。

第九十二条　联绊不论何时不得解除之,但认为必要解除之时,须得主管长官之许可。

第九十三条　在监人出役中须带护笠。

第九十四条　在监人不得使其与他人接近,并须防止其为物品之授得及拾取。

第九十五条　在监人逃走时即追捕之,并迅报告本监。追捕中得求警察官之援助。

第九十六条　因在监人逃走及其他事故戒护缺人时,从速报告主管长官。

第九十七条　外役所用器械,须将其品名、件数记载于簿,出役及罢役时检点之。

第十章　厨室

第九十八条　厨室担当看守指挥戒护厨人,担当厨室事务。

第九十九条　食物之部署须与卫生、经济之旨两不相妨。

第一百条　食物配与之前,须呈交主管长官查核。

第一百零一条　厨室担当看守将前日之食物及消费薪炭等项作厨室消费日表,呈交主管长官查核。残饭于每日食后妥为保存,以作下次之用,并将其残余分量记载于厨室消费日表。

第一百零二条　食物及薪炭等项十日间所需之额,三日前于物品会计官处领取,保管于厨室所属仓库。

第一百零三条　由监房及他处交还之食器,须检查之。有不足时报告主管长官。

第一百零四条　厨人之衣服常使其清洁。

第一百零五条　厨室罢役时,严密检察后方行锁闭。

第十一章　门卫

第一百零六条　门卫看守常须正其姿势,对于外来之人须恳切接待之。

第一百零七条　对于外来之人,须询其来监之原因。如有下列事项之一方使其入门,但形迹可疑即报告主管长官,待其指挥:

一、于公务有关系者;

二、得参观之许可者;

三、求面会在监办事官吏者;

四、求面会在监人者;

五、许其平日出入监狱、带有许可证者;

六、监狱官吏因事使其到监者。

第一百零八条　外人来监许其入门时,须交付入门证。

第一百零九条　携有平日出入监狱许可证者,检查许可证后使其入门。

出门者携有物品时,须与其出门证相对照,有不符时报告主管长官,待其指挥。

第一百十条　闲杂人等如在监外徘徊、集聚,得禁止之。

第一百十一条　门卫看守交代之际,所有外来人数、入门证牌之交付及他注意事项须详密交代之。

第一百十二条　监门闭后,如有入门之人,于开门前问其姓名、身份、职务及来监原因,除监内办事人员外,不问何人不得使其即行入门,但送信及各官衙所派人员、确有证明者不在此限。

对于监内办事人员以外之入门者,须将其姓名、身份、职业及来监原因报告主管长官,待其指挥。

第一百十三条　监狱内各门,除服务官吏外,非得长官许可不得出入。

第十二章　巡查

第一百十四条　监狱之巡查须注意在监人逃走、犯则及预防火灾等事。所有监房、工场墙壁、其他建设物须周密视察之。

第一百十五条　监房外之巡查,如见有竹木、铁具、长绳其他足供逃走之物件在各处时,须收拾之,有危险之处须报告主管长官。

第一百十六条　夜间之巡查,所有监房门户、墙壁均须注意。苟于视听有感触时,即须追究;认为有变异时,从速报告主管长官。

认为有前项变异不遑报告时,自为应急之处置,并鸣警笛以求援助。

第一百十七条　夜间之巡查,于使用火器地方特别注意。

第一百十八条　看守勤务者交代之际,其看守区域及勤务中所生事故须详细告,知于接受之看守。

第十三章　卫生

第一百十九条　监内卫生事项,除依法令规定外,并受医务所长之指挥。

第一百二十条　扫除人洗涤便物、投弃秽物,须使其于一定处所为之。

第一百二十一条　扫除人到监房内时,有无与在房者共谋等事须特别注意。

第一百二十二条　扫除病监之人,非沐浴消毒后不得使其在他处扫除。

凡病监使用物件,不得与他处物件相混。

第十四章　接见室

第一百二十三条　接见勤务之看守,于接见许可时,由监房担当看守处领出在监人,到中央看守所点检人数后,带入接见暂候室。

第一百二十四条　在监人入接见暂候室后,将接见簿呈交接见监视看守长或看守部长,挨次使之接见。

第一百二十五条　接见毕,须带领该在监人到中央看守所点检人数后,交还监房担当看守。其接见簿交还收发处。

第三编　庶务

第一章　收发

第一百二十六条　接受人民请愿书时,温和、恳切应对之,将该书送呈主管长官。

接受文件、物件时,照前项办理。

第一百二十七条　接见事项归收发看守办理。

第一百二十八条　有请求接见在监人时将请求人姓名、职业及与在监人关系等件询明,记载于接见簿,受典狱认可后,将该簿送呈主管长官核办。

前项记载事件有疑点时,须报告主管长官。

第一百二十九条　在监人系禁止接见者,如有人请求接见时,须将其事由告知之。

第二章　文书

第一百三十条　文书之保管须参酌司法部文件保存细则办理。

第一百三十一条　秘密之文书须呈主管长官或文书主任。

第三章　物品保管

第一百三十二条　入监者带有银钱时,如数为之保管。如携有物品严密搜检后为之保存发现异状时,则中止搜检,以现品报告主管长官。

保管中之物品或送入物品适用前项之规定。

第一百三十三条　入监者携有之物品,除新制品外,须设法净洁后方为

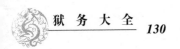

保管。

第一百三十四条　凡保管银钱及他物品,须将其数目、品名详细记明于保管簿。

第一百三十五条　凡保管之物品不得污损、错误,并不时清理之。

第一百三十六条　保管之金钱物品一出一入,均须由监狱长官加以印证。

第四章　出纳

第一百三十七条　物品之购入,非有监狱长官之命令不得为之。

第一百三十八条　物品之请求,虽急速需要时,非有物品会计员之指挥不得交付。

第一百三十九条　仓库中物品,所有品目、数量须整列明了,每次交付时须与物品出纳簿相对照。

第一百四十条　仓库除主管者外不得自由出入。

第一百四十一条　购入及卖却之物品须速处理,不得于仓库外堆积。

第一百四十二条　不用之物品,除特别规定外,每三月一回调查报告主管长官。

第五章　工业

第一百四十三条　工业材料及制成物品须严重分别,保管者外不得妄动。

第一百四十四条　工业品非有监狱长官命令不得制作。

第一百四十五条　工业材料之出纳,记明于簿。其残余材料,每月与出纳簿对照一次。

第一百四十六条　在监人作业日记簿于罢役时登载之,翌晨呈交主管长官查核。

第一百四十七条　工业物品制成时,须作书报告主管长官。

附则

第一百四十八条　本规则未尽事宜,得由监狱长官随时指挥办理。

第一百四十九条　本规则自公布日施行。

《监狱看守点检规则》

（三年五月司法部二〇五号令公布）

第一章　总则

第一条　看守点检分为二种:

一、通常点检;

二、临时点检。

第二条　通常点检为检查看守人员姿势、服装、日常之携带品及礼式,其程序如下:

一、人员;

二、服装姿势;

三、刀身;

四、日记本名片;

五、捕绳;

六、警笛;

七、礼式。

第三条　临时点检为检查给予品使用之适否及保存之情形。

第四条　点检官以首席看守长充之,指挥官以次席看守长充之。首席看守长缺席时,得以次席看守长代理。次席看守长缺席时,得以顺次之次席看守长代理。

分监之看守缺席时,得以看守部长代理点检官、指挥官事务。

第五条　点检官须置通常点检簿各一册,将每次点检情形记入,呈典狱长或监狱长官查阅。

第二章　通常点检

第六条　通常点检对于当日服务之看守每日行之。

第七条　点检定时前,须使看守列队于指定地点。

第八条　点检之队形通常列为二队,人员过少时得列为一队。

第九条　列队后指挥官始顺次发令如下:

一、"立——正"。

二、"报——数"。

三、"向导前三步——进"。

四、"看齐"。

五、"向前——看"。应为二列横队时须下以下之号令:"前列六步前——进"。

第十条　前条之动作告终,下"稍息"令,使各员作休息,待点检官临场。

第十一条　点检官临场时,指挥官下"立正"令,行相当之敬礼,礼毕,指挥官呈报各员名数。

第十二条　点检官俟指挥官呈报列员毕,直至右翼前面,通过左翼回绕。其后点查刀身已否入鞘及服装姿势之正否。

第十三条　外套、雨衣之结束须自左肩斜挂右腋下。如天雨,着外套时亦须各员一律。

第十四条　日记本纳于上衣之左袋内,警笛纳于上衣之右袋内,捕绳纳于裤之右袋内,名片与日记本同置一袋。着外套时,日记本、名片、警笛均纳于右袋内。

第十五条　前各条点检毕,试演拔刀。指挥官先以适宜之号令使各员取距离式,再下令使各员拔刀:"拔——刀"。

于上项之场合指挥官,亦宜同点查。

第十六条　拔刀毕,指挥官下令使各员纳刀:"纳——刀"。

第十七条　纳刀毕,点检官及指挥官自第一列右翼始,依下列之号令逐员点查其异状之有无:

(一)"日记本持——前"。(二)"捕绳持——前"。(三)"警笛持——前,发——声"。

第十八条　礼式之点检依下列顺序行之:

(一)室外敬礼。(二)两手携带物品之敬礼。(三)室内敬礼。(四)辞令书、物品等受授之礼。

第十九条　点检各员后,凡本日应行注意事项,指挥官须密授各员,令其记入日记簿。记录毕,始下"解散"令。各员对于点检官、指挥官齐行室外敬礼,然后解散。

第三章　临时点检

第二十条　临时点检(即物品点检)每月须行一次。

第二十一条　关于物之点检,为帽靴、外套、被服、肩章、提灯、消防具等使用、保存之当否,日记本记载之事项均须严密查之,其有不合者,另使定期修正。

第二十二条　物品配置须预定处所,将点查各项配列之。

第二十三条　物品配置毕,受检者整列于前,点检官随指挥官自列之右翼逐一点查之。点查毕,指挥官收纳品物下"解散"令,并依第十八条行室外敬礼,然后解散。

第二十四条　消防器每年应点检一次,若激筒每年须二次。以上分解点查其内部。

第四章　附则

第二十五条　看守教练期间及待质所所丁之点检准用本规则。

第二十六条　本规则自公布日施行。

《监狱看守使用公物规则》
(元年十二月公布)

第一条　男看守在监时得使用如下列之物品:

一、冬服	六、指挥刀	十一、夏服
二、刀缏	七、雨衣	十二、刀带
三、帽	八、帽章	十三、皮靴
四、肩章	九、雨靴	十四、捕绳
五、外套	十、警笛	十五、手套

一　日记本

第二条　女看守在监狱时得使用如下之物品：

一、冬服　　　　四、夏服　　　　七、雨衣

二、雨靴　　　　五、警笛　　　　八、帽

三、日记本　　　六、捕绳

第三条　物品使用期限由典狱长核定，报告于司法总长。

第四条　物品在使用期限内，看守自为修理。

第五条　对于使用物品，均须清洁爱护，不可损坏。

第六条　免职、转职时须将使用物品缴还。

第七条　因故意或重大过失损坏物品，须负赔偿之责。

《安徽高等怀宁地方法院看守所请假规则》

（二十二年五月十七日核准）

第一条　本所看守，非因疾病、伤痍及确系不得已事故不得请假。

第二条　看守请假须具请假书，载明事由及日期，呈由所官转呈所长核准。但请假时或宿假者得由所官酌予核准。

前项时假，每月不得过六次，宿假每月不得过四次，且同时不得过三人。

第三条　因事请假，除婚、丧大事外，不得过七日。但因病请假，其期间得由所长酌量情形核定之。

第四条　看守假期已满未能销假者应即续假。

第五条　因事续假逾七日，或因病重延长假期已满仍无痊愈希望者即开缺另补。

第六条　看守未经准假私自出所，或假期已满而不续假亦未能销假服务者应受惩戒。

第七条　请假在七日以下者按班扣薪；七日以上者应止支薪。

第八条　看守继续服务满一年以上，经所长认为勤劳称职者，得给休息假七日，假期内之薪饷照常发给。

第九条　看守准假出所时，须将准假证交门卫及值班看守查验，回所时并应将准假证交外勤主管看守转呈所官备核。

第十条　本规则于主任看守请假适用之。

第十一条　书记请假准用本规则各规定办理。

第十二条　本规则自呈奉　司法行政部核准日施行。如有未尽事宜，得随时呈请修正。

《安徽高等怀宁地方法院、看守所门卫、内勤、工场、病室、炊场各处看守服务细则》

（二十年七月核准）

（甲）门卫看守服务细则

一、门卫看守须服装整齐、姿势严肃，对于外来之人尤宜恳切招待。

二、门卫看守不得擅离岗位，所佩武器不准离手。

三、对于外来之人，须询其来所原因，如有下列事项之一方准入门，但形迹可疑者应即报告主管长官，听候指挥：

（1）于公务有关系者；

（2）得参观之许可者；

（3）面会在所办事人员者；

（4）接见被告人者；

（5）许其平日出入本所、持有许可证者；

（6）本所人员因事请其到所者。

四、请求参观及请见长官者，得指导入接待室暂候，随将名片交所丁递入。

五、请见看守及工师者，如在执务时间，得告以事由，代为辞谢。

六、接见被告人者，发给牌照后，分别男女，令人待见室候见。

七、外来之人许其入门时须交入门证。

八、携有出入本所许可证者，须查明许可证后方许其入门。

九、来所买卖物品者，问明事实，发给牌照，由主管人员接洽。

十、携带物品出所者，无论何人，须检查其验单，相符后始准放行。

十一、闲杂人等如有在门外徘徊、集聚、喧哗者，须婉言禁止。

十二、发现非有看守护送或法警票提之被告人出门时，应即阻止，一面报告长官。

十三、军警职员因公来所须互相行礼。

十四、凡看守出所时须查验准假单。其非因公而穿制服出外者并得阻止之。

十五、看守请假出所，其出所、入所时刻须登记于看守出入簿，每晚送请所官查核。

十六、职员出所、入所时刻须登记于职员考勤簿，每日送请所长查核。

十七、门卫看守交代之际，所有外来人数及验放牌照并其他注意事项须详细交代之。

十八、本所大门闭后，如有人来所，当未开门时须问其姓名、身份、职业及来所原因。除所内办事人员外，无论何人不准入门，但送文书及各机关所派人员、确有证明者不在此限。

十九、对于所内办事人员以外之入门者,须将其姓名、身份、职业及来所原因报告主管长官,听候指挥。

二十、除办事人员外,非得长官许可不准擅自出入本所。

二一、每晨闻起床号声,先将大门开放一次,随即锁闭,俟被告人就役后再行开锁。

二二、罢役时大门加锁,俟被告人还房后开锁。

二三、每晚十点钟大门加锁后,非有必要事故、经长官许可者不准开门。

(乙)内勤看守服务细则

一、中央担当看守须注意瞭望各号之动静及收提人数之登记、检查。对于各号铁门之锁钥尤须妥慎保管。

二、各号担当看守须往来巡查,不得久留一处。

三、对待被告人须言语和平,不得徇私,亦不得暴怒。

四、对于被告人应行遵守事项,须严厉执行,不得松懈。

五、对于被告人,无论昼夜,须严密视察其一切动作、情状。

六、发现被告人举动有异状时,须格外注意,并随时报告主管长官查核。

七、遇有疾病及死亡者时,应即报告中央担当看守,并为相当之处置。

八、遇有图谋逃走或反狱者时,应急速报告主管长官并设法防止。

九、对于案情重大及受惩罚之被告人举动应特别注意。

十、当被告人起床、尚未开门及罢役还房、尚未就寝等时间,均须注意视察并严禁谈话。

十一、被告出房就役时,各号担当看守将被告人排列房前,点交工场担当看守;罢役还房时,工场看守点交程序亦同。

十二、各号房门须随开随闭,但未就役者得依照规定时间及次序启闭之。

十三、各号门之锁闭、开放均须看守亲自执行,不得假手于被告人。

十四、夜间房门锁闭后,非有长官在场或经其特许外,不得开启,但遇灾故时不在此限。

十五、各房门之视察孔不得无故推开,以防被告人向外窥视。

十六、凡被告人饭食时,须选择行状较良者数人按号分送,以重纪律。

十七、饭食、器具不得于房门外随地放置,以保清洁而重卫生。

十八、饭食时须禁其泼汤撒饭于地,所有盘碗数目并应查点清楚,毋使藏匿或毁坏。

十九、衣被及其他常置器物须令其整理清洁。

二十、遇有昼寝者得禁止之。夜间假寐时尤须促其早睡。

二一、便溺及吐痰须随时指示其保持清洁,不得任意污秽便桶、倾泼厕所用水。洗净后须令其挨次安置,不得乱弃损坏。

二二、各号门窗锁钥及地板如有损坏者须随时报请修理。

二三、各号内墙壁、门窗应禁止被告人任意损坏及粘贴字纸悬挂物品。

二四、凡由外间送入被告人物品,非经检查不得授与。

二五、凡收提被告人时,中央担当看守须依次详细检查,分别授受清楚,并令提人者署名盖章于日志簿,不得贻误。

二六、换班时间,中央担当看守对于各号房门锁钥及被告人出入数目均须分别登记于勤务簿,交代清楚,并于日志簿署名盖章,以专责成。

二七、各号担当看守于换班时间须按号点查被告人数目是否相符并有无异状,然后署名盖章于日志簿,以便查考。

二八、各看守逐日所带日记簿,每晚须呈送所官查阅。

(丙)工场看守服务细则

一、就役、罢役均须遵照规定时间。

二、每日就役时,所有就业被告人应由工场担当看守查照带赴工场。如有转役、免役、惩罚及患病不能到场者,须分别登载日志簿,以便查核。

三、被告人到工场就役后,非得工场看守许可不得擅离座位。

四、看守应注意被告人工作之勤惰。

五、被告人言语,除认为作业有必要者外概不准闲谈。

六、物品之制作、修缮,非奉有制作命令不得令被告人制作。

七、被告人作业应需材料或器具,须由看守交付,不得私相授受。

八、使用材料及器具须督令格外爱惜,不得任其损坏或藏匿。

九、使用材料及器具须由看守书明事由,向主管科领取,并将领到数目分别登记于领料簿及器具簿。

十、制出成品须随时登记于交货簿,连同制作原簿送主管科查核。

十一、检查股役课程之完否,记入被告人作业日课表。

十二、检查课程时,对于课程不良者须告诫之,未习熟者须督促之,若出于怠惰,则报告主管长官。

十三、就役者有疾病或违反纪律时,须先报请长官听候处分。如遇紧急病症,应即报请医士到场诊视。

十四、向工场提人者须有长官命令,并须令提人者署名盖章于日志簿;送回工场时,工场看守亦须加盖收受印证。

十五、被告人入厕所便溺时,须向看守取号牌,且同时不得过二人以上。如逾规定时间,应即入内看视。

十六、工场及厕所窗壁锁钥如有毁坏者,须随时报请修理。

十七、工场及厕所每日开工前及两餐后,须派被告人打扫清洁。

十八、长官巡视时,须报告其人数。如带领参观人员到场,须令就役者一律起立致敬,随令就坐,照常工作不准向参观人说话。

十九、闻开饭号声即令就役人停止工作,俟饭菜到时,指派行状较良者二人按名分配,并注意整洁。

二十、罢役时,作业器具须严密检点其件数之足否及破损之有无,然后藏于一定地方。

二一、使用火器之工场于罢役时须注意熄火。锁闭工场时并须主任看守复查一次。

二二、工场由担当看守启闭,其锁钥存于所官办公室。

(丁)病室看守服务细则

一、每晨开封后,须询问病者服药后是否对症及病势有无增减,并系何种病症,均须详载于疾病调查簿。

二、病者之姓名、年龄、病症、发病及转入病室之日时并病愈后回房日期须随时登记备查。

三、病者之饮食分量及早晚次数须听医士之指挥。

四、病者不服医士命令时,应恳切谕戒之,并一面报告长官。

五、待遇病犯须言语温和,不得暴怒,如有伪病谋逃等情时,须格外注意,并速报主管长官。

六、对待看护人须严重监视,如有不当行为,应即严行训诫。

七、病者饮食、器具及衣被等件须按时督饬看护人清洁洗换之。

八、长官巡视及医士到病室时,所有病人名数、病状及其他注意事项须详细报告之。

九、传染病者所使用之物品须严重隔离并不时消毒。

十、精神病者之饮食、言语、举动均须随时注意,以防意外。

十一、病者症候急变或危笃时,须从速报告医士及主管长官。

十二、病者死亡时,须从述报告长官,并督饬看护人将尸体移置停尸室。

十三、死者之尸体须加相当之保护,非有长官到场监视不得入殓。

十四、看护人之护持事务及病室一切卫生事项均须听医士之指挥。

(戊)炊场看守服务细则

一、每晨开封前半点钟,炊场看守即将各炊事人领带到场工作。

二、炊场所有家具及米粮、薪炭须督饬加意爱惜,不得毁弃。

三、食物之部署须与卫生、经济之旨两不相妨。

四、食物配与之前,须呈交主管长官查核。

五、各号舍、各工场每日在押者实数若干、应用粮食菜蔬及油盐薪炭各若干须先估计再行炊发。

六、每日食粮、薪炭等项数量均须详记于簿,并作成消费日报表,呈送主管长官查核。

七、残余之饭,每日食后,须妥为保存,以作下次之用,并将残余分量于消费日报表内注明。

八、食物及其他材料领足十日之额以后,须于粮终之前三日具领,藏人炊场仓库。

九、送饭、送水均系遵照规定时间依次分送,不得迟早凌乱。

十、食物之分配务须公平,不得任意增减。

十一、由各处交还之食器,须检查清楚并洗刷洁净。

十二、炊事人之衣服须常使其洗换清洁,以重卫生。

十三、炊场罢役时,对于火星须严密检点,如无异状,仍须主任看守复查一次方行锁闭。

执 行 羁 押

《监狱规则》

(十七年十月国民政府司法部公布)

第一章 总则

第一条 监狱属司法部管辖。

第二条 监狱分为下列二种:

一、徒刑监,为监禁被处徒刑者之所;

二、拘役监,为监禁被处拘役者之所。有不得已时,被处徒刑及拘役者得暂禁于看守所。

第三条 未满十八岁者监禁于幼年监,但满十八岁后三个月内即可终结者仍得于幼年监监禁之。因精神、身体发育情形认为必要时,得不拘定年龄适用前项。

第四条 各种监狱须严别男监、女监。

徒刑监、拘役监设在同一区域内者,须严为分界,幼年监亦同。

第五条 司法部每二年一次派员视察监狱。

第六条 检察官得巡视监狱。

第七条 在监者不服监狱之处分时,得在事故发生后十日内申诉于监督官署或视察员,但申诉未经判定时无中止处分之效力。

第八条 不服监督官署或视察员之判定者,许其再诉于司法部,但司法部之判定有最终之效力。

第九条 关于在监者之待遇及其他监狱行政之重要事项,监狱长官须咨询监狱官会议之意见。

第十条　有请参观监狱者,限于确系研究学术及有其他正当理由者得许之。

第十一条　依本规则没收之财物,充监狱慈惠之用。

第十二条　监狱内附设监禁所。

第十三条　受监禁处分者,准用被处拘役者之规定。

第十四条　本规则不适用于海、陆军监狱。

应收海、陆军监狱者,若有职权者嘱托,亦得暂收于普通监狱。

第二章　收监

第十五条　入监者,监狱官非认定具备适法之公文不得收之。

第十六条　入监妇女有请携带其子女者,非认为不得已时不得许之。

许携带之子女以满一岁为限,在监内分娩之子女亦同。

若子女已达前项年龄,无相当领受人,又别无安置方法,监狱长官得延长携带期间,但不得逾二岁。

第十七条　入监者,医士须诊察之。

第十八条　入监者若有下列情形之一得拒绝之:

一、心神丧失者;

二、现罹疾病,恐因执行而不能保其生命者;

三、怀胎七月以上者;

四、生产未满一月者;

五、罹激性传染病者。

第十九条　依前条规定拒绝收监者,若认为必要时,仍得暂行收监。

第二十条　入监者之身体、衣类及携带物品须检查之,并调查其体格及个人关系。

前项之规定,对于已在监者认为必要时亦适用之。

第二十一条　身体检查及体格调查,非认为万不得已时不得裸体为之。

第三章　监禁

第二十二条　在监者概须分房监禁,但因精神、身体认为不适当者不在此限。

分房监禁应由监狱长官斟酌情形,核定三个月以上之期间。

第二十三条　监狱长官及教诲师至少每十日一次访问分房之在监者,看守长须常访问之。

第二十四条　杂居者无论在监房、工场,均须斟酌其罪质、年龄、犯数、性格等隔别之。

第四章　戒护

第二十五条　在监者有逃走、暴行、自杀之虞及在监外者,得加以戒具。

戒具设窄衣、脚镣、手铐、捕绳、联锁五种。

第二十六条　戒具非有监督长官命令不得使用。但紧急时得先行使用,再请监狱长官指挥。

第二十七条　监狱官吏携带之枪或刀,若遇下列事项之一得使用之:

一、在监者对于人之身体为危险暴行或加以将为暴行之胁迫时;

二、在监者持有足供危险暴行所用之物不肯放弃时;

三、在监者聚众骚扰时;

四、以危险暴行劫夺在监者及帮助在监者为暴行或逃走时;

五、图谋逃走者以暴行拒捕,或制止不从仍行逃走时。

第二十八条　监狱官吏照前条规定使用枪、刀后,监狱长官须将实在情形呈由监督官署转报司法部。

第二十九条　当天灾事变,认为必要时,得令在监者就紧急事务,并得请求军队警察等署之援助。

第三十条　当天灾事变,如在监内无法防避时,得将在监者护送于相当处所,不及护送时得暂时解放。

被解放者由解放日起算,限于二十四小时内至监狱或警察署投到,逾时者以刑法脱逃罪论。

第三十一条　在监者逃走后十日内,监狱官吏得逮捕之。

第三十二条　在监者逃走后,须以逃走之事实及逃走者之人相表,通知监狱所在地及预想逃走者所经过之警察官署逮捕之。

第三十三条　逃走者之事实,监狱长官须呈由监督官署转报司法部。捕获逃走者亦同。

第五章　劳役

第三十四条　服劳役者,须斟酌其年龄、罪质、刑期、身份、技能、职业及将来之生计、体力之强弱科之。

第三十五条　除刑期不满一年者外,监狱长官认为必要时,得使在监者在监外服劳役。

第三十六条　劳役非有监狱长官命令不得中止、废止或变更。

第三十七条　劳役时间,于八小时以上十小时以下之范围内,斟酌时令、地方、情形、监狱构造及劳役种类定之。

教诲、教育、接见、询问、诊察及运动所需时间得算入劳役时间。

第三十八条　对于服劳役者应定相当科程,各种劳役科程以前条劳役时间及普通一人平均工作分量为标准,均一定之。

第三十九条　免服劳役日列下:

一、国庆日;

二、纪念日；

三、节日；

四、十二月末日；

五、一月一日至三日；

六、星期日午后；

七、祖父母、父母丧七日；

八、其他认为必要时。

第四十条　因炊事、洒扫及不得已事由必须服劳役者，不适用前条之规定，但前条第七项不在此限。

第四十一条　因劳役所得之收入概归国库。

第四十二条　服劳役者，得斟酌其行状、罪质、犯数、成绩等，分别给予赏与金。

第四十三条　赏与金额，徒刑囚不得过该地方普通佣工价十分之三，拘役囚不得过该地方普通佣工价十分之五。

第四十四条　在监者因重大过失或故意损坏器具、制造品、材料及其他物者，得以其赏与金充赔偿费。

在监者逃走后，得没收其赏与金之一部或全部。

第四十五条　赏与金于释放时交付之，但本人请求充家属扶助料及赔偿被害人时，其积存达十元以上者，得酌付三分之一。

第四十六条　因服劳役受伤、罹病致难营生或死亡者，得依其情状给予恤金。

前项恤金由监狱长官申请监督官署决定之。

第六章　教诲及教育

第四十七条　在监者一律施以教诲。

第四十八条　在监者一律施以教育，但十八岁以上、刑期不满三月者及监狱长官认为无教育之必要者不在此限。

第四十九条　教育每星期二十四小时以内，依小学程度教以读书、习字、算学、作文及其他必要学科，有同等学力者依其程度设相当补习科。

第五十条　在监者许其阅读书籍，但私有之书籍除本规则有特别规定或经监狱长官许可者外不得阅读。

第五十一条　在监者请在监房使用纸墨笔砚时，得斟酌情形许之。

第七章　给养

第五十二条　对于在监者，须斟酌其体质、年龄、劳役及地方、气候等项，给予必要之饮食、衣类及其他用具。

第五十三条　在监者禁用烟酒。

第五十四条　在监者给予灰色狱衣。

除一定狱衣外,所有衣服苟无碍于监狱纪律及卫生者,得许其在监者自备。

第五十五条　监房工场病室等处,于天寒时须使其有相当温度。

前项设备时间及方法由监狱长官斟酌地方情形定之。

第五十六条　妇女携带之子女得自备衣食及日用必需杂具。

第八章　卫生及医治

第五十七条　监狱须洒扫洁净。房间及衣类、杂具、厕所、便器等类,须规定次数清洁之。

第五十八条　在监者须令其沐浴。

沐浴次数由监狱长官斟酌劳役种类及其情形定之,但四月至九月至少三日一次,十月至三月至少七日一次。

第五十九条　在监者除有不得已事由外,须每日运动半小时。但因劳役种类认为无运动之必要者不在此限。

第六十条　在监者罹疾病时速加治疗,有必要情形者收入病室。

第六十一条　在监者罹传染病时须与他在监者严行离隔,但看护人不在此限。

第六十二条　罹传染病者所用之物品须消毒后方可给予他在监者使用。

第六十三条　激性传染病流行时,出入监狱之人及寄送在监者之物品得加以必要之制限。

第六十四条　患病者经监狱长官许可得自费延医诊治。

第六十五条　因特种疾病,医士请以该种专门医生补助时得许之。

前项规定产妇准用之。

第六十六条　罹精神病、传染病或其他之疾病,认为监狱内不能施适当之医治者,得斟酌情形,呈请监督官署许可保外医治或移送病院。

第六十七条　孕妇、产妇、老弱者、废疾者准病者待遇。

第九章　接见及书信

第六十八条　在监者只许与其家族人接见,但有特别理由时,得许与家族以外之人接见。

第六十九条　拘役囚接见每十日一次,徒刑囚每月一次。其接见时间不得过三十分钟,但监狱长官认为有不得已情形者不在此限。

第七十条　接见由监狱官吏监察之。如认为有通谋作弊或妨碍监狱纪律时,得停止接见。

第七十一条　在监者只许与其家族人发受书信,但有特别理由时得许与家族以外之人发受书信。

第七十二条　发受书信,拘役囚每十日一次,徒刑囚每月一次。但监狱长官认为有不得已情形者不在此限。

第七十三条　往来书信由监狱长官检阅之。如认有通谋作弊或妨碍监狱纪律时不许其发受。

第七十四条　在监狱者发受之书信费用应归自备。但对于监督官署、法院及其他官署之书信，无力自备者，费用由监狱支给。

第十章　保管

第七十五条　在监者携带之财物检查保管之。

第七十六条　保管之金钱及有价证券，不论何时不得令在监者持有。

第七十七条　无保存价值、不适于保存之物品，不得为保管。前项之物品，若本人不为相当处分时得废弃之。

第七十八条　有请以保管之财物充家属扶助料之用或其他正当用途者，监狱长官得酌情形许之。

第七十九条　由外送入之财物，以不妨碍监狱纪律者为限，得许在监者收受。

前项收受之财物，应依第七十五条规定为之保管。

第八十条　由外送入之财物，认为不适当或送入人姓名、住所不明及在监者拒绝受领时，得没收或废弃之。

在监者私自持有之财物，得适用前项之规定。

第八十一条　保管之财物于释放时交还之。

第八十二条　死亡者遗留之财物，经其亲族请求领回时应交付之。

死亡者遗留之财物，由死亡之日起，经过一年无前项请求人时归国库所有。逃走者遗留之财物，由逃走之日起，经过一年尚未捕获时亦同。

第十一章　赏罚

第八十三条　赏罚由监狱长官行之。

第八十四条　在监者有悛悔之据时，得为下列各种之赏遇：

一、照本规则所定，接见及发受书信度数增加一次至三次；

二、许其阅读私有书籍；

三、每月增给二元以内之劳役赏与金；

四、每十日增给菜三次以下，但每次价额不得过一角。

第八十五条　在监者有下列各款行为得赏给二十元以下之金钱：

一、密告在监者为逃走暴行之预谋或将为逃走暴行者；

二、救护人命或捕获逃走中之在监者；

三、天灾事变或传染病流行服监狱事务有劳绩者。

第八十六条　在监者违反监狱纪律，得处以下列各种之惩罚：

一、面责；

二、三月以内停止赏遇；

三、撤销赏遇；

四、三次以内停止发受书信及接见；

五、三月以内停止阅读书籍；

六、七日以内停止运动；

七、减削赏与金之一部或全部；

八、二月以内之慎独；

九、五日以内之暗室监禁。

前列各种惩罚得并科之。

第八十七条　受惩罚有疾病及其他特别事由时，得停止惩罚。

受惩罚者有悛悔情状时，得免除其惩罚。

第十二章　赦免及假释

第八十八条　监狱长官得为受谕知刑罚之在监者为赦免之声请。

前项声请书，经由谕知刑罚之法院提出司法部。

第八十九条　赦免之声请书须附加在监者身份簿。

第九十条　第八十八条之规定在假释中者适用之。

第九十一条　在监者虽达假释期，若非监狱长官确认其有悛悔实据并得监狱会议多数同意不得声请假释。

第九十二条　假释之声请，除附加在监者身份簿外，并将前条监狱官会议多数同意书盖印呈由监督官署转呈司法部。

第九十三条　假释出狱人在假释期间内应遵守下列各款规定：

一、就正业，保持善行；

二、受监狱监督，但监狱得以其监督权委托警察官署或其他认为适当之人；

三、移居或十日以上之旅行时，须由监督者之许可。

第九十四条　监狱长官知假释出监人有该当刑法第九十四条者，须具意见书，呈由监督官署转报司法部。

第九十五条　监狱长官认为假释出监人违背第九十三条规定事项者，停止假释之处分，一面呈由监督官署转报司法部。

第十三章　释放

第九十六条　应释放者由监狱长官释放之。

第九十七条　释放在监者依赦免假释之命令或期满之次日午前行之。

第九十八条　因赦免或假释释放者，监狱长官须依定式释放之，假释者并须交付证票。

第九十九条　因期满释放者，释放前至少三日以上使之独居。

第一百条　被释放者无归乡旅费及衣类时得酌给之。

第一百零一条　被释放者,若罹重病请在监医疗时,依其情状得许之。

第十四章　死亡

第一百零二条　在监者死亡,监狱长官须会同检察官检验其尸体。

第一百零三条　病死者,医士应记明其病名、病历、死因及死亡年月日时,于死亡簿签名盖印。

第一百零四条　死亡者之病名、死因及死亡年月日,应速知照死亡者之家属或亲故,一面填具死亡证书,呈由监督官转报司法部。

第一百零五条　死亡者之家属亲故请领尸体时,应交付之。

第一百零六条　死亡经过二十四小时无请领尸体者,浮葬之,并标明死亡者之姓名及死亡年月日。浮葬经过十年后得合葬之。

第一百零七条　合葬前,有一百零五条之请领尸体或骸骨者,应交付之。

第一下零八条　死刑于监狱内行刑场执行之。国庆日、纪念日、节日、十二月三十一日、一月一日至三日不执行死刑。

附则

第一百零九条　本规则自公布之日施行。

《修正看守所暂行规则》

(十九年五月二日,司法行政部令公布
二十年八月十二日修正第四十三条条文)。

第一章　总纲

第一条　高等以下法院为羁押刑事被告人设立看守所。

看守所设有女所者应与男所隔别设立。

第二条　受死刑之谕知者于看守所羁押之。

被处徒刑或拘役者,依监狱法令暂禁于看守所时,准用监狱法令之规定。

第三条　看守所由高等法院院长监督之,但高等法院院长得以其监督权委托高等法院分院长或地方法院院长、分院长。

各法院院长对于所辖看守所,除应就近、随时、亲自视察外,高等法院院长每年应专派员视察管辖区域内各处看守所一次。

前项视察所得之情况,应详具报告,呈送司法行政部。

第四条　看守所待遇被告人须与平民同,但有碍于审判进行及所中纪律者不在此限。

刑事被告人对于所中之待遇有不当者,得于出庭时陈诉于推事或检察官,或在视察时陈诉于视察员。

推事检察官、视察员受前项陈诉后,应即分别报告或知照法院院长。

第五条　视察员依前条受被告人陈诉时,除有必要情形外,不得使看守所人员在场。

第二章　职掌

第六条　所长或所官承该管法院院长之指挥,督率所属,掌管全所事务。

同一看守所而有所长、所官者,所官应承所长之指挥,暂率所属,掌管全所事务。

第七条　医士承所长、所官之指挥,办理下列事务:

一、卫生事务;

二、医治被告人事务。

第八条　主任看守承上官之指挥,管理看守,办理该所事务。

第九条　男女看守承主任看守及上官之指挥,分别办理男所、女所事务。

男所办事人员至女所巡查时应有二人以上。

第三章　各项表册及遵守事项

第十条　所长或所官应作看守人数月报表,按月呈由该管法院院长转报司法行政部。

第十一条　看守所应备下列各项簿册:

一、人员履历簿;

二、收发文件簿;

三、检查簿;

四、勤务时间配置簿;

五、被告人收所证;

六、代收被告人财物证;

七、看守报告书;

八、被告人入所簿;

九、被告人出所簿;

十、被告人提讯出入簿;

十一、被告人财物收发保管簿;

十二、被告人发受书信簿;

十三、被告人接见簿;

十四、被告人名籍簿;

十五、被告人惩罚簿;

十六、被告人疾病医治簿;

十七、被告人死亡簿;

十八、被告人在所羁押日数簿;

十九、被告人日报簿。

前项簿册格式由司法行政部另定之。

第十二条 看守所关于会计及出纳各种簿册,应遵守司法行政部颁行格式及其他法令之所定。

第十三条 所长或所官每月应将被告人羁押日数造表,报告法院或检察官。

各法院或检察官依法羁押之被告人,所长或所官每周应将上周羁押人数分别报告、通知各法院或检察官。

第十四条 主任看守以下遵守事项由所长或所官商承该管监督长官酌定施行,但应呈报司法行政部。

第四章 入所及出所

第十五条 看守所非奉有法院或检察官正式公文,不得收入被告人或释放之。其非刑事被告人而暂行留置者亦同。

第十六条 收所后应交收所证于押送人。提讯回所时亦同。

第十七条 入所者之财物应检查之。其代为保管者,应记载其品名、数目,并由所长或所官及主管者自加印证。

前项保管之财物,除灾变及不可抗力外,如有损失,应负赔偿之责。

第十八条 凡物品有不适于保管者,应令本人为相当处分。有危险之虞者,得呈请监督官署办理。

第十九条 被告人所存财物于出所时交还之,并应使其证明。

第二十条 在所者以号数代其姓名。

第二十一条 被告人遵守事项,入所时应详细谕知。

第二十二条 入所者入浴检身后,由所长或所官指定房间。

女被告人之入浴检身由女看守监视执行之。

第二十三条 入所妇女请求携带其子女者得许之,但其子女以未满三岁者为限。

在所产生子女者适用前项之规定。

第五章 衣食

第二十四条 被告人得自备饮食。其不能自备者由所给予之。

前项自备饮食应检查之。

第二十五条 被告人得自备衣类、卧具及日用所必需物件。其不能自备者由所贷与之。

第六章 书信

第二十六条 被告人往来书信,非呈经法院或检察官检阅认可后不得发受。

第二十七条 不许发受之书信应注明理由,通告该被告人。

第二十八条 不许发受之书信应为之保管,俟该被告人出所时交还之。

第二十九条　被告人对于法院或检察官有所呈请时,应迅速为之转达。

第七章　接见

第三十条　接见在接见室为之。但有必要情形,经所长或所官认可者不在此限。

第三十一条　请求接见者应声明其姓名、住所、毕业及所请接见人之姓名并事由。

所长或所官许可接见时,应派所官或主任看守在场监视,并录其谈话之大要。

前二项之规定于律师接见时适用之。

第三十二条　接见每次不得逾三十分钟,但有不得已事由,经所长或所官认可者不在此限。

第三十三条　接见时间每日午前十时起,午后四时止,但有不得已事由,经所长成所官认可者不在此限。

第三十四条　请求接见者如有下列各款之一时,得拒绝之:

一、携带幼童;

二、形迹可疑;

三、同时三人以上接见同一被告人;

四、法院或检察官指名不许接见者。

第八章　送入品

第三十五条　由外送与被告人应用财物应检查之。除食物外应发给代收证。

前项财物,除被告人领用外,得依第十七条规定为之保管。

第九章　惩罚

第三十六条　被告人如违反所中纪律,得分别轻重,为下列之惩罚:

一、面责;

二、二月以内停止阅读书籍;

三、七日以内停止运动;

四、减削工资之一部或全部;

五、三日以内之暗室监禁。

第十章　检束

第三十七条　被告人应使之独居。但实有不便时,得分别其身份、职业、性质、年龄,使之杂居,其被告事件相关连者离隔之。

第三十八条　被告人饮食、起卧之时间,由所长、所官酌定之。

第三十九条　所长或所官每日检查所内各处各物有无破坏及图谋逃走等事,说细记载于检查簿。

第四十条　被告人在所时,无论昼夜,应轮流看守。

第四十一条　被告人有逃走暴行或自杀之虞时得施以戒具,但应即呈报于监督长官。

第四十二条　戒具种类如下:

一、脚镣;二、手铐;三、捕绳。

第四十三条　看守所人员携带之枪或刀准用《监狱规则》第二十七条。看守所当天灾事变或被告人逃走时,准用《监狱规则》第二十九条至第三十三条之规定及第二十八条之规定。

第十一章　习业

第四十四条　看守所得依被告人之请愿,酌量情形,许其做工,但以无妨碍诉讼之进行者为限。

作业者应遵守规定时间,受看守暨工师之指导,非有正当理由不得罢业或改业。

第四十五条　作工者得给予工资。

工资额数分别成绩,比照该地方普通工价十分之五至十分七七核定之。

第四十六条　被告人得许其阅读书籍,但私有之书籍非经检查许可后不得阅读。

第四十七条　被告人在分房羁押者请求在监房使用纸张笔墨时,得斟酌情形许之。

第十二章　卫生及医治

第四十八条　所内房关及衣类、杂具、厕所、便器等类应注意清洁,按时洒扫洗濯。

第四十九条　被告人须令其沐浴、运动。

沐浴次数由所长酌量气候定之。运动时间每日以半小时为限。

第五十条　被告人患病时由医士医治,病重者移入病室,病危时应通知其家属并报告法院或检察官。

第五十一条　被告人疾病,非在所外不能医治痊愈者,得停止羁押,出所医治,但应经法院或检察官之裁定或核定。

第五十二条　被告人有传染病或传染病之疑似时应严行隔离。

第十三章　死亡

第五十三条　被告人死亡时,通知其亲属,并移置其尸体于停尸室。

第五十四条　被告人死亡时,所长成所官应据医士医治簿详叙死亡原由,登报法院或检察官检验,一面填具死亡证书,呈由监督官署转报司法行政部。

第五十五条　遗骸准亲故领回。如殓后无人请领时,即报告该地方警察官署埋葬之。

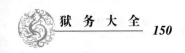

第十四章 附则

第五十六条 未设法院地方之看守所,凡本规则所有,所长或所官之职权以管狱员行之,法院之职权以兼理司法之县政府或司法公署行之。

第五十七条 本规则自公布之日施行。

《各县监狱看守所规则》
(八年五日呈准)

总则

第一条 各县之监所依本规则办理。

第二条 依律判决确定有罪人犯于监狱监禁之。

第三条 刑事被告人应行羁押者,于看守所管收之。

第四条 男女监所须严行隔离。

职员权责

第五条 管狱员受县知事之指挥,掌管监所事务,同负完全责任。

第六条 管狱员之功过由县知事稽查举劾。

第七条 县知事对于管狱员处理事务认为不当时,得禁止或取消之。如系重大事件,呈报高等检察厅审判处或司法筹备处核办。

第八条 管狱员于县知事交替时仍继续行其职务,后任县知事不得无故呈请更易。

第九条 管狱员对于县知事所发命令认为违反法令时,得声明理由拒绝之。如有争议,呈由高等检察厅审判处司法筹备处核办。

第十条 管狱员须在监内或所内划出相当房舍常驻办事。

第十一条 监所经费由县知事按时筹发,所有收支报销由管狱员经理。

第十二条 教诲事务由管狱员兼理。

第十三条 医士、主任看守、男女看守、所丁长及男女所丁均受管狱员之指挥分掌事务。

第十四条 监所人员之用撤惩奖以及设置名数,由管狱员秉承县知事办理,仍报高等检察厅审判处或司法筹备处备案。

第十五条 无论县知事、管狱员,均不得使家丁人等干预监所事务、人犯出入。

第十六条 县知事收提人犯须用收签、提签。

前项收签、提签须标明犯人姓名、简单案由及年月日,并由县知事署名盖章。

第十七条 人犯入监所时,须检查有无夹带危险物及其他违禁物品。

第十八条 人犯携带银钱等物,除随身应用外,均应妥为保存,并登簿详细记明。

第十九条　管狱员须常川巡视监所,督率所属,认真管理,遇风雨及夜深时更宜格外注意。

第二十条　地方不靖或监所发现危险及县知事远出时,管狱员须呈请县知事加派警备队严密防范。

前项警队应受管狱员之指挥。

第二十一条　命盗案犯有逃走暴动或自杀之虞时,得上脚镣或手铐。

第二十二条　人犯逃走时,管狱员须立时报县知事缉捕。

第二十三条　监所朽坏,管狱员须报县知事修理。

第二十四条　监所早晚启闭时,由管狱员监视并查点人犯一次。

第二十五条　监所人犯不得任其出外买卖物品。

服役

第二十六条　在监人犯,务令做工习艺,或令服洒扫、洗濯、炊爨等役。

第二十七条　三等有期徒刑以上之犯勿在监外服役。其他监犯在监外服役者,如系二人以上,须加联绊。

第二十八条　在监人罢役时,须将器械点齐收回,并检查身体有无夹带各物。

卫生

第二十九条　监所人犯应给予必要之衣食,但在所人犯得许自购或由家属等备送。

第三十条　由外送人之衣食须加检查。

第三十一条　监所洒扫、人犯沐浴及其他关于卫生事项由管狱员酌定励行之。

第三十二条　人犯有病须速医治。

第三十三条　病重者经县知事许可,得自费招请医生诊治。

赏罚

第三十四条　在监人犯服务勤敏或行状善良者,得随时加以奖励,如执行至合于刑律第六十六条所定期间时,得报由知事呈请假释之。

第三十五条　管狱员对于监所人犯应随时加以约束,倘遇有脱逃拒捕或恃强反狱各项情形事,得使用刀剑或枪制止之。

教诲

第三十六条　在监人每七日总集教诲一次,但对于个人教诲须随时行之。

第三十七条　人犯得许阅看有益书籍,但报纸、杂志绝对禁止之。

书信及接见

第三十八条　人犯书信,非经检阅不许发受。

第三十九条　人犯有所呈诉或请求事项,管狱员应转呈县知事核办。

第四十条　人犯于一定时间得与其亲故接见。但因案情关系,经县知事或承审员禁止接见者不在此限。

释放

第四十一条　监犯期满前三日,由管狱员呈报县知事,届期释放。

第四十二条　刑事被告人如宣告无罪,即日释放。

第四十三条　人犯所存银钱物品,释放时概行发还,并令本人出具收据。

死亡

第四十四条　人犯死亡时,由管狱员呈报县知事检验,有家属者通知其家属。

附则

第四十五条　其他未尽事宜,准照关于监所各项法令办理。

第四十六条　本规则自公布日施行。

《疏通监狱暂行条例》

(二十四年七月十五日公布)

第一条　受有期徒刑之执行逾三分之一而满六个月、有后悔之实据者,得许假释出狱。但犯下列各罪者不在此限:

一、犯危害民国之罪者;

二、公务员犯渎职罪或公务上之侵占罪者;

三、犯鸦片罪处一年以上有期徒刑者。

前项执行期间如有以羁押日数折抵者,其折抵期间亦算入之。

第二条　前条规定于陆海空军军人适用之。但犯下列陆海空军刑法各条之罪者亦不得假释:

一、犯第十六条或第十七条之罪者;

二、犯第二十五条第一项之罪者;

三、犯第三十四条、第三十五条、第三十六条、第四十五条、第四十六条或四十七条之罪者;

四、犯第六十三条、第六十四条或第六十五条之罪者;

五、犯第七十七条或七十八条之罪者;

六、犯第七十九条之罪者;

七、犯第八十八条之罪者;

八、犯第一百零二条、第一百零三条或一百零四条之罪者。

第三条　监犯在执行中有下列各款情形之一者视为有悛悔之实据:

一、曾因行状善良而受赏给或赏遇者;

二、未曾因违反监狱纪律而受惩罚者；

三、对于被害人已为损害之补偿或有悔悟之表示而得其宥恕者。

第四条　依本条例许假释者，以在刑法施行前判决确定者为限。

第五条　刑法施行前判决确定之案件合于刑法第四十一条之规定者，得就其未执行或执行未完毕之刑期易科罚金。

前项易科罚金由检察官声请法院裁定之。

第六条　本条例施行期间为六个月。

第七条　本条例自公布日施行。

《暂行刑律及现行法处罚，新刑法不处罚各条》

一、依暂行刑律第十一条"十二岁以上"，现行刑法第三十条二项"十三岁以上"未满十四岁之人犯罪处刑者。

二、依暂行刑律第一百四十二条、现行刑法第一百二十八条第二项：对于公务员关于职务上之行为（非违背职务者），行求期约交付贿赂或其他不正利益而判罪执行者。

三、依现行刑法第一百三十条第二项：对于有审判职务之公务员或公断人，关于处理或审判之法律事件行求期约或交付贿赂或其他不正利益因而处罪者。

四、依现行刑法第一百六十条第三款：颂扬他人犯罪，致生危险于公安因而处罪执行者。

五、依现行刑法第一百六十二条：于犯罪可以预防之际，知有将犯下列各罪而不向该管公务员或将被加害之人报作因而处罪者（至六款从略）。

六、依现行刑法第一百八十八条第五项：预备犯放火烧毁现非供人使用之他人所有住宅、现未有人所在之他人所有建筑物、圹坑、火车、电车或其他行驶水陆空之舟车者。

七、依现行刑法第二百二十一条：意图供行使之用而持有违背定程之度量衡者。

八、依现行刑法第二百六十八条：意图欺骗他人而伪造未注册之商标、商号因而处罪执行者。

九、依暂行刑律第二百七十六条第一项、现行刑法第二百七十八条第一项：非在公共场所或公众得出入之场所赌博因而处罚者。

十、依现行刑法第二百零九条：以自己所有物、己所有物、已担负物权或赁货或保险放火烧毁或决水侵害现非供人使用之住宅、建筑物或矿坑而不发生公共危险者。

十一、现行刑法第三百三十九条：自己所有物担负质权犯窃盗罪者。

十二、依现行刑法第三百五十四条:自己所有物担负质权犯抢夺罪者。

十三、依现行刑法第三百六十七条:自己所有物担负质权犯诈欺背信罪者。

十四、依现行刑法第三百八十五条:自己所有物担负质权或已赁贷犯毁损罪者。

《管理反革命人犯注意事项》

一、监所反革命人犯,不论何时均应严密监视,预防发生勾接情弊。

二、监所内反革命人犯羁禁处所应与普通人犯羁禁处所严密隔绝,其怙恶不悛者尤应特定一处,以防恶习之渐染。

三、管理反革命人犯之看守应择其办事干练者充之。前项看守应特设一组以专责成。有必要时得设看守长一员督率之。

四、监禁反革命人犯处所应按照下列各项办理,不得使普通人犯出入:

(甲)扫除　除监房内应由本人自行扫除外,其在监筒内应于该处人犯中指定行状善良者二人担任之。

(乙)发放饮食　发放饮食时,先由炊事或杂役人犯送至适当处所,然后由监房主管看守于该反革命人犯中指定行状善良者二人,向该处携以分配。发放食毕,各自将食器安放盈房门外,仍由主管看守依照上开手续返还原处。

(丙)便溺　各监房反革命人犯应于清晨起床时将便桶携放门外,由主管看守于人犯中轮流指派二人搬放适当处所,以俟杂役人犯携取洗涤。洗涤完毕送回原处,仍由主管看守依照上开办法返还监房。

五、监房不许携带纸张笔墨。

六、监所所备之书籍经人犯阅读缴回后,非经检查不得贷与他犯。

七、反革命人犯私有之书籍均由监所保管,非经监所长官检阅认为无碍于监狱纪律者,不得许其阅读。

八、请求阅书籍每次以一册为限,阅读期限临时由教诲师核定,阅毕应即缴回保管,不得存放监房或借与他犯。

九、反革命人犯只许与其家族人接见或通信。凡入监时应先调查其家族之关系(如父母及妻子、女之姓名、年龄、存亡及兄弟姊妹、祖父母、叔伯父母并在同一户籍内之亲族姓名、年龄、存亡),记载于家族调查簿。遇有发受书信或请求接见时,应将上项调查簿核对,如有疑义,应即禁止。

十、送入之财物应遵照监所规则办理。如送入人非其家族,得不为收受。

十一、送入之衣服等类遇有隐藏物品之可疑情形时,得拆开检视,事毕须代为缝好。

十二、发受书信须经监所长官检阅,其字里行间尤应特别注意,如有必要情形,得用水浸或火烘以资推究。若发现有反动情弊,应即呈报该管高等法院。

十三、接见室须用障隔两层距离约七公寸为看守监视处。其内层后面为人犯坐位,外层前面为接见者坐位,每层距地高约十公寸处开一长方窗,形宽约四公寸,高约五公寸,障以铁丝网,俾便谈话。

十四、运动时每人须距离五步。除由主管看守监视外,并应由看守长在场督察。

十五、诊察或询问往返提送,同时不得过二人以上。其在分房监禁者应单独提送。

十六、各监所应设隔离浴室十间以上,专为反革命人犯入浴之用。

十七、反革命人犯于刑期届满一星期以前,均须分房监禁。

十八、以上各项于已决、未决反革命人犯均适用之。

《在监人遵守事项》

（民国二年司法部颁行）

一、对于官吏之命令有绝对服从之义务。

二、对于同房之在监人须互相敬爱。

三、无论对于何人言语须和平。

四、对于他之在监人不许交谈并不许暗通声气。如有必须交谈者,须得官吏之许可。

五、行动不得避出官吏视线之外。若有多数在监人同行时,须整队行走,不许狂奔乱离。

六、除官给之物品外,无论何件,非经官吏许可不许携带。

七、由外间寄送之物品,非经官吏许可不得领受。

八、官给之衣类器具须加意爱惜,不得故意污秽损坏。

九、窗户门墙等处不许故意涂污毁损。

十、早起衣被须整理,房间须扫除。如系杂居房应轮流洒扫之。

十一、无论监房内外不许随处便溺或随意吐痰。

十二、沐浴须依次序,不许争先,不许喧哗。

十三、饮食须听官吏分配,不许争多论寡,并不许与他之在监者私相授受。

十四、做工须听工师之教授细心研究。

十五、做工须遵守定役不许请求变更。

十六、做工须节省材料爱惜器械。

十七、做工时间内须终结科程即时间未至而科程已了者仍须继续工作。

十八、做工须依一定之座次不许紊乱。

十九、教诲教育时须细心体会遵守。

二十、官吏询问时须据实详答不得虚伪隐瞒。

二一、接见、通信不许用隐语或外国文。

二二、无病者不许假装有病,不许隐瞒。

二三、疾病时不得故意叫闹。

二四、无论何时不许歌哭叫笑。

二五、烟酒一律禁止。

二六、不许有无谓之要求。

二七、不许有其他不正当之举动。

《安徽高等法院、怀宁地方法院看守所被告人接见细则》

(二十二年四月七日核准)

第一条　本所接见事务,除法令别有规定外,悉依本细则办理。

第二条　凡被告人均得与其家属、故旧接见,但经法院或经检察官指名不许接见者不在此限。

第三条　接见于接见室为之,但有必要情形,经所长或所官认可者不在此限。

前项接见室分为男接见室、女接见室及律师接见室三处,各别行之。

第四条　请求接见者先向门卫看守领取号牌,经主管看守将其姓名、住所、职业及所请接见人之姓名并事由填人接见簿,呈经所长或所官许可后方准传见。

第五条　许可接见者应分别男女,指导入接见室听候,不得谈笑喧哗。

第六条　接见时须经所官或外勤主任看守在场监视,并由主管看守记载谈话要领于接见簿。

第七条　接见时言语须令监视员吏了解,不得用外国语(外国人除外)及隐语。

第八条　接见处设置钟表,由主管看守先以起讫时刻指示接见人,再令谈话,每次以三十分钟为度,但有不得已事故,经所长或所官认可者不在此限。

第九条　接见时间,除例假外,依照下列规定每日午前十时起至十二时止,午后自一时起至四时止,但有不得已事由,经所长或所官认可者不在此限:

一、普通刑事被告人之接见于星期二、五两日行之。

二、特别刑事被告人之接见(指政治犯及军事犯)于星期三、六两日行之。

三、女性被告人及民事受管人之接见于星期一、四两日行之。

第十条　请求接见者如有下列各款之一时得拒绝之：

一、携带幼童者；

二、形迹可疑者；

三、同时三人以上接见同一被告人者；

四、法院或检察官指名不许接见者。

第十一条　请求接见者及被接见者须遵守下列各禁例：

一、不得超越秩序。

二、不得用隐语或出言粗暴及其他不规则行动。

三、不得夹带违禁物品。

四、不得谈及接见簿所载接见事由以外之事。

第十二条　接见人持送物品、食料时，须经所长或所官许可后，再由外勤主任看守督率检查，方准收受。

第十三条　所送食物限于盐卤干菜，不得持送油汤、水果及其他妨碍卫生、纪律之物。

第十四条　本细则第四、第五、第六各条之规定，于律师接见亦适用之。

第十五条　本细则自呈奉核准日施行，如有未尽事宜，得随时修正。

《江苏第四监狱在监人接见规则》

第一条　本规则遵照部颁《监狱规则》第九章之规定，酌量本监情形详明增订，凡接见人、被接见人均应一体遵守。

第二条　接见在监人限于本人之家族，但有特别理由，报经典狱长许可者不在此限。

酗酒或精神病人虽系在监人之家族不得接见。

第三条　未满十六岁之幼年者不得许其与在监人接见，但疾病危险时或执行死刑时其有父子、兄弟等至亲之关系者得许之。

第四条　接见人入门先向门术看守领接见牌，经收发处将其姓名、年籍、住所、职业及与在监人之关系、接见要旨填入接见簿，径呈典狱长，俟许可后交主管员，方准传见。

第五条　凡家族以外之人接见称与在监人有亲属关系，如经收发处发现系假冒者，停止接见。

第六条　接见人许可接见者应分别男女，指导入待见室听候，不得谈笑喧哗。否认接见者及接见毕时，即应缴牌退出，不得延留观望。

第七条　接见须经看守监视、记载谈话要领于接见簿。

第八条　接见时语言须令监视官吏了解，不得用外国语（外国人除外）及隐语。

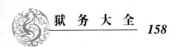

第九条　接见时间:除例假外,规定每日午前十时起至十二时止,午后一时起至三时止。

第十条　拘役囚接见每十日一次,徒刑囚每月一次,其接见时间均不得过三十分钟。

第十一条　前二条之规定请求接见者如合于第三条但书之情形时,得不受限制。

第十二条　病犯不能赴接见室者,主管科得令看守导引接见人入病监接见。

第十三条　在监人与在监人虽有家族关系不许接见,但合于第三条但书之情形时不在此限。

前项之规定,看守因其请求应即时报告。

第十四条　接见人及被接见人须遵下列各禁例:

一、不得超越秩序。

二、不得用隐语或出言粗暴及有一切异状之动行。

三、不得夹带违禁物品。

四、不得谈论时事。

第十五条　接见人持送物品、食料须报经典狱长许可后再由监视人检查方准收受。典狱长有事故时,第二科执行之。

第十六条　所送食物限于盐卤干菜,不得持送油汤、水果及其他妨碍卫生、纪律之物。

第十七条　违反本条规则之规定者,须即时报告其处分,方法有二:

一、申斥;

二、停止接见二月以下一月以上。

第十八条　本规则自呈奉核准日施行,如有未尽事宜,随时修正。

《江苏第四监狱门卫规则》

一、门卫、看守不得离岗,佩带之武器尤不准离手。

二、门卫、看守常须正其姿势,对于外来之人须恳切接待,不得随便闲谈。

三、对于外来之人须询其来监之原因,如有下列事项之一方使其入门,但形迹可疑即报告主管长官,待其指挥:

（一）于公物有关系者;

（二）得参观之许可者;

（三）面会在监办事官吏者;

（四）面会在监人者;

（五）许其平日出入监狱、持有许可证者;

（六）监狱官吏因事使其到监者。

四、外来之人许其入门时须交付入门证。

五、携有平日出入监狱许可证者，检查许可证后许其入门。

六、出门者携有物品，勿论巨细，检查后登记于簿，尤须与放行证相对照，有不符时报告主管长官，待其指挥。

七、闲杂人等在监外徘徊、集聚须禁止之。

八、门卫看守交代之际，所有外来人数、入门证牌之交付及其他注意事项须详细交代之。

九、本署出入人犯须将人数及出入时刻登记于簿。

十、门卫看守服装、姿势必须整齐严肃。

十一、监门闭后如有入门之人，于开门前须问其姓名、身份、职业及来监原因，除监内办事人员外，不论何人不得使其即行入门，但送信人及各官衙所派人员确有证明者不在此限。

十二、对于监内办事人员以外之入门者，将其姓名、身份、职业及来监原因报告主管长官，待其指挥。

十三、监狱大门除服务官吏外非得长官许可不准出入。

十四、每晨于犯人起床前一点钟，先将大门开放一次，随即锁闭，俟犯人就役再行开锁。

十五、凡出入人稍有可疑之状者即须盘诘。

十六、请求参观或请见长官者，得指导入接待室暂候，随将名片交监丁递入。

十七、请见看守或工师者，如在执务时间，得告以事由代为辞谢。

十八、接见犯人者，领牌后令入待见室听候。

十九、来署买卖物品者，问明事由，指示赴第三科售品所。

二十、发现非有看守护送之犯人而出门者，立即阻止，一面报告长官。

二一、看守在执务时间出外者须查视其假单。

二二、看守非因公而穿制服出外者得阻止之。

《江苏上海第二特区监狱在监人行状考核办法》
（二十四年五月部指八二四七号核准修正施行）

第一条　本监为考核在监人行状及作业、教诲、教育等成绩起见，采用按日记分法。

第二条　按日记分法分别用表四种如下：

（一）行状按日记分表（附表式一）；

（二）作业按日记分表（附表式二）；

（三）教诲按日记分表（附表式三）；

（四）教育按日记分表（附表式四）。

第三条　行状按日记分表由第二科科长督饬主管人记载；作业按日记分表由第二、三科两科长督饬主管人记载；教诲按日记分表由教诲师记载；教育按日记分表由教师记载。

第四条　各表应按平均分段多少，照下列标准分别注明优劣：

（一）善良　　　九十分以上至一百分；

（二）良　　　　九十分未满八十分以上；

（三）稍良　　　八十分未满七十分以上；

（四）普通　　　七十分未满六十分以上；

（五）稍不良　　六十分未满五十分以上；

（六）不良　　　五十分未满。

各表科目中如欠缺或认为不应记分者则填以（×）符号。

第五条　各科记分表应随时填记，每一个月核算一次，各主管科所长官须督饬主管人于次月五日前办结、盖章，汇送狱长复核。

第六条　各种记分表为行状录作成之根据，应按月编入身份簿。其每月平均分段并应由身份簿主管人员分别填入行状录相当各栏，以备会议审查。

第七条　行状录系照行状、作业、教诲、教育四项成绩划分为四柱，四柱所填分段即系各表月终平均分段，每届考核期总平均一次，应照下列百分法计算：

（一）行状　　　百分之三十；

（二）作业　　　百分之三十；

（三）教诲　　　百分之二十；

（四）教育　　　百分之二十。

第八条　在监人行状计分三组，每班二级，规定如下：

（一）甲班　　　第一级　　　第二级

（二）乙班　　　第三级　　　第四级

（三）丙班　　　第五级　　　第六级

第九条　新入监者列入丙班，六级。刑期在一年半以下或残余刑期不满一年半者不列班级。

第十条　待遇：在监人以班级之高低，依照下表处理之：

在监人班级待遇表

班级		接见			书信		饮食	赏与金	书籍	赏表	附记
		每月次数	每次时间	接见人	每月次数	通信人					
甲	一	除规定外增加三次	五十分钟	不限亲属	除规定外增加三次	不限亲属	每半月赏给蔬菜一次	按服役所获益金给十分之三	得在图书室阅读	红地	
甲	二	除规定外增加二次	四十分钟	不限亲属	除规定外增加二次	不限亲属	每月赏给蔬菜一次	按服役所获益金给十分之二·五	得自由选择借阅图书室书籍	黄地	
乙	三	除规定外增加一次	三十五分钟	不限亲属	除规定外增加一次	不限亲属	每两月赏给蔬菜一次	按服役所获益金给十分之二	同	蓝地	
乙	四	除规定外增加一次	三十分钟	不限亲属	除规定外增加一次	不限亲属	每三月赏给蔬菜一次	按服役所获益金给十分之一·五	同	白地	
丙	五	照规定	二十五分钟	限于亲属	照规定	限于亲属	无	按服役所获益金给十分之一	限于借阅图书室修身书籍	无	
丙	六	照规定	二十分钟	限于亲属	照规定	限于亲属	无	按服役新获益金十分之〇·五	限于课程书籍	无	

　　第十一条　在监人于考核期间内曾受《监狱规则》第八十六条各项规定之惩罚者,审查时照下列标准在总平均分数内予以扣分:

　　(一)受面责处分一次扣分五厘;

　　(二)受一月内停止赏遇一次扣分一分;

　　(三)受二月内停止赏遇一次扣分二分;

　　(四)受三月内停止赏遇一次扣分三分;

（五）受撤销赏遇者扣分四分；

（六）受停止发受书信及接见一次均各扣分五分；

（七）受一月内停止阅读书籍一次扣分六分；

（八）受二月内停止阅读书籍一次扣分七分；

（九）受三月内停止阅读书籍一次扣分八分；

（十）受停止运动一次扣分二分；

（十一）受减削赏与金之一部一次扣分三分；

（十二）受灭削赏与金之全部一次扣分五分；

（十三）受一星期之慎独者扣分十分；

（十四）受二星期之慎独者扣分十五分；

（十五）受三星期之慎独者扣分二十分；

（十六）受一月内之慎独者扣分二十五分；

（十七）受二月内之慎独者扣分三十分。

如各种处分并科分数并扣之。

第十二条　在监人班级之升降，有期徒刑以刑期之半数计，无期徒刑以十年计。每经过八分之一，经狱务会议审查一次，平均分数在八十分以上者升级，六十分以上未满八十分者留级，六十分未满者降级。

上项刑期半数遇有羁押折抵日数，应除去以前余之刑期计算之。

第十三条　每次审查时，其成绩列入善良等者，经狱务会议之同意得予超升一级。

第十四条　在监人有《监狱规则》第八十五条所列各款行为之一，除照该条规定酌量赏给金钱外，经狱务会议之同意，得超升班级。其受《监狱规则》第八十六条第九款之惩罚者亦得特别降级。

第十五条　在监人升至甲班一级，如刑期合于刑法假释条文并得狱务会议同意者，即呈请假释。

第十六条　本办法于二十四年四月修改，呈由江苏高等注院第三分院转呈司法行政部核准施行之。

《山东少年监狱阶级处遇规程》

第一条　少年监根据暂行办法第六条之规定，对拘禁于本监之受刑者概以附表（阶级处遇表）施以相当之阶级处遇，但累犯者、废疾者、低能者或认为有精神异状及其他特别事故者不适用本规程之全部或一部。

第二条　阶级处遇表之阶级别只限于刑期，不拘刑数多寡均视作一刑期。其执行完了或刑事被告人羁押日数算入刑期者，均依判决之刑期区别之。

第三条　新入监者，定其分类编入强制级，依其得分循次进级。

第四条　在强制级或训练级而行状善良、确有悛悔之实据时,得进训练级及自治级。

达规定之分数后十五日内刑期即可终结者,得不为进级。

第五条　分类变更及阶级升降,于监狱官会议决定之。

第六条　从他监转入者,审查前监狱之成绩,编入相当之阶级。

第七条　在强制级者拘禁于独居监。在训练级者拘禁于夜间独居监。在自治级者拘禁于杂居监。

在第一类之强制级而行状稍良者,得拘禁于杂居监。在训练级以后认为必要时,仍得于独居监监禁之。

第八条　监房、工场依分类及阶级区划之。

在监人类别及级别须记入于特制之识别布(样式附后),附着衣襟,以资识别。

第九条　以工作分量为科程之实课,而分别其成绩依下列标准采分:

一、科程完了以上者　　　一日八分;

二、科程七分以上者　　　一日七分;

三、科程七分未满者　　　一日六分;

阶级处遇表

山东少年监狱

分类	强制级 刑期未满三年者至得分七百二十分止(三月);刑期未满五年者至得分一千四百六十分止(六月);刑期五年以上至无期者至得分二千九百二十分止(一年)。置本期。	训练级 刑期未满二年者至得分一千四百六十分止(六月);刑期未满四年者至得分二千九百二十分止(一年);刑期未满七年者至得分五千八百四十分止(二年);刑期七年以上至无期徒刑者,至得分八千七百六十分止(三年)。置本期。	自治级。 (以残余刑期为期间)

（续表）

| 第一类
一、初犯而无犯罪之习惯者；
二、曾经犯罪而行状善良，犯情并不凶恶者。 | 一、独居监禁。
二、卧具——夏季芭蕉扇一柄，草席一条。其他布套草垫一条，棉被一条，草枕一个。
三、书籍——准许阅读监狱所备之党义、公民、职业、宗教者，以二册为限。
四、接见——二十分钟以内。
五、课以趣味少之作业。
六、作业赏与金计算率为本地普通佣工价十分之一·五以内。
七、每十五日给一角以内之荤菜一次。 | 一、夜间独居监禁。
二、卧具——夏季草席一条，芭蕉扇一柄，其他絮垫一床，棉被一条，草枕一个。
三、书籍——准许阅读监狱所备者。
四、接见二十五分钟以内，得比照《监狱规则》所定接见度数增加一次。
五、书信得比照《监狱规则》所定发受度数增加一次。
六、作业赏与金计算率为本地普通备工价十分之二以内。
七、每十日给一角以内之荤菜一次。
八、许备牙粉、牙刷。
九、在本期经过刑期三分之二又得分达四百八十分者，给赏表一个。
十、已得赏表一个并得分达一千二百二十者，更给赏表一个。 | 一、杂居监禁白昼监房得不下锁。
二、卧具——夏季草席一条，草被一条，芭蕉扇一柄，其他絮垫一床，草垫一床，棉被一条，花絮枕一个。
三、许阅读私有书籍，并得阅新闻纸、杂志等定期刊物。
四、接见三十分钟以内，比照《监狱规则》所定接见度数增加一次，并得请求去信与监外人接见。
五、书信比照《监狱规则》所定发受度数增加一次。
六、作业赏与金计算率为本地普通佣工价十分之三以内。
七、每周给一角以内之荤菜一次或二次。
八、许备牙粉、牙刷、梳镜。
九、每日给茶一次。
十、给予笔墨纸砚自修之用。
十一、不着囚衣。
十二、得任意支配赏与金之一部（指正当用途而言）。
十三、在本期得分达七百二十分者给赏表一个。
十四、得赏表一个者又得分达二千八百八十分，更给赏表一个。
十五、已得赏表二个者更达六千二百四十分，再给赏表一个。
十六、在本期已得赏表三个并残刑一年以内者，许听名人演讲。 |

（续表）

第二类 一、初入监而稍有犯罪之习惯者； 二、再犯而行状不良未著者； 三、因违犯假释管束规则被撤销假释者； 四、由第一类转入者。	一、书籍——准许阅读监狱所备之党义、公民者以两册为限。 二、接见——十五分钟以内。 三、作业赏与金计算率为本地普通佣工价十分之一以内。 四、每一月给一角以内之荤菜一次。 五、馀同第一类。	一、书籍准许阅读监狱所备之党义、公民、职业、宗教者。 二、接见——二十分钟以内。 三、作业赏与金计算率为本地普通佣工价十分之一·五以内。 四、每十五日给一角以内之荤菜一次。 五、馀同第一类。	一、准许阅读监狱所备之书籍。 二、接见——二十五分钟以内。 三、作业赏与金计算率为本地普通佣工价十分之二·五以内。 四、每十日给一角以内之荤菜一次。 五、卧具同训练级。 六、馀同第一类。
第三类 一、累犯、习惯犯； 二、曾受起诉及缓刑之处分者； 三、被撤销假释或缓刑者； 四、在刑之执行停止中而更犯罪者； 五、行状不良，有恶化他人之虞者； 六、由第二类转入者。	一、书籍——准许阅读监狱所备之党义、公民者，一册为限。 二、接见——十分钟以内。 三、作业赏与金计算率为本地普通佣工价十分之·五以内。 四、馀同第二类。	一、书籍——准许阅读监狱所备之党义、公民者。 二、接见——十五分钟以内。 三、作业赏与金计算率为本地普通佣工价十分之一以内。 四、馀同第二类。	一、书籍——准许阅读监狱所备之党义、公民、职业、宗教者。 二、接见——二十分钟以内。 三、作业赏与金计算率为本地普通佣工价十分之一·五以内。 四、卧具——同训练级。 五、馀同第二类。

第十条　以时间为科程之实课而有等级之规定者，分别其成绩依下列标准采分：

一、分为三等者

一等　　　一日八分；

二等　　　一日七分；

三等　　　一日六分。

二、分为四等者

一等
二等 } 一日八分；

三等 一日七分；

四等 一日六分。

三、分为五等者

一等
二等 } 一日八分；

三等
四等 } 一日七分；

五等 一日六分。

前项外无等级之规定者,得参酌勤惰及成绩采分。

第十一条 免役日之实课采分依最近就业三日内之平均分数采分。因疾病或其他事故不就业者停止采分。

第十二条 学课成绩按月依下列标准采分：

一、月考总评列入甲上者 二百四十分；

二、月考总评列入甲中者 二百二十分；

三、月考总评列入甲下者 二百分；

四、月考总评列入乙上者 一百八十分；

五、月考总评列入乙中者 一百六十分；

六、月考总评列入乙下者 一百四十分；

七、月考总评列入丙上者 一百二十分；

八、月考总评列入丙中者 一百分；

九、月考总评列入丙下者 八十分；

十、月考总评列入丁上者 六十分；

十一、月考总评列入丁中者 四十分；

十二、月考总评列入丁下者 二十分。

第十三条 实课与学课之平均分数为总分。

第十四条 采分每级更新之。

分类变更时,前分类阶级所得之分数计算之。

得分每月告知本人。

第十五条 在训练级及自治级者,一月内实课科程终了时,其月之作业赏与金依该级所揭之最高率计算。

第十六条 作业赏与金计算率之增减,自决定之当日行之。

第十七条 在监者违犯监狱纪律被处《监狱规则》第八十六条各种惩罚时依下列减其得分：

一、面责　每次　　　　　　　　　　　　四分至六分；

二、停止赏遇（每十日,不满十日者亦同）　十二分至十六分；

三、撤销赏遇　　　　　　　　　　　　　三十六分至三百六十分；

四、停止发受书信及接见　每次　　　　　六分至八分；

五、停止阅读书籍（每十日,不满十日者亦同）十二分至十六分；

六、停止运动　每日　　　　　　　　　　六分至八分；

七、减削赏与金之全部或一部　　　　　　十六分至三百分；

八、慎独　每日　　　　　　　　　　　　十六分至二十分；

九、关室监禁　每日　　　　　　　　　　二十分至五十分。

前列各种惩罚,并科时依其较重之惩罚减分。

第十八条　应减之分数在既得之总分中无可减时,于将来之得分减之。

第十九条　犯规情节重大者降一级或二级。在同一阶级一月有两次以上被处罚者降一级。

第二十条　在强制级应被处罚并降两级者,达下列得分止得停止进级：

一、刑期未满三年者　　　　　　　　　　一千四百四十分；

二、刑期未满五年者　　　　　　　　　　二千九百二十分；

三、刑期五年以上者　　　　　　　　　　五千八百四十分。

在强制级应降一级者,达下列得分止停止进级：

一、刑期未满三年者　　　　　　　　　　七百二十分；

二、刑期未满五年者　　　　　　　　　　一千四百六十分；

三、刑期五年以上者　　　　　　　　　　二千九百二十分。

在训练级应降两级者,达下列得分止停止进级：

一、刑期未满二年者　　　　　　　　　　一千四百六十分；

二、刑期未满四年者　　　　　　　　　　二千九百二十分；

三、刑期未满七年及七年以上者　　　　　五千八百四十分。

在训练级降一级时,得继算既得分数。

第二十一条　在自治级而行状善良,其经过刑期有合于刑法第九十三条之规定并具备实质上之条件（山东高等法院检察处本年二月第四五号训令,转司法行政部第二四二号训令）者,得为假释之声请。

第二十二条　本规程自少年监开办之日起施行。

《山东少年监狱阶级处遇规程施行手续》

第一条　主科看守长至少每三日一次,教诲师七日一次,医士半月一次,精密视察独居监禁者之性行及健康状态,于进级、放免及因其他原因出监时报告其意见于典监长。

第二条 独居监应备教诲原簿、少年犯性行调查表（附式一）及入监时感想录（附式二），以供巡视官吏之参考。

前项少年犯性行调查表由教诲师，及入监时感想录由监房主管，各由入监后三日内调查记入之。刑期不满一年者，前项少年犯性行调查表得省略之。

第三条 独居监、杂居监均应置备巡视表（附式三），以备巡视官吏之盖章。

第四条 新入监者应由医士先行健康诊断，如无《监狱规则》第十八条情形，应即调查其性行，决定分类，编入强制级，收容于独居监。

第五条 独居监监房不敷用时，视新入监者之性行，得拘禁于杂居房。

第六条 独居监禁者之入浴、运动等，应注意分类，勿使混同。如不能隔绝时，应由主管看守严密监视，勿使交通。

第七条 在监人之得分由监房或工场主管看守及教师分别记入采分表（附式四）。

第八条 主管看守长应将各在监者之得分汇记于得分录（附式五）。遇阶级升降或放免及监狱官会议之决议者，均须随时记入。

第九条 变更分类、阶级升降及减分处分时，应由主管人员即刻通知该管看守执行。

第十条 进级或放免时，应使填进级感想录（附式六），及出监时感想录（附式七）。

第十一条 监房或工场主管应于月初将各犯应得分数告知本人。

第十二条 主管人员、看守教诲师、医士认为有逃走、狂暴、煽动、自杀及其他精神异状应加注意者，应即申报。

第十三条 少年犯性行调查表、入监时感想录由主管看守保存，采分表由工场主管保存。至进级或放免时交由名籍股主管，连同出监时感想录订入身份簿。

第十四条 分类阶级识别布由第二科管理之。

第十五条 应受独居监禁者，有《监狱规》第二十二条第一项后段但书情形时，得于杂居监监禁之。

《山东少年监狱少年犯教育实施方案》

第一条 少年监狱根据暂行办法第五条之规定，依三民主义之精神，授少年犯以相当之智识与技能，以正确其思想并养成其勤劳作业的习惯，使出监后能复归社会生活为宗旨制定本方案。

第二条 凡年在二十五岁以下收容于本监之少年徒刑人犯，均应入班听受教育，但因身心上之缺陷不能就学者得斟酌情形准其免学。

第三条 少年犯教育分识字训练、公民训练及职业指导三种，于每学期内按照程度分别实施。

（一）关于识字的训练者

科目		每周时数	备考
三民主义千字课		六	本科得兼授注音符号与练习简易作文
常识		二	
算术	珠算	二	本科除珠算、笔算外，应再授简单之商业簿记
	笔算	四	
习字		二	
乐歌		二	
此外得依少年犯程度兼授历史、地理、及其他浅近读物			

（二）关于公民的训练者

科目	每周时数	备注
三民主义	二	
军事训练	二	
公民道德	二	

第四条　少年犯暂分六班，每班暂定四十人，如遇人数过多时得增添班数。

第五条　少年犯所用文具簿籍及其他课业用品，均由监狱供给，俟少年犯出监时收回。

第六条　教诲师应督同教师逐日分别调查新入监之少年犯，填列教诲原簿，提出监狱官会议以为分班施教之准备（附簿式一）。

第七条　教诲师于每一年度终了，应将少年犯受教经过情形呈由典狱长报院转部核办。

第八条　少年犯教育班成立后，应填具"受教少年犯一览表"两份，呈院转部备案。

前项表式另定之（附表式一）。

第九条　少年犯教育班成立后，遇有期满或其他原因致有中途出监，应将每班流动情形列表，呈院转部备查。

前项表式另定之（附表式二）。

第十条　少年犯教育经费不得挪用于他项。

第十一条　少年犯之教学科目及其时间分配暂定如下：

（甲）学课　每日四小时。

（乙）实课　每日四小时。

（一）关于职业的训练者

染织　　　　炊事

缝纫　　　　洗理

印刷　　　藤竹

木工　　　糊盒

除以上所列科目外,可视各业少年犯之需要,随时指遵服务道德与商业常识。

第十二条　教诲师应督同教师将教育经历及就教之前后填列教育簿备查(附簿式二)。

第十三条　教诲师、教师、助教除教授各科课程外,应兼顾少年犯课外生活,举行音乐会、展览会、讲演会、整洁比赛等。

第十四条　少年犯各科课本应采用教育部所编订或审定或经司法行政部暨高等法院所指定者。但某科并无此项课本时,得以演讲或自编教材教授之。

第十五条　少年犯之修业期间在学课之、识字的及公民的训练以六个月为一学期,以两学期为一学年;在实课之职业的训练应视需要及少年犯之志愿并地方情形长短其年限。

第十六条　少年犯每一学期须考查成绩一次,其成绩及格并出席次数当全期三分之二以上者,由监狱给予证书。

第十七条　少年犯经考查后,成绩特优者由监狱给予奖赏,以示鼓励。

第十八条　少年监教诲师以人格高尚、服膺党义、对于少年犯教育富有兴趣并具有监狱官任用标准第二、三两条之资格而曾受师范学校专业训练者为合格。

第十九条　教诲师、教师办理教育具有成绩者,由典狱长择尤呈请晋级、加俸。其到职后放弃职务、不按章教育、任意改订课程、品行不端、成绩低劣,经典狱长或主管机关视察认为应受训戒、记过、记大过、减薪、停职并追缴毕业文凭等处分者,应分别轻重,呈部核办。

第二十条　本方案经呈部核准施行。

劳　役

《监狱作业规则》

(二十一年五月二十一日公布)

第一条　监狱作业除法令别有规定外,依本规则办理。

第二条　作业之科目应呈请司法行政部核准。

为前项呈请时,应将下列事项详细声叙:

一、工作种类;

二、施行方法;

三、就役人数及其类别;

四、课程及赏与金;

五、就业场所及机械器具材料之设备等。

第三条　监外作业除依前条办理外,关于就业人之选择及管理之方法须附具意见。

第四条　已核准之作业,如有应行废止或变更其施行方法之必要,应详叙事由,呈报司法行政部备案。

第五条　监狱作业发达事务繁多,第三科主科看守长一人不能兼顾时,得置作业助理员。

作业助理员以候补看守长或主任看守充之。

第六条　作业助理员每日至少须巡视各工场一次。

第七条　监狱职员不得贩卖监狱成品。

第八条　作业费应与经常费划清界限。

第九条　作业基金及作业收入,除酌存若干以资应用外,应随时存入当地中央银行。如无中央银行之处,则存入妥实银行或邮政储金局,其利息应列入杂项收入项下呈报。

前项存款户名应用监狱名义。

第十条　作业余利应按照《各省司法机关经征留院法收编制收支概算办法》办理。

第十一条　监狱作业应置备下列账簿:

(甲)关于会计者

一、日记簿　　　　　　　　(簿式一);

二、现金收支总簿　　　　　(簿式二);

三、收入分类簿　　　　　　(簿式三);

四、收支出分类簿　　　　　(簿式四);

五、债权簿　　　　　　　　(簿式五);

六、债务簿　　　　　　　　(簿式六)。

(乙)关于成品者

一、成品收受簿　　　　　　(簿式七);

二、成品交付簿　　　　　　(簿式八);

三、成品受付总簿　　　　　(簿式九)。

(丙)关于材料者

一、材料收受簿　　　　　　(簿式十);

二、材料交付簿　　　　　　(簿式十一);

三、材料受付总簿　　　　　(簿式十二)。

(丁)关于机械器具暨其他事项者

一、机械器具总簿;

二、机械器具分类簿;

三、其他各项必要账簿。

丁款各簿其式样由各监狱斟酌定之,但须呈报司法行政部备案。

第十二条　前条甲款各簿由司法行政部颁发,其他各簿由监狱照式制备,盖用印信,并于封面记明页数。

簿中如有添注涂改之处,应由主管员盖用名印。

第十三条　旧存、新收纸币价格与现货不同,或收入货币种类复杂,为划一货币计算单位计,须特备下列各簿表单据:

一、各币收付明细簿　　　　　　（簿式十三）

二、各币兑换盈亏簿　　　　　　（簿式十四）;

三、各币兑换盈亏单据　　　　　（单式一）;

四、收入支出货币分类合计表　　（表式一）。

第十四条　各种账簿每月应结算一次,按照国民政府审计院厘定营业机关书表格式,作成收入计算书、支出计算书、收支对照表、财产目录及部定盈亏试算表（表式二）,连同支出凭单及收款证,呈由该管监督官署转呈司法行政部核送审计部审查。

第十五条　作业账簿每届会计年度终结时应总结一次,作成作业结算报告表（表式三）,呈送司法行政部转送审计部备查。

结算报告表应附记下列事项:

一、自开办至上年年终止损益金额;

二、本年实得纯益金或损失额;

三、本年售出成品总额;

四、本年实得损益金额占售品总额百分之几。

第十六条　赊入货款应按月付清,欠出货款应随时收取。

监狱之债权如有实系不能收取时,应详叙事由,呈报司法行政部转送审计部核销。其未经核销及不准核销者,应由主管各员负责。

监狱职员不得拖欠监狱货款。

第十七条　作业账簿除第十一条甲款各簿应永久保存外,其余各簿应遵照民国十八年十二月四日国民政府训令第一一六四号办理。

第十八条　各工场须揭示作业课程及赏与金计算表。

第十九条　作业之成绩每日由工场看守及工师检查一次,并记入于日课表（表式四）,至次月五日前送交第三科。

第二十条　第三科接受前条日课表后,应于月之十五日前整理之,另作赏与金明细表（表式五）,报告于典狱长或分监长,并将其金额告知作业者。

第二十一条　释放者之赏与金应于释放前三日清结,经第三科主科看守长复核后通知第一科。

第二十二条　已核定之赏与金应即交付第一科保管。

前项赏与金交付时,取回收证,并按现金支出办法登记于作业账簿。

第二十三条　物品之制作及修缮,非有典狱长或分监长之命令不得为之。

第二十四条　物品之制作及修缮,应由第三科将预定之材料、人工登记于制作原簿(簿式十五),经典狱长或分监长决定,交付工场制作。

前项物品作成时,应由第三科查明实用之材料人工,登记于制作原簿,经典狱长或分监长核定后,交付成品,主管人分别存库发送。

第二十五条　成品以材料价值及人工为其原价,其售价应以下列二款为准:

(甲)售于本监狱者仍照原价。

(乙)售于他人者以市价为标准,审查货色精粗、销路通塞酌加相当之益金。

第二十六条　成品售出应填给后列单据,并派专员检查:

(甲)二联发单(单式二)。

(乙)三联收据(单式三)。

检查售出成品时应注意下列事项:

一、品名;

二、数量;

三、单价;

四、总价;

五、货色有无缺点;

六、单据与实物是否相符。

检查无误,应于发单存根上盖检查印证。

第二十七条　结存成品价格应以原价为准。

第二十八条　结存成品价格与市价相差过甚时,应按下列二款办理:

(甲)市价高于原价时,仍按照原价结存,但售货时应照市价酌增,其售出盈余之款列入成品受付总簿益金栏;

(乙)市价低于原价时,以市价为准,应于每年度终结时将货价更正一次,其不足之数列入成品受付总簿损失栏。

第二十九条　购买材料应先调查市价。其价值在五十元以上者应用投标法或比较估价法购取,但有特殊情形者不在此限。

前项投标或估价事由,应详记于簿并保存之。

第三十条　点收购入材料应注意下列事项,并由典狱长派他科人员会同点验:

一、品质合否;

二、数量足否;

三、货色优劣；

四、单据与实物是否相符；

五、单开价目与投标估价或约定价目是否相符。

前项收货人会同点验员如查验无误，应于单据上加盖印证。

第三十一条　第三科对于制作残余之物品应随时设法利用，凡碎铜、废铁、纸边、竹头、木屑之类，须按时收取，妥为存放，报告其数于典狱长或分监长。

前项物品监狱署内无法利用者，应招商竞买或零卖。

第三十二条　前条竞买或零卖所得价格，应列为作业杂收入。

第三十三条　作业机械及器具于每日罢役时由工场主管看守严密检点，并由主任看守复查一次。

第三十四条　关于作业之成品、材料、机械、器具均应妥为存储，如有遗失，应责成主管员赔偿。

第三十五条　监狱非受监督官署之许可，不得令在监人就承揽业。

第三十六条　施行承揽业应具备下列各要件：

（甲）一承揽人不得包揽数监狱之工作；

（乙）一监狱内不得使数承揽人包揽同种之工作；

（丙）承揽人须于工业上有亲自指导、监督之能力；

（丁）承揽人须品行端正、身家殷实；

（戊）承揽业应用投标法，其工作种类于投标前决定；

（己）就役人数不得过多；

（庚）工价应按人数计算；

（辛）承揽之工作种类如于监狱所在地或附近地方之民业有妨害者，不得采用；

（壬）承揽业以手工业为限；

（癸）承揽契约须呈司法行政部核准。

第三十七条　承揽契约应规定下列各要项：

（甲）工作之种类、就业之人数、工钱之计算及其增减方法；

（乙）承揽期限及其解除方法，但期限至长不得过三年；

（丙）就业者之选择完全为监狱之职权，但手工未熟之人犯承揽人认为不堪用者得请求撤换之；

（丁）承揽人延聘之工师或助手须品行端正，经验丰富，并须经监狱认可。有违背纪律时当随时斥退；

（戊）承揽人应供给善良之原料、完全之器械，且不得因原料、器械之缺乏而使就役者中途停止；

（己）设定作业课程时当咨询承揽人之意见；

（庚）监狱之义务，除督励工作使囚人郑重处理原料、器具之外，更设备相当之工场。至于器具、机械、原料及成品之保管并成品之瑕疵，监狱不负赔偿之责；

（辛）监狱之仓库、储物室等，如有余裕时，得许承揽人使用，但不许滞藏多量之物品；

（壬）作业之成绩，监狱官史当会同承揽人或其代理人向各就业者检查，记入成绩簿，共同署名。其已经验查登记之成品，须即时搬出工场之外。每月当照成绩簿结算工钱，本月工钱于次月十五日前付清；

（癸）承揽人应纳相当之保证金。

第三十八条　承揽人所有之材料、成品、器具、机械应与监狱所有之物品严行隔离。

第三十九条　承揽人所有之器具、机械及成品之保管、出纳，应设相当之取缔法。

第四十条　本规则自公布之日施行（表式详本书三科簿册用纸类）。

《监犯保外服役暂行办法》

（二十一年三月二十一日公布）

第一条　新、旧监狱人犯具备下列各款情形并由人民团体之保请者，得依本办法保外服役：

一、一年以下有期徒刑，执行刑期在一月以上，而已知悛悔者；

二、并无刑法第六十五条累犯情形者；

三、有一定住所者。

第二条　犯下列刑法分则各章之罪者，虽具备前条情形亦不得保外服役：

一、第一至第五章内乱外患妨害国交，渎职，妨害公务等罪；

二、第八第九章脱逃、藏匿犯人，湮没证据等罪；

三、第十一至十八章公共危险，伪造货币、度量衡、文书、印文，妨害风化、婚姻、家庭，亵渎祀典，侵害坟墓、尸体，妨害农工商等罪；

四、第二十一章杀人罪；

五、第二十八至三十三章窃盗、抢夺、强盗、海盗、侵占、诈欺、背信、恐吓、赃物等罪。

第三条　凡人民团体保外服役人犯，在旧监应由典狱官长出监所协进委员会审查，呈由该管长官转报，在新监由典狱长提出地方法院首席检察官审核，呈报该管高等法院首席检察官核准，并呈报司法行政部备案。

第四条　保外服役人犯以其残余刑期为服役期间，其服役期间终了时为执刑期终了。

第五条　保外服役人犯所服劳役，得由该人民团体就该项人犯住居附近地点指定之,并呈报该管高等法院首席检察官备案。

第六条　保外服役期内之人犯有下列情形之一者撤销其保外服役处分:

一、不遵保外服役期内应守之事项者;

二、对于因而犯罪之被害人或告诉、告发、报告、寻人衅者;

三、因有不正当行为,经该人民团体或人民告发,由该管司法机关认为有撤销保外服役处分之必要者。

保外服役人犯应守事项,适用《假释管理规则》但关于旅行各条不适用之。

第七条　本办法施行期间及区域由司法行政部以命令定之。

第八条　本办法应呈奉行政院核准后由司法行政部公布施行。

《监犯外役规则》

（二十三年六月十六日公布）

第一条　各省新、旧监狱人犯具备下列各款条件者,得令服浚河、筑路、建筑等项外役:

（一）年龄满二十岁以上,品性较良身体强健;

（二）入监前之职业适于外役;

（三）无宣传反革命之虞。

第二条　各监狱长官知有适于外役之工程时,应速查明本监狱合于前条规定之监犯人数,向该工程主管机关或经理人员承揽。

前项外役人犯至少须满百名以上,如本监人犯不敷应用时,得呈明高等法院,向邻近监狱调发。

第三条　各监狱长官承揽外役工程,于订立契约后应速造具服役人犯名册,抄同承揽契约,呈报高等法院查核,报部备案。

第四条　管理外役得专设主任一员,以看守长或候补看守长充之。

第五条　外役人犯以十二人至十四人为一队,每队置正、副队长各一人,择其品行善良者充之。

正、副队长有领导本队人犯工作并对于不守纪律或怠于工作者随时规劝及报告之义务。

第六条　外役人犯每队设看守一人,每三队为一组,每组增设补勤看守一人。

第七条　配置看守人数,除前条外,得设警备看守二人至四人。

第八条　外役人犯如在监狱外设置宿食处所时,应另编一队,专服炊爨及洗濯等役。

前项处所得置看守二人至五人,负昼夜轮流戒护之责。

第九条　各监狱长官承揽外役工程后,应责成管理外役官吏严督监犯加紧工作,履行承揽契约上之义务。如有违约情事,以废弛职务论。

第十条 外役人犯有因刑期届满而释放者,另拨人犯补充。如工作完竣刑期尚未届满,仍提回监狱执行。

第十一条 人犯外役时之行动,应由值勤看守分别负责记载,月终由外役主任汇报原监。

第十二条 人犯工作勤奋者如合于保释或假释之条件时,监狱长官应为呈请保释或假释,以资鼓励。其有不守纪律或怠于工作者,该外役主任应随时报请原监提回,另拨人犯补充。

第十三条 工作时间:每日七小时以上十小时以下,由该监狱长官斟酌时令及地方情形定之。

第十四条 工作人犯一律施用联锁。

第十五条 外役人犯之戒护,除第四条及第六条至第八条外,于必要时得由高等法院商请该地行政长官酌派警团协助之。

第十六条 管理外役看守应注意下列事项:

(一)对待人犯须公平正直,言语须诚恳,态度须庄严;

(二)监视人犯行动不得稍涉懈怠;

(三)须携带警笛及手枪。其手枪遇有《监狱规则》第二十七条情形时得使用之;

(四)人犯出役、罢役时,须督令常步行走,并以二名为一排,不得争先落后;

(五)人犯不得随便交谈及嬉笑;

(六)人犯出役、罢役、饮食、休息须遵一定时间,不得或早或迟;

(七)严防外人与人犯谈话及传递物品;

(八)出役、罢役时或便溺后,须检查所施联锁有无疏落之虞;

(九)工作用具出役时须随时检点,罢役时须收藏于指定之处所。

第十七条 外役人犯关于工作事项应受工程人员之指挥。

第十八条 外役人犯之食宿处所,酌量情形分别处置如下:

(一)在离监较近地段工作时,回原监宿食,但得在工所加给中餐;

(二)在离监较远地段工作时,另行设置宿食处所。

前项第二款宿食处所,得商请该工程主管机关或经理人员协同筹备。

第十九条 外役人犯分别酌给赏与金。其等差及数额由监狱长官依照《监狱规则》定之,呈由高等法院报部备案。

第二十条 人犯因工作受伤或罹病时,提回原监治疗,另行选拔人犯补充遗额。

第二十一条 人犯因工作受伤或罹病致无法治疗因而死亡者,依照《监狱规则》办理。

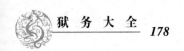

第二十二条　外役作业收入应悉数列入作业月报,其支出人犯赏与金及奉准各开支应取具支出收据,粘呈候核。

第二十三条　本规则自公布之日施行。

《徒刑人犯移垦暂行条例》
（二十三年七月十日国民政府公布）

第一条　处无期徒刑之人犯执行满五年后,处三年以上有期徒刑之人犯执行满五分之一后,得以司法行政部命令移送边远或荒旷地方从事垦殖。如系军事人犯,得以军政部命令移送之。

第二条　移垦人犯以二十岁以上之男子、品性较良、身体健全、能任农事者为限。

第三条　人犯移垦之地以公有荒地拨充。

第四条　移垦人犯先拘置于移垦地所设之外役监,渐次遣居农舍。

第五条　人犯移垦所需之农具、耕牛、籽种、肥料等由国家供给之。

第六条　人犯垦地,其收获所入归公,但应按其行状、成绩,照《作业赏与金办法》提给若干,其遣居农舍者所提给之数不少于百分之四十。

第七条　人犯移送途中及在移垦地之期间,均按日数抵算刑期。

第八条　移垦人犯刑期满后愿受地入籍者,授以地若干亩之耕作权,并编入该处户籍,其地依法纳租。

第九条　移垦人犯之眷属得携带随行,或至移垦地后接往同居,旅费均由自备,实无力者得由国家酌予补助。

第十条　中央及地方各机关及各地驻军,对于人犯之移送、戒备及其他关于移垦一切事宜应协助之。

第十一条　人犯移垦实施办法由行政院定之。

第十二条　本条例自公布日施行。

《监犯外役施行细则》
（十九年四月十二日第四一七〇号）
江苏高等法院呈奉司法行政部指令核准

第一章　通则

第一条　监狱人犯具下列各条件者,得依《监狱规则》第三十五条使服外役:

一、年龄须在二十五岁以上、四十岁以下者;

二、执行满一年以上而残余刑期不满一年者;

三、个性纯良、暴烈或诡谲之行为者;

四、无逃走之虞者;

五、入监前之生业适于外役者;

六、平日之行为足以信任其就外役不至违反纪律者;

七、无严加管束之必要者。

第二条　施行外役时,监狱长官须将外役种类、人数、工价及办法,连同人犯名册呈由高等法院核准,转呈司法行政部备案。

第二章　管理

第三条　管理外役官吏,由监狱长官遴选办事干练之官吏充之。

第四条　管理外役官吏配置方法如下:

一、外役人犯十名以下,配置看守二人;二十名以下,配置看守三人;三十名以下,配置看守四人;三十名以上,每八名增加看守一人。

二、外役人犯三十名以下,配置主任看守一人;六十名以下,配置主任看守二人;六十名以上,每五十名增加主任看守一人。

三、外役人犯每三十名以上六十名以下,配置候补看守长一员;六十名以上,配置看守长一员。

第五条　管理外役官吏遵守事项如下:

一、对待人犯须公平正直,言语须诚恳简明;

二、服装姿势须整齐严肃;

三、态度须庄严,不可懈怠或粗暴;

四、须携带警笛及手册;

五、出役时若遇天阴,须携带雨具;

六、人犯出役时,每二名联绊之,受管理长官或主任看守之点检,罢役归宿时亦同;

七、联绊无论何时不得解除。但认为必要时,须受管理长官或主任看守之许可;

八、人犯行走时须二名一排,均依常步,不得争先落后;

九、途中不得许其便溺,亦不得许其拾取地上之遗物;

十、作工时不得许人犯脱去中衣。至天热时欲脱外衣,须一律,不得许其或穿或脱,但脱下之衣须放置一处,不得与外人混杂;

十一、人犯谈话要绝对禁止,无论何时不得许其嬉笑狂言,但认为工作必要时,准其出言,声音须响亮明晰;

十二、指挥人犯不得大声疾呼,亦不得出村野之语;

十三、人犯动作有不合规则或行动异常者,须随时禁止之,非必要时暂记于手册,如认为必要时,立即报告管理长官或主任看守;

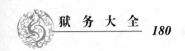

十四、率领人犯往返须遵一定之路线,如下图:

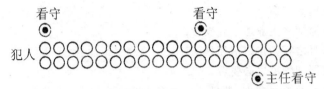

十五、人犯出役、饮食、休息、罢役须遵确定时间之指挥,不得或早或迟;

十六、人犯工作须划分地段,每段人数由管理外役官吏临时酌定;

十七、外役所用之工作器具须将品名、件数记载于簿册,出役时须随时点检,罢役时须收藏于指定之处所;

十八、工作时间:七小时以上十小时以下,由监狱长官斟酌时令及地方情形定之;

十九、每日以在规定之劳役时间内应完结之工作分量为劳役科程;

二十、服役人犯应照《监狱规则》第四十二条及第四十三条给予赏与金;

二十一、人犯无论何时不得许其揭取廉耻帽笠;

二十二、人犯行走途中或在工作地点,如遇相识之人,不得许其招呼;

二十三、人犯行走途中或在工作地点,须注意其工作器具勿使人犯擅取滋事;

二十四、严防外人与人犯交谈或传递物品;

二十五、出役及罢役时,须详细检查联绊有无脱落之虞。

第三章　宿食

第六条　工作地方如距离监狱较远,有设人犯宿食处所之必要时,须由监狱长官预先择定相当处所。

第七条　人犯宿食处所经择定后,须设立某某监狱临时分驻所或外役处,以资区别。

第八条　前条之监狱临时分驻所或外役处,如某部之工作完竣时,得随时迁移至他部工作附近之处所。

第九条　人犯寄宿于处所内由管理长官或主任看守指定或分配适当之卧房,夜间须轮派看守守夜,以重戒护。

第十条　炊事由管理长官或主任看守指定人犯数名充任,并指派看守一人或二人督率之。

第十一条　人犯归处所就食时,由看守指定人犯执行之。

第十二条　人犯食粮由监狱长官规定分量,呈报高等法院备案。

第十三条　人犯宿食处所知接近人民家宅者,不得托故骚扰或强行借取用物。

第十四条　人犯宿食起卧动作使一律,不得许其争先或落后,以免参差不齐,有碍工作。

第四章　附则

第十五条　管理外役人犯除遵照《监狱规则》及《看守服务规则》及规定之事项外,悉依本细则执行之。

第十六条　本细则如有未尽事项,得随时增改之。

第十七条　本细则自呈奉部合核准后施行之。

《山东各县监狱作业暂行办法》

(十八年五月九日司法行政部指令,山东高等法院第三七二八号)

一、在监人犯一律按照各县监狱看守所规定第二十六条令其作业。

刑事被告人有请求作业者,得许之。

二、各县监狱除原设有工场者亟应切实整顿、积极办理外,其未经设置县分即于监所内划拨房间工作,但男女人犯须严行隔别。

三、各县监狱应设木工、藤竹、织布、织袜、织巾、织带、做鞋、缝纫、洗濯、石印及草帽辫、糊火柴盒各科,就各该地方之需要选择举办,延聘工师。教导分别犯人之性质、知识,因材教授,以期易成。但原有一定艺业者,即令其就原艺业上益求精进,或使之充该艺业部分之指导。

四、各县监狱作业基金酌定为大县五百元,中县四百五十元,小县四百元;开办费定为大县一百元,中县九十元,小县八十元,均以一次为限。

五、每日人犯工作及上班、下班均由管狱员督同看守缜密监视。罢役时须将器械点齐,并检点其身体有无夹带物件。

六、人犯在场工作不得紊乱秩序、谈笑喧哗。罢役时应将未成物品及剩余原料加以整齐检束。

七、监狱每日所出成品,由书记登记制品报告簿及日用材料登记收发一览表,于月终后将成品材料连同器具款项造具四柱清册,暨支出计算书,并粘附收据,一并呈由该县县长及审判官会核,转报高等法院备案。册式附后。

八、售品所设置于县政府附近或委托商号代售。但受委托者应酌量给予代售费用,并先期报告县政府及县法院备案。售品所设主住及售品员各一人,由管狱员及书记兼任之。

九、对于作业人犯应定相当课程。各种作业课程依第十二条。作业时间及普通每人平均工作分量均一定之。

十、作业人犯依照下列规定,分别给予赏与金:

(一)徒刑囚:该地方普通工价十分之一至十分之三;

(二)拘役囚:该地方普通工价十分之三至十分之五;

（三）刑事被告人：该地方普通工价十分之五至十分之七。

十一、作业所得之余利，除按照前条提充作业赏与金外，余款即作为工场流通金，每月结账一次，榜示周知，并造册呈由该县县长及审检官会核，转报高等高院备案。

十二、作业人犯除每日教诲或教育一点钟外，其工作时间以七点钟为度。但有特别情形或其他原因，得由管狱员随时呈明县长、审判官，另定后呈报高等法院备案。

十三、工场内设置考勤簿，由书记逐日记录各犯工作勤惰及行状良否，于月终酌定分数，计算赏与金，榜示周知。

十四、高等法院应商同省政府或省会适中地点设一监狱出品陈列所，由各县监狱将作业成品标定某县监狱及品名价额，随时检送。陈列标签式样附后。

十五、休业日列下：（一）国庆；（二）纪念日；（三）十二月末二日；（四）一月一日至三日；（五）星期日午后；（六）祖父母、父母丧七日；（七）其他认为必要时。

十六、作业人犯每七日沐浴一次，其衣类、器具以及厕所便器等类并应规定次数清洁之。

十七、教诲作业人犯，除每日教诲或教育一点钟由管狱员斟酌情形呈明县长、审判官规定施行时间外，其在休业日应讲演三民主义及改过迁善等事实，其任务由管狱员任之。

谨将某某县监狱民国某年某月份作业现金款项造具四柱清册，呈请鉴核。

计开：

旧管：本所现金合计洋若干，共合现洋若干。

新收：各科售出成品合计洋若干，共合洋若干。

开除：某科购入材料及杂支合现洋若干，赏与金合现洋若干，杂费合现洋若干，共合现洋若干。

实在：本所现金合现洋若干，共合现洋若干。

谨将某某县监狱民国某年某月份作业成品造具四柱清册，呈请鉴核。

计开：

旧管：某科成品合现洋若干，共合现洋若干。

新收：某科成品合现洋若干，共合现洋若干。

开除：某科成品合现洋若干，共合现洋若干。

实在：某科成品合现洋若干，共合现洋若干。

谨将某某县监狱民国某年某月份作业材料造具四柱清册，呈请鉴核。

旧管：某科材料合现洋若干 共合现洋若干。

新收：某科材料合现洋若干，共合现洋若干。

开除:某科材料合现洋若干,共合现洋若干。

实在:某科材料合现洋若干,共合现洋若干。

谨将某某县监狱民国某年某月份作业器具造具四柱清册呈请鉴核

计开:

旧管:某科器具合现洋若干,共合现洋若干。

新收:某科器具合现洋若干,共合现洋若干。

开除:某科器具合现洋若干,共合现洋若干。

实在:某科器具合现洋若干,共合现洋若干。

成品标签图式

第 号	
品名	
价格	
民国 年 月 日	制造

《山西省监犯修路章程》

(二十一年十一月三十日核准)

第一章 通则

第一条 监狱人犯具备下列各条件者,得使修筑公路:

(一)年龄在二十岁以上四十五岁以下者;

(二)处刑在三月以上五年以下,执行刑期已逾三分之一者;

(三)个性纯良,无宣传反革命之虞者;

(四)入监前之生业适于外役者;

(五)平日之行为足以信任其就外役不至违反纪律者。

第二条 省政府应函由高等法院转饬新、旧各监将合于前条之人犯造送详细花名清册。

第三条 前条花名清册经高等法院审定后,函送省政府。

第四条 省政府应饬路工局按照监狱距离远近计划某段需犯若干,函由高等法院分配数额,令各监将应送人犯附具名册递解指定之路工局点收,并将已送之人犯名册呈报高等法院,转送省政府备查。

前项名册应将各犯罪名、所处刑期及执行期满日注明。

第五条 人犯做工完竣后,应由路工局交就近县政府递解原监狱点收,并呈报省政府,转高等法院备查。

第六条 外役人犯工作及行状应由看守按日记载,经组长核定后,缮写两份,分报路工局及原监狱备查。

第七条　外役人犯做工勤奋、合于保释或假释时,得由路工局函报原监狱,转请保释或假释,以资鼓励。其不守纪律者随时送回原监狱,另行选犯补充。

第八条　工作时间:每日于七小时以上十小时以下,由路工局斟酌时令及地方情形定之。

第九条　因工作受伤、罹病时,由路工局延医诊治。其致难管生或死亡者,由路工局依其情形,呈请省政府给予恤金,并函知原监狱。

第二章　管理及戒护

第十条　人犯每二十五名为一班,派看守一名、士兵四名。每两班为一组,派组长一人。

第十一条　组长、士兵由省政府咨请绥靖公署选派。看守由各监狱选派。各新监每出人犯二十五名,选派看守一人。各旧监每监出人犯在十名以上者,选派看守一人。但各新监因所出人犯数目参差不齐、选派困难时,由高等法院决定。旧监所派看守不敷分配时,由路工局觅有看守经验者补充之。

前项组长选派后,应由监狱加派以主任看守名义,遇有更调时亦同。

第十二条　监犯如与兵工夹杂工作时,前条戒护人员得酌量减少。

第十三条　组长承路工局及监狱之命管理本组一切事务;看守承组长之命负管理人犯、督率工作之责;士兵承组长之命负戒护人犯之责。组长不称职时,得由路工局会同监狱呈请调换。

第十四条　人犯出役应按其性质及罪刑轻重酌带联绊、脚镣,但在原监狱取有妥保者免带戒具。

第十五条　看守率领人犯出役应携带手册,记载工作勤惰及其他重要事项,每日报告组长。

第十六条　管理及戒护人员应注意下列事项:

(一)对待人犯须公平正直,言语须诚恳简明;

(二)服装姿势须整齐严肃;

(三)态度须庄严,不可懈怠或粗暴;

(四)须携带警笛;

(五)人犯行走时须二名一排,均依常步,不得争先落后;

(六)人犯不得随便谈话及嬉笑狂言;

(七)人犯动作有不合规则或行动异常者,须随时禁止之;

非必要时暂记于手册。如认为必要时,立即报由组长酌依《监狱规则》惩戒之;

(八)人犯出役、饮食、休息、罢役须遵确定时间之指挥,不得或早或迟;

(九)工作所用之器具,须将品名、件数记载簿册,出役时须随时检点,罢役时须收藏于指定之处所;

（十）严防外人与人犯交谈或传递物品；

（十一）出役及罢役时须详细检查联绊、脚镣有无脱落之虞。

第三章　宿食

第十七条　工作地方如距监狱较远、有设犯人宿食处所之必要时，须由路工局预先择定相当处所。

第十八条　人犯寄宿于处所内，由组长分配适当之看守、士兵轮流管束戒护。

第十九条　炊事由组长酌定人犯担任，并指派看守督率之。

第二十条　各组人犯食粮应由组长管理，每日将人数及领发量数登记账簿，报路工局备查，每月终由路工局造具总表，呈报省政府备查。

第二十一条　人犯宿食处所如接近人民家宅者，不得托故骚扰或强行借取用物。

第四章　费用

第二十二条　修路人犯食量较寻常增多，除由高等法院将原监应发囚粮费扣拨路工局外，其不敷之数由路工局充分供给。

第二十二条　人犯修路应用罪具，如炊具、锹镢等类，均由路工局筹备。

第二十四条　人犯应用之联绊、锁子、脚镣、廉耻帽等物，均由路工局购备，但在原监带有戒具者，仍随带之，事后交还原监。

第二十五条　组长每人每月由路工局津贴大洋五元，看守、士兵每人每月由路工局津贴大洋三元。

第二十六条　囚衣：新监人犯由原监发给，旧监人犯由路工局发给。

第二十七条　新监人犯每人每月由路工局交原监大洋五角，旧监人犯每名每月由路工局交原监大洋二角，以补作业余利，并造册报省政府备查。

前项拨补作业余利由高等法院从原监应拨囚粮费内扣除。

第五章　附则

第二十八条　本章程自咨准司法行政部后施行。

《河北各县监狱作业暂行规则》
（二十一年十二月十六日核准）

第一条　本规则为提倡各县监狱人犯作业而设。

第二条　河北高等法院在各县缮状费及口粮并留县罚没三成等项结存款内，分配拨给作业基金，其分配之标准视该县人犯之多寡而定，兹分别如下：

　　二百名以上者，拨给壹千元至壹千二百元；

　　一百名以上者，拨给陆百元至捌百元；

　　五十名以上者，拨给四百元至五百元；

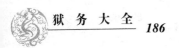

不及五十名者,拨给壹百元至三百元。

第三条　工场之设立以作业之种类及人犯之多寡、县监之内容为相当之布置,但至少限度须就原有监房腾移二间或一大间设立工场。设立后绘具详细图说,呈报高等法院核办。

第四条　作业之种类,就各县市面易于销售且有利益之农工用品,由县长、管狱员会同本地绅商酌定之。酌定后分别开具本利清册并说明,呈报高等法院备案。

第五条　各县公务员及本地绅商热心公益或劝募捐助作业基金暨作业器具、建筑工场费用,并捐送县监接近地亩,或出资代为购买可作工场及农场之用者,由县政府呈报高等法院,按照《河北省捐款修建监所奖励章程》从优给奖。

第六条　作业基金不得擅自动用,并不得呈请拨补他项之需。如擅自动用,事虽因公,应负赔偿责任。

第七条　作业主任由管狱员兼充,受县长之指挥、监督,并得视工场之处所及作业之种类、工作人犯之多寡,选任具有作业经验之看守若干名,呈报高等法院备案。但工作之人犯不满五十名者,即选任原有看守兼充之。

第八条　每日人犯工作及上班、下班均由作业主任督同看守缜密监视。罢役时须将器械点齐,并检点其身体有无夹带物件。

第九条　作业主任除第十四条之奖励金外,不得开支薪水及其他名目之费用。

第十条　作业纯利分月利、年利二种。

月利于月终计算之。其计算法:将所存机械、材料、成品及现金合并计算,以扣除作业基金之数为月利,再扣除第十二条所列作业费用之数为每日所得之纯利益。但所存机械、材料之计算法以原本价值为标准;成品之计算法以材料价值及人工为标准;成品售出之计算法以市价为标准;现金之计算法应将实在现款及存放行号利息合并计算。年利应于年度终结计算之。其计算法:合并每月所得之纯利益为年利,再扣除第十四条所列提出之数,即为每年度所得之纯利益。

年度以每年七月一日为起点,至次年六月三十日为终结。

第十一条　监狱员役不得贩卖成品、赊欠货款。非工场员役并不得使用机械及材料。

货款应收现金,不得赊欠。收到货款填给三联收据(格式附后),交付成品填给二联发单(格式附后)。收据、发单之存根妥为保管,以备稽核。

机械材料及成品如有遗失或因前二项致有损失时,作业主任及管理人员应连带负赔偿责任。

第十二条　月利提出百分之七十五为作业之月支费用,其分配开列如下:

一、作业看守之薪工及兼充作业看守之贴补金;

二、在监人工作之药汤补助金不得少于作业费用总额之三成;

三、作业之办公杂费不得超过作业费用总额之二成。

月利除前项提出之费用外,准用第六条之规定。

第十三条 作业主任对于制作残余之物品,应随时设法利用。如无法利用时,应招商竞买或零卖,所得价值列为作业杂收入。

作业杂收入全数拨为作业费用,应照前条第一项之分配法办理。

第十四条 年利提出百分之四十,分为十成;以三成为工场看守及其他勤劳素着看守之奖励金;以三成为工作人犯之赏与金,此项赏与金应由监狱妥为存储,积有一元以上,由管狱员分别户名交邮局作为邮政储金,俟释放时由县长会同监狱协进会委员监视,将户名单面交释放之人犯,并详告以支取手续。其无邮政储金各县,由县长会同监狱协进会妥选殷实商号办理;以二成补助监狱医药费;其余二成为作业主任之奖励金。

年利除前项提出之成数外,所得之纯利益加入作业基金,准用第六条之规定。但超过原有基金一倍以上时,得在纯利益百分之五十范围内,呈经高等法院核准,拨补监狱经费不敷之需。

第十五条 月终册表为五种,应于次月五日以内,由监狱造报,县长及管狱员署名盖章,呈高等法院备核:(一)材料清册;(二)成品清册;(三)财产目录;(四)款项四柱清册,附单据簿;(五)借贷对照表。年度终结表册为五种,应于下年度一月十五日以内,由监狱造报,县长及管狱员署名盖章,呈院备核:(一)年度结算报告表;(二)年度盈亏试算表;(三)补助费收支清册,附单据簿;(四)看守奖励金姓名表;(五)工作人犯赏与金姓名表(册表格式附后)。

前项之月终册表与县长及作业主任交代时应造截日册表各二份,以一份移送继任,以一份呈报高等法院备案。

第十六条 前条册表,月报三次逾限者,管狱员记过一次,半年逾限者记大过一次,记过二次作为记大过一次,记大过二次即行撤换。年报逾限三月者记大过一次,逾限半年者即行撤换。但县长不呈明事故而拒绝署名盖章者,管狱员得叙明情由,巡将表册呈报高等法院核办。

第十七条 监狱作业应置备下列账簿:

一、现金收支总簿;

二、成品受付总簿;

三、材料受付总簿;

四、机械器具总簿。

前项账簿由高等法院订定格式,酌照原价售发,并于封面记明页数。各县监狱领到后,即行加盖该监狱钤记。

第十八条 本规则如有未尽事宜,随时修正之。

第十九条　本规则自呈请司法行政部核准之日施行。

《江苏上海第二特区监犯修路暂行章程》

(二十二年三月二十二日呈准,八月二十二修正)

第一条　第二特区监狱罚金易科监禁人犯具有下列第一、第二、第五款情形,及三年以下有期徒刑人犯在监执行刑期已逾三分之一并具备下列各款情形者,得由江苏高等法院第三分院(以下简称高三分院)商请上海市政府(以下简称市政府)移送工务局使修筑公路:

　　(一)年龄在二十五岁以上四十五岁以下者;

　　(二)入监前之生业适于外役者;

　　(三)在监执行中行状良善、悛悔有据者;

　　(四)无刑法第六十五条累犯情形者;

　　(五)无宣传反革命之虞者。

第二条　凡合前条之人犯,应由监狱造具详细花名清册,经高三分院审定后函送工务局。

第三条　工务局应按照监狱距离远近,计划某段需犯若干,函由高三分院分配数额,令监狱将应送人犯附具名册,递解指定之处所点收,并由监狱将已送之人犯名册呈报高三分院报部备案。

前项名册应将各犯罪名、所处刑期及执行期满日期注明。

第四条　外役人犯刑期届满,由监狱释放之,呈报高三分院备案。

第五条　外役人犯工作完竣,如执行刑期尚未届满,应由监狱点收,提回原监执行。

第六条　外役人犯工作及行状应由看守按日记载,经主任看守转报候补看守长核定后,缮写两份,分报工务局及原监狱备查。

第七条　外役人犯做工勤奋、合于保释或假释时,得由原监呈请保释或假释,以资鼓励。其不守纪律或工作怠惰者,得由工务局随时函高三分院,令饬原监提回。

第八条　工作时间:每日于七小时以上十小时以下,由工务局会同监狱斟酌时令及地方情形定之。

第九条　外役人犯管理戒护事项,由监狱妥派干员办理之。

第十条　外役人犯每二十五名为一班,派看守二名、警士二名;每两班为一组,派主任看守一人;每两组为一团,派候补看守长一人。候补看守长、主任看守及看守由监狱选派,警士由市政府转饬公安局选派之。

前项候补看守长、主任看守及看守,选派后由监狱开具名单,函工务局备查。遇有更调时亦同。

第十一条　候补看守长承监狱之命令,管理本团一切事务。主任看守承候补看守长之命令,管理本组一切事务。看守承候补看守长及主任看守之命令,负管理人犯、督率工作之责。警士承候补看守长及主任看守之命令,负戒护人犯之责。

前项人员并应受工务局之指挥监督。

第十二条　人犯出役应带联锁及廉耻帽。

第十三条　看守率领人犯出役应携带手册,记载工作勤惰及其他重要事项,每日报告主任看守,转报候补看守长。

第十四条　管理及戒护人员应注意下列事项:

(一)对待人犯须公平正直,言语须诚恳简明;

(二)态度须庄严,不可懈怠或粗暴;

(三)须携带警笛;

(四)人犯行走时须二名一排,均依常步,不得争先落后;

(五)人犯不得随便谈话及嬉笑狂言;

(六)人犯出役、饮食、休息、罢役须遵确定时间之指挥,不得或早或迟;

(七)工作所用之器具须将品名、件数记载簿册,出役时须随时检点,罢役时须收藏于所指定之处所;

(八)严防外人与人犯交谈或传递物品;

(九)出役及罢役时须详细检查联锁有无脱落之虞。

第十五条　外役人犯关于工作事项并应受工务局工程人员之指挥。

第十六条　外役人犯宿食处所由监狱设备,并派员管理之。遇必要时,工务局应帮同寻觅宿所。

第十七条　外役人犯修路应用器具均由工务局筹备。

第十八条　外役人犯应用之联锁、脚镣、廉耻帽均由监狱购备。

第十九条　外役人犯应分别酌给赏与金。

第二十条　人犯因工作受伤、罹病时,由监狱提回原监治疗,另行拨送人犯补充,并由监狱附具名册,呈报高三分院并函工务局备查。

第二十一条　外役人犯因工作受伤、罹病,致难营生或死亡者,由监狱依其情形,函工务局转呈市政府给予恤金。

第二十二条　人犯遗失工具应照价赔偿,即在其应得工资项下扣除之。

第二十三条　外役人犯每名每月由工务局给工资九元。

前项工资由监狱于每月终备具印收,向工务局领取。

第二十四条　外役人犯除因粮、医药费仍照通例由监狱经常费支给外,其余添设候补看守长、主任看守、看守薪金,工犯赏与金或开办添置器具之临时费,均由监狱就工资项下开支,并入三科作业增加外役,一科依法造报。

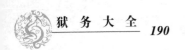

第二十五条　人犯寄宿于处所内,由候补看守长分配适当之看守、警士轮流管束戒护。

第二十六条　炊事由候补看守长酌定人犯担任,并指派看守督率之。

第二十七条　本暂行章程自呈奉司法行政部核准之日施行。

给养卫生

《江苏上海监所囚粮购置委员会简章》

第一条　本会设于上海第二特区监狱。

第二条　本会统一上海各监所囚粮价格、品质,并撙节购粮,费用遵照部令关于监所预购囚粮投标法行之。

第三条　本会以江苏第二监狱典狱长,江苏第二监狱分监分监长,第二特区监狱典狱长,上海地方法院、看守所所长,第一特区、第二特区地方法院、看守所所长为当然委员;上海地方法院院长、首席检察官,第一特区、第二特区地方法院院长、首席检察官,江苏高等法院监狱科主任书记官,高三分院文牍科主任书记官,高二分院文牍科书记官为参加委员。

第四条　本会得设事务员若干,由各当然委员各就所属委员指定之。

第五条　本会借用上海第二特区监狱印信。

第六条　本会标购品名以囚粮为限,但遇有必要时所需薪炭、油盐、菜蔬亦适用之。

第七条　各监所需用囚粮数量,应于上月十日以前开具预算清单,交送本会,由本会按期选定米样,登报招标,投标价额一律以国币为准。

第八条　开标时由高等法院高二分院、高三分院轮流派员监视。

第九条　本会招标物品最高限度不得超过市价。

第十条　投标时应检送货样,须与本会所购式样相合,以投标价格最低者为中标。

第十一条　本会招标每月一次。但遇米价低廉时,得酌定为三个月或六个月。

第十二条　本会既制定投标办法,各监所每月囚食所需,应由各监所按照配受囚粮数量,将价银于开标后一星期送交本会汇齐转付。

第十三条　标买粮品应由本会查照各监所预算囚粮总额订购,分配各该监所应用,各监所不得单独购买。但遇配受标买粮品因特殊情形不敷支用同时,得商经本会同意,临时购置,以敷用为度。

第十四条　每月二十日以后三十日以前为开标期间,开标后十日交付标价。

第十五条　中标人应将承办囚米于开标十日内运送指定各监所,由本会派员点验。

第十六条　各商店所送各项物品,如色质较劣或数量不敷,除更换或赔偿外,其有勾结职员舞弊者依法论罪,各监所职员如有私与各商店预先勾结者亦同。

第十七条　各监所发放囚食是否一律,由高等法院或各分院随时派员视察。

第十八条　本会如有未尽事宜,得由委员过半数提出修改之。

第十九条　本简章自呈部核准日施行。

《湖北武汉监所囚粮购置委员会简章》

（二十二年四月十一日核准）

第一条　本会附设于湖北高等法院。

第二条　本会统一武汉各监所囚粮价格,并撙节购粮,费用遵照部令关于监所预购囚粮投标法行之。

湖北反省院所需米粮,得嘱托本会购置。

第三条　本会以湖北第一监狱典狱长、分监长,武汉两看守所所长为当然委员;湖北武汉两地方法院院长、首席暨湖北反省院总务主任,湖北高等法院监狱科主任书记官为参加委员。

第四条　本会得设事务员若干,由高等法院就监所职员随时指定之。

第五条　本会于必要时得借用湖北高等法院印信。

第六条　本会标购品名以囚粮为限,但遇有必要时所需薪炭、油盐、菜蔬亦适用之。

第七条　各监所需用囚粮数量应于上月十五日以前开具预算清单,交于本会,由本会按期登报招标。

第八条　开标时由高等法院派员监视。

第九条　本会每次招标以委员过半鉴定之。

第十条　投标价格一律以市价洋码为准。

第十一条　本会招标物品均系钜数成整之件,最高限度须与市价相合。

第十二条　本会招标时,由本会先购米样少许,使承卖商店眼估投标。

第十三条　本会招标每月一次,但遇米价低廉时,得酌定为三个月或六个月。

第十四条　本会既制定投标办法,各监所每月囚食所需,应由湖北高等法院函请湖北财政厅将各监所维持费于每月初一次发给。

第十五条　本监所领得维持费应依据报告囚食数量标定价格,扣送湖北高等法院。

第十六条　标买粮品应由本会收齐,转交各监所应用,各监所不得单独购受。

第十七条　每月二十日以后三十日以前为开标期间,开标后十日交付标价。

第十八条　须与本会所购式样相等,投标价格最低者为中标。

第十九条　中标人应将承办囚米于开标之次日运送指定处所,由本会派员点验,通知各监所照报告数量领用。

第二十条　各商店所送各项物品,如色质较劣或数量不敷,除更换或赔偿外,并依法究办。

第二十一条　各监所职员如有私与各商店预先勾结者,以渎职论罪。

第二十二条　各监所发放囚食是否统一,由高等法院派员随时视察。

第二十三条　本会如有未画事宜,得由委员过半数提出修改之。

第二十四条　本会简章自呈部核准日施行。

《山西各县市新、旧监所囚粮购置委员会暂行简章》
(二十二年十月二十六日核准)

第一条　本会遵照山西高等法院第三三二号训令,转奉司法行政部第九一六号训令组织之。

第二条　本会为改良囚食,以撙节费用起见,关于购买监所囚粮悉以投标法行之。

第三条　本会以各新监典狱长,各旧监管狱员,看守所所长为当然委员;以各级法院院长、首席检察官,县政府县长、承审员及商会会长,监所协进会委员为参加委员。

前项委员以在该监所驻在地者为限。

第四条　本会得设事务员若干人,由各级法院或县政府就监所职员随时指定之。

第五条　本会于必要时得借用各级法院或县政府印信。

第六条　本会标购品名以囚粮为限,但遇有必要时所需薪炭、油盐、菜蔬亦适用之。

第七条　各监所需用囚粮数量应于上月十五日以前开具预算清单,交到本会,由本会按期登报或公告招标。

第八条　开标时由各级法院或县政府派员监视。

第九条　本会每次招标以委员过半数鉴定之。

第十条　投标价格一律以市价银元为准。

第十一条　本会招标物品均系钜数,大宗最高限度不得超过市价。

第十二条　本会招标时,由本会先购米样少许,使承卖商店眼估投标。

第十三条　本会招标每月一次。但遇米价低廉时,得酌定为三个月或六个月。

第十四条　本会既按照投标办法,各监所每月所需囚食,应由各监所呈报山西高等法院函请山西财政厅,饬将各监所预算内口粮费于每月初尽先指拨。

第十五条　各监所领得口粮费应依据报告囚食数量标定价格,一并送交本会。

第十六条　标买粮品应由本会监验收交各监所,不得单独购受。

第十七条　每月二十日以后三十日以前为开标期间,开标后十日交付标价。

第十八条　投标时须依照本会所购物品或式样,以其价格最低者为中标。

第十九条　中标人应将承办囚粮于开标之次日运送各监所,由本会派员点验,但得酌量情形,令其分期运送。

第二十条　各商店所送各项物品,如色质较劣或数量不敷,除更换或赔偿外,并依法究办。

第二十一条　各监所职员如有私与各商店预先勾结者,以渎职罪论。

第二十二条　各监所发放囚食是否实在,由各级法院或县政府派员随时视察。

第二十三条　本会附设于各级法院或县政府内。

第二十四条　本简章如有未尽事宜,得由委员过半数提议,呈请山西高等法院修改之。

第二十五条　本简章自公布之日起施行之。

《山东少年监狱少年犯健康诊查规则》

第一条　施行少年犯健康诊查时,依照本规则办理。

第二条　健康诊查于少年犯入监、出监时行之,但于必要时得临时施行健康诊查之全部或一部。

第三条　健康诊查前,应由医士先行调查入监者之家庭状况及个人平素健康情形,记载于少年犯健康调查表(附式一)。

前项调查表记载例附后。

第四条　健康诊查就身体状况并精神机能行之。

第五条　健康诊查由本监医士行之,于必要时得由典狱长延聘监外其他医士行之。

本监职员及教师得依医士之指导,补助办理健康诊查之一部事项。

第六条　健康诊查依少年犯健康诊查簿行之(附式二)。健康诊查簿记载例附后。

第七条　健康诊查之结果认为有畸形或疾病者,应特促本人注意,并依其程度加以保护、矫治等适当之处置。

第八条　每年释放之受刑者,应基于其在监及放免时健康诊查之总成绩,作成健康诊查比较表(附式三、四),于翌年一月内报部。

第九条　本规则经部核准施行。

《山东少年监狱少年犯健康诊查簿记载例》

（参照卫生部、教育部会令公布之学生健康诊断记录方法）

一、年龄　诊查时须填实足年龄。

二、检查结果　用下列符号表示之:

"○"无畸形或疾病;

"十"极轻畸形或疾病;

"卄"极轻畸形或疾病之应矫治但非十分重要者

"卅"重要畸形或疾病之应立即矫治者。

三、矫治情形,用下列符号表示之:

"○"畸形或疼病在矫治中者;

"○○"畸形或疾病业已矫治者;

"○○十"畸形或疾病业已矫治,但未得十分完善结果者;

"○○卄"畸形或疾病尚未完全矫治,应再注意者;

"○○卅"畸形或疾病虽经矫治但毫无结果,应即再予矫治者。

四、身体状况之查定与记载,准据下列各项施行之:

（一）体重　以公斤(kilogram)为单位,计算至公两为止。诊查时须先检体重计之正确与否,加以必要之矫正,然后使被检者去外衣及鞋袜,仅留薄裤,直立于秤台之中央,自秤之基点向末端之正锤之动力得平均时,乃定其体重,记载实数。

冬季举行前项诊查,须置火炉,以维持常温。

（二）身长　以公分(cm)为单位计算。诊查时须使脱去鞋袜,并踵身靠身长计直立(膝、腰、头部不得屈曲),两臂下垂,姿势须正,以版平置头顶,就头顶及尺之直角处成水平面测定之,记载实数。

（三）胸围　以公分计算。就起立之姿势,使两臂下垂,取自然位置,以软尺在乳头之水平线上测定之,如是得测知胸围常时之度。

至测定充盈、空虚之差,亦以同一方法行之。

在乳房之下垂者,于乳线上第四肋间取水平线之位置测定之。

前三项(常态、盈、虚)测定时均记载实数。

（四）营养　以体重、皮肤之弹力、色泽、皮下之脂肪组织筋肉之发达等为诊查之要件,查定后之记载如次:

"〇"营养适度；

"十"轻度营养不足；

"卅"营养不足须注意者(形体瘦弱,姿势不良)；

"卌"营养不足急需救治者(形体极形瘦弱皮肤干燥髹松)。

(五)贫血　应特别注意口唇及眼睑结合膜之颜色。惟诊查眼睑结合膜时手续宜快,并不可用力过重,以免阻滞眼皮之血液循环。记载符号如次：

"〇"无贫血；

"十"眼结合膜及指甲稍现苍白,但身体甚健全者；

"卅"眼结合膜、指甲苍白,身体羸弱者；

"卌"贫血症状显明而身体甚羸弱者；

(六)皮肤及头皮　诊查头皮须注意头疮(脓胞疮)、头癣等。诊查皮肤须注意疥疮及急性皮肤传染病之斑疹(如天花、疹子等)与虱之有无等。记载之符号如次：

"〇"无缺点；

"十"轻度缺点,如头皮斑痕、皮肤黑痣等；

"卅"较重缺点须矫治者,如头癣、脓疱疮、疥疮及头虱等；

"卌"缺点之急需医治者,如传染病之斑疹、天花、麻疹斑疹、伤寒、猩红热、水痘之类。

(七)视

(甲)视力　在六公尺之距离(6 m),依中华卫生教育会出版之视力表,使两眼各别视表上之每行符号,按其能认清之最后一行标记其程度。有屈折、散光及其他视力之异常时,并须标记其种类,记载之符号如次：

"〇"无缺点,十分之十；

"十"视力在十分之六至十分之八之间；

"卅"视力在十分之三至十分之六之间；

"卌"视力在十分之三以下。

(乙)辨色力　使视别规定之色神检查表查有无异常,并依其程度别为色盲、色弱两项记载之,记载之符号如次：

"〇"无缺点；

"十"色弱；

"卅"色盲。

(丙)沙眼　查眼睑结合膜有无高低不光滑或发现颗粒或血管不显明或发现慢性结合膜炎等症象,记载之符号如次：

"〇"无沙眼；

"十"轻度沙眼；

"卅"重度沙眼；

"卌"重度沙眼并有其他并发症者。

（丁）其他眼病　注意斜视、红眼、眼肿、流泪、目眩、水晶体震荡等症，别其轻重以"〇""十""卅""卌"四符号记载之。

（八）听

（甲）听力　用试验听力表在距两耳六十公分之处分别测验各耳听力，如在六十公分以外之距离能听得表声则为正常。记载之符号如次：

"〇"听力正常，在二尺以外能听试验表声；

"十"轻度听力不足，在十八寸至二尺之间听试验表声；

"卅"较重度听力不足，在十寸至十八寸之间听试验表声；

"卌"重度听力不足，在十寸以内始能听得试表声。

（乙）耳病　查耳腔有无发现脓疱疮及中耳化脓等症，分别用"〇"、"十"、"卅"、"卌"四符号按其程度之轻重记载之。

（九）鼻　查有无鼻茸、鼻中隔弯曲及其他鼻流脓、窦部发痛等疾病，记载用符号如次：

"〇"无缺点；

"十"轻度缺点　如流涕之类；

"卅"较重缺点　如鼻瘤、鼻骨歪斜、窦腔发炎、流脓等症；

"卌"重度缺点　如鼻中隔、鼻腔白喉等症须矫治者。

（十）牙　查有无龋齿、缺齿、齿槽蓄脓及其他病证，记载符号如次：

"〇"无缺点；

"十"轻度缺点，牙齿不洁等；

"卅"龋齿、齿龈炎等；

"卌"缺点急需矫治者，牙床化脓及牙痛等。

（十一）扁桃腺　查有无肥大、化脓并腺样培植，记载符号如次：

"〇"不见肿大；

"十"稍见肿大而无喉痛、咳嗽或呼吸阻碍等症；

"卅"肿大，常有喉痛、咳嗽、呼吸阻碍等症；

"卌"红肿，喉痛或发现白膜等。

（十二）淋巴腺　查有无肿胀，应特别注意颈腺、腋窝腺、肘腺及鼠蹊腺，记载符号如次：

"〇"不见肿大，无缺点；

"十"淋巴腺稍有肿大（如莞豆大小）；

"卅"淋巴腺肿大（如栗子大小）；

"卌"急性淋巴腺肿或化脓。

（十三）甲状腺　查有无肿胀,记载符号如次:

"〇"无缺点;

"十"稍肿大,但无毒性甲状腺肿大者;

"卄"肿大,须矫治者;

"卅"肿大并有毒性甲状腺肿大,急需矫治者。

（十四）心　查有无疾病及机能障碍,记载之符号如次:

"〇"无缺点;

"十"心脏有缩声加杂音,而无其他心病之症状者;

"卄"心脏扩大加杂音、心跳不匀者;

"卅"心脏扩大、气喘、咳嗽及其他心脏衰败等症者。

（十五）肺　用望、触、听、敲四法诊查之,以左右两边相等为标准。

（甲）望　胸部之宽挺程度及平凹之处呼吸时胸部之缩力等。

（乙）触　以两手扪陶部,合唱"一二三",触其震动力之强弱。

（丙）听　用听诊器按胸部左右两边,由上而下逐一听察呼吸声之清浊及水池之有无。

（丁）敲　以手指敲胸部,听其声之空实。

记载用符号如次:

"〇"无缺点;

"十"轻度缺点,呼吸扩张力弱,胸部不宽挺等症;

"卄"肺音不清;

"卅"肺结核、咳嗽、吐血、肺泻杂音及水泡音等。

（十六）脾　须使躺卧,双膝弯曲或直坐,腹肌髦松,然后按左肋下缘,分深呼吸,查有无硬块随呼吸上下游动,以诊定脾之有无肿胀。记载之符号如次:

"〇"不见肿大;

"十"稍觉肿大,但不甚明确;

"卄"肿大须矫正;

"卅"肿大甚显,且有发热及贫血等症。

（十七）包茎　查阴茎之包皮有无长而孔小、包紧龟头不能上缩或小便不能射出,极感痛苦等。记载符号如次:

"〇"无缺点;

"十"茎皮长但不紧包龟头;

"卄"茎皮紧包茎头者;

"卅"包茎甚紧,小便不能畅通,急需医治者。

（十八）疝气　如假作咳嗽时,在阴囊及下腹部似有物拥出即为疝气之初症。程度较重者甚显明,毋庸咳嗽即能发现。记载符号如次:

"〇"无缺点；

"十"疝气之不明确者；

"廿"疝气能伸缩,但须矫治者；

"卅"疝气不能缩退,须立刻行手术矫治者。

（十九）整形外科　查脊柱之弯曲、鸠胸平蹶足、弓腿、足内翻、足外翻、其他畸形等。记载符号如次：

"〇"无缺点；

"十"极轻度外科畸形,如耸肩、轻度膝外翻等；

"廿"外科畸形,如驼背、平足、膝内外翻及软骨症等。

（二十）其他　应特别注意之疾病,如各种生活素缺乏症、肋膜炎、结核性疾病、神经衰弱及精神障碍等,按其程度之轻重分别以"〇"、"十"、"廿"、"卅"等符号标记之。

五、精神健康之查定依下列各项施行之：

（一）睿智

知觉

领会

注意

记忆

联想

思索

判断

（二）感情

（三）意志

（四）其他病的症状

六、行精神健康诊查时,应考虑收容者之境遇、生活状况等。

七、身体状况诊查之总成绩,参照身体检查结果,依下列标准分为甲乙丙丁戊五项记载之：

（一）综合身体各部无大缺陷而能从事于强力作业者,为甲；

（二）身体各部虽比甲劣,但一般可认为健康而能从事于普通作业者,为乙；

（三）身体虽比甲、乙有缺陷,而能从事于轻易作业者,为丙；

（四）虚弱而得渐次从事于轻易作业者,为丁；

（五）疾病而需继续的休养者为戊。

八、精神机能诊查之总成绩,参照下表分为普通、稍异常、异常三项记载之：

精神诊查总评标准一览（见下）

精神诊查基准表(附表第二号)

区别 \ 等位		普通	稍异常		异常	
窰知	知觉		稍不完	不完	缺完	妄觉
	领会		稍不良	不良	错误	缺亡
	注意		稍不良	不良	散乱	缺亡
	记忆		稍薄弱	减退	错误	不能
	联想		轻止滞	止滞	错乱	不能
	思索		稍薄弱	薄弱	难止	异常空想
	判断		稍钝	迟钝	错误	妄想
感情			轻度减弱或亢进	重度减弱或亢进	复杂性感动	
意志		稍减弱或亢进	减弱或亢进	甚形减退或亢进	昏迷或兴奋	
其他病的症状		躁病性　忧郁性　昏迷性　妄想性　错乱性 兴奋性　及其他				

九、参考事项之查定依下列各项施行之

参考事项

遗传		直系　旁系　血族中之精神异常　精神病　神经系病　异常气质酗酒　自杀　犯罪　聋哑　畸形　血族结婚等	
发育及生育状态	幼年期 少年期	发育状态　夜惊　梦游　遗尿　痉挛　疾病　生活　度等	
	春期 发动期		
	学事	教育程度　修业之勤惰所厌修之科目或喜好之科目等	
	癖	性癖　虚言　躁暴　小心　意思薄弱 愤怒　气愤　体癖　颜貌　步行之状态　体态等　嗜癖　酒色	
	境遇	生计之良否　两亲之有无　教育之宽严　朋友　土地之风习	
	其他		

十、诊查之结果,关于身体及精神状态认为于行刑、卫生上特有继续检查之必要时,于诊查要否栏记载"要"字。

山东少年监狱少年犯健康诊查比较表(略)

戒　　烟

《医院兼理戒烟事宜简则》

(十九年四月二十九日禁烟委员会公布(同日施行))

第一条　凡地方公、私立医院依《禁烟法施行规则》第十七条之规定指定兼

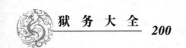

理戒烟事宜者,此项简则均适用之。

第二条　各省市禁烟委员会应责成各市县政府按其管辖区域内吸烟人数之多寡,指定医院兼理戒烟事宜。但在各省市禁烟委员会未成立以前,仍由各省市政府负责办理。

第三条　兼理戒烟事宜之医院关于戒烟一切事项,应受该市县长官之监督。

第四条　兼理戒烟事宜之医院,其收取戒烟费办法应由各该院拟订,要请该管长官核定之。

第五条　兼理戒烟事宜之医院每月戒烟人数、性别、年龄、职业、所用药剂暨戒除结果,应于每三个月终列表汇报该管长官,呈转禁烟委员禽备核。

第六条　兼理戒烟事宜之医院应在院内划出一部分房屋,以备戒烟者留院治疗之用,并须责成专人看护,以免发生弊窦。

第七条　兼理戒烟事宜之医院,对于戒烟人应限其住院戒除至戒绝之日为止。

第八条　兼理戒烟事宜之医院办理戒烟确有成绩者,得由该管长官呈请省市政府核予奖励,并汇报禁烟委员会备案。

第九条　凡经指定兼理戒烟事宜之医院对于本简则有违背时,应由各该管长官呈转省市政府撤销其兼理部分,并汇报禁烟委员会备查。

前项奖励及撤销办法由各省市政府订定,咨禁烟委员会备案。

第十条　本简则自公布日施行。

《福建省罪犯戒烟所暂行章程》

（十九年九月八日司法行政部指令福建高等法院第一〇五六七号）

第一条　罪犯戒烟所应于地方法院或地方分庭、县司法公署、兼理司法县政府所在地设立,并冠用各该地司法官署名称,例如在闽侯设立者称闽侯地方法院罪犯戒烟所,余类推。

第二条　罪犯戒烟所属福建高等法院管辖,并应受所在地地方法院或地方分庭、司法公署、兼理司法县政府之直接监督。

第三条　罪犯戒烟所专以戒绝吸食鸦片烟罪犯之烟瘾为宗旨。

第四条　烟犯经判决确定为有罪时,应移送罪犯戒烟所;未决人犯查明确系有烟瘾者,于判决确定前得先送罪犯戒烟所戒烟。

前项人犯受有罪之判决确定时,其在所戒烟期间以刑法第六十四条之羁押论。罪犯戒烟关于执行羁押等事,适用《监狱看守所规则》之所定。

第五条　执行中烟犯烟瘾已经戒绝、刑期尚未届满者,所余刑期移送监狱执行;刑期届满、烟瘾尚未戒绝者,于期满后送交普通医院戒烟。

前二项之规定,未决人犯准用之。

第六条　罪犯戒烟所设所长一员,管理全所一切事务,由典狱长或管狱员兼任。

第七条　罪犯戒烟所延聘具备专门学识之医士一人,专司诊视烟犯身体、配制药品并鉴定烟瘾是否戒绝各事宜。

第八条　罪犯戒烟所置主任看守一人、看守二人至四人,专司看守事宜。

第九条　罪犯戒烟所置书记一人至二人,管理文卷及缮写事件。

第十条　罪犯戒烟所收容戒烟人犯名额(省城拟暂定一百六十人)由福建高等法院酌定,并呈报司法行政部备案。

第十一条　罪犯戒烟所开办费及按月经常费由福建高等法院会商福建省政府协议,由福建财政厅支付。

第十二条　罪犯戒烟所烟犯应俟烟应戒绝、经医士诊断属实、出具证明书后始得出所,但有第五条第二项及其他特别情形时不在此限。

第十三条　罪犯戒烟所人犯姓名、年籍及入所、出所日期应随时呈报直接监督机关,并按月列表汇报由直接监督机关,呈报高等法院转呈司法行政部备案。

第十四条　本章程如有未尽事宜,得随时修改,并呈请司法行政部核准。

第十五条　本章程呈奉司法行政部核准后施行。

《江苏法院委办戒烟医院章程》
(二十一年四月九日呈准)

第一条　本医院受江苏高等法院之委托,依据十九年五月第一一零零号司法行政部训令,于罪犯戒烟所未成立以前代办监所已、未决各烟犯戒烟事宜。

第二条　本医院由董事九人负责办理。董事即以受委托人充之。

第三条　本医院聘请主任医师二人,其助手药剂师及看护等由主任医师酌量延雇。所需薪工议定后由董事会核准支给。

第四条　本医院由董事按日轮值。倘有事故,由本人委托负责人员代理。

第五条　本医院设事务课,置课长一人,课员二人至五人。课长掌理全院日常事务,为义务职;课员分掌收发文牍、会计、检查、庶务等事务,由课长遴选诚谨人员充之,并得酌定薪水,由董事会核准支给。

第六条　本医院门岗戒护调用区保卫团充任,内勤戒护调用监所男、女看守充任,但均受事务课长之指挥监督,倘有舞弊及不尽职者,送还各该管机关分别惩处。

第七条　本医院收容戒烟人犯以百二十人为限,每日视戒断出院之多寡陆续收容。

第八条　本医院收容戒烟人犯所有火食、药料均免费供给。其有请求优待、自愿出费,分为三等:头等每日三元,二等每日二元,三等每日一元。

第九条　本医院凭本县各监所正式公文送院戒烟,方得收受。戒绝之后,经主任医师签给证书,移还原监,以便继续执行。其在刑期届满前一日瘾犹未断者,亦应通知原监提回,听候发落。

第十条　在院烟犯如不服管束或有不法行为时,应即函请原监所提回处置。

第十一条　本医院开办费由董事担任;经常费即以所收自费项下动用,倘有不足,由董事设法筹措。

第十二条　本医院戒烟成绩及收支状况于每月末日造表,报告高等法院备查,并登载当地新闻报纸。

第十三条　本医院简章经江苏高等法院核准施行,并转呈司法行政部备案。

《江苏上海第二特区临时罪犯戒烟所暂行章程》

(二十一年十月十二日核准)

第一条　江苏高等法院第三分院为戒绝吸食鸦片烟罪犯之烟瘾起见,在上海第二特区设立临时罪犯戒烟所。

第二条　临时罪犯戒烟所由江苏高等法院第三分院监督之。

第三条　烟犯经判决确定为有罪时,应移送临时罪犯戒烟所执行,未决人犯查明确系有烟瘾者,于判决确定前,得先送临时罪犯戒烟所。

前项人犯受有罪之判决确定时,其在所戒烟期间,以刑法第六十四条之羁押论。

临时罪犯戒烟所关于执行羁押等事,适用《监狱看守所规则》之所定。

第四条　执行中烟犯烟瘾已经戒绝、刑期尚未届满者,所余刑期移送监狱执行。

刑期届满、烟瘾尚未戒绝者,期满后送交普通医院戒烟。

前二项之规定,未决人犯准用之。

第五条　临时罪犯戒烟所设所长一员,管理全所一切事务,由上海第二特区监狱典狱长兼任。

第六条　临时罪犯戒烟所延聘具有专门举识之医士一人或二人,专司诊视烟犯身体、配置药品、鉴定烟瘾是否戒绝各事宜。

第七条　临时罪犯戒烟所置主任看守一人、看守若干人,专司看守事宜。

第八条　临时罪犯戒烟所置书记若干人,管理文卷及缮写事宜。

第九条　临时罪犯戒烟所收容戒烟人犯名额暂定为三百人。

第十条　临时罪犯戒烟所开办费及按月经常费由江苏高等法院第三分院劝募。捐款项下及烟案罚金提存二成,戒烟经费项下支付。

第十一条　临时罪犯戒烟所烟犯应俟烟瘾戒绝、经医士诊断属实、出具证明书后始得出所,但有第四条第二项及其他特别情形时不在此限。

第十二条　临时罪犯戒烟所人犯姓名、年籍及入所、出所日期应随时呈报江苏高等法院第三分院,并按月列表汇报,由江苏高等法院第三分院转报司法行政部备案。

第十三条　临时罪犯戒烟所俟合设之上海市罪犯戒烟所成立后即行取消。

第十四条　本章程如有未尽事宜,得随时呈请司法行政部修改。

第十五条　本章程奉 司法行政部核准后施行。

《南通县法院(以下简称法院)、江苏第四监狱(以下简称监狱) 与南通县立戒烟医院(以下简称医院)订立罪犯戒烟合约》

一、在南通罪犯戒烟所未成立前,所有已、未决吸食鸦片或施打吗啡或施用代用品之未断瘾人犯,均由医院负戒断医治之责,不得收取食宿、医药、杂项等费。

二、法院对于烟案提成罚金,解归县政府补助戒烟经费。

三、烟犯在判决确定前得由法院送交医院戒烟;在执行中由监狱送交医院戒烟。医院收到上项人犯,须擎取收据交送来机关备查。

四、医院须划一部分便于管理房舍,专为收容罪犯戒烟之用。男女戒烟人犯更须严为隔别。

五、烟犯在医院戒烟期内,除由法院监狱派人随时查察外,医院应负管理戒护之责。

六、无论已、未决烟犯,在医院戒烟期内,所有接见、书信、送物及其他一切待遇须照《监狱规则》或《修正看守所暂行规则》分别办理。

七、在院戒烟人犯如有违犯戒烟规则及其他不正当举动者,由医院报告送来机关核办。

八、烟犯烟瘾一经戒绝,医院须随时开具证明书(证明书式另定之)两份,报告法院或监狱派员复验核办。

九、已决犯如刑期已满、烟瘾未断者,仍留院继续戒烟,必俟烟瘾断绝方许出院。出院时医院仍须具瘾证明书送监狱备查。

十、本约经法院、监狱会衔呈请 江苏高等法院核准后施行。

十一、本约凭县政府订立,共四纸,法院、监狱、医院、县政府各执一纸。

十二、本约如有未书事宜,得随时曾商呈请修正。

《江苏武进县法院看守所附设罪犯戒烟所简章》

(二十二年八月十四日核准)

第一条　本院为吸食鸦片人犯戒绝烟瘾起见,在看守分所附设罪犯戒烟所。

第二条　本院办理吸食鸦片之有瘾烟犯。除实有资力者,得命具保或责付于其亲属,限令自赴医院戒绝取具证明书呈案外,均应入所戒烟。

第三条　烟犯入所后,由看守所长会同法医验明,记入烟犯名簿,注明烟瘾程度,限期戒绝。

第四条　烟犯在戒烟期内,由法医逐日莅所诊治,按名发给戒烟药品,渐次

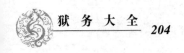

递减烟瘾戒绝为止。

第五条　前条药品之制备,依照法令办理。

第六条　在所烟犯在戒烟期内,在未决以前以羁押论,在已决期内以执行刑期论。其烟瘾戒绝、刑期未满者,应由所长呈报首席检察官,移送监狱执行。

自赴医院戒烟之犯系已决者,得照司法院院字第二四三号解释办理。

第七条　烟犯在戒烟期内,所有口粮仍照押犯支给。

第八条　烟犯戒烟所所长由看守所所长兼充,医生由本院法医兼充,均不另支薪水,但法医每日莅所查验应按月核实,酌给车费。

第九条　关于戒烟药品以及文具、纸张、车马等费,应商由武进县政府在烟案罚金二成戒烟经费内开支,其预算另定之。

第十条　前条预算所定经费,由所长按月具领,并于月终造具支出计算书,连同单据,呈由本院函送武进县政府审查,转报民政厅核销,并另缮支出计算书二份,呈由本院存转江苏高等法院备查。

第十一条　罪犯戒烟所每月收所戒烟及戒绝烟瘾人数,应由所长分别造具戒烟人数月报表三份,呈由本院存送武进县政府暨江苏高等法院备案。

第十二条　本简章如有未尽事宜,得随时呈请修正。

第十三条　本简章自呈奉司法行政部核准之日施行。

赦免假释保释

《大赦条例》

（二十一年六月二十四日公布）

第一条　凡犯罪在中华民国二十一年三月五日以前,其最重本刑为三年以下有期徒刑、拘役或专科罚金者,均赦免之。专科褫夺公权或没收者亦同。

第二条　除依前条赦免者外,犯其他之罪其最重本刑为死刑、无期徒刑或七年以上有期徒刑者,减刑三分之一;七年未满者减刑二分之一。但属于下列各款所定之罪不予减刑:

（一）犯外患罪者;

（二）杀直系尊亲属者;

（三）杀人出于预谋或有残忍行为者;

（四）抢夺、强盗或海盗而故意杀人者;

（五）强盗、海盗而放火或强奸者;

（六）掠人勒赎而故意杀被害人或强奸之者;

（七）强奸而故意杀被害人者;

（八）移送被和诱、略诱人出民国领域外者;

（九）犯渎职罪或公务上之侵占罪者；

（十）犯特别刑事法规所定与上列各款性质相同之罪者。

第三条　犯危害民国紧急治罪法或旧暂行反革命治罪法之罪而经赦免之人犯，如认仍有危害民国之虞者，移送反省院。

第四条　前条以外之赦免人犯，如认仍有再犯之虞者，依再犯预防条例预防之。

再犯预防条例由司法行政部定之。

第五条　已判决确定之应赦免人犯，由高等法院首席检察官核准开释。报告司法行政部军法会审；判决人犯由该管军事官署核准开释，分别报告军政部或海军部；未经判决者除依刑事诉讼法关于大赦之规定办理外，应将犯人姓名、性别、籍贯及案情具报。

第六条　已判决确定处无期徒刑者，减至有期徒刑最高度之刑；处有期徒刑者，已执行之日数算入减刑后之刑期；经明令减刑者，应就减定之刑再予减刑。

第七条　减刑在已经判决确定者，由最高审理事实之法院或其他相当官署以裁定行之；其未经判决者于裁判时行之。

第八条　本条例自公布日施行。

《再犯预防条例》

（二十一年七月五日司法行政部公布）（同日施行）

第一条　凡依大赦条例赦免之人犯，为防止其再行犯罪，应依本条例办理。

第二条　赦免人犯具有下列情形之一者，为有再行犯罪之虞：

一、犯罪具有习惯性或职业性者；

二、犯罪具有破坏廉耻性或其他恶性甚深者；

三、犯人性行浮浪，并无一定住所或无正当职业者。

第三条　赦免人犯有无再行犯罪之虞，由高等法院首席检察官认定。

其军事人犯由该管军事官署认定。

其已在监执行者，该管监狱长官应将其身份簿送交审查。

第四条　经认为有再犯罪之虞者，除取具妥保或由该地出狱人保护会负责监督外，得依下列方法预防之：

一、有亲属及家产者，责付其亲属；

二、有家产而无亲属者，责付乡镇坊长；

三、无家产、亲属并无一定住所者，通知警察官署查察其行为；

四、无家产、亲属并无正当职业者，送入习艺所、救济院等处工作，或送县监所协进委员会，或责成当地宗教慈善团体，或送警察官署妥为安置。

第五条　前条人犯除减刑者外，如于三年内犯有期徒刑以上之罪者，至少应处以所犯法条最高本刑二分之一之刑。

第六条　本条例自呈准公布之日施行。

《假释管束规则》

（十八年四月二十九日部令公布）

第一条　假释者由交付假释证书之监狱监督之，但监狱得以其监督权委托假释者居住地之公安局或下列适当之人及团体：

一、假释者之亲族、故旧；

二、出狱人保护会；

三、其他慈善团体。

第二条　假释者于释放时，监狱须将到达于居住地之期限记载于假释证书。

假释者须按照前项所定期限，向监狱委托之监督者呈验证书，请求盖印或签名。若行期涉及数日时，对于寄居地之公安局亦同。

第三条　假释者因天灾、疾病及其他事故不能依第二条之规定时，即须将其事由向所在地之公安局声明，呈请发给证明书。

前项之证明书须向监督者请求盖印或签名。

第四条　监狱交付假释证书时，应将假释之事由通知下列各官署：

一、假释者居住地之地方法院检察处；

二、假释者原判决之地方法院检察处；

三、假释者居住地之公安局。

假释证书式

假释证书	
姓名	年　月　日生
原籍	省　县　镇　乡
假释后之住地	省　县　镇　乡
罪名	
刑名刑期	
中华民国	年　月　日执行开始
中华民国	年　月　日刑期终了
假释期间　自中华民国 　　　　　至中华民国	年　月　日起 年　月　日止
须于中华民国	年　月　日到达于居住地
监狱典狱长	
记事及 公安局 官吏钤印	

第五条　假释者欲为三日以外十日以内之旅行时,须报告其事由及旅行地、旅行日数于监督者。

第六条　假释者将移居或为十日以上之旅行时,须报告其事由、移居地、旅行地及其日数,请求监督者许可。

得前项之许可时,监督官署或团体须交付旅券,监督人须请求委托之监狱或居住地之公安局交付旅券,但移居于同一区域内者不在此限。

有前项情形时,第二条、第三条之规定准用之。

第七条　许可移居时,被委托监督者须将移居事由连同假释者之关系书类送由委托之监狱,通知第四条第一款、第二款各官署及新居住地该管之地方法院检察处及公安局。

前项公安局之通知应附送假释者之关系书类,并委托其监督。

第八条　假释者欲为国外之旅行时,被委托监督者须将其旅行事由及放行地、日数切实调查,附具意见,送由委托之监狱,呈经高等法院检察处转报司法行政部查核。监狱直接监督时亦同。

得前项之许可时,第四条、第六条第二项、第三项之规定准用之。

第九条　旅行之假释者归于居住地时,即须投到于监督官署或团体或监督人,缴还旅券。监督人应须将旅券缴还原交付官署注销。

第十条　假释者关于职业及其他生计事项,须具意见报告于监督者。

假释者有保护人时,须署名于前项之报告。

第十一条　假释者须依前条规定,每月一次向监督者陈述其最近状况。

旅行之假释者于同一地点为一月以上之居留时,须赴所在地公安局为前项之陈述。该公安局须通告节略于交付旅券之官署或团体。

第十二条　监督者对于假释者,须使之就正业、保善行,并得发相当之命令或训告。

第十三条　假释者行状之良否、职业生计之种类及勤惰、亲属之关系等,被委托监督者每六月一次须作调查书,送由委托之监狱查考,并通知第四条第一款、第二款各官署。

第十四条　检察处及监督者认假释者该当于刑法第九十四条时,须具意见送由交付假释证书之监狱,呈经高等法院检察处转报司法行政部核办。

第十五条　司法行政部撤销假释处分时,须令知假释者所在地或居住地之该管法院检察处或交付假释证书之监狱,使执行之。

有前项情形时,须收回假释证书。

第十六条　有前条情形时,执行之检察处或监狱须分别通知第四条所列各官署。

第十七条　撤销假释者如逃避执行时,检察处应依刑事诉讼法第四百八十

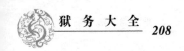

八条之规定径发捕票。

第十八条　假释者死亡时，被委托监督者须报告于委托之监狱。

监狱受前项报告后，除通知第四条第一款、第二款各官署外，须呈报其节略于高等法院检察处，转呈司法行政部。前项死亡如由监狱直接发现时，并须通知第四条第三款之官署。

第十九条　凡公安局官吏因监督上必要事项须至假释者居所中时，不着制服。

第二十条　本规则自公布日施行。

假释者须知事项

（一）须照监狱所定期限赴居住地，向监狱委托之监督者请求盖印或签名于此证书。如行期涉及数日时，并向寄宿地之公安局呈验，请求盖印。

（二）因天灾、疾病及其他事故不能依前条之规定时，须报告其事由于所在地之公安局，请给证明书。此项证明书须提出于监督者请求盖印或签名。

（三）须就正业、保善行。

（四）假释中须受监督者之监督，服从其命令或训告。

（五）关于就职业、谋生计等之意见，须从速报告于监督者。有保护者时须连署。

（六）须每月一次向监督者陈述前项之现状。得许可旅行于同一之地点为一月以上之居留时，对于所在地之公安局亦须陈述。

（七）得为三日以外十日以内之旅行时，须报告其事由、旅行地及旅行日数于监督者。

（八）得移居或为十日以外之旅行时，须报告其事由、旅行地或移居地及其日数，请求监督许可，领受旅券。

第一、第二之规定于此时准用之。

（九）欲为国外之旅行时，须报告其事由、旅行地及旅行日数，经由监督者及交付证书之监狱呈请司法行政部长许可。

得前项许可时，第八之规定准用之。

（十）旅行归时即向监督缴还旅券。

（十一）违背上列事项或该当下列事项之一时撤销假释处分：

一、假释期内更犯罪、受拘役以上之宣告者；

二、犯《假释管束规则》中应撤销假释之条项者。

（十二）撤销假释处分时，出狱之门数不算入刑期内。

《监犯保释暂行条例》

第一条　新、旧监狱人犯有超过预算额定人数或监房不敷收容者，得依本条例保释之。

第二条　三等至五等有期徒刑人犯、在监执行刑期已逾二分之一、并具备下列各条件者得保释出监：

一、未曾受拘役以上之刑者；

二、前受拘役执行完毕，或免除后逾三年，或前受三等至五等有期徒刑执行完毕，或免除逾七年者；

三、在监执行中行状善良、悛悔有据或有功监狱者；

四、有一定之住所及职业者；

五、有亲属或故旧监督保释期内之品行者。

罚金易监禁者准用前项之规定，但监禁日数不满二月者不适用之。

第三条　犯下各款之罪者不得保释。其未遂或依该条处断者亦同：

一、第一百零三条之罪；

二、第一百十三条之罪；

三、第一百二十条、第一百二十二条第三款及第一百二十三条之罪；

四、第一百四十条、第一百四十一条之罪；

五、第一百六十八条、第一百六十九条第一项、第一百七十条第一项、第一百七十一条第一项、第一百七十二条及第一百七十四条之罪；

六、第一百八十七条、第一百八十八条第二项、第一百条及第一百九十三条之罪；

七、官员犯第二百四十四条之罪；

八、第二百五十九条第二项、第二百六十一条之罪；

九、第二百六十六条、第二百六十八条、第二百七十条之罪，或贩卖罂粟种子者及吗啡治罪法第一条、第三条、第四条之罪；

十、第二百八十三条及二百八十四条之罪；

十一、第三百十四条第三项之罪；

十二、第三百四十九条第一项、第三百五十条第二项及第三百五十一条第二项之罪；

十三、第三百七十条之罪。

关于前项各款之本章内情节，重于本条科刑，在二等有期徒刑以上，因减等判处三等以下有期徒刑者，不得保释。

第四条　保释出监之人犯，以其残余刑期之倍数为保释期间。

保释期间终了时作为执行刑期终了。

第五条　保释出监之人犯仍视为在监者。但撤销保释时，保释中之日数不得算入刑期。

第六条　在保释期内之人犯有下列情形之一者撤销保释：

一、保释期内更犯受拘役以上之宣告者；

二、因保释前犯罪而受拘役以上之宣告者；

三、不备本条例第二条所列各要件，后经发觉者；

四、不遵保释中应守之事项者；

五、保释期内对于因而犯罪之被害人或告诉人、告发报告人无故寻衅者；

六、因有不正当行为，经该管行政官厅或人民告知检察厅，检察厅认为有撤销保释之必要者。

保释人犯在保释期内应守事项，分别适用《假释管理规则》。

第七条　得保释之人犯，各县监狱应由该管狱员开具犯人姓名、年龄、籍贯、住址、身份、职业、案由、罪名、判决刑期、经过刑期、残余刑期及在监执行情形等项，陈报县知事，呈由该管高等检察厅复核无异，转呈司法部核准施行。但新监狱则由该典狱长径呈高等检察厅核呈司法部核办，并函知地方检察厅。

第八条　人犯在保释期内发生第六条情形时，由该管检察厅传案送监执行，并随时呈报司法部。

第九条　该管检察厅遇有下列各项情形时，应将其事由呈报司法部：

一、保释者保释期间终了时；

二、保释者保释期内脱逃时；

三、保释者保释期内死亡时。

第十条　本条例施行后，凡各省关于疏通监狱之单行章程概行废止。

第十一条　本条例自公布日施行。

附民国十年二月二十四日司法部训令第一六四号，略谓查《监犯保释暂行条例》第七条规定，呈转程序至今多未明晰，惟是公文往返时日稽延，其刑期较短之囚，或致核复手续尚未告终，而监狱执行业经届满，度理准情不无窒碍，亟宜稍事变通，俾利推行，而免繁重。嗣后各该监狱合于条例应行保释之人犯，除刑期或残余刑期在十个月以上者按照条例办理外，其刑期或残余刑期在十个月以下者，呈由各该厅处复核无异后，分别合行先予保释出监，仍于月终连同其他保释各案呈部查核，以昭慎重。

保护会协进会

《出狱人保护事务奖励规则》

（十九年二月五日公布）

第一条　办理出狱人保护事务者依本规则奖励之。

第二条　奖励分为下列两项：

（甲）办理前条事务在三年以上、成绩卓著或捐助银圆一千元以上者给予奖状。

（乙）办理前条事务在五年以上、成绩卓著或捐助银圆五千元以上者给予匾额。

第三条 前条各项奖励,由该地方典狱长呈由该管监督官署转请司法行政部核办。

第四条 典狱长提出之呈请书,须分别记载下列各项:

（子）关于办理事务者

一、办理人之年龄、籍贯;

二、办理之经过及将来计划;

三、办理之年数及成绩。

（丑）关于捐助银圆者

一、捐助人之年龄、籍贯;

二、捐助之银数。

第五条 第二条甲项奖励由司法行政部行之,乙项奖励由司法行政部呈由司法院转呈国民政府行之。

《出狱人保护会组织大纲》

（二十一年十月 日）

一、出狱人保护会以保护执行期满及假释或保释出狱人、使有成就为宗旨。

二、凡出狱人之贫无所依、确有自新实据者,得享下列之保护:

    一、介绍 量其所习职业介绍于各处;

    二、资送 遇有出狱人之为异籍、必须回籍者,得设法资送之;

    三、资助 借贷衣食费,侯其得有职业后归偿;

    四、调查 随时调查其品行等项,以为指导之资。

三、按照出狱人保护会宗旨、愿尽应有义务者为会员。其赞成宗旨、辅助一切进行者为赞成员。赞成员得认一次会费五元或常年会费一元,会员交入会费一元,但愿特别补助者不在此限。

四、出狱人保护会推定下列各员分别担任会务:

    一、董事 若干人;

    二、干事 若干人。

五、出狱人保护会职员为洞悉出狱人之个人关系、在监时之行状以及出狱后之希望起见,得随时参观监狱,并请求接见在监人。

六、筹设出狱人保护会应依照中央颁布之民众团体组织程序办理。

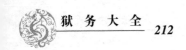

七、出狱人保护会每届年终并应将保护成绩呈由各省高等法院转报司法行政部。

《修正县监所协进委员会暂行章程》
（二十四年六月二十六日公布）

第一条　为改良县监所人犯待遇及整理县监所事务设立本会，以资协助。

第二条　本会设立于县政府。但县监所归地方法院或其分院或司法公署监督者应设立于该法院或其分院或司法公署。

第三条　本会委员分当然委员、聘任委员。下列各员为当然委员：

一、县长；

二、地方法院或分院院长、首席检察官或检察官。其未设法院者由司法公署司法委员或县司法处审判官或未改设审判官之承审员充之；

三、县党部委员一员，商会、农会各举代表一员，各工会联合推举代表一员；

四、县政府各局局长。其不设局或各局已改科者以科长充之；

五、本区区长；

六、管狱员。

第四条　凡住居本监所所在地、德望素著之耆英及确属慈善性质之团体领袖，得由当然委员三人以上之推举聘为本会委员，但其员额不得超过当然委员之半数。

前项聘任委员，其任期为一年，但经连聘者得连任。

第五条　本会以县长为委员长。但县长不监督该监所者以其监督者为委员长。

第六条　第三条至第五条委员及委员长姓名应报告该省高等法院，转呈司法行政部。更调改选时亦同。

第七条　本会委员除管狱员外，每两星期应视察监所一次。

视察由委员自任或于开会时推举之。

第八条　委员视察所得情形应以口头或书面报告于本会。前项口头报告应记入议事录。

第九条　本会协进事项列举于下：

一、关于教诲、教育及作业等设施之协助；

二、关于人犯假释、保释及交付保护管束调查事项；

三、关于监所之修缮及人犯之饮食、衣被、医药等预算之参议；

四、关于出狱人犯保护事项；

五、关于人犯请求事件之收转事项；

六、关于修建监所募款事项；

七、关于收容人数增加时衣食维持方法；

八、关于改良监务之提议事项。

第十条　前条各款事项应由管狱员提出于本会,但本会委员亦得提议讨论之。

第十一条　本会每两星期开会一次,由委员长召集之。委员长确因事故不能召集时由代理者召集之。

第十二条　会议事件以多数取决之,但不同意之委员得将理由附注于议录。

前项会议事件,委员长得指定委员分股审查并开各股审查会。

第十三条　本会决议事件,每月应报告高等法院转报司法行政部。

第十四条　办理本会之纪录及文件事项,由委员长指定所属职员兼任之。

第十五条　本会职员不支津贴,所有纸张笔墨等费由委员长于本机关办公费项下撙节开支。

第十六条　本章程由司法行政部公布施行。

《山东范县出狱人保护会简章》

(二十二年三月八日核准)

第一条　本会定名为范县出狱人保护会。

第二条　以保护执行期满及假释或保释出狱人使有成就为宗旨。

第三条　凡出狱人之贫无所依、确有自新实据者,得享下列之保护:

(一)介绍　量其所习职业介绍于各处;

(二)资送　遇有出狱人之为异籍必须回籍者,得设法资送之;

(三)侩助　借贷衣食,俟其有职业后归偿;

(四)调查　随时调查其品行等项,以为指遵之资。

第四条　赞成本会宗旨、辅助一切进行、愿尽义务者为赞成员,但赞成员得认一次会费五元,或常年会费一元。如有特别补助者不在此限。

第五条　本会推定下列各员分别担任会务:

(一)设董事　二人;

(二)设干事　三人。

第六条　本会依照中央颁布之民众团体组织程序办理。

第七条　本会每届年终将保护成绩呈由高等法院转报司法行政部。

第八条　本简章自本会成立之日施行。

《广东广州市出狱人保护会章程》

（二十二年四月十七日核准）

第一条　本会以保护执行期满及假释或保释出狱人使有成就为宗旨。

第二条　凡出狱人之贫无所依、确有自新实据者，得享下列之保护：

一、介绍　量其所习职业介绍于各处；

二、资送　遇有出狱人之为异籍必须回籍者，得设法资送之；

三、佽助　借贷衣食费，俟其得有职业后归偿；

四、调查　随时调查其品行等项，以为指导之资。

第三条　按照本会宗旨、愿尽应有义务者，不分性别及个人团体均可入会。

第四条　凡于本会有特别劳绩或曾捐助会费在一百元以上者，均得为本会名誉会员，其捐助会费在五十元以上或为物质之捐助者，均得为本会赞助员；其余普通会员须缴纳基本金二元及每年年金一元。

第五条　本会另设征求队，由市内名流现充本会会员者担任队长征求会员。

第六条　本会会员如著有成绩，得依《出狱人保护事务奖励规则》分别奖励之，并得由本会酌送奖品，以示优异。

第七条　本会设置董事十二人至十七人，由会员大会选举后组织董事会，并得由会推选常务董事三人至五人，处理本会日常事务。

第八条　本会董事任期为一年，期满选举得继续连任。董事为义务职，不支薪水及夫马等费。

第九条　本会日常事务取决于董事会，董事会不能解决者，取决于会员大会。凡议决事项应报广东高等法院。

第十条　本会会议程序如下：

一、会员大会会议　　　　　每年举行一次。

二、董事会议　　　　　　　每月举行一次。

三、常务会议　　　　　　　每周举行一次。

前项各会议主席临时推定之。

开会应有过半数会员之出席，议决应有出席者过半数之同意可否，同数时取决于主席。

第十一条　本会设下列各股分掌职务：

一、总务股　设主任干事一人，掌理文书、会计、庶务等事宜；

二、教导股　设主任干事一人，掌理调查、指导、医务等事宜；

三、交际股　设主任干事一人，掌理宣传、劝捐、介绍等事宜。

各股事务一人不能处理时，得增设干事以资助理。主任干事及干事均由董事会推选之。

第十二条　本会每届年终应将保护成绩呈由广东高等法院转报司法行政部。

第十三条　本章程如有未尽事宜,得呈准司法行政部。

第十四条　本章程自呈奉司法行政部核准之日施行。

《山东烟台出狱人保护奖励规则》

（二十三年一月二十四日核准）

第一条　办理出狱人保护事务及以各人名义或私人结合之团体捐助保护事务经费者,依本规则奖励之。

第二条　奖励分为下列四项:

一、办理前条事务在一年以上、成绩卓著,或捐助银元五百元以上者,由高等法院给予奖状;

二、办理前条事务在三年以上、成绩卓著,或捐助银元一千元以上者,由司法行政部给予奖状;

三、办理前条事务在五年以上、成绩卓著或捐助银元三千元以上者,由行政院给予匾额;

四、办理前条事务在七年以上、成绩卓著,或捐助银元五千元以上者,由国民政府给予匾额。

第三条　前条各项奖励,由该地方典狱长呈请该管监督官署转请司法行政部核办。

第四条　以动产或不动产捐助者,准折合银元计算。

第五条　凡个人或私人结合之团体继续捐助在未给予奖励以前,得合并计算,照第二条各款办理。

第六条　典狱长提出之呈请书须分别记载下列各项:

（子）关于办理事务者

一、办理人之年龄、籍贯;

二、办理之经过及将来计划;

三、办理之年数及成绩。

（丑）关于捐助银元者

一、捐助人之年龄、籍贯;

二、捐助之银数。

第七条　本规则自呈奉司法行政部核准之日施行。

《山东烟台出狱人保护会章程》

(二十三年一月二十四日核准)

第一条　本会以烟台及各地方热心慈善事业人士组织而成,定名为"山东烟台出狱人保护会"。

第二条　本会以保护执行期满及假释或保释出狱人使有成就为宗旨。

第三条　按照本会宗旨愿尽应有义务者,不分国籍、性别,个人及团体均可入会。

第四条　凡出狱人之贫无所依、确有自新实据者,得享下列之保护:

一、介绍　量其技能介绍于各处;

二、资送　遇有出狱人之为异籍必须回籍而无旅费者,得设法资游之;

三、佽助　借贷衣食费,俟其得有职业后归偿;

四、调查　随时调查其品行等项,以为指导之资。

第五条　凡于本会有特别劳绩或曾捐助会费在一百元以上者,均得为本会名誉会员;其捐助费五十元以上或为物质之捐助者,均得为本会赞助员;其余普通会员须缴基金二元及每年年金一元。

第六条　凡入会者即由本会发给会证。

第七条　本会另设征求队,由当地名流现充本会会员者担任队长征求会员。

第八条　本会会员如办理本会事务著有成绩,得依《出狱人保护会事务奖励规则》分别呈请奖励之,并得由本会酌送奖品,以示优异。

第九条　本会设置董事十三人至十七人,由会员大会选举后组织董事会,并由会推选常务董事五人至七人,轮流处理本会日常事务。

第十条　本会董事任期为一年,连选得连任之。董事为义务职。

第十一条　本会日常重要事务取决于董事会,董事会不能解决者取决于会员大会。

凡议决事项应报高等法院。

第十二条　本会会议程序如下:

一、会员大会会议每一年举行一次。但经会员三分之一以上之请求得临时召集之。

二、董事会议每月举行一次。

三、常务会议每周举行一次。

前项各会议主席临时推定之

开会应有过半数会员之出席议决,应有出席者过半数之同意可否,同数时取决于主席。

第十三条　本会设下列各股分掌职务:

一、总务股 设主任干事一人,掌理文书、会计、庶务等事宜;

二、教导股 设主任干事一人,掌理调查、指导、给养、医治等事宜;

三、交际股 设主任干事一人,掌理宣传、劝捐、介绍职业等事宜。

各股事务一人不能处理时,得酌设干事助理之。

主任干事及干事均由董事会推选之。

第十四条 本会每届年终应将保护成绩呈由高等法院转报司法行政部。

第十五条 本章程如有未尽事宜,由会员大会修改,呈请司法行政部核准行之。

第十六条 本章程自呈奉司法行政部核准之日施行。

第十七条 本会之施行细则另定之。

《山东金乡县出狱人保护会章程》

（二十三年二月十四日核准）

第一条 本会定名为"山东金乡县出狱人保护会"。

第二条 本会以保护执行期满及假释或保释出狱人使其成就为宗旨。

第三条 凡出狱人之贫无所依、确有自新实据者,得享下列之保护:

一、介绍 量其所习职业介绍于各处;

二、资送 遇有出狱人之为异籍必须回籍者,得设法资送之;

三、佽助 借贷衣食费,俟其得有职业后归偿;

四、调查 随时调查其品行等项,以为指导之资。

第四条 按照本会宗旨愿尽应有义务者为会员;其赞成宗旨、辅助一切进行者为赞成员。赞成员认一次会费五元或常年会费一元;会员须交入会费一元,但愿特别补助者不在此限。

第五条 本会推定董事十五人,就中互推一人为董事长,总理本会一切事务,并推定干事九人,秉承董事会意旨办理本会事务。

第六条 本会设总务调查两股,其办事细则另定之。

第七条 本会职员均为义务职。

第八条 本会会期分别如下:

（一）大会每年举行一次,报告全年会务。

（二）董事会遇有在监人应行保护事项实时招集会议。

第九条 本会每届年终应将保护成绩呈由高等法院转报司法行政部。

第十条 本会组织依照中央颁布之民众团体组织程序办理之。

第十一条 本章程如有未尽事宜,得随时修改之。

第十二条 本章程呈奉司法行政部核准之日施行。

《上海第二特区出狱人保护会征求会员启》

人情莫不求饱暖、冀安乐。贫至失业无以为生,苦矣;因失业无以为生,以致获罪,庹陷囹圄,则更苦矣;因获罪庹陷囹圄,以致名誉丧失、信用扫地,为乡邻所不齿、社会所唾弃,虽有悔过之之心,终无自新之路,欲求一业获一饱,以苟延残喘而不可得,斯其苦乃尤甚。茫茫大地,谁悲失路之人?莽莽群生,莫作飘零之主。求正当之生活而不可得,遂乃日暮途穷,倒行逆施,不惜一犯再犯,而以犯罪为常业,永堕泥犁之内,终无解脱之期,饥寒所迫,铤而走险,免死而已。夫岂其性之果恶欤?要其影响所及贻害无穷,虽身受者之痛苦,实社会之隐忧,国家之大患也。方今欧美各国,凡都会、城邑,大都有出狱人保护会之设,或介绍职业,或资送回籍,或贷与资本,皆视其所需要而为之,谋出路,策久远,俾名誉丧失、信用扫地之人,仍有恢复固有地位与社会再度合作之机会。法良意美,成效昭著,社会之兴隆、国家之强盛,盖非幸致也。日本维新以还,关于出狱人保护事务风起云涌,大有一日千里之慨,即在台湾亦成立此会达五十余处之多,关系重要不言可喻。我国司法行政部亦先后颁布《出狱人保护事务奖励章程》及《出狱人保护会组织大纲》,并经三令五申,极力提倡,其用意盖深远矣。

海上华洋辐辏,为慈善事业荟萃之中心,举凡疲癃残疾以及幼无所育、老无所依、生无所养、死无所归者,莫不设有公私机关为之经营处理,以弥缝其阙而匡救其灾,俾得各获其所,种类繁多,几于应有尽有,猗欤盛!已年来市面萧条,环境日恶,生活艰难,失业者众,作奸犯科者遂有加而无已。即就本区而论,两年之间,监狱人犯亦由八百名而增至二千有奇。其间因失业而入狱、因入狱而更无业可居以致累犯者何可胜数,而出狱人保护会至今尚付缺。如坐视身受者之痛苦日甚、社会之隐忧日深、国家之大患日亟而莫为之计,宁非地方人士之责欤?

同人蒿目时艰怒焉,如捣冀效绵薄,藉挽狂澜,惟大厦匪一木所支,全裘非一狐之腋。爰草简章,发起斯会,广征同志,共策进行。所冀诸公见义勇为,当仁不让,各抒伟略,共荷仔肩,慨解仁囊,同襄义举,本己饥己溺之志,成立人达人之功,始基肇于一隅,以次及于全宇。行见和风广被,庹气潜消,岂惟身受失业痛苦者获有更苏之机,即社会治安之策、国家强盛之基,均于是乎在矣。翘企仁晖,曷胜盼祷,是为启。

管收所（附收容所拘留所）

《管收民事被告人规则》
（十七年七月部令颁行）

第一条　民事被告人具备下列情形者得用拘票拘提：

一、经传唤三次，不于日期到场，亦不声明理由或其理由不正当者；

二、显见为败诉者；

三、非本人到场，本案虽终结而不能收终结之效者，执行拘票由承发吏或承发吏会同法警为之。

第二条　拘票应盖法院或县司法机关之印，并记明下列事项：

一、被告人姓名、年龄、住址及其他足资辨别之特征；

二、拘提之理由；

三、应到之日时及处所；

四、发票之年月。

前项拘票由推事或审判员并书记官签名盖章。

第三条　民事被告人有下列情形之一者应提出担保，其无相当保证人或保证金者得管收之：

一、逃匿之虞者；

二、有犯刑事之嫌疑者；

三、具有前二款原因之一者，而原保证人死亡或声明迟保不能另有其他保证者；

四、判决确定显然有履行义务之可能而不遵判履行者。

前项被管收人，至有相当保证人或交纳相当保证金时或已遵判履行及本案完结时应释放之。

第四条　前条规定于被反诉之当事人准用之。

第五条　管收应有管收票。

第六条　管收票应记明之事由，及其执行准用第一条第二项及第二条之规定。

第七条　被管收人应随时提讯，每月至少不得在二次以下。

第八条　管收情形是否适当，各法院或县司法机关应随时考察或纠正之。

第九条　管收期限至多不得逾三个月。

第十条　管收之费用由败诉人担负。

第十一条　管收所规则由各该高等法院拟定，呈部核准。

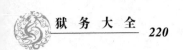

第十二条　各法院及县司法机关每届月终应造民事管收人报告书报部，至迟不得逾翌月十日。

第十三条　本规则自公布之日施行。

附报告书式

○○○○法院 ○○县司法○○	管收民事被告人报告书	民国　年　月　分
旧管　　名 新管　　名	共计　　名	
被管收人		
案由		
管收月日		
管收原因		
已经管收日数		
提讯次数及日数		
管收处所		
管收状况		
承办本案推事或审判员		
备考		
（注意事项） （一）管收处所是否拥挤、被管收人如有疾病是否经医诊治，应于管收状况项下注明。 （二）凡因本案终结或因被管收人有相当保证而释放者，应于备考项下注明。 （三）此项报告书，各法院、各县司法机关应呈由各高等法院报部。		

《收容所规则》

（十五月八月颁行）

第一条　看守所内附设收容所。

第二条　有下列情形之一者，得收容之，但被告人未满三岁之子女必须随同其母羁押者不在此限：

一、被诱人并无亲属可以责付，或有亲属传令不及暨其亲属不愿领回者；

二、被告人因案羁押，其未满十二岁之子女除本条第一项但书情形外，必须随同入所，无亲属可以责付者；

三、未满十六岁之被害人，并无亲属可以责付，或有亲属传令不及暨其亲属及家主不愿领回者。

第三条　前条之被收容人如系本京确无亲属或其亲属远在京外，检察官应酌量情形，先送警察所设法安置，并函请各机关协助传其亲属来京认领。

第四条　第二条第一款被诱人及第三款被害人之收容侦查中不得逾一月，同条第二款刑事被告人子女之收容侦查中不得逾十日。

第五条　被收容人应特别待遇之。

第六条　被收容人之收提应用收容票及收容提票。

第七条　收容票及收容人提票由检察官铃盖印章。

第八条　本规则自呈　部核准之日施行。

《江苏上海第一特区地方法院民事被告人管收所暂行规则》

（二十二年三月二十三日核准）

第一条　本规则依《管收民事被告人规则》第十一条制定之。

第二条　入所人非有法院正式公文不得收受或释放。

第三条　收所后须交收所证于原送机关。提讯回所时亦同。

第四条　被管收人应酌量其年龄、性别、身份、职业，分别其住房。同一案件有关系之各被告应隔离之。

第五条　管收所待遇，被管收人须与平民同。但有碍于审判进行及所中纪律者不在此限。

第六条　被管收人有违反所中纪律秩序者由所长分别轻重为下列之处分：

一、面责；

二、七日以内停止阅读书籍或停止发受书信或接见。

前项处分，事后应呈报监督长官。

第七条　被管收人有逃亡、暴行、自杀之虞者，得准用《修正看守所暂行规则》第四十一条、第四十二条施用戒具，但应即呈报监督长官。

第八条　被管收人对于所受之处分认为不当时，得告诉于监督长官。

第九条　管收所职员及、看守携带之枪或刀，准用《监狱规则》第二十七条及第二十八条之规定。

第十条　关于被管收人物品、衣食、书信、接见、送入品、医治、死亡各事项，准用《修正看守所暂行规则》之规定办理。

第十一条　所长每月应造具被管收人清册，查照部颁报告书注意事项，于备考栏内详细填注，呈送监督机关作成报告书，呈由江苏高等法院第二分院报部。

第十二条　除本规则第十条所开各事项，有应备簿册登记者准用《修正看守所暂行规则》照备外，管收所尚须备下列各簿册随时登记：

一、被管收人入所簿；

二、被管收人出所簿；

三、被管收人提讯出入簿；

四、被管收人受处分原因登记簿。

第十三条　本规则如有未尽事宜，得随时呈请修改。

第十四条　本规则自呈奉司法行政部核准之日施行。

《湖南各级法院民事被告人管收所暂行规则》
（十八年四月呈准）

第一条　管收所非依《管收民事被告人规则》第三条第一、第二、第三、第四各项之规定应行管收者不得管收之。

第二条　管收所暂附设于各级法院、看守所内，但须与刑事被告人严行隔离。

第三条　管收所之职员暂以看守所职员充之，所丁即就看守所所丁分配。

第四条　管收所由各该管法院院长监督之。

各该监督院长每月须巡视所中二次，调查有无凌虐入所人及一切不法、不当情事。

第五条　管收所待遇，入所人须与平民同。但有碍于审判进行及所中纪律者不在此限。

第六条　入所人非奉有法院正式公文不得收入或释放。

第七条　收所后须交收所证于送押人。提讯回所时亦同。

第八条　入所人应酌量其年龄、性别、身份、职业，分别其住房。就同一被告事件有关系之数人应隔离之。

第九条　入所人有违反所中秩序者，由所长呈报监督长官，经许可后得施以相当之处分。其有逃走、暴行、自杀之虞者亦同。

第十条　入所人对于前条之处分及其他一切处分认为不当时，得告诉于监督长官。

第十一条　所中职员对于入所人若有凌虐、讹诈及其他不法行为犯刑事上罪名者，该入所人得告诉于监督长官或检察官依法惩办。其未经告诉而由该监督长官或检察官调查所得者亦同。

第十二条　关于入所人物品、衣食、书信、接见、送入品、医治、死亡各事项，准用《看守所暂行规则》第二编第一章第十五条、第十六条、第十七条并其第二章至第五章及第八章、第九章各条之规定。

第十三条　所长或所官每月应造具被管收人清册，查照部颁报告书注意事项，于备考栏内详细注明，呈送监督机关作成报告书，呈由高等法院报部。

第十四条　管收所须备日记簿，记载下列各事项：

一、被告人每日入所、出所姓名、籍贯及案由；

二、收所回证之号数；

三、收所人物品保管之品类及数目；

四、收所人受处分之原因；

五、收所人接见亲友之姓名；

六、收所人疾病医治之情形。

第十五条　未设法院地方,本规则第三条、第四条所列之职权以管狱员及兼理司法县长行之。

第十六条　本规则自呈奉 国民政府司法院司法行政部核准施行。

《拘留所规则》

(二十一年十月内政部公布)

第一章　总纲

第一条　各级警察机关为拘留违警及依其他法令应行拘留之人犯设置拘留所。

第二条　拘留所由各该警察机关最高长官监督之。

第三条　拘留所对于男女人犯应隔别管理之。

第四条　拘留所对于刑事犯在未送审判以前,应斟酌情形隔别管理之。

第五条　拘留所房舍须设备整洁、空气流通、地势干燥。每间纵横十尺为度,收容人数不得逾四人,但在十尺以上者得酌量增加。

拘留所应酌设病室。

第六条　拘留所管理员警对于各种人犯应和平待遇,不得有需索、虐待情事。

违反前项规定者,应分别轻重依法惩处之。

第七条　被拘留人有所呈请时,看守员警须迅速为之转达。

第二章　职掌

第八条　拘留所置主任一人,承主管长官之指挥、监督,监率员警,管理全所事务。

前项主任由各该警察机关最高长官委派,或令所属职员兼任之。

第九条　拘留所应置女看守,由主任督率,看守女室人犯。

第十条　拘留所员警至女室巡查或提解人犯时,应有二人以上,并须会同女看守办理。

第十一条　非经主管长官许可,无论何人不得进入拘留所。

第三章　各项表册

第十二条　拘留人数、羁押日数及所犯事项须按月造表,呈送该管上级机关转报内政部查核。

第十三条　拘留所须备下列各种簿册:

(一)收发文件簿;(二)检查簿;(三)勤务时间配置簿;(四)看守报告书;

（五）被拘留人名籍簿；（六）被拘留人入所、出所簿；（七）被拘留人提讯出入簿；（八）被拘留人财物收发保管簿；（九）被拘留人发受书信簿；（十）被拘留人接见簿；（十一）被拘留人惩罚簿；（十二）被拘留人疾病医治死亡簿；（十三）被拘留人在所日数簿；（十四）拘留人数日报簿。前项簿册格式由内部定。

第四章　入所及出所

第十四条　拘留所非奉有主管长官命合不得拘留或释放人犯。

前项命令须载明人犯姓名、案由及拘留日数，并由主管长官签名盖章。

第十五条　拘留或释放人犯，除分别登记外，并须按日呈报各该警察机关最高长官查核。

第十六条　被拘留人入所时应检查其所有财物，详细登记，呈由主管长官加盖印章。除依法应没收或转送其他官署者外，应妥予保管，俟本人出所时取结发还。

第十七条　被拘留人应行遵守事项应详细开列、粘贴各室，并由看守员警随时晓谕之。

第十八条　被拘留人请求携带子女未满四岁者得许可之。

第五章　衣食

第十九条　被拘留人床铺、被褥及暑期应用之凉席等物，由所备给。但被褥、凉席等物欲自备者听之。

第二十条　被拘留人之饮食由所备给。其请求自备者得许可之，但须随时加以检查。

第六章　书信

第二十一条　被拘留人发受书信须经主管长官或主任之检查。

不许发受之书信应为之保管，并注明理由通告本人，俟出所时交还之。

第七章　接见

第二十二条　拘留所对于请求接见人，应询明其姓名、住址、身份、职业及所请见人之姓名并事由，经主管长官许可后，在接见室接见之，但须派警临场监视。

第二十三条　接见时间：每日上午九时起十二时止，午后一时起四时止，每次不得逾三十分钟但有不得已事由经主管长官许可者不在此限。

第二十四条　请求接见者如有下列各款之一时应拒绝之：

一、形迹可疑者；

二、同时三人以上接见同一被拘留人者；

三、案情重大，经主管长官指名不许接见者。

第八章　应守事项及惩罚

第二十五条　被拘留人不得有下列之行为：

一、吸烟；

二、饮酒；

三、喧哗；

四、随意吐唾；

五、口角争斗；

六、其他妨害秩序之一切举动。

第二十六条 被拘留人违反前条规定时,得分别轻重为下列之惩罚:

一、训斥；

二、独居暗室一日至二日。

第九章 检束

第二十七条 拘留所对于在所人犯,无论昼夜,均须派警看守之。

第二十八条 被拘留人饮食起卧之时间由各该警察机关酌定之。

第二十九条 拘留所员警须随时检查所内人犯有无违反第二十五条各款之规定及图谋逃走等情事,记载于检查簿。

第三十条 被拘留人如有逃亡、暴行或自杀之虞时,得陈明主管长官加派员警严密防范。

第十章 卫生

第三十一条 所内房间及衣类、杂具、厕所、便器等类应注意清洁,按时洒扫或清洁之。

第三十二条 被拘留人须按时令其沐浴、运动,其次数及时间由主管长官酌定之。

第三十三条 被拘留人患病时,须延医诊治,病重者移入病室,病危时须通知其亲属。

前项医药费如经查明患病者确无支付能力时,由各该警察机关负担之。

第三十四条 被拘留人有传染疾病时须严行隔离。

第三十五条 被拘留人患病时,非在外不能痊愈者,经各该警察机关最高长官之核准得暂行停止羁押,取保出所医治。

第三十六条 拘留所如遇瘟疫流行时,应注意消毒,以防传染。

第三十七条 遇有灾变,应将被拘留人送他处羁押之。

第十一章 死亡

第三十八条 被拘留人死亡时,应详记其原因、时日,通知其亲属,并报请法院派员检验,一面作成死亡报告书,呈转内政部查核。

第三十九条 遗骸如无亲故认领,得标识姓名,代为棺殓埋葬之。

第十二章 附则

第四十条 本规则所称"主管长官"系指司法科长或主管司法警察事务者而言。

第四十一条　本规则自公布之日旅行。

反　省　院

《修正反省院条例》

（二十二年四月二十九日布）

第一条　司法行政部为感化本条例第五条各款所列人犯,得于各省设反省院。

第二条　反省院置院长一人,荐任,综理全院事务。

第三条　反省院置总务主任一人,办理文书、庶务、会计等事项;管理主任一人,专司管理事项;训育主任一人,训育员若干人,专司训育事项。

前项训育主任及训育员由院长呈请司法行政部转呈中央执行委员会指派,总务主任及管理主任由院长呈请司法行政部委派。

第四条　反省院得置助理员,其额数由司法行政定之,但至多不得过十人。

第五条　凡有下列情事之一者入反省院:

一、犯危害民国紧急治罪法或前暂行反革命治罪法之罪、受刑之执行无期徒刑逾七年、有期徒刑逾三分之一而有悛悔实据者;

二、犯前款之罪,罪刑之执行完毕,仍有再犯之虞者;

三、犯第一款之罪宣告三年以下有期徒刑者;

四、依《共产党人自首法》第八条规定移送者;

五、经中央执行委员会议决送反省院者。

第六条　反省期间以六个月为一期,期满后经评判委员会认为应继续反省者,应再受反省处分,但总期间不得过五年。反省期满出院者应给以自新证书。

第七条　评判委员会由院长、总务主任、管理主任、训育主任、省党部代表一人、高等法院推事一人、检察官一人组织之。开会时以院长为主席。

第八条　第五条第一款及第三款之人犯反省期满者,其未执行之刑期以已执行论。

第九条　反省院如发觉受反省处分者在反省期内有新罪证或认为不能感化者,应将其送交该管法院审判或执行其刑。

第十条　反省院训育课程及教材由中央执行委员会定之。

第十一条　管理规则、训育规则及评判委员会会议规则由评判委员会定之。

第十二条　本条例自公布日施行。

《首都反省院组织条例》
（二十年三月二十一日公布）

第一条　首都反省院除本条例有特别规定外,适用反省院条例之规定。

第二条　依反省院条例第五条之规定而有下列情形之一者应送入首都反省院：

一、犯罪地在首都者；

二、经中央党部议决送入者。

第三条　依反省院条例第五条之规定而有下列情形之一者得送入首都反省院：

一、犯罪地在未设立反省院之省者；

二、犯罪地在已设立反省院之省而有特别情事者。

第四条　首都反省院置院长一人,简任,综理全院事务。

第五条　首都反省院设总务科、训育科、管理科。每科置主任一人,分掌各科事务。

第六条　总务科主任由院长兼任,训育科主任由院长呈请司法行政部转呈司法院请中央党部指派,管理科主任由院长请司法行政部呈荐。

第七条　首都反省院置事务员,委任,佐理各科事务。其额数由院长呈请司法行政部核定之。

首都反省院因事务上之必要得酌用雇员。

第八条　首都反省院评判委员会以下列人员组织之,开会时以院长为主席：

一、首都反省院院长；

二、首都反省院各科主任；

三、中央党部指派人员一人；

四、最高法院推事一人；

五、最高法院检察署检察官一人。

第九条　本条例自公布日施行。

《修正首都反省院组织条例第五条、第六条条文》
（二十年十二月五日公布）

第五条　首都反省院设总务科、训育科、管理科。每科置主任一人,分掌各科事务。训育科置训育员若干人。

第六条　总务科主任由院长兼任,训育科主任及训育员由院长呈请司法行政部转呈司法院请中央党部指派,管理科主任由院长请司法行政部呈荐。

《各地反省院训育主任工作成绩考核办法》

（中央执行委员会训练部咨行）

一、各地反省院训育主任工作成绩由本部考核之，或由本部指定各该地最高党部代行考核之。

二、各地反省院训育主任工作成绩考核之范围如下：

1. 关于训育课程、教材及教学事项；

2. 关于训育方面设备事项；

3. 关于训导事项；

4. 关于反省人反省成绩考查事项；

5. 关于工作联络事项。

三、各地反省院训育主任工作成绩考核之方式如下：

1. 制定反省院训育主任工作报告表，令其自行填报；

2. 派员实地考察；

3. 各地反省院训育主任随时将工作计划及其实施成绩呈报本部考核。

四、各地反省院训育主任工作成绩经考核后，由本部提请中央执行委员会分别奖惩之。

五、本办法由中央训练部颁布施行。

《反省院训育主任工作大纲》

（中央执行委员会训练部咨行）

（甲）关于课程者

一、遵照中央颁布之训育课程教材纲领及教学应注意事项，编审教材细目及讲义。

二、按照反省人程度分组教授。

三、充实有关课程之各项设备。

四、指示反省人阅读有关课程各项参考书籍。

五、随时注意反省人对于各项课程教材之反应。

（乙）关于训导者

一、个别训导：

1. 从批阅反省人笔记、日记及作文中纠正其谬误思想与言论；

2. 从反省人日常生活中纠正其不合规律之行动；

3. 从个别谈话中纠正其偏激之性情。

二、集体训导：

1．于上课时指示三民主义之理则，务使彻底觉悟过去之错误，诚意接受感化；

2．于举行纪念周、演讲会、党义研究会或纪念会时指示革命之正当途径，务使深切认识 总理遗教为救中国、救世界唯一的革命原则；

3．于劳作实习时指示今后择业之途径，务使其具备生活上之相当技能，不致因生活恐慌一再误入歧途。

（丙）关于考查者

一、从测验、论文、笔记、日记等考查其思想。

二、从巡查访问或个别谈话考查其言行。

三、调查反省人家庭状况、个人经历，以定施行训导之标准。

四、制订考查标准、考查方法及各项表册，以为考查之依据。

（丁）关于工作联络者

一、与该院管理科协谋训育实施效率之增进。

二、与该院总务科协谋训育上一切设备之扩充。

三、随时建议该院院长关于院内一切改革事宜。

四、与该地最高党部训练部（科）协谋训育计划之实施。

五、随时将训育计划、教学方针、表册式样、工作经过、反省成绩及困难问题等分别呈报中央训练部该地最高党部训练部（科），并呈报该院院长转呈司法行政部。

《修订各省反省院训育课程教材纲领》
（二十年一月八日中央第一二二常会核准备案）

（一）党义：三民主义、建国方略须根据总理著作为教学及研究之基础；关于实业计划并须注意各地地理、物产等；建国大纲则须注意各条之实施程序及方法，并参考三年来国民政府各种法令规章。

（二）国文：须注意应用文字之训练，教材以不背本党主义之作品为准。

（三）史地：以本国史地为主，并参授外国史地主教材。本国地理之讲授尤宜根据总理之实业计，划说明各地之经济的关系及其价值；本国史应阐明我国固有文化，以发扬民族精神，于本国现代史中尤须特别阐明本党革命之精神及其事实。

（四）自然科学：应斟酌受教人之程度，授以相当知识。

（五）实业常识：如工商业管理法、商业簿记或农业经营等。

（六）工艺：应选简单易为之工艺，每日必须有四小时之劳作。

教学应注意事项：

（一）各科教授实施得视受训练者程度酌量分组。

（二）各科教材内容得因受训练者之特殊性质（如共产党员之训育教材应注意谬误思想之纠正）酌量增减。

（三）各项课程教授时间及教材标准得因受训练者之程度及反省期限决定之。

（四）第（五）（六）二科目要认真办理，庶于思想纠正之外更具谋生能力，以达到训育真正目的。

《江苏反省院暂行处务规则》

第一条　本院处务除法令别有规定外，依本规则行之。

第二条　本院依反省院条例第三条规定，设总务、管理、训育三科每科置主任一员，承院长之命，处理各该科事务。

第三条　依反省院条例第四条设置之助理员分配各科，承院长、主任之命分办本科各股事务。

第四条　本院守卫设置主任守卫、守卫若干人，隶属管理科，专司院内警卫戒护事宜。

第五条　医士、药剂士以助理员充之，隶属管理科，专司卫生检查及诊治疾病事宜。

第六条　总务科分文书、会计、庶务三股。

一、文书股掌理事务如下：

（一）关于公文之撰拟、收发、缮校及文卷保管事项：

（二）关于统计之材料汇集及编制表册事项；

（三）关于会议之纪录、印送及保管事项；

（四）关于典守印信及通知传览之登记事项；

（五）其他属于本股事项。

二、会计股掌理事务如下：

（一）关于本院预算决算之编制事项；

（二）关于本院经费之出纳、保管事项；

（三）关于各项杂支之复核事项；

（四）关于反省人存款之保管及其领支之登记、稽核事项；

（五）其他属于本股事项。

三、庶务股掌理事务如下：

（一）关于本院办公用品之购置、登记、保管及财产目录之编制事项；

（二）关于本院院舍及器具什物之整理、修葺事项；

（三）关于勤务工丁、厨夫之督察及考试事项；

（四）其他属于本股事项。

第七条　管理科分督察、卫生二股。

一、督察股掌理事务如下：

（一）关于反省人之入院、出院及平时讯问、搜检、谈话之登记、报告事项；

（二）关于反省人在院行动之监视、逐月品行之记载及报告事项；

（三）关于号舍安全之注意及容纳人数之支配及其登记事项；

（四）关于反省人发受害书信、纸件之检查及接见之监视、记载事项；

（五）关于全院戒护事务之配置及守卫之训练、督察、考核事项；

（六）关于反省人存物之保管、存款之代交与核准、物品之代办及其一切登记事项；

（七）其他属于本股事项。

二、卫生股掌理事务如下：

（一）关于反省人饮食起居之检查及一切疾病之诊治预防事项；

（二）关于药品之领用、登记、保管及结报事项；

（三）关于病室之戒护事项；

（四）关于号舍搜检时应行协助事项；

（五）关于反省人因病请假缺课之审核及其登记呈转事项；

（六）其他属于本股事项。

第八条　训育科分课务、考核二股。

一、课务股掌理事务如下：

（一）关于反省人一切课务簿籍之登记、保管事项；

（二）关于反省人课程时间、席次之分配、编发及其登记、保管事项；

（三）关于反省人受课、作业之监督及成绩之汇核、报告事项；

（四）关于本院一切图书之收发、登记、保管事项；

（五）其他属于本股事项。

二、考核股掌理事务如下：

（一）关于反省人品性之测验指导、纠正及登记、报告事项；

（二）关于反省人书籍、作品之检查、审核及其登记、报告事项；

（三）关于反省人参加集会时司仪纠察及纪录事项；

（四）其他属于本股事项。

第九条　本院得雇用录事，分任缮校、油印等项事务。

第十条　各科事务有涉及二科以上时，应协商办理。

第十一条　本院职员对于承办或预闻事件未经宣布者，应严守秘密，违者按照情节轻重惩戒之。

第十二条　本院每日办公时间，除管理科应昼夜分班轮值外，其余各员均定上午八时起至十二时，下午一时起至五时止，但必要时院长得延长或提早之。

第十三条　职员应按时到院办公,并在考勤簿内亲笔注明到值、散值时间。与事实有不符时,下列各员应负检正之责:

一、院长对于各种主任;

二、各科主任对于各该科职员。

前项考勤簿应逐日送院长查阅。

第十四条　职员如因事故或疾病不能依法定时间或临时离院者,均须具定式请假书向院长请假,但因公出院且得院长认可者不在此限。

各科职员,除依前项规定外,并应报告主任。

院长准假后随将请假书交由总务科记入请假簿;销假时,由本员具销假书报告院长,仍交由总务科于请假簿内记明之。

第十五条　本院职员,除管理科全体应住院外,其余各科职员应轮流值日、值宿。其轮值表由各种主任订定之。

第十六条　本院管理科职员每周轮流休息一日,其余各科职员均依例休息,但值日、值宿人员不在此例。

管理科轮流休息日期表由该科主任订定之。

第十七条　院务会议分常会、临时会两种:常会每星期开会一次,临时会遇必要时举行,均由院长召集之,但院长有事故时,得派由科主任召集并代理主席。

第十八条　院务会议,各科主任及助理员均须出席。如遇必要时,并得令主任守卫及医务助理员列席。

第十九条　院务会议讨论事项如下:

一、院长交议事件;

二、主任提议事件;

三、其他事件。

第二十条　关于本院兴革事宜,各科助理员及主任守卫均得条陈意见,呈由科主任提出会议。

第二十一条　各种办事细则另定之。

第二十二条　本规则如有未尽事宜,得随时呈请司法行政部修改之。

第二十三条　本规则自核准日施行。

《广东反省院暂行办事细则》

（十九年九月二十六日司法行政部指令,

广东反省院第一一二五三号）

第一章　总则

第一条　本院处务程序,除特别法令有规定外,依本细则办理之。

第二章　职务分配

第二条　院长综理全院事务,并指挥、监督全体职员。

第三条　本院置下列各科:

一、总务科;

二、管理科;

三、训育科。

第四条　各科置主任一人,承院长命令,主管该科事务。

第五条　各科视事务之繁简酌置助理员若干人,助理主任办理科内事务。

第六条　本院为缮写文件得置雇员若干人。

第七条　总务科之执掌如下:

一、典守印信事项;

二、收发文电事项;

三、保管档案事项;

四、编制预决算书表及收支事项;

五、撰拟文稿事项;

六、分配公文事项;

七、任免人员事项;

八、会议记录事项;

九、庶务事项;

十、其他不属各科事项。

第八条　管理科之职掌如下:

一、人犯收提登记事项;

二、统计报告事项;

三、人犯功过考核事项;

四、卫生事项;

五、警戒事项。

第九条　训育科之执掌如下:

一、训育课程事项;

二、审查成绩事项;

三、编纂教材事项;

四、书报考核事项;

五、编译事项。

第三章　服务通则

第十条　本院人员须一律参加 总理纪念周。

第十一条　本院职、雇各员应确守时间到院办公,出入均须在考勤簿亲自署名。管理及警戒人员并应在院常川驻宿。

第十二条　本院雇员对于公务未发表前均须严守秘密,不得泄漏。

第十三条　本院职、雇人员请假在二小时以上者,须填写请假单,叙列事由、代理人名,呈请院长核准。

第十四条　本院职、雇员对于应办事件均以随到随办为原则,非有特别情形呈准展限不得延至三日。

第十五条　职、雇员对于本院公物应负善良保管及爱护责任,不得任意消耗或损坏。

第四章　处理文书

第十六条　凡到院文件,由收发处开拆,加盖到院日期戳记,登入收文簿内,于散值前汇送总务科,转呈院长核阅。文件封面有标明"机密"或"亲启"字样,应径送院长,俟发下再行登记,不得私擅开拆。遇有速件,并应随时送阅。

第十七条　到文经院长阅后,发交总务主任,应即分别性质加盖分科戳记,转送各该科签收办理。其应由总务科办理者亦同。

第十八条　文件到科后,由主任在到文面加盖到科日期戳记,分交各员办理。

第十九条　各科承办稿件应由拟稿人员署名盖章,其有原卷并须附送,由主任核明加章,夹入送文稿簿内,转呈院长判行。

第二十条　文稿内字句如有删改、添注等处,应由本人加盖名章,以明责任。

第二十一条　一切文电稿件,非轻院长判行不得缮发。但标明签稿并送者得提前缮正。

第二十二条　文稿判行后,由承办人员发交雇员,缮正、校对无讹,连同原稿登簿送监印员用印毕,送由收发处封发,仍将原稿编号及填明发文日期,送还附卷备查。

第二十三条　凡送印文件,其原稿未经院长判行者,监印员不得用印,但标明先行缮发者不在此限。

第二十四条　专差递送各件,发处须登入收文簿,由收件机关或收件人签收。

第二十五条　邮寄各件,收发处须登入送文簿内,由邮局加盖日期戳记。如系挂号或快递等件,并应将邮局收据粘存备查。

第二十六条　凡应登公报文件,由主管科送由总务科抄送登载。

第二十七条　文件归档后,由管卷员随时登记。如需调阅,应由调卷人员开条盖章,以昭慎重。

第五章　会计及庶务

第二十八条　本院经费应于每月二十五日以前由会计处开列下月预算书表,呈院长核阅后,送财政机关领款备用。

第二十九条　本院公款由会计员负责保管之,总务主任并负连带责任。

第三十条　本院职员俸给簿标明月份,详列各员姓名及俸给定额。发给薪俸时,由受领者署名盖章,收存备查。其公役工食则由庶务传集各役亲自具领。

第三十一条　每月十日前,会计处须造具上月份本院经费计算书,送呈院长核阅。

第三十二条　会计处收支款项须造具旬报、月报表,送呈院长核阅。

第三十三条　本院公用物品由庶务备办。

第三十四条　本院职员所需办公物品须填写领物证,详列品名、数量,署名加盖科戳,至庶务处领用。

第三十五条　本院所有物品应由庶务处分别记入物品簿内,以备查核。

第三十六条　庶务处每届月终,应将本院公有物品分原存、新置、损坏、修补等项,消耗物品分原存、新购分发、实存等项,分别造具清册备查。

第三十七条　本院公役之进退及工作之分配由庶务处行。

第六章　会议

第三十八条　会议分下列两种:

一、评判委员会议;

二、院务会议。

第三十九条　评判委员会规则由评判委员会定之。

第四十条　院务会议以下列人员组织之:

一、院长;

二、各科主任;

三、助理员。

第四十一条　院务会议开议时由院长为主席。院长因事缺席时,得委托科主任临时代理之。

第四十二条　院务会议每星期开常会一次。遇有紧急事故时,由院长临时召集之。

第四十三条　除院长交议事件外,各职员如有提案,须于会议前二日送交总务科编入议事日程,但临时提出者不在此限。

第七章　附则

第四十四条　管理规则、训育规则由评委委员会另定之。

第四十五条　本细则如有未尽事宜,得由院长召集院务会议随时修改。

第四十六条　本细则自公布日施行。

《广东反省院评判委员会会议规则》

(十九年九月二十七日司法行政部指令，
广东反省院第一一二六五号)

第一条　本会议依反省院条例第七条之规定，以下列人员组织之：

一、本院院长；

二、本院总务主任；

三、本院管理主任；

四、本院训育主任；

五、省党部代表；

六、高等法院推事；

七、高等法院检察官。

第二条　本会议以院长为主席。

第三条　下列事项应经本会议审议：

一、本会议规则、管理规则、训育规则、其他涉及法律或重要事项；

二、决定已受反省处分期满人应否继续反省；

三、决定在反省条例施行前已受反省处分而施行时尚未完毕者之应否继续反省；

四、关于受反省处分人在反省期内发觉有新罪证或认为不能感化者之处置方法。

第四条　本会议定每月开常会二次。

遇有紧急事故得由主席临时召集之。

第五条　本会议非有委员过半数出席不得开议。

第六条　表决事件以出席委员过半数同意为通过。

第七条　开会时，非有特别事由、经主席许可者不得迟席。

第八条　委员因事故不能出席，应先期向主席告假，但不得一连缺席三次。

第九条　评议时，委员对于主席之询问应发表意见。

第十条　出席委员应于评议纪录署名盖章。

第十一条　决议事件应即移付本院院长执行。

第十二条　会议记录由主席于本院总务科人员指定充任之。

第十三条　议案应由本院总务科编列。其须先行征集意见者并应将草稿付印，分送主席及委员查阅。

第十四条　会议记录及议案由本院总务科保管之。

第十五条　本规则如有未尽事宜，得随时修正之。

第十六条　本规则自公布日施行。

《广东反省院管理规则》

（十九年九月二十七日司法行政部指令，
广东反省院第一一二六五号）

第一章 总则

第一条 本院管理事项除办事细则有特别规定外，适用本规则办理之。

第二条 管理人员对于受反省处分人之待遇，应出以和平、诚爱，不得有虐待、需索情事。

第三条 本院风纪应注重严肃、清洁。

第四条 管理人员须穿着划一之制服（如中山装），以资识别。

第五条 管理及警戒人员应分日夜轮值。其轮值办法由管理主任呈报院长定之。

第六条 反省人之住室须分别男女，不得杂居。

第七条 反省人不服管理人之处分时，得申诉于监督长官，但最高监督长官之制定有最终之效力。

前项之监督长官指本院管理主任及院长。

第八条 有请求参观本院者，以有正当理由，经监督长官之许可得引导之。

第二章 入院

第九条 入院者之身体、衣类及物品须检查之，并调查其体格及个人关系。

前项之规定对于已入院者认为必要时亦适用之。

第十条 身体检查及体格调查，非认为万不得已时不得裸体为之。

第十一条 入院者须经医生诊察之。

第十二条 入院者若有下列情形之一得拒绝之：

一、心神丧失者；

二、现罹疾病，恐因执行而不能保其生命者；

三、怀胎七月以上者；

四、生产未满一月者；

五、罹急性传染病者。

第十三条 依前条规定拒绝收院者，若认为必要时，仍得暂行收院。

第三章 戒护

第十四条 受反省处分人如发觉有逃走、暴行、自杀之虞者，得酌加以手铐或脚镣但须即时呈报监督长官许可。

第十五条 管理人员携带之枪或刀，遇有下列事项之一得使用之：

一、受反省人对于他人之身体为危险暴行或加以将为暴行之胁迫时；

二、受反省处分人持有足供危险暴行之物不肯放弃时；

三、受反省处分人聚众骚扰时；

四、以危险暴行劫夺受反省处分人及帮助为暴行或逃脱时；

五、图谋逃走者以暴行拒捕或制止不服仍行逃走者。

第十六条　当天灾事变认为必要时，得令受反省处分人为应急事务，并须报告监督长官请求军警援助。

第四章　给养

第十七条　对于受反省处分人，须斟酌其体质、年龄及地方气候等项，给予必要之饮食、衣类及其他用具。

第十八条　住室、课堂等处，于天极寒热时须设法调和其温度。

第五章　卫生

第十九条　院内须洒扫洁净。住室、课堂、厕所、浴室、厨房等处须规定次数，每日清洁之。

第二十条　受反省处分人须合其沐浴，至少三日一次。

第二十一条　受反省处分人除有不得已事故外，须令作身体运动一小时。

第二十二条　受反省处分人罹疾病时须速加治疗，有必要情形时得移遣病室或医院。

第二十三条　受反省处分人罹传染病时须与他人严行隔别。

第二十四条　急性传染病流行时，探望人及寄送物品得加以必要之限制。

第二十五条　受反省处分人如自己延医时，须得监督长官之许可。

第二十六条　孕妇、产妇、老弱废疾者，准病者待遇。

第六章　接见书信

第二十七条　受反省处分人只许与家族接见，但有特别理由得许与家族以外之人接见。

第二十八条　每周接见次数至多不得过二次，时间每次限十五分钟。但有特别理由，经呈报得监督者之许可不在此限。

第二十九条　接见时由管理主任派员监视之。

第三十条　探望人应遵守管理规则，如有违反情形，监视人员得令退出。

第三十一条　受反省处分人得与家族或以外之人发受书信。

前项书信须经管理主任之检阅，如认为有妨害本院纪律或有煽惑情形者停止其发受。

第三十二条　发受书信费用由受反省处分之人自备之。

第七章　赏罚

第三十三条　赏罚由管理主任呈报院长行之。

第三十四条　受反省处分人成绩优良者得为下列各种之奖励：

一、奖与金钱或物品书籍；

二、照本规则所定接见之次数或运动时间增加之。

第三十五条　受反省处分人有下列行为之一，由管理主任呈报院长特别奖励之：

一、密告他人为逃走、暴行之预谋或为逃走暴行者；

二、救护人命或捕获逃走中之受反省处分人；

三、天灾事变或传染病流行时帮助防护得力者。

第三十六条　受反省处分人违反纪律或本规则时，得处以下列各种之惩罚：

一、面责；

二、三月以内停止赏遇；

三、撤销赏遇；

四、三次以内停止发受书信及接见；

五、十日以内停阅书报或听讲；

六、十日以内之慎独或五日以内之禁锢。

前项各种惩罚得并科之。

第三十七条　受惩罚者有疾病时，如认为与其健康有妨碍时，得停止其惩罚，有悛悔情状并得免除之。

第八章　统计

第三十八条　管理科应设置受反省处分人名簿，将姓名、性别、年岁、籍贯、职业、经历、案由、移送机关、出入院年月日分别登记，以资考核。

第三十九条　每月应将出入院受反省人数列册，呈报院长查核。

第四十条　管理科应设置功过赏罚簿，将受反省处分人功过赏罚分别登载。

第四十一条　关于统计表式另定之。

第九章　死亡及释放

第四十二条　受反省处分人在院死亡，管理主任应会同检察官检验其尸体。

第四十三条　病死者，医士应记明其病名、病历、死因及死亡年月日时，于死亡簿签名盖章。

第四十四条　死亡者之病名、死因及死亡年月日时应速通知死亡者之家属或亲故，一面填具死亡证书，呈报司法行政部。

第四十五条　死亡者之家属亲故请领尸体时应交付之。

第四十六条　死亡经二十四小时无人请领尸体者浮葬之，唯须标明死亡者姓名、年籍及死亡年月日。

第四十七条　依本院条例第六条之反省期满人，经评判委员会认为无须继续反省者，应于决议之翌日午前释放之。

第十章　附则

第四十八条　管理主任如发觉受反省处分人有新罪证或认为不能感化者，

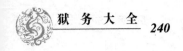

应呈报院长核办。

第四十九条　本规则如有未尽事宜,得随时修正。

第五十条　本规则自公布日施行。

《广东反省院训育规则》

（十九年九月二十七日司法行政部指令,广东反省院第一一二六五号）

第一条　本院训育工作以中国国民党党义为纲要。

第二条　训育课程及教材悉依中央党部规定办理。

前项课程及教材未奉颁到时,得就前广东感化院所订学科酌量采用之(附表)。

第三条　训育分二种:

一、普通训育;

二、个人训育。

第四条　训育主任助理员对于受反省处分人平时训育应注意下列各点:

一、训育主任助理员对于受反省处分人应各个认识。

二、受反省处分人之思想及行动、言论须随时加意考察、纠正之。

三、应随时检查受反省处分人对于中国国民党党义信仰之程度。

四、应特别注意引起受反省处分人研究党义之兴趣及随时考查其成绩。

五、受反省处分人研究党义及政治有疑问时,须负指导及解答之责。

六、须利用本党图书、标语、宣传品以促受反省处分人之反省思维。

前项宣传品得请省党部发给之。

七、每周至少须作精神讲话二次。

八、对于受反省处分人姓名、性别、年籍、品质、教育程度、家庭状况须制备一览表备查。

第五条　受反省处分人入院时须考试之,以试验其程度,分别编级教授。

第六条　每级人数至多不得逾八十人。

第七条　教授科目以六个月为完毕期间。

第八条　学科试验得分期考、临时考两种,期考以三个月举行一次,临时考得临时行之。

第九条　训育科应设置操行簿,将受反省处分人操行随时考察、登记以备查核。

第十条　操行成绩以下列各点为标准:

一、品性纯良;

二、功课勤奋;

三、遵守纪律;

四、确知后悔。

第十一条 操行学科成绩均分别甲乙丙三等,以总平均八十分以上为甲等,七十分以上为乙等,六十分以上为丙等,不及六十分者为不及格。

学科成绩及格而操行成绩不及格者以不及格论。

第十二条 学科成绩总平均不及格而操行成绩在甲等者仍以合格论。

第十三条 前学科、操行成绩于反省期满时应附送评判委员会审查。

第十四条 训育主任、助理员对于受反省处分人所阅书报认为不当者得禁止之。

第十五条 本规则如有未尽事宜,得随时修正之。

第十六条 本规则自公布日施行。

《安徽反省院管理规则》

(二十三年二月之日核准)

第一章 通则

第一条 本院管理规则依照反省院条例第十一条及本院暂行处务规则第十七条之规定订定之。

第二条 本院管理反省人除法令别有规定外,依本规则办理。

第三条 管理主任秉承院长之监督、指挥,督率助理员及主任看守、看守等,办理管理事宜,并负完全责任。

第四条 本科分督察、卫生两股,掌理本院暂行处务规则第四条所规定之事务。

第五条 本科应置备下列各种簿表:

一、视察日记簿;二、检查簿;三、书信簿;四、接见簿;五、赏誉登记簿;六、惩罚登记簿;七、勤务配置簿;八、房舍指导簿;九、行状报告表;十、赏誉表;十一、惩罚表;十二、反省人入院、出院簿;十三、保管簿;十四、反省人疾病日记簿;十五、反省人死亡登记簿;十六、其他。

第六条 管理主任非有总务科通知及合法公文书不得将反省人收入或释放。反省人入院后以号数代姓名。

第七条 反省人之房舍,本科须妥为指定并登记之,对于男女性别尤应严重离隔。

第八条 反省人有请求携带子女时,经院长许可后,管理主任应指定房舍妥为管理。其在院分娩之子女亦同。

第九条 有请参观本院者,如确系研究学术及其他正当理由者得允许参观。参观规则另定之。

第十条 入院反省人须经医士诊察,如有下列情形之一者得拒绝之:

一、精神错乱不能反省者；

二、怀孕七月以上者；

三、生产未满一月者；

四、罹急性传染病或罗疾病恐因监禁而不能保其生命者。

第十一条 反省人须绝对服从命令，遵守约束。

第十二条 本院风纪应注重严肃、整洁。

第十三条 管理主任须随时督率助理员，设法训练所有看守，以增进其管理技能及政治知识。

第二章 检察及戒护

第十四条 任何反省人，本科有检查职权，除随时检查反省人各院房及物品外，并得检查其身体。

第十五条 反省人入院时须检查之，如有夹带禁物或有危险之物者，管理主任须将上项物品报请院长核办。

第十六条 入院者携带之物或送入之物，经检查后，如认为应保管者，即由管理科点交总务科妥为保管，俟该反省人出院时交还。其不适于保管者须令本人自为相当之处分。

第十七条 第十五、第十六、第十七各条之检查，均应登记于检察簿，随时送请院长查阅。

第十八条 管理主任须随时巡视全院各房舍处所，并督率助理员及主任看守、看守等轮值昼夜班务。看守服务规则另定之。

前项昼夜班务，督察股须登记班务配置表，送请管理主任、院长查阅。

第十九条 每日早晚启闭反省人住室时，管理主任须亲自到场监视并查点其人数一次。开饭、运动、上课、集会，管理主任或督察股职员须到场监视。

第二十条 反省人有逃走、暴行或自杀之虞者，管理主任得加以戒备，但非紧急时须先报请院长指挥。

前项戒备设脚镣手铐、捕绳三种。

第二十一条 管理人员于执行职务时准带武器，如遇事机紧急、有合于下列事项之一者，得使用之，但助理员主任看守及看守等，非有管理主任命令不得行使：

一、反省人对于他人之身体为危险暴行或将为暴行之胁迫时；

二、反省人持有足供危险暴行所用之物不肯放弃时；

三、反省人聚众骚扰，不服制止时；

四、以危险暴行劫夺或帮助反省人，使之为暴行或逃走时；

五、图谋逃走者以暴行拒捕或不服制止仍行逃走时。

第二十二条 本院职员提讯反省人时，须通知本科办理之，不得直接提人出中央楼卫门。

第二十三条　遇天灾事变认为必要时,得令反省人准备应急事务,并得请求军警协助。

第二十四条　遇天灾事变,如在院无法防避时,得将反省人护送于相当处所,不及护送者得暂时解放。被解放者由解放时起限于二十四小时内归院或至公安局报到,逾时者以刑法脱逃罪论。

第二十五条　反省人脱逃时应依法缉办。

第三章　给养及卫生

第二十六条　反省人之养料及衣被、卧具等件,卫生股须按照时令,转请总务科酌量情形分给之。

第二十七条　反省人日需饮食由院供给。但请求自备菜疏者得酌量允许之。

第二十八条　反省人禁用烟酒及奢侈品,本科须严为查禁。

第二十九条　反省人之内衣、鞋袜及日用杂品等,及携带子女应需之衣被杂品等,均须自备。无力自备者,卫生股得请管理主任转请总务主任、院长核发。

第三十条　院内房舍及衣被、卧具、厕所、便器等类,卫生股须督率反省人按时洒扫或洗濯之。

第三十一条　反省人沐浴次数,卫生股须酌量气候,呈报总务主任转呈院长定之。

第三十二条　反省人除有特别情形者及例假日外,每日须令其运动一小时,由卫生股督率之。

第三十三条　本院为裨益反省人身心、造就其生活技能起见,得酌令服相当劳役。

第四章　书信及接见

第三十四条　反省人每月许其发受书信三次,但有特别事由经特许者不在此限。

第三十五条　寄交反省人之书信,先由本科检阅、登记后,交训育科发给反省人;寄发书信经训育科与底稿核对后,交本科检阅、登记、发出。上项信件如认为有妨害院中纪律者,得呈明院长扣留保管之并通知反省人。

第三十六条　反省人对于法院或其他机关有所呈请时,得为转交总务科转送,但有违反本院宗旨者须报告院长核办。

第三十七条　管理反省人接见亲友事务会同训育科办理之,每月得接见三次,每次三十分钟。但有特别事由、经院长允许者不在此限。

第三十八条　请求接见者须注明其姓名、年龄、住址、职业及反省人姓名与反省人之关系等,经管理主任允准并通知训育科后方许接见。

第三十九条　接见时在接见室行之,管理、训育两科各派一人监视,并详录其谈话要领于接见簿,随时送院长核阅。如有通谋作弊或妨害院中纪律者得实时停止之。

第四十条　请求接见者如有下列情形之一时,管理主任得拒绝之:

一、形迹可疑者;

二、两人以上同时要求接见一人者;

三、受停止接见处分尚未恢复者。

第四十一条　发信费用由反省人自备。无力自备者由本院支给之,但每月以一次为限。

第五章　赏誉及惩罚

第四十二条　管理人员视察反省人行状,应随时登记视察日记簿,分别赏罚。

前项赏罚由管理主任呈请院长为之。

第四十三条　反省人之行状善良或报告重要秘密者,得予以下列之赏誉:

一、嘉奖;

二、增加书信及接见次数;

三、赏给日用必需品、书籍、文具等;

四、尽先提付评判。

第四十四条　反省人违犯院规者,得处以下列之惩罚或并科:

一、警告;

二、撤销赏誉;

三、减少书信及接见次数或停止之;

四、七日以内之停止运动;

五、三日以内之暗室禁闭;

六、提交评判委员会决议留院或送法院审判或执行其刑。

前项第一款至第五款之惩罚如各有特别情形时,得酌量停止或变更或免除之。

第六章　疾病及死亡

第四十五条　反省人罹疾病时,管理主任须实时通知医士速为诊治。病重者得移送医院。

第四十六条　病重者如不愿入医院时,得自费招请医生到院治疗,但须经院长核准。

第四十七条　反省人有罹传染病者,管理主任须设法隔离之。

第四十八条　反省人死亡,时须将死亡者之病名、病历、死因及死亡年月日时详记于死亡簿,由院医签名盖章,并报告院长查核,一面移置尸体于停尸室,听候法院派员检验,一面通知其亲属,并转总务科呈报司法行政部。

第四十九条　死亡者之尸体及遗物准其亲属领回。如逾二十四小时无人请领时,转请总务科埋葬,其遗物归国库所有,埋葬处应立木标记明死亡者姓名及死亡年月日时。

第七章　附则

第五十条　本规则有未妥处,得提请评判委员会修正。

第五十一条　本规则自评判委员会通过之日施行,披呈报司法行政部及中央组织委员会备案。

《安徽反省院暂行处务规则》

(二十三年二月十七日核准)

第一条　本院处理各项事务除依反省院条例及现行法令规定外,依本规则行之。

第二条　本院依反省院条例第三条规定,在院长之下设总务、管理、训育三科。

第三条　总务科分文书、会计、庶务三股。

一、文书股掌理下列事务:

(一)关于公文撰拟、收发、缮校及保管事项;

(二)关于典守、印信及统计、报告事项;

(三)关于会议纪录印送及保管事项;

(四)关于职员请假及通知、传览之登记事项;

(五)反省人入院、出院之登记事项;

(六)其他属于本股事项。

二、会计股掌理下列事务:

(一)关于本院预算、决算之编制事项;

(二)关于本院经费之出纳、保管事项;

(三)关于各项杂支之复核事项;

(四)关于反省人存款之保管及其领支之登记、稽核事项;

(五)其他属于本股事项。

三、庶务股掌理下列事务:

(一)关于本院办公用品之购置、登记、保管及财产目录之编制事项;

(二)关于本院院舍及器具什物之整理、缮葺事项;

(三)关于工役、厨夫之督察及考核事项;

(四)其他属于本股事项。

第四条　管理科分督察、卫生二股。

一、督察股掌理下列事务：

（一）关于反省人之入院、出院、平时讯问、搜检之登记、报告事项；

（二）关于反省人在院行动之监视、逐月品行之记载及报告事项；

（三）关于院舍安全之注意及容纳反省人数之支配及其登记、报告事项；

（四）关于反省人书信物件之检查、登记及接见亲友之监视纪录事项；

（五）关于全院戒护事务之配置及看守之训练、督察、考核事项；

（六）关于反省人存物之保管、存款之代支与核准、物品之代办及其他一切登记事项；

（七）关于反省人上课、集会及工艺实习之戒护事项；

（八）其他属于本股事项。

二、卫生股掌理下列事务：

（一）关于全院清洁之注意整理事项；

（二）关于反省人饮食起居之检查及一切疾病之诊治、预防事项；

（三）关于药品之领用、登记、保管及报告事项；

（四）关于病室之戒护事项；

（五）关于院房搜检时应行协助事项；

（六）关于反省人因病请假之审核及其登记、转呈事项；

（七）协助监视反省人练习国术及各种运动事项；

（八）其他属于本股事项。

第五条　训育科分课务、训练考查三股。

一、课务股掌理下列事务如下：

（一）关于课程教材之编选、审查事项；

（二）关于反省人知识程度之调查及分组事项；

（三）关于反省人一切课务簿籍之登记、保管事项；

（四）关于反省人课程时间、教室、座次之分配、编发及其登记、保管事项；

（五）关于反省人受课作业之监督及成绩之考查、汇核、报告事项；

（六）关于本院一切图书之收发、登记、保管事项；

（七）其他属于本股事务。

二、训练股掌理下列各事：

（一）关于反省人党义研究会、讨论会、演讲会等课外集会之指示、纪录及报告事项；

（二）关于总理纪念周及各种纪念集会、精神讲话之举行、纪录及报告事项；

（三）关于反省人练习国术及柔软体操之指导及报告事项；

（四）关于召集反省人个别谈话及指导、反省人日常生活及其报告事项；

（五）关于反省人阅读图书之指示及报告事项；

（六）其他属于本股事项。

三、考查股掌理下列事务：

（一）关于反省人家庭状况、过去历史、犯罪事实、狱中生活、思想背景及最近情形之调查、统计及报告事项；

（二）关于反省人日记、笔记及作品之批阅及报告事项；

（三）关于反省人平日思想、言行及期满时之考查、记载、报告事项；

（四）关于反省人自备图书之检查、审核及登记、报告事项；

（五）关于反省人接见亲友及通信考核事项；

（六）关于出院反省人之通信调查及报告事项；

（七）关于院房搜检时应行协助事项；

（八）其他属于本股事项。

第六条　各科主任秉承院长意旨处理各该科事务，训育员、助理员秉承院长、主任分办本科各股事务，主任看守、录事秉承主任训育员、助理员分办事务。

第七条　各科事务有涉及二科以上时得会同办理之。

第八条　本院职员对于承办或预闻事件未经宣布者有严守秘密之义务，违者分别轻重惩戒之。

第九条　本院每日办公时间，除管理科职员须昼夜分班轮值外，其余各员均定上午八时起至十二时止，下午一时起至五时止，但必要时得延长或提早之。

第十条　职员应按时到院办公，并在考勤簿内亲笔签名，注明到值、散值时刻。其因事或因病不能依时到值或临时离院者，须具请假书请假。请假规则另定之。

第十一条　本院职员，管理科全体应住院外，其余各科职员应轮流值日。其值日表由各科主任订定之。

第十二条　管理科职员每周轮值休息一日，总务、训育两科职员均依例假日休息。但值日人员不在此例。

管理科轮流休息日期表由该科主任订定之。

第十三条　院务会议由院长随时召集之。院长有事故不能出席时，由总务主任召集并代理主席。

前项会议，各科主任、训育员、助理员均须出席，必要时并得令主任看守列席。

第十四条　院务会议讨论事项如下：

一、院长交议事件；

二、主任提议事件；

三、其他事件。

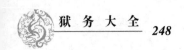

第十五条　关于本院应行与革事宜,各科训育员、助理员、主任看守均得条陈意见,请由该管科主任提出院务会议。

第十六条　各科办事细则另定之。

第十七条　本细则自公布日施行。

第十八条　本细则由评判委员会议决施行,并呈司法行政部及中央组织委员会备案。

《安徽反省院训育规则》
（二十三年二月十七日核准）

第一章　总则

第一条　本院训育规则依照反省院条例第十一条及本院暂行处务规则第十七条之规定订定之。

第二条　本院训育反省人除法令别有规定外,依本规则办理。

第三条　反省人除被惩罚或因病或有不得已事故经特许者外,均须训育。

第四条　反省人须诚意接受训育主任训育员及其他训育工作人员之指导。

第五条　反省人对于训育事务,得以书面陈述意见。但采纳与否,院长及训育主任有自由酌量之权。

第六条　关于训育计划、训育方案及重要训育事务,由训育会议决定之。

前项训育会议由院长、训育主任、训育员、训育助理员及教师组织之。开会时,总务主任、管理主任亦得列席。

第七条　训育方针遵照中央党部所定《修正反省院训育主任工作大纲》甲项之规定施行。

第八条　训育工作之联络及报告遵照中央党部所定《修正反省院训育主任工作大纲》乙项第四款之规定办理。

第九条　本院训育工作分课务、训练、考查三股。每股指定训育员或助理员一人主管之。

第十条　本院训育反省人课务方面采级任制,以担任该组重要科目之教师为级任;个别训练及考查事宜采导师制,以本院各主任训育员、助理员及教师分别担任导师,由训育主任总其成,院长为最后之决定。

第十一条　本科工作人员之兼任教师者或院外兼课教师,得院长之核准,其办公时间得变通之。

第十二条　本科除课务训练考查各项簿表外,应置备下列各项簿表:

（一）训育会议记录簿;（二）训育科文书收发簿;（三）训育工作人员工作日记簿;（四）训育工作人员工作报告表;（五）调阅卷宗簿;（六）训育科稿簿;

（七）其他。

第二章 课务

第十三条 本院训育课程遵照中央党部所定《修正各省反省院训育课程教材纲领》《修正反省院训育主任工作大纲》乙项第一款及本院暂行处务规则第五条第一款之规定办理。

第十四条 本院视反省人之学识程度、政治认识及性别等暂分甲组（大学）、乙组（中学）、丙组（小学）、丁组（不识字）、女组等五班分别授课。各组课程表另定之。

前项组别遇必要时得增减之。

第十五条 各组所用教材，任课教师须于每期开始之前，以党义为中心，分月编定。全期教材细目汇呈训育主任审阅，讲义经训育主任审阅后再行发缮，缮就后由课务股核对，与原稿无误后始可付印，印就后由课务股分发。如采用课本，则事先须将课本送训育主任审阅。

前项教材审阅后，由训育主任汇呈院长核阅。

第十六条 反省人所受课程须每月考试一次，试卷及考试结果由课务股汇集、登记、列表，送训育主任审阅后呈院长核阅。

第十七条 反省人受课时应作笔记，阅览课外书籍时应作阅书笔记，由各科教师及课务股随时审阅，并每周列表报告训育主任。

第十八条 反省人得请求借阅课外图书，但须先经训育主任之审查核准。

第十九条 本院图书、仪器及教授用品须妥善登记、保管。如有遗失时，由管理人员负责赔偿。管理图书方法另定之。

第二十条 反省人除不识字者外，皆须作日记及详细自白反省心得。此等作品需用纸张笔墨由本院发给。

第二十一条 课务股应置备下列各项簿表，并负责登记、保管、统计及报告，但在必要时得增减之：

（一）训育日课簿；（二）点名簿；（三）各组课程表；（四）教室座次表；（五）反省人上课、缺课时数统计表；（六）反省人已习教材一览表；（七）各科成绩记载表；（八）各反省人各科成绩记载表；（九）阅书笔记；（十）阅书报告表；（十一）工艺实习分配表；（十二）各组各科教材一览表；（十三）仪器登录簿；（十四）教授用品登录簿；（十五）图书登录簿；（十六）图书分类簿；（十七）借书登记簿；（十八）审查图书报告表；（十九）教师请假时数统计表；（二十）教师请假登记簿；（二一）教材细目簿；（二二）每月教材大纲预定簿；（二三）反省人分组簿（二四）其他。

第三章 训练

第二十二条 本院训练反省人遵照中央党部所《修正反省院训育主任工作

大纲》乙项第二款及本院暂行处务规则第五条第二款之规定办理。

第二十三条　本院为训练反省人起见,举行下列各种集会:

(一)总理纪念周;(二)革命纪念会;(三)精神讲话。随时敦请本院职员或院外名人演讲之;(四)党义研究会。依反省人之程度及兴趣,指导组织小组研究党义上某种问题;(五)讨论会。组织小组或全体讨论之,讨论问题由训育科提出公布或由反省人用书面提出,经训育科审核后公布;(六)演讲会。指定反省人演讲之,但反省人亦得自行请求出席演讲。其讲稿须事先送训育科审核。

第二十四条　本院为恢复反省人之康健、锻炼反省人之体格,每晨指导反省人练习柔软体操,并在规定时间内练习国术。

第二十五条　无家可归并缺乏谋生技能之反省人,除受普通训育外,当再施以工艺上之特殊训练使正反省期内至少完成一种谋生技能。

第二十六条　调查各反省人在日记笔记及其他作品上所表现思想、性情、习惯及行动上之错误及缺点,个别指正或训练,并切实考查,使其在反省期内将前项错误及缺点完全消灭。

第二十七条　反省人之作品如内容有价值者,得呈请院长印刷发表,以促进其他反省人之反省。

第二十八条　切实督促反省人将其日常生活情形按日、按时照实填入周期生活表,随时加以考查,个别指正之。

第二十九条　审查本院图书,择其内容优良者编成反省人自修书目,介绍反省人购阅。审查图书规则另定之。

第三十条　训练股应置备下列各项簿表,并负责保管、登记、统计及报告,但在必要时得增减之:

(一)总理纪念周记录簿;(二)革命纪念会记录簿;(三)精神讲话及训话记载簿;(四)党义研究会记载簿;(五)讨论会记载簿;(六)反省人演讲会记载簿;(七)体育训练记载簿;(八)个别谈话记载簿;(九)反省人自修书目簿;(十)周期生活表;(十一)反省人准购书目簿;(十二)反省人应行纠正各点记载簿;(十三)其他。

第四章　考查

第三十一条　本院考查事务遵照中央党部所定之《修正反省院训育主任工作大纲》乙项第三款及本院暂行处务规则第五条第三款之规定办理。

第三十二条　反省人入院时即须举行入院考查,以考查反省人学历、家庭状况、过去历史、犯罪事实、狱中生活思想背景及最近态度等。考查表格式另订之。

前项考查须参证出院及在院反省人之自白、判决书、监狱身份簿等件,详细记载,以资对照。

第三十三条　反省人日记及作品等,由考查股登记、分配,送负责人用红色笔在原文上详细批注,并填具报告表,送训育主任审阅,复交考查股登记、成绩归卷,随时或期满总考查时汇呈院长核阅。

第三十四条　考查股应列表支配与反省人个别谈话之时间及地点,使各反省人每月有二次以上之长时谈话机会,并每周审阅周期生活表,以考查各反省人之思想言行及其他反省人之思想言行。考查结果每日汇送训育主任审阅后分别登记、归卷,随时或期满总考查时送呈院长核阅。

第三十五条　反省人在入院后第六月,考查股即须统许其全部成绩,整理与该反省人有关之文件列表送训育主任,定期总考查。总考查后即将全部成绩及卷宗送呈院长作最接之考核。

第三十六条　反省人入院时携带之图书及院外寄交反省人之图书,均须细密检查,并依照本院审查图书规则审查之。如有内容不良者得收没之或暂时扣留,待该反省人出院时发还。

前项扣留之图书由训育主任呈院长核准后施行。

第三十七条　反省人请求自购图书时,事先须经训育主任之批准,购到后依照本院审查图书规则审查、登记后,由考查股发给。

第三十八条　寄交反省人之书信,管理科检阅、登记后交本科发给反省人,于反省人阅后收回保管之;反省人寄发之书信须附底稿一份,交本科核对与原信无误后,即将信件送管理科检阅、登记、发出,底稿留存本科备查。反省人发信底稿格式另定之。

第三十九条　反省人接见亲友会同管理科办理之。遇必要时,本科得先向反省人或其亲友谈询,再允接见。接见经过由考查股登记之。反省人接见亲友通知单样式另定之。

第四十条　期满出院之反省人,除亲具悔过切结、通信切结外,须寻觅经本院认可之妥实保人,填具保结,保证该反省人出院后不再犯反革命及危害民国罪状,及遵限通信报告最近行迹、职业、状况。有亲友戚属者,其亲友戚属须填具领回管束切结后方准出院。

前项切结样式另定之。

前项通信由考查股主管。其收发信件登记后送训育主任审阅,每月列表呈院长核阅。

第四十一条　随时会同管理科搜检反省人住室,考查反省人之行动、图书、文件等。

第四十二条　对反省人之考查,如需向院外各机关调阅卷宗或查询时,由训育主任提请院长办理。

第四十三条　随时调查反省人存款用途及领用公物数量,列表统计之。

第四十四条　随时征求院内工作人员对反省人之批评意见,以供考查反省人时之参考。

第四十五条　考查股应置备下列各项簿表,并负责保管、登记、统计及报告,但在必要时得增减之:

(一)入院考查表;(二)总考查表;(三)思想言行考查表;(四)日记及作文审查表;(五)课外阅书考查表;(六)反省人每月成绩表;(七)反省人每期成绩表;(八)思想考查统计表;(九)学业考查统计表;(十)性习考查统计表;(十一)训育成绩总表;(十二)个别谈话分配表;(十三)个别谈话结果记载表;(十四)反省人成绩品统计表;(十五)反省人自备图书登记簿;(十六)扣留图书登记簿;(十七)反省人通信考查簿;(十八)反省人接见考查簿;(十九)与反省人亲友谈话记载簿;(二十)出院反省人通信登记簿;(二十一)出院反省人现状一览簿;(二十二)出院反省人总考查簿;(二十三)院房搜检簿;(二十四)反省人存款用途考查表;(二十五)反省人领用公物统计表;(二十六)反省人入院、出院登记簿;(二十七)反省人寝室分配簿;(二十八)思想考查细目簿;(二十九)测验题簿;(三十)每月入院反省人概况统计表;(三十一)每月出院反省人概况统计表;(三十二)每月在院应受训育反省人概况统计表;(三十三)历年入院反省人概况表;(三十四)历年每月在院反省人人数统计表;(三十五)各训育期在院反省人登录簿;(三十六)每月反省人人数统计表;(三十七)反省人在院时间表;(三十八)其他。

第五章　惩奖

第四十六条　反省人诚意接受训育、成绩优良、确能悛悔者,得斟酌情形予以下列各款之奖赏:

(一)增加接见及通信次数;

(二)给予一角以上二角以下之蔬菜、毛巾、牙刷、牙粉、肥皂、邮票、信纸封等日用必需品及文具等一次至五次;

(三)给予三元以上十元以下之前项物品或现金,以作出院时川资为限;

(四)尽先提付评判。

第四十七条　反省人无诚意接受训育、成绩恶劣、经劝告无效或属惩不悛、认为不能感化者,得斟酌情形予以下列各款之一或并科之惩罚:

(一)申诫;

(二)撤销奖赏;

(三)一月或二月以内停止发信、受信及接见;

(四)一星期内停止运动;

(五)三日以内之暗室监禁;

（六）提付评判委员会决议留院或送法院审判或执行其刑。

受前项第一款至第五款之惩罚者，如有疾病经医士证明者或有其他特别事由或确有悛悔情形时，得酌量情形停止或变更、免除其惩罚。

第六章　附则

第四十八条　本规则如有未妥处，得提请评判委员会修正之。

第四十九条　本规则自评判委员会议决之日起施行。

第五十条　本规则呈 司法行政部及中央组织委员会备案。

军 人 监 狱

《军人监狱组织大纲》

（民国十九年八月军政部令法字第四○一四号公布）

第一条　中央军人监狱直隶军政部，受陆军署军法司之监督、指挥，为执行军事人犯机关。

各省军人监狱，军政部得令监狱所在地最高军事机关监督之。

第二条　军人监狱之设置、撤销由军政部定之。

第三条　军人监狱设监狱长一人，综理全监事务。

第四条　军人监狱以下列各科所组织之：

一、第一科；

二、第二科；

三、第三科；

四、教务所；

五、医务所。

前项各科所设科长、所长各一人。

第五条　前条职员之外，得设科员、技师、医官、司药、教诲师、教师、看守长、看守员、书记、司书、士兵、夫役等，其额数、阶级依编制表之规定。

第六条　各科长、所长受监狱长之指挥，依军人监狱各法令，分掌全监行政、警备、戒护、检束、作业、教诲、教育、卫生、医药、用度及其他庶务，并监督指挥所属各员兵。

第七条　监狱长有事故时，由资深之科长或所长代理其职务。

第八条　军人监狱各规则由军政部以部令定之。

第九条　军人监狱看守士兵名额以下列人犯之人数为标准：

一、每人犯十名设看守下士一名；

二、每人犯百名增设看守上士或中士一名。

第十条　本组织大纲自公布日施行。

《军人监狱规则》

（民国十九年八月军政部合法字第四○一四号公布）

第一章　总则

第一条　本规则依据组织大纲第八条订定之。

中央军人监狱设于首都，各省军人监狱设于各省适当地点。

第二条　军人监狱为监禁被处徒刑或拘役之陆海空军军人及视同军人。

依法令非军人而受军事裁判者亦得监禁之。

第三条　军人监狱内得附设看守所，羁押刑事被告人及受禁闭处分者。

第四条　未满十八岁者与已成年者应隔别监禁。但满十八岁后三个月内刑期即可终结者，其残刑期间仍得隔别监禁之。

因精神、身体发育情形认为必要时，得不拘年龄适用前项。

第五条　军人监狱须严分徒刑、拘役及未成年者隔别监禁。

第六条　军政部每年应派员视察各军人监狱。

视察员以军法司监狱科职员及军法官充之。

第七条　在监者不服监狱之处分时，得在事故发生后十日内申诉于驻督官署或视察员。但申诉未经判定时无中止处分之效力。

第八条　不服监督官署或视察员之制定者，许其再诉于军政部，但军政部之判定有最终之效力。

第九条　关于在监者之待遇及其他监狱行政之重要事项，监狱长须随时召集全体职员会议，以期改善。

第十条　有请参观监狱者，限于确系研究学术及其他正当理由者得许可之。

第十一条　依本规则没收之财物充监狱慈惠经费之用。

第十二条　受监禁处分者准用被处拘役者之规定。

第二章　收监

第十三条　入监者，监狱长非认定具备适法之公文不得收之。

第十四条　军人监狱不设女监。入监者为妇女时寄禁于普通监狱。

第十五条　入监者，医官须诊察之，并填具诊断书备案。

第十六条　入监者若有下列情形之一者得拒绝之：

一、心神丧失者；

二、现罹疾病，恐因执行而不能保其生命者；

三、罹急性传染病者。

第十七条　依前条规定拒绝收监者，若认为必要时，仍得暂行收监。

第十八条　入监者之身体、衣类及携带物品须检查之，并调查其体格及个人关系，填表备案。

前项之规定对于已在监者认为必要时亦适用之。

第十九条 身体检查及体格调查,非认为万不得已时不得裸体为之。

第三章 监禁

第二十条 在监者概须分房监禁,但因精神、身体认为不适当者不在此限。

分房监禁应由监狱长官斟酌情形核定三个月以上之期间。

第二十一条 监狱长官及教诲人员至少每十日一次访问分房之在监者,看守长员须常访问之。

第二十二条 杂居者无论在监房、工场,均须斟酌其罪质、年龄、犯数、性格等隔别之。

第四章 戒护

第二十三条 在监者有逃走、暴行、自杀之虞及在监外者,得加以戒具。

戒具设窄衣、脚镣、手铐、捕绳、联锁五种。

第二十四条 戒具非有监狱长官命令不得使用,但紧急时得先行使用,一面报告监狱长官核办。

第二十五条 施用戒具时须格外审慎,毋使毁伤身体及因而残废。

第二十六条 监狱官吏携带之枪或刀若遇下列事项之一得使用之:

一、在监者对于人之身体为危险暴行或将为暴行之胁迫时;

二、在监者持有足供危险暴行所用之物、不肯放弃时;

三、在监者聚众骚扰时;

四、以危险暴行劫夺在监者及帮助在监者为暴行或逃走时;

五、图谋逃走者以暴行拒捕或制止不从仍行逃走时。

第二十七条 监狱官吏照前条规定使用枪、刀后,须将实在情形呈由监督官署转报军政部查核。

第二十八条 当天灾事变认为必要时,得令在监者就应急事务,并得请求军队、警察及地方官署之援助。

第二十九条 当天灾事变如在监内无法防避时,得将在监者护送于相当处所。不及护送时得暂时解放被解放者由解放时起算,限于二十四小时内至监狱或警察署投到,逾时者以刑法脱逃罪论。

第三十条 在监者逃走后监狱官吏得逮捕之。

第三十一条 在监者逃走后,须以逃走之事实及逃走者之人相,通知监狱所在地及预想逃走者所经过之警察官署或其他机关军队逮捕之。

第三十二条 逃走者之事实,监狱长官须呈由监督官署转报军政部。捕获逃走者亦同。

第五章 劳役

第三十三条 服劳役者须斟酌年龄、罪质、刑期、身份、技能、职业、体力及将来之生计科之。

第三十四条　除刑期不满一年外,监狱长认为必要时,得使在监者在监外服劳役。

第三十五条　劳役非有监狱长官命令不得中止、废止或变更。

第三十六条　在监者每日服劳役时间,于八小时以上十小时以下之范围内斟酌时令、地方情形、监狱构造及劳役种类定之。

教诲、教育、接见、询问、诊察及运动所需时间,得算入劳役时间。

第三十七条　对于服劳役者,应定相当科程。各种劳役科程以前条劳役时间及普通一人平均工作分量为标准均一定之。

第三十八条　寄押未决犯有请求服劳役者,监狱长得斟酌情形予以相当劳役。

第三十九条　免服劳役日列下:

一、国庆日;

二、纪念日;

三、一月一日至三日;

四、星期日午后;

五、祖父母、父母丧亡日;

六、其他认为必要时。

第四十条　因炊事洒扫及不得已事由必须服劳役者,不适用前条之规定,但前条第五项不在此限。

第四十一条　因服劳役所得之收入概归国库。

第四十二条　服劳役者得斟酌其行状、罪质、犯数、成绩等,分别给予赏与金。

第四十三条　赏与金额,徒刑囚不得过该地方普通佣工价十分之三,拘役囚不得过该地方普通佣工价十分之五。

第四十四条　在监者因重大过失或故意损毁器具、制造品、材料及其他物件者,得以其赏与金充赔偿费。在监者逃走后,得没收其赏与金之一部或全部。

第四十五条　赏与金于释放时交付之。但本人请求充家属扶助料及赔偿被害人时,其积存达十元以上者,得酌付三分之一。

第四十六条　因服劳役受伤、罹病致难营生或死亡者,得依其情状给予恤金。

前项恤金由监狱长申请监督官署转呈军政部核定之。

第六章　教诲及教育

第四十七条　在监者一律施教诲。寄禁、未决者请求教诲时亦得许可之。

第四十八条　在监者一律施以教育。但十八岁以上刑期不满三月者及监狱

长官认为无教育之必要者不在此限。

第四十九条　教育时间:每星期二十四小时以内,依小学程度,教以党义浅解并读书、写字、算学、作文及其他必要学科。有同等学力者依其程度设相当补习科。

第五十条　在监者许其阅读书籍。但私有书籍除本规则有特别规定或监狱长官许可者外,其余有碍监狱之纪律等书籍均不得阅读。

第五十一条　在监者除教育时间及缮写书信外,请求使用纸墨笔砚时,监狱长官得斟酌情形给予之。

第五十二条　教诲师乘在监者休息之际,应随时实施德育感化。

第七章　给养

第五十三条　对于在监者须斟酌其体质、年龄、劳役及地方气候等项,给予必要之饮食、衣类及其他用具。

第五十四条　在监者禁用烟酒。

第五十五条　在监者给予灰色狱友。

除规定狱衣由监发给外,所有衣被苟无碍于监狱纪律及卫生者,得许在监者自备。

第五十六条　监房、工场、病室等处,于天寒时须使其有相当温度。

前项设备时间及方法由监狱长斟酌地方情形定之。

第八章　卫生及医治

第五十七条　监狱须洒扫洁净,房间及衣类杂具、厕所、便器等类须规定次数清洁之。

第五十八条　在监者须令其沐浴。

沐浴次数由监狱长官斟酌劳役种类及其他情形定之,但四月至九月至少三日一次,十月至三月至少七日一次。

第五十九条　在监者除有不得已事由外,须每日运动半小时。但因劳役种类认为无运动之必要者不在此限。

第六十条　在监者罹疾病时速加治疗,如认有必要情形时收入病室。

第六十一条　在监者罹传染病时,须与他在监者严行离隔,但看护人不在此限。

第六十二条　罹传染病者所用之物品,须消毒后方可给予其他在监者使用。

第六十三条　急性传染病流行时,出入监狱之人及寄送在监者之物品得加以必要之限制。

第六十四条　患病者经监狱长许可得自费延医诊治。

第六十五条　因特种疾病医官请以该种专门医生补助时得许可之。

第六十六条　罹精神病、传染病或其他疾病认为监狱内不能施适当之医治者,监狱长得斟酌情形,呈请监督官署许可,移送该监所在地军医院医治或觅保出外就医。至必要时得随派看守以防逃逸。

第九章　接见及书信

第六十七条　在监者只许与其家族人接见,但有特别理由时得许与其家族以外之人接见。

第六十八条　拘役囚接见每十日一次,徒刑囚每月一次,其接见时间不得过三十分钟,但监狱长官认为有不得已情形时,不在此限。

第六十九条　接见由监狱官吏监察之。如认为有通谋作弊或妨碍监狱纪律时得停止接见。

第七十条　在监者只许与其家族人发受书信,但有特别理由时得许与家族以外之人发受书信。

第七十一条　发受书信,拘役囚每十日一次,徒刑囚每月一次,但监狱长官认为有不得已情形时,不在此限。

第七十二条　往来书信由监狱长官检阅盖戳,如认有通谋作弊或妨碍监狱纪律时,得不许其发受。

第七十三条　在监者发受书信费用应归自备。但对于监督官署及其他公署之书信无力自备者,其费用由监狱支给。

第十章　保管

第七十四条　在监者携带之财物,由监狱检查、保管之。

第七十五条　保管之金钱及有价证券,不论何时不得令在监者持有。

第七十六条　无保存价值或不适于保存之物品得不为保存。

前项之物品,本人不为相当处分时得废弃之。

第七十七条　有请以保管之财物充家属扶助料之用或其他正当用途者,监狱长官得斟酌情形许之。

第七十八条　由外送入之财物以不妨碍监狱纪律者为限,得许在监者收受。

前项收受之财物应依第七十四条规定为之保管。

第七十九条　由外送入之财物认为不适当或送入人姓名、住所不明及在监者拒绝受领时,得没收或废弃之。

在监者私自持有之财物得适用前项之规定。

第八十条　保管之财物于释放时交还之。

第八十一条　死亡者遗留之财物,经其亲族请求领回时应交付之。

死亡者遗留之财物,由死亡之日起经过一年无前项请求人时,归国库所有。

逃走者遗留之财物,由逃走之日起经过一年尚未捕获时亦同。

第十一章　赏罚

第八十二条　赏罚由监狱长官行之。

第八十三条 在监者有悛悔实据时,得为下列各种之赏遇:

一、照本规则所定,接见及发受书信度数增加一次至三次;

二、许其阅读私有书籍,以无碍监狱之纪律及感化宗旨者为限;

三、每月增给二元以内之劳役赏与金;

四、每十日增给菜三次以下,但每次价额不得过一角。

第八十四条 在监者有下列各款行为得赏给二十元以下之金钱:

一、密告在监者为逃走、暴行之预谋或将为逃走、暴行,经查明确实者;

二、救护人命或逮获逃走中之在监者;

三、天灾事变或传染病流行时服监事务有劳绩者。

第八十五条 在监者违反监狱纪律时,得处以下列各种之惩罚:

一、训斥;

二、掌责;

三、三月以内停止赏遇;

四、撤销赏遇;

五、三次以内停止发受书信及接见;

六、三月以内停止阅读书籍;

七、七日以内停止运动;

八、削减赏与金之一部或全部;

九、二月以内之检束;

十、五日以内之暗室监禁。

前项各种惩罚得并科之。在惩罚中或惩罚后未逾七日而再犯者,由监狱长酌量情节轻重,得施以四十板以下之掌责。

第八十六条 受惩罚者有疾病及其他特别事由时,得停止惩罚。受惩罚者有悛悔情状时,得免除其惩罚。

第十二章 赦免及假释

第八十七条 监狱长官得为受谕知刑罚之在监者为赦免之声请。

前项声请书经由监督官署或原判机关提出军政部。

第八十八条 赦免声请书须附加在监者身份簿。

第八十九条 第八十七条之规定,在假释中者适用之。

第九十条 在监者虽达假释期,若非监狱长官确认其有悛悔实据并得监狱官会议多数同意,不得声请假释。

第九十一条 假释之声请除附加在监者身份簿外,并将前条监狱官会议多数同意书署名盖章,经由监督官署转呈军政部。

第九十二条 假释出狱人在假释期间内应遵守下列各款规定:

一、就正业保持善行;

二、受监狱监督。但监狱得以其监督权委托警察官署及其他适当之人或机关；

三、移居或十日以上之旅行时，须有监督者之许可。

第九十三条　监狱长官知假释出狱人有触犯刑法第九十四条者，须具意见书呈由监督官署转报军政部。

第九十四条　监狱长官认为假释出狱人违背第九十二条规定事项者，停止假释之处分，一面呈由监督官署转报军政部。

第十三章　释放

第九十五条　应释放者由监狱长官释放之。

第九十六条　释放在监者依赦免、假释之命令或期满之次日午前行之。

第九十七条　因赦免或假释释放者，监狱长官须依定式释放之假释者，并须交付证票。

第九十八条　因期满释放者释放前至少三日以上使之独居。

第九十九条　被释者无归乡旅费及衣类时得酌给之。

第一百条　被释放者若罹重病请在监医疗时，依其情状得许可之。

第十四章　死亡

第一百零一条　在监者死亡，监狱长须呈请监督官署或所在地最高军事机关及法院派员检验其尸体。

第一百零二条　病死者，医官或医士应记明其病名、病历、死因及死亡年月日时，于死亡簿署名盖章。

第一百零三条　死亡者之病名、死因及死亡年月日时应速知照死亡者家属或亲故，一面填具死亡证书，呈由监督官署转报军政部。

第一百零四条　死亡者之家属亲故请领尸体者应交付之。

第一百零五条　死亡经过二十四小时无请领尸体者浮葬之，并标明死亡者之姓名及死亡年月日。浮葬经过十年后得合葬之。

第一百零六条　合葬前有第一百零四条之请领尸体或骸骨者应交付之。

第一百零七条　国庆日、纪念日、一月一日至三日，监狱内行刑场不执行死刑。

第十五章　附则

第一百零八条　本规则有未尽事宜，得随时呈请修改。

第一百零九条　本规则自公布日施行。

《军人监狱处务规则》

（民国十九年八月军政部合法字第四〇一四号公布）

第一章　通则

第一条　本规则依《军人监狱组织大纲》第八条之规定制定之。

第二条　军人监狱监狱长,受军政部陆军署军法司及受军政部委令监督官署之监督、指挥,督率各科长、所长,分掌本规则及其他规则所定各项事务。

第三条　各职员对于承办或与闻事件未经宣布者,应严守秘密。

第四条　各科所事务有互相关连者,得临商行之。

第五条　各科所因事务关系有权限争议及意见不同时,取决于监狱长。

第六条　凡例行公文书,由监狱长拟定办法,交主管科所办理。除有不得已事由外,迟不得逾三日。

第七条　凡公文书信之有关于在监人权利、义务者,当迅速办理。

第八条　文书记录之保存方法,得由监狱拟定,呈请军政部核定之。

第二章　监狱长

第九条　监狱长当严守关于监狱之一切法令,并督率其他官吏史之遵守。

第十条　监狱长当严禁所属各员私役在监人,以防流弊。

第十一条　关于监狱事务之监督官署命令,监狱长应记入训示簿,传示所属各员知照。

第十二条　监狱长对于监房、工场及其他一切场所每二十四小时间须巡视一次。

第十三条　在监人之被服、卧具及其他有关于在监人之一切物品,监狱长得随时检查之。

第十四条　在监人不守法规者,监狱长须自审问。遇必要时,得不使其他官吏列席。

第十五条　监狱长因训练及预防之必要,得为消防及其他非常之练习。

第十六条　监狱经费收支、保管等事,监狱长负完全责任。

第十七条　监狱中各种建筑物及所属之国有财产,监狱长须注意整理保管之。

第十八条　监狱职员之服务、在监人之待遇及遵守事项,监狱长得于法令范围内发相当命令训示之。

第三章　科长所长

第十九条　第一科主管事务如下:

一、各种文书规则之起草及审查;

二、职员之登用、转任、免职、叙等、进级、赏与、惩戒、年金给助及履历簿之编辑、保存;

三、印信之典守;

四、统计之编制及材料之收集并各报告之汇订;

五、文书之收发、处理及编制、保存、废弃等项;

六、职员人名、在监人之请愿等之审查及处理;

七、收发室之监督、管理及值班顺序、方法之审定；

八、在监人书信及令状等一切文书之收发；

九、在监人身份调查及身份簿之编制、管理；

十、在监人之指纹摄影及保管；

十一、在监人携带物品之受付及保管；

十二、刑期之计算及刑之执行处分；

十三、公用及在监人使用书籍之整理及保管；

十四、赦免、假释、减刑之申请及执行事务；

十五、在监人出狱及疾病、死亡之通知；

十六、在监人接见及馈遗物之处分；

十七、预算、决算及经费之出纳；

十八、看守、士兵及一切佣役之用免、试验；

十九、不属于各科所主管事项。

第二十条 第二科主管事务如下：

一、监狱警备及在监人之戒护、检束；

二、看守长、员、士兵之勤务配置及休息；

三、看守士兵之教习及训练；

四、看守宿舍之管理；

五、戒具及防火机之使用、试验及管理；

六、监房诸门之启闭并其锁匙之管理；

七、在监人之收提、押送；

八、在监人食粮、衣类、卧具、杂物之分给及保管；

九、卫生、消毒、清洁法之施行；

十、作业之督饬、检查；

十一、购入物之分配及管理；

十二、作业器具之检查；

十三、在监人监房、工场之异别；

十四、在监人各种呈请之调查；

十五、在监人行状之视察；

十六、在监人接见、书信之监视、检阅；

十七、在监人之疾病、死亡、尸体之处分；

十八、在监人逃走之追捕；

十九、在监人入浴、理发之施行；

二十、监狱出入者之管理；

二一、监狱内全部火具之管理；

二二、在监人书籍之授受及管理；

二三、看守以下使用公物之监督及检查；

二四、在监人赏罚之施行；

二五、在监人教诲、教育时之管理；

二六、送入物之检查；

二七、监房、工场、教室之检查；

二八、墓地之管理。

第二十一条　第三科主管事务如下：

一、物品之购入、收支及保管；

二、建筑及修缮之工事施行；

三、不用品之变卖及保管、转换；

四、制作品之定制、保管、变卖；

五、物品卖价及工钱之征收；

六、保证金之保管及邮卷之收支、保管；

七、佣役之雇入；

八、建筑物及官有财产之管理；

九、工业之种类选择；

十、工业之存废调查；

十一、工业之课程、偿与金之计算及等级之升降；

十二、作业者之配置及转役；

十三、作业日课表之调查；

十四、赏与金之调查；

十五、制作品贩卖之评价；

十六、作业之原料、制品、机器之收支及保管；

十七、在监人食单更易之调查；

十八、看守以下贷与品之调制及保管、授受；

十九、在监人被服、卧具、杂物之调制、保管及授受；

二十、工业承揽之契约。

第二十二条　教务所主管事务如下：

第一　关于教诲事项

一、集合教诲

星期日、国庆日、纪念日集合，一般在监人于教诲室行之。

二、类别教诲

分别在监人之罪质、犯数、职业、教育、性情等，工场或监房分类教诲之。

三、个人教诲

入监、出监及转监教诲于独居房行之；

疾病教诲于病监行之；

亲丧教诲于免劳役日行之；

惩罚教诲于惩罚中及惩罚后行之；

接见及书信教诲乘在监人感动时行之；

赦免、假释及赏与、教诲，得集合他囚于教诲室行之；

昼夜独居者教诲每星期一次以上，于监房行之。

四、巡视监房、工场，详察囚人状况，纪录其大要，以备随时随事之教诲。

五、教诲簿籍之设置：记载教诲之程序及成绩，月终汇报之。

六、在监人必要赏罚之申请或陈述意见。

七、教诲注意之特点，囚人身份之意见遇移送于他监时，详告于他监。

八、未设教师时，教育职务由教诲师兼之。

第二　关于教育事项

一、在监人请求阅读书籍具适否意见之申请。

在监人就学年龄、智能、性情、境遇之考察，实施个人适当之教育。

二、教育簿籍之设置：记载教育之课程、成绩之优劣及就学之年龄、月日，月终汇报。

三、教授应用书籍、器具之管理。

四、一切书籍之检查。

五、军人精神、道德教育之注重及党义之灌输。

第二十三条　医务所主管事务如下：

第一　关于卫生检诊治疗事项

一、监房、工场、沟渠、厕所及一切场所之设备详察。

二、劳役种类、方法有害于健康为意见之陈述。

三、在监人身体、农被、携带物品清洁之注意。

四、沐浴、干濯、熏晒之规定，督饬遵行。

五、在监人健康诊断簿、病状日记簿、病状调治簿为详析之登注，月终汇报之。

六、入监者身体之检诊分别记载于身份簿、健康诊断簿。

七、在监者健康之视察，分房者特别之视察。

八、健康诊断每半年至少二次，记载实况于健康诊断簿。有诊察之必要时不在此限。

九、病状日记簿、病状调治簿分别记载诊察病犯之姓名、病性、症候、处方。

十、流行病之考察，传染状况之报告、预防、消毒、离隔等之励行。遇前项事实，凡食物之购来、物品之送入须具意见，为停止之处分。

十一、在监人精神异常疑虑即须报告为急速之处遇。

十二、精神病、传染病及其他疾病认监狱不能施适当疗治者,陈述意见于监狱长,为相当之处置。

十三、施行手术虑有危险,须预告监狱长,受有许可。

十四、病犯认有移置病监之必要,报告监狱长。

十五、病监巡视每日一次,考求清洁、温度、换气、离隔等之实益病者摄生、看护诸方法,详报主管员役。

十六、病犯健康上有运动之必要、衣类物品之特给,为意见之陈述。

十七、伪病隐饰者发觉之报告。

十八、患病新愈,服役种类酌定之报告。

十九、被处惩罚者,执行前为健康之诊断。

二十、废疾、危笃疾情形之报告。

二一、在监人死亡时,应将死亡之原因、病症、死状等制作死亡证书。

二二、在监人食品数量给予之协商、烹调方法之详察,如认不适于健康,为意见之陈述。

二三、看护服务之纠察、看护救急治疗诸法之教授、练习及必要事项。

二四、入监者为残废或前受刀枪、炮火伤害之法疗处置。

二五、检查看守、志愿者之体格。

二六、监狱内各职员疾病之诊治。

二七、未设司药时,医官兼其职务。

第二 关于司药事项

一、调和药剂,补助医官,为监狱卫生之施行。

二、药品其他治疗器之缜密储藏,剧烈发毒等药之收贮,药匣钥匙一定处所之安置。

三、药品其他物品之收发、存储及按月之册报。

四、饮食物之分析、鉴别及卫生上必要事项之随时陈述意见。

五、医疗器械、器具等之郑重保持,贷与病者药瓶、用具之洗濯消毒。

第四章 会议

第二十四条 监狱长当预定时间,于每星期作二次以上召集各科所长等会议监狱一切事务。

另有特别事务,得随时召集会议,或使其他职员列席。

第二十五条 会议之事项如下:

一、关于调查在监者身份事项;

二、关于在监者衣服、卧具、疾病、疗养、卫生一切事项;

三、关于作业事项;

四、关于教诲、教育一切事项；

五、关于在监者赏罚等事项；

六、关于新入监人指定监房、工场及一切待遇事项；

七、关于出狱人行状、职业、家族之关系及应否保护事项；

八、关于在监人赦免、减刑、假释等事项；

九、关于在监人异同、识别事项；

十、关于监狱建筑、修缮等事项；

十一、关于监狱一切经费收支等事项。

第二十六条　监狱长于前次会议后，所有在监人情状及一切事务之施行须使各科长、所长为详悉之报告。

第二十七条　会议时设书记席，使纪录会议之要领。

第五章　附则

第二十八条　本规则自公布日施行。

《军法官及军人监狱职员任用标准》

（十九年四月行政院公布）

第一条　军法官及军人监狱职员之任用，以考试行之，在未举行考试以前暂依本标准办理。

第二条　非年在二十五岁以上之公民、身体强健、并无第十六条情形及具有第三条以下各条所属资格者，不得为军法官或军人监狱职员。

第三条　军法官以具有军事知识并有下列资格之一者任用之：

一、在国内外大学或专门学校修习法政之学三年以上，毕业得有文凭者；

二、在国内外大学或班门学校修习法政之学一年以上，得有毕业文凭，并任司法官二年以上有成绩者；

三、曾在国民革命军正式军队或机关充军法官三年以上有成绩者；

四、曾在国民革命军军法机关充书记官四年以上有成绩者。

第四条　军法官之升级仍按军官佐任免条例办理。

第五条　军人监狱监狱长以具有下列资格之一、著有成绩者任用之：

一、有第三条第一款之资格者；

二、有第三条第二款之资格或监狱学校毕业而曾办狱务满二年者；

三、曾任、荐任以上文职并办理狱务满二年者；

四、曾任陆海空军军法官或宪兵少校以上、已达年资而有狱务经验者；

五、现任军法机关监狱科或各监狱内少校以上职已达年资者。

第六条　军人监狱各股长以具有下列资格之一、著有成绩者任用之：

一、有第三条第一款之资格；

二、有前条第二、三款之资格,办理狱务满一年者;

三、曾任陆海空军军法官者;

四、曾任宪兵上尉以上、已达年资而有狱务经验者;

五、现充军人监狱内上尉以上股员、已达年资或书记三年以上者。

第七条　军人监狱书记股员以具有下列资格之一者任用之:

一、在专门以上学校修习法政之学毕业者;

二、在监狱学校毕业者;

三、曾任陆海空军军法书记或办事员、已达年资有成绩者;

四、现任军人监狱准尉以上职务、已达年资或有委任以上文职之资格者。

第八条　军人监狱教务长具有下列资格之一者任用之:

一、在高级以上师范学校毕业者;

二、有前款之高等学力、曾任中学以上教员者;

三、现任监狱教诲员、已达年资者。

第九条　军人监狱教诲员以具有下列资格之一者任用之:

一、在初级师范学校或高级中学以上毕业得有文凭者;

二、有前款之同等学力、文学优长、善于讲演者。

第十条　军人监狱医务所长以在国内外医科大学或专门学校毕业,得有文凭,并经验丰富者任用之。

第十一条　军人监狱医务员、司药以国内医药专校毕业或在公立医院修业四年以上,得有证书,曾在医院或其他机关担任医务二年以上者任用之。

第十二条　军人监狱工业技师就监狱需设之工科,由该科专门以上学校毕业或有同等专长技能、曾任工厂技士一年半以上者任用之。

第十三条　军人监狱看守长以诚实可靠、具有下列资格之一、成绩优良者任用之:

一、在看守训练班毕业者;

二、在监狱或警察学校、教练所、研究所、讲习所毕业,曾任狱务,文理通顺者;

三、有前款同等学力、办理狱务一年以上者。

第十四条　军人监狱看守员以诚实可靠、具有下列资格之一、有成绩者任用之:

一、在看守训练班毕业者;

二、曾在中学以上毕业或有同等学力、曾任狱务一年以上者;

三、曾任监狱看守士二年以上者。

第十五条　凡由司法官或普通监狱官转任为军法官或军人监狱官时,其阶级得按经历之资格,由主管长官陈明部长铨衡之。

第十六条　有下列情事之一者,虽合于第二条之规定并各该相当资格,不得为军法官或军人监狱职员:

一、非因爱国运动而受有期徒刑之宣告者;

二、受禁治产或标准禁治产之宣告后尚未撤销者;

三、曾受褫职之惩戒处分尚未撤销者;

四、有不良嗜好者。

第十七条　凡呈请任命军法官或军人监狱职员,须由原呈荐人加具考证,附呈详细履历三份及文凭证书或委任状呈请核办。

第十八条　本标准自呈请公布之日施行。

《军人监狱看守士兵录用标准》

(十九年四月行政院公布)

第一条　军人监狱看守士兵由各兵种正式退伍之预备役士兵、依其志愿、纵检验合格或高小学校毕业之公民、受同样之试验合格者录用之。

第二条　虽合于前条之规定而有下列情事之一者不得录用:

一、年龄未满二十或逾四十五岁者;

二、家世不清白者;

三、体弱或残废及有精神病者;

四、有不良嗜好者;

五、品行不良者;

六、非因爱国运动而曾受有期徒刑之宣告者。

第三条　预备役士兵志愿为监狱看守士兵者,须于现役满。

期一个月乃至三个月以内缮具志愿书,呈由所属高级长官保送军人监狱官署。

第四条　监狱长接受前条志愿时,应派员行身体检查、学术试验,就其及格者录用汇案呈报。

第五条　学术试验之科目如下:

(一)党义;

(二)国文;

(三)浅算;

(四)术科。

第六条　录用或考选之看守士兵须由监狱长予以相当之训练后方得服务。

第七条　本标准自呈准公布之日施行。

《军法及监狱人员任用暂行条例》

（二十三年十二月二十五日公布）

第一章 总则

第一条 军法监狱人员之任用，除别有法规规定者外，悉依本条例施行。

第二条 本条例所称军法监狱人员如下：

甲 军法人员

一、各级军法官；

二、掌管军法裁判、军法行政之司处科长及其科员。

乙 监狱人员

一、军人监狱长；

二、掌管监狱行政科之科长、科员。

军官佐有法律或监狱专科出身而任军法官或监狱官者，仍保有其军官佐之身份，但不算为军职之年资。

第三条 军法监狱人员之任免，除本条例所规定者外，并参照《陆军军官佐任职暂行条例》及其施行规则之所定。

第二章 任用

第四条 军法监狱人员各阶与文职比照如下：

一、简任职同中将（简任一二级），同少将（简任三四五级），同上校（简任六七八级）。

二、荐任职同中校（荐任一至六级），同少校（荐任七至十二级）。

三、委任职同上尉（委任一至四级），同中尉（委任五至六级），同少尉（委任九至十二级）。

同准尉（委任十三至十六级）之任免依《陆军准尉、准佐任用规则》之所定。

第五条 简任职军法人员以合于下列资格之一者任用之：

一、现任或曾任法官简任职经甄别审查或考绩合格者；

二、现任或曾任法官最高级荐任职二年以上、经甄别审查或考绩合格者；

三、在国立大学法科任教授三年以上者；

四、曾任同上校以上军法官、有法律专科以上出身者，或现任同中校军法官、有法律专科以上出身者，已满停年考绩优良。

第六条 荐任职军法人员以合于下列资格之一者任用之：

一、经文官高等考试之司法官考试及格者；

二、现任或曾任法官荐任职、经甄别审查或考绩合格者；

三、现任或曾任法官最高级委任职三年以上、经甄别审查或考绩合格者；

四、在教育部认可之国内外大学法科毕业、办理司法事务二年以上者，经审

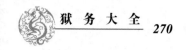

查合格者；

五、曾任同少校以上之军法官、有法律专科以上出身者，或现任同上尉军法官、有法律专科以上出身已满停年，考绩优良者。

第七条 委任职军法人员以合于下列资格之一者任用之：

一、现任或曾任法官委任职、经甄别审查或考绩合格者；

二、经文官普通考试之承审员考试、法院书记官考试及格者；

三、在教育部认可之国内外法律专科以上学校毕业、经审查合格者；

四、曾任同上尉以下军法官、有法律出身者。

第八条 简任职监狱人员以合于下列资格之一者任用之：

一、现任或曾任法官或监狱官简任职、经甄别审查或考绩合格者；

二、现任或曾任法官或监狱官最高级荐任职三年以上、经甄别审查或考绩合格者；

三、曾任同上校以上军法官、监狱官、有法律专科以上出身者，或宪兵科上校以上军官或现任同中校军法官、监狱官、有法律专科以上出身及宪兵科中校已满停年，考绩优良者。

第九条 荐任职监狱人员以合于下列资格之一者任用之：

一、经文官高等考试之司法官考试或监狱官考试及格者；

二、现任或曾任法官或监狱官荐任职、经甄别审查或考绩合格者；

三、现任或曾任法官或监狱官最高级委任职三年以上、经甄别审查或考绩合格者；

四、在教育部认可之国内外监狱专门学校毕业或大学法科毕业、办理司法或监狱事务二年以上、经审查合格者；

五、曾任同少校以上军法官或监狱官、有法律或监狱专科以上出身及狱务经验者，或宪兵科少校以上军官或现任同上尉军法官、监狱官、有法律、监狱专科以上出身及宪兵科上尉军官已满停年，考绩优良者。

第十条 委任职监狱人员以合于下列资格之一者任用之：

一、经文官普通考试之监狱官考试及格者；

二、现任或曾任监狱官委任职、经甄别审查或考绩合格者；

三、在教育部认可之国内外监狱或法政专门以上学校毕业、经审查合格者；

四、曾任同上尉以下军法官、监狱官、有法律或监狱专科出身者，及宪兵科上尉以下军官考绩优良者。

第十一条 同准尉之军法监狱人员以法律、监狱或宪兵出身、经考验合格者任用之。

第十二条 军法及监狱人员经国民政府任用或军政部（海军部）核准委用后，除军官佐已有官位者外，统由军政部（海军部）将该员履历汇转铨叙部查核，按照级登记。

第十三条　有下列各款情事之一者不得任用为军法及监狱人员：

一、褫夺公权尚未复权者；

二、亏空公款尚未清缴者；

三、曾因赃私处罚有案者；

四、吸用鸦片或其代用品者。

第十四条　简任、荐任、委任军法监狱人员之初任，应各以其最低阶级为原则。但依其学识、经验任用者不在此限。

军法监狱人员初任时，得视其能力先予署任，察其胜任，得予实任。其署任期以三个月至六个月为限。

第十五条　军法监狱人员晋任之规定如下：

一、晋任必须逐阶递进，不得超越。

二、晋任必须停年已满、成绩优良而有上阶缺出时。

三、各阶停年如下：

同少将：　　　　　三年。

同上校：　　　　　四年。

同中校：　　　　　三年。

同少校：　　　　　三年。

同上尉：　　　　　四年。

同中尉：　　　　　二年。

同少尉：　　　　　二年。

同准尉：　　　　　二年。

第十六条　军法监狱人员之遴选以所隶单位为范围。如本单位内无相当人员时，得由其他单位内调用之，或以合于第五至第十一各条所列资格者遴选委。

第十七条　在一单位之军法监狱人员同一阶级名称者为通职，得由其最高长官互相调用，但应随时呈报中央任职长官备案。

第三章　退职

第十八条　军法监狱人员有下列之各项情形核予免职者，即行退职：

（一）因伤病残废、衰弱，不堪服务而退职者，称为伤病退职；

（二）考绩连续三年不及格而退职者，称为考绩退职；

（三）因组织与编制之裁减而退职者，称为裁减退职；

（四）本人自请辞职、经核准者，称为志愿退职。

第十九条　军法监狱人员退职时，合于下列各款之一者，给予赡养金至终身止，其金额与对于陆军军官佐所定之数目同：

（一）服实职满十五年以上者、退职时年龄已满六十岁者；

（二）在职中因公残废者。

第二十条　在受领赡养金期内有下列情形之一者终止或停止发给赡养金：

（一）犯罪受刑事处分者终止；

（二）丧失中华民国国籍者终止；

（三）再任职官者停止。

第四章　附则

第二十一条　军法监狱人员之俸薪除别有规定者外，与陆军军官佐一般规定者同。

第二十二条　备役军官佐任军法监狱人员期间停止其退役俸。

备役军官佐任军法监狱人员至退职时合于第十九条之规定者，给予赡养金而取消其原有退役俸。

上项改任人员动员召集时，应立即解除军法监狱职务而召。

第二十三条　本条例施行日期另以命令定之。

其　他

《全国司法会议规程》

（二十四年四月十日司法院公布）

第一条　司法院为谋司法之改进，特召集全国司法会议。

第二条　本会议由下列人员组织之：

一、司法院院长、副院长、秘书长、参事、简任秘书；

二、司法行政部长、次长、参事、司长、简任秘书；

三、最高法院院长、庭长、书记官长、检察署检察长及检察官二人；

四、行政法院院长、庭长、书记官长；

五、中央公务员惩戒委员会委员长及委员二人、书记官长；

六、各省高等法院院长首席检察官，各地方公务员惩戒委员会委员长；

七、司法行政部就各省高等法院分院院长、地方法院法官、甲种监狱典狱长中指定三十人至四十人；

八、法官训练所所长、法医研究所所长、各反省院院长；

九、国立及司法院特许设立之大学法学院、独立法学院每院代表一人；

十、全国律师代表六人；

十一、司法院聘请专家十人至十五人。

除前项人员外，司法院、司法行政部、最高法院、行政法院、中央公务员惩戒委员会之其他职员，经主席团许可者得列席。

第三条　本会议设主席团，由司法院院长、副院长，司法行政部部长，最高法院院长,行政法院院长,中央公务员惩戒委员会委员长,司法院秘书长,司法行政部政务次长、常务次长组织之。

第四条 本会议定于二十四年九月十六日起在首都开会。

第五条 本会议会期定为五日,必要时得由主席团延长之。

第六条 本会议议案之提出如下:

一、中央党部、国民政府交议者;

二、司法院交议者;

三、司法行政部、最高法院、行政法院、中央公务员惩戒委员会、法官训练所提议者;

四、出席会员提议者。

第七条 本会议设提案审查委员会,由主席团指定会员组织之。

第八条 本会议议决事项由司法院分别呈送,采择施行。

第九条 本会议设秘书处,分掌各种事务。

第十条 本会议对外文电以司法院名义行之。

第十一条 本会议一切经费由司法院造具预算,报请核发。会议事竣并编列决算送,请核销。

第十二条 本会议议事规则、提案审查委员会规则、秘书处规则另定之。

第十三条 本规程自公布之日施行。

《筹设山东少年监暂行办法》

第一条 本监收容二十五岁以下之少年徒刑人犯。但满二十五岁后三个月内刑期即可终结者仍得于本监监禁之。

第二条 本监容额暂定为二百四十名。

第三条 本监除原有职员外,另设教诲师一人、教师四人、科任教师若干人。教务所长以教诲师充之。

第四条 本监教务所处务规程另定之。

第五条 少年犯教育分为实课、学课两种,每种每日各四小时。

前项教育施行方案另定之。

第六条 少年犯除累犯者外,概适用阶级处遇规则。前项阶级处遇规则另定之。

第七条 少年犯健康诊断规则另定之。

第八条 本监其他一切细则另行拟定,呈 部核准施行。

《苏省监犯疏通办法》
（二十年六月司法院核准）

一、未决犯应饬各法院从速清理积案。

二、已未决烟犯应遵照本部第六六七五号指令办理。

（摘录原令："未决烟犯，如经诊断确有烟瘾，可先依法具保，勒限戒绝。其遵限戒绝并取有医院证明书者，经法院复验属实，得斟酌案情，依法宣告缓刑。已决烟犯，应遵照民国十九年六月十二日本部第七四零一号指令，迅设罪犯戒烟所强制戒烟。在该所未成立以前，准送当地医院戒除。惟戒护上应如何设备之处，即由各该执行机关径向当地医院妥慎接洽办理。"）

三、新、旧监狱一律厉行假释。

四、各监所寄押之末决军事人犯，应按照军政部拟订之军事犯疏通办法第二项办理。

五、速向江苏建设厅接洽，将合于该院呈准之《监犯外役施行细则》人犯拨供筑路之用。

六、镇江新监应由该院商催江苏省政府迅将核定之建筑费悉数拨付，克日兴工建筑。

七、各县旧监所，非地狭人稠即屋宇残破，应由该院向省政府提议指拨临时费数万元，以作扩充、修理之用。

《关于上海法租界内设置中国法院之协定》
（二十年七月二十八日）

第一条　自本协定发生效力之日起，现在上海法租界内设置之机关即所称会审公廨以及有关系之一切章程及惯例概行废止。

第二条　中国政府依照关于司法行政部之中国法律及章程，在上海法租界内设置地方法院及高等法院分院各一所。各该法院应有专属人员，并限于该租界范围行使其管辖权。

对于高等法院分院之判决及裁决，中国最高法院依照中国法律受理其上诉案件。

第三条　中国现行有效及将来合法制定、公布之法律、章程应一律适用，于各该法院至租界行政章程亦顾及之。

第四条　各该法院应设置检察处，其人员由中国政府任命之。此项检察官办理检验事务，并关于适用刑法第一百零三条至第一百八十六条之一切案件，依照中国法律执行其职务。但已经租界行政当局或被害人起诉者不在此限。检察官侦查程序应公开之。被告得由律师协助其他案件在各该法院管辖区域内发生者,应由租界行政当局起诉,或由被害人提起自诉。检察官对于租界行政当局或被害人起诉之一切刑事案件,均有莅庭陈述意见之权。

第五条　一切诉讼文件及判决须经上述法院推事一人签署后发生效力。一经签署,应即分别送达或执行。

第六条　凡在租界内逮捕之人犯,除休息日不计外,应于二十四小时内送交该管法院,逾时不送交者应即释放。

第七条　任何人犯,非经该管法院庭询,不得移送于租界外之官厅。被告得由律师协助。但由其他中国新式法院嘱托移送者,经法院认明确系本人后应即移送。

第八条　租界行政当局一经要求如何协助,应即在权限范围以内尽力予以此项协助,俾二法院之判决得以执行。

第九条　各该法院院长应分别委派承发吏在各法院民庭执行职务,承发吏送传票及其他诉讼文件。但执行判决时应由司法警察偕行。遇有要求,司法警察应予协助。

第十条　司法警察、警员在内,由高等法院分院院长于租界行政当局推荐后委派之。高等法院分院院长得指明理由,自动或因租界行政当局之声请终止司法警察之职务。司法警察应服中国制服,应受各该法院之指挥,并尽忠于其职务。

第十一条　附属于本协定第一条所指公廨之拘禁处所,嗣后应完全归中国司法当局管理。

各该法院于其管辖权限内,得决定将在上述拘禁处所内正在执行之人犯仍令其在该处所内继续执行或移送于租界外之监狱。各该法院对于本院判处监禁之人犯亦可指定其监禁处所。但因违犯中国违警罚法或租界行政章程而被处罚者,不得拘留于租界外之拘禁处所。

凡判处死刑之人犯,应送交邻近之中国官厅。

第十二条　法国籍或外国籍之律师得在二法院出庭,但须依中国法规,持有中国司法行政部发给之律师证书,并须遵守关于律师职务之中国法律及章程。其惩戒法令亦包括在内。

上述法国籍或其他非中国籍之律师,以承办非中国籍为当事人一造之案件并以代表该当事人为限。租界行政当局为原告人、告诉人或参加人或已提起刑事诉讼时,不独得延请中国律师,并得延请法国国籍或其他国籍律师。租界行政当局遇有认为有关租界利益之案件时,得经由律师以书面陈述意见,或依照中国民事诉讼法参加诉讼。

第十三条　中法两国政府各派常川代表二人,如遇关于本协定之解释或其适用发生意见不同时,高等法院分院院长或法国驻华公使得将其不同之意见交请该代表等共同商议,但该代表等之意见除经双方政府同意外,并不拘束中国或法国政府。又各该法院之命令、判决或裁决不在该代表讨论之列。

第十四条　本协议附属换文,其有效期间自一九三一年七月三十一日起至一九三三年四月一日止。如经中法两国政府同意得延长三年。

本协议在南京签订,中法文各两份。该中法文本业经详细校对,无讹。

中华民国二十年七月二十八日

西历一九三一年七月二十八日

徐　谟（代表中华民国外交部长）
吴坤吾

赖歌德（代表法国驻华公使）
甘格兰

附　件

大法国特命驻华全权公使韦照会事,查本日与贵部长签订关于上海法租界内设置中国法院之协议,请贵部长对于下开各点予以同意之证明:

一、凡属于本协议第一条所指公廨之房屋及其动产连同及银行存款,应一律移交于二法院。

二、高等法院分院院长就司法警员中租界行政当局指定之一员,在院址内拨给一办公室,以便录载一切司法文件,如传票、拘票、裁决及判决书之事由。

三、租界行政当局应尽其可行之程度,选择中国人荐充为司法员警。

四、中国政府据法国政府之推荐,委派顾问一人,不支俸金。关于租界监狱制度及其行政,该顾问得向中国司法当局陈送建议及意见。

五、凡本协定第一条所指公廨所为之判决,除已经按例上诉或尚得按例上诉外,均有确定制决之效力。

六、凡依照本协定规定属于二法院之管辖案件、于本协定生效之日尚未审结者,应即移交各该法院。各该法院应在可能范围内,认以前诉讼手续业已确定,并设法于十二个月内将上述案件判决之。但遇必要时,此项期间得延长之。

七、凡按照中国法律没收或判罪时扣留之物,应存放二法院院址内。由中国政府处分之鸦片及与鸦片有关之器具,每三个月应于租界内公开焚毁。至关于枪支之处置,租界行政当局得建议办法,经由各该法院院长转呈中国政府,相应照请查照见复为荷。须至照会者,右照会大中华民国外交部长王为照。

公历一九三一年七月二十八日

赖歌德（代表法国驻华公使）
甘格兰

大中华民国外交部长王为照复事,接准 贵公使来照,关于本日签订关于上海法租界内设置中国法院之协定,兹本部长特 贵公使声明,对于照开各点表示同意,予以证实。

一、凡属于本协议第一条所指公廨之房屋及其动产连同文卷及银行存款,一律移交于二法院。

二、高等法院分院院长就司法警员中租界行政当局指定之一员,在院址内拨给一办公室,以便录载一切司法文件,如传票、拘票、裁决及制决书之事由。

三、租界行政当局应尽其可行之程度,选择中国人荐充为司法员警。

四、中国政府据法国政府之推荐,委派顾问一人,不支俸金。关于租界监狱制度及其行政,该顾问得向中国司法当局陈送建议及意见。

五、凡本协定第一条所指公廨所为之判决,除已经按例上诉或尚得按例上诉外,均有确定判决之效力。

六、凡依照本协定规定属于二法院之管辖案件、于本协定生效之日尚未审结者,应即移交各该法院。各该法院应在可能范围内,认为以前诉讼手续业已确定,并设法于十二个月内将上述案件判决之。但遇必要时,此项期间得延长之。

七、凡按照中国法律没收或判罪时扣留之物,应存放二法院院址内。由中国政府处分之鸦片及与鸦片有关之器具,每三个月应于租界内公开焚毁。至关于枪支之处置,租界行政当局得建议办法,经由各该法院院长转呈中国政府相应照复查照为荷。须至照会者,右照会大法国特命驻华全权公使韦

中华民国二十年七月二十八日

徐　谟（代表中华民国外交部长）
吴坤吾

《处理前上海法租界会审公廨判决期满送内地惩办刑事案件规则》

（二十一年四月二十三日司法行政部指令
江苏高等法院第三分院及首检官第七〇五六号）

第一条　前上海法租界会审公廨判决之刑事案件,处徒刑五年期满送内地惩办者,期满后应依本规则处理之。

第二条　前条案件之处理应依刑事诉讼法规定分别由上海第二特区地方法院或江苏高等法院第三分院管辖。上海法租界捕房遇法院调取卷证之时,即于接收通知后五日内将卷证送交各该管辖法院。

第三条　法院处理该项案件以书面行之,但认有经辩论之必要者得命辩论。

第四条　判决应当庭谕知,捕房代表及被告均应到庭。

第五条　前条之判决除依法不得上诉者外,捕房及被告均得依刑事诉讼法

之规定,分别上诉于江苏高等法院第三分院或最高法院。其上诉于最高法院者,并适用民国十九年司法行政部第一五一一号训令规定之程序。

前项判决确定前,被告在监之日数以执行刑期论。

第六条　本规则自司法行政部核准之日施行。

《再核前上海公共租界会审公廨刑事判决规程》

(二十年十二月　日司法行政部指令,

江苏高等法院第二分院及首检官第〇〇号)

第一条　前上海公共租界会审公廨会审委员与陪审领事判决不同之刑事案件,会审委员之判决系徒刑五年,期满后带堂再核者,期满后应依本条例再核。

第二条　前条案件之再核,应依刑事诉讼法规定,分别由江苏上海第一特区地方法院或江苏高等法院第二分院管辖。上海公共租界工部局应将各该案件之送案单及所有中英文笔录送交各该管辖法院。

第三条　法院推事行再核时,工部局被告均不得向法院以口头或书状有所声请或陈述意见。再核后之判决应当庭谕知。

前项谕知,工部局代表及被告均应到庭。

第四条　前条之判决,工部局及被告均得依刑事诉讼法之规定,分别上诉江苏高等法院第二分院及最高法院。其上诉于最高法院者,并适用民国十九年司法行政部第一五一一号训令规定之程序。

前项判决确定前,被告在监之日数以执行刑期论。

第五条　本条例自司法行政部核准之日施行。

《江苏高等法院第三分院保存文件暂行细则》

(二十一年七月七日司法行政部指令,

江苏高等法院第三分院第一二四六三号)

第一条　本院依暂行办事规则第四十四条,于文牍科设立保存文件股。

第二条　保存文件股派书记官一员,专任保管、编检文件事宜。

第三条　保存文件股由书记官长暨文牍科主科书记官指挥、监督之。

第四条　案卷应分为下列二种:

一、诉讼案卷;

二、行政案卷。

第五条　诉讼案卷应分为下列十四类:

一、民事第二审上诉案卷;

二、民事第三审上诉案卷;

三、人事诉讼上诉案卷；

四、民事抗告案卷；

五、民事再审案卷；

六、民事杂件案卷；

七、刑事第一审案卷；

八、刑事第二审案卷；

九、刑事第三审案卷；

十、刑事抗告案卷；

十一、刑事再审案卷；

十二、刑事杂件案卷；

十三、附带民事案卷；

十四、解释法令案卷。

第六条　行政案卷应分为下列十三类：

一、司法行政部通令案卷；

二、其他各机关来往文件案卷；

三、指示事项案卷；

四、本院暨各属职员任免案卷；

五、会议案卷；

六、律师登录案卷；

七、交涉事项案卷；

八、本院暨各属经费预算案卷；

九、本院暨各属经费决算案卷；

十、会计杂件案卷；

十一、庶务案卷；

十二、各项年月报案卷,再分下列二种：

（甲）年报类

子　关于行政者；

丑　关于民事者；

寅　关于刑事者；

卯　关于涉外诉讼者；

辰　关于监狱者；

巳　反省人数统计年表；

午　视察监所报告总表。

（乙）月报类

子　关于行政者；

丑　关于民事者；

卯　关于民刑事涉外者；

辰　关于监狱者；

巳　各项看守所月报；

午　反省院月报表。

十三、其他杂项案卷。

第七条　各类案卷应分别设置保存簿，并应就各类案卷之性质分别设置分簿。

第八条　诉讼案卷应由民刑事科书记官就其已结者随时交付保存文件股保管；行政案卷由各科于每三个月检送书记官长查阅后送交保管。其未交保存文件股者由各科自负保管之责。

第九条　交付案卷应设置案卷交付簿，由保存文件股于收受时盖章证明。

第十条　保存文件股收受应保存之案卷时，应随时整理，依类分别记入保存文件簿，并编号次，题粘卷签，妥为存储。

第十一条　保存文件股应设置卷柜，照前条簿记类号依次存储。

第十二条　保存文件股应于每年夏间，将所存之案卷晒曝一次。雨水过多时，并应不论日期，将保存案卷晒曝一部或全部。

第十三条　本院各庭科职员因办理案件或参考案情调取案卷时，须填用定式调卷证署名盖章。

第十四条　保存文件股接到调卷证时，应即检付，并将所调案卷记入案卷调卷簿。返还时亦同，并将调卷证缴还。

第十五条　调取人不得将案卷携出院外并借阅他人。

第十六条　凡调取案卷如逾相当期间者，保存文件股应加查询或促其送还。

第十七条　本规则各种簿签及调卷证式样另定之。

第十八条　本规则如有未尽事宜，得随时呈请修改。

第十九条　本规则自呈奉司法行政部核准之日施行。

《内政、司法行政部召集指纹专员会议规程》

（二十二年九月二十八日公布）

第一条　内政司法、行政两部为订定统一指纹办法，特召集指纹专员会议（以下简称本会议）。

第二条　本会议对外文电以内政、司法、行政两部名义行之。

第三条　本会议由下列各员组织之：

一、各省市警察机关及司法机关办理指纹主任人员；

二、两部会同选聘专家九人至十一人；

三、两部主管司司长、科长、科员；

四、宪兵司令部或其他同等机关办理指纹主任人员。

第四条　本会议设主席一人、副主席一人，由两部就主管司长中分别指定之。

第五条　本会议在首都开会，定于二十二年十一月一日举行。

第六条　本会议议案之范围如下：

一、两部交议者；

二、出席会员提议或临时动议者。

第七条　本会议会员如有提案，须于开会前五日送交本会议秘书处，以便编入议事日程。其有临时提案者，须有会员三人以上之副署，用书面交本会主席，酌量编入议事日程。其有临时动议者，须有会员二人以上之附议，经主席认可，始得成为正式议案。

第八条　本会议议决事项由内政、司法、行政两部分别采择施行。

第九条　本会议设秘书处，分掌各种事务，其规则另定之。

第十条　本会议会员往返川资由各该地方担任。惟会期内膳宿等均由本会招待之。

第十一条　本会议一切经费由两部会同造具预算，呈报核发。会议事竣并编列决算书呈请核销。

第十二条　本规则自公布日施行。

《江苏上海特区新监建筑委员会章程》

（二十四年二月二十一日部公布）

第一条　司法行政部为建筑江苏上海特区新监，设江苏上海特区新监建筑委员会。

第二条　本会设委员五人至七人，以本部技术员、上海特区高等分院地方法院人员组织之。

第三条　本会委员系兼任者，不另给薪。

第四条　本会因处理日常事务，得就委员中推定三人为常务委员执行之。

第五条　关于建筑新监事务，除下列各项应由本会全体委员议决行之，其余各事由常务委员议决行之：

一、建筑工程之设计；

二、建筑材料之选定；

三、建筑工程之投标、开标；

四、标价之核定；

五、工程之监督；

六、经费之支付；

七、其他常务委员认为重要事务、须经全体委员议决者。

第六条　本会每月至少开会一次。如有特别事务,得由常务委员请求召集临时会议。

第七条　本会开会时推定一人为主席。常务委员开会时同。

第八条　本会以委员过半数之出席、开会出席委员过半数之同意决议可否。同数时取决于主席。

第九条　本会决议及新监建筑情形除应立时呈报者外,每月月终应汇呈司法行政部。

第十条　本会得指定特区法院为办公处所。

第十一条　本会得聘任监工员一人,其办法另定之。

第十二条　本会得置事务员若干人,由委员就所属法院职员指定,并由本会委任之。

第十三条　本章程如有未尽事宜,由司法行政部修改或经本会决议,呈请司法行政部修改之。

第十四条　本章程自公布之日施行。

《福建筹筑监狱委员会简章》

(二十二年九月二十三日核准)

第一条　本会以筹款建筑本省监狱为宗旨。

第二条　本会附设福建高等法院院内。

第三条　本会设委员九人,以下列人员组织之:

（一）高等法院院长；

（二）高等法院首席检察官；

（三）财政厅厅长；

（四）建设厅厅长；

（五）省政府代表一人；

（六）禁烟委员代表一人；

（七）建设委员会代表一人。

（八）由会函聘地方人士二人。

第四条　本会委员为名誉职。

第五条　本会设主任委员一人,主持一切进行事宜,由委员中互选之。

第六条　本会设筹款、建筑二股,各股办事人员由高等法院职员中调充之。

第七条　本会经募捐款人员除以各县行政司法各长官充任外,其有热心狱务、声望素孚者,得由本会函请充任之。

第八条　筹得款项应交本会,存储国家银行以备随时提交高等法院充建筑监狱之用。

第九条　收入捐款存储银行。如有提款,须得委员过半数同意。

第十条　本会遇有应行讨论事宜,得由主任委员或委员二人以上之请求召集会议。

第十一条　关于建筑新式监狱,应由高等法院先行编造计划书及经费概算书,送经本会议定后,由高等法院呈请司法行政部核定。

第十二条　本会办事细则另定之。

第十三条　本简章由高等法院呈请司法行政合并函省政府备案。

第十四条　本简章如有未尽事宜,得随时修改之。

《修正解剖尸体规则》

第一条　凡教育部有案之医学院及医学专科学校(以下各条称医学校院)暨其附属之医院或中央及地方政府有案设备完善之医院,为学术上研究之必要,得依照本规则之规定执行解剖尸体。

第二条　解剖分普通解剖及病理剖验二种。前者限于医学校院行之,后者凡前条所规定之医学校院及医院均可行之。

第三条　解剖之尸体以下列各款为限:

一、为研究死因必须加以剖验之病死体。

二、生前有合法之遗嘱愿供学术研究之尸体。

三、无亲属收领之刑尸体。

四、无亲属承领之病死体或变死体。

第四条　前条各款之尸体,付解剖前,除由官署交付者外,均须填具呈报书,呈报该管地方官署。如为第一款之尸体时并须得其亲属之同意。

呈报书式样另定之。

第五条　凡尸体须于呈报该管地方官署后经过六小时方可执行解剖。如该管地方官署认为必要时,在据报后六小时以内得以书面命其停止解剖。

第六条　普通解剖之尸体,如学术上认为必要时,或病理剖验之尸体于不毁损外形范围内,得酌留一部或数部,以资研究。

前项病理剖验之尸体,如因研究上须酌留一部或数部而必致毁损外形时,有亲属者须得其同意。

第七条　尸体在解剖时,如发现其死因为法定传染病或中毒及他杀、自杀时,应于解剖后十二小时以内报告当地各该主管机关。

第八条　执行解剖之医学校院或医院须立簿册,登记下列各事项:

一、尸体姓名、年龄、性别、籍贯;

二、尸体来历；

三、附解剖原因；

四、解剖年月日；

五、解剖后之处置。

无法知其姓名、年龄、籍贯者，第一款可填"未详"字样。

第九条　经解剖之尸体，除有亲属者由亲属领回外，解剖之医学校院或医院应妥为殓葬并加标记。

第十条　每年一、七两月，执行解剖之医学校院或医院应将半年内所解剖尸体详细造册，汇报该管地方官署转报内政部备查。其册内应载下列各事项：

一、尸体姓名、年龄、性别、籍贯；

二、尸体来历；

三、解剖年月日；

四、有无留作纪念部分；

五、解剖后处置情形。

第十一条　本规则如有未尽事宜，得随时修正之。

第十二条　本规则自公布之日施行。

呈报书式样

为呈报事，兹有尸体一具，拟加解剖研究，遵照内政部《解剖尸体规则》第四条之规定，具下表呈报钧鉴。

计开：

一、尸体来源；　　　五、尸体籍贯；

二、尸体姓名；　　　六、尸体死因；

三、尸体性别；　　　七、尸体亲属；

四、尸体年岁；　　　八、死亡时期。

备考

右表报告

校长　　　　　　　　　　具

院长

中华民国　　年　月　日　时具

《山东第一监狱图书保管规则》
（二十三年一月三十一日核准）

第一条　本监图书之保管悉依照本规则办理。

第二条　本监图书，由教务所主管派看守一名，帮同负保管职责，另选派在监人一名，专司收发图书职务。

第三条　所有图书一律安置图书室储藏。除在监人阅览外，非经核准不得假借。

第四条　图书室应置下列簿册：

一、图书目录；

二、阅书单；

三、夹书签；

四、图书账目簿；

五、阅书人数记录簿。

第五条　管理图书看守对于缴还图书须督同收发随时检查，如发现有涂抹、损坏、缺乏等情，应即呈报核办，否则须负赔偿之责。

第六条　本规则如有未尽事宜，得随时修改。

《山东第一监狱图书室阅书规则》
（二十三年一月三十一日核准）

第一条　本监在监人阅书按照本规则办理。保管规则另订之。

第二条　在监人阅书时按照教育授课时间、工场及监房次序轮流。

第三条　在监人阅书时，由主管看守率领入室。阅毕仍由主管看守率领，分别送交各工场及监房主管看守。

第四条　领阅图书须按图书目录选择，并须遵照规定单式填写，向管理处取阅。如他人已经取阅，应即另自选择。阅毕当即缴还。

第五条　倘一次不能阅毕、欲于下次继续阅览时，应向主管处领取记书条，夹入为识，不得折角作记。

第六条　阅书时禁止高声诵读、交头接耳及擅离指定座位与一切不规则行为。

第七条　阅书人应注意下列事项：

一、不得评点、涂抹。如发现书中有错误之处得报告主管人员转呈更正。

二、不得割裂损坏。

三、不得带入工场或监房及其他处所。

第八条　阅书人如有涂抹、损坏、缺少及一切不守规则行为，视其情节之轻重，按照监狱规则惩办。对于损坏、缺少并得责令赔偿。

第九条　本规则如有未尽事宜，得随时呈请修改。

第十条　本规则自呈奉核准之日施行。

《罪犯乘车减价暂行办法》

（十七年二月铁道部公布）

第一条　罪犯经由各路乘车,得按寻常票价核收半价现款。

第二条　此项罪犯以司法官厅或地方行政长官派员携带公文押送者为限。

第三条　运送罪犯须先期由司法官厅或地方行政长官备具正式公文知照铁道部或径与各路局接洽,并由各路局发给凭证,以凭持往各站购票运送。

第四条　前条正式公文之内应注明下列各项:

一、解犯官厅、收犯官厅;

二、押送日期及起讫地点;

三、罪犯人数及姓名;

四、押送人数及姓名;

五、押送人是否回程及日期。

第五条　押送人应与罪犯同坐。其座位由铁路局指定,但以最低之等级车而便于防护者为限。

第六条　押送人员无论来回或单程,均按普通原价减半核收现款。

第七条　各铁路运送罪犯应由局按月列表报部。

《罪犯乘车减收半价凭证暨押送人员
回程乘车减价凭证填用办法》

（十八年一月九日铁道认训令,各路局第一〇八号）

一、此项减价凭证按照《罪犯乘车减价暂行办法》由各铁路局填发。

二、此项减价凭证系三联式。第一联为罪犯乘车减收半价凭证,第二联为押送罪犯人员回程乘车减价凭证,第三联为存根。

三、铁路局接到司法机关或地方行政长官正式公文或奉铁道部令饬运罪犯,应由路局将此项凭证内所列各项详细填明,加盖路局关防编列号数,送交原领机关备用。

如押送罪犯人并不回程,所有第二联凭证应即无须填发。

四、此项凭证持用人应按凭证第一联上所填之押送日期或第二联所填之回程日期,持赴上车站验明,按照证上所填人数交付半价现款,换取最低等车票乘车,并由各该站将凭证收缴路局查核。

五、凭证内填写各项不得添注、涂改,否则无效。

六、铁路一切运输规章,持用人均须遵照。

字　　第　　　号
第　号第一联　　　此联由起程站收缴本局

某某铁路局
罪犯乘车减收半价凭证

今有　　派　　共　　人
押送罪犯　　计　名　月　日
由　　站至　　站、按照《罪犯乘车减价暂行办法》填给减价证,持付起程站验明下列各项均属相符,交付半价现款,换取最低等车票　　张。此即由该站收缴本局核销。

　　一、解犯官厅
　　二、收犯官厅
　　三、押送日期
　　四、起讫站点
　　五、罪犯姓名及人数
　　六、押送人姓名及人数
　　七、押送人是否回程及日期

中华民国　　年　月　　日填发

字　　第　　　号
第　号第二联　　　此联由回程上车站收缴本局

某某铁路局
押送罪犯人员回程乘车减价凭证

今有持用　　字第　　　号罪犯乘车减收半价凭证之押送罪犯人员　　共　人,现已事毕,仍由　　站原程回至　　站
按照《罪犯乘车减价暂行办法》填给回程乘车减偿凭证,持赴车站验明,交付车价现款,换取最低等车票张。此即由该站收缴本局核销。

　　一、押送人姓名及人数
　　二、押送人属于何项机关
　　三、回程日期
　　四、起讫站点

中华民国　　年　月　　日填发

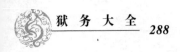
字　第　　号
第　号第三联　　　此联存局备查

某某铁路局
罪犯乘车减价凭证暨押送人回程乘车减价凭证存根

今有　派　共　人
押送罪犯　计　名于　月　日由　站至

站按照《罪犯乘车减价暂行办法》填给　　　罪犯乘车减收半价凭证　　　张合填
　　　　　　　　　　　　　　　　　　押送人员回程乘车减价凭证

存根存案备查
　　一、解犯官厅
　　二、收犯官厅
　　三、押送日期
　　四、起讫站点
　　五、罪犯姓名及人数
　　六、押送人姓名及人数
　　七、押送人是否回程
　　八、押送人回程日期
　　九、押送人回程起讫点

中华民国　　年　月　　日填发

《公务员恤金条例》

（二十三年三月二十六日）

第十八条条文已于二十三年五月二十六日修正

第一条　公务员之给恤除法律另有规定外,依本条例行之。

第二条　本条例所称"公务员",谓文官、司法官、警官及警长。

第三条　恤金分下列三种:

一、公务员年恤金;

二、公务员一次恤金;

三、遗族年恤金。

第四条　公务员有下列情形之一、经证明属实者,得按其退职时俸给五分之一给予年恤金。但受恤者为委任警官或警长时,得按其退职时俸给之半额至全额酌给之。

一、因公受伤或致病者,至成废疾或心神丧失、不胜职务;

二、在职十五年以上,身体残废,不胜职务;

三、在职十五年以上,勤劳卓著,年逾六十,自请退职。但长警逾五十得退职受恤。

第五条　公务员因公受伤或致病而未达残废或心神丧失之程度者,得于其退职时两个月俸给之限度内酌给一次恤金。但受恤者为委任警官时,以三个月之俸给为率;为长警时以六个月之俸给为率。

第六条　依前条受恤后,在一年内因伤病增剧以致残废或心神丧失者,得依第四条第一款给予年恤金,但已给之一次恤金应扣除之。

第七条　公务员有下列情形之一者,得按其最后在职时俸给十分之一给予遗族年恤金。但对委任警官,得以其最后俸给七分之一为率;对于长警,得以其最后俸给三分之一为率:

一、因公亡故;

二、在职十五年以上病故;

三、依第四条受年恤金,未得五年而亡故。

第八条　公务员因公亡故,除依前条给予遗族年恤金外,并得于其最后在职时两个月俸给之限度内酌给遗族一次恤金。但对于委任警官,以四个月之俸给为率;对于长警以十个月之俸给为率。

第九条　公务员在职亡故者,依下列规定给予遗族一次恤金:

一、在职三年以上六年未满者,按其最后在职时两个月之俸额给恤。但对委任警官,以三个月为率;对于长警以四个月为率。

二、在职六年以上九年未满者,按其最后在职时三个月之俸额给恤。但对于委任警官以四个月为率,对于长警以五个月为率。

三、在职九年以上十二年未满者,按其最后在职时四个月之俸额给恤。但对于委任警官以五个月为率,对于长警以六个月为率。

四、在职十二年以上十五年未满者,按其最后在职时两个月之俸额给恤。但对于委任警官以六个月为率;对于长警以七个月为率。

第十条　亡故者之遗族领受恤金顺序如下:

一、亡故者有配偶时,其配偶。但亡故者之夫以残废不能谋生为限;

二、无前款遗族时,其未成年之子女,但成年而残废不能谋生者;

三、无以上遗族时,其未成年之孙子暨孙女;

四、无以上遗族时,其父母;

五、无以上遗族时,其祖父母;

六、无以上遗族时,其未成年之同父弟妹。

第十一条　有下列情事之一者丧失其领受恤金之权利:

一、褫夺公权无期;

二、丧失中华民国国籍。

第十二条　有下列情事之一者停止其领受恤金之权利:

一、褫夺公权尚未复权;

二、依第四款之规定,受年恤金后再度任职。

第十三条　公务员年恤金之支给,自该公务员退职之次月起至亡故之月止。

第十四条　遗族年恤金之支给,自该公务员亡故之次月起,至下列事由发生之月止:

一、其妻亡故或改嫁;

二、其子女已成年;

三、其孙子暨孙女或弟妹已成年;

四、残废之夫或残废之成年子女能自谋生或亡故时;

五、其父母、祖父母亡故时。

第十五条　依第十条之遗族顺序第一款,遗族亡故或改嫁时,其恤金得分别移转于第二款遗族领受。经移转后领受恤金人未成年亡故时,并得分别移转于第三款遗族领受。

第十条第一款遗族或改嫁如无次款遗族时,其恤金得按照顺序分别移转于其余各款,但以一款为限。

第十六条　依本条例得饭恤金之遗族有数人时,其恤金应平均领受之。如有一人或数人愿抛弃,其应领部分者得以该部分恤金匀给其他有权领受之人。

第十七条　依本条例得领公务员年恤金者,自该公务员退职之日起二年内不请求时,其权利消灭。

第十八条　依本条例得领遗族年恤金者,自该公务员死亡之日起三年内不请求时,其权利消灭。

第十九条　恤金享受权不得扣押、让与或供担保。

第二十条　公务员在职年数之计算,自就职之日起至退职之日止。其转任、迁调或退职后再度任职者,前在职之日数得合并计算。

第二十一条　依本条例给恤金之公务员,除长警另有规定外,以依法任用者为限。

第二十二条　本条例施行细则由铨叙部定之。

第二十三条　本条例自公布日施行。

《传染病预防条例》

(十九年九月十八日卫生部公布

原公布日期十七年九月十七日,内政部公布)

第一条　本条例所称传染病谓下列急性各症:

一、伤寒或类伤寒;

二、斑疹伤寒;

三、赤痢;

四、天花；

五、鼠疫；

六、霍乱；

七、白喉；

八、流行性脑脊髓膜炎；

九、猩红。

前项以外之传染病，有认为应依本条例施行预防方法之必要时，得由卫生部临时指定之。

第二条 地方行政长官认为有传染病预防上之必要时，得于一定之区域内，指示该区域之住民施行清洁及消毒方法。其已自治地方应指示自治机关行之。

前项清洁及消毒方法由卫生部定之。

第三条 人口稠密各地方应设立传染病院或离隔病舍。

前项设置及管理方法由地方行政长官以单行章程定之。

第四条 当传染病流行或有流行之虞时，地方行政长官得置检疫委员，使任各种检疫预防事宜。

于舟车执行检疫时，凡乘客及其执役人等有患传染病之疑者，得定相当之时日扣留之。

于舟车执行检疫时发现传染病人，得使就附近各地方设立之传染病院或隔离病舍治疗。其有感染之疑者亦同住该院，若无正当理由不得拒绝。

未施行检疫之舟车若发现传染病人或有感染之疑者，准用前二项之规定。若在监人出狱患传染病或疑似传染者亦同。检疫官吏及医士得用免票乘坐舟车，但以持有执照者为凭。

第五条 地方行政长官认为有传染病预防上之必要时，得施行下列各款事项之全部或一部：

一、施行健康诊断及检查尸体之事；

二、隔绝市街村落之全部或一部之交通；

三、集会、演剧及一切人民集合之事得限制或禁止之；

四、衣履、被服及一切传播病毒之物件，得限制或停止其使用、授受、搬移，或径废弃其物件；

五、凡能为传染病毒媒介之饮食物或病死禽兽等肉，得禁止其贩卖、授受，并得废弃之；

六、凡船舶、火车、工场及其他多数人集合之处，得命其延聘医士及为其他预防之设帜；

七、凡施行清洁及消毒方法时，对于自来水源、井泉、沟渠、河道，厕所污物及渣滓堆积场，得命其新设或改建或废弃或停止使用；

八、传染病流行区域内得以一定之时日禁止其附近之捕鱼、游泳、汲水等事；

九、施行驱除鼠蝇方法及关于驱鼠、除蝇之设备。

第六条　依前条第七款、第八款，对于市街村落之全部停止其使用之水或禁止汲水时，于停比或禁止期间内须他处供给其用水。

第七条　医生诊断传染病人或查其尸体后，应将消毒方法指示其家属，并须于十二小时以内报告于病者或死者所在地之管辖官署。

第八条　患传染病及疑似传染病或因此等病症致死者之家宅及其他处所，应即延聘医士诊断或检查，并须于二十四小时以内报告于其所在地之管辖官署。

前项报告义务人如下：

一、病者或死者之家属，无家属时其同居人；

二、旅舍、店肆或舟车主人或管理人；

三、学校、寺院、工场、公司及一切公共处所之监督人或管理人；

四、感化院、救济院监督及与此相类处所之监督人或管理人。

第九条　凡传染病人之家宅及他处，其病人以外之人无论已否传染，均应从医士或检疫防疫官吏之指示，施行清洁并消毒方法。

第十条　凡经该管官署认为传染病预防上之必要，得使患传染病者入传染病院或隔离病院。

第十一条　凡经该管官署认为传染病预防上之必要，得以一定期间使患传染病者或疑似传染病者之家属及其近邻隔绝交通。

第十二条　患传染病者及其尸体，非经该管官署之许可不得移至他处。

第十三条　对于传染病人之尸体，所施消毒方法经医士检查及该管官吏认可后，须于二十四小时内成殓并埋葬之。

第十四条　死者尸体之埋葬，须于距离城市及人口稠密之处三里以外之地行之，掘土须深至七尺以上。埋葬后非经过三年不得改葬。

尸体受毒较重者，该管官署认为预防上确有必要时，得命其火葬。其家属怠于实行得代执行之。

第十五条　已殓葬及将殓葬之尸体如有传染病嫌疑，该管官吏就其尸体及家宅并一切物件，得依本条例之规定执行相当处分。

第十六条　地方行政长官认为有传染病预防上之必要时，将其事由通知第八条之报告义务人执行检查。但检查员须持有执照为凭。

第十七条　各地方防疫用费，得斟酌情形，分别由地方收入项下或国库支出之。已办自治地方之防疫用费由自治经费中支出之，但自治会议议决，经地方最高行政长官核准，得由国库酌予补助。地方行政长官为前项之核准后，须函报卫生部及财政部。

第十八条　凡不依本条例所规定或该管官署所指定之期限内奉行应办事项者,处五元以下之罚款。

第十九条　医士诊断传染病人或检查其尸体后,不依本条例报告或报告不实者,处五十元以下五元以上之罚款。

第二十条　对于该管官署或医士,依本条例之处分或指示,不遵行或依本条例应行报告事项并不报告或报告不实或妨害他人之报告者,处二十元以下二元以上之罚款。

第二十一条　偏僻地方因特别情事有必须于本条例规定以外变通其预防方法时,得由各该地方最高行政长官变通办理,但须函报卫生部备案。

第二十二条　对于由国外入境之舟车得施行检疫。

前项检疫规则另定之。

第二十三条　关于施行本条例之各种规则,以部令定之。

第二十四条　本条例施行区域及日期以部令定之。

《传染病预防条例施行细则》

（十七年十月三十日卫生部公布）（同日施行）

第一条　地方行政长官于所辖区域内认为有传染病发生之虞,或周有《传染病预防条例》所定九种病症以外之传染病发生、认为必须依照该预防条例施行预防方法时,应将其病症之性状及适用之条款与区域,呈报卫生部查核。

第二条　《传染病预防条例》第七条、第八条所定之报告,其报告义务人得以言词或文书为之。该管官署接受前项报告,应即呈报于地方最高行政长官,并督饬施行清洁、消毒方法。如发生之传染病系鼠疫时,并应速即搜捕鼠类。

第三条　凡遇赤痢、霍乱、斑疹、伤寒、鼠疫等传染病发生时,无谕患病人是否死亡,其受有病毒污染之家,该管官署于施行消毒方法未完毕以前,应依《传染病预防条例》第五条第二款之规定隔绝交通。

第四条　凡与患传染病者同居之人或其他有受传染之嫌疑者,该管官署应依《传染病预防条例》第三条之规定,使入隔离病舍施行消毒。其隔离日期应自消毒完毕日起,依左列定之:

一、白喉　　　　　　　　　　　三日;

二、赤痢　　　　　　　　　　　四日;

三、霍乱　　　　　　　　　　　五日;

四、鼠疫　　　　　　　　　　　七日;

五、流行性脑脊髓膜炎、猩红热　十二日;

六、斑症伤寒、天花　　　　　　十四日;

七、伤寒或类伤寒　　　　　　　十五日。

第五条　该管官署依《传染病预防条例》第十二条之规定,允许患传染病者及其尸体移至他处及搬运受有污染之器物时,应通知其移转地之管辖官署。

第六条　检查员依《传染病预防条例》第十六条之规定执行职务,应于日出以后日没以前行之。

第七条　本规则自公布日施行。

《饮食物及其用品取缔条例》

（十七年十月二十日卫生部公布,十八年九月一日施行）

第一条　凡贩卖之饮食物、饮食器及以饮食物营业者使用之饮食器、割烹具等,认为于卫生上有危害时,该管官署得禁止其制造、采取、贩卖、赠与、使用,并得禁止或停止其营业。该管官署施行前项职权时,得令所有者废弃其物品,并得直接废弃及为其他之必要处分。但所有者请求依卫生上不生危害之方法处置其物品时得许可之。

第二条　检查前条物品应根据理化学或细菌学上检验结果判断之。检查人员得于营业者营业时间入其营业场所,无代价征取其物品之一部,以供试验之用,但须给以收据。

第三条　检查人员行使职权时,须着用制服,并佩带检查证、票。证票式如下:

某地方某官署
饮食物及其用品检查员之证
中华民国 署印 年 月 日

第四条　营业者受检查员之命而不于指定期内履行其事项时,处二十元以下之罚款。其有抗拒情事者,由法院处一月以下之拘役,并罚十元以下之罚金。

第五条　检查人员执行本条例而为不正之行为者,除构成渎职时依刑法处断外,送由法院处六月以下之徒刑,并罚四十元以下之罚金。

第六条　本条例施行日期及地方以卫生部部令定之。

《饮食物用器具取缔规则》

（十七年十月二十日卫生部公布,十八年九月一日施行）

第一条　本规则所称之饮食物、用器具,系指饮食器、割烹具及其他调制器、容器量、贮藏器而言。

第二条　营业者不得以纯铅或合铅至百分之十以上之合金制造或修缮饮食

物用器具。

第三条　饮食物用器具接触饮食物部分不得以含铅至百分之二十以上之合金镶镂,及以含铅至百分之五以上之锡合金镀布。

镶着于罐头外部之合金,其含铅不得至百分之五十以上。

第四条　施用珐琅或釉药之饮食物用器具,以含醋酸百分之四之水经三十分时间煮沸能溶出砒素或铅者,营业者不得制造或修缮之。

第五条　营业者不得以含铅或锌之橡皮制造哺乳器具。

第六条　以铜或铜合金制造之饮食物用器具,其接触饮食物部分之镀金属剥脱或失其固有光泽者,营业者不得使用。

第七条　营业者应于其所制造或输入之金属性饮食物用器具,以印记或他种不易剥落之方法表示其商号或符号,以资识别。

无前项商号或符号者,不得贩卖或以贩卖之目的贮藏、陈列。

第八条　违反第二条至第五条而制造或修缮之饮食物用器具,不得贩卖或以贩卖之目的贮藏、陈列及供营业上之使用。

第九条　该管官署对于违反第二条至第七条制造或修缮之饮食物用器具及其器具内之饮食物,得依《饮食物及其用品取缔条例》第一条之规定处分之。违反本规则之营业者亦同。

第十条　该管官署执行本规则时,得依《饮食物及其用品取缔条例》第二条第二项之规定行其职权。

第十一条　违反第二条至第八条者,处三十元以下之罚款。

第十二条　营业者系成年或禁治产者时,本规则所定之罚则适用于其法定代理人但虽未成年而关于其营业与成年者有同等能力时不在此限。

代理人雇人或其他从业者关于业务上之触犯罚则行为,由营业者负其责。

营业者系法人时,以法人之代表为被告人。

第十三条　本规则施行日期及地方以卫生部部令之。

《监狱待遇犯人最低限度标准规则》

（一九三四年国际刑法委员会修正,一九三五年
国联秘书长函送各会员国外部,同年六月司法行政部
训字二七七二号训令各法院监所知照）

绪言

本文所计之标准规则,系就实际之目标而言。此种规则指出各监狱制度应遵守之普通要旨,无论在何种法律、社会及经济情形之下,皆有施行之可能。

此种规则并非包罗一切待遇犯人之规模,乃根据人道及社会观点而指出监狱待遇犯人所应注意之最底限度条件。

如因特殊情形未能实行本文所定之规则,尤其是最小之监狱,此种小监狱在可能范围内应尽量废除之。虽然在人口稀疏之国,距离远长,而交通又不便,则上述之小监狱当有继续存在之必要。在是种情形之下,则监狱待遇犯人之根本精神注意保存,而本文所定之规则亦应尽量施行。同时,在施行本规则之时,尤其是关于犯人之个别待遇,如逢犯人众多之监狱,必至发生相当之困难。因此,对于本文所订规则之施行,应使监狱内之犯人不至于过多。

本文所谓"犯人"者,乃包括一切因各种理由而被剥夺自由并拘禁于监狱之人。本文所谓"监狱"者,乃就广义而言,假如在一国内认定由于警察所拘获之人而暂时受禁者,非包括于本文所采之定义,但对于本规则所含之根本意义亦应尽量采纳。

第一章　分配与隔离

第一节　分配与隔离

第一条　凡犯人之不同种类者,应尽量使其监禁于不同之监狱内,否则亦应使其依类隔离。

犯人之分配应根据其所犯之不同性质而定之。男女须永远隔离。

未经审判之人须与已决犯人隔离。凡因债务而受监禁及其他因法庭之命令而受监禁者,须严格与其他犯人隔难。

少年犯须永远与成年犯隔离同时犯人之道德未曾堕落者须与道德堕落者隔离——根据其过去之生活、犯罪之性质或其他原因,以防其他犯人受其不良道德之影响。

第二条　按例犯人须分房睡眠。

如犯人不能分房而睡则应于宿舍中筹划隔离之方法,并须于夜间布置职员特别监视之。

第二章　待遇

第二节　总则

第三条　待遇犯人须依其犯之性质定之。

犯人在同一类内须受同等之待遇。施行个别待遇时,应注意犯人之个性,为普遍达到此目的犯人之刑期,虽在最短期内,亦须有适当之医官,以验其精神与体格。

第四条　待遇犯人之主要目的为养成犯人遵守秩序及努力作业之习惯并增进其道德行为。

对于少年犯之待遇,须特别注意增进其教育程度及一般品性。如犯人正在发育年龄,则须并重其体格之进展。

较严或较宽之待遇只可于法律所许之范围内或由正当之行政长官命令行之。犯人须经长期之监禁者,应于其监禁期内,引起其自新之兴趣。为达到此目的,应使犯人逐渐得到相当之责任心。而犯人负有责任心者,应予以相当之权利,并使其于监禁期内、假释期内或期满释放时决定将来之出路。

当犯人入监之初,均须指示其应遵守之狱规及应负之义务。

当犯人之体格不适宜或患重病而需要暂时出狱医治者,应即许准。

第三节　特别种类

第五条　未经审判之犯人及因债务与其他经法庭之命令而受拘禁之民事犯,不可过于束缚其自由或较严于所应受之特别拘禁性质与维持秩序。

第四节　银钱保管

第六条　犯人携带之银钱或贵重物件须由典狱长或其他指定之官员负责保管。当其确实数目登记完毕之后,即须放置于安稳之处,以便释放时交还犯人。除非犯人自己交付与适当之人,监狱机关不得动用。在拘禁期内所由监外收入之银钱亦应同样处理之。

第五节　衣服与床铺

第七条　衣服与床铺除非特别许可其自备外,皆须由监禁机关供给。所备之衣服与床铺须适合气候及犯人之体格情形。

第六节　食品

第八条　监禁机关须供给犯人以充分物质及数量之食品,以维持其健康与体力。

须使各犯人随时可获饮料。

囚粮须受医官之监督。

第七节　作业

第九条　已决犯皆应服务作业,并须充分供给材料,不使间断。

其他犯人如欲从事作业者,皆须予以工作之机会。

第十条　作业须尽量使其能学习技能,而其工作性质要能使犯人于恢复自由后足以自谋生活。

支配犯人工作应特别注意其体格与智力、未受拘禁以前所从事之职业,并于某种情形之下注意其兴趣之所在。

支配少年犯之工作须合有教育性质,并须于可能范围内教其卓习一种技艺。

第十一条　监狱内所配置之工作,其组织应尽量按照自由工人之制度。

关于监狱内作业之各种制度,要以官办监督制度较为适宜,尤其是从训练犯人技能上观察更有施行之必要。

监狱内对于保护犯人之生命与健康之规定,应自由工人平等。

第十二条　犯人日常工作之最高限度时间应有相当之规定,依据不同类别与工作之种类,对于工作时间可有不同之规定。规定工作时间必须永远备有余闲时间,使犯人从事于教育及重新适应社会。

第十三条　犯人作业之赏与金须重视之。

第八节　健康

第十四条　凡备为拘禁犯人各种建设,须永远注意不使其危害及犯人之健康。

第十五条　各监狱内对于犯人之住所,须使其适合气候与健康。在气候冻冷之时,屋内须永远维持相当之温度。房屋之建筑与应用须永远使充分空气输入及保留相当之空地。

第十六条　犯人所拘留之地或监房须有足量之窗户,可使犯人应用目光,在内阅读或工作。

如犯人须用人造光线以从事于阅读或工作时,应供给适当光度,使其不至损坏目力。

第十七条　犯人居住之地或监房须昼夜保持清洁,其他各处在可能范围内亦应尽量保持清洁。

第十八条　一切监房须流通空气。无论是否备有通气机器,均应备有窗户可使空气流入。

第十九条　监狱应供给犯人充分之水及其他维持清洁之需要品。上述之设备须视所需之性质而定,且不可妨碍及犯人身体健康或其他犯人成受难堪。

第二十条　监狱职员应自犯人入监之始,随时监督其身体及衣服之清洁。

第二十一条　监狱所供给犯人之内外衣服,均须永远保守清洁。衬衣每星期最少须换一次。

所供给之被褥须勤脱换涤洗或按照医生所指示之合乎健康之构造。

第二十二条　犯人入监之初,须经医生细验。如发现身体上或精种上有病者,须即加以诊治。

第二十三条　监视犯人身体及精神上之安全为健康之要旨。是故医官须规定视察各犯之期。体格检查时,须决定该犯人是否适宜工作独居于该犯之健康是否有害及是否患有传染病。对于肺结核病及花柳病尤须特别注意。

第二十四条　按例监狱官须每日巡视病犯一次,及诊视报告疾病之犯人。

监狱须供给病犯及怀孕女犯之医药及看护,并须设置特别适宜之病房,以备不时之需。

监犯须供给充分之药品。

第二十五条　不在户外工作之犯人,如在天气适宜之时,每日至少有半小时之户外运动。

少年犯在发青年龄者或犯人经医生认定其体格情状需要延长运动时间者,须特别许可其长时间之户外运动。监狱内如能就所需要者设立一健身房,特别供给少年犯之运动,对于健康方面为适宜。

第二十六条 医官须视察监内之卫生服务,并须就各种缺点报告监狱长官,以便筹划补救办法。

第九节 道德兴智识上之改进

第二十七条 在情境许可之下,须使各犯人得有机会按期施行其所需要之宗教生活。

犯人如欲延请其所信仰之宗教牧师入监接见,临狱官不得拒绝其请求。

如监内有充足人敬信仰同一宗教者,监狱须延请一合格之教士按期入监服务。

第二十八条 长期刑之犯人须受智识上之教导。是项教导须有益于犯人者。

一切少年犯均须受合适其年龄之教育。

第二十九条 各监狱须购置充分之图书,以供犯人之阅读。

所置图书须特别注意于启迪犯人之智识反改造其品性者。犯人自入监之初即须许可其阅读。

第三十条 监狱行政须供给犯人阅让开于世界重要之新闻。此种施行对于长期刑之犯人尤须特别注意。

第三十一条 在必要监督之下,犯人应有与其亲属或良友通信之机会,并须规定其接见及通信日期。

第三十二条 外国犯人须许其与所属之外交机关或领事代表交通信息。

第三章 纪律

第十节 惩戒

第三十三条 犯人违犯监内纪律之惩戒,其性质及施行须依法律之规定或经适当之行政长官之命令。

第三十四条 适当之行政长官之命令或法律须判定执行惩戒权之官吏。

第三十五条 执行惩戒之前,对于人犯应有精密之审查,并使犯人有辩护之机会。执行惩戒之人员或官吏如不能与犯人通话,应于施行惩戒之前请一通译员,使犯人能有辩护之机会。

第三十六条 执行惩戒不可使用肉体刑罚。如有国家对于特别案情许用肉体刑罚者,则具执行之方法应由法律规定之。肉体刑罚非经医官证明该犯之身体能受之者,不得执行此种刑罚,必须由典狱长及医官监督执行之。

第三十七条 执行惩戒不可使用暗房。如有国家对于特别案情许用暗房惩戒,则于使用范围内之限制须由法律规定之。

第三十八条 就犯人性质或体格而论,若干惩戒常易引起身体之伤害,如减少日常食品之分量、减少或剥夺其户外运动等,均不可超过限定之时日,并须依照医官之判定。其执行惩戒时日之量高限度应在法律上定明。

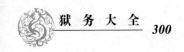

第十一节　警戒之器具

第三十九条　警戒器具如手铐、铁镣、窄衣等品,可作暂时警戒强暴犯人及防止犯人彼此殴伤或继续破坏对象之用,不可移作刑罚之具。此种器具在较良情境之下须速解除,除非犯人再现强暴行为时不可复用。

此种器具之构造,应依中央刑事机关所规定之模型。

第四十条　铁镣或其他器械只为防止犯人逃走,并非用以剥夺其手足之动作,故须永远求其轻便,且其构造必须依照中央刑事机关所规定之模型。

施用上述之戒具时,必须由典狱长或其他适当官吏监督之,毋使其伤害犯人之身体。

第十二节　请求与申恕

第四十一条　各犯人每日要有机会向典狱长或长官代表申恕或请求。

第四十二条　各犯人须有机会依照程序向监外之高级长申恕。

第四章　监狱官吏

第十三节　监狱官吏

第四十三条　监狱官之选用须十分谨慎,不但需要考严其才能,且须特别注意其品性。

最善为制成适当之理论及实用之课程,以训练监狱官,并规定时期招集监狱官吏从事研究监狱问题。

第四十四条　所有监狱官吏之动作须有以身作则之态度。其职务不专为监禁犯人不得使稍有轨外行动,且须保持优良行为,以感化犯人。

第四十五条　规模宏大之监狱,典狱长及其他长官均须寄居监内或监狱邻近之地并不可兼任其他职务。

如数个小监狱同归一典狱长管辖,则须常往巡视,不可疏忽。且各小监狱要有负责之官吏住居监内,权当监内领袖。

第四十六条　典狱长须能通晓监内犯人之语言,俾可与犯人直接谈话,以免翻译之烦。

副典狱长及其他官员皆须通晓多数犯人之语言,在必要时可聘请一翻译员。

第四十七条　监狱内须置一犯人所信仰之牧师,俾得依期礼拜其宗教之机会,且须益量予牧师以接见犯人及执行祈祷之便利,同时须予牧师时常单独与犯人晤谈。

第四十八条　各监狱须有医生为犯人诊病。

规模宏大之监狱须有医生寄居监内或监狱邻近之地。规模太小之监狱如不能聘请医生专在监内服务者,必须聘请监外医生,依时入监诊病,且该医生必须住居于邻近之地,以便于危时入监服务,不致延误。

监狱医官,尤其是专在监内服务之医生,必须有专长之精神、病理学智识。

第四十九条　监狱内须聘请资格优良之人从事犯人教育。少年监内之官员应指定数人专事少年教育。

在可能范围内最善为聘请专家从事改造犯人,使其重新适应社会。

第五十条　对于女犯之管理,应尽量任用女官员,毋使有男官员掺杂其间。

男官员无论其等级如何,除非职务所关,皆不许其入女监之任何部分。如因事入内者,须有女官员伴行。

第五十一条　监狱官员所携带之武器,只可用于自卫及防备犯人之逃走。如其无他法以制裁犯人之逃走者不可用以伤害犯人。施用武器须永远不使超过所需要之范围。

第五十二条　监狱官吏到任之初,应详告其服务时间,并须于未委其直接管理犯人之前告其所应负之责任。

第五十三条　监狱长官应努力唤醒及保持监狱官员及社会民众注意服务监狱之重大责任,及其在社会上之重要性。

第五章　出监人之辅助

第十四节　出监人之辅助

第五十四条　对于犯人释出监狱后之辅助,须充分注意此种注意应在犯人未出狱之前,并须根据犯人之人格及其生活情形与其亲属关系,加以研究。其目的在矫正出狱犯人之人格与引导其正当生活。

第五十五条　对于地方民众,须尽力奖励其组织一出狱人辅助会,以从事出狱人之辅助。对于探访出狱人之生活及辅肪其正当社会生活与忠厚之公民尤应注意。

各地方团体须互相联络,借收互助之效力。

第三编 命 令

改良囚犯当以切实类别作根据

美国监狱作业委员会主张——

监禁的重要目的是保护社会安宁及吾人的生命财产,但是有害社会的囚犯不是永远不出监的,倘若监狱功用仅是使犯人与社会作暂时的隔离,那完全是耗费金钱。所以其最重要的工作,即是训育囚犯,使之出监后为良好公民,以期永远有益于社会。

因为囚犯的个性与背景人各不同,所以每人入监的时候,必须用科学方法尽力去判定他的犯罪原因及最合宜的处置方法,专凭职员空想是无济于事的。

入监的囚犯应按以下手续详细查验:

一、医生检查他的健康与疾病。

二、精神病学家鉴别他的疯狂(因为有许多疯狂的程度不是常人能理会的)。

三、心理学家发现他的最易受改化的才能。

四、教务所决定他的教育程度与特别的需要。

五、看守长为他解释监内规则及犯规的惩罚。

六、宗教师决定他所需要的精神的指导。

七、作业技正决定他的工作的能力与所需的训练。

有了类别制度便有以下结果:

一、有疯狂症而需永远注意的,便可设法另行处置,使监狱人数减少。

二、身体不佳或有疾病的便可特别保护。

三、可给囚犯最合宜的工作,则其生产力自然增加。

四、对于工业有相当的训练后,使囚犯挣钱自助,并可助其家属。

五、对于囚犯的特长可以发展,缺点可以医补。

六、对于个人有了更好的了解,则对于假释的成绩更有把握。

通 则

《整饬纲纪令》

(部训三六四三)

司法庄严端赖行政效能之增进,而整饬纲纪实为增进司法效能之梯阶。是以法治修明,举国属望,外人觇国亦注于斯。本兼部长受命以来,夙夜忧惧,敢以惕虑之所及,应时代之要求,约举四端,卑无高论,愿我同人共图奋勉。

一曰:慎听断以通民情。审判之要,在于发现真实。而发现真实之道,莫重于慎听。故民诉一九三条、三〇七条、刑诉二四二条、二八六条规定,当事人或被告有"自行发问"之权利;民诉一九二条、刑诉二九八条、三百条至三百〇二条,赋予当事人或被告以尽情陈述与辩论之机会。其所以通民情、察民隐,规定既详且尽。现在各省法官其能善体法意、虚心听讼、视民如伤者,固不乏人。然或挟有成见,盛气相临,对于上开各法文未予充分适用,往往令讼狱者畏栗而不能尽其辞。似此率听武断、壅塞民情,殊非增进司法效能之道用。特重申诰诫。嗣后推检讯鞫,务求"尽听"必使讼者咸毕其词。庶几情伪缘而大白。

二曰:重启迪以期无讼。刑期无刑,辟以止辟,善听讼者不如使无讼。法院职责不独司裁判于构讼之后,尤在息民争于未讼之先。故民诉有调解法相辅以俱行,刑诉有"得不起诉"之规定。所以省刑罚、息争讼,意至善也。近来诉讼案件日益增加,而刑事方面尤甚。殆所谓法令滋彰,盗贼滋炽。虽关于社会经济及政治各方面,原因甚多。而司法官吏启迪无方,亦当分负其责。以后各院长首检务当设法并督饬所属晓论人民,使知法纪。庶乖僻者懔怀刑之戒,争讼者兴让畔之风。

三曰:讲衡平以应世变。社会进化日新月异,民欲守法而时势或作网罗,士虽怀刑而环境适为媒孽,故罗马崇"衡平法"之论,晚近开"自由裁量"之风。况五六年来,世界经济变迁益亟,怒潮所撼,波及我国。囹圄有充塞之忧,案牍有劳形之苦。设非衡平世变,以辅法律。将何以调和社会之矛盾,而措国家于安宁。各推检定谳起诉,务须熟虑刑法第七六条、第七条、第九十条、刑诉第二四五条、民法第一条等之规定,悉心于法律与社会事实间矛盾之调和。务期一方保持法律之尊严,他方适应社会之发展。

四曰:砺廉隅以挽颓风。末俗浇漓,民免无耻,若期有耻,且格凡为法官者。必于奉公守法之范围内,尤须负责任、守纪律、重礼义、知廉耻。果能临民以礼,则讼者气和而兴让;折狱以义,则败者诚服而自反;接物以廉,则请托不行,而法无枉;行己有耻,则专精职务而事不废。凡此诸端,贤者未尝不善自矜持以符功令,而不检者往往俯仰随俗罔顾官规。有若长官易人,则函电纷驰,夤缘请托,妄干升调,渎请容留。似此行为影响于司法前途甚大。本部现经改隶,旨在统一司法制度。本兼部长对于司法官吏之任免及服务考绩办法,一仍旧规,黜陟奖惩,悉循法度。但求砥砺廉隅共臻上理,不欲频繁迁调多事纷更。各该院长首检务当整躬饬己,悉心从事,并督率所属黾勉从公,屏除积习,以跻进于法治修明之域,本兼部长有厚望焉。仰即遵照,并饬所属一体遵照。此令。(二十三年十一月十六日)

《监察使署次第设立法官如有被弹劾违法失职者当从严处办仰各禀遵通令》
（部训二四八〇令）

查司法官吏秉国家之彝宪,司狱讼之平亭,政治清浊、人民休戚系之。宜如何砥砺廉隅、扶持正气,以整纲饬纪。乃查各级推检人员,其能奉公守法,无忝厥职者居多数,而狃于积习,不自振拔者,亦不在少。因此,少数不良分子辄为全体法界令誉之累。以人民生命财产、自由权利所赖以保障之法院,坐是不能得其坚定信仰,可慨孰甚。本部长莅任以来,谆谆以廉明勤慎四字,诰诫全国僚属。以为法官职位何等高洁,并此最低限度而不可求,顾名思义,真堪愧死。现经数月考察,虽弥缝较工,破露犹寡,而衡诸案情失平,参之舆论不满其裁决,可疑操守难信者,往往触诸耳目。是固本部长德薄能鲜,身不足以率属所致。此后,益当律己潜修,期感格于来日。而亦考覆之制不严,监察之法未周,使之然也。迩者,江苏、安徽、江西、福建、浙江、湖南、湖北、河南、山东、河北、甘肃、宁夏、青海各监察区监察使业奉国民政府明令特派,不日出京赴任,行使职权。仰见中央整肃纪纲、察吏贤否、巡省郡国、问民疾苦之至意,所望各级群僚共体斯恫淬厉精诚,交相勉勖,毋负此监察制度推行及于地方之良机,而毅然与民更始。院长、首席检察官受本部付托之重,就近监督属员,尤应以身作则,相与精白乃心,靖恭尔位,兢兢业业以法治精神实现五权分立之立义。诚以法官之职,本在检举或裁制人民不法之行动,自身尤应纯洁高尚,不再受人指摘。若复不自尊重,致有违法失职情事,为监察使访察所得,因而提出纠弹者,其责任自应视其他官吏为重大。本部长向来主张,治法尤须治人,正物先自正己。遇此,定当依法严处,不稍宽假。仰即遵照,各自检束并转饬所属一体禀遵。切切。此令。(二十四年五月十五日)

《司法官不许兼任行政官吏由》
（十六年十一月国府令）

为令饬事:查法律保障人权关系至钜,凡属司法官吏责任宜专,本政府为尊重司法独立,用特明白规定,嗣后所有在职各司法官均不得兼任行政官吏或其他官吏,以符法令。合行令仰知照并转饬所属一体遵照。此令。

《告诫司法人员谢绝酬应由》
（十七年五月部训三一九）

查我国官场酬应积习相沿,靡费旷时,今犹未已。我国民政府除旧布新,首重廉洁。凡在属僚,自当遵奉。刿法官清苦,夙昔著闻,近来狱讼繁滋,尤有加无已,若复恣情惩逐,极意肥甘,非特伤廉,抑且害事。自今以往,愿我同僚,一志凝神恪供厥职,一切酬应,悉宜谢绝。为此,通令遵照,并仰转饬所属一体遵照勿违。此令。

《国民政府机要事务严禁宣泄由》
(十八年八月院训三五四)

为令遵事:案奉国民政府十八年七月二十七日第六四七号训令开:为令遵事。查本府关于机要事务分饬各机关,恒以密令行之。原所以昭郑重而禁宣泄。乃近月以来,各报馆对于此项密令,时有登载,或尚字句偶异或则全文披露,实于执行公务大有妨碍。揆厥原因,要由接受机关视为无关轻重,防闲不严所致。似此怠玩疏忽,殊非慎重政令之意。亟应严行取缔,通饬诰诫。嗣后各机关凡奉到本府密令,务各严密遵行,不得再有泄漏情事。一面并由地方军警饬知各报馆,勿再登载,以防流弊。除分行外合行令仰遵照办理。并转饬所属一体遵照,切切。此令。等因。奉此,合行令仰遵照并转饬遵照。此令。

《各级官吏不得兼任商业机关职务及投机市场之交易由》
(十九年十二月国府令)

行政官吏既为国家服务,即各有其应尽之职责,自当公而忘私,远于货利,以杜假借权力因缘自便之渐。至如兼营业商业操赢制余,匪独自玷官常,抑且防害政务,弊端百出,清议难容。现当整饬纲纪,厉行法治之时,凡属公务人员尤应争自濯磨,严戒一切渎职牟利之行为。爰特申禁。嗣后各级官吏绝对不得兼任商业机关之职务与从事投机市场之交易。如敢故违,定予撤惩。凡百有位尚其戒之。此令。

《刑事被告人人相表内捺有指纹应分送警厅由》
(二十年二月部训二二四)

令江苏高等法院

为训令事:案准内政部本年一月二十七日警字第五六号咨开:为咨行事:案据首都警察厅厅长吴思豫呈称,窃以侦缉罪犯为警察之重要责职,而鉴别指纹于侦查最为准确。职厅自上年七月开办指纹以来,计半年之中,各局获犯因指纹而查出犯罪二次者一百八十七起,犯三次者十一起,犯四次者二起。多已更易姓名年籍,赖指纹之辨认,始克发现。惜职厅所存指纹纸,仅自上年七月起。职厅所属各局缉获之犯为数无多,是以近来发生命盗窃案经侦探用科学方法虽每寻出犯罪人遗留之指痕,因职厅所存指纹纸太少,仍难广为检对。查江宁地方法院看守所自十九年起凡刑事被告人相表内俱已捺有指纹,为数较多。若能分送一份,交职厅司法科指纹室分析编存,则职厅侦查案件发现指纹获到嫌疑犯,俱可取指纹纸而核对之,使无从漏网。于首都治安利益甚大。惟查江宁地方法院看守所捺取人犯指纹,以前仅捺平面,于分析编号殊感困难。且无平面四指印。万一各指次序捺错,无从稽核。此后若能改照现行之英国式捺印,凡经过看守所人犯概捺一份,注明罪刑,随时送交职厅。非但于警察侦缉极有利益,且犯罪者或因此知所戒惧不敢再犯,其利尤多。兹谨呈送职厅指纹纸男女式各一纸,拟请钧长俯赐转咨司法行政部令行江宁地方法院,饬看守所将十九年份刑事被告人相表注明罪刑,送交职厅分析、编存。以后并照呈送纸式,随时捺印,填送职厅,以利侦查。是否有当,理合备文检同指纹纸式呈请查核施行。等情。据此,查该厅举办指纹实于侦缉罪犯协助司法极有利益,相应检同指纹纸式二纸,咨请贵部查照,令饬江宁地方法院遵照办理。等由。准此,除咨覆外,合行检同原附指纹纸式二纸,令仰该院即饬江宁地方法院转令遵照。此令。

《指示监狱规则第六六条监督官署许可权疑义由》
(二十年三月部指四二七二)

查监狱规则第六十六条有许可权之监督官署,依各省高等法院院长办事权限暂行条例第四条第十五款之规定,仍指高等法院言之,惟许可后应函知检察官查照。至地方法院院长关于此类事项有无处理之权,应依地方法院院长办事权限暂行条例第四条第九款之规定办理。仰即转令遵照,此令。

《已设法院县份政府与本县旧监狱行文应用程式由》
(二十年九月部指)

令湖南高等法院

呈称:已设法院县份县政府与各该本县旧监狱行文应用何种程式?祈令遵由。

呈悉。查已设法院县份旧监狱之监督权既系属于法院,与县政府并无隶属关系,其行文依照公文程式第二条第八款自应用函。惟各该地方情形,如实有不便利之处,亦可呈由法院转咨办理。仰即遵照,此令。

《各机关公务人员未经呈明长官不得参加
民众运动及非法定团体之组织由》
(二十年十月国民政府训令)

为令遵事:查京内外各机关公务人员咸有应尽之职责,当此国难方殷,虽各黾勉从事犹恐日不暇给,讵容有所旁骛,致误要公,嗣后,凡未经呈明该管长官核准,均不得参加各种民众运动及一切非法定团体之组织。以免荒废职务,除分令外,合亟令仰遵照办理并转饬所属一体遵照。此令。

《司法官吏应专精职务砥砺廉隅由》
(二十一年一月部训一四五)

司法官吏地位尊严,律己饬躬尤应自重。现在各省法官精白乃心,恪勤厥职者固不乏人,而乞假来京,面请升调,营谋荐牍,藉作干求者亦复纷纷。而是似此费时日于道途,役精神于外务,不特旷废职守,抑且有偭官规。本部长对于僚属黜陟一秉大公,断不因嘱托有人稍涉徇顾深冀在事诸贤共体斯意专精职务砥砺廉隅,勿作出位之思,勿求速化之术,庶几司法独立精神赖以维持光大。为此,令仰遵照并转饬所属一体遵照。切切,此令。

《管狱员请假非经遴员代理不得擅离职守由》
(二十一年二月部训三六四)

为令遵事:案据湖北高等法院呈报:汉川县管狱员请假晋省,由书记负责代行,发生书记与人犯串通时潜逃情事,殊堪诧异。查管狱员责任何等重大,因事离职岂可由书记负责代行。此种情形各省恐亦难免,若不严加禁止,不足以资整饬而杜流弊。除分行外,合亟令仰该院院长即便遵照转饬所属,嗣后管狱员因事请假,非经该管长官核准遴派妥员代理,不得擅离职守。倘敢故违,立予撤惩,毋稍瞻徇。切切,此令。

《嗣后交代务须遵限办理切实盘报以重交案令》
(部训一四九九)

查公务员交代条例第七条内开:后任或接收人员接到移交清册时,应即会同监盘员于十日内逐项盘查清楚,出具交代清结证明书交前任或被裁人员呈缴,并会呈上级机关或主管长官查核。又交代条例施行规则第三条内开:卸任人员任内应办各种收支月报及其他统计表册,均须自行造报并将底册移交接任人员,前项底册如未移交应由接任人员继续负责。各等语。法令规定不为不严,乃近据各省高等法院呈报所属办理交代案件多未能按照上开条例切实办理。关于移交款项部分,接收人员仅将前任交册照抄呈报监盘员,徒有其名。对于前任经手收支各款并未于限期内会同切实盘查,而该主管长官亦不切实查核,即将原册报部。往往经本部发现,册内前任开支经费并不遵照预算动支法收亦未呈准有案,以及任意挪用公款暨任内应办各种收支月报及其他表册悉未如限造报。一经本部行查前任早经远离任地,公文往返转辗需时,阅时既久,前任或竟住址不明,驯至交案无法清结。推原其故，实因该管长官暨接收人员监盘员等当时泄沓从事，未能切实办理。事后多费周折，补救为难，依此情形殊堪痛恨。

嗣后，凡各属办理交代案件，接收人员及监盘员务须遵照限期，于前任未离任地时会同切实盘查。即将盘查情形于呈报总册内详细声叙，并各署名盖章，一经出具交代清结证明书之后，该接收人员及监盘员应即同负责任各该主管长官呈报所属。交代案件亦应将本案核明情形，于呈内声叙并加具切实按语，以凭复核。

如遇有卸任人员交代不清或逾限不交情事，该主管长官尤应依照交代限期及制裁各条款迅速严厉处理，不得稍有宽假以重交案。

除分行外，合行令仰该院长、首席检察官即便遵照办理，并转饬所属一体遵照。此令。（二十四年四月一日）

《重申取缔奔竞请托由》

（二十一年五月部训一〇九九）

为令遵事：案奉行政院本年五月七日第一三四零号训令内开：案据司法行政部部长罗文干呈称：窃查，干谒幸进昔贤所羞，贡举非人前代有罚。自唐以降，整饬风纪历有可征，其时文武官吏禁与铨选考功诸司结纳关说，其外职来京者概不许于王公处谒见通问，及私通书信有所求索馈遗等弊，轻者议处拟杖，重者计赃治罪。事属旧闻，意志深远。科举取士，号为正途，以保举及输粟得官者盖居少数，至于特保人才一经因事罣误，罪及举主，曾不稍宽。有清中叶，曾胡起家，科目僚友部曲类能宏济艰难，或荐于朝右，或置于幕府，用人之途虽宽，大抵历试诸难任能称事。光绪季世，权集枢要，八行渐兴而大吏之风骨严峻者，每牍荐于衙参藉杜竽滥，至今尚传为美谈。民元以来，国会议士集于旧都，函牍纷投，请托尤滥。积习相沿，迄未改革。近年政局迭更，剞书盈尺，或说明族戚关系，或指定需要位置，且有素昧平生径行自荐者，投刺公署。接见要求纷至沓来，品流猥杂。当兹国是艰危之际，各机关长官筹划建设已属不遑，而乃耗精神费时间于此等周旋应付之中，妨害政务进行，莫取缔此为甚。查十七年十月十九日国府曾颁明令严加奔竞请讬，并不得以私人名义有所推荐。又二十年六月二日公布之官吏服务规程第十一条、第十三条亦具有规定拟恳钧院，严令京外各机关一律切实奉行。嗣后不得再有函托干谒情事，倘或违令，尝试查系公务人员，即由各机关长官提付惩戒勿稍徇隐，以防幸进。等情据此。查所请系为整饬官方防杜幸进起见，自应准予照办。除分令外，合行令仰该部遵照，并转饬所属一体遵照。此令。等因。奉此，除分令外，合行令仰遵照并转饬所属一体遵照。此令。

《公务人员对于政府设施如有意见可用书面建议不得径自向外发表由》

（二十一年七月国府训一五二）

为令遵事：查公务人员职位虽有不同，然同为政府构成之份子，则一关于政府之一切设施，政府对人民直接负其责，而政府之设施良善与否，则凡公务人员各有其上下相承休戚与共之义。近查公务人员往往不明本身地位，或误解言论自由之旨，对于政府设施妄事讥评，毫无顾忌，似此漫无限制，殊足以影响政府威信，而阻碍政令之施行。爰特通令诰诫加以取缔。嗣后公务人员对于政府之设施，如认为不妥可用书面建议于长官，不得径自向外发表。违者分别情由之轻重，由主管长官交付惩戒。除分行外，合行令仰遵照办理，并转饬所属一体遵照。此令。

《所属分院及地院对于各该看守所之监督权如有未经委托者应即按照修正看守所暂行规则第三条但书一律加以委托》

（二十二年二月部训三〇七）

为令遵事：查高等法院院长对于看守所之监督权得以委托高等法院分院长或地方法院院长分院长修正，《看守所暂行规则》第三条第一项但书已有明文规定，原以高等法院院长远在省会，而所属各法院院长及分院长与该看守所均有密切关系，就近监督于事良便。近查各该高等院长委托监督者固有，而迄未实行委托者实多，殊于定章不合。除分令外，合行令仰该院查明所属分院长或地方院长分院长对于各该看守所之监督，如有未经委托者，应即按照前条但书之规定一律加以委托，以便监督而专责成。此令。

《通令所属非经呈准不得来京请谒由》

（二十三年十二月部训一四）

查司法官吏职掌听谳平亭狱讼，责任綦重。稍涉泄沓，影响滋钜。允宜勤慎厥职为民服务。乃比年以来，世风浇漓，吏习奔竞，士尚浮夸，在未获职位之先，但得一官为足，及既予补放，席未暇暖又遽求躐等。其能任劳任怨、埋头苦干者，殆不多觏。每当长官进退之际，尤视为活动之绝好机会。剡书盈尺，无非干托。投刺公门，请谒私室。或以地瘠民贫为词，请求他调；或以事繁俸薄为言，希冀升迁。公然要求，罔知顾忌。甚至抛弃职务，远道跋涉。簿书因之积累，狱讼因之迟滞。似此情形，不特有玷官箴，抑亦妨害公务。本部长莅事伊始，望治良殷。循名核实，黜陟悉凭成绩；选贤任能，去取惟依法度。当兹国是阽危，法权尚未收回之日,推行法治尤属未可稍懈。宏济艰难,胥赖众力。凡我同僚务须共体斯旨,痛湔痼习,努力迈进,期臻上理。其有怀瑾握瑜切实奉公之士,终不难有以自见积资递升,毋忧屈沉。自此次通令之后各该院长、首席检察官暨各级在职人员毋得擅离职务,来京请谒。即有要公接洽,亦须事前呈经核准,非奉指令不得起行。仰即遵照并转饬所属一体遵照。此令。

改　　良

《无论何项机关绝对不得再用刑讯由》
(二十二年八月国府令)

刑讯制度久经废止,现行刑法对于意图取供而施强暴胁迫者之处刑规定尤严。历年以来,各级司法官署均已切实遵行一律禁绝。唯恐各省军警机关及兼理司法之县政府日久玩生,或不免阳奉阴违,尚有沿用刑讯情事,既属有背人道亦且触犯刑章,亟应重申禁令,严行饬诫。嗣后无论何项机关绝对不得再用刑讯致干法禁,如敢故违经大告诉告发,查有实据即予按律严惩,以为残酷者戒。此令。

《司法行政部改良监所方案分为疏通整顿建设三步进行》

查监狱为执行刑罚之所,监狱不良感化,主义难期实施。纵使法院普设审判公平,亦不能收司法改良之效。本部在训政时期分配工作年表内已将各省应设各种新监(如少年监、普通监、外役监、肺病及精神病监之类)详细规定,分年进行。卒因时局未定,经费困难,前项计划未能如期实现。现将改良计划分为三步进行,第一步疏通,第二步整顿,第三步建设。而在此三步计划之先,对于培养人才尤为注意,恐司法人员与行刑方面多所扞隔也。则咨请教育部通令各省国立及公私立大学、独立学院或法政专科学校内之法律学系增设监狱学科目,因整理监狱需用真才也。则咨请考试院举行普通考试、监狱官考试及训令各省高等法院举行特种考试、监所看守考试,并拟呈监狱官练习规则及制定监所看守训练规则分别公布,俾资实习,以重经验。其于现任监狱官则以近世监狱学术日益复杂,未便以从前所学故步自封,拟即设立狱务研究所,俾得入所研究以资深造。业经拟订狱务研究所章程呈准公布施行。至监所看守事事,与人犯有直接关系,职责极为重要,薪资过薄难期得人,现在生活程度日益增高,亟应规定增加数目以资维持。当经拟定新监所看守月薪自二十元至三十元,其充主任看守者得给至四十元,县监所看守自十四元至二十元,其充主任看守者得给至三十元,在训练中者均给予八元至二十元。已通令各省高等法院按照上列标准酌定等级,分

别拟具新旧监所看守薪资等级表,于文到十日内呈部核办。培养人才已如上述,再将三步计划分述如下:

第一步疏通。查各省区监所多以人犯拥挤管理每难合法,应即设法疏通,以便整顿。缓刑、假释固载刑法,监犯保释亦有条例,至交保责付,刑事诉讼法规定尤为详细。各法院监狱每多不能切实奉行。当即通令各省高等法院转饬所属对于未决、已决各人犯,合于缓刑、假释或保释条件及交保责付之规定者,务须切实奉行,以期疏通而资救济。此外又制定《监犯保外服役暂行办法》,已指定苏、浙、赣、陇四省为施行区域,其期间则定为六个月(自二十一年四月一日起至同年九月三十日止),业经分令遵照。又以监所拥挤实由于烟犯之激增,复制定疏通烟犯办法,即未决犯如经诊断确有烟瘾可先依法具保,勒限戒烟,其遵限戒绝并取有医院证明书者,经法院覆验属实,得斟酌案情,依法宣告缓刑,予以自新之路。至于已决烟犯应迅设罪犯戒烟所,强制戒烟。在该所未成立前,准送当地医院戒除。其他法律之修改亦在分别进行呈请核办或正在筹拟之中。

第二步整顿。

甲、关于整顿新监者,以给养、卫生、教育、教诲、作业及出狱人保护为最要。兹逐一说明于下:

(一)给养　查囚粮为人犯性命攸关,各省新监囚粮分量有有限制者,有无限制者。而有限制之中又有以干米分量或熟饭分量为标准者,不特各省不能一致,即一省之中各新监所定分量亦复参差不齐,稽核殊多困难。正在拟定划一标准,通饬施行,以杜流弊。又以粮食市价涨落不定,各新监囚粮往往因款项不足,随时零购,既不经济又易滋弊。复经令饬各省分期投标(每三个月或六个月一次,由各该管高等法院酌定),将每期应用囚粮按照标价立约定购。并由该管高等法院监视开标垫付定款,按月于所领经常费内扣还。囚粮之外,囚菜亦极关重要。据报各新监人犯所食菜疏以盐菜、萝卜干为多数,致酿成青腿牙疳等症。嗣后须以应时新鲜菜疏为主要,当即酌定菜疏分期表,令发各省高等法院转饬所属各新监遵照办理。

(二)卫生　查监狱本旨在改善人犯,使之复归于社会。故锻炼身体亦为监狱教养之要务。近查各新监对于人犯体育未甚注意,每日不过散步三十分钟,殊于卫生有碍。正在酌定运动方法,通令实施以强其身体。

(三)教育　查在监者除十八岁以上而刑期不满三月者,及监狱长官认为无教育之必要者外,应一律施以教育,为监狱规则第四十八条所明定。民国十三年六月间,司法部又公布实施监犯教育计划十条,通令切实办理。近查各监狱实力奉行者寥寥无几,亦经另定办法,严饬遵行。并定期由视察员考验成绩,报部查核。至少年人犯多因未受教育致触法网,恶性未深,改善尤要。本部于训政时期工作分配年表内已有筹设少年监之计划,唯因经费关系一时尚难实现。兹查反省院本系注重教育并无刑罚性质,与少年监办法相同。据报各省反省院收容人数多未足额,已训令苏、浙、赣、皖、鲁、鄂、豫、粤、晋等省高等法院长兼反省院长于相当隔离之下,将附近各监狱二十五岁以下普通罪犯,刑期在三个月以上而无前科者,酌予寄禁,俾受教育。

(四)教诲　查监狱教诲师之职务在处务规则规定本极繁密。乃近查各新监教诲师均未能切实奉行,典狱长亦多不加以督促。每月仅作讲稿数件,呈部塞责,于人犯毫无实益,以致监狱中视教诲师为闲散之职,应即严加整顿。已训令各省高等法院转令各新监典狱长督饬教诲师,嗣后务须遵照处务规则切实施行。并将甲月工作于乙月五日以前,按日详叙事实,报告查核。如果报告有浮饰及捏造情事,一经查出,定予严惩。其例行之讲稿及教诲月报表则毋庸呈送。

(五)作业　查近来各国办理监狱多有侧重于自给自足主义之趋向,故于作业一项极端重视。盖一则藉此训练监犯,使能自食其力,而于出狱后不至再犯;一则可以作业之收入补助国库;一举而两善备焉。本部以各省新监作业未能发达,一切开支均仰给于国库,将来地方多设一新监,国家即增一新支出,欲达改良监狱之目的,势必不能。正拟通令各省新监推广工场及农场作业,并扩充外役,务向自给自足方面努力进行。又恐监狱出品不能畅销,作业亦难期发达,必须先请各机关将一切公用物品尽先交监狱承办,以资协助。除本部业已首先施行外,复拟呈请行政院通令所属各机关一体遵照。惟欲贯彻自给自足之主旨自不能不有奖励之方法,并拟将前司法部颁行之监狱作业余利提成给奖规则,酌予修改,通令施行。

(六)出狱人保护　出狱人保护事业与预防再犯关系至为密切,本部曾将前北京司法部公布之出狱人保护奖励规则修正施行。惟吾国社会事业尚在幼稚,此种出狱人保护事业自难发达。现已通令各省高等法院督促所属、各新监典狱长及县监所协进委员会委员长,劝令当地工商各界及慈善团体组织出狱人保护会,并斟酌情形随时予各会员以面会监犯之机会,俾得深知其性情而便保护。此外于感化上最要者为监犯个人关系,盖监狱本旨在改善人犯,必于其个人关系详细考察,方能对症下药,因材施教,使之复归于善良。近因各监狱漫不加察,正在通令对于监犯个人关系严加注意。

乙、关于整顿旧监所者,本部拟先从铁路沿线或江河沿岸及汽车可通各县办起,次第推及其余各县。着手之初,先由部按照前项区域,于每省指定一县派员会同该管高等法院设计改革,以作模范。其余即照第三步计划办理。

第三步建设　每省依地方交通情形,分为若干区,每区设新监一所,所有该区内各县监所,均由该新监典狱长秉承高等法院院长规划改良。此项办法先于已设新监区域实行。各该区新监典狱长于奉令后,应按照本部划定县份前往调查,切实规划。并估计经费,随时呈由高等法院审核,后加具意见呈部核办。每一县监狱改革就绪,即改作该新监之分监以执行判处轻刑之人犯(刑期在三年以上者拨送该新监执行)。其管狱员即改称为某某监狱某某分监长兼某某县看守所所长,其监督权分监由本监典狱长任之,看守所仍由该县县长任之。似此办法,区域既分,范围较小,责任亦专。规划通行自属易易。至各区内应设新监,尚未成立之县,择定地基实不容缓。拟即训令高等法院院长从速商请省政府指拨相当官地,如无官地可拨应即备价购定民地以资应用。该县管狱员有补助高等法院筹设新监之责,似应提高其待遇,以期得人。将来拟援照广州、洛阳等狱成例,改为典狱长。惟查监狱建设,首重经费,每省应设之新监除新设省分外,多则十余处,少亦七八处,每处建设经费多则数十万,少亦十余万,而各县监之改革费(每县约二万五千元看守所在内)尚不在内,非指定的款分期进行,则全国监狱永无革新之望。现正拟呈请行政院转饬财政部每年每省指拨监狱建筑经费二十万至六十万,或指定司法收入若干成,以十年为限,俾得依期实行。此外各省新式看守所与法院有连带关系,应于筹设法院案内详细规划。惟是各监所改良方案虽经拟定,若不随时派员视察势将等于具文。即令派员视察,而所派之员苟非有专门知识经验,仍不能窥其真相而尽视察或指导之任。兹拟仿英国成例,除派监狱司长及事务官等随时视察外,并在狱监司内增设视察员,并配置营缮、作业、卫生、教务、会计等专门人员若干人,专任视察监狱之职。业经拟订视察监狱规则,呈准行政院公布施行。

《监狱长官应常川驻署督察通令》
(部训三四七○)

查监狱事务首重戒护,而戒护之重要尤以夜间为最。典狱长为监狱长官自应常川驻署,以便督察。乃闻各监典狱长多系在外住宿,以致各科看守长无人督察,每逢值宿,辄倩主任看守庖代,似此情形不惟忽玩职务,且恐发生危险,殊非整饬狱务之道。嗣后各监典狱长应于各科看守长值宿时间严密抽查,如发现上述庖代值宿情事,应即呈请惩处。该典狱长如奉行不力致发生各种事变,更必严惩不贷。除分令外,合行令仰该院转饬所属各监狱一体遵照。此令。(申十三年十一月七日)

《各县监所人犯不得任其出外买卖物品由》
(十七年六月部训四三八)

案据江苏高等法院呈报:东台县监犯吴庚保一名因上街买物乘间脱逃一案。当以监所人犯不得任其出外买卖物品,各县监狱看守所规则曾经明白规定。该管狱员兼看守所长奚廷钧违背定章,致令监犯乘间脱逃,自非寻常疏忽可比,业经予以撤任在案。唯恐各县监所对于前项规则阳奉阴违,用特通令各该院长转饬所属一体知照。嗣后如有任令人犯出外买卖物品情事,一经查出即当从严惩处,决不姑宽。切切。此令。

《呈送视察报告单须先细核不得率尔呈转由》
(二十年一月部训七六)

为训令事,查辽宁高等法院首席检察官呈送视察监所报告单,先行详细审核所有应加改良之处,逐件指令遵办,并将原指令分别抄黏于各该单之内,然后送部。办法甚为妥善,除指令嘉奖外,嗣后各该省呈送前项报告单应照辽宁办法办理,不得率尔呈转。监所之良窳于司法前途关系至巨,本部将以新旧监所之能否改良为考成之重要标准。仰即积极进行,毋负本部整顿狱政之至意,有厚望焉。此令。

《视察监所人员不得向监所荐人又视察员应轮流选派由》
(二十一年九月部训二二三一)

为训令事,本部前各因省监所看守大都由法院法官及书记官所介绍,流品不一,弊病丛生。业于本年四月间令饬嗣后任用看守应遵照监所看守考试条例及看守训练规则办理在案。乃近查各省法院及县政府所派视察监所人员仍时有向监所荐人情事,殊背本部整饬狱政之本旨。为此,令仰该院长首检转饬所属,嗣后视察监所人员不得向监所荐人,如再违背,监所长官立即举发。又监所视察人员应于各职员中轮流选派,不得固定一人,以防流弊。并仰遵照。切切。此令。

《检察官视察监所之言语态度应注意由》
(二十三年五月部令一八一一)

查视察监所之用意,原在考察监所奉行各种法令是否认真,并是否适当。乃近有少数检察官不明斯旨,于视察时对于监所职员之言语态度时有任性使气,情事殊于监所威信有碍。选据各该监所长官陈述苦衷,到部合行令仰该首席检察官转饬各检察官,于视察时应切实注意,不得再有上述情事为要。此令。

《注重缓刑制度藉收疏通之效由》
(司法行政部二十一年三月八日)

为令遵事。查缓刑制度为最新刑事政策之一,所以开犯人自新之路,杜监狱充塞之弊,法至良也。欧美各国对于无重大恶意之初犯或偶犯罪不致有再犯行为者,类皆予以缓刑。我国自民元以来采用此制,于刑法内特立专章。迄今二十余载成效尚鲜,查其原因,率由各省法官对于此种刑事政策未知注意,成为具文,依法宣告缓刑者几于岁不多见。本部查知此项情形,迭经于十九年六月及本年二月一再通令转饬,切实励行,各在案。乃近查各省狱囚充塞,仍缘于执行普通短期刑犯过多,并未依法宣告缓刑所致。其中如吸烟人犯有已戒绝断瘾诊验属实,或误以治疾偶触刑条,并无瘾癖。依照本部二十年四月二十四日第六六七五号指令,得斟酌案情,宣告缓刑者,亦皆未予缓刑,殊失立法本旨。为此,特再重申前令,仰该院长迅遵先令各令,通饬所属法院一体遵照。特加注意。嗣后对于普通初犯或偶然犯罪,情节轻微之短期刑人犯,合于缓刑条件者,应即依照刑法第九十条规定与判决同时宣告缓刑。其吸烟人犯并应查照本部民国二十年四月第六六七五号指令办理,以符立法本旨,而收疏通监所之效。至励行缓刑应如何督促,及考核之处,应由各该院长议定标准,呈报备核,以免各法院再行视同具文,仍将办理缓刑各案按月造册转呈备查,是为至要。此令。

《转饬改革监狱看守所由》
(二十一年二月部训二八八)

为训令事。本部前经派员视察皖省各监所,旋据该员等将视察情形报告前来,经部查核,安徽第一监狱及怀宁芜湖等处看守所均有应加改良之处。兹分别指示于后,仰即转饬遵照,切实改革毋稍违延,并将办理情形随时具报备核。此令。

(甲)关于安徽第一监狱者

一、该监作业,因鞭炮工场停办,人犯闲坐者不少,应饬迅即分配于其他各工场,或另筹工作,以免坐食。

二、该监经常费,据主管员声称,皖省财政支绌,陆续积欠已达三四个月之多,以致作业基金垫用殆尽。应由该院迅向省府请求设法维持,以重狱政。

三、该监第一科账目,据主管员声称前任典狱长王崇民去职时未办交代,嗣后陆、吴、陈三典狱长任内亦无从衔接,故自二十六年六月以前账目多有未结束者,而一科新式簿记致亦未能实行。等语。殊属不合,应由该院迅即派员按照公务员交代条例切实办理,并令饬该监迅即改用新式簿记以重计政。

(乙)关于怀宁地方法院看守所者

一、该所原定容额二百四十名,现实收人犯有四百余人之多,超过容额一倍以上。床铺仅一百八十二架,以致无床睡者三百余人。且房屋损坏,地板不完,亟应整理。除修补地板、收拾屋瓦所需经费五百七十余元已由该所呈准该院在分监节余项下开支外,复经本部视察员等商筹,拟将该所空屋三大间改作人犯住室,并添置高铺以期每犯一铺,已由该所长招匠估计,仰即将前项估单克日呈部查核,勿稍延迟。

二、该所经常费,据该所长声称积欠三个月,不特押犯衣被、看守服装均感不足,即囚米亦难购办。等语。应由该院迅向省府请款救济,俾维现状。其在省款未经拨到以前,并应由该院设法维持。

(丙)关于芜湖地方法院看守所者

一、该所地板破坏、屋顶渗漏亟应修理。据该所长声称,此项修理费估计约须七百余元,业经呈由该院核办。惟查该所床铺亦不敷用,应饬一并计划,从速举办。又查该所地方狭隘,足容人犯七十名,现实收人犯已达七十六名,渐形拥挤。据该所长声称,拟有扩充该所房屋图式,其工程费约需二千余元等语。应由该院迅即查明,呈部核办。

《据新会县监犯呈述惨状恳令改良狱政令考察所属各监所痛予改革由》

(二十一年四月部训八六〇)

为通令事:案准行政院秘书处函开:据广东新会县监狱全体囚犯呈述囚人惨状,恳令全国改良狱政等情到院。奉院长谕,交司法行政部等因相应抄同原件函达查照,等由准此。查监狱人犯严禁虐待,本部不啻三令五申,兹准抄送原呈列举黑暗情形殊堪骇异。新会如是,他县恐亦不免。亟应彻查严惩,以资整顿。除分令外合行抄发来呈仰该院长首检对于所属监各所严加考察。如有类似呈开情弊,应即交案侦查,依法究办,毋得稍涉宽纵。并将办理情形随时具报查核。切切。此令。

附原呈

呈:为监狱无异地狱,私刑酷于公刑,今虽得遇良吏,脱离火炕,然迥溯往事,痛定思痛,茫茫苦海呻吟正多,藐藐囚人倒悬必众。兔死狐悲,同类相怜。倘若福星他去,狱内荆棘顿生。爰诉仁天,急为拯救,俾全国狱囚咸免法外冤惨事。窃新会县行政监狱,著名黑暗,哄传遐迩。而究其黑暗之由,皆因狱官贪婪而起,克扣囚粮,诸般勒索。囚徒为饥寒所迫,于是狡黠者遂迎合员役串同作弊,凌逼新囚,而黑暗之地狱遂以成矣!囚等缧绁图圄饱茹痛苦,在此阴霾密布之狱内,呼天不应,号地不闻,九死一生,仅延一息。幸值现任吴县长与前沈、黄两县长知人善任,委李所长炳焘管理斯狱,接事以来,正己正人,开诚布公,怜囚疾苦,整顿狱务。而政府发囚每人每天一角八分之囚粮丝毫给足,实开新会行政监狱囚粮破天荒之新纪元。办理伙食列表公开,羡余粮尾每月分二期清发,而且仁慈待遇,管理有方。藉赖德威,业将历年蒂固根深积弊彻底清除。现囚等已恢复法内之自由,得李所长之爱护,似慈母之保赤子;得李所长之训迪,若严师之课门生。惟前时狱内之如何黑暗,私刑之如何残酷,勒索之如何痛苦,家属之如何凄凉,想执政诸公未之闻也。谨分数点泣诉如下:(一)员役方面:历任狱官多有克扣囚粮视为固有之权利,甚者与恶囚狼狈为奸,故上好下甚,杂役厨夫从而中饱以致饮食异常粗粝,囚人食不下咽。每年因饥馁而毙命者指不胜屈。(二)囚人方面:勒索新囚,名为闩口钱,视身家之厚薄而定勒索之多少。此种闩口钱恶囚与所长各半,或三七、四六分,故恶囚倚所长之势无恶不作。新囚入狱,苟无闩口钱缴纳辄于深夜乘人不备,以一人用麻包笠其头,一人握其颈,二三人取床板压其胸,数人拾砖痛捶板上。则新囚被殴皮肤不见伤痕,而肺腑已坏,或遭毙命,或成废疾,惨不忍言。以故入狱新囚即倾家荡产、卖子鬻女,亦不敢吝。未清纳闩口钱之前,仓内之囚不与交谈,诟打随意。即请纳之后,家属到探,授予衣服、银钱、食物皆为恶囚之专利品。偶有不慎,即被拳足交加,或一滴水污其床位,亦必罚款方肯罢休。又或拨草寻蛇,借端苛索勒财,手段未能枚举,残暴事项罄竹难书。而所长于克扣囚粮之外,又有拘留所之搭食仓。凡新囚入狱,查其家资稍饶者,禁于搭食仓,例纳银一十三元六角,每天膳费银八角,仅得鱼肉蔬菜多少。若一二星期无膳费缴纳,则调入大仓受恶囚之苛待。有时或犯小过,所长即加镣、加扣,令人难堪,贿以资财方得开释。间有不愿带镣者,孔方兄亦能为力。或素染烟赌癖,与所长订妥,可以自由赌吹。政府每岁发给棉胎、棉衣,而不良所长从中克刮,往往给不足数,且系败絮制成不耐一月之用。呜呼!残忍若此,直与周兴何异。囚等经过所长如上述之苛刻者十居八九,即有一二颇知自爱者,亦不过本身略为收敛,未能铲除积弊也。其恶囚获此不法入息,赌吹醉饱、纵情挥霍,旋踵即尽。而新囚受斯层苦,冤同戴盆,无可申雪,哑子吃黄连,唯有心中苦而已。或曰,新囚既为恶囚苛虐何不诉之官厅以惩凶恶?曰,诉之官厅是自速其死耳。盖恶囚既有殴人不见伤之法,而平日联群结党,监仓之内悉为彼之爪牙耳目。其中纵有心不愿从及不以彼之残酷为然者,因势力薄弱未能与抗,不能不屈服于铁蹄之下,听其指挥,所谓明哲保身,光棍不受眼前亏也。且彼挟其潜势力,叫嚣凶很,所长之贪懦无能者尚且畏之,况囚人乎!倘诉之官厅,既无伤痕又无确证,非为不能得直而且大触恶囚之怒,非自速其死而何。故新囚在狱内俨如豚肉在砧上,唯有任其宰割。即家人探望,尚不敢告,安敢诉之官厅耶!(三)家属方面:倘有一人入狱举家惶骇如降奇灾,父母妻儿日夜饮泣,彷徨奔走,卖当借贷,皆不遑惜。盖以监狱黑暗,非鬻产破家则生命难保。明知恶囚不法,但亦无可如何。今幸李所长悯囚人之颠连,洞悉其弊,努力改革,严密侦查,恶囚已不敢肆虐,差役不敢敲诈。尤能整躬率物,以德化人。监内共有七仓,李所长于各仓指派代表一人维持仓内秩序,制止非法言动,查报烟、赌、勒索,宣传所长训诲。各代表皆承命令,不避嫌怨竭力奉行公而无私。不数月间,狱内换愁惨而快乐,易相害为相助,变黑暗为光明。而李所长治狱之成效乃大昭著。去年四月十三日省政府陈主席铭枢出巡新会,调查各事完毕,对众演说,谓新会县政监狱成绩甚佳。现监内无论新囚、旧囚、善囚、恶囚皆为李所长德威感化,靡不改恶从善,寡过自新,恪遵监规,安分守己,冀进模范监狱。故今昔之新会县行政监狱,大有天壤之别矣!囚等身历万劫之苦境,得遇如斯廉明之所长,消尽狱内之黑幕,解除法外之痛苦,使囚等如拨云雾而见青天,真不啻再生父母矣。但念囚等目前痛苦虽除,若李所长一旦舍囚而去,诚恐前时黑幕难免死灰复燃。查由别县过界来此监狱之囚,谈及他县狱内情形亦有如本狱前时黑暗者。故知国内狱囚在水深火热中,倒悬待救必非少数。嗟嗟同为人类,谁非父母所生,谁非天地所养,而或则误蹈法网,或则殃及池鱼,或则怀璧致罪,或则睚眦被陷。夫法内之制裁,国家原非得已,而法外之层苦,国家岂忍坐视。在昔狱官压抑囚苦莫得上闻,今蒙李所长汤网宏开,爰将狱内情况,囚人惨境,一字一泪泣诉一二。

吁恳

钧座大发慈悲,矜怜狱囚,设法拯救。令行全国,则蚁命虽微,亦必衔环结草,誓图报称于靡既矣。除分呈外,谨呈行政院院长汪。

新会县政府会城监狱所全体囚众谨呈
中华民国二十一年三月二十日

《严禁枕头暨串同敲诈通令》

(部训一七五九)

查各县监所之枕头、牢头多系禁押年久恶性最深之人犯,教唆供词、索诈新犯是其惯技,甚至监所看守、县府法警亦与串通勾结,朋比分肥,鱼肉良懦,弊害丛生。本部早有见闻,迭经通令严行查禁在案。乃查近年以来,枕头恶习不特仍未禁绝,且有潜滋暗长之势,似此积弊难除,殊堪痛恨。该院长、首席检察官负有监督之责,应即严令各县县长督同管狱员遵照本部二十一年第一〇三四号训令切实办理。一面查明看守法警人等如有串同敲诈情事从重法办,并随时派员巡视抽查,务期革绝,以资整顿。如经此次通令后,仍有玩违奉行不力或监督不周者,一经察觉均应议处。除分令外,合行令仰该院长、首席检察官遵照办理,具复核夺。切切。此令。(二十四年四月十一日)

《严行查禁各县监所牢头枕头等名目分别隔离移禁如看守不敷应酌量增加由》

(二十一年五月部令)

为训令事,查各县监所因看守定额无多,内部管理事务每多假手于禁押年久之人犯,以致发生牢头、枕头等名目。此种人犯恶性既深,弊端易起,教唆供词,索诈新犯等事无所不为。亟应严行查禁,以资整理。嗣后各县监所如有前项人犯未决者,应由该管官署依法迅予判决。已决者应一律解送附近各新监执行。在未判决及解送以前,务使与其他人犯严行隔离,绝不准再将管理事务假手于若辈。至监所原有看守如果不敷分配,准其据实呈明,酌予增加。除分令外合亟令仰该院长、首席检察官遵照确切查明,分别办理,再将办理情形随时具报查核。切切。此令。

《令转饬所属各院推检及监所长官对于人犯应行注意各点由》
(二十一年十月部训二五九九)

为令行事,查国家以纠问审判之权授诸法院,以执行监禁之权委诸监狱,办理之当否关系至为重大。本部长日前因公赴鄂,乘便往视武昌监所,考察所得多有未能满意之处。就其最宜注意者,约举数端如下:

(一)羁押人犯宜速清理也。查羁押人犯之期限,刑事诉讼法有严密之限制,而刑事诉讼进行期间,在刑事诉讼限期规则中亦经分别规定。有侦查及审判之责者,自应确切遵守依法进行。此次视察武昌地方法院看守所,其中羁押人犯极形拥挤。询其入所之期间,少则数月久者或至累年,其中固有具特别原因未能依限进行之案,而不尽职责任意延搁者谅亦不在少数。案悬过久证据有灭失之虞,且犯罪成立与否尚在未定之中,而身体自由先受长期之限制。所中人稠地狭尤易为疾疫所侵,法官有保障人权之责,讵能漠视?所宜注意者一也。

(二)监狱作业宜认真办理也。查犯罪原因大抵由于失业者为多,昔人谓无恒产则无恒心,因而放辟邪侈无所不为者,实为不刊之论。在监令服劳役授以工艺,使有一技之长,俾出监后借以自给不致再陷于刑戮,此在刑事政策上实为拔本塞源之至计。此次视察湖北第一监狱,见男犯之一部及女犯全体率皆终日闲居,无所事事,询之该典狱长,则谓经费不敷,未能购取工作原料之故。夫轻而易举之工业所需原料,为值有限,倘能先事绸缪,何至无工可做?所宜注意者二也。

(三)重犯与轻犯宜分隔也。查短期徒刑人犯,或偶入歧途或因一时激刺致触刑网,情节多有可原,感化较易为力。若与重囚杂处,则耳濡目染易为所移。自应隔别而居,以防恶化。此次察看湖北第一监狱,竟有将轻重各囚杂居一处者。白沙在泥与之俱黑,而欲收迁善改过之效,何异却行求前?所宜注意者三也。

(四)犯人罪名宜照判记明也。查记载狱因所犯罪名意在明其犯罪之类别,恶习之浅深,以为矫正之标准。此次察看湖北第一监狱,见其所记各犯罪名诸多简率,或竟与原判所定罪名不符。揆诸正名之义殊为乖谬。所宜注意者四也。

以上所举各端虽仅为本部长考察武汉监所所得之印象,而各省监所恐亦不无此弊。为此,令仰各高等法院院长、首席检察官转令所属各院推检、各监所官长特别注意,各该院长及首席检察官并应随时视察监,所见有应兴应革之事立即督促实行,毋得率故蹈常,敷衍塞责。除分行外,合亟令仰遵照。此令。

《令准中执会秘书处函据安徽省党务特派员呈以共犯武肇钟供称合肥县监狱虐待一案令仰转饬所属监狱力加改良由》

（二十一年十一月部训二七七八）

为训令事:案准中国国民党中央执行委员会秘书处公函内开:顷奉常务委员交下安徽省党务特派员办事处呈(务字一四三〇一号)为据,合肥县党部呈以共犯武肇钟供称监狱虐待,请函司法行政部通饬各处改良狱政等情。一案。奉批交司法行政部相应抄同原呈函达,即希查照核办为荷。等由准此。查各省监狱改良,以力戒需索陋规,虐待人犯为最要。迭经本部令饬遵照在案。兹准前由该合肥县监狱竟仍有上项情弊,殊属不法。除令安徽高等法院查明严惩,并分令及函复外,合亟抄发原呈令发该院查明所属监狱。如有呈开情弊,务令彻底革除,依法严惩,毋稍瞻徇。切切。此令。

附抄原呈一件

抄原呈

呈为呈请事:案据合肥县党务整理委员会呈称为呈请事:案查本会第九十七次委员会议讨论事项第五,案李原成、陶序东两委员提议,日前准县府函请派员会同点验前寄押共犯,以便解省,等由。除一面派员办理点验事宜外,一面由原成、序东将该犯武肇钟八名,分别密讯,当经问出合肥监狱虐待敲诈等详细情形,并由各该犯另具亲笔签呈八纸在案。查政治不良暨监狱腐败实为铲除共党工作中之一大障碍,应如何处置,请公决。案决议:(一)转呈省党部函高等法院严加撤惩,并改良狱政,以维人道。(二)函现在合肥省府张委员鼎勋及县政府分别转呈严办,等语,记录在卷。窃铲共工作不仅在求前线军事胜利,摧毁共党武力基础。尤在使后方政治刷新,消灭共产根本思想。本党秉总理宽大之精神,对于捕获共犯从不肯轻易杀戮,每多寄监,冀其改过自新,是狱政关系整个铲共工作更为重大。今合肥监狱人员昧于斯理,对在监人犯反时加拷打,勒索金钱,科长、主任、禁子、龙头、号头等层层勒索,更有家具钱、尿桶钱、买办钱、打更钱、扫毛厕钱,名目繁多极尽敲剥之能事,如此不但使共党不能即时觉悟自新,反足增其不良之印象,愈使其执迷难悟。本党自清共以来,共党之未能完全肃清,未始非受政治不良与监狱腐败之影响。查案前由理合抄录共犯武肇钟、纪自由、陶积德、孙季夫、刘福林、黄德寿、刘家文、严子繁等八名亲笔签呈八纸备文,呈请钧处鉴核。恳迅予转函高等法院,从速改良狱政,革除陋规,并将现任合肥县监狱人员严加撤惩。等情附抄。呈共犯武肇钟等签呈八纸。据此窃查改良狱政实为当今急务。曩昔军阀秉政,时代积弊之深,尽人皆知。本党自完成北伐以来,实施训政,革故鼎新与民更始,每痛心疾首于治外法权之傍落,亟图收回。而收回初步应以改良司法与夫刷新狱政为嚆矢,庶免外人藉为口实。故迭经政府通令各属,切实整理,不啻三令五申。乃近查奉行者固不乏人,而积重难返,因袭旧制,需索陋规,虐待人犯者亦所在多有,尤以内地各县监狱为剧。长此以往,非独为改进司法前途之障碍,恐影响所及,治外法权亦将永无收回之一日。且也人犯被羁囹圄,身失自由,坐令恶吏暴役上下其手,任意需索,不遂则施以虐待,更何以维人道? 据称前情除指令并函转安徽高等法院核办外,为此备文呈请钧会,俯赐转饬司法行政部通饬各省法院。嗣后对于改良狱政及革除陋规应加注意,并乞指令祗遵。

　　谨呈中央执行委员会
　　中国国民党安徽省党务特派员办事处
　　常务委员余凌云、特派员吴忠信等

《令转饬所属各监所于接见场所设一钟表先以起讫时刻指示接见人俾免争执由》
(二十二年十月部训七三)

　　为令遵事。查监所人犯接见每次不得逾三十分钟,《监狱规则》第六十九条及《修正看守所暂行规则》第三十二条均有明文规定,自应切实遵行。惟查各监所接见场所未设钟表,以致接见人与监视看守往往发生时间上之争执,殊属不成事体。嗣后各该监所应于接见场所设一钟表,先以起讫时刻指示接见人,然后再令谈话,以免争执。除分行外合行令仰该院长即便转饬所属一体遵照办理。毋违。此令。

《江西第二监狱请将第三科事务裁并第一科兼办未照准由》
(二十二年一月部指一四三九令江西高等法院)

　　呈悉:据称该监以大赦后人犯较少工场未开,拟将第三科看守长职务裁并一科,余薪暂作添置备补看守薪资,等情。查监狱现行通例每人犯十名应配置看守一人,该监现有人犯一百一十余名,而额定看守已有二十四名,诚如该院所呈碍难准予增加。且该监人犯较少不过系大赦后一时之现象,将来势必增多,工场亦难任久停,裁并之后复加扩充,未免徒滋纷扰。况该监人犯既有一百一十余名,自应厉行作业,俾免坐食。纵因基金无着官司业无从开办,亦应遵照本部上年第二九七五号训令,实施承揽业及其他委托业,以资救济。应由该三科看守长负責,切实进行,如不得力即行呈请撤换。所请裁并之处,未便准行。仰转饬遵照。此令。

《法院解犯入监有须改良者数项令仰通饬遵办由》
(二十二年二月部训三七四)

为令遵事。查各法院解犯入监有急须改良者数项,兹特列举于后,除第二项与经费有关应由该院编列概算。先从首都置办外合行令仰严饬所属一体遵照,切实办理。切切。此令。

计开:

一、人相表应一律制备也。查人相表前经本部制定颁行,近来地方法院解送人犯往往不附人相表,万一押送者在中途将人犯调换,监狱法院均无从悉,危险殊甚。苏省各看守所人犯已时有冒名顶替之弊,此种人相表尤须从速制备。

二、押送人犯应用囚车也。查本京押送人犯均系步行,沿途纪律难期整饬。首都为中外观瞻所系,囚车事虽微小,亦为司法改良攸关。无论财政如何支绌,允宜勉为设法置办。现在二十二年度支出概算正在编制,应将此项费用核实列入。

三、押送人犯应多次数也。查地方法院押送人犯往往积至三四十名,以图省事。但人数过多,于提出之看守所及受领之监狱秩序上均有窒碍。似应分批押送,每次不得过十二人。男女及未成年者应分别押送。

四、被告人保管金应于执行时一并送交受领之监狱也。查被告人往往于送监执行时以看守所发还之保管金购买食物,携带入监。此事于监狱纪律有碍。应于送监执行前将保管金结算清楚,告知本人(如有异议应即复核),即将现金开单随同人犯送交受领之监狱,不得发回本人。

《饬各旧监所就现时经济改良注重实际由》
(二十二年四月部训八四八)

为令饬事。查吾国监狱旧式居多,建筑设备固属简陋,管理亦多欠缺。欲一一改良而经费支绌,事实上自难办到,以致各省法院对于监狱往往徒尚形式,而不讲求狱政之实际。所谓狱政实际,其最要者莫如使囚犯身体健康,工作勤勉,及施以有效之感化教育。此项狱政,事在人为,本不待新式之建筑,如能于房屋上加以改善,管理上加以认真,未始不能收改良之实效。除分令外,合行令仰该院长转饬所属各监所长官就现时经济状况切实计划,据情报部审核。饬遵。切切。此令。

《令将看守所设备改进由》
（二十二年四月部训八四六）

为令饬事。查看守所待遇被告人须与平民同,为《看守所暂行规则》第四条第一项所明定。原以此项被告人有罪无罪尚难确定,其待遇自应与已决之监犯有别。乃查各处看守所类多因陋就简,其设备每不如监狱之完善,因之被告人所受之待遇反不如已决之监犯,殊与立法之本旨不合。除分令外,合行令仰该院长转饬各院县即将所属看守所一切设备力图改进,以符立法之本旨。切切。此令。

《令安徽高院饬设法革除旧监积弊由》
（二十二年四月部训八六八）

为令遵事。案据视察报告,该省新监整顿尚有成效,惟各县旧监则积弊甚深,闻有所谓掉包者,即以金钱雇人代替入狱,真正犯罪反得逍遥法外。各监笼头亦未尽革除,对新入监人犯有种种虐待需索,甚至囚粮亦有归笼头管理,刻扣一二成饱入私囊,等语。查各监所应革除牢头、整顿囚粮及实行人相表诸端,迭经本部严令饬遵在案。不意该省各县旧监仍有上开各种积弊,殊属不成事体。合亟令仰该院长迅速设法禁革,毋再玩忽。切切。此令。

《令福建高院裁汰监所冗员由》
（二十二年五月部训一四五八）

为令遵事。本部政务次长视察该省司法报告内称:该省第一监狱人犯仅五十八名员役竟达六十一名,第一分监人犯仅五十二名员役三十三人,闽侯地方看守所人犯仅一百五十五名员役亦有四十五人,等语。查该省司法经费既迭据电陈异常困难,而各该监所竟安插闲员若是之多,殊属非是。合行令仰该院长切实整顿,除戒护上必要之设备外,务须力予裁汰,以资撙节。各该监所官如敢阳奉阴违,应即从严惩处。仍将整顿情形呈报查。此令。

《令浙江高院沪宁一带监所经部派员视察应行改进令》
（二十二年七月部训二○一七）

为令饬事。查沪宁一带监所前经本部派员视察,兹据呈复前来,除分令外,合将浙省各监所应行改进事项开列于后。令仰该院遵照办理并分饬遵办,具报备核。此令。

计开：

一、浙江第一监狱人犯拥挤，监房不敷应用，应饬从速扩充。至建筑费用，据报该监作业余利除基金八千元外实存一万六千八百余元，可酌提若干列入概算规划、具报。

二、浙江杭县地院看守所收容人犯亦极拥挤，该所右边空地甚多，应速筹建监房，以资疏通。

《令江苏高二分院沪宁一带监所经部派员视察应行改进仰饬遵办由》
（二十二年七月十二日司法行政部训令第二〇一八号）

为令饬事。据本部视察员报告，江苏第二监狱分监暨上海第一特区地院看守所原定收容人犯一百七十名，现收已决女犯二百八十三口、未决女犯一百二十口，计四百零三口，异常拥挤。等语。查该监所人满为患，亟应设法疏通。合令仰该分院迅遵办，具覆查核。此令。

《令江苏高院沪宁一带监所经部派员视察应行改进遵办令》
（二十二年七月部训二〇一七）

为令饬事。查沪宁一带监所前经本部派员视察，兹据呈复前来，除分令外，合将苏省各监所应行改进事项开列于后。令仰该院遵照办理并分饬遵办，具报备核。此令。

计开：

一、江苏第三监狱监房不敷应用，工场地尤卑湿，监房一时纵难设法推广，工场卑湿势非早日修治不可，应饬赶速办理。

二、江苏第三分监暨高等法院看守所现收人犯一千一百九十八名，超过定额一倍以上，地狭人稠，空气不足，三、四、五月共死人犯六十六名，亟应设法救济。其上诉第三审人犯如有可解回原籍候审者，即由该院酌量情形并声明理由，呈部核办，以资疏通。

三、上海地院看守所现在仍系包厨，应饬于新屋落成后，遵照部令选犯爨炊。

四、无锡县监狱地狭人稠，女监更拥挤不堪，夜间无地安眠。应速添建监房以资救济，如经费实无法可筹，可按照该省修建监所奖励暂行章程，设法捐募，并于该院加征五成状价，项下酌拨若干，以资提倡。现届夏令，女监太挤尤须提前办理。

《令山西高院首检据山西第一监狱人犯王充之等控
该监典狱长克扣囚粮各节仰并案查复由》

(二十二年十一月部训三七二二)

令山西高等法院首席检察官

案据山西第一监狱人犯王充之等呈控该监典狱长克扣囚粮、非法拘禁、欺诈背信、诬陷暴动,等情。到部。查本案前经本部以第三一〇四号训令及第一五七三九号指令查复在案。惟据原呈内称:本监囚粮既未奉行三元低限之令,请即以一元九角二分为准,以免当局强行撙节,使囚徒有拐腹之虞,等语。查囚粮节余专款存储,以备粮价高贵时弥补之需,前经本部通令有案。该省囚粮每月每犯算二元四角本不为多,现时系按八成发给,月仅合洋一元九角二分,如果再事撙节,人犯自难食饱,殊失本部通令之本旨。除训令该省高等法院转饬该监,嗣后应照实领数目妥为支办,以重给养外,其余各节,合行令仰该首席检察官并案查复,再该省囚粮购置委员会已否遵令成立,并仰具报。原呈抄发。此令。

《为中央组织委员会拟定监狱改善各点令仰转饬各监所
切实遵办由》

(二十二年十二月部训三八七六)

案准中国国民党中央执行委员会秘书处函开:顷准中央组织委员会函,为拟定司法机关管理监狱改良三点:(一)应设特别拘禁共犯之监狱;(二)未设反省院之省市应从速筹设,陕西、河北、福建及首都尤应尽先成立;(三)严厉取缔监狱中种种陋规。请转陈核办,等由。准此,经陈奉常务委员批交司法行政部相应抄同原函函达,即希查照核办为荷。此致!附抄原函一件,等由准此。查监所内反革命人犯羁禁处所应与普通人犯羁禁处所严密隔绝,前由本部制发《管理反革命人犯注意事项》第二项业经明白规定。至监狱中种种陋规严厉取缔,尤不啻三令五申。兹准前由,除函复筹设反省院一节另案办理外,合亟抄发原函,令仰该院转饬各监所切实遵办,毋销玩违。此令。

计抄发原函一件

抄原函

径启者:查一般司法机关监狱管理方面对于共犯与普通犯大都共同拘禁,不予分隔。共党分子羼杂其间,遂得利用机会勾结凶顽,反抗狱吏,以同囚人犯为其群众,宣传赤化,诋毁本党,甚或公开聚会,从事组织,实施训练,监狱之中几成为共党工作之场所。益以狱中不免有种种陋规,如克扣囚粮,限制伙食,狱囚与狱吏间授受贿赂等,均足与共党以宣传之资料。流弊所及,何堪设想。兹拟定下列各点,俾资改善:(一)各地应设特别拘禁共犯之监狱,或临时划分原有监狱一部分为共犯拘禁处所,与普通案犯隔绝往来。(二)未设反省院之各省市应从速筹设,陕西、河北及首都等反省院尤应尽先成立。(三)严厉取缔监狱中种种陋规,及囚犯之聚会互通消息,违者严办。以上各点经提本会第六十一次会议议决通过,记录在卷。相应录案送请查照转陈核议办理为荷。此致!

中央秘书处

《饬知甄别现有执达员司法警察暨监所看守并严加督察
酌增薪赏由》

(训字第四一二四号二十二年十二月三十日)

查各省法院执达员、司法警察暨监所看守地位虽似卑微,所司均极重要,非因真材而器使之,难期收指臂之效。乃近经调查,各院执达员之任用,间有经过考试之员,而未经试验、学力薄弱者且居多数。选择既无标准,任用只凭介绍,甚或以长官仆从暨旧日差役滥竽充数。故办事多不得力,而需索之弊遂所时有。至于司法警察、监所看守训练未施,流品尤杂。而所与接近者多为刑事犯人,人民遭遇刑事,每怀畏惧,一经敲诈辄行应命,故其舞弊视执达员为易,而流毒亦较深。顾受害者以为数颇微,往往不愿正式告诉,或提出证据,以致视为故常,流为积弊。如不力予改革,其何以严肃风纪。改进之方,首在实行甄试。其现有人员应分期严予甄别,先须调查操行,继以询考职掌,兼试以粗浅国文,如果素行不孚,或文字不解,或对于各该职务应注意事项未能了然,即难望其守法尽职。高等分院以下之法院及监所举行上项甄别时,应呈由各高等法院派员监视,藉昭郑重。旧者既以甄别定去留,新者当以试验分取舍。一面严定考成,随时随地加以督察,庶任斯职者咸知束身自爱,湔濯淬厉,而不至为诉谤所丛。次在提高薪资。值兹司法经费普遍支绌之时,本难骤焉语及,但欲责以洁己从公,必须饩禀称事。二十三年度预算行将编制,此项薪资增加标准亟应调查各地实际生活斟酌拟定,不必概从一律,更不应以法院监所之等级区分薪额高下。盖形式上之划一,每不符实际之需要也。上列各端事关改革,自应次第奉行,慎勿视为具文,敷衍塞责。除分令外合行令饬遵照,并将遵办情形随时具报备查。此令。

《通令如有调查司法委员视察员等设置应一律裁撤以节靡费
而杜流弊由》

(二十二年十二月部训四〇八四)

案查各省高等法院前为考核所属各县司法狱政起见,多有呈请设置视察司法委员或视察员暨调查员等名额,专任视察事务。本部体察各该院之需要,因暂准如拟办理。乃行之日久,流弊滋生。本部长此次视察司法时闻各省院派视察员辄有借故需索情事,殊属违反视察本旨。现在视察各省区司法规程业已公布施行,其第二条规定各该院长、首席检察官对于所属法院及监所既应自行视察,即遇有交查案件或其他应行调查事项,亦可分别情形遴派现任推事检察官或书记官前往办理。似此前项视察或调查员已无专设之必要,合亟令饬各该院,如有此类人员之设置,应即一律裁撤,以节虚糜而杜流弊。仰即遵照并将遵办情形具报备核。此令。

《令苏高院饬知该省司法应行整顿改革各端仰遵照办理由》
(二十三年一月部训一九)

本部长此次视察该省司法,查有应行整理改革之事,列示于后:

一、江宁地院所存案款远者为民国三年,尚有不知年月者,所存多为保证金,应查取在十年以上者,列榜定期召领,逾期无人承领,即可收入国库,借清积牍。

二、第一监狱作业项下有民国十五年以前挪垫经费八千余元,至今尚列入债权簿,此种虚悬无着之款,应逐予清查,酌量核销。

三、江宁地院未结案作卷宗并未随时依次序装订,多沿用卷夹之法,应令改正。并饬遵照新颁文卷保存期限规程,将已满保存期限者销毁。

四、江宁地院侦查之案,有请司法院解释至四月之久尚未得复而停案以待者,司法官遇有法律问题本可自行研究,此亦其职责之所在,应责令各该检察官就侦查所认定之事实,凭自身法律上之见解,以为处分。毋得借口于请解释致案久悬。

五、办理不动产登记必须明晓登记法规及记载例人员方能聘任。江宁地院办理登记书记官于法规既不明晰,记载复多错误,应即撤换,遴派堪胜此项任务人员接充。其以前办理未臻妥善之登记簿册,并应转饬速行整理,以尽保障人民权利之实。

六、据江宁地院看守所所长称,衣被费月计三十元,历任储备无多,现在连新制仅有一二十条。在视察间,各房间在押人有号寒者,应饬此后预为制备。倘因费绌不能多备,可仿照他所办法,从事劝募,所有预算内衣被费并不准移作他用。

七、监所口粮在向例往往提前发放,现在他省尚有沿用此例者,该省各监经费不能以时领到,有积欠数月之久,竟至挪用作业基金,且不免动用代在监人保管之金钱者。此外煤钱、米钱均有延欠,以致材料不能整买,因粮不能选购,狱务之不能积极整理蒸蒸日上,此亦为一原因。应由该院长与该省财政当局切商,凡属监所经费务请提前发放,或予设法筹垫。一面禁止向商铺赊欠与挪用作业基金及保管金,以维威信而资整顿。

八、查江苏省仅该法院经费收支统于院方,其余各地院多总领分支,于翌月初旬将单据送交院方汇报。一省之内上下级法院各不相谋,其统支之院又有检方置备应用簿记及搭盖凉棚等费不予承认,而检方即行悬垫亦不将经收之刑事状纸及缮状费按月送交院方者(如高一分院)。应即统筹全局,务归一律。

九、各县承审员地位虽不甚高,而职责颇为重大。如法院职员检察官专司侦查及刑事,执行推事或专办民事,或专办刑事,或专办民事执行研究,自易从事。而承审员则诸事均集之一身,所办案件有时且较法院人员所办者加倍,人选实视法院为重。已经视察之各县承审员练达者固有,但究居少数,且更调不时尤为案件积压之原(如高邮淮安承审员到任均只三四月),应由该院长拟具办法严加考核,并迅将该省任用承审员办法暨现任各员姓名资格造册,报部候核。

十、查淮安一带刑事以盗匪居多,承审人员往往以办之不能释之,不可迟疑不决。但抽阅原卷有获案之初本附有供证,因不即严切追求,以致日久无从取证者,有初供简明迨一再讯问,狡赖诬攀牵涉多端,而节外生枝不能剖判,并有累及无辜者,此皆由于承审不得其人。嗣后对于匪区之承审员应慎选强干刚察、饶有断制之人员充任,并应明订承审员升用奖叙办法,以资鼓励。

十一、查高邮、淮安、淮阴各县刑事积案少则百余起,多则三四百起,每月结案不能与收案相抵,驯至愈积愈多。羁押刑事被告有逾二百名以上,并有民国十七年以前收所未经判决者,以致看守所人满为患,亟应从事清理。该省司法预算原案设有清理积案委员,应就积案较多县份慎选精练明决人员前往限期清理。

十二、执达员掌司送达兼民事执行,其职务较法警为重,非有相当知识不能胜任。乃查高邮、宝应等县均以警察兼任,而淮阴一县且系以门房改充,品类不齐,知识有限,执行职务难期胜任。应饬另选有相当知识之人,能了解送达及执行诸规定办法者充任。

十三、沿运河一带县分之司法月报,其民刑收结件数往往与实际簿记上之件数互不符者,诘其原委,有以批示驳斥或传讯未至,即不列案者有被告不明或被害之尸体无着恐查无结果,故不具报者。查人员与经费支配之多寡以收案之多寡为准,月报既有不符,则支配即失其平衡。应饬嗣后一一举报,务与实际收结件数相符合。其命盗案依照现行法令应专案具报者,无论被告已未发觉,尸身有无着落,均责成具报,一面并予严切根究。

十四、淮阴旧监及看守所收容囚犯被告人合计将近四百,号舍狭隘卑湿,每室多者百余人,少者亦三五十人,现值冬令,尚无大碍,一交春夏疫疠堪虞。治本之法固在清理积案、添建监所,而非一时所能为功,治标之法应饬就暂时所不急需用者,如教诲室等暂行添设棚栏,匀收人犯以重人道。

十五、该法院第一分院应分设民刑二庭,该院民事案件既居少数,且十分之

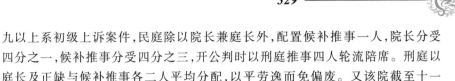
九以上系初级上诉案件,民庭除以院长兼庭长外,配置候补推事一人,院长分受四分之一,候补推事分受四分之三,开公判时以刑庭推事四人轮流陪席。刑庭以庭长及正缺与候补推事各二人平均分配,以平劳逸而免偏废。又该院截至十一月底止,积压未结民事上诉案一百五十四起,刑事上诉案四百十八起,而刑事案件皆命盗重案,有延至五六年者,应由所属地法院遴调推事各一员前往清理,以六个月为限,候清理完结即予调回。

以上列示各节均关重要,合行令仰遵照从速分别办理。并将遵办情形,随时具报备查。此令。

《令苏高院该省无锡江阴两县监所经派员调查亟待整理仰遵办由》
(二十三年一月部训二九六)

案查该省无锡、江阴两县监所亟待整理,业派本部监狱司司长前往调查规划在案。兹据呈复前来,合将应行整理事项开列于后,令仰该院分别遵照办理。此令。

计开:

一、无锡县监狱　据称该县监狱及分驻所两处合计现容人犯四百七十六人,改建新监应按照五百人计划,惟查该县监狱原图布置不合,基地亦不敷用,当与该县法院徐院长体乾商酌,将法警室、检察处、办公室三间移至法院前面,其原有基址即让与监狱。并将监狱后面公地圈至河边为止,似此办法当可敷用。现已由技正室设计绘图,至于建筑费已由该地监所协进委员会决定五万元,由地方劝募一半,其余二万五千元由中央拨补,似应照准。等语。除建筑图式俟绘齐另发外,所需补助费二万五千元应由该院列入二十三年度预算,在加征五成状价项下拨付。其余一半既经决定由地方劝募,并应饬令,赶速进行。

二、无锡县法院看守所　据称该所现容人犯二百余人,房屋整洁惟稍嫌拥挤,如结案再能迅速,当可勉强敷用。所长孙韶派代以来已逾二年,尚能称职,以应准予改署,以资激劝。等语。除该所长孙韶一员另以部令改署外,应由该院督饬该县法院结案,再求迅速以资疏通。

三、江阴县监所　据称该县监所房屋狭小人犯拥挤,煨菜多在监房,蛛丝尘埃布满房顶。女性病犯即卧于健康者床铺之下,腐败不堪言状。管狱员张昌基业经因案撤职,交付侦查。应饬新任管狱员迅速赴任,设法整理。再查监所周围多系民房,无法扩充,惟前面有江阴县旧署基址,宽敞房屋甚多,现归救济院管业,有贫民一二十人在内做工,所占房屋不过两三间,余均空闲。据该县新闻记者所述,救济院额定人数不过五十名,是无需此宽大场所,当请鲍县长思明商由该管绅士将监所基址互相调换,俾便疏通。等语。应由该院迅饬江阴县县长即与该管绅士磋商,调换以便规划改建,并饬新任管狱员迅速赴任,设法整理。

《山东第一监狱章邱分监工作报告暨改进计划书由》

查各省县监狱业经本部按照原定计划通饬分期修建,改作新监狱之分监,其首先成立者为山东第一监狱章邱分监,兹将该分监长邹味韶所报改进情形,照录于后。

甲、工作报告

一、关于名籍保管等事项。名籍事务端赖簿册,所有入监出监簿、放免历、身份簿等均已添置,月报表件亦按照新监办理。保管事项,金钱保管业已举办,衣物保管以房屋橱架尚付阙如,未能办理。

二、关于管理戒护事项。本监看守额仅八名,须分配监房、看守所、病监、女监等四处已属无法办理,而门卫、炊所、工场等处在在需人管理,更属难以兼顾,故管理戒护殊难周密。现看守支配除女监一名、病监一名外,监所两处各派三名,昼夜轮值。监方正勤兼顾工场,帮勤管带外役;所方正勤兼司门卫,帮勤管理接见,病监看守代理主任看守,职务管理戒护事宜,与主任看守一名轮值夜勤;主任看守办理作业兼管工场。在监人现计八十余名,除新收四名在所,时奉县府令镣押尚未开去,另一名因发生他案奉法院令镣押外,悉未施以戒具。从前在旧监时代,开除镣铐率有陋规,监长接事以后,开去足镣者计无期徒刑及永远监禁者三名,以及已未决犯多人,概以在监者个人信用为准,一洗旧习。至于接见书信均加监视检查,唯以民智低下,时间次数,不免变通办理。

三、关于作业事项。章邱县分监原有染织一科,计有布机四架毛巾机一架,因营业不利停工已久。接收时计收作业基金成品材料,共合洋三百一十三元九角九分。以十月间须制囚衣制服,乃即整理机件,恢复工作。惟在监人中只有一人染织布疋尚称熟练,毛巾原系延致工师所织,久已离监,乃由在监人自行研究,复偕往平民工厂参观考察,历时半月,始能出巾。同月添设缝纫科,缝制囚衣被,并以缝制看守制服须用机器,而购买机器苦无的款,不得已亦由手工缝纫。十一月间添设结网科,专结妇女发网。唯以日布倾销,纱贵布贱,农村经济衰弱,购买无力,以及本邑平民工厂所出布疋经县府强迫摊销,普通人选购衣料喜用电压布疋,致染织科成品利益虽薄,销售犹难。发网科成本轻微,利益较厚,但销路滞塞,交易甚稀。缝纫科除缝制囚衣被制服外,略有委托之件,以无机器制服。军装不能承揽,中式衣服仅有少数顾客,虽减价招徕,绝少进步。至十二月间以作业盈余添办鞋科,定价特廉,竭力推广。近有各机关前来定制,尚觉生气勃勃。惟工因不易速成,采办材料须在省城,诸苦不便。且事务琐屑,管理需人,销路稍有起色,应付弥感困难。至作业人数,现时染织科十人、鞋工科七人、缝纫科三人、结网科二人、连同经理业因共三十余人,约占男犯人数之半。

四、关于教务医务事项。本监无专任教务之人员,教诲教育殊苦无暇顾及。现以教诲堂尚无相当之房屋,故教育尚未能兴办。教诲除个人教诲外,集合教诲恒就运动场为之。在监人有行状欠良应受惩戒者,先施以教诲使其悔过。重情感而不以威慑,使其怨望之心减,而驯良之观念生。医务方面除有中医一员外,另聘博爱医院信院长仪庭充任医士。在监人一有疾病,立即延请诊治,药品由该院配发,药资悉由公家担负。

五、关于看守所事项。看守所押犯于十月间迁入新屋,入所人犯非奉令镣押外概不施以戒具。口粮一节,现以监犯因粮已逾定额,无从取给。故只实无力购备者,始由公家发给。惟对于在所人接见书信等事,均尽量予以便利。遇有疾病立予医治,药资亦由公家担负。所有看守所原有看守均以发现谋贿行为先后撤换,一切弊端革除净尽。

六、治狱方针与实况。本监采取性善之说,视在监人之罹法网恒非其自身之过失。故对于在监人之人格予以提高,苟在监人有不良之行状而不知悔改者,始认其为真实之罪恶。故因居监房者不施以足镣,出就外役者不加以连锁,司理杂务者不随以看守,就其足以信任之程度而区为三等。在监人苟有声请立予答复,苟有疾病立予延医,苟有不规则之举动或与看守发生龃龉,立予诚挚之训导,而使之安服。苟有善行辄为之揄扬,在在以感化为前提。现工场无工师看守之监视,而工作尚有可观。杂务不烦看守之指挥,在监人已取监丁而自代;官吏无恣睢之态,狱内鲜诟诔之音,此则本监之实在情形也。

乙、改进计划

一、修建屋舍。本监男监监房仅有十间,每间以五人计,仅能容五十人。现在监人共八十余名,除女性数名因居女监外,监房方面实无法容纳。自上年十一月间,人数激增后,新建病监已权充普通监房。预计未来人犯势将续增,须添建监房十间,方可敷用。至现有工场仅小屋四间,欲扩充作业非另建工场不可,此外教诲堂、看守室、保管室、库房等均亟待添建,再监狱围墙已形倾斜,一遇久雨势将坍圮(上年曾倾圮一部),亦应未雨绸缪,重行修筑,以重戒护。

二、增加经费。本监定额为八十名,系连同章邱分庭看守所一并计算。一切经费悉按八十名核定,乃自成立以来,在监人数逐渐增加。自上年十一月起已决人犯已逾定额,而未决人犯恒四五十人,与预算相差甚巨。现人员方面预计增加看守六员,主任看守一员,方可应付。办公购置亦须比例增加,至因粮定额,尤须从宽拟定,近数月间发给份数与额定数恒超出数百份之巨,实感困难。

三、请领基金。本监近来办理作业以接收之现金材料成品仅共合洋三百一十余元,实属不敷周转。此后欲谋扩充,殊非请领基金不可。预计扩充染织、缝纫、鞋工三科,须增加资金千元,购置机器二架,及其他器具五百元,设印刷、面磨、洗濯、农作四科,需款五百元,共合洋二千元。

四、扩充作业。本监染织科所出毛巾布疋定价甚廉,将来或可有相当之销路;鞋工科以各机关之赞助,订货尚陆续不绝;缝纫科如承揽军装制服亦能较有起色。如能领得基金则此三科前途尚不为无望。至章邱各机关印刷品向由本邑印刷店承办,现经接洽一俟本监添办印刷工场即可改就本监印刷,如此则印刷工场似可添设。此外本监所需米面可添设磨面工场,洗濯衣服须添设洗濯工场,监内外所有隙地可添设农作科(惟监外南首空地因满填煤渣已不能用),如能竭力扩充,则在监人均可得相当之劳役,唯添设印刷科须向他监调用工囚,方可举办。

五、改进教务与医务。教务方面,除须添建教诲堂外,最好添一教诲师,其待遇可比诸主任看守,而其资格以本地人为一要件,庶言语可免隔阂,教授识字方有成效。如无此项专员,则俟看守增加后,办理亦较易。言医务方面,现时毫无医疗设备,俟添建屋舍后,将病监看守室改为医务所,请领建设费以供设备之需。

《令苏高院据随同视察司法员沈冢彝呈送整理江苏司法应改良意见书关于监督承审员法警分案积弊暨奖励兼理司法确有成绩之县长各节仰即遵照办理由》

(二十三年三月部训一〇一八)

案据随同视察该省司法员沈家彝呈称:(一)查苏省各县承审员率多搁置重案,取单简易了之事件办理。故每月结案多为轻微之件,且民事以和解为多,刑事亦以不起诉、免诉及撤回者居十之六七。徐、海一带刑事与民事为十与一之比例。乃核阅月报竟有判决之案月不过数起,并不出徒刑二三月者,以致未决犯多至数百名。率为命盗案犯年深月久,羁滞狱中,号舍有人满之患,县长受赔累之苦(苏省各县未决犯超过定额之口粮,责成县长自行赔补)。加以狱舍不讲卫生,空气恶浊,地多卑湿,疾病死亡有岁计至十分之一以上者。人民不死于法律,而死于延滞,言之可为寒心。其在大江以南人物殷阜之县份,民事较多于刑事,然金额价额较高或情事较为复杂之案件亦多经年不决,拖累匪浅。揆厥原因,虽多缘于承审员之能力浅薄。然迁调频繁,一交一接屡易生手,无形中因而委积者,亦不在少数。拟请饬下江苏高等法院除慎选承审员。凡属勤奋办案著有成绩之人员不宜轻于更调,俾得久于任外。一面就各县月报随时逐加考核,严予督催。其有办案不力,迹近取巧者,即予诰诫、撤惩。务期旧案得以清厘,新案不致再延,方尽监督之实。(二)视察兼理司法各县执达员、司法警察率多由政务警察兼充,或拨政警数人专办司法事务,在各县司法预算吏警额数极少,不得不变通办理,固不能过事苛求。但能监督从严,自亦不难风清弊绝。查吏警敲诈需索全恃传票在手,若限期缴回回证,则诈索之机会自少。又人民无诉讼常识者狃于从前原差之习惯,往往向经手吏警探询案情,故每一案件之前后送达,若统归一人一手经办,最予以诈索之机会。若分路或分日,一案不指定一人,则吏警对于前后案情不详,自无所施其诈索之技。家彝视案所及,凡见送达太迟及吏警分案送达者,皆谆嘱县长、承审员注意督催改革。拟请饬下苏高院通令各县严定送达期限,并禁止吏警分案,以清积弊。(三)县长兼理司法如确有成绩者,似应咨请内政部予以奖励,以励其余。如宝应县江县长创办游民教养所及戒烟所,藉以疏通监所,防止犯罪,颇属能见其大。又查丹阳县县长郭曾基自上年四月到任,每月由自己俸薪内津贴承审员五十元,俾其禄足养廉。该县承审员徐式昌亦颇干练,截至上年十二月二十九日家彝到县视察时,仅押未决犯二十二人就中已送覆判者占三分之二,监所部分由该县长募款及捐俸购置织袜机二十架,现在该监已决犯二百二十六人能织袜者已有六七十人,皆为显著之成绩。丰县县长杨良以三千数百元建修监狱,费省事举,恫恫无华。以上三员似可饬苏高院查取该员履历并办理司法成绩事实,清册呈由钧部咨请内部会呈行政院给奖。庶使来者知所观感,于整顿司法不无裨益。等情。到部。查建议各节均属切要,合行令仰遵照办理。并将遵办情形呈复备查。此令。

《令苏高院饬将苏第三监狱设法扩充毋再因循由》
(二十三年四月部训一二七五)

查江苏各县监狱据视察所得,如专收本县已决犯并不拥挤,其所以人满为患者,多由吴县各监狱移解而来,如吴县之江苏第三监狱原定容额五百名,而实收人犯常在千名以上,每遇无可增收即令移送各县监狱执行,以资救济。此种人犯类皆桀骜不驯之徒,惯以他犯为鱼肉,以致违法敲诈之事时有发生。旧有人犯并沾恶化,管狱员既穷于应付,而地方人士亦啧有烦言。常此敷衍,流弊伊于胡底!且查监犯移禁,累年积算所费亦在不少,与其移禁旧监致滋流弊,何如扩充新监为根本改善之图。为此令仰该院长迅将江苏第三监狱设法扩充具报,毋再因循。切切。此令。

《令江苏高院首检饬知检察官看待监狱长官嗣后应注意由》
(二十三年五月部训一七七六)

查上海地方法院检察处准江苏第二监狱函请莅验病故犯管学仁一案。该承办检察官赵传家指挥司法警察令内有仰该警迅即会同典狱长任峄(略)将尸体亟送真茹法院研究所,检验以凭核办。等语。该检察官对于监狱长官竟与法警一律看待,殊属不明体制。合行令仰该首席检察官转饬,嗣后注意。此令。

《前司法部颁监狱图说》(略)

建设(略)

任 免 奖 惩

《各新监选择看守应遵章办理令》
(十八年四月部训五一七)

为通令事。查监狱看守一职,上以奉行长官之指挥命令,下以执掌人犯之管理戒护,于监狱行政关系异常重要,若非经审慎之选择,严密之教练,殊不足以资任使而策进行,此监狱看守考试及教练规则等可以详晰规定公布施行也。现在训政开始,狱政亟应改良。而改良狱政必自看守得人始,看守得人又必自选择教练始,为此令仰该院转饬所属新监遵照前项规则切实施行,并随时具报查核。切切。此令。

《各机关公务员升迁后应重行填表检送铨部审查由》
(二十年五月院训二一五)

为令遵事。案准考试院本年四月二十四日第三九号咨开:据铨叙部呈称:职部自办理现任公务登记以来,除甄别合格者一律照章登记外,并经呈蒙钧院令行全国各官署,对于合格人员之任免、升降、奖惩、辞职、死亡等项动态亦随时报部登记在案。惟近查合格公务员中有因升级致官阶改变与普通情形迥异,如建设委员会秘书张鉴暄前以荐任官资格甄别登记,近因该会十九年度考绩由荐任一级升为简任六级;又国府文官处科员陈麘文以委任官甄别登记,近亦升为荐任四级,奉有国府命令照准在案。他如高等法院等处亦所在多有。若照职部平时在同一官阶之动态登记办法办理,则所晋升之荐任简任各职是否与甄别审查条例所定资格相符,殊难断定。自不能视为普通进级之动态,贸然登记。况此类官阶改变之公务员已有遵照甄别审查条例第四条之规定重新填表,并检同证件送职部重行审查其资格并换发证者。上述各员事同一律,自应依此办理方为合法。拟恳钧院分别咨令全国各机关,对于现任公务员之由委任升为荐任及荐任升为简任者,在公务员任用条例未施行以前,应仍按照甄别审查条例第四条办法一律重行填表,检同证件送交职部审查。不得视为寻常升级报请登记,俾符法令而重铨政。是否有当,理合备文呈请鉴核分别施行,并指令遵照,实为公便。等情。据此,查京内外各机关公务员遇有升级应报铨叙部登记,系指在同一官阶内升级而言,如因升迁而官阶改变,在公务员任用条例未施行以前,自应依照现任公务员甄别审查条例另行填表检证送铨叙部审查,方为合法。据呈前情,除指令准予照办并分别咨函令行外相应咨达,即希查照并转饬所属一体遵照。等由准此。除分令外,合行令仰遵照并转饬所属一体遵照。此令。

《令各监所职员照章自请回避由》
(二十一年六月部训一二六九)

为令行事。查司法官任用回避办法业经呈准施行在案,其第三款至第五款之规定适用于监所职员,该办法第六款规定至为明晰,自应遵照办理。凡现任各监狱典狱长、各看守所所长及其所属主科看守长、候补看守长、看守长或教诲师、教师医士等无论实缺署缺或代理如与该管上级法院或本监所长官有四亲等血亲关系、三亲等姻亲关系者,均应自行申请回避。除分令外,合行令仰该院转饬各监所一体遵照办理。此令。

《令检送所属各级法院司法官应回避人员成绩由》
(二十一年六月部训一三四一)

为令遵事。查审查法官资格及成绩办法第十一条第二项既定司法官调任办法应以本人成绩为根据,自应以成绩之优劣黜陟之标准。嗣后各该省区如有应行调任人员应即遵照该项办法,呈送成绩以凭审查。现在司法官任用回避办法业已实行,所有各省区应回避人员亟须酌定期间,分期调换,按照司法官调任办法办理。合行通令,饬限于文到两月内将所属各级法院司法官应回避人员开列清单附具履历,并检取各该员最近一月办案稿件照抄十份,连同最近六个月办结案件数目表,一并送部审查,以凭核夺。切切。此令。

《令汇送各新监所职员履历以便指定入所研究由》
(二十一年六月部训一三四五)

为令行事。查狱务研究所章程业经公布施行,该所正在筹设,定于暑假后开办。所有该章程第二条规定应行入所研究人员亟应事先指定,以便入所研究。除分令外,合行令仰该院长限奉文十日内将所属各新监所职员详细履历(各县管狱员应暂从缓)汇齐送部,以凭核办。此令。

《令各监主任看守应于高级看守中选充由》
(二十一年九月部训二一八一)

为训令事。案查各监狱主任看守应于高级看守中选充,业于民国四年间经前司法部通饬遵办在案。乃近查各监狱主任看守每多不在高级看守中选充,殊失本部注重经验之本意。为此令仰该院长转饬各监狱遵照,嗣后该监如有主任看守缺出,务须于高级看守中选择资深绩著者派充,并将该主任看守到差日期连同详细履历呈报该院备案,以昭慎重。切切。此令。

《指示监狱官任用暂行标准第三条各款资格疑义由》

((附原电)二十一年十月部指一八二七五)

代电及均悉。兹将所拟监狱官任用暂行标准变通办法五则分别指示于后,仰即遵照办理。此令。

计开:

一、原第一则核与暂行标准第三条第五款前段之规定尚合,其未经甄别审查合格者,如系确有成绩自可任用。

二、原第二则核与暂行标准第三条第三款前段之规定相合,其未经甄别审查合格者,可照前项办理。

三、原第三则核与暂行标准第三条第四款相符,自可任用。

四、原第四则内现任或曾任管狱员等语核与暂行标准第三条第三款前段之规定相合,其未经甄别审查合格者,如系确有成绩自可任用。若仅充主任看守及候补看守长一年以上与暂行标准不合,无监狱官吏之资格。

五、原有五则内任候补看守长二年以上等语,核与暂行标准第三条第七款之规定相符,自可任用,但以报部有案者为限。以上各项凡从前曾得司法部奖章及各厅院记功嘉奖等项证件者,均可认为确有成绩。

附原电

司法行政部长罗钧鉴:查县监所职员审查委员会业经遵令于月十七日组织成立,呈报在案。兹据投效各员以履历及证明文件送请交会审查,前来经即开会依照奉颁监狱官任用标准第三条及第六条规定,详为审查。当查得各该员所具资格核诸任用标准十九未能尽合者,盖第三条一二两款除前江苏高等检察厅曾考试监狱官一次,送部发由京师第一监狱练习期满分发来苏任用者人数无多,经已陆续委用。及曾办理管狱员补习所一次,该项人员现亦所存无几外。其三、四、五、六、七各条款均难一一相符。若果准此以绳,则监狱官人才势难其选。兹据拟具数则另单开呈,能否酌予变通办理,仰乞钧核指示遵行。苏高院长林彪叩。陷印。

附单

计开:

一、曾经监狱学校毕业者,江苏模范监狱练习期满得有证书,曾办理监狱事务但未经普通监狱官、监狱练习员等项考试及格，并未在前京师第一监狱练习得有证书者，此项资格是否有效。

二、曾在监狱学校毕业，历任管狱员等项职务七八年，但因资格中断，未经甄别审查者，此项资格能否委用。

三、原标准第四款所称司法行政官办理监狱事务者，如各省高等法院书记官办理监狱事务三年以上，经甄别合格者，此项资格是否适用。

四、曾在监狱学校毕业，历充新旧监所主任看守二年，现任或曾任管狱员或候补看守长一年以上者，此项资格是否生效。

五、未经监狱学校毕业，或由曾充主任看守，或具有委任文职资格派任候补看守长经三年以上，或任管狱员二年以上者，此项资格能否合用。

《嗣后监所候补看守长由部令派通令》
（部训一七七三）

查各省各级法院候补书记官及学习书记官历来一律由部令派，而同一委任待遇之监所候补看守长则由各省高等法院派充，报部备案。办理殊不一致，嗣后该项候补看守长应查照修正监所委任待遇职员津贴暂行规则第四条前段规定，一律由部令派，以昭郑重。除分令外合行令仰遵照。此令。（二十四年四月十一日）

《各监未报部核准之候补看守长应查取履历呈部审查由》
（二十一年十一月部训二九八八）

为训令事。查监狱官任用暂行标准第六条规定，得有第三条第六款毕业证书、曾充主任看守三年以上、著有成绩者得呈司法行政部核准派充候补看守长等语，业经通令遵行在案。惟查各监狱候补看守长多由该省区高等法院派充，并未将资格证明文件呈部核准，殊与上开条文不合，为此令仰该院长迅即查取各监狱未经报部核准之候补看守长履历及资格证明文件送部审查。再前项任用标准第三条第七款所载，曾任或现任候补看守长二年以上等语，系由部核准之日起算，并仰知照。此令。

《各监所分发候补看守长应试办全监全所事务并于六月期满填报成绩由》
（二十二年六月部训一七五一）

为令遵事。查监狱训练员经临时普通考试监狱官考试及格者，已由部分发各省区暂以候补看守长任用在案。该员等到差后，凡监狱或看守所一切事务均应令其试办(暂勿指定一部),遇有处理不当,由主科看守长及所长随时加以纠正。始于一科一股,遍及各科各股。务令于全监全所事务均能谙练,然后派定职务,以专责成。将来何处需人,庶不生才难之感。并于六个月期满时,由该监典狱长或该所所长照填成绩表(见第十四号司法行政公报及本部二十一年第一七〇二号训令)加具切实考语,呈由该院报部查核。除分令外,合行令仰该院长即便转饬各监所遵照办理。此令。

《各省高院预保监狱长官每省每年不得过二人由》
(二十二年一月部训五五)

为训令事。查各省监狱官预保人数,按照《监狱官任用暂行标准》第十条规定本无限制,惟现因存记人员过多,一时无可位置,自应酌予限制,嗣后各高等法院院长预保监狱官人数每年不得过二人,并以曾在或现在该高等法院管辖区域内办理监所事务者为限。除分令外,合行令仰该院遵照。此令。

《呈为安邱县民秦树滋捐款修监县长王鸿烈劝募出力
请分别给奖由》
(附原呈二十年十月部指二七〇二七)

呈悉秦树滋准给予"义举可风"黑字金地匾字,随发仰依式制,送至该县县长王鸿烈给奖一节。应遵照该省捐款修建监所奖励暂行章程第五条第二款及第六条规定办理,仰即知照。此令。

计发匾字一套

附原呈

呈:为呈据安邱县县长王鸿烈呈报:县民秦树滋捐修监所大洋一千元转恳鉴核给奖事。案据安邱县县长王鸿烈呈称,案据包庄社南良庄民秦树滋呈称,为捐款修理监所事。窃民世代耕读,薄有赀产,感时局之杌陧,叹风俗之日偷,作奸犯科日有其人,官厅为尊重人道计,改良监狱不遗余力,无如募款维艰,停工有待。民睹此情状,有感于中。情愿捐助大洋一千元,以为修理本县监所之补助。意者人之好善孰不如我,民此举或有闻风而起者,则吾安监所轮奂之美固可翘足而待也。等情。并呈缴大洋一千元到县。据此除批示候据情呈请核奖外,查本县监所房屋窄狭,近数年来霪雨为灾,兼遭匪乱,破坏不堪。兼又天气炎热,人满为患,情实堪忧。该秦树滋有见及此,慨捐巨款,实属急公好义,深堪嘉许。核与颁发暂行章程第一条第五项捐款相符,应呈请照章核奖以资鼓励。除将应行修改监所之处绘具图说,取具商号估单另文呈报外,理合具文呈报钧院鉴核。俯赐照章转呈核奖以资鼓励。等情。据此,查该秦树滋捐助修监建所经费一千元,核与本省捐款修建监所奖励暂行章程第一条第五款相符,拟请钧部给予黑字金地匾额,该县长王鸿烈出力劝募捐款在千元以上,由本院发给奖章一枚,并函请省政府记功一次,以示优异。除指令外,理合呈请钧部鉴核,给奖匾额以资鼓励,实为公便。谨呈。

《指令呈请将山东第一监狱主科看守长孔庆兰予以记功并抵消前过由》

呈悉。孔庆兰可予记功一次,并准抵消前过,惟仍须加以儆告。嗣后对于主管事项务须切实注意,不得再有疏忽,仰即转饬知照。此令。

附原呈

呈:为据情转呈,仰祈鉴核示遵事,案据山东第一监狱典狱长吴魁呈称,呈为呈请事。窃维激励人才之道,在随时引其竞进之心。故小惩原以为大戒之方,斯用功有不如用过之策。查本监第二科主科看守长孔庆兰自民国六年充任本监候补看守长荐升今职,积资已在十六年以上。乃于上年八月间偶因疏脱人犯王振基即蒋公璞一名,蒙予记过处分在案。惟查该员前在济南五三事变之时,对于本监戒护枪林弹雨之中,并于囚粮断炊之际,犹复不避艰险,竭诚尽职,本监卒赖安全。揆诸已往事迹,不无微劳足录。且考查近数月以来成绩,对于主管事项,看守之教练人犯之管理,以及看守勤务之督率,从事职务无不奋勉过人。似于监所惩奖章程第一条之规定尚属相合,典狱长为策励僚属起见,拟请予以记功以示鼓励。如蒙核准,并恳抵消前过。理合遵照同章第三条前段之规定,胪陈该员成绩,恳祈院长恩施格外,以资激劝。再此案本应遵照同章第三条后段之规定,俟至年终呈请,但因系拟请以功抵过,故专案呈请核示,合并陈明。等情。据此查该典狱长所呈各节均属实在情形,可否将该监主科看守长孔庆兰予以记功并抵消前过之处理。合备文呈请鉴核,伏候指令,祇遵谨呈。(中华民国二十一年四月二日)

《指令湖北高等法院呈报宣恩县管狱员黄兆梅成绩优良可否认为考绩合格请示遵由》

(部指一四五三〇)

呈悉。据呈宣恩县管狱员黄兆梅任职已三年以上,资格尚未经审查,自可调查办事成绩交会一并审查,按照《监狱官任用暂行标准》及二十一年十月本部第一八二七五号指令江苏高等法院所拟《监狱官任用暂行标准变通办法》(见司法行政公报)办理。至考绩合格系指依考绩法审查合格者而言,其由该会审查认为成绩优良者不得认为考绩合格。仰即知照履历暂存。此令。(二十三年十月二十九日)

《指令湖北高等法院反省院职员可视同办理监狱事务人员由》

（部指二五一七）

呈悉。业经本部监狱官审查委员会第六十五次常会议决"反省院职员可视同司法行政官办理监狱事务人员"。仰即知照。此令。（二十四年二月二十六日）

附原呈

案据湖北反省院助理员刘洁清、聂汉卿、贺名锡、田济泽等呈称：

窃洁清等于上年六月检齐证件，先后呈请以管狱员审查任用，奉批令开：呈件均悉，查该员前送证明资格文件请以管狱员审查任用，业经交会审查认为不合格。合将证件发还，仰克日来院具领为要。此批。等因。奉此。查洁清等供职湖北反省院积资在一年以上或三年以上，曾由院呈奉司法行政部咨准铨叙部审查合格，分别任命湖北反省院助理员并经核定或比照监所职员俸给表叙委任十三级俸，或比照甲种监狱主科看守长叙委任十一级俸，各在案。兹以反省院与监所同隶司法行政部系统之下，而洁清等助理员之叙级又经一再比照甲种主科看守长暨监所职员，其享有监狱职员同等待遇，应取得监狱官任用暂行标准之资格毫无疑义。为此依照上项标准第三条第四、六两款之规定，检同证明文件暨履历呈请钧院俯准交会复予审查，以管狱员存记任用，实为公德两便。等情。计呈证明文件四册，据此比经交付本县监院所职员审查委员会复行审查。金以反省院应否认为普通监所，其助理员奉有部委者是否取得监狱官资格，并与《监狱官任用暂行标准》第三条第三款之规定能否相合，应请示办理。等语，记录在案。据呈前情理合呈请钧部鉴核指示祗遵。谨呈。

司法行政部

《指令安徽高等法院呈为取得法政专校毕业学历经新监所长官派充主任看守有年并未呈报主管机关核准有案人员是否得与该主管机关委派办理监狱事务人员一体认为合格又新监所主任看守是否应认为办理监狱事务人员请示遵由》

（部指一二六二）

呈悉。查原呈前段请示一节，应参照本部去年九月六日第一二五四六号指令办理。至各新监所主任看守经主管高等法院核准有案者，可认为办理监狱事务人员。仰即知照。此令。（二十四年一月二十八日）

《监所人犯脱逃是否职员过失所致应据实查明呈核由》

为令遵事。案查公务员或其佐理人因过失致职务上依法逮捕拘禁之囚人脱逃者,刑法第一百七十二条第二项已有处分法之规定,自应遵照办理。兹查各该法院呈报监所脱逃人犯各案,每不问该管职员是否因过失所致,仍一律按照监所职员惩奖章程议处,显于前项规定未加注意,为特通令各省法院并转令所属监所一体知照。嗣后各该监所对于人犯管理应严加注意,如遇有人犯脱逃事件发生,应将该管职员是否因过失所致,据实查明,呈报核夺。切切。此令。

《兼理司法县长疏脱人犯扣俸修监章程暂准援用由》
(十八年二月部指一四〇八)

代电悉。查原章程与党纲主义及国民政府法令并无抵触,依十六年八月十二日国民政府令,自可暂行援用,仰即遵照。此令。

《县长疏脱人犯所扣俸款应造具收支四柱清册按期汇报由》
(十九年十二月二十五日司法行政部训令各省高等法院第三九三号)

为令遵事。查县长疏脱人犯所扣俸款应按期汇报。司法部以为全省改良旧监补助费,现准适用之县知事疏脱人犯扣俸,修监章程第五条及第六条规定至为明晰。乃查各该法院按期汇报者固属有之,而稽延未报者实居多数。似此漫无稽考,殊不足以策进行。除分令外合即令该院遵照立将前项扣款截至十八年底止,造具收支四柱清册呈部查核。嗣后以六个月为一期,按期汇报,毋得违延。切切。此令。

《监所职员疏脱人犯应照章拟处呈候核办不得先予撤免由》
(十九年三月八日司法行政部训令各省高等法院第五三九号)

为令遵事。查监所职员为人犯观感所系,有关狱政甚巨,当惩戒时宜加审慎。依现准适用之监所职员奖惩暂行章程第三条所载,除委任待遇各员奖惩得由各该长官径行之,仍报本部备查外,其于委任以上各职员均应具翔实之报告,呈候本部核办。又查各省高等法院院长办事权限暂行条例第七条之规定,高等法院院长对于监所职员任免奖惩事项,虽得暂时先予规定详明,自应遵办。乃查各该院长呈报监所脱逃人犯事项于职员应得处分拟议报核者固多,其不呈候核办径自先予撤免者,亦复不少。似此任意处分,殊属不合。嗣后遇有此类事项,应即照章拟处,呈候核办,更不得先予撤免,以昭慎重。除分令外,合即令仰该院长遵照办理。切切。此令。

《各机关公务人员染有烟瘾者不准服务公职该管长官
如有徇隐情事一并惩处由》

（二十年一月十四日国民政府训令行政院及直辖各机关第一三号）

为令饬事。案据该院行政院呈称,为转呈事,据禁烟委员会委员长刘瑞恒呈称,窃据福建省政府禁烟委员会委员林雨时呈称:呈为呈请事。窃以厉行禁烟应先从公务人员着手,庶足以树风声而资表率。我国法律往往仅能施及平民,凡属重要公务人员几成特殊阶级,秉政者每碍于情面未能执法以绳。现在全国党政军各机关公务人员染有烟瘾者当不乏人,虽有调验公务人员之法令,实际皆限于环境,所以检举者寥寥无几,且纵经检举,多难执行,遂致违犯烟禁者仍得厕身党政军各界而不戒革。欲望烟祸肃清,其可得乎? 查吸用鸦片或其他代用品者不得享有公权,各项法令多有明白规定。拟请转呈国府通令全国切实奉行,并定烟瘾未断主人一律不准服务公职,该管长官如有徇情事,查出一并惩处。俾公务人员皆能摈绝嗜好,为国民表率。是否有当,理合具文,呈请钧会查核俯赐采择施行,实为公便。等情。据此,查公务员调验规则为惩饬官方,表现民治政府之要图。该委所呈各节不无可行,即经提交第六八次委员会讨论决议,呈请行政院转呈国民政府通令全国一致实行,以资表率。在案。是否有当,理合依照决议案具文呈请鉴核俯赐施行,等情。据此,查原呈所请似当,可行除指令外,理合具文,呈请钧府鉴核施行。等情。据此,应予照准,除指令并分令外,合行令仰即便遵照,并饬所属一体遵照为要。此令。

《县长疏脱人犯应由该院呈部转送公务员惩戒委员会惩戒由》

（(附原呈)二十一年十月二十二日司法行政部指令湖南高等法院
第一八五七二号）

呈悉。县长疏脱人犯如情节重大可视为废弛职务者,应依照公务员惩戒法第二条规定送付惩戒。其程序应依照各省高等法院院长办事权限暂行条例第四条第十七款及第七条各规定,由高等法院呈请本部转送。仰即知照。此令。

附原呈

呈:为县长疏脱人犯法令,现无处分专条,仰祈核示,俾资遵守事。案查县知事疏脱人犯,扣俸、修监章程业奉钧部明令废止,而公务员惩戒法第二条各款又仅有概括之规定,在兼理司法各县政府县长职司监督监狱遇疏脱人犯案件发生,是否应依该条第二款规定办理,及其程序是否仍由高等法院呈请转送法令。既无专条规定,本院无所遵循。理合备文呈请钧部鉴核,指令祗遵。谨呈。

《管狱员惩戒应归中央惩戒委员会管辖由》

（（附原函）二十一年十月二十九日司法行政部第二五九号）

径复者：准贵部第四九七号公函开：各省管狱员惩戒事项究属中央或地方公务员惩戒委员会管辖发生疑问，请解释见复，等由。查中央及地方委任职公务员之惩戒管辖不以机关所在地为区别而以机关组织之系统为区别，较为适当。公务员惩戒委员会组织法第五条所称之各省委任职公务员应以省政府所属机关为限，司法机关直隶中央，管狱员既为司法机关职员之一，其惩戒事项亦应归中央公务员惩戒委员会管辖，相应函复，贵部查照。此致。

附原函

径启者：各省管狱员有公务员惩戒法第二条所定情事应付惩戒者，其惩戒事项究属诸中央公务员惩戒委员会？抑归地方公务员惩戒委员会管辖？现分二说，甲说：狱政为司法事务掌理，狱政人员自系司法人员之一种，各省司法直隶中央，故管狱员之惩戒应属之中央公务员惩戒委员会；乙说：各省委任职公务员之惩戒事宜归地方公务员惩戒委员会管辖，公务员惩戒委员会组织法第五条业有明文规定，初无司法行政之分别，盖位责较轻人员之失职或违法，就地惩戒既较迅速又便必要时之到场质询，且可免中央公务员惩戒委员会之案牍丛集，立法本意实在于此。管狱员为委任职，任免属于各省高院，监督归诸各县政府，如付惩戒，自应依照该条规定送由地方公务员惩戒委员会核办。两说不同，究以何说为当？事关适用法律，发生疑问，相应函请查照解释见复为荷。此致。

《通令为准司法院解释各省管狱员惩戒管辖问题仰知照由》

（二十一年十一月部训二七三三）

为令知事。案准司法院公字第二五九号公函开：准贵部第四九七号公函开：各省管狱员惩戒事项究属中央或地方公务员惩戒会管辖发生疑问，请解释见复，等由。查中央及地方委任职公务员之惩戒管辖不以机关所在地为区别，而以机关组织之系统为区别，较为适当。公务员惩戒委员会组织法第五条所称之各省委任职公务员以省政府所属机关为限，司法机关直隶中央，管狱员既为司法机关职员之一，其惩戒事项亦应归中央公务员惩戒委员管辖。相应函复贵部查照，等由，准此。除分令外合行令仰知照。此令。

《司法行政部指令江苏高法院呈报派员彻查青浦县疏脱人犯情形并酌拟处分析鉴核由》

（二十一年十月部令）

呈悉。查监犯外役照该法院呈准施行细则，每二名应加联锁，据报脱逃情形。该监似未遵办，且外役人犯六名仅派看守一人戒护，实属异常疏忽。管狱员彭锡绶如非平日办事确著成绩应即免职，县长于定由该院长函请江苏省政府著予记过示惩，并饬嗣后切实注意。仰即知照。此令。

附原呈

呈：为呈请示遵事，案据青浦县长于定呈称：本年七月十二日据管狱员彭锡绶呈称：本日晨，监所运除肥料派看守陈金龙率带犯工四名挑运监外，不意犯工周阿龙、周寿生等二名竟于七时三十分乘机逃逸。当查悉周阿龙住本县辰山后面横泾路，周寿生住松江黄浦东村，当即跟踪追缉，尚未返监。除将看守陈金龙、主任看守汤正喜先行看管，听候查办外，理合呈钧长议处。再该逃犯周阿龙、周寿生等二名系青浦县人，同犯窃盗罪，各判处有期徒刑六月，于民国二十一年四月二十九日入监，扣至本年十月二十七日刑期均满，尚馀刑期各三月十五日。合并呈明。等情。据此，除经县长勒限查缉，分别谕令法警及水陆公安警队一体严缉，并将各该看守研讯管押外谨呈。等情。经即指令并饬派本院司法委员朱中起前往彻查。去后，兹据该委员呈覆称：奉令遵，即驰赴青浦监狱详细调查。询据管狱员彭锡绶声称：该监向例选提轻微犯四名或六名充任外役，每晨专司挑粪、挑水等事。七月十二日早至七时许，经主任看守派看守陈金龙押同外役犯四名挑粪出监狱大门，转至离后墙约二百余武之河边倾倒，归来时行至距公安局不远之四义路口，其中有窃盗犯各判处徒刑六月现已执行过半之周阿龙、周寿生两名突将粪桶抛弃，向西逃跑，当时看守陈金龙以尚有四名在旁，急即带同回所报告。后即偕同主任看守紧追出南门，至河边见该两犯泅水而遁，瞬息无踪。旋即报县通缉，迄未捕获。等语。复将主任看守汤正喜、看守陈金龙先后传询。据陈金龙声称：七月十二日晨主任看守派我押同外役犯六名，计四名挑粪两名挑水，往监外河边倾倒，向例每晨系派看守两名随同监视，一名押跟在后，一名立岗于监狱与河边转弯处，倘有变故呼应灵通。是早只派我一人，当时我深恐一人押跟六犯力量薄弱，当向主任看守要求加派一人，主任说："你先去，添派之人就来。"遂先押六犯挑粪出监倾倒，归来行至监狱后墙边，忽然少了两犯。见其向西逃跑，我因尚有其余四犯在旁，因即先行送监，并报告主任会同追至南城外河边，见该两逃犯泅水遁去无踪。复据主任看守汤正喜声称：向例每早外役犯挑粪出监由我派看守两名押跟。十二日晨外役犯挑粪出监并未经我指派看守押跟，待陈金龙要求添派一人我才知道,其时我适在监内发放茶水,故叫他先去我就派人来。孰知人尚未派,陈金龙已来报告说逃走两犯,遂飞报县长。一面会同看守陈金龙穷追直至南门外河边,该两犯见我们追上,即泅水逸去。云云。综查以上各员所称当时情形,虽尚无贿纵及其他情弊,然平日对于戒护漫不经心,咎实难辞。等情到院。查该犯周阿龙、周寿生两名,既经派其挑运肥料出监,该看守等应如何妥为防护。乃竟任其乘间逃逸无踪,殊属疏玩。虽据查明尚无贿纵及其他情弊,该管狱员彭锡绶戒备不严、实难辞咎。现在苏省地方公务员惩戒委员会一时尚难成立,拟请按照向例酌予记大过二次,借策后效。至该县县长于定应如何处分,拟恳转送中央公务员惩委会依法惩戒。据报前情,除令饬县警勒限严缉该逃犯,务获究办。并令将主任看守汤正喜、看守陈金龙侦讯核办。所拟处分是否有当,理合备文呈报,仰祈钧部鉴核示遵。谨呈。

司法行政部部长罗

署江苏高等法院院长林彪

《令浙江高院为第三监狱典狱长徐正逵应予申诫处分该监看守长陆谦调往该省第一监狱察看三月仰遵照办理由》

（二十一年十二月三十一日部训三二六九）

为训令事。前据赵余馨呈控该省第三监狱典狱长徐正逵等种种违法一案,当经令饬该院首席检察官查明具复,去后兹据呈复前来,除指令呈悉,既据查明第三监狱典狱长徐正逵无违法情事,但平日处理事务手续上未能周密,应予以申诫处分。至该省看守长陆谦夜半使人犯入其卧室,无论是否吃酒呼烟,实属不知检束,应调往该省第一监狱察看。三月期满由该监典狱长出具切实考语,呈由该管高等法院转部核办。除训令该院院长外,仰即遵照,此令。印发外合行抄发该院首席检察官查复原呈,令仰该院院长遵照办理。此令。

计抄发该院首席检察官查复原呈一件

附原呈

呈:为呈复赵余馨呈控浙江第三监狱典狱长徐正逵等种种黑幕等情一案调查情形,仰祈鉴核事。案查本年十二月八日奉钧部训字第三〇五二号训令内开:为训令事。案据赵余馨呈控浙江第三监狱典狱长徐正逵等种种黑幕。等情到部。是否属实?无从悬揣。为此抄发原呈,令仰该首席检察官查明具复。此令。计抄发原呈二件,等因,同月十五日复奉。

钧部训字第三一五一号令开:为密令事。前据赵余馨呈控浙江第三监狱典狱长徐正逵种种违法一案,业经本年十二月六日本部第三〇五二号训令,该首席检察官查复在案。兹又据赵余馨函请迅予派员查明,以免涂造证据。等情前来。

合行抄发原函令仰该首席检察官并案查明具复。此令。计抄发原函一件。等因奉此。遵经抄录原呈原函。先后密令嘉兴地方分院首席检察官李钟骏严密彻查，详细具复在案。兹据呈复称，遵即依照奉发原呈所控各节分别查明。一、查该监候补看守长赵余馨每月应支津贴本不在预算范围之内，由该典狱长呈奉浙江高等法院第二八四四号令准就该监作业余利项下月支三十元。是非该典狱长故为克扣津贴已可知矣。二、查该监人犯内业木工者仅有三人，专为本监修理房屋及制造指纹柜、身份柜，并其他公用物件。实无制作各项成品在外销售，有何盈余可报也？三、查该监囚粮计口授食系通盘计算。据本年十月份册列，每犯每日仅支囚粮七分三厘强，并无每名实发七合呈报高院为八合之事。此有逐月月报可查也。四、该监于二十年度积存囚棉余款银六十元。本年九月间呈准修理旧存囚棉衣裤支四十一元六角八分九厘，尚余银十八元三角一分一厘。亦已制成病犯卧褥十二条。业奉浙江高等法院第二九八三号令准核销有案。五、查该监余地本预备添筑监房之用，因经费无着不能依照计划实行，故就隙地种植蔬菜等项所有收入仍属归公动用，均有账可稽，非典狱长私自享有也。六、查该监织袜科纱徐自二十年十二月起至二十一年十二月三日止，共计银三百六十元零二角三分一厘。除各职员暂假随时归还及赏工场看守等外，存在嘉兴邮政储金局计洋二百十元零八分四厘，均有账折可稽。此原控误指为私自分配也。七、查该监释放人犯系照判决及执行书办理，于人犯刑期届满时先由核算员计算明确呈由典狱长核阅，再交第一科释放，均各负责盖章。是无多押或早释之可言也。八、查该监雇用主任看守及看守人等系依照预算通盘计划，或因事务上不敷分配诚难免添用量材器使，本系职权。但不能即指为该典狱长任用私人也。九、查该监于本年夏季制备看守制服二十四套、修帽子四十顶，共支洋五十八元二角四分三厘。其冬季制服三十套、帽子三十顶、棉大衣十件，因未竣工尚不能结算。即难指为有添修之名而无添修之实也。十、查该监现代第一科看守长陆谦平日声名平常，经面询典狱长，对于该看守长替人犯代办违禁物品，虽绝对否认其于夜半唤人犯至该看守长室内饮酒、呼烟一节。据云上半年曾闻此种谣言，当时亦经彻查，有谓该看守长室内痰盂倾倒，因工役人等已睡，故使人犯代拖地板，无饮酒呼烟之事等语。复经函提该监带班看守戴焕文、赵筱仙、李楚益到院讯问，据各供陆科长到差已一年有余，并无为人犯代办违禁物品发现之事，我等不但没有看见并且没有听见。说起至半夜人犯入科长室一节，当上半年倪志标代班时曾闻此说，有谓系唤人犯早炊，究竟为何事，我们当时因在休息不知其详，现在倪志标已于三月前销差，犯人亦已刑满开释，无从得其真相等供。是该看守长陆谦关于为囚人代办违禁物品一点，经多方严密查询，尚无确实之证据。而使人犯入其卧室虽未能肯定为吃酒、呼烟，但人言籍籍要非无因，此实不知检束也。十一、查该监看守纪律尚佳，上班下班均遵照规定钟点办理，尚无吃烟、拖鞋及睡眠情事。十二、查该监囚米系向本市猪廊下顺泰米行购办,经即前往该行,调阅本年二月起至十一月止第三监狱购办囚米流水总清等册核与该监册列各款相符。并无石高抬五角或七角之事。此有簿册可稽也。十三、查该监于十八年十月间试办草帽,雇用技师至十九年七月,因亏损停办,故未呈报。并不开支公款。其亏款由典狱长赔垫至十九年十月。有赵余馨来监承揽草帽,面定三月后再订契约,后因该赵余馨一去不返,又由典狱长垫人犯赏与金三十余元。甫于二十一年九月间诉讼结果由赵余馨偿还赏与金三十五元,有何盈余之可没收也。十四、查该监曾养鹅二只,以备守夜之用,业有三年。并未养有鸡鸭。至看守人等间有蓄养鸡鸭数只实无日支口粮一元之事。十五、查该监本年种植菊花约有数百盆,除分送各机关外,馀均该监自行陈列。经查询结果并无卖钱之事。综上各点,或系毫无根据或系出于误会。再检察官两次前往该监彻查,均调阅卷册,并无发现涂改证据之嫌。总之该典狱长平日处理事务手续上或有未能周密之处,惟按诸实际似无违法情事。理合备文呈复。祈鉴核。等情前来。奉令前因理合将查复情形备文呈报。仰祈钧长鉴核施行。谨呈。

司法行政部部长罗

署浙江高等法院首席检察官郑畋

《令江西南城县县长刘子贞管狱员周召勋等疏脱人犯一案业经中央公务员惩戒委员会议决并饬执行管狱员周召勋记过处分由》

((附议决书)二十二年三月部训八一三)

为令知事。案准司法院函开:案据中央公务员惩戒委员会呈称:前准司法部先后咨送江西南城县县长刘子贞、管狱员周召勋等疏脱人犯案件,请予审议到会。兹经本会委员会并案审议议决,作成议决书。除分别送达通知外,连同议决书呈报前来。本院查议决书主文开:刘子贞减月俸百分之十期间六月,周召勋记过二次,等语,除该县长刘子贞减俸处分已令饬江西省政府执行外,该管狱员周召勋记过处分应由贵部转令江西高等法院执行,相应检同议决书四份,函请查照办理。等由。并附送议决书四份到部。除将议决书二份留部备查外,合行检同议决书二份令发该院长,仰即查照执行。此令。

计发议决书二份

《中央公务员惩戒委员会议决书》

(二十一年度鉴字第二十一号)

被付惩戒人刘子贞,江西南城县县长。年四十八岁,江西赣县,住南昌冻米厂。

周召勋，原任暂代江西南城县管狱员。年五十三岁，江西南城县，住新丰。

（以）上被付惩戒人因疏脱人犯案件，经司法行政部移送审议，本会议决如下：

主文

刘子贞减月俸百分之十期间六月。

周召勋记过二次。

事实：

民国二十一年七月十日深夜，南城县监犯胥有福、杨定生、官细应、汤发俚、陈垣昌、程元初、章良福等七名乘看守李致和、所丁黄连友因天热犯人聚处恶臭，不在号所门外看管，移至水门外宿睡之际，私将脚镣脱卸，扭开监锁，掀瓦登屋相率潜逃无踪。后仅缉获汤发俚、章良福两名。又同年八月二十二日下午七旬钟，被付惩戒人周召勋正在督同看守收封，忽有驻扎监所附近军队十余人来监强借物品，一时忙于应付未及防范，未决犯吴柏寒一名亦乘间脱逃无踪。经司法行政部认为被付惩戒人等均有疏防情事，应付惩戒。先后移送审议到会。

理由：

查本案第一次疏脱人犯胥有福等据被付惩戒人刘子贞申辩书称：曾因该县前管狱员李凝发觉章良福私至监内售卖鸦片烟，乃禁止其与犯人接见。胥有福、杨定生、官细应、汤发俚、陈垣昌、程元初等即鼓动众犯，意图暴动。该管狱员报县将章良福拿获，提同胥有福等鞫讯，分别加镣，另押于第二监所等情。既系特予另监羁押之犯，尤应遴选干警慎重严防。乃该看守李致和、所丁黄连友二人职责旷顾，竟俱擅离号所，求安卧于水门以外，致任该人犯等脱逃至七名之多。则该县监所平日之用人不当督率不力可知。至第二次疏脱未决犯吴柏寒一名，虽因被付惩戒人周召勋应付驻军来监强借物品，偶被乘间脱逃。要亦难辞疏忽之咎。而被付惩戒人刘子贞两月之内疏脱人犯二次，尤未能尽监督之责，自应均予惩戒。再本案被付惩戒人周召勋，据江西高等法院呈报司法行政部声称，系由县派暂代之员，并业经该法院令予免职在案。但依照司法院二十一年八月二十三日令，浙江地方公务员惩戒委员会（指字第九三号）内开：公务员未经甄别或尚在甄别审查中者如有《公务员惩戒法》第二条所列情事，亦得交付惩戒。又同年七月十五日复国民政府文官处公函（公字第一七九号）内开：惩戒处分之免职（中略）与仅以命令免职者不同。是以被弹劾人虽在免职之后仍应移付惩戒各等。因是该被付惩戒人虽未经甄别，不得享有正式任命之公务员资格保障，而于其暂代职务有疏防情事，仍应由本会予以惩戒。合并声明据上论结被付惩戒刘子贞等有《公务员惩戒法》第二条第二款情事，刘子贞依同法第三条第三款及第六条，周召勋依同法第三条第四款议决，如主文。

中华民国二十二年三月三日

中央公务员惩戒委员会

《指令据呈报山西垣曲县看守所押犯赵文学自缢身死将该管狱员王多贤予以记过一次附送勘验书结图单请鉴核由》

（二十二年五月二十三日部指七六五六）

呈及附件均悉。王多贤应改依《公务员惩戒法》第十二条规定予以记过一次,仰即知照,附件存。此令。

抄原呈

呈:为呈报事。案据垣曲县县长李祖绶呈称:据管狱员兼看守所所长王多贤报称:民国二十二年三月七日看守所未决丹犯赵文学乘看守未备众犯不察之际,潜入所内北空房,即以所束布带悬系柱环,结圈套首,跪地自缢身死。报请诣验。等情。县长当即带同吏警前往勘验,验得该犯赵文学系犯吸食吗啡金丹罪,有吐血、便血泄泻等症,自上年十一月八日入所后时发时愈,忽轻忽重,送经医士车国良加意治疗迄未见效(附有诊断书)。惟案关吸食吗啡金丹,且值调查证据之期,未便率予保外医治。乃该犯因贫病交迫,遽萌短见。本月七日午后四点钟竟乘看守不防众犯不察之际,潜入看守所北空房,以所束布带悬系柱环结圈套首跪地毙命。委系因病自嫌忿不欲生。至看役及同所押犯节经分别鞫讯,确无凌虐情弊。理合填具书结图单。备文呈请鉴核。等情到院。当即指令该县县长再行研讯该看守人等法办外,查该犯赵文学平素既有吐血便血等症,竟不认真防护,以致乘空自缢身死。该管狱员王多贤实属疏于防范。依照《监所职员奖惩暂行章程》第二条第三款予以记过一次,以示儆惕。理合将垣曲县押犯赵文学自缢身死情形连同验断书、死亡证书、勘单勘图、吏结诊断书备文专案呈报。祗请鉴核施行。谨呈。

计呈送验断书一本、死亡证书一纸、勘单勘图吏结诊断书汇订一册。

署山西高等法院院长邵修文

二十二年五月三日

《指令据报陕西第六监狱人犯暴动及员役抵御受伤情形拟议处分请核示由》

（二十二年十月十四日部指一五六三七附原呈）

呈及附件均悉。除庞显谟记大过处分,按之公务员惩戒法无所根据,应改记过一次外,余如拟办理。附件存。此令。

附抄原呈

呈:为呈报事。案据陕西第六监狱教诲师暂代主科看守长代行典狱长职务庞显谟本月江电称：本监八月三十一日晚十一时人犯突起暴动，毁镣夺门，砖瓦抛乱四出逃逸。职与员役各带重伤。除捕获五名外，计共在逃郑忙娃、胡太时、李炳来三犯，详情另陈。等情。据此，查该监典狱长金起秀因领取枪械请假在省，闻变当即由院长饬令赶速回署，查明情形迅速详细呈报。去后旋据该典狱长回署后呈称：窃典狱长于上月二十七日蒙假晋省具领枪弹即于月之三日得人犯暴动报告，当于四日出城五日回署，见狱内前后门框破烂砖瓦狼藉，员役带伤者十余人，一面择重医治一面整理一切，并一面加派干员看守分途追缉暴脱之犯，又函请该各县驻军团防一体协缉，更悬赏格务期弋获。随添招妥人替代受伤看守工作，以便休养。惟查本监共禁犯二十六名，暴动出监者八名，捕获者五名，越城走脱者三名。除随时缮修倾坏紧要处所外，并觅工多铸土基以便择要补修。查捕获五犯伤均甚重，足见若辈拒捕猛力无比。典狱长以厚责己薄责人之心，亦为药治，以期自悟。此典狱长回署后办理之实在情形也。兹将查明人犯起心暴动、乘机暴动及暴动出狱未即完全捕获各原因分析陈之。本监处特别灾区，房屋墙壁久以款艰失修，近因大雨迭降，房墙倒塌者固多，倾斜者亦复不少。典狱长于上月二十七日晋省后又连日大雨，由二十七以至二十九、三十各日，既倒丁监西南厕墙，又倒一科办公室西边厕墙，更塌大门西边房门，宵小倾坏尚不在内。丁监墙倒将犯移禁乙监，乙监旧有沐浴、理发各室不能寄居，其余监房尽最拥挤纵不敷容纳。更于分房监占住三号监房。一再新移，一切未甚坚固。此乃该犯等起心暴动之原因。人犯暴动之先势必伺隙不寐，奈病监门外东内围墙忽于上月三十一日晚将近十一钟时倾倒，当将病监门楼压倒，震声甚大，一二两科看守长即驰往视察未及旋返，而乙监内人犯暴动。盖该犯等早知甲监工场房墙倾斜内外支撑，疑是甲监工场倒场有木料可作器械，有罅隙可以溜出。此乃该犯等乘机暴动之原因。庞、宋二看守长闻变，速率得力员役持械冲入铁门，尽力截堵。即将中央楼南及栅门外一部分犯截归。号中楼北一股犯转而将甲监栅门拥开，取支墙上木并门扇缘以上墙上房，在房上一面抛砖拒捕，一面以砖轧镣随越东内围墙而下，将铁门外数看守打倒。前院铁门钥匙不能得手，隔在铁门内之多数人均无法可设，急忙中王看守开勋越墙而出，比及看守长员役尽出铁门而暴犯已破锁出大门矣。内外隔别，此乃该犯等暴动出狱之原因。本监驻在之乾城内，地面辽阔人烟稀少，附近监狱地方尽是空园，断垣破垫弥望皆然。距监狱稍远东北一带秋禾成林，败井水濠无地不有。时当黑夜举步维艰，偶一失足即生危险。庞宋二看守长督率员役等由半夜寻至天明，先后捕获暴脱犯五名。天黑禾深，此乃该犯等暴出未即完全捕获之原因。查暴动出狱越城远走之郑忙娃、胡太时、李炳来三犯现时尚未缉获，所有暴动出狱捕获五犯，典狱长讯取供录并造具清册呈候钧裁。除分呈钧院首席检察官外，谨呈。等情。据此。查该监此次人犯暴动应行负责各员自应从严惩处。惟陕省入秋以来阴雨连绵，该监狱驻在乾县，所有房屋年久失修,相继倒塌。该典狱长虑有危险请假晋省领取枪械冀图戒护,乃雨复不止,遂致人犯乘隙发生暴动。代行典狱长职务主科看守长及各看守均负有重伤(据乾县县长邓守真勘验报告呈有伤单)。按其情节尚与不知注意疏忽致变者不同,拟从宽将该主科看守长庞显谟记大过一次,典狱长金起秀加以儆告,以示薄惩。除令饬该典狱长迅将倒塌房屋择要赶紧修补以免再有疏虞及受伤各员延医调治,期早痊愈,并在逃未获之犯郑忙娃等三名严缉,务获捕获,各犯依法送惩外,理合将该监人犯暴动情形及从宽拟具负责各职员处分缘由,并检同该监原送讯供笔录、逃犯姓名清册及乾县呈送勘验员守伤单,具文呈请钧部鉴核。谨呈。

《指令据转呈河北第二监狱监犯傅和培自缢身死情形负责人员请予处分并送死亡证书及甘结请核示由》

二十二年七月二十四日部指一一三二五附原呈

呈及附件均悉。胡振声应转饬改为记过二次。余准如拟办理。仰即知照。附件存。此令。

附原呈

呈:为呈报事。案据河北第二监狱典狱长李竹勋呈称:窃职监于六月六日午前十点钟,适值竹勋集合全体职员开狱务会议至十点二十分时,办理候补看守长事务,李锡麟突至会议室内报告。据称有精神病犯傅和培在病室内自缢,等情。职闻讯后,立即停止会议,同赴监房察看。当由西医士刘东海、药剂士吴士泰施用种种方法竭力救治,但因该犯病久气虚不能挽救,竟尔身死。查该犯傅和培因犯杀人罪于民国二十年五月二十四日经河北高等法院第一分院判处徒刑七年,于同年六月三日送交本监执行。旋因大赦减处徒刑四年八月在案。比即函请河北高等法院第一分院检察处派员莅监检验,委因精神病自缢身死。又查该犯于入监时初尚作业嗣因精神病发停止作业,拨居洪监精神病室,令其静养。此种特别病室四壁垫以厚草蒙以麻袋,为防囚人碰撞寻死,免致发生意外,设备尚称完善。乃该犯入室后经中西医士迭施安神清热等剂时愈时发,且屡萌自杀之念。幸看守等时用好言劝慰,加意防范,均相安无事。近旬日来该犯镇静如常并无异态,本日上午十时看守换班后接班看守胡振声犹向其问话,询以吃饭多少,答称吃两个大窝头,精神很好,云云。看守胡振声遂往他室逐一查视,迨巡视毕再窥此房,则见该囚窃取麻袋之绳自缢窗上。立即开门入内施以紧急救治,一面托其他看守报告值日主任看守崔存凯,再由主任看守转报职员及医士辗转耽延,故遂无救。窃思职监发生此种意外事故,实由值班看守疏忽所致。除将该看守胡振声予记大过一次,值日主任崔存凯记过二次,先行惩处外。所有办理主科事务看守长张汉勋预防未周,应何如处分?即竹勋亦失予觉察请一并予以处分。伏乞查核。等情到院。查监狱为羁禁人犯重地，应如何严加防范。乃竟致人犯傅和培自缢身死，该管看守胡振声等疏忽之咎已不容辞。究竟该看守等事前有无凌虐情事，亟应彻查。当饬该典狱长严密查察据实呈复，以凭核办。指令去后。兹据复称，奉令遵即严密查察，查得该管看守胡振声对于该犯傅和培事前并无凌虐情事，复将邻室犯人分别讯问，均称看守先生对待我们很好，对九室傅和培尤为优厚，时用好言劝慰宽其忧愁，绝无丝毫虐待情事。我们愿具甘结等语。似此情形，是该看守等实无虐待情事。兹谨将紧邻八室囚人林万仓、十室囚人阚盛所具甘结各一纸，连同该犯傅和培死亡证书二分，送请查核，等情。据此。查该监人犯傅和培自缢身死，该管员役事先未能防范，殊属有亏职责。惟据查明尚无凌虐情事，以事出意外情尚可原，但疏忽之咎，实无可辞。该值班看守胡振声及值日主任看守崔存凯业经该监分别惩处，似可免予置议，以观后效。至该主科看守长张汉勋疏于督察拟请依照公务员惩戒法第三条及第十二条之规定，将该主科看守长张汉勋予以申诫，以示惩儆。至该监典狱长李竹勋平日办事尚属勤奋，除令该典狱长嗣后切实督率职员看守等严密戒护勿再疏忽外，拟请免予处分。是否有当，理合检同死亡证书一纸、甘结二纸，呈请钧部鉴核、示遵。谨呈。计呈死亡证书一纸甘结二纸

《指令据呈为检劾江苏第二监狱分监羁押女犯逾期释放祈鉴核予以处分由》

（二十二年九月二十六日部指一四七六七）

呈悉。朱佩璇应予记过一次。余准如拟办理。仰即知照。此令。

抄原呈

呈为检劾江苏第二监狱分监羁押女犯逾期释放仰祈鉴核予以处分事。案据该分监长呈称：窃据本监暂代候补看守长朱佩璇报称：窃平日法院所发看守所之押提释票向由佩璇一人办理，近因感冒而公务纷繁未敢轻率请假力疾从公，以致发生错误。迨于本月四日晨查察一日所收之李张氏押票一纸，案由违章备案栏内注有"拘留一日，九月二日放"等数字，佩璇当即将该犯开释。查近来人犯激增，每日所收各种院票以百计。上午提讯押放人犯出入更形拥挤。佩璇于公务匆忙间见系李张氏押票，未及注意状貌特征及备考内注有开释日期，以致有此贻误。疏忽之咎自难卸责。唯有报请惩处，呈院备核，实为公德两便。等情。据此，监长当即调取押票验看，该员所称各节尚属实情，惟考查该员平日办事颇知勤奋，此次因公务匆忙，对于押票未及注意释放日期，自是疏忽。应请予以惩戒。监长职司督率失察之处，咎亦难辞，并请一并予以惩处。等情。据此，查监所对于人犯释放日期不容稍有疏忽。去年十月该分监发现有女犯顾吴氏拘留期满被

暂代候补看守长叶耀华将押票遗失逾期二日始行释放情事。当时以叶耀华业因李钱氏串通王包氏替罪一案，交付侦查起诉。唯将前分监长黄培沚严予申诫，并历经严饬。该分监对于羁押人犯务须精细慎重，不得再有错误发生。各在案。乃此次该暂代候补看守长朱佩璇又将羁押期满之女犯李张氏漏未释放，以致多押两日，实属异常疏忽。惟据该分监长称其平日办事颇知勤奋，且系自行检举，押票尚未遗失，与叶耀华情节稍有不同，究应如何予以处分，以示惩戒之处。理合据情检劾。仰祈鉴核令遵。至该分监长蒋凤仪身负督察之责有此错误咎亦难辞，拟请予以申诫，以资警惕。是否有当，并请监核。谨呈。

《指令据报山西第一监狱罪犯此次复行绝食暨已将该典狱长许伯华予以申诫处分各情形请鉴核备查由》

（（附原呈）二十二年十月二十三日部指一六〇六六）

呈单均悉。许伯华应准予以申诫处分。仰即知照。原单存。此令。

附原呈

呈：为呈报事。窃查本省第一监狱反革命人犯绝食并处理复食情形。业经呈报钧部鉴核，在案。兹据该第一监狱典狱长许伯华呈称：呈为呈报事，查本监反革命犯以前发生绝食业已处理就范，呈报鉴核有案。计原绝食共犯二十二人，复食之后原定各具悔过书，以后不再作违背规则之行动。典狱长因该犯等甫经复食，此项悔过书既系出自情愿，何必汲汲催促，讵意缓至三日后仍不见一人呈递，乃由典狱长派看守催问，该犯等忽称悔过书之出于其前途不利，公然翻异，几致众口一词。复派教诲师等并前此协助调停绝食之共犯张勋、聂鲁质共同劝导，亦复执意不肯。至后联名呈递悔过书一纸，其中又并无悔过字样，以故此项手续至今尚未履行。只好派人一再训诲使其觉悟，以俟其徐徐就范。此应呈报者一。又监犯食料原拟本月下半月由监定购麦子自行磨面，之后再恢复数年以前每当星期予食白面蒸馍之规定。此项拟议由看守长对于反革命犯人曾经表示一次，并无说定日期。该犯人等竟生误会，以为上既诺予白面蒸馍，一至星期即非给食不可。不知麦子甫经购备，白面尚未磨出，即令赶办，亦非即日所能做到。因此又发生意外变态，且用危词恐吓，并谓星期日如不给蒸馍，全监犯人必有拒食暴行之举。典狱长为监狱治安计，再三优容，善言开导，仍强硬不从。而据调查报告该犯等又实有鼓动煽惑，以图扩大及暴动情事。不得已始由监通知警备司令部及公安局于星期日请派军警到监镇压，并面陈院长于十七日上午五时公安局派巡缉队长率领队员二十余人，第五公安分局派巡官率警士十余人，警备司令派排长率领兵士三十余人，先后到监。当将前此绝食共犯此次复行强硬要求给食白面蒸馍并有鼓动煽惑情形者计二十一人，于开封之后各加足镣，分房监禁。该犯等虽甚怀不服,未敢造次。而全监人犯震于军警人数之多,亦不敢稍有异动。卒能帖然无事。此应报告者二。但该反革命犯此次意图暴行胁迫,积极活动不遂,复以绝食为消极之抵抗。是日上午,共犯绝食者八人,下午拒食者十四人,此外尤有普通犯拒食者三人。经典狱长严加训斥,立时悔过,当晚复食矣。此后以绝食响应为援助之事,恐仍所不免。除由典狱长极力设法恩威并用,以期消弭外,所有经过情形,理合先行呈报院长鉴核。又据该典狱长呈称:呈为呈报事。窃本监共产党犯人绝食要挟旋经处理就范,暨第二次绝食藉端要挟,表示如要求不遂,则全监人必有拒食暴行之举,等语。当此严重时期,典狱为维持监狱安全计,曾请军警来监震慑。幸得平安无事。一切经过情形均已先后呈报在案。兹于本月十九日据第二科主科看守长章倬云报称:为报告事。据候补看守长王洛平报称:据安字监看守赵永祥报告,今晨七时上饭厅之际,炊场送饭来时,看守随同炊场看守与各号送饭送至作字号七百三十三号共产犯杨瑞生名下,拒绝不食。看守当时善劝,该犯不但不食,竟将饭碗摔在地下,把饭碗打碎,把饭泼了满地。实属有意抵抗。为此检同碎碗,据实呈报鉴核。等情据此。典狱长查验碎碗,计分五片,当经派员讯问。据称系无意推倒,并非故意等语。该犯杨瑞生如此行为,实属违反规则本应重惩,姑念自知过犯,藉词掩饰,饬暂予免究。至其余共党犯人中于食饭之际,将窝头拧碎掷于门外等情,不乏其人。又本月二十日第二科主科看守长章倬云报称:据主任看守萨增庆李发桂报称:为呈报事。缘本日中午时正在安字监挨次开门给共党犯人送饭之际,主任等在后监视跟至须字号,系共党罪犯李维宣居住,有看护李性初给李维宣送饭,主任等在场监视。见该看护与李维宣有接受物件之嫌疑,当时检察看护,由衣袋内搜出传单一纸。据看护云系李维宣所给,主任等察其有传递情形。理合连同传单呈报鉴核。等情据此。典狱查验此项传单,系本监办公所用之黄色厚纸,长约四寸宽约三寸,首列紧要通知四字,次列三项,其第一项中有"群众不日即动"六字至关重要。典狱长得消息不仍请军警来监震慑。其第二项中有"今又发出至南京省政府及报稿各一份"十五字,正在侦查间,适由外送来监犯王允之之复信一件,当终检查,内有"见示即速将加封之信送去均办到矣"等语。查该犯王充之系在安字监天字五号监房居住,与天字四号所住共党犯孙启明监房相连,此项传单系用钢笔墨水所写,查验笔迹与该犯孙启明笔迹相同,追问李维宣,则云此条系从厕所拾得,不知内写何字,交给看护并无传递之意。至李性初、王充之、孙启明三犯再四讯问均一味狡展坚不吐实。除将该犯等严行拘禁,切实侦查外,所有本监共党人犯密递传单谋为不轨,暴戾性成违犯规则各缘由。理合照缮传单一纸,具文呈报。敬请鉴核。各等情到院。正在核办间,又据该典狱长面称该犯等业已复食。等情前来,查该监犯一再绝食摔碎饭碗显系反革命人犯藉词要挟,而该典狱长竟令罪犯李性初充任看护以致有密递传单,损毁公物情事,实属疏忽已极。除将该典狱长许伯华先行予以申诫,并饬将该罪犯李性初、王充之、孙启明等送交太原地方法院,依法讯办,具报查核。一面仍令该典狱长对于罪犯请求事项随时设法劝导,切实改良,加意戒护,勿再松懈外。理合将第一监狱罪犯绝食复食暨该典狱长先行予以申诫处分各情形,连同传单抄录一件,具文呈报。祗请鉴核,备查施行。谨呈。

《指令据呈据民妇唐李氏控河北第三监狱草菅人命等情谨将派员彻查及拟具处理情形呈请核示由》

(附原呈)二十二年八月十八日部指一二六七一

呈及附件均悉。陈庆彦未经部派应由该院长予以记过处分。崔凯廷准如拟办理。仰即知照。附件存。此令。

附抄原呈

呈:为呈报事。案据民妇唐李氏呈称:氏夫唐大新赋闲在津,于本年五月二十九日因病前往租界购用烟泡二角,行至东南城角,被公安局特务队截获送局,移送法院罚办。当由天津地方法院科罚六十元。因无力缴纳,易科徒刑两月,送交第三监狱执行。氏于六月十九日赴狱接见一次,复于七月十二日托亲戚往视,并送食物。挂号处答以未到日期不允接见,食物检查后可查收。并云,本人妻子可于十九日前往接见,讵届期前往,挂号人则云唐大新已于十一日故去,可向地方领尸。等语。查氏夫唐大新购烟配药治病,判以徒期两月,已觉情罪不符。乃死经八日之久,并不通知家属认领,遽行掩埋。则其身死不明。与典狱长之草菅人命,何词以解?恳查究。等情到院。当以事关监犯死亡,情节重要,即经遴委本院书记官李世丰前往该监彻查具复。去后兹据呈复前来。经院长详加复核,查该犯唐大新系因病于七月十一日身死,业经天津地方法院检察官验明,填具因病死亡证书有案,尚非身死不明。惟依监狱规则第一百〇四条内载:"监犯死亡应速知照死亡者之家属或亲故以便认领"等语之规定。该犯之妻唐李氏住居本市河北,该犯身份簿业已记明,自应即时照章通知认领,方为合法。乃该监未即通知,殊嫌草率。又该监收发处系管理犯人家属接见部分,乃第一科亦未通知收发处,致十二日该犯家属托人探监并送食物时,无从告知该犯因病身故情形,并误将食物为之收下。此唐李氏所以多所怀疑,甚且以身死不明,呈控典狱长之草菅人命所由来也。至据地保王金声答词支吾,犹谓"十六日该故犯家属曾向我向领尸,因伊不在家与伊伙友张三接洽"等语,及询以张三现在家否,则答称不在。尤为惝恍无凭,与该监所呈十七日通知该家属信函底稿同一未足置信。综核全案。该已死监犯唐大新患鸦片烟瘾洞泻之病,经该监医士诊治无效,报由津地院派令检察官验明因病身死。乃该第一科主科看守长陈庆彦并未即时通知该犯家属,复未告知办理接见之主任看守,以致发生误会。办事粗疏,无可辞咎。

该监典狱长崔凯廷失于觉察,亦应联带负责。除该科名籍股主任看守饶松岩责有专司懈怠失职,业已令知撤换外,谨依公务员惩戒第三条及第十二条之规定,拟请将该监暂代主科看守长陈庆彦予以记过,该典狱长崔凯廷予以申诫处分,以示惩儆。并饬嗣后对于狱务一切,应即认真整理,毋稍疏懈。是否有当,理合抄录查复原件,备文呈请。钧部俯赐鉴核训示饬遵。谨呈。

《指令指报江苏第二监狱监犯陈宝昌自杀情形请将该典狱长等送付惩戒由》

(二十二年十二月部指一八二二五附原呈)

呈悉。据呈监犯陈宝昌自缢身死情形,虽属防范疏忽,其情尚有可原。田荆华、范琦应各予以记过,以示薄惩。饬即补具陈宝昌死亡证书呈转备查。此令。

抄原呈

呈:为呈报事。窃据江苏第二监狱典狱长田荆华十月寒日代电陈报,本日上午十时新收人犯二十三名内有窃盗犯陈宝昌一名,于入监讯问时见其形色萎败心神恍惚,当即照章收禁编入乙字监房。旋据中央主任看守马万年报告,该犯于同日一时许以裤带系窗自缢,发觉急救无效身死。除将值班看守刘鸣凤先行看管听候讯办,一面函请上海地方法院检察官莅监检验外,理合电陈察夺,等情。除指令并派本院主任书记官王彭钧彻查。去后。兹据该员呈复称:奉令遵即前往上海漕河泾江苏第二监狱调查,当即至该监乙字监第十六号监房勘视一周,该号房内有铺位七张,据第二科主科看守长范琦指称,已死监犯陈宝昌卧于临窗一铺,缢绳挂在窗之铁栅脚上,当经量见窗内口铁栅脚离铺三尺,窗外口离地四尺四寸,看守如从号门视察孔或窗口内视其视线确难达到。陈宝昌卧铺靠窗一端之深处(另详图说),经该监典狱长田荆华、第二科主科看守长范琦面述此案前后情形,并讯据该监中央主任看守马万年、乙字监外役监犯倪士忠及十月十四日与陈宝昌同时送来监犯方振清、马德成,供称各节与原代电报词相同。并据典狱长声称:是案已由上海地方法院派检察官来监验明,委系自缢身死,并先后勘讯二次,值日看守刘鸣凤业经该监交保开除。等语。次日复往上海地方法院晤该院首席检察官楼英,调阅办理是案原卷。曾由检察官杨安督率检验员宣志明验明陈宝昌委系自缢身死,载明验断书附卷。并查视缢绳系淡青莲色棉纱搓成细裤带一根,长约二尺四寸,嗣赴该院看守所讯,据前与陈宝昌同号押犯王思荣供称:陈宝昌在押时曾有向伊抢大饼以痰沫吐入自己粥碗,晚上不睡,坐在便桶自言自语,等情事。似系患有神经,惟时发时止。等语。综查已死监犯陈宝昌入监仅及半小时,查询所得尚无虐待等情弊,只以时在白昼同号监犯均往工场作工,该犯卧铺适在临窗一隅,为看守视线所难及,以致值班看守未加注意,该犯遂得乘间以己有裤带自缢身死。该犯系向有神经时发时止，现在自缢原因当为神经错乱所致。奉令前因，理合将往查情形具文查复。仰祈鉴核。等情前来，查人犯入监依照监狱规则第二十条规定，应将其身体衣类及携带物品逐一检查，如认为有危险或违禁物品自不许携入号内。该犯陈宝昌入监是否经过检查，既系形色萎败心神恍惚更应注意防范。乃甫经进监即以裤带系窗自缢气绝身死，防护殊属疏忽。该典狱长田荆华、主科看守长范琦应如何惩戒之处合据情呈报。仰乞钧部鉴核俯赐。转函中央公务员惩戒委员会依法惩戒并指示祗遵。谨呈。

《指令据呈复绍与公民林兴等呈控该县看守所所官范士杰行为不检一案办理情形祈鉴核由》

（附原呈）二十二年十二月部指一九一八三

呈悉。准如所拟办理。仰即知照。此令。

附原呈

案奉

钧部第二九四〇号训令开：案据该省绍兴公民林兴等呈控绍兴地方分院看守所所官范士杰行为不检请严办。等情。到部。所控各节是否属实，合行抄发原呈，令仰该院长切实查明呈复，以凭核办。毋稍徇延，此令。计抄发原呈一件。等因奉此。查此案前据绍兴地方分院院长姜丙奎呈，以看守所官范士杰等于上月二十九日夜间在所内聚饮，闻有土娼在内，候补书记官吴伟才行至其门为看守周甄卿所阻，该所官先以电话责吴，后复至院大骂法院职员，请予查究处分。等情。据此，经令派杭县地方法院推事史丹驰往该地严密彻查，去后旋据查复（略），称该所官暗召土妓聚饮同席者尚有候补推事沈仁堪、录事金邦鼎在内，所召土妓先为吴伟才所介绍，是以互相冲突。经各方访查属实。等情前来。查该所官范士杰不守官箴，竟敢在所挟妓饮酒，实属瞻玩已极！该候补书记官吴伟才行为不检，均已先予撤职，另派妥员接替。该候补推事沈仁堪不知自检，亦属咎有应得，已依照惩戒法予以申诫。请准备案。录事金邦鼎已转令斥革，除令行该分院院长传谕全体职员一体注意风纪，并俟接替人员取齐证件另呈核派外，奉令前因，理合备文呈复。仰祈鉴核令遵。谨呈。

《令江苏高院饬知查明武进管狱员吴国光未能革除旧习应予申诫处分转饬遵照由》

（二十三年三月部训八〇〇）

前闻武进县旧监狱有虐待人犯克扣囚粮等情事，当经令派本部科员李兆铭前往该县,会同武进县法院首席检察官杨孔羲查复。兹经查明,该武进县管狱员吴国光虐待人犯克扣囚粮各节尚无实据,应准免予置议。惟查该监新犯入监须交打扫笔墨费四角又各番号仍有领班打扫等名目,该管狱员吴国光对于此种恶习未能革除,均属不合,应即予以申诫处分,以示惩儆。合行令仰该院长转饬遵照,并饬严加整顿,不得再有前项情弊,是为至要。再该员上年在常熟管狱员任内,本部王司长元增前往该处视察,查得该员常不在署。此次李科员兆铭抵武进时,该员又复他往,次日始回,虽据称系往无锡购米,恐难尽信。应由该院长转饬县法院随时抽查,以重职守。并仰知照。此令。

《指令据呈陕西郃阳县看守所人犯刘五锁王百顺等二名脱逃情形拟议处分析鉴核由》

（二十三年四月部指五一〇九附原呈）

呈悉。除监所职员奖惩暂行章程自公务员惩戒法施行后,关于惩戒部分当然失效,未便再行援用外,准如所拟办理。仰即知照。此令。

附原呈

本年二月六日案据郃阳县县长乜叔平呈称:案据本县看守所所官魏西屏呈称:为看守疏忽致犯脱逃恳请追缉事。缘一月十七日下午二点钟,风雪交加,适值午饭造就,招集各犯用食。因院中风雪过大,人不能站,只得聚集炊场房中,一时地小人多,失于查察。不料正食中间内看守所丁赵发家忽见炊场房外窗台上置有饭二碗,已冷无人食用,即时查阅,始知押犯嫌疑刘五锁、王百顺二人不见。遂即据情报告前来,西屏刻即查察详询,各房人犯俱不知情,又将前门所丁李运儿及赵发家传集当面详加审讯,并无贿纵情事。只查得所内西北角墙半有攀上形迹,墙下足印纷乱,墙上枣刺撞落墙外者不少,但墙外系是小径不通大道,平时过往人本不多,又兼风雪正大之际,更少行人,是以无人看见。大门二门均封锁如故,又未经开。实是越墙逃走毫无疑义。此虽系因所丁看守不严,西屏疏忽之咎,不能有辞。只将所有逃犯踪迹及审讯所丁有无贿纵各缘由,理合备文呈请鉴核。饬警追踪缉拿务获归案究办。谨呈。等情前来。据此查逃犯刘五锁、王百顺二名均系杀人案嫌疑,人犯正在审讯侦查中,县长当即选派干警分途缉拿,并诣看守所内查验。查得看守所西北角砖墙因年数久远砖多奔坏不齐,内外均有蹭擦踪迹,墙顶枣刺落地少许,确系越墙逃走。看守所丁赵发家、李运儿提庭严审,乃因是日风雪甚大,寒气冷冽,一时疏于看守,该犯乘隙越墙脱逃。一再研讯及各方调查魏所官与所丁等尚无其他情弊。除加派干警并饬各区民团一体严缉饬获归案讯办外,所有看守所押犯刘五锁、王百顺二名乘隙越墙脱逃情形。理合具文呈报钧院鉴核,俯赐饬属通缉,以免远扬,实为公便。谨呈。等情。当经指令该县长限半个月饬该所官严密缉获,并派团警协缉及查明该所官等有无贿纵情弊,具复核办。去后兹据复称,县长遵即转饬该所官魏西屏依限严拿,并加派干警暨饬团一体协缉。去后饬据所官魏西屏呈称:为逃犯访缉无踪防范疏忽供职候处事。缘西屏自去岁九月到邠日夜不敢稍懈每有接见及送食物必须亲自检查,开封收封亲自监视,晚间时时巡察,及亲督所丁巡逻不休。五月之久日日如是,不敢间断。虽莅邠为日不多,而前供职兴武等县已经数任,深悉此职任责重。不料本年一月十七日风雪交加,午餐之际一时未有亲临,以致杀人嫌疑犯刘五锁、王百顺二名乘隙脱逃。疏忽之咎,义不容辞。西屏即于十八九等日改装易服赴该犯所住南岭北党等处明密访缉,并无回家情事。旋即回又于该二处安置人役查访务获,至今渺无踪迹。忽于二月二十一日奉钧府训令内开:案奉陕西高等法院指令内开:限半个月饬所官密缉拿获。西屏遵即又于二十二三等日便服赴乡查访多方,办民均未见刘五锁、王百顺回家消息。不知现时远扬何处?该处区团警亦在访拿之际,西屏亦不敢久离职守在外耽延,实在疏忽之咎罪有应得。只得将访拿逃犯情形详报钧府,恳请转呈,静以候处。日夜惟勤惟慎不敢稍有疏忽。再查该所丁赵发家并无贿纵情事。理合备文,将前后访缉逃犯各情形,据实呈明。恳请鉴核转呈,实为公便。又据法警禀称,为奉票缉拿逃犯无踪事。缘看守所羁押人犯刘五锁、王百顺二名于本年一月十七日风雪交加之际,越墙脱逃。连奉票二次四出缉拿,杳无踪影。警等因事关重大,已近二月,未能捉拿到案。一面仍在外访缉,一面报明县长,恳祈展限拿获到案,以凭究办,实为公德两便。各等情前来,据此县长覆加详查,该所官魏西屏实因风雪时期一时稍有不慎,致押犯乘隙脱逃,其中确无贿纵情弊。兹奉令饬除严饬警团一体协缉,务获归案讯办,并分报检察处外,所有逃犯刘五锁、王百顺二名逾限未获各缘由,理合具文呈报钧院鉴核。谨呈。等情据此。查该所官魏西屏于人犯午餐之际,不知注意,致滋疏虞固难辞咎。惟平素办事尚属谨慎,此次脱逃人犯,据该县长查明,实因风雨时期致该等乘隙脱逃,确无贿纵情弊,其情尚属可原。兹拟依照监所官暂行奖惩章程第二条第二款并公务员惩戒法第十二条之规定,从宽记过一次。县长乜叔平负有监督之责,拟依前法同条之规定予以申诫,以儆将来。在逃人犯刘五锁等除仍饬该县派警勒限严缉外,所拟是否有当。理合具文呈请鉴核示遵。谨呈。

统 计 报 告

《颁发办理统计应注意事项令》

(二十四年六月部训二七五四)

查司法统计为明了全国司法实况而设,所有刑事政策之设施,监所事项之改进,以及推检办案之考成,司法制度之改善,均须参考是项统计,以定进行方针。用途既广,编制宜详。在计政施行之初,承办人员因规章不备、经验缺乏,容或有造送愆期及填载错误情事。现在办理历有年,所各项送报规则又均已先后制定施行,倘能悉心研究,何难依式填造?乃查各法院呈赍表报仍不免有前项情事,甚至以统计人员缺乏为词置各项表报而不顾者,似此泄沓,计政前途何堪设想。兹为整饬起见,特将办理统计应行注意事项略举数端,开示于后:

一、统计人员不宜轻予更[调]。调查统计事项乃专门技术之一,非具有相当造诣及富于经验之人员绝难胜任愉快。从前各法院对于各项表报大都漠不关心,用人既少选择,更迭又复频仍,以致统计工作往往因遘易生手发生数目错误或造报不全情事。须知数目错误则汇编统计无由依据,造报不全则材料搜集因之残缺。个人更动事小而影响计政前途者甚巨。嗣后各法院监所统计人员务须严加选择,一经任用之后非有重大事故不得率行更调,此应注意者一。

二、各项规则令文务须细加研究。查本部各种表册造报规则以及造报疑义之解释,迭因情势变更,随时修正在案。此项令文规则实为造送表册之准绳,必先研究有素然后知所遵循。乃各法院监所统计人员往往漫不经心,未肯加细研究,以致多年失效表格不知剔除,明定填载范围仍有逾越(如离婚案件详表内所填件数应以判决准予离婚案件为限,业经本部令遵在案,乃各法院造报是表时,仍多将婚姻关系案件年表内离婚项下终结栏内所填和解、撤回及其他格内件数完全填入之类是)。间因重大错误必须发还更正,虽经一再指示,仍不能圆满解决。凡此种种,均系平日玩视规令所致。嗣后各法院监所统计人员对于历年颁行之各种年月报表册造报规则以及解释疑义之令文务须详细研究,以资运用。此应注意者二。

三、各项表册均须按期造报。查各项表册既为调查司法状况而设,各法院监所固须按期造送,即本部汇编统计亦以迅速为宜。乃各法院监所往往于年度终了后阅时数月或一年之久始行造报,中有编制不全或事实错误者经部饬令补造更正又需相当时期,表册造送多一日之迟延即统计汇编多一日之停顿,以致上年度统计每不能于翌年度内印行。不特临时急需无从应付,且恐材料陈旧效用毫无。嗣后各法院监所对于应行填造表册务须遵照造报规则所定日期造送,以便汇编。此应注意者三。

四、填造表册务须审定范围。查各项表册所填表项均有一定之作用,亦均有一定之范围。何者应详细记载,何者应剔除不列,不难于所定格式及造报规则内窥见一斑。例如各监狱人犯出监、入监人数表,其所填人数既限于普通刑事已决犯,则各军事机关寄禁人犯以及看守所暂行羁押之未决犯当然不能记入。又如本年新受徒刑拘役执行人犯表,其所揭标题既已载明徒刑拘役则处死刑或科罚金之人犯当然在剔除之列,即徒刑拘役而非本年度新受者亦然。现在各监狱造报是项表册往往将前项剔除人犯一并填入，实于填载事项未加研究。故嗣后造报表册务须审定范围，勿稍逾越，此应注意者四。

五、表报事实务须实在。查造送各项表报非一朝一夕所能藏事，一切材料必须随时搜集，然后编制较易为功。乃各法院监所统计人员平日多未注意，及此一届编造时期，临渴掘井，忙于搜查，其中填载属实者未必尽无，任意造报者亦所常有。以致同一种类之表报，甲报所裁与乙表不同，乙表所载又与丙表各异，甚至数目错误出乎情理之外者。例如民事诉讼标的金额价额区别表内有二百元以上千元未满之一栏，假定是项案件只有一起，则所填金额价额无论如何不满一千元，二起无论如何不满二千元，现在各法院填报是表对于是前项金额或价额往往超过一二倍不等。倘非任意填载，何至有此现象？是项不实之表报匪独精神费用等于虚掷，即本次以定施政方针亦必至误入歧途。嗣后造报表册如有前项情事一经查明定将承办人员严惩不贷。此应注意者五。

六、搜集材料应给予便利。查各机关办统计人员为办理统计需要调查本机关之档案表册时，该机关长官不得拒绝，又被调查者无论为机关团体或个人均有据实详尽报告之义务，此为统计法内所明定。诚以各项材料概自搜集而来，若于调查之时不给以种种便利，则材料搜集困难，表册无从造送，影响计政实非浅鲜。嗣后该管长官务须转饬所属法院监所，遇有主办统计人员因办理统计调阅有关系之档案时，应尽量授予其以书面调查或口头询问者并应详细答复以利进行。此应注意者六。

以上数端不过举其荦荦大者，言之此外尚有应注意事项应由该管长官随时考察酌定施行。经此次通令之后，如有任意更调阻碍调查，该管长官应负其责。造报不全、填载错误以及伪造数目逾越范围，承办人员难辞其咎。事关整饬计政，其各禀遵勿违。仰即知照并转饬所属一体知照。切切。此令。

《饬注意各项统计年表造报期限并速将办理统计人员呈报备案令》
（二十四年六月部训二九三四）

查各法院监所各项统计年表造报期限，业经本部分别规定，于各该造报规则并经先后令饬，依限办理在案。现二十三年度编造时期转瞬即届，各法院监所对于是项表报务宜切实注意，着手准备。一届造报之期，即行汇送。如有任意延误情事，一经查照，定依《办理司法统计考成规则》将承办人员严惩不贷。各该员官有监督之责，亦应同负其咎。

又各法院监所办理统计人员均须报部备案，为办理司法统计考成规则第二条内所明定，乃各法院监所迄今仍有延未呈报或原报人员离职未将现任人员续报者，殊属不合。自此次通令之后，应即将前项人员之姓名及其原有职务并出身资格等赶速呈报，不会再事稽延。仰即遵照并转饬所属各法院监所一体遵照。此令。

《令各机关所用物品有国货而购用洋货者以不经济支出论由》
（十七年六月九日国府令）

为令遵事。据审计院呈请通令全国各机关所用品有适用之国货而仍购用洋货者,应以不经济支出论。谨按总理演讲有:洋货侵入每年剥夺我利益者约五万万元,若不从速挽救必至受经济之压迫,至于亡国灭种而后已。每诵此语,至为警惕。查国货之可代洋货者正多,各机关所用物品应即尽量采用,以资提倡振兴实业。庶乎有望。否则政府不能表率,民众更加膜视,长此以往,洋货充斥,国货无形委弃,涓涓不塞,势必流为江河。查职院审计法第十二条:审计院审查各项决算及计算时对于不经济之支出虽与预算案或支出法案相符亦得驳覆之,等语。职院似对于全国各机关所用物品如有国货可以适用而仍购用洋货者,一律以不经济支出论。俾各机关对于此事有所注意,此亦提倡国货之一道也。所拟之处是否有当,理合呈请鉴核,如蒙允准即祈通令各机关一体遵行。等情据此。查提倡国货人有同情,现在公家所用物品尤不宜任意购用洋货,贻人口实。该院所呈各节自应令知各机关切实奉行,除批呈悉应准,通令遵行。此批印发外,合亟令仰遵照并饬所属一体遵照。此令。

《令各机关之私人捐款及庆吊往返费用不准作正开支由》
（十七年十月国府训令前司法部第五五四号）

为令行事。据审计院院长于右任呈称:呈为呈请事。窃维训政时期,端在建设。而建设之道以刷新吏治,崇尚廉洁为当务之急。故对于奉公人员祛除积弊严惩贪婪,不准有丝毫分外之收入,慎防以竞奢斗靡之风尚。况值兹时代生活高昂,薪俸所入仅足自赡,岂能再效往昔之所为。私人庆吊辄醵巨资,名为馈赠,实同钻营。默察近状,感旧习复燃之虞,甚有变本加厉之势,长此以往非至腐化不止。其素履坚定者将负债日增,志行薄弱者竟丧所守。抑且公帑私费混杂移用,对于计政殊多窒碍。且查注重朴实提倡节俭早经钧府通令在案。职院成立伊始,对于审核各机关之计算书类中关于支出单据每将私人认捐及私人酬应认为正当开支,殊属不合。兹为慎重计政及节省靡费起见,理合具文呈请鉴核。嗣后凡遇私人捐款及庆吊往还者不准作正开支,如有此种支出,唯有按照审计法规处理。敬请令行各机关一体遵照办理。伏乞核示遵行。等情据此。除指令呈悉仰候令行各机关查照办理可也。此令。印发并分行外,合行令仰该部转饬所属一体遵照。此令。

《令各机关经收公款应存中央银行令》
（十八年二月司法院训令第九四号）

　　为令遵事。案奉国民政府十八年二月十六日第一三一号训令开：据行政院呈称，为呈请事。查各机关公款应移存中央银行以昭划一而重公帑一案，前经呈奉钧府核准通令遵照并由本院所属一体遵照。在案。近查中央银行各地分支行已陆续成立多处，而各机关对于此项命令阳奉阴违者仍属不少，甚有擅将经收公款私存普通银钱庄号，用私人户名希图征利，致滋流弊者。似此故违通令只图私利，实属不成事体。兹经本院第十四次会议决议，凡设有中央银行地方所有各机关一切公款如有不遵前令全数交存中央银行者，以营私舞弊论。并将款项提还国库。理合备文呈请钧府鉴核，俯赐通令遵办。实为公便。等情据此。除指令呈悉所请应予照办，仰候通令饬遵可也。此令。印发并分令外，合行令仰遵照办理，并转饬所属一体遵照。等因奉此。除分令外，合行令仰遵照并转饬所属遵照。此令。

《令各机关编造计算书表实领数下须填明支付命令款额由》
（十八年八月司法院训令第二一三号）

　　为令遵事。案准审计院五月九日第一○一号咨开：查本院审核各机关计算书及收支对照表于实数下往往笼统，填一总数是否一次领取，抑系分次所领，殊难查对。嗣后务请于计算书实领数下分别详注"某字某号支付命令领款若干，又某字某号支付命令领款若干"等字样，以便稽考。相应咨请查照办理。并希转饬所属一体照办。等由准此。除分令外，合行令仰该部院遵照办理并转饬所属一体遵照。此令。
　　照办理

《令各机关所送计算书类附属单据须注明商店详细地址由》
（十八年八月司法院训令第三七六号）

　　为令遵事。案准审计院二○八号咨开：查各机关所送计算书类附属单据中多有仅具商店名号，而无详细地址者，间有正式发票虽刊印地址而木戳字迹模糊不清者。敝院审核各机关送来单据有时须派员抽查，或实地调查或通信查询，遇有此种单据往往困难无从寻觅店号。兹为便利查核起见，嗣后贵院所送计算书类属单据中之各商号收据发票应请一律注意命各商店注明详细地址，其未经商号注明地址者应请转饬办理，庶务出纳人员负责代注。相应咨请查照办理。希转饬所属一体遵照办理。等由准此。除分令外，合行令仰遵照办理并转饬所属

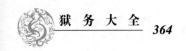
遵照办理。此令。

《制定编制计算书表单据注意事项各条仰遵照办理令》
（五九二号）

为令遵事。查各省各级法院暨监所编送各项计算书单表据,所有编制期限及手续审计法、审计法施行细则及支出凭证单据证明规则均已明白规定,现查各省造送前项书类遵章办理者固居多数,而手续漏误者亦复不少。迭经本部指驳暨审计院通知注意,在案。兹为整齐手续便于稽核起见,爰就各规则内著要之点及便于稽核者制定编制计算书表单据注意事项各条。令仰该院长遵照办理。并转令所属一体遵照。嗣后如有发现所属编送前项表单据手续漏误者,应由各该院先予指驳纠正,再行呈部。毋得率行转送。切切。此令。

附《编制计算书表黏据簿等应加注意事项遵照法规》

编制计算书时应切实遵照公布之审计法施行细则支出凭证单据证明规则及规定之直式书表等,以重公令,而便稽核。

审计公报

审计院刊行之审计公报关于计政事项记载甚详,应定购一份,饬出纳员时常翻阅。

期限

对于计算或决算报告书类送达期限及查讯之通知书答复期限,均应依十七年十一月二十四日国府第一〇九号训令限三个月内答复,以重计政。

收入计算

各项经常临时正杂收入均应切实列报遵照国府十八年十一月九日第一〇九四号训令注明其来源及划拨情形,以便稽核。

结存余款

每会计年度终了,结存余款理应解库或通知发款机关转账,移作次年度经费,各法院多将此款另储。如呈准有案者应在表内声叙案由,否则亦应叙明理由,以便核办。

签字盖章

各种计算书及收支对照表等应由负责人签名盖章,薪金单据亦须由本人签名盖章,并注明职务。凡非整月全额者应注明到差或离差日期,如有其他情形在备考内注明。

粘存簿

凡单据粘存簿内各单据,除编列号数外,并于单据右角由出纳员在骑缝处盖章。更于每日节目项单据末后填明节日项总银数,以便与计算书内列数对照。

折合率

凡单据上所列钱数折合洋数务将折合率注明,以便复核。

机关名称

单据上务须开列机关名称,万勿遗漏。

商店地址

支出凭证之证明应切实遵照上列之审计法支出凭证单据证明规则办理,各证明单据并应遵照本院十八年九月十日第一四四三号训令,注明商号详细地址,以便审查。

收款单据

凡凭单发票上印明收款另有回单者须将收款凭单一齐粘出,不得只凭发单。

注明用途

购买各种物品之单据出纳员务须注明用途,以便查考。

增改单据

各种单据不得随意增改,如有特别情形必须增改者,应将理由简单注明。如有银钱数目模糊不清或字码不属普通写法者,应由出纳员代予增注。均须由出纳员负责盖章,以便核阅。

庶务处不得代出收据

凡收据须由正当受款人或其代理人亲笔署名盖章,但不识字者得由经手人开单,使其画押或盖章证明。

个人馈赠

所有私人酬酢馈赠及个人购置物品不得作正式开支,前于十七年十月五日业奉国府明令禁止并经前司法部饬遵有案,应即切实遵办,以重公帑。

电报汽车

电报汽车费等单据均应注明事由,以便查考。

邮费

邮费须另附发件详册,不得专以购邮票单为凭。

旅费

旅费事项应查照上年十一月二十日国府公布之旅费规则办理,随缴附属单据。

《收支对照表应具名盖章旅费应附单据证明函由》

(十九年十月审计院函内政部)

径启者:案准贵部总字第一○四号函开(原文略)。等由准此。当经敝院审查完竣,除下开二点:(一)关于收支对照表者收支对照表应由负责出纳人员具名盖章。(二)关于单据证明事项,凡属旅费,除填日记簿外,应附附属单据,应

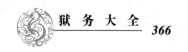
请注意外,其余尚查照。此致。

《指令安徽高院据呈属监呈请解释财产目录及贷借对照表以便填报祈示遵由》

（十九年十一月部指一二八二七）

呈悉。查作业贷借对照表关于资产部分,如现金材料成品债权器具等及其他属于作业资产性质者,均应分类结算列入表内资产项下。关于负债部分,如基本金纯益金或赊入之材料等及其他属于作业负债性质者,均应列入表内负债项下。至于财产目录应纪现存之财产,即按贷借对照表所列资产科目分类遵照定式逐件登记。以上两表一系考核上届与本届资产负债之增减,一系考核财产之细数,二者截然不同(资产负债之解说可参阅民国九年四月前司法部公布之《监狱作业规则》所附《作业结算报告表说明》)。至于该监附属之财产如寄宿舍等与作业资产无关,当然不应列入表内。仰即转饬遵照。此令。

《核示监狱作业收支书表变通编造格式及办法由》

（二十年一月二十二日司法行政部训令各省高等法院第一四〇号）

为通令事。案据江苏高等法院转据江苏第一监狱请示,监狱作业部分所用之损益表、贷借对照表及财产目录可否按照审计院重加修订书表种类,附注免去或变更,等情。一案。当经本部据情转函审计院核覆在案。兹准审计院十九年十二月十二日第一五二九号公函内开:查监狱作业既经贵部订有作业规则仍应照旧办理,所有盈亏试算表作业结算报告表请饬所属每次多制一份送院审查,其应编支付预算书支出计算书收入计算书收支对照表单据粘存簿,均须采用本院乙种书表格式照编。至于查存表一项,一应改用本院财产目录及造送时间办法办理。相应列举复请查照转饬照办。等由准此。除分令外,合行令仰该院长转饬所属各监狱一体遵照。自民国二十年一月份起所有作业书表均照上开办法编制三分,呈部核转,以昭划一。其十九年十二月以前各监未经报齐之书表仍照现行办法办理。并仰转饬遵照。此令。

《监狱作业财产目录应按月造报令》

（二十年五月部训第九二〇号）

为通令事。案准审计部第三一七号公函内开:案准前审计院移交贵部公字第三三号函开:案据江苏高等法院转据江苏第四监狱典狱长孙雄支代电称:窃查额行之财产目录说明五六两项载明,长官逢交代时及每年度终须制此表,又四项载明,每月遇有财产增减时须制此表报告。现奉钧令补造十八年五月以后作业财产目录未审仍查照该表上举三项说明抑须按月造报。再四项说明每月遇有财产增减时须制此表。此项办法是否仅就各该月份财产增减数目分类逐件造报，抑应连同财产旧管总数或散数一并造入，均不无疑义。恳请转呈解释，俾便遵办。等情到院。理合据情转呈，仰祈钧部鉴核示遵。等情据此。相应函请贵院解释函复。以便饬遵。等由准此。查作业财产目录系属营业性质，其中包含材料成品等，与普通机关之财产目录有别，所有财产因营业之关系每月自有增减理应按月造报，并须连同财产旧管新收总数及散数一并造入。相应函复。即请查照转饬办理为荷。等由准此。除分令外，合行令仰该院转饬所属遵照办理。此令。

《训令不遵照经费保管规则办理者立即呈请惩处不得稍存姑息以重公帑由》
（二十年十二月部训二九三〇二）

为训令事。查监狱经费保管规则业经前司法部于民国十七年九月二十一日公布在案，其关于监狱经费之管理及权限规定至为详密。乃近查安徽第一分监竟有发生职员卷逃公款及开支作业经费而无单据等情事，日久玩生，亟应严加整顿。通令外，合行令仰该院派员分赴所属各新监随时抽查，至少每二个月应将各新监遍查一次，如有不遵照监狱经费保管规则办理者，立即呈请惩处。不得稍有姑息，以重公款。切切。此令。

《各机关因公款提起民诉应自派代表办理不能由检察官代表起诉并应照章缴纳审判费用由》
（二十一年一月部训二〇号）

为令行事。案查接管卷内奉司法院训令内开：据湖南高等法院先后呈，据长沙地方法院呈，为湘岸榷运总局请追易肖戡等侵亏盐款一案，检察官能否代表国库提起民诉，及不预缴审判费可否从权受理；又据汝城县县长代电，为民事诉讼执行困难，转呈请示救济方法。各等情到院。事关审判费用及执行案件，合行抄发原呈，令仰该部查核办理，此令。并抄发原呈二件，等因。查公务员代表国家提起民诉现行法令并无免缴审判费用明文，自应照章办理。至各机关因公款提起民诉自派代表办理不能由检察官代表起诉，再民事诉讼执行规则第七条第一项，业经于十四年一月修正在案，嗣后执行案件应依据该修正条文办理。合行令仰该院长别转令遵照民诉执行规则第七条第一项修正原文并予抄发。此批。

《修正民事诉讼执行规则第七条第一项》
（十四年一月二十三日前北京司法部第六二号部令公布）

第七条：债务如实无财产可供执行，或执行后所得之数不足清偿债务者，债权人如予同意，得令债务人写立书据。俟有实力之日偿还。不同意时，限于三个月内依照前条规定续行调查，若查明赏无财产或债权人到期故意不来案报告，可由厅发给凭证交债权人收执。俟发现有财产时，再予执行。

《指令据南昌地方法院转报看守所修理墙垣费用
拟由法收项下动支请核示由》
（二十一年二月部指一六一一）

呈悉。据报该看守所修理墙垣费用应在经常预算内，陆续撙节匀支，即使事实上确有不敷，舍由法收动支别无弥补办法。依照部颁二十年度留院法收编制收支概算办法第三项，亦以编入该项岁出概算呈经核定者为限，该院长未予查明率请动用法收，未便准行。仰即遵照。此令。

《通令为各省监所囚粮结算月报册表延不造报重申前令
并另订造报办法通饬遵照由》
（二十二年五月部训一一八一）

为令遵事。查本部前为稽核各省监所囚粮起见，业经订定稽核办法，及囚粮用款四柱清册并囚粮结算月报表于上年十二月二十三日以第三二九号训令通饬遵照在案。迄今数月认真造报者甚属寥寥，玩延不报者实居多数。监所长官固属玩忽功令，而各该院长有监督之责不予令催，一任延宕，亦有未合。要知此项稽核办法关系囚食问题至为重要，不容视为具文。为此重申前令，仰该院长即便遵照，至本年四月份起凡属各新监所应于翌月五日内核实报院。各该院接到此项册表应于三日内核明转部，随到随转，不得延误。各旧监所亦应于翌月五日内核实报院由各该院负责审核，遇有粮价高于市价或其他不符情弊，立即彻查纠正。后至迟于一月内催齐汇订成册钞同指令呈部查考。所有本年一月至三月份前项册表未经造报者，准于文到一月内查造齐全补行呈报。自经此次通令之俊，倘各监所长官依旧延不造报，应即由各该院长查取职衔、姓名呈请送付惩戒，勿稍瞻徇。并仰转饬所属各监所一体遵照毋违。切切。此令。

《令颁人相表式仰切实遵办令》

（附表式）十八年十一月部训一八九六

为令行事。查人犯异同识别以指纹、摄影为最要。各监所遵令举办前已略具端倪。惟查近数年来继续办理者，固属甚多，而中途停办或迄未举办者亦复不少。以致逃犯之缉捕，再犯之发觉，均感不便。自非切实推行难收成效。兹将原有人相表酌予改订，自此次令到之日起，凡看守所羁押人犯，无论旧发新收均须妥印指纹，并摄二寸正面影片各三份，分贴人相表内。一存该所备查，一送法院查考，一于判决有罪后附送监狱验收。其监狱原有人犯，如尚无指纹摄影者，并须即日补齐，以昭划一。除分令外，合将表式令发该院仰即依式印制，转饬所属各监所一体遵办，并将办理情形具报查考。此令。

附人相表式

此处贴正面影片	斑痕及其他特征	腮	额	髯	须	眉	发	身长及体格		
此处贴侧面影片	容貌	面色	耳	口	鼻	齿	眼	人相表		
									号数	姓名
指纹	左手									
	大指		二指		三指		四指		五指	
	右手									

《看守所人相表不得俟第一审判罪后再行举办令》

（十九年二月部指福建高等法院第二四六六号）

呈表。查看守所人相表原为缉捕逃犯发觉再犯而设，若俟第一审判决有罪后再行举办，于发觉再犯固无关碍，但被告人在所脱逃事所恒有，殊于缉捕不便。案关通令仍仰照办理。此令。

《训令各省高院嗣后监狱人犯反狱及逃走事项应即时报部至呈请惩戒不妨另文办理由》

(二十一年一月部训五六)

为令遵事。查监狱报告规则第二条内载监狱官惩戒事项与在监人反狱及逃走事项,均在临时呈报之列。惟监狱官因人犯反狱及逃走事项之惩戒或须付侦查而先有结果,或须令查复而始得详情。如人犯反狱及逃走事项待与监狱官惩戒事项同时呈报,势必致迁延时日,难收迅速灵通之效。嗣后该院长据报人犯反狱及逃走事项,应即时转报本部。其呈请惩戒事项不妨另文办理,且惩戒事项在公务员惩戒委员会未成立前均由国府办理。业经本部上年第三一二八号训令饬遵。本部于转送时既须详叙事由又须连同证据该院长事前呈请,尤不可不特加审慎,除分令外,合行令仰遵照。此令。

《通令迅即呈报指派办理司法统计人员姓名履历由》

(二十一年十一月十二日部训二七九九)

为令饬事。查法院监狱看守所办理司法统计考成规则业经本部于本年二月以三一八号训令分行。在案。查该规则第二条对于办理司法统计人员经各该法院或监所指派后应呈报本部备案,迄今数月,遵照前项规定办理者极为寥寥。似此情形殊属玩忽。兹特重申前令,所有未呈报之法院监所均限于文到十日内将所指派专任或兼任编制司法统计人员姓名附具详细履历呈部备案。其已经呈报者,亦应另文声叙,以凭稽核。

《令知商准审计部各省法院监所造送支出计算书类仍照现行表式办理由》

(二十三年一月二十四日部训字第二四三号)

案准审计部第五四七四号咨开:案准贵部咨字第二五二八号咨略开:各省法院监所与中央直属机关情形不同,对于支出计算书类不能按照中央统一会计制度造送,仍请准照各该省现行表式造报,以免困难。并希见复。等由准此。查贵部开各节自属实情,除准予变通办理外,相应咨复,即请查照为荷。等由准此。查本部前以各省法院监所每月造送支出计算书类按照中央统一会计制度办理事实上颇多困难之处,经咨商审计部仍准照该省现行表式造报以免困难,而利进行。在案,兹准前由合行抄附原咨令,仰该院查照并转饬所属一体知照。此令。

计抄发原咨一件

附原咨

司法行政部咨　咨字第二五二八号　二十二年十二月二十三日

案查中央统一会计制度,前奉国民政府明令,定自二十二年七月一日起一体施行。经由本部通饬各属遵照办理。所有中央直属各机关间有狃于旧章,呈请暂缓实行。前来均予令饬依期切实遵办,以符功令。各在案。惟查各省法院监所虽为本部所属,而各该机关经费之支出全系各省地方省库负担。其预算决算之编制亦各省财政厅汇办。自与中央直属各机关情形确有不同,现颁统一会计制度原定为中央及所属机关所适用,而地方经费支出之各省府厅县并未包括在内,则同属地方经费支出之各省法院监所造送支出计算书表似难于同一省区支配之内强令划分办法,致涉分歧。且各省法院监所每月造送支出计算书表依照呈准湖南省成案例,须先送财政厅审查之后,再行呈部转送贵部审核。是各省财政厅对于稽核本省各机关经费之支出本已定有办法,全省一律施行。而各省之司法机关经费既须仰给于省库负担,对于各省原有办法似又未便独异,反致一省之中制度亦不划一。又各省法院监所经常经费原属有限,间有县法院分院分庭及监所规定纸张及簿籍用费月仅二三元,处理日常应用文件本甚拮据,若照统一会计制度办法,即以全月支出文具一项之数恐尚不足购买一新式账簿。至边疆省份之各院监所事实上亦无从购办此种新式计算账册表格,此又为最困难之实在情形也。本部深知各省法院监所与中央直属机关情形不同,前据各院监造送本年度支出计算书类请核转等情,故不得不略予变通,转送贵部审核。嗣准先后函以不合定式发还过部,相应将上述困难情形咨商贵部查照。仍请对于各省院监造送支出计算书类准照该省现行表式造报,以免困难而利进行。并希见复为荷。此咨审计部。

俸　薪

《各法院监所女职员遇生产时准假两月并支半俸令》

（十七年八月部指浙江高院三二二三）

呈悉。该省各法院监所女职员遇生产时期应准给假两个月,发给半俸,以昭划一。仰即遵照。并转饬所属一面函知该院首席检察官一体遵照。此令。

《典狱长因公受伤请假期内准照司法官官俸发给细则第十条六款及第十三条各规定支给半俸令》

（十九年一月部指令福建高等法院第五〇六号）

呈悉。王晋廷既系因公受伤其请假期内准依照司法官官俸发给细则第十条

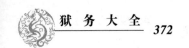

第六款及第十三条各规定，支给半俸。仰即知照。此令。

《呈请进级应依司法行政年度于每下半个年度三四两月内
将应行进级员名呈部核夺由》
（十九年十二月部训二一四三）

为令遵事。查司法官法院书记官监所职员暨候补学习委任待遇人员进级办法，经于十八年十一月二十七日以第一九〇六号训令饬遵在案。兹限于二十年一月三十一日以前依照上项训令规定办法，汇案呈部。以凭核办。惟此次进级俸津应在各本院十九年度预算经费项下开支，以民国二十年一月一日为起支日期，嗣后呈请进级应依司法行政年度于每下半个年度三四两月内将应行进级员名呈部核夺。除分令外合行令仰遵照。并转饬所属一体遵照。此令。

《各省法院监所委任以上职员俸额在未奉部令核定前
一律支最低级俸由》
（二十年十一月部训令各省高等法院及首检官第二八二〇号）

为通令事。查各省法院监所委任以上职员所支俸给在未经本部核定以前应照各该俸给表最低级支给。乃近查各省上项职员中未经核叙俸给竟有超过最低级俸额自行支给者，殊属不合。自此次通令以后，凡未经本部核定俸给人员一律照最低级俸额支给。如有超过应由该管长官负责。除分令外合行令仰遵照，并转饬所属一体遵照。切切。此令。

《通令新旧监所看守应酌加薪资由》
二十一年四月十四日部训

为训令事。查监所看守职责重要，薪资过薄难期得人。是以本部于十八年四月间通令酌量增加看守薪资。在案。现在生活程度日益增高，亟应规定增加数目以资维持而便实行。兹拟定监所看守月薪自二十元至三十元，其充主任看守者得给至四十元，县监所看守自十四元至二十元，其充主任看守者得给至三十元。在训练中者均给予八元至十二元。为此令。仰该院长迅即按照上列标准酌定等级，分别拟具新监所及县监所看守薪资等级表于文到十日内呈部核办，毋得违延。此令。

《令各省区高院院长为监所看守应照章任用由》

(二十一年四月十四日部训八二四)

为训令事。查监所看守事事均与人犯有直接关系,任用自应极端慎重。乃近查各监所所用看守大部由法院法官及书记官所介绍,非其旧仆即其姻亲,流品不一,弊病丛生。监所长官往往碍于情面,不敢稍加取缔。似此情形若不彻底改革,殊不足以资整顿。现查《特种考试监所看守考试条例》及《看守训练规则》业经先后公布施行,嗣后任用看守应照定章办理至现任各监所看守应由监所长官严加考核,分别去留,不得稍有瞻徇。所有留用看守并应加以相当训练,以资造就。为此令。仰该院长遵照并转饬所属一体遵照毋违。切切。此令。

《指令江西高院俞前典狱长垫支退职俸继续办公俸两款准分别酌支由》

(二十一年四月部指七四七四)

呈悉。(一)册列垫支二十年七月份退职俸银二百元,如不违背定章(例如未经部派之员不适用司法官之俸发给细则第四条规定)应准照支。(二)该前任典狱长俞培笙经手存垫款项自可列册移交后任查核办理。如确有继续清理之必要亦须遵照定章于一个月内办结移交后任接收。乃迭经后任催促时逾六个月,始将经费及作业款项造册移交,显系故意迁延。应由该院长查明,该前任典狱长退职后一个月内如确系继续清理公务,准支一个月俸薪,其余应核明如数追缴,以重公帑而杜弊端。(三)上项退职俸及继续清理公务俸薪应在该监经常费内撙节匀支,仰即知照。此令。

《核示上年择尤进级人员扣至今年执务又满一年能否再请进级各点由》

(附原电)二十一年五月部指七九七六

皓代电悉。派署人员其执务满二年,经上年依例进级者,若扣至本年执务又满一年,仍得依照本部一九〇六号训令暨最近公布之《审查法官资格及成绩办法》第十八条规定办理。但上年既经择优进级者,翌年即不能再依照前项训令及办法办理。其自部派署之日起扣至本年虽职务满二年亦不能再适用《司法官官俸暂行条例》第四条规定呈请进级。仰即知照。此令。

附原电

南京司法行政部部长罗钧鉴:案查《司法官官俸暂行条例》第四条,司法官经部派署后执务满二年即应进一级,又奉钧部民国十八年十一月二十七日第一九〇六号训令略开:司法官法院书记官经部派署后执务满一年以上者,如果勤劳卓著得择优呈请进级,但不得超过三分之一。各等因历经分别遵办。在案。惟前项人员中如上年业已遵照钧部第一九〇六号训令择优呈保奉准进级,自进级支俸之月起算扣至今年执务又满一年,可否仍得依照钧部一九〇六号训令再请进级。又上年曾经择优进级人员自进级之月起算扣至今年执务已满一年,若自部派署之日起算扣至今年执务又满二年,可否再依照司法官官俸暂行条例第四条呈请进级。又上年曾经依照《司法官官俸暂行条例》第四条派署后执务满二年奉准进级人员,自进级支俸之月起扣算至今年执务又满一年,可否再依照钧部第一九〇六号训令择优呈请进级。以上三点,不无疑问,究应如何办理处理,合电请钧部鉴核,迅予明白指令。俾资遵循,实为公便。谨呈。署湖北高等法院首席检察官钱谦叩皓印。

《各机关长官更调时不得增委人员滥增俸给由》

(二十一年六月国府训令直辖各机关第二一五号)

为令饬。查为政首重择人,居官必严守法,各机关长官既膺党国重任,董率僚司允宜遵守誓言,祛除积弊,庶期铨叙有序,幸进无阶。嗣后各机关长官如有更调自经中央议决或政府任命之日起,即不得增委人员及滥增俸给,如有前项情事一经查出,应受违背誓言之处分。并将某增委增俸之命令作为无效,以肃官常。除分令外,合行令仰遵照。并转饬所属一体遵照。此令。

《通令为监所看守薪资规则公布施行仰遵照由》

(二十一年十二月七日部训二〇六四)

为通令事。查《监所看守薪资规则》经本部拟定呈奉行政院指令照准,业已由部公布,应即施行。惟查附表所定各监所看守薪额均较现支为高,在未编入预算以前仍暂照现支数目发给。合行令仰该院长遵照并转饬遵照。此令。

(表见法规类)

《指令据呈办理本省新旧监所二十一年追加看守薪资准予酌办由》

(附原呈)二十二年一月部指五二二

呈悉。查改良监所尤在看守得人,薪资太薄不足以养其廉洁。本部迭令各省将看守薪额酌予增加,意即在此。仰该院长深体此意,于编制二十二年度概算时酌量办理，是所厚望。此令。

附原呈

呈：为呈复办理本省新旧监所二十一年度追加看守薪资一案经过情形，仰祈鉴核事。案奉钧部第二一九六二号指令，以据本院呈为遵令。拟具本省新旧监所二十一年度追加看守薪资概数表由内开呈及附件均悉，仰即遵照本年十二月七日本部第一二〇六四号训令办理可也。附件存。此令。等因奉此。遵查此案前经本院分别拟具概算表函送山东财政厅查核追加，嗣准函复，以本省二十一年度概算入不敷出数逾三百余万元，尚待统筹。即司法经费一项，前送岁出概算草册新增之款已列十五万余元，此次拟再增加监所看守薪资十三万九千余元，为数过巨。拟俟二十一年度概算成立后，另案呈请省政府审核。嘱即查照。等由。当经再向交涉，终以省款支绌，迄未准函知追加，即原编司法经费增加之款亦未能照数编入。现在二十一年度概算虽已成立，又因收入减少不敷支出，正在设法裁减之中。上项追加薪资一时未能进行，奉令前因。理合具文呈请钧部鉴核。谨呈。

司法行政部部长罗

山东高等法院长吴贞缵
中华民国二十一年十二月二十七日

《监狱看守免扣飞机捐由》

（司法行政部训第三〇三一号附上海第二特区监狱请免扣捐原呈）

案奉

司法行政部第三〇三一号训令内开：

案奉

行政院第四五四一号训令内开：

案查前据该部呈请核示，监狱看守应否免扣飞机捐一案到院。当经函请中央秘书处转陈饬交全国航空建设会核后在案。兹据该会复称，查监狱看守既与警察性质相同，似可准予免扣飞机捐。等情据此。应准如议办理合行令仰该部知照。等因奉此。查前据湖北高等法院暨江苏高分院等先后呈请核示，监狱看守应否免扣飞机捐一案。当经分别据情转呈核示在案。奉令前因。除分行外，合行令仰该院长、首席检察官知照并转饬所属一体知照。此令。

附上海第二特区监狱原呈

呈为本监主任看守及看守等服务性质与军警相类似拟请援例免除飞机捐款以示体恤，仰祈鉴核令遵事。案奉钧院训令第一二八号内开：为令行事。案奉司法行政部第三三三六号训令开：案国民政府第三一七号训令内开：案准中央政治会议先后函开:关于解释军队警察一律免捐飞机捐款及各机关外籍公务员应如何捐助一案。经本会议第三六三次会议决议,(一)军队警察免捐系指军队警察及军警机关之士兵、长警夫役等而言,军队官佐愿捐者听。(二)如各机关外籍人员志愿捐助者听。又本会议第三六四次会议决议军队警察免捐校官以上不包括在内。尉官以下愿捐者听。已缴之捐款不发还。各等因记录在卷。请查照饬遵。等由准此。自应并案转行,除函复并分令外,合行令仰遵照,并转饬所属一体遵照。此令。等因奉此。除分令外,合行令仰遵照并转饬所属一体遵照。等因奉此。除分令外,合行令仰该院长、首席检察官遵照,并转饬所属一体遵照。此令。等因奉此。除遵照并分令外,合行令仰该典狱长遵照。此令。等因奉此。窃查本监主任看守及看守等服务性质原与军警相类似,就其地位待遇而论,尚在军队准尉以下,拟请援照军警成例免除飞机捐款,以示体恤。是否有当,理合备文呈请。仰祈鉴核,转请令遵,实为公便。谨呈。

《抄发江苏高二分院丁役奖金办法令仰该院暨所属仿照办理由》
(二十二年二月二日部训二八七)

为令行事。各级法院暨监所丁役类多贫苦薪资微薄,欲责令其廉洁自持,必先加以奖劝,庶优者得有荣誉,愈益慎勤;不肖者受其观摩;立行改操。兹查江苏高等法院第二分院所订丁役奖金办法用意甚为周妥,可资各地仿行。惟其办法仅限于法院丁役范围较狭,而监所丁役亦正不妨援照。除分令外,合亟抄发原办法一分令仰该院长、首席检察官并转饬所属各就地方情形遵照,酌量仿办,具报查考。此令。

《指令据呈为江宁地院看守所所长及上海地院看守所所长超俸请在留院法收项下动支碍难照准由》
(二十二年四月部指六二七五)

两呈均悉。查经征留院法收编制收支概算办法规定动支增员超俸以编入司法补助费概算,并呈经本部核准有案者为限,若编入概算而未呈经本部核准有案,或呈准有案而未编入概算者,概不得动支,规定至为明显。该江宁地院看守所前所长龚宽及上海地院看守所前所长邵振玑超俸虽据该院长转呈本部核准在先,但查所送更正二十一年度司法补助费概算并未将该员等超俸列入,是该院已认为毋庸动支留院法收无疑。该张济霖系接龚宽遗缺,王庭琦系接邵振玑遗缺,所有超俸自应在经常预算内开支,所请动支留院法收碍难照准。仰即转饬知照。再嗣后该院所属各法院监所呈请动支留院法收,如不合于经征留院法收收支概算办法之规定,不得率予转呈。仰并知照。此令。

《令河南高院转饬第一监狱对于看守等薪饷应免予折扣由》

（二十二年五月二十日部训一三七〇）

为令饬事。据河南第一监狱全体看守家属呈称：窃民等各有兄弟子侄在第一监狱充当看守监丁职务，每月薪饷微薄，家有父母妻子得此区区之数赖以度日。乃该监狱自上年七月起将每人应得薪饷减成发给扣银七角，现已扣至十个月。闻高地法院吏警薪水并未折扣，独于监狱看守未蒙加予体恤，逐月照扣。恳乞设法救济。等情据此。查监所看守薪饷本极微薄，该省经费如因紧缩减发亦只得于职员俸薪及办公杂费内酌量支配，对于看守监丁自应免予折扣，以维生活。合行令仰该院即便转饬该监典狱长遵照办理。此令。

《令填送委任书记官及监所委任职员资格审查表俸给一栏务须从严核填列以凭核转由》

（二十二年七月部训二〇〇五）

为令遵事。案查近来各该法院呈送委任书记官及监所委任职员资格审查表，往往俸给一栏漏未填载，以致叙部迭次咨询。嗣后各该法院院长、首席检察官于填送上项人员资格审查表时所有俸给一项务须从严核拟照章填列，以凭核转，毋得遗漏。除分令外，合行令仰遵照。此令。

《饬知呈准反省院院长支俸办法由》

（二十二年十二月三十日部训四一三一）

案查修正反省院条例公布施行后，院长改设专员应支俸给为现行各官俸暂行条例所未及，自应厘定以资依据。兹经呈准在官俸法未规定前，比照监所职员官俸暂行条例，甲种监狱典狱长支给监所职员俸给表荐任十一级至一级俸并依公务员任用法第十二条规定分别核叙。除分令外，合行令仰知照。此令。

羁押执行

《刑事羁押表应按月造报通令》

（部训六九四）

案查本部颁发刑事被告羁押一览表式及造报规则。令饬按月造报，原所以考核各该院有无积案不结及滥押等情弊，乃近查该院暨所属各级法院依式填报者固多，而潦草塞责，于收押接押日期延长羁押次数及延长羁押理由等栏漏未填注者,亦在所不免。似此缺漏敷衍,殊不足以昭郑重而资稽核。合亟令仰该院长、首席检察官遵照并转饬所属一体遵照。嗣后造报上项表册务须依照部颁表式逐栏填注按期具报,如再违延即将负责人员严予惩处。此令。(二十四年二月九日)

《解释民事被押人无论能否觅保证人或提出保证金管收期限至多不得逾三个月由》

(附原函)十八年二月十六日司法院训令湖北高等法院院字第四号

为令遵事。该法院上年第四九四号公函致最高法院请解释管收民事被告人期限一案。兹据最高法院拟具解答案呈核前来内开:查管收民事被告人规则第九条明定管收期限至多不得逾三个月,无论被押人能否觅相当保证人或提出相当保证金依据上开条文自不得继续管收。等语。本院长审核无异。合行令仰遵照。此令。

附原函

径启者:案据郧西县司法委员王琼林呈称:呈为呈请转呈解释示遵事。查管收民事被告人规则第三条第四款载判决确定,显然有履行义务之可能而不遵判履行者,又同规则第九条载管收期限至多不得逾三个月,设甲、乙为产业涉讼早经确定,该败诉人甲迭次违抗不遵判履行、据胜诉人乙之声请,依照该规则第三条第四款将甲管押在案。乃时逾三月,甲仍违抗如前,既无相当保证人,又不交纳保证金,究应如何办法。略分子丑二说:(子)说谓该规则第三条第四款其管理目的在使遵判履行以维判决之效力,该被押之甲既不遵判履行又无相当保证人及相当保证金额之提出,仍可继续管押以达执行之目的。(丑)说谓该规则第九条既明定管收期限不得逾三个月,今三月既满,自应遵照该规则将其开释,以防滥押之弊,而符规则所定。二说究以何说为是。职署现有此项案件急待解决,理合具呈请转解释。俾便遵循实为公便。等情据此。事关法律解释,敝院未便擅专,相应函请钧院迅赐解释,俾便转令遵照。此致。

《指令据呈闽侯地方法院呈称管收民事被告人期限困难情形如何办理转请核示由》

(十九年十月部指一一七五八)

呈悉。查民事被告人如果无保可觅,或不肯觅保,尚可依照管收民事被告人规则第三条第一项责令交纳相当保证金,以资担保。如又不能提出相当保证金在管收期内应迅予审判,不得久延。若经管收满三个月后,应依照十八年二月十六日司法院令湖北高等法院院字第四号训令(见国民政府司法例规上册八〇七页)办理。如系经判决确定并已移送执行案件,应依照民事执行规则第六条责令胜诉人调查该败诉人有无财产可供执行,如执行中管收已经期满,胜诉人并无报告,或债务人实无财产可供执行,或执行所得不足清偿债务,应依照十八年五月十三日本部令湖南高等法院第三七八三号指令(见国民政府司法例规上册七九九页)办理。仰即转令遵照。此令。

《指令据福建高院首检呈为福清分庭检察官转请解释被告羁押期间起算疑义由》

(二十二年七月二十二日院训九四二号解释函)

为令知事。该首席检察官呈最高法院检察署为闽侯地方法院福清分庭检察官转请解释,被告羁押期间起算疑义一案。业经本院统一解释法令,会议议决。刑事案件经侦查终结为不起诉处分。因声请再议,而发回续行侦查其羁押日数应另行起算。合行令仰转饬知照。此令。

附最高法院检察署函

径启者:案据福建高等法院首席检察官林炳勋呈称:呈为转请解释事。案据闽侯地方法院福清分庭检察官呈称:窃查羁押被告侦查中不得逾二月,延长羁押期间每次不得逾二月,侦查中以一次为限。此在刑事诉讼法第七十三条定有明文规定,是羁押被告在侦查中至多不得逾四月。兹有侦查案件处分不起诉后,因再议发回续查辗转多日,在发回续查时,被告羁押期间在延长又将届满二月,不能再延。该被告既无相当保证或亲属可以取保或责付若遽行释放,而案情重大又恐逃亡无从着手续查。于此场合有二说焉:(一)谓羁押被告侦查中不得逾二月,延长羁押亦只限一次,该被告羁押期间在延长后既经届满二月,无论如何,均应开释。(二)说谓案经侦查终结处分不起诉至再议发回续查其羁押期间,自应另行起算。以上两说究以何说为是?职未敢擅专。理合具文呈请鉴核,转呈解释,俾有遵循。等情据此。案关法律疑义,理合具文呈请钧长核转解释,电示祗遵。等情据此。

相应函请迅予解释径复,并见示备查。此致。

最高法院

《监狱被劫未逃各犯仅可认为有悛悔实据不得据为免刑理由令》

(十七年四月部指九九六号)

呈悉。册折均悉。查该监狱此次被劫脱逃人犯既多,损失财物又巨,情节非常重大,既据查明,系属不可抗力,该典狱长吴鼎姑准从宽免议。至未逃各犯固属可嘉,惟安分守法为监犯应尽之义务,仅可认为有悛悔实据,不得据为免刑之理由。所请未便准行。仰即转饬遵照。册折存。此令。

《民事管收期满无力缴纳应照修正民诉执行规则 第七条第一项规定办理令》

(十八年五月十三日司法行政部指令湖南高等法院第三七八三号)

呈悉。查管收民事被告人规则第九条,管收期限至多不得逾三个月,等语。一经期满,无论被押人能否觅得相当保证人或提出相当保证金不得继续管收(见十八年二月十六日司法院令湖北高等法院院字第四号训令)。既据呈称,该杨春和无力缴纳私诉部分,已经管收期满,应依照上开法令并前北京司法部修正民事诉讼执行规则第七条第一项规定办理。仰即转饬知照。此令。

《解释精神病人之监禁处分不必定在监狱内执行由》

(附原呈)十七年五月十五日最高法院电陕西高等法院
首检察官解字第八八号

陕西高等法院首席检察官鉴准本院检察处转到贵处四月二十五日来文,以精神病人之监禁处分是否限于在监执行,等由到院。查监禁处分不必定在监狱内执行,某甲亲属自愿在家禁制甲之行动,如足认为于社会不致发生危险,自可照准。最高法院咸印。

附原呈

呈:为呈请事。案据长安地方法院首席检察官刘文钦呈称:为用法怀疑具文呈请鉴核,转院解释,俾资遵守事。兹有某甲因患精神病症持斧斫伤某乙,经法院判决依刑律第十二条但书施以监禁处分。判决后,某乙谋求检察官送监监禁,同时某甲亲属丙抗称,甲之监禁处分非刑事制裁,既无相当之精神病院收禁,普通监狱不啻受徒刑之执行。自愿在家禁制甲之行动,不许外出以危险而便治疗,等语。于此问题分为二说:(甲)说谓监禁处分虽非刑之宣告既备判决形式,检察官即应依执行手续送请相当处所监禁,是否可以监禁普通狱内,在法亦无明文限制。(乙)说谓刑律第十二条但书之立法意旨无非禁制精神病人之动作,防护社会危险而已。匪特无刑罚性质,即与其他不为罪规定之情节迥异。甲之亲属自愿在家禁制甲之行动,亦属监禁方法之一种,只要使其于人不致发生危险,自可予以核准。以上究以何说为是?事关法律问题。理合备文呈请钧处,送请最高法院解释,俾便遵照。等情据此。事关法律解释,理合据情呈请钧座鉴核转请解释。谨呈。

《解释在有期徒刑执行中更犯有期徒刑以上之罪后罪所科之刑应与前刑合并执行由》

（附原呈）十八年四月十三日司法院训令陕西高等法院
首席检察官院字第四二号

为令遵事。该检察官上年十一月呈最高法院首席检察官转请解释，再犯罪适用法律疑义一案。兹据最高法院拟具解答案。呈核前来内开：在有期徒刑以上之罪，应以后罪所科之刑合并执行，等语。本院长审核无异，合行令仰遵照。此令。

附原呈

呈：为呈请事。案据陕西高等法院第二分院首席检察官李藩侯敬代电称，查刑法第六十五条载：受有期徒刑之执行完毕，或受无期徒刑一部之执行而免除后五年内再犯有期徒刑以上之罪者，为累犯。第六十九条载：裁判宣告前犯数罪者并合论罪。各等语。设有某甲在有期徒刑执行中再犯有期徒刑以上之罪，核与上述情形均不相同，引用法律殊有疑义，究应如何办理。祈迅转呈解释。电示祗遵。等情据此。事关法律解释，理合具文转呈钧席鉴核转请解释。谨呈。

《解释看守所长官司法警官非刑法第一三四条之公务员其羁押刑事嫌疑人非执行刑罚由》

（附原函）十八年八月十五日司法院训令湖南高等法院院字第一三三号

为令知事。该法院本年第一五四四号公函致最高法院为常德地方法院请解释刑法第一百三十四条疑义一案。兹据最高法院拟具解答案。呈核前来内开：看守所长官及司法警察官无执行刑罚之职务不包括于刑法第一百三十四条第一项所定公务员范围之内，其羁押刑事嫌疑人不得视为同条之执行刑罚，等语。本院长审核无异。合行令仰转饬知照。此令。

附原函

径启者：案据湖南常德地方法院院长钟馥庚代电称：兹有法律疑义一则，电请解释刑法第一百三十四条第一项，所谓有执行刑罚职务之公务员是否包括看守所长官及司法警察官。又如前例之公务员羁押刑事嫌疑人是否得为同法同条项之执行刑罚。理合代电恳请解释令遵。等情据此。事属解释法律，敝院未便擅具解答，案呈由司法院复核令遵为纫公谊。此致。

《逮捕人犯及执行死刑应依法办理由》

十八年九月二十四日国民政府训令直辖各机关第九一四号

为令遵事。案据本府文书处签呈称：前准中央执行委员会秘书处函送南京特别市党部执委会呈请，通令各机关恪遵法定程序办理宣告死刑案件并禁滥用法外刑罚一案。奉本府第四十二次国务会议决议，逮捕人犯及执行死刑交司法院拟定方法，等因。当经函达，查照办理。具复去后兹准。该院复称查原呈内所称执行死刑方法或用斩刑斩首后复悬示通衢请予严禁一节。本年四月间军事学校特别党部呈由中央执行委员会转请，废止斩刑。奉钧府交院核复案。内曾以斩刑制度早已废除，应予申明禁令，等情呈复。并奉指令业经通饬一体遵照在案。该南京特别市党部所请事同一律，至原呈内又称各省军政机关对于宣告死刑案件或并不报经高级长官核准即予执行，或虽报告而不附具全案以及如公安局及各团体时有滥用游街示众等法外刑罚，请并予严禁各节。查拘捕人犯及关于死刑案件呈报核准等程序现行法令均有详细规定，至于滥用游街示众等刑罚尤属于犯法纪，自当一并禁止。应否仍由钧府通饬各机关遵照之处相应函复查照转呈核办等。理合签呈鉴核。等情据此。查现代刑法采取感化主义，逮捕时应依法办理以顾全犯人之廉耻，况妄用游街示众等法外之刑，尤非法治国家所许，自应通饬一并严禁。至宣告死刑者尤须依法执行，绝对不得有枭首陈尸等情事，以维人道而保文明。除分令外，合行令仰遵照并转饬所属一体遵照。此令。

《令执行死刑方法仍用绞由》

（部训第三〇九一号二十四年六月）

查新刑事诉讼法第四百六十六条内载死刑于监狱内执行之，至于执行方法并无明文规定。兹经本部参酌各地情形及各种执行方法，仍以用绞为宜。至于绞法分为机器与人工两种（机器有铁制、木制两种，铁制每具约需银二三百元，木制则需百元左右。）各监狱应一律使用机器，以期简单迅速。并于处决时就可能范围内，先用麻醉方法减轻其痛苦。唯在机器未购置以前，则仍用人工绞法。除分令并呈报司法院备案外合行令仰该院转饬各监狱遵照。此令。

《解释刑法脱逃罪各条称依法逮捕拘禁之囚人包括依法
逮捕人在内由》

（附原函）十八年十月三十一日司法院训令湖南高等法院院字第一七二号

为令知事。该法院本年第三八八六号公函致最高法院据邵阳地方法院关于刑法脱逃罪及《惩治土豪劣绅条例》第二条第一款之伤害罪，发生疑问，分别列举两说,转请解释一案。兹据最高法院拟具解答案,呈核前来,内开:(一)应采乙说,(二)应采子说,但须注意刑法第一百三十三条之规定。等语。本院长审核无异。合行令仰转饬知照。此令。

附原函

径启者:案据署邵阳地方法院院长朱道融呈称:窃职院办理刑事案件关于刑法及惩治土豪劣绅条例之适用发生疑问二则,分列于下:(一)刑法分则第八章,脱逃罪各条有依法逮捕拘禁之囚人一语,就文理解释当然为逮捕之囚人与拘禁之囚人之总称,惟逮捕之囚人是否包括依法逮捕人在内。关于此有二说:(甲)说,征诸多数学说及立法,例必投诸一定之狱舍者始为囚人(冈田氏日本旧刑法讲义言之甚详)。法文所谓逮捕之囚人云者,指提解中之囚人而言,所谓拘禁之囚人云者,指在拘禁中既决未决之囚人而言。至甫被逮捕尚未投诸狱舍者,不得以逮捕之囚人论。遇有脱逃情事应依刑法第一条不为罪,但以强暴胁迫之手段夺取时,得依妨害公务罪各条处断。(乙)说,刑法上所称逮捕之囚人即暂行刑律之按律逮捕人遇有盗取或脱逃情事,应依刑法分则第八章各条分别论罪。二说未知孰是。此应请核示者一。(二)《惩治土豪劣绅条例》第二条第一款之伤害罪以武断乡曲,欺压平民,为加重条件。惟武断乡曲、欺压平民二语,法文仅有抽象的规定,究应以何为标准?适用上殊滋疑窦。律以通常条理:武断乡曲云者,当系指土劣干预地方词讼,超越仲裁之程度,强人服从已断或对于不服之一方加以不法之侵害而言(如为人调处讼案强令遵断,否则即加恐吓或拘禁殴打之类)。欺压平民云者,当系指土劣凭借资产或其他优越势力对于弱小平民施以压迫之一切行为而言(如强占人地,强夺人物,高价闭籴,虐待农工之类)。设原为有侦缉逮捕审问权限之行政佐理人员(如保卫团、乡镇警察或清乡机关之官佐)据被害人告诉,而逮捕嫌疑之审问或诬良为匪,而径行捕问,甚至擅用非刑致人于死或重伤时,能否以土劣武断乡曲,欺压平民,致人伤害论。关此有二说:(子)说,既为有权之公务员其逮捕审问系属职务行为不得谓为武断乡曲、欺压平民,如诬为匪或滥用非刑致人于死或伤害,只能依刑法第一百四十条于所犯之罪之本刑上加重处断,不能援《惩治土豪劣绅条例》第二条第一款办理。(丑)说,打倒土豪劣绅为国民革命之最大目的,豪劣或武断乡曲欺压平民,每多假地方公职为护符,自为刀俎,以他人为鱼肉,为害甚大。应特别法论罪。二说未知孰是?此应请核示者二。以上二点均关法律疑义,理合具文呈请钧院核示祗遵。等情据此。除指令呈悉,按刑法上所谓依法逮捕拘禁之囚人,即暂行刑律上之按律逮捕监禁之既决未决囚人而言,应以乙为是。至《惩治土豪劣绅条例》第二条之所称"武断乡曲、欺压平民"二语,究应达到若何程度,仰候转请解释,再行饬遵。此令。印发外,相应函请贵院拟具解答案,呈司法院复核,令遵至纫公谊。此致。

《上海公共租界监狱收容人犯在本年三月三十一日前入狱者准沿用从前减刑惯例由》

(附原呈)十九年四月二十四日司法院指令司法行政部第一六一号

呈悉。上海公共租界监狱收容人犯在本年三月三十一日以前入狱者准其沿用从前减刑惯例。在四月一日以后入狱者应照现行法令办理。仰即转令江苏高等法院第二分院转令遵照。此令。

其一(附原呈)

呈:为呈请鉴核示遵事。据署江苏上海地方特法院院长杨肇煌皓代电,查前临时法院判决人犯交由西牢执行,该牢定有减刑办法,凡受刑人在狱恪守狱规品行优良者,辄予提前释放。如处徒刑一年者届满十月即行开释。约减判决刑期六分之一。比经改组罪犯释放必经推事核准,似未便率沿前例遽准如期释放。乃西牢狱长声称从前犯人入狱即予宣布,能遵规则即照上项折减方法办理,此时碍难反讦。又西牢日费千元今骤加全体人犯刑期至六分之一,经费亦有不足。该西牢乃条陈办法拟自四月一日入牢罪犯应查照中国法律执行,三月底以前入牢人犯仍照前例释放。如中国主管机关不准沿例,则届时亦可交由中国发交内地监狱补足刑期。惟此项释放人犯每星期平均约八十名左右,以两月计约有六百名。如发内地监狱补足刑期,不但监狱愈形拥挤,即人犯口粮骤增,亦恐无法弥补。究应如何办理之处,理合电请鉴核,示遵。等情到部。查该牢所陈办法为事实方面计,似无不可。惟查监犯保释暂行条例本于疏通监狱之中而寓奖善惩恶之意,与该牢原定减刑办法用意相同,所有本年三月三十日以前入牢罪犯应否依照该条例办理抑准如该牢所拟,仍照前例释放之处理。合呈请鉴核示遵以便饬遵。谨呈。

其二(附原呈)

十九年五月十二日司法院指令司法行政部第一九六号

呈:为前临时法院判决女犯应否准予援照前令,沿用从前减刑惯例,转呈鉴核示遵事。据江苏高等法院第二分院院长徐维震呈称:案奉钧部第九一七号训令略开:据上海特区地方法院请示,前临时法院判决人犯交由西牢执行能否沿用减刑办法一案,呈奉司法院指令略开:上海公共租界监狱收容之人犯本年三月三十一日以前入狱者准其沿用从前减刑惯例,四月一日以后入狱者应照现行法令办理。令仰转饬遵照。等因奉此。遵经转令在案。查前临时法院判决人犯交由西牢执行者,均系男犯,其判决女犯向归前临时法院女监执行,亦有减刑办法。现在本年三月三十一日以前入狱之男犯既奉令准沿用从前减刑惯例,女犯事同一律似可援照办理。惟未奉核定,未敢擅专,理合呈请鉴核示遵。等情到部。查此项女犯事同一律可否援照前令,在本年三月三十一日以前入狱者准其沿用减刑惯例之处理。合呈请钧院鉴核示遵,以便转饬遵照办理。谨呈。

《通令制定被告人发受书信簿及被告人接见簿令发各省高院转饬所属看守所遵办由》

（二十一年十二月二十七日部训三二五五）

　　为令遵事。查看守所被告人发受书信簿及接见簿,《看守所暂行规则》第九条暨《修正看守所暂行规则》第十一条均经明白规定,应继续实行。乃查各看守所于被告接见簿虽尚照旧置备,而发受书信簿则多付缺,如以致漫无稽考,殊于定章不合。本部为划一起见,特制定《被告人发受书信簿》及《被告人接见簿格式》两种,其他关于修正看守所第十一条所列各项簿册在本部未制定颁行以前,仍照各该所现行格式办理。除分令外,合行检发簿式令仰该院长、首席检察官转饬所属看守所一体遵照。切切。此令。

　　计发被告人发受书信簿及被告人接见簿格式各一份

被告人接见薄

许	否	年月日	接见事由	谈话要领	接见者之姓名住所职业及与被告人之关系	被告人之种别及姓名	备考

被告人发受书信薄

许	否	年月日	被告人姓名及案由	发信及受信	书信摘要	受信发言者之姓名及与被告人之关系	备考
		年　月　日					
		年　月　日					
		年　月　日					
		年　月　日					
		年　月　日					
		年　月　日					
		年　月　日					
		年　月　日					

《解释受有期徒刑执行未毕经不合法保释为无效仍应执行残余之刑在执行完毕前再犯徒刑以上之罪依刑法第六五条规定不得视为累犯由》

（附原电）十九年四月七日司法院电浙江高等法院院字二五五号

浙江高等法院览。本年二月宥代电悉。业经发交最高法院拟具解答案呈核前来内开：受有期徒刑之执行尚未完毕，即予保释，如其保释于法无据，不能认为有效。残余之刑仍应执行。在执行完毕前，再犯徒刑以上之罪，依照刑法第六十五条之规定，不得视为累犯，等语。本院长审核无异，合电转饬知照。司法院虞印。

附原电

南京司法院钧鉴：案据于潜县县长沈乃庚巧代电称，查在监人犯除呈准开释外，县长并无准予保释之权，又查刑法第六十五条受有期徒刑之执行完毕或受无期徒刑或有期徒刑一部之执行而免除后，五年内再犯徒刑以上之罪者为累犯。兹有某甲曾受有期徒刑之执行三分之二以上，即由县批准保释并无理由，后三年内再犯徒刑以上之罪，问其是项保释是否有效，残余之刑可否免除，现犯之罪是否累犯事关法律解释。县长未便擅断，理合电请解释示遵。等情据此。事关法令疑问，理合电请钧院俯赐解释，以便饬遵。浙江高等法院叩印。

《令前依土劣治罪绑匪特种刑事诬告等条例所判罪刑而为新刑法令所不处罚者应免执行由》

（二十四年六月部训三一二二号）

案查前据山东高等法院首席检察官以新刑法施行前曾依现行刑法第二八八条、二八九等条之同谋罪及《惩治土豪劣绅条例》法令所处罪刑是否免其执行，请核示。等情到部。本部查新刑法虽未设同谋犯专条，但其行为仍应按其情形分别论教唆或帮助之罪，并非不予处罚。自不得适用刑法第二条第三项之规定，免其执行。至于以前曾依《惩治土豪劣绅条例》《惩治绑匪条例》《特种刑事诬告治罪法》判处罪刑之人犯，应先审呈其所犯各该条之罪，质如其构成犯罪之行为，为新刑法施行时之刑罚法令所不处罚者，自应免其执行。经呈奉司法院六月七日第三四三号指令内开：呈悉。该部所见甚是。仰转饬遵照。等因。此项疑问各法院恐仍不免发生，除指令山东高等法院首席检察官并分令外合行令仰该院长、首席检察官知照，并饬属一体知照。此令。

《通令为据视察报告各监所内每有被诱男女幼孩无人具领长期寄押令饬径行通知被诱家属认领或送地方慈善团体寄养由》

(二十二年五月部训一四三三)

为令遵事。据本部视察员报告，各区所内每有被诱男女幼孩无人具领，长期寄押。等情据此。查被诱男女幼孩与罪犯不同，岂可长期寄押。亟应通知该被诱人家属速来认领，若专凭公文转行周折既多迟延在所不免。嗣后应由该监所长官询明被诱人亲属住址，径行通知以期迅速，万一亲属住址不明或竟无亲属时，亦应向地方慈善团体接洽送餐。俾免长羁囹圄。除分令外，合行令仰该院转饬所属各监所一体遵照办理，毋得玩违。切切。此令。

《前上海法租界会审公廨所为判决时间效力由》

(二十二年七月一日司法院函司法行政院部第一七一号)

径覆者：准贵部本月二十一日公函(第二九〇号)开：据江苏高等法院第三分院呈明上年七月三十一日接收前上海法租界会审公廨时间，关于是日该公廨所为判决应如何解决函，请核覆。等由。查该分院接收前，上海法租界会审公廨既据呈明系在上年七月三十一日下午六时，则在是日接收时间以前，该公廨所为之判决可依民国二十年七月二十八日中法协定附件第五款办理。相应函覆贵部查照。饬知。此致。

《监狱戒护万法不以害人犯生命为目的由》

(十八年四月十七日司法行政部指令山东高等法院首检察官第二七七四号)

呈悉。查"监狱规则"第二十七条及《各县监狱看守所规则》第三十五条准许监所官吏得使用所携带之枪或刀，原系一种戒护方法，不以害人犯生命为目的。该押犯贾汉升、徐小、铁山、宿光武等果有乘机暴动、叫嚣躐突不服制止情事，迫不得已固可使用枪刀，予以制止。如于制止之时不幸害及其生命，在事实上或无不可原。惟查该安邱县法院原代电云，就狱正法核与使用枪刀制止时害及生命者不同。盖当正法以前必须经过相当手续，则紧急时期已过，不惟不应正法并不得再使用枪刀。该县法院竟借口紧急处置，擅将该犯贾汉升等三名就狱正法，实属骇人听闻。该首席检察官未加查察，遽谓其办理似无不当，亦属不合。唯当时实在详细情形，究竟若何制止以及如何就狱正法，各实情仰即查明。具报。以便核办。切切。此令。

《注意整理监所人犯戒护事项其不尽职各员胪举事由呈核由》
(十八年七月部训一一八三)

为令遵事。查监狱看守所为执行自由刑及羁押被告人之场所,关系均綦重要。该管职员宜如何注意戒护,俾免疏虞。乃据报各监所人犯乘间逃脱者固所在多有,聚众暴动者亦层出不穷,推原其故,无非由执员懈弛所致。倘能于房屋检查、戒具使用及看守选任分配诸大端运用得宜,则人犯之逃脱暴动必无自发生。为此,令仰该法院转饬所属备监所遵照,嗣后于人犯戒护事项务须严加注意,切实整理。其监所长官如有阘茸不克尽职情事,并仰胪举事由呈部核办,毋得视为具文。切切。此令。

《各监所反革命人犯应特别严密戒护由》
(十八年八月部训一二四六)

为令遵事。查监所人犯须注意戒护,业经本部以第一一八三号训令饬遵在案。兹查各监所反革命人犯常有图谋暴动脱逃情事,合再令仰该法院转饬各监所对于前项人犯特别注意,严密戒护。如有疏虞情事,应将该管狱职员从严惩处,毋稍宽贷。切切。此令。

《饬各监所杂居人犯应恪依定章隔离禁押并由各该管法院派员抽查随时纠正令》
(二十四年六月十二日部训二九九〇)

查监所杂居人犯应分别罪质、年龄、犯数、性格及职业身份等,使之隔离。监狱规则第三十四条及修正看守所暂行规则第二十七条均经明文规定,以防罪恶之传播。近查各省监所往往不能切实奉行,甚至强盗与窃盗,老幼年累犯与初犯,凶暴与懦弱以及职业身份不同人犯禁押一室。殊失监所规则规定类别之本旨。嗣后各监所对于杂居人犯务须格依定章详为分类,隔离禁押。俾罪恶不至传播,并由该院派员抽查随时纠正。毋任玩违,除分令外,合行令仰遵照并分饬遵照。切切。此令。

《各监所反革命犯与普通犯应隔离禁押由》
(附原呈)十九年九月十日院训四一二

为令行事。准国民政府文官处本月三日公函(第五四四八号)开:准中央执行委员会秘书处函交,江苏省党务整理委员会呈,据吴县整理委员会请转呈:中央令饬法院将反革命犯隔离禁押,以防流弊一案。奉主席谕,交司法院照办。等因。抄同原件函行到院。合行抄发原件,令仰该部转饬各省法院一体遵照。此令。

附原呈

据吴县党务整理委员会呈称:案查反革命犯与普通犯罪性质各别,待遇处置亦有不同。盖前者含有政治意味,情节较为重大。后者仅触犯普通刑法,按律治罪已足。为吾国监狱尚未有特殊设置如反省院等,往往将反革命犯与普通罪犯拘禁一处,致一般反革命犯在监内乘机作反动宣传,普通罪犯日久受其诱惑,其流弊有不可胜言者。爰于职会第二十七次会议提出"反革命犯应与普通罪犯隔离禁押"一案,经议决呈省,转呈中央。令饬法院办理。在案。理合录案呈请钧会准予转呈,咨饬办理。以防流弊。等情。查所称尚有见地,经属会第五十七次委员会决议转呈钧会在案。除指令外理合转呈查核施行,实为党便。谨呈。

《通令转饬所属监所嗣后羁押人犯应慎重将事由》
(二十一年十月部训二六三一)

为令行事。本部长前因视察武汉监所状况多未惬意。爰将整饬监所应行特别注意各事,以训字第三五九九号通令饬遵,在案。所以三令五申不惮烦文相告者,实缘狱政之良窳关系至为重要,办理苟非其人,势将弊窦丛滋,致失社会之信仰。乃者私虑所存方在惴惴。不图江苏第二监狱分监复发现有拘留期满人犯漏未释放,竟至多押二日,诘其所由,则以职司收差之看守将押票遗失所致。又有吸食鸦片判决徒刑人犯于执行时私自觅人顶替收监,主其事者竟茫无觉察,致使罪犯逍遥法外。似此漫不经心殊属异常疏忽,除将该分监长撤免示儆外,须知国家筹设新监之本意,原有鉴于旧日牢所之腐败,冤抑之繁多,若改组之后而人民之感疾苦仍或不减于曩昔,国家将何词以谢吾民。本部长对于改良监所夙具决心,乃近据调查之所得与夫人民之呼吁互证参观不无缺望,职责所在能勿疚心。为此通令各该院长、首席检察官严饬所属监所各长,嗣后关于人犯之羁押,务须慎重将事,并仰随时密加稽察,有蹈前举诸弊者,立予检劾,毋得稍涉瞻徇。其有瞻徇或失察者,经部发觉,各该长官应受相当之处分。其凛遵毋忽。此令。

《各监所人犯应严予戒护对于反革命人犯尤须特别注意由》
(十九年八月部训一五八九)

为令饬事。本部前因监所人犯时有暴动逃脱情事,叠经转饬注意戒护。对于反革命人犯尤应特别注意。各在案。兹查该省监所人犯暴动脱逃事项,据先后呈报:一为闽侯地院看守所、二为福建第一监狱、三为思明县劫监之后继以越狱。近闻建瓯地院看守所亦有聚众图逃情事。似此暴动脱逃层见叠出,殊属不成事体。为此,转令仰该院长转饬所属各监所一面遵照前次训令切实整理,一面商请当地军警派人协助,务使暴动脱逃之事再不发生。是为至要。切切。此令。

《通令为反革命人犯刑期已满开释时应通知党部察看应否移送反省院仰即遵照由》

(二十一年十一月十一日部训二七七九)

为训令事。案准中国国民党中央执行委员会秘书处留京办公处公函第一四零零一号内开:顷准本会组织委员会函为查反省院条例第五条第二款所载,受反革命罪刑之执行完毕,仍有反革命之虞者,得入反省院。同条第五款经中央党部议决送反省院者得入反省院。以上二款,中央暨各地法院从未依照执行,而前款未经照办危险尤甚。盖共犯一经出狱其在党历史与身份必更因之而提高,其真能因判刑而觉悟自新者百不一见。拟请函司法行政部严令各地法院凡反革命人犯刑期已满开释时,应即通知当地最高党部派员谈话察看,如认为有反省院条例第五条第二款之情形者,即行移送反省院训管。至中央方面对于自首份子或拘获案情较轻之共党人犯亦应尽量送交反省院,俾资反省。惟各地反省院之改善与首都反省院之成立实属当务之急,即希转陈核办是荷。等由。一案。经陈奉常务委员批交司法行政部转饬遵照,并分别整顿筹备。等因除函复外,特此函达。即希查照办理。等由准此。合亟令仰该院长、首检遵照并转饬所属一体遵照。切切。此令。

《通令转饬各看守所对于共同被告照章隔离由》

(二十二年四月部训八四七)

为令饬事。查被告人被告事件相关联者应加隔离,为看守所暂行规则第三十七条所明定。原以防勾结而免串通兹据视察报告各省看守所对于共同被告多未隔离,其他杂居人犯亦未就其身份、职业、性质、年龄加以区别,殊于定章不合。除分令外,合行令仰该院转饬各该看守立即按照上开条文切实奉行,毋任玩忽。切切。此令。

劳 役

《旧监作业办法》

(附训令)十七年五月七日前司法部训二八二

一、各县监狱人犯一律令服劳役。

二、未设工场之监狱应将监房床位改用活铺,俾人犯得昼作夜息。如监房光线不足时应增开窗户。前项窗户须设铁栅,如因墙壁单薄不能安设铁栅时,得加厚其墙壁。

三、劳役先从委托业及小承揽业入手,俟筹有基金再增设官司业。

四、劳役课程时间及赏与金等均遵照监狱规则办理。

五、服务人犯除照章令其沐浴外,每日予以三十分钟之运动。

六、劳役器械每日于役时发放,罢役时收回。

前项器械须授受严明,以防遗失或隐匿之弊。

七、成品材料于罢役时须悉数运出,不得留置监房。

八、人犯服役、休息、饮食、便溺、运动、沐浴等随时须由看守监视。

九、作业现金材成品等四柱清册及盈亏试算表须于次月十五日以前造报。

十、每月劳役所得之收入除二分之一留作作业基金外,余须解交监督官署存储,专备补助修建各县新监所之用。

附训令

为训令事。查劳役为执行自由刑之要素,刑律及监狱规则均有明文规定。各省新监狱虽已奉行,而各县旧监往往因设备不全未能切实遵办。本部为便于实施起见,特订旧监作业办法十项。令行江、浙、皖三省先行试办,俟卓有成效,再推及他省。其向有劳役而因事停顿者迅即规复。除分行外,仰该院长转令各该监狱员遵照克日筹划,限文至一月内具覆。其有因监房狭隘人数众多,实在无法办理者,应将全监房舍地基绘图附说连同现有人数呈候核夺。此令。

《饬各监狱将借出作业成品一律收回令》
(二十四年六月十二日部训二九八九)

查监狱作业成品绝对不许徇情借用,如有借出不能收回代价者,应由经手典狱长负责赔偿。后任接收交代不为揭报,即由后任负责。业于二十一年四月以第七八二号通令饬遵在案。乃日久玩生,各省监狱仍不免有徇情借用之事,若不严加整顿,殊于作业前途大有妨碍。除分令外,为特令仰该院迅即严饬各监狱于文到一个月内将借出成品一律收回,如有不能收回者,即责成该典狱长照价赔偿,并将监狱遵办情形随时呈部备核。切切。此令。

《通令各机关一切应用物品均尽先向附近监狱购买作业出品或委托承办以资提倡由》
(二十一年六月部训一二七九)

为令行事。查各国官署公用物品皆由监狱制造,故监狱作业极形发达,收入颇足自给。我国监狱作业早已开办,出品成绩亦多有可观。唯因各机关应用物品每向商家购买,不肯委托监狱制作,以致作业不能发达,而人犯无工可做者尚多,亟应设法提倡以资整顿。该院长、首检有监督监狱之权即应负提倡作业之责,嗣后该院处及所属各机关一切应用物品如纸张、簿册之印刷,藤竹、木器之购置,及法警、庭丁制服之裁缝等类,均应尽先委托附近监狱承办。其有为监狱作业科目所无者并应酌令仿制,俾作业得以扩充,监狱得以自给,当于国家经济裨益匪浅。除分令外,合行令仰该院长、首检切实奉行并转令所属一体遵办。切切。此令。

《令江苏高三分院准教育部咨上海第二特区监狱出品准予介绍学校购用由》

（部训二一二二）

案准教育部第五〇二六号咨开:案准第一一三八号咨:以据上海江苏高等法院第三分院院长梁仁杰呈:据上海第二特区监狱典狱长孙雄呈:以该监狱督制各种动物模型、台球球网等物品颇佳,价值低廉,可供中初级学校标本设备之用。拟请本部通令全国中初级学校采购,等情。可否照准,嘱查核见覆。等由,并附各种样品暨说明价目一览表过部。查该监狱所制各物可供中小学校之用,除予以介绍外,相应咨复查照并转饬知照为荷。等由准此。查此案前据该院转呈,业经指令在案。兹准前由,合行令仰该院转令知照。此令。

附原呈

呈:为呈送本监出品动物模型、台球球网暨附具说明价目表等仰祈鉴核俯赐转呈事。

窃以监狱作业为刑罚命脉所寄,而作业所采之科目又以富于艺术性质者,足以启发良知得于无形之中,收潜移默化之效。典狱长有见及此,乃于本监上年扩充作业之际,特设动物模型一科,雇请技师利用废纸督制各种动物模型。初期出品虽未能尽善,而几经改进渐臻肖妙。现在已制出计二十八种,本埠市面已有销路,又上项制品所有骨脊状态均本动物学原理与原形毫无上下并附有说明,似堪为中初级学校生物教育用品。查现各学校所用生物标本多系采用各种真物用化学方法制成之品,其价值高者每件多至数十元,少则十数元,恐非经费充裕设备完全之学校所能购办齐全,实未足以言普及。查本监所制动物模型虽未可与市上真物标本媲美,而每件价值最高不过七角,低则只三角,相去甚远。每校费十余元之数,于普通动物模型即可购办完备。又本监台球科制有各种台球(即俗称乒乓),结网科制有各种运动球网,所有出品台球与球网尺码经上海商务印书馆试用,据称颇合标准,并经该馆代售,价值较市低廉。拟请钧院转呈司法行政部咨请教育部通令全国中初级学校购作教育用品之用,庶于监狱作业既可籍资提倡于教育普及亦不无小补,是否可行。理合检同动物模型两组(每组二十八种)台球二打球网五种(每种两只)附具说明价目表等备文呈送钧长鉴核。俯赐转请裁夺施行,实为公便。

举行监狱出品展览会

(部训二三〇二)

　　案查前北京司法部为促进监狱作业起见,曾举行监狱出品展览会数次,颇著成效。兹本部拟在首都举行各省新监成绩展览会,于作业成品外加以各种图表及图形以资比较而期改进。除分令外,合将各监狱展览成绩清单令发该院,仰即遵照并转饬各新监遵照,赶速筹备,统限于九月五日以前运送来京,以便展览。切切。此令。(二十四年五月四日)

　　计发清单二份

附各监狱展览成绩清单

第一、图表

一、最近五年(自十九年度起至二十三年度止至第九款同)旧监改建分监之个数及比较图(应由高等法院制)。

二、最近五年扩充房屋之间比较图(应由高等法院制)。

三、最近五年人犯出入比较图。

四、最近五年各科作业人数比较图。

五、最近五年外役人数比较图(须分别外役种类)。

六、最近五年在监人数与作业人数比较图。

七、最近五年各科纯益金额比较图。

八、最近五年各科成品价额比较图。

九、最近五年作业人数与受赏与金人数比较图。

十、人犯赏与金额比较图。

十一、人犯年龄比较图。

十二、人犯职业比较图。

十三、人犯罪名比较图。

十四、人犯刑期比较图。

十五、最近五年各种疾病人数(应列举病名)与死亡人数比较图。

十六、人犯入监时所受教育与出监时之比较。

十七、最近五年假释人数及其罪名比较图。

以上图表式样长六十五公分、宽五十公分,其人犯年龄职业罪刑各表应将男女分别列载。

第二、图形

此项应将全监平面图或模型运京展览,并在图形上将监房间数分类说明(如独居监房几间,三人杂居房几间,五人杂居房几间,之类),并注明额定及现收人犯总数。

第三、作业成品

此项应将各科作业所出成品易于运输者择尤运京。

《令作业甲款簿记须向上海第二特区监狱购用令》

(部训四一七〇)

案据上海江苏高等法院第三分院转呈上海第二特区监狱拟请准予承办作业甲款簿记卖同样本价目单祈核示。等情到部。当经指令:呈件均悉。查核所送作业甲款簿记样本制作尚佳,惟纸张则嫌稍薄,所请将此项簿记准由该监承办一节,仰饬将纸张加厚后再行呈由本部通令各省监狱径向该监购用,以省周折。此令。印发去后,兹据该监呈复,略称遵将此项样本纸张加厚改制完备,价目仍与前送样本同。等情。并卖送改制样本六册前来。本部查核无异,自可准予承办。除指令并分令外,合行检同价目单令仰该院转令所属各新监径向该监购用,以省周折。此令。(二十三年十二月十八日)

计发价目单一纸

附监狱作业甲款簿记价目单

江苏上海第二特区监狱作业甲款簿记价目表

品名	数量	页数	每本价值
日记簿	一本	百页	二·〇〇
现金收支簿	一本	百页	二·〇〇
收入分类簿	一本	五十页	一·四〇
支出分类簿	一本	五十页	一·四〇
债务簿	一本	五十页	一·四〇
债权簿	一本	五十页	一·四〇
附记	查上项簿记系用70磅本造纸新式画线机印壳面用花纹漆布精装并烫金字如用较佳或较次纸及页数多寡当依此类推乙丙两款簿记内价目同寄费均须另加		

《各省新监狱土木修缮工程务由在监人犯自办由》

(二十一年三月部训六五八)

为令遵事。查营缮一项为监作业之必要科目,历年各省新监办理均有成效。乃近查苏、赣等省各新监对于墙垣倾倒房屋圮坍等工程往往招工承包,殊与监犯自给自足之本旨相背。除分别令饬改革外,深恐其他各省积久玩生,致旧有之良规无形消灭。为此,令仰该院长转饬所属新监一体遵照,嗣后遇有各种工程务须由各该监营缮科人犯自办,不得招工承包。于必要时准其酌雇工师指导,以重劳役而节公帑。切切。此令。

《咨江苏省政府为拟分拨监犯建筑各县公路一案咨请查明转饬施行由》

二十一年八月部咨一二七八

为咨行事。查在监人犯得使在监外服劳役,监狱规则第三十五条业有明文规定,苏省监犯外役施行细则并据江苏高等法院于十九年四月间呈部核准施行在案。兹查苏省监狱拥挤异常,工场不敷应用,人犯坐食者甚多,亟应推广外役以资救济。现在贵府所辖各县建筑公路正在进行,所需人工必多。本部拟将各县监犯分拨工作,俾监犯无坐食之虞,公路有完成之望。于地方之支出俭省当不在少,贵府谅必赞同。除已函请江苏建设厅查明各县应筑公路若干处,每处计长若干里列表见复,并令各县建设局知照,以便派员接洽办理外,相应咨请贵府查照转饬进行,实纫公谊。此咨。

江苏省政府

《指令据呈复奉令核拟监犯服役路工一案情形请核示由》

(二十一年十一月部指二〇四三三)

呈悉。关于该省监犯服役路工管理及其他事项。兹由本部分别指示于后。仰即遵照办理,并将遵办情形呈报备核。此令。

计开:

一、考邓、安高、陕三永、叶郑南、洛许等线内各县既多产匪之区,派犯前往筑路自多危险,以上各县应准暂缓施行。

二、外役人犯应按名计算工资,或估计某路应需工价全部若干,由监狱承包。应由该院先向建设厅商订办法,报部核夺。

三、外役人犯应由监狱选派看守负责管理。

四、外役看守须加训练,其薪水即在建设局所发工资项下开支,至于人犯增加之口粮亦同。

五、外役人犯之选择标准及管理办法可参照江苏省呈准之监犯外役施行细则办理。

《通令转饬所属各监对于成品合价材料购入均应遵照监狱作业规则第二十四条至第三十二条切实办理并实施承揽业及其他委托业由》

(二十一年十一月部训二九七五)

为令遵事。查各省监狱制作成品所用材料人工往往不能按照章程核实合价,而购入材料需价亦多较为昂,以致售品价格每有高于市价之弊,销路不畅亦固其宜。迨至长官更易,则因前任所积成品无法推销,不得不呈请减价出售,基金遂无形亏蚀。若不从严整顿,殊于狱政前途大有妨碍。嗣后各监狱对于成品之合价及材料之购入均应遵照《监狱作业规则》第二十四条至第三十二条切实办理,如有违反即将监狱经手职员从严惩处。一面查照同规则第三十六条暨第三十七条之规定,实施承揽业及其他委托业俾与官司业相辅而行,庶不致因经费支绌购料为难,使人犯辍业坐食而失法定劳役之本旨。除分令外,合行令仰该院转饬所属各监狱一体遵照。此令。

《令山西高院抄发本部修正山西监犯修路章程转饬所属监狱遵照由》

(二十一年十一月部训二九九〇)

为训令事。查各省监狱类多拥挤异常,工场不敷应用,亟应推广外役以资救济。现各省公路正在修筑,所需人工必多,若将各县监犯分拨工作,则监犯无坐食之虞,而公路有完成之望,且于地方支出俭省亦不在少。当经本部咨请各省政府转饬建设厅查明各县应修公路若干处,每处计长若干里,并令各县建设局知照,以便派员接洽办理。去后兹准山西省政府咨复内称,此案已由本府会同高等法院商订《山西监犯修路章程》二十八条经本府委员会决议通过,请予查核备案。等由准此。查所订章程尚有未尽妥协之处,业经本部酌加修正,除咨复外,各行检发本部修正章程。令仰该院遵照并转饬所属监狱一体遵照。此令。

计发修正山西省监犯修路章程一份(章程见法规门)

《通令转饬各看守所对于作工一项赶紧设备切实推行由》
（二十二年一月部训七四）

为令遵事。查劳动为人生之义务，亦即为人生之权利。故修正看守所暂行规则有看守所得依被告人之情愿酌量情形许其作工之规定。乃查该规则施行以来，各看守所对于作工一项多无设备，致情愿作工之被告人无工可做，终日坐食，殊非本部注重劳动之本旨。自此次通令之后，各该看守所务须照章赶紧设备，切实推行。至在监寄押之被告人亦应许其作工，惟给予工资仍依照同规则第四十六条办理。除分令外，合行令仰该院长、首席检察官即便转饬所属各监所一体遵照。切切。此令。

《令仰转饬所属新监培养建筑工囚以便提用由》
（二十一年一月部训二四九）

为令遵事。查建筑一项为监狱作业之必要科目。前经北京司法部列为训条各监建筑工程应由工囚自办，并经本部于上年三月通令遵办，各在案。该省各县旧监依本部改良计划多应改为分监，业经着手调查规划，分年进行。所有建筑工程自应由工囚自办，约计每县需用工囚至少三十名，每年以改建五县计算，应需工囚一百五十名，均拟由各该县附近新监提充。嗣后各新监于建筑一科有则认真整顿，无则从速增设。务使建筑工囚每新监常有四五十名，藉资培养而便提用。为特令仰该院转饬所属各新监遵照办理，并将遵办情形转报备查。此令。

《通令转饬各监所在工场未设立以前设法使人犯在监外或监内服役由》
（二十二年四月部训八四五）

为令饬事。查监犯作业原不限于工场，即在监外服役亦为监狱规则所许。乃据调查所得，各省旧监所对于监犯作业多不注意，或借口经费支绌，或托词缺乏工场，致令人犯坐食，无所事事，殊属不合。除分令外，合行令仰该院长转饬所属各监所即便遵照。在工场未设立以前，务须设法使人犯在监外或监内服役，以符法定劳役之本旨，毋任玩延。切切。此令。

《咨复实业部为监狱出品日增于人民生计并无妨碍请查照由》
（二十二年十一月部咨二二五五）

案准

贵部劳字第二五二三号咨开：案据华北工业联合会代表陈世仁等呈，略称：

窃华北地冷民贫，全仗工业以谋升斗，向安无异。自监狱出品日增低价求售，工业遂被挤倒，失业男妇老幼惨不忍言。恳转咨贵部准将监狱出品限制销售方法，并公定与贫民出品同一价格。俾无碍本地人民工作，以资救济。等情前来。除批示外，相应抄同原呈，咨请贵部查核办理，见复为荷。此咨附抄原呈一件。等由准此。查监狱作业系就人犯个人关系，规定科目种类虽多，而出品甚少，散见市场寥寥无几。至于定价方法除本监狱自用者外，其售予他人者均以市价为标准，为监狱作业规则第二十五条乙款所明定，实于市场毫无影响。原呈所称华北贫民失业自系别有原因，要不在监狱出品之日增。惟既据称有低价求售情事，除由部随时调查督饬照章办理外，准咨前由相应咨复查照。此咨。

《通令仰督饬各监狱励行作业由》
（二十二年十二月部训四〇五五）

查人犯作业为执行自由刑之要件。迭经本部令饬监狱极力推广，以期普及。其有工场未设或基金无着者，并经令饬在监外服役，或实施承揽业及其他委托业。各在案。各监狱如能切实奉行，自不难日起有功。乃本部长此次视察苏、赣等省监所，工场设备既多不全，作工人数亦复无几，甚有简单工作亦未开办，致令多数人犯终日坐食，无所事事，殊失本部注重作业之本旨。为特令仰该院迅即督饬各监狱励行作业，务使全体人犯皆有工作，以重劳役。并将各监狱推广作业情形随时具报为要。此令。

《监犯外役须一律施用联锁通令》
（部训二二五五）

查监犯外役应一律施用联锁，监犯外役规则第十四条已有明文规定，原为预防脱逃起见。近查各省监狱对于人犯外役仅派看守监视，并不实施联锁，以致乘间脱逃层见叠出，殊属不合。除分令外，合行令仰该院迅饬各监狱恪遵定章办理。嗣后如有违背定章，因而致人犯脱逃者，即将该管长官从重惩处，决不姑贷。此令。（二十四年三月十一日）

《利用监犯修筑公路由》
（二十三年五月部训一七五一）

案准行政院秘书处函开：

奉院长谕中央交办南京特别市执行委员会呈：据第九区党部呈：请令全国各省市当局利用监犯修筑公路以利交通，等情。一案到院。应交铁道部暨司法行政部核议。等因。除分函外，相应抄同原件函请查照。

等由,附抄送原函一件、原附抄呈一件准此。查分拨监犯修筑公路一案,本部曾于二十一年八月咨请各省省政府转饬建设厅查照办理(见第十六号司法行政公报)。嗣准山西省政府咨送监犯修路章程暨据江苏高等法院第三分院呈送上海第二特区监犯修路章程,到部。并经分别修正施行,各在案。第九区党部所称各节与本部意旨相同,惟各省照案实施者尚不多觏,自应加紧督促,俾收实效。准函前由,除函复并分令外,合行抄发原呈令仰该院就近与该省建设厅洽商办理积极进行,并斟酌本省情形参照《修正山西省监犯修路章程》(见第二十二号司法行政公报)暨《上海第二特区监犯修路章程》(随令抄发),拟订办法具报。切切。此令。 　　　　　　　　计抄发原呈一件上海第二特区监犯修路章程一份

教 诲 教 育

《各省旧监应筹设循环教诲仰妥拟办法呈核由》
（十七年四月部训各省高院）

为通令事。查监狱教诲为执行自由刑之要素,监狱规则第四十八条业经明文规定。现在各省新监狱已一律实施,惟旧监狱因经费困难设备不全,迄未举办。同一罪犯而待遇各殊既失公平之道,又不足以达执行刑罚之目的。近查外国监狱有巡回教诲之法,用人甚简收效则大,行之吾国当无窒碍。为此通令该院长酌量情形妥拟办法呈候核夺。此令。

《各新监人犯之教诲方法及教诲师之选择应妥慎规划进行由》
（十八年一月部训二三号）

为通令事。查改良监狱应重感化,感化以教诲为先,是以监狱规则及教诲师处务规则对于教诲事项均经明白规定,公布施行。惟教诲方法原分三种,个人类别两种,每因人犯众多轮流匪易;集合教诲一种,又因讲堂狭隘容纳为艰。以致在监人犯徒受教诲之虚名,难获教诲之实益,殊失改良监狱注重感化之本旨。应即悉心计划,积极进行,总期每犯每周最少须受教诲两小时以上。又教诲师一职关系极为重要,尤应慎重选派,严密考核,以收为事得人之效。为此令仰该院长遵照并转饬所属各新监迅即妥慎规划,切实施行,并将遵办情形具报查核。切切。此令。

《监狱教诲用书应呈部审核由》
（十九年一月部训一一一）

为训令事。查监狱教诲及教育用书关系重要,除教育用书应就犯人程度高

下分别采用教育部审定之教科书教授外,至于教诲用书若非有精确之选择,殊不足以收感化之实效。为此,令仰该院长迅即转令各新监将现时所采用书籍呈部审核,以期适用。此令。

《通令各省区高院院长转令各新监典狱长督饬教诲师遵照处务规则切实施行由》
(二十一年四月部训八三一)

为训令事。查监狱教诲师之职务按照处务规定本亟繁密。乃近查各新监教诲师均未能切实奉行,典狱长亦多不加以督促,每月仅作讲稿数件呈部塞责,于人犯毫无实益,以致监狱中视教诲师为闲散之职,自应严加整顿。为此,令仰该院长转令各新监典狱长督饬教诲师,嗣后务须遵照处务规则切实施行,并将甲月工作于乙月五日以前按日详叙事实,报部查核。如果报告有浮饰及捏造情事,一经查出,定予严惩。其例行之讲稿及教诲月报表毋庸呈送。切切。此令。

《令各省高院颁发实施监犯教育办法仰转饬遵办由》
(二十一年四月部训九七一)

为训令事。查在监者除十八岁以上而刑期不满三月者及监狱长官认为无教育之必要者外,应一律施以教育,监狱规则第四十八条业经明白规定。惟查各监狱按照规则实力奉行者寥寥无几,殊失监狱注重教育之本旨。兹由本部订定实施监犯教育办法五条开列于后,令仰该院遵照并转饬所属各监狱切实遵办,期收成效。切切。此令。

实施监犯教育办法:

一、教育科目应遵照监狱规则第四十九条办理,但旧监狱得不设补习科。

二、教育时间凡人犯未满二十五岁者每日四小时,满二十五岁以上者,每日至少两小时。

三、教育课本应由各监狱采用教育部审定之小学教科书。

四、教授各种学科新监狱由教师及教诲师(未设置教师之监狱照章由教诲师兼任)任之,旧监狱由管狱员任之,并可由其他职员补充担任之。如有不能担任之科目,旧监狱可商由县长请就近学校教员兼任。若监犯中有曾受中等以上教育而行状善良者,并得令其担任授课事宜。

五、所有教授之学科每六个月由高等法院派视察员试验,以定成绩之优劣,并报部核办。

《令福建高院为在监人如合于令开各条件得由
监狱长官许其阅报仰饬遵由》
（二十二年一月十四日部训九八）

为训令事。案据监狱司签呈，内称：准福建高等法院函，以反革命人犯均收禁于监狱，请求阅报，可否照准。请察酌见覆。等由到司。窃查新闻纸日本绝对不许在监人阅读，普国除在分房监禁之被告人民事囚、拘留囚得许其阅读新闻纸外，余无明文规定。此案可否准由监狱长官认为无害于监狱纪律时，对于在分房监禁之行状善良、将近释放之人犯得许其阅读适当之新闻纸（外国文字新闻纸不许阅读），应请核示。等情据此。经准如所拟办理。为此令仰该院长转饬遵照。此令。

《通令为教授监犯学科试验成绩仰即照章报核由》
（二十二年一月部训七二）

为训令事。查实施监犯教育办法业经本部于上年四月三十日通令遵办，在案。该办法第五项内载所有教授之学科每六个月由高等法院派视察员试验，以定成绩之优劣，并报部核办，等语。现在已逾六月，所有教授学科试验成绩若何，应即照章报部核办。为此，令仰该院遵照办理。切切。此令。

《通令为抄发监狱附设小图书馆案理由办法由》
（二十二年十一月部训三五九三）

案准中华图书馆协会公函内称：案查我国监狱人犯除固定工作外，别无消遣。身被牢禁之刑固属罪有应得，而知识方面亦连带受其影响，殊堪悯惜。且监狱之设原所以促其悛悔，如能斟酌情形，附设小图书馆用供犯人浏览，不仅可以增其学识且培植其道德，俾能改过迁善，将来刑满出狱后于个人知识社会安宁均不无裨益。顷本会举行第二次年会于北平议决监狱应附小图书馆一案相应函请贵部采纳，通饬全国各监狱及反省院感化所等克日附设小图书馆以惠监犯。兹特检附原案（中华图书馆协会第二次年会报告第五五页）至希查照，见覆。等由准此。除函复并分令外，合将该会所拟监狱附设小图书馆案理由办法抄发以供参考。此令。

计抄发监狱附设小图书馆理由办法一件

监狱附设小图书馆案

陈长伟原案

大会议决通过

（理由）我国监狱人犯多数在狱中消磨时日无所事事，即云有工作可做者，但工作以外消遣无方。查近时识字犯人为数颇多，既被监禁之刑，知识方面又连带受其影响，事之可惜孰逾于此。为挽救罪恶计，亟应设立监狱图书馆，盖藉此可使识字犯人自求高深学问，同时使不识字者得一读书机会，则改过迁善易于著效，即将来出狱时对于个人道德、社会安宁皆有极大关系。再者各地反省院中所拘类多青年且为知识分子，尤应设立图书馆，供其需要，为开导之源泉。

（办法）

1. 地址：在监狱或反省院内选择适中地点，觅屋三四间加以修理，作为图书馆。

2. 人才：识字犯人使其受相当图书训练可暂为馆员，作分类编目管理及借书等事，不识字犯人可暂为馆役，整理图书洒扫灰尘等事，由附近大图书馆指导。

3. 经费：由监狱或反省院经费内拨付百分之十，以作购书及文具费用。

4. 设备：用具宜求简便，以监狱原有桌椅橱架及其他文件等物可以作为图书馆器具者，则尽量用之。设不敷用，可择要另行购置。

5. 图书：所选书籍，根据犯人兴趣及需要，使其自然悔过。关于高尚道德及指导职业方面图书宜多购置。

6. 施行方法：协会函请司法行政部通令各省监狱或反省院施行之，由协会负指导督促之责。

《指令上海江苏高等法院第三分院转呈上海第二特区监狱举办监犯识字情形改良办法由》

部指三六七（附原呈）二十四年一月二十八日

呈及附件均悉。查该所报牌示识字情形尚有应加改良之处，分别指示于后。仰即转饬遵办。附件存。此令。

计开：

一、监犯识字应先施行个别测验，依其资质分别教授。其愚钝者得将字牌悬挂日期酌予延长。

二、监犯识字不但在能读、能写，尤在能解、能用，应饬由教师详晰讲解，并置备石笔石板，贷与监犯俾资练习。

三、字牌可用木制加漆以节经费。

附原呈

呈:为呈报本监举办监房识字情形暨检同字牌式样、识字考查表等仰祈鉴核,转呈备案事。窃查现在本监人犯识字者不过十分之二·五强,其余大都因年长失学,知识缺乏,利害未明,致蹈法网。本监为灌输监犯知识起见,业择其年龄富强、文字稍具根基者约一百六十名,遵照部颁实施人犯教育办法,开办初级小学教育。复以其程度深浅分为甲乙两班,但以全监人数计,就学者尚不过十分之二,实未足以言普及而资贯彻。爰采用民众识字运动办法,参用平民千字课本,将该项千字文分为二百五十组,每组四字,每字复缀成浅近文句,俾便练习而资应用。该项识字与造句并特定制一种蓝底白字之搪瓷牌,正面系制单字四个,反面即根据正面之单字缀成两个或三四个粗浅短句。每号监房各悬一块,每日下午四时至六时,由教师督同助教看守轮流赴各监房,就不识字人犯依照字牌逐一教授。每牌每号计挂两日,第一日为初教,第二日为温习,每两日后全数依次调换一次,重新教授。并制有一种识字考查表,表内印有单字及就学人犯番号,以资考核。要之每日二百五十号监房皆有识字教育,以每房收容三人计,则七百五十名监犯每两日皆有认识四个单字及学造句之机会。若积以岁月,则每一人犯均可于一年半内认识一千个字,同时并能了解每字之意思与用法,而每日所费时间不过数分钟而已。此项识字办法试办以来,已阅八月。经典狱长亲赴监房复察,查得入监时目不识丁者今都能认识数百字矣!且能读简单文句矣!似不无微效。所有本监试办监房识字情形,理合检同识字考查表及字牌式样等备文呈报钧长俯赐鉴核,转呈备案。实为公便。

卫 生 给 养

《人犯给养及清洁卫生事项应饬各监所注意由》
(十七年三月部训一五一)

为令遵事。查监所人犯本系民众一份子,只因偶触法网身陷图圄,其情已属可悯,处遇倘再有不慎,势必致自由刑变为身体刑与性命刑,殊非国家行刑之本旨。监狱规则及看守所暂行规则均于给养卫生等事项详为规定,良有以也。现在春令已行,瞬交夏令,监所以众多之人犯容纳于狭隘之房间,秽气薰蒸,最易酿成厉疫。亟应设法预防,以恤囚徒而重人道。除分令外,合行令仰该院长即便转饬所属各监所遵照,务于人犯给养暨清洁卫生事项严加注意,并将现在处遇情形及将来实施计划报由该院长核转本部查考,毋任玩延。切切。此令。

《部颁发各监所疏通办法并注重卫生令》
(二十四年六月部训令二五四四)

查监所卫生监狱规则及看守所规则,均有专章规定。前因各省监所人犯拥挤往往不能切实遵行,迭经本部通令,厉行责付缓刑及假释保释。各在案。现查各省监所人犯仍未减少,值此夏令尤易发生疫疠,自非重申前令,设法疏通,不足以资预防。兹经拟订疏通人犯办法六项,令发该院通饬所属各法院兼理司法之县政府及新旧监所遵照办理,并严令各监所对于卫生事项务须按照定章切实施行。未病人犯应严加预防(如血清注射、虫虱之扑灭、房屋之扫除、衣被之洗晒、饮食之清洁、身体之沐浴运动等,如能将监房划出一部作为隔离监,收容新犯,经过相当期间再移入普通监房更佳),已病人犯应照章设法隔离,或保外医治或送病院,并将病犯所用卧具杂具及所住监房设法消毒,以免传染而重人道。除分令外,合行令仰该院长、首席检察官遵照仍将办理情形具报查考,均毋违延。切切。此令。

疏通人犯办法:

一、各法院及兼理司法之县政府未结案件应迅速清结。

二、对于羁押中之被告应遵照本部民国二十二年第一四八三号及第二六四九训令厉行保释责付。

三、合于缓刑条件之人犯应厉行刑。

四、各机关寄禁押之人犯应妥向接洽,请其提回。

五、合于假释或保释之人犯应厉行假释或保释。

六、超过定额之监狱应将烟犯另觅场所收容,以免拥挤。

《县监所人犯给养卫生事项应随时设法救济由》
(十七年五月部指福建高等法院一二一三)

呈悉。查监所给养卫生事项将来实施计划,以随时能见诸实行为主,该监所地处低洼,湿气自不能免。在劝募巨款尚未改建以前,以治标计,薰以苍术或撒以石炭,需费无多而收效未尝不巨。至于光线空气拘于旧式建筑固不能充分发展,然亦须察度情形酌开窗户,以资救济,不得尽诿以待募款建筑也。仰即转饬遵照。又查人犯口粮据称已加至一角,究竟饭菜系如何制成(包给厨役或选犯自炊),数量系如何支配,未据详细声明。并仰令查复报。此令。

《县监所医士应预为延聘毋得玩忽由》

（十八年三月部指广西高等法院二二三六）

呈悉。据查监犯覃光福等因病移居监巷乘机脱逃，该管员役确无过失情形，应准如前呈所拟，将该管狱员韦光华记过一次，至该看守高贵等职司看守竟以睡熟致病犯撬门脱逃究属咎有应得，并着斥革示惩。再查人犯疾病须速医治，各县监狱看守所规则业经明白规定，来呈内有：各医生未肯来监诊视各犯，一有疾病皆是坐以待亡，等语。该监所不讲卫生既未能预防人犯之疾病，乃人犯既罹疾病又未能速延医生为之诊治，致令坐以待亡，殊于人道职责两有未尽。嗣后应将监所医士预为延聘，以备不虞。毋得仍前玩忽致干未便。仰即饬遵。此令。

《指令据呈复奉令关于人犯口粮饬援照浙江办法参酌办理一案 谨将粤省情形呈复鉴核由》

（附原呈十九年八月部指九八七六）

呈悉。此令。

附原呈

呈：为呈请鉴核事。案奉钧部第一四二六号训令内开：查监所口粮为人犯生命攸关，少则每食不饱，多则公款虚糜预算规定，不可不慎。唯一省之内地方辽阔，情形各有不同，粮价难免互异。若将划一之预算施行于各别之地方，势必至此有余而彼不足，人犯有苦乐不均之感。前据浙江高等法院呈报监所人犯口粮办法，以鄞县、永嘉、嘉兴各新地属通商大埠，生活较高，均规定每名每日银一角。省垣尤觉百物昂贵，第一监狱暨杭县看守所并定为一角一分。浙东米价向较浙西为廉，故浙西各县为九分，浙东各县为八分。似此办法开支既无浮冒，待遇复极公平，因地制宜于计良得。浙江情形如是，各省应多相同，除分行外，合行令仰该院长参酌办理并具复。此令。等因奉此。查粤省各监所人犯口粮自民国十五年由前司法厅长参照物价从新订定，每名日给毫洋一角五分，呈奉省政府核准照办。在案。现在时逾数年，虽各地物价稍增然，原定囚粮数额尚足敷用，除随时体察情况遇有必需变更再行呈请核示外，理合备文呈请钧部鉴核。谨呈。

司法行政部

《令遵人犯给养卫生务于口粮毋使饥寒如果经费实属不敷并应设法补救仰转饬遵照由》

（十九年十二月部训二〇八一）

为令遵事。查人犯给养《卫生监狱规则》《修正看守所暂行规则》暨《各县监狱看守所规则》均有明文规定，各该监所自应遵照办理。现值冬令已行，严寒即届。口粮固须使之饱，衣被尤贵保其温。虽因公款支绌自备在所不禁，然遇无力自备之人犯，仍应负给养之责任。乃据视察监所及监所卫生各报告，口粮一项或每餐给米四两或每日给面半斤，饥火中烧欲图一饱而不得。棉衣棉被为御寒所必需，衣则单夹未换，被则数人一条，甚或衣被俱无，赤身裸体夏犹不可冬复何堪。何怪乎疾病丛生死亡相继也。言念及此，殊觉痛心。须知监所改良，首重人道，纵不能设备周全，使人犯受相当之感化，岂可令其冻馁死亡坐视不救?! 查囚粮衣被等费预算多有规定，各该监所职员正宜悉心经营，照章发给。如果经费实属不敷或预算尚未列入并应商承该管长官设法补救，务使监所人犯皆得必要给养而后止。盖人犯之在监所不过拘束，其自由倘因此而害及其身体或性命，则办理不善咎何可辞？该院长监督有责，应即据实呈明，从严惩办。除分令外，合即令仰遵照并转饬所属各监所一体遵照。此令。（十九年十二月三日）

《令各省区高院关于囚粮所用粮食应斟酌情形分期投标预定由》

（二十一年五月部训一〇四七）

为令遵事。案查各省监狱经费以囚粮为大宗，粮食市价涨落不定，临时购买既不经济又易滋生弊端，亟应斟酌情形分期投标，预定藉资撙节。除分令外，合行令仰该院长遵照，转饬所属各新监斟酌地方情形，分三个月或六个月为一期，就粮食市价低廉时估计需用数目布告招股实商号投标定购。由高等法院派员监视开标并设法垫付定款，在各该监狱每月应领经费内摊扣归还。其各县旧监狱人犯较多县份亦应令饬查照办理，由县长监视开标垫付定款，在该监狱每月应领经费内摊扣归还，以维经济而杜流弊。仍将办理情形报部查考毋违。切切。此令。

《各监所囚粮医药衣被等费应分别增加令》

（二十一年五月十日司法行政部训令各省高等法院第一〇二八号）

为令遵事。案查各省监所囚粮预算规定每名每日大洋一角以上者固多，仅规定四五分而尤不能按数发给者亦复不少。甚有并无规定每日酌给稀粥两餐者,实属有乖人道。值此生活程度增高,百物昂贵,若不设法加添,殊无以维生活而免饥饿。除分令外,合行令仰该院长即便遵照,查明该省各监所囚粮,如规定未满一角及并无规定者,应即向省政府妥为协商,分别增加规定,至少每人每日须定大洋一角。一面严行责成监所官吏切实办理,选犯自炊毋任克扣,其医药衣被等物如算已有规定而虑不足者,应斟酌情形酌予增加。如尚无规定并应酌量规定以重人道。仍将办理情形随时具报查核,毋稍违延。切切。此令。

《通令为令仰转饬各旧监所直接监督长官不时密查所属各管狱员如有克扣口粮情弊一经查出立即依法惩处由》
(二十一年九月部训二三三九)

为训令事。案据本部科长廖维勖呈报视察湖南十五县监所情形,亦条陈改善湘省各县旧监所意见一案。内称:查各县监狱看守所规则第二十九条,监所人犯应给必要之衣食,但在所人犯得许自购,或由家属等备送,规定至为明晰。此次视察各县旧监颇有刑事被告无人备送,又无力自购饭食者。该管狱员漠然无动于衷,任其受饿多日不给口粮,及查报销册则该被告姓名已列入实支口粮之列者不一而足。亦有虽给口粮而未照定额给足,以少报多者亦复不少。忍心害理莫此为甚。等情据此。查此案克扣口粮各管狱员业经查明,另令从严惩办。在案。合亟令仰该院严饬所属,旧监所直接监督长官不时密查,如仍有上项情弊,一经查出,立将该管狱员依法讯办惩处,以昭炯戒。现在各旧监所究竟有无上项情弊,仍应查明具报。除分令外仰即遵照。此令。

《令江苏高院为米价低落迅速妥议增加囚粮分量由》
(二十一年九月部训二三四九)

为令遵事。案查前因苏省各监所囚粮分量参差不一,当以第二〇〇九号训令妥议规定在案。迄尚未据呈覆。兹查近日米价低落,本京最次米每石不过五元,内外他处情形亦大略相同,囚粮分量自应酌予增加,以免饥饿。合再令仰该院长遵照前令。饬迅速妥议增加具覆,毋稍迟延。切切。此令。

《通令发青腿牙疳治疗法饬与用鲜菜预防法相辅而行由》
(二十一年十二月部训三二五六)

为令行事。查江苏第二监狱人犯前次发生青腿牙疳症,当经本部函请内政部卫生署饬据上海卫生局派员实地调查。报告据称,详细诊察考其症状,断为坏血症。其主因系因犯菜蔬以腌菜、干货为常食品,每不能得新鲜食品,因之丙种生活素缺乏,遂成此症等语。比经拟订预定人犯所用菜蔬表通令各省高院转饬各监所斟酌经济、卫生情形选定菜蔬种类,轮流食用,以资预防。在案。兹据河北高等法院呈称:查多食新鲜菜蔬固是预防未病之良法,若至已患此病则既苦难治,又患传染种种棘手,殊可寒心。院长顾念病犯之苦痛,曾随时令饬各监典狱长悉心研求,以期得一实验良方,俾资应用。兹据河北第四监狱典狱长吴峙沅呈称:青腿牙疳一症最易传染,诊治异常困难。本监上年七月间人犯患斯症者将近百人,经医生细心研究曾发明一种青腿牙疳治疗法,系用内外诸法医治,类皆不兼旬而悉数痊愈,无一死亡。其后按法预防,至今未得发现。本监以此项发明既收功效,若任其湮没失传,殊觉可惜。因将该治疗法印刷成册,曰《青腿牙疳治疗法》,公诸狱同人,俾供医术参考。理合检同原册呈送鉴核。等情前来。查该典狱长所呈《青腿牙疳治疗法》既在该监治疗卓有成效,应予通行各监所随时备用,以广流传。除通令颁发所属各监所参阅外,应否转发各省监所以备参考之处,呈请鉴核示遵。等情。并据视察司法专员朱献文报告,近年各省监所发生青腿牙疳病,中西医均多棘手,此次视察察哈尔与第一监狱,刘典狱长谈及治疗此症先须打针放血,再用薄牛肉片贴之即可见效。等语。各前来查阅所呈方法,既据各监试用有效,自可与前定预防方法相辅而行。除分令外,合行检同治疗法,令仰该院长遵照。即便刊印转发所属各监所,遇有青腿牙疳之病犯,为中西医所不能治疗者,准其如法医治,并将医治成绩随时具报。此令。

计发《青腿牙疳治疗法》二本

青腿牙疳治疗法(序言)

余厕身狱界十有余年,曩岁承乏山西、河东及哈尔滨监狱,每见在监人发生一种青腿牙疳,最易传染蔓延,甚至死亡相继,医治束手。即偶有痊愈而腿部瘦削,非复原来健康。往事洄溯,良用恻然。迨后于平津各监亦屡发现此病,虽西医认为坏血症,以平日少食新鲜菜蔬所致,究其受病原因,未必尽然。不过于饮食运动特别注意或为事先预防之法,及病已发生,苟无根本疗治之术。坐视在监人之死亡,而莫知所以拯救,此治狱者所最疚心者也。敝监于客岁七月间患青腿牙疳者将近百人,以鞋科、络线科为多,经中医士孙锡九细心研究,内外兼治,旬日之间全数霍然,竟无一死亡者,亦无腿部瘦削者,足见明症,用药功效自著。兹特将治疗各法编印成册,公诸治狱同仁,以供参考。未始非医术之一助,谅为仁人所愿闻也。

中华民国二十一年十月河北第四监狱吴峙沅识

《青腿牙疳治疗法》湖北第四监狱编

(一)病因:

系未食鲜菜生果,缺乏丙种生活素,加以夏受潮湿冬受风寒,怠于工作,不喜运动所致。故本监上年患此症者大都好懒惰不努力工作之徒,而服役、营缮、种植、扫除、炊场等囚无一传染,即此可以证明。

(二) 病象:

初患时不思饮食,渐次两腿浮肿,皮现黑紫色状似云霞,牙根肉腐烂,间有仅青腿而不牙疳或牙疳而不青腿者,其病较轻。

(三) 预防法:

在未发病以前,多食新鲜菜蔬果子,时常运动。监房流通空气,避免潮湿,莫受风寒。

(四) 内治法:

(服白马脑)挑去膜脂,用最热黄酒和服之。如无白马脑,杂色马脑或牛羊猪脑均可,不过力量较小。每次以多服为妙,并无一定分量。

(服中药药方)木瓜三钱、归尾三钱炒、苍术三钱、牛夕三钱、黄柏三钱、泽泻二钱、乌药二钱、麻黄一钱、羌活二钱、灵仙三钱、榔片三钱、甘草二钱、黑豆四十九粒为引,清水煎服。

上中药方为一人服用之量

以上马脑药方同时兼用,均须服后透汗即愈。

(五) 外治法:

(晒法)择无风天气太阳光最足之时,用芦席铺于干燥地上,使患者除头戴草帽以避阳光外,躺在席上通体晒之,愈久愈妙。

(浸洗法)用熬成极热药水倾满于高二尺之木桶,使患者三四人围坐,置腿桶内,浸之时间愈久愈好。

(浸洗药方)艾叶一两、炒苍术一两、川椒五钱、青盐五钱、明矾一两、透骨草一两、荆芥五钱、防风五钱、甘草三钱。

右浸洗药方熬水一桶,可供六人之用,冷后仍烧热,更换用之。

(扎针)浸洗后用针向红处刺之,使其流尽毒血,但刺后针眼须用胶布粘贴,莫使受风。附图于后。

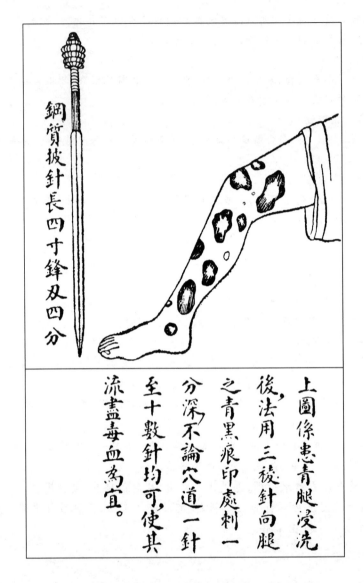

铜质披针长四寸锋及四分

上圖係患青腿浸洗後，法用三稜針向腿之青黑痕印處刺一分深不論穴道一針至十數針均可，使其流盡毒血為宜。

《通令转饬各县监所对于人犯衣袴蓆扇及日常必需用品
应照章给予切实整理具报由》

（二十一年十月部训二四四六）

为训令事。案据本部科长廖维勋呈报视察湖南十五县监所情形，并条陈改善湘省各县旧监所意见一案。内称：查此次视察各县旧监人犯碗筷多由自备，无力自备者以布盛饭，以手作筷，或候有碗筷之人食毕，再向其借用。夫碗筷至微也,而难得如此,遑论夏季蓆扇,冬季寒衣?嗣后监所人犯必需物品,如碗筷、蓆扇、衣裤、卧具之类,似应斟酌明定,以免缺乏。等情据此。查《各县监狱看守所规则》第二十九条,监所人犯应给予必要之衣食。又《监狱规则》第五十二条,在监者须给予必要之饮食衣类及其他用具。规定至为明晰。是犯人之衣裤蓆扇及日常必需用具自应照章给予。据陈情形,匪特违反法令,抑且有乖人道,殊属不合。湘省如此,其他各省恐亦难免无此情弊。为此将各县监所人犯必需用品列表规定,通饬遵行。除分令外,合亟令仰转饬遵照,逐项购办分给应用,切实整理。但在所人犯所需用品,得许自购或由家属等备送,倘购置前项用品经费不敷,应即设法筹措,毋稍延缓。并仰将遵办情形呈部备核。此令。

计发各县监所应备人犯用品一览表一纸

各县监所应备人犯用品一览表

品名	备考
单衣	
单裤	
棉衣	
棉裤	
夹被	
棉被	
蓆	
扇	
卧具	
筷	
碗	应备饭碗菜碗二种
面盆	
手巾	

(说明)上列各项用品除冬季棉衣、棉裤、棉被,夏季单衣、单裤、蓆扇及筷碗亟应备齐分给应用外,其余各件得视各处之经济状况,酌量设备。

《通令饬整顿监所三端仰即通令所属切实奉行具报由》
(二十一年十二月部训三二一)

为令遵事。案据视察司法专员朱献文报告视察山西、绥远两省监所情形到部。经详加核阅,内有亟应整理者三端:(一)监所卫生医疗应加整顿也。查关于监所卫生事项曾经订定月报表式,饬令按月造报其疾病死亡较多之处,并经随时指令切实注意,妥为医疗。各在案。兹据报告,山西第一监狱近三年平均计算死亡人犯每年一百余之多,其他各新监所亦在五十名以上,其平日不注意囚犯之卫生医疗可知。应由高等法院严令所属监所所用医士务须慎其人选,不得滥竽充数。遇有人犯发病,应即妥为诊治,并于饮食起居加意调护。倘系特殊症候准延专科医治,如认为监狱内不能施适当之医治者,得依照《监狱规则》第六十六条办理。若遇时疫流行,一周内患同一病症死亡在三人以上,一面赶紧设法隔离施救,一面将病状及患病人数、死亡人数详细分别电呈本部暨高等法院查核,俾便向都会省会医院询取治疗方法以资救济,各该监所如有特别验方亦应详述医治方法随时印送他省监所藉备采用。总期疾病死亡人得以减少。倘监所长官仍前玩忽匿不电呈或不认真设法救济,一经察觉即予撤惩。至临时防疫及特殊治疗之费准予核实开支。(二)看守所羁押贫苦被告人应贷与必要之棉衣被以御寒也。查《修正看守所暂行规则》第二十五条规定,被告人得自备衣类、卧具及食用必要物件。其不能自备者,由所贷与之。是看守所经常费支出预算内至少仍须编列额定人犯四分之一以上衣被费,以备发给无力自备之人犯。乃据报告,山西大同看守所有羁押被告于夏间穿单衣裤,进所至今,寒冬仍无棉衣裤更换者。其瑟缩战栗,号寒情状,睹之恻然,等语。殊为骇异。应由高等法院通令所属各级法院暨兼理司法之县政府及各看守所所长对于不能自备棉衣被之被告人,从速购置给与。如衣被费预算并无规定者,亦应由该所所长及主管长官设法贷与,以尽责任。一面于编制看守所预算时将此项衣被费列入。(三)监所囚粮宜加稽核也。查各省监所囚粮预算多系按照前数年粮价昂贵时核定。兹据报告,绥远囚粮向用小米,前数年每斗二十六斤需洋二元二角,今年每斗只需六角四分,每日每名实需数较预算所定数当可节省不少,若不设法稽核,则盈余之数或藉端挪用,或饱入私囊,殊非慎重公帑之道。兹经本部订定稽核办法及报告表册随令附发,应由高等法院通饬各新旧监所切实遵照办理,以杜流弊。以上情形恐他省亦在所不免,除分令外,合行检同办法表册,令仰该院长遵照即便转饬所属切实奉行,不得稍有玩忽致干重咎。仍将遵办情形具报查考,毋延。切切。此令。

计发稽核囚粮办法一件,表册格式二份(表格详法规统计报告内)。

稽核各省监所囚粮办法:

一、各监所囚粮应由监所购买,粮食、油、盐、柴、菜选择人犯自炊,不得发给钱米及包与厨房承办。

二、囚粮分量应以干粮(如米麦粉杂粮等)为标准,每人每顿新制秤自十两至十四两,由监所长官斟酌(已决犯应分别劳役种类)规定呈报高等法院备案。病犯酌给稀饭等适当之饮食。

三、每日所用粮食油盐柴菜应由主管炊场人员核实,填列囚粮结算日报表,报告本监所长官。每届月终即根据日报表填列月报表并造具囚粮用款四柱册于翌月五日以前呈报高等法院核明,转报司法行政部查考。

前项表册自民国二十二年一月份起造报,格式附后。

四、囚粮如有节余,应专款慎存储,以备将来粮贵时弥补囚粮之用,不准挪充公杂等费或其他用途。

五、表报购入粮价应由高等法院随时派员抽查，如果发现有与市价不符情弊，即行彻查惩办。

六、他机关寄禁寄押人犯口粮，应向原机关领用，一并造报。

《令发湖北武汉监所囚粮购置委员会简章仰即仿办具报由》
（二十二年四月部训九一六）

为令遵事。案据湖北高等法院院长史延程呈称：案查二十一年五月奉钧部第一〇四七号训令内开：为令遵事。案查各省监狱经费以囚粮为大宗，粮食市价涨落不定，临时购买既不经济，又易滋生弊端，亟应斟酌情形分期投标预定，借资撙节。除分令外，合行令仰该院长遵照转饬所属各新监斟酌地方情形，分三个月或六个月为一期，就粮食市价低廉时估计需用数目布告招殷实商号投标定购。由高等法院派员监视开标并设法垫付定款，在各该监狱每月应领经费内摊扣归还。其各县旧监狱人犯较多县份亦应令饬查照办理。由县长监视开标垫付定款，在该监狱每月应领经费内摊扣归还，以维经济而杜流弊。仍将办理情形报部查考，毋违。切切。此令。等因奉此。当即转饬所属新旧监所遵照办理去后，惟时值鄂省政费支绌，应领经费既一再折减且复积欠不能按月发给。就武汉新监所而论，每月仅分次领维持费，外县经费艰窘尤甚。此项投标定购之款无从设法垫付，遂致未克实行。院长悉心计划并以湖北第一监狱及分监与武汉两看守所均相距密迩而所购米粮同一时期价值各异，殊乏统一之标准，即因人食粮亦彼此有优劣之差。迭经召集各监所长会商办法，爰遵照钧部注重囚粮撙节经费之本旨，先就武汉监所拟具囚粮购置委员会简章，以期共同实行标购而杜流弊。并函请湖北财政厅将各监所维持费于每月初一次发给，以资垫付。是否有当。理合检同拟具湖北武汉监所囚粮购置委员会简章一份具文呈请鉴核示遵。等情据此。查核所拟办法尚属周密，除准予备案并分令外，合行抄录简章令仰该院即便仿照办理，具报毋延。此令。

计钞发简章一份（见法规门）

《通令为拟定整理监所囚粮数端仰即遵办具报由》
（二十二年六月十六日部训一六八九）

为令遵事。案查关于监所囚粮事宜，迭经本部通令整顿在案，不啻三令五申。乃据调查报告各监所未能切实奉行者尚多，殊嫌藐玩。兹定整理办法数端开列于后，除分令外，合亟令仰该院长、首席检察官即便遵照前令通令认真办理，仍将遵办经过情形具报查考，毋稍违延。切切。此令。

计开：

一、查米粮之种类极多，即同种之米亦有白、糙、新、陈之分，价值高下不一。兹据调查报告各监所购买米粮单据记载大部简率，甚有不注明日期者，殊难稽核。应即通令各监所嗣后购买粮食单据内务须将种类白、糙、新、陈分量价格详晰记载，并注明年月日，以备查考。至所开价格是否与市相符，仍由各该高院认真抽查。一面迅将前次通令组织购买囚粮委员会办理招标购买囚粮事宜，以杜弊端。

监所囚粮应选犯自炊，迭经通令在案。兹据调查报告未能切实奉行者尚多，应即重申前令，严饬各监所遵办。嗣后所有炊场领米发饭一切工作概由监所遴派稳妥看守监督轮选人犯经理，并将每日囚粮结算表于炊场内公布周知，俾免隔阂。

查《修正看守所暂行规则》第二十四条规定，被告人得自备饮食。各看守所自备者当不乏人，应令各所嗣后务将自备饮食之被告人姓名份数列表随同囚粮结算月报表册附送备核，以杜中饱。

检察官暨视察员视察监所报告内应即增列稽核囚粮一项，各监所购入囚粮数目及价格是否相符，每日发给囚粮次数每次分量若干是否清洁，看守所自备饮食者几名，逐一详细声叙。如果发现有浮冒克扣情弊，即行依法交付侦查，从严惩办。并专案报部查核，勿稍瞻徇。

《通饬各监所囚粮嗣后应照实领数目核实给食不得借口节余任意折减由》

（二十二年十二月十九日部训三九六九）

案据山西第一监狱监犯王充之等呈称：本监囚粮既未奉行三元低限之令，即请以壹元九角二分为准，以免当局强以撙节而使囚徒有枵腹之虞。盖撙节之数总可通融减少，岂可使罪犯挨饥受饿强行撙节至六角之多。等语。据此，查本部于上年十二月二十三日以第三二一九号训令通饬将囚粮节余专款存储，原恐各省监所预算较宽者至粮价低落时一有盈余借端挪用，甚或饱入私囊，是以限令存储，备作粮贵时弥补之用。山西省囚粮预算规定每月不过二元四角，复按八成发放仅合洋一元九角二分，全数发给尚恐难以饱食，如果再事节减未免迹近克扣，殊失本部前项通令之本旨。且恐他省亦难免无此情弊，除分令外，合亟令仰该院长即便转饬所属各监所一体遵照，嗣后粮食菜蔬应即按照当地市价核实备办发给，总使犯人尽量食饱，毋任饥饿。并由该院严密稽核其开支是否实在，不得借口节余任意折减，以杜流弊而重给养。再囚粮用款四柱册表除新监所仍应送由该院详细核转外，其余各县旧监所即报由该院核明备案，毋庸转部，以省手续。并仰饬知。此令。

戒 烟

《解释吸烟犯于徒刑执行中发瘾恐难治者得依监狱规则及禁烟法各规定移送医院戒绝其期间算入刑期之内但发瘾在未执行前者并应依刑诉法第四八五条第四款办理由》

（附原呈）十九年二月二十四日司法院指令浙江高等法院院字第二四三号

呈悉。业经发交最高法院拟具解答案呈核前来,内开吸食鸦片之人因年已衰老或吸成瘾,于徒刑执行中烟瘾发作,恐其变成不治之重症,且在监狱内不能施适当之医治者,得依《监狱规则》第六十六条及《禁烟法》第十一条末段之规定移送医院限期戒烟。在院期间仍算入刑期之内(参照院字第八十七号解释),但烟瘾发作在未执行之前者,应依《刑事诉讼法》第四百八十五条第四款及《禁烟法》第十一条末段之规定办理。等语。本院长审核无异,合行令仰知照。此令。

附原呈

呈:为转请解释事。案据上虞县县长张景煦呈称:窃查《禁烟法》公布施行后所有鸦片案件应依《禁烟法》处罚,惟查吸食鸦片者每有年已衰老或因病吸食成瘾者,如依《禁烟法》判处徒刑,往往送监执行后烟瘾发作变成不治之重症。职县为根本禁烟,矜恤罪囚之计,拟依刑法各条处罚。一方面组织戒烟医院,将所获吸食鸦片各犯送入医院戒绝,期于刑罚之中寓救济之意。是否有当,仰祈查核训示祗遵。等情据此。查禁烟法第十一条之规定,揆诸立法本意,系属寓戒于禁。惟在执行之中是否可以送入医院,如送医院戒绝后再予执行,则在医院期间之内是否得视为羁押或监禁日数折算,事关执行疑义。理合备文呈请,仰祈钧院俯赐解释,以便饬遵。谨呈。

《通令筹设罪犯戒烟所由》

（十九年五月部训一一〇〇）

为通令事。比年烟禁厉行,各省吸食鸦片罪犯陡然增加,此种犯罪纯由嗜好所致,苟能去其嗜好仍不难使为有用之国民,故执行之法应从戒烟入手。现在各地监狱对于戒烟事项均无相当之设备,若经判决即送监狱与普通人犯一体执行,势必致害及其生命,殊非国家厉行烟禁之本旨。为此令仰该院长通盘筹划商,由该省省政府酌拨款项,设立罪犯戒烟所,以资收容。并将筹办情形随时具报。此令。

《令年老烟犯无论已决未决应先令设法戒烟或移送病院不得滥行羁押由》

（十九年八月部训一四九九）

为训令事。案据浙江金华地方法院衢县分院首席检察官秦联元视察衢县监狱报告单内称：查最近人犯死亡皆系吸食红丸，人犯大抵年老血衰，在狱患病者医生医治既不能再投毒剂，又无其他良药以资救济，遂致死亡。该犯等判决刑期俱属轻微，间有被逮入狱时唯恐身死预嘱家人后事而竟死于狱中者，情殊可悯。嗣后对于此项人犯其年力强壮者虽瘾发致病，当然不生危险可无顾虑，凡有年老在监患病由医生诊断确有危险者，或先送入县政府指定之戒烟医院，俟戒绝后再予执行较为妥善。等语。查《刑事诉讼法》第四百八十五条内开：受徒刑或拘役之谕知有现罹疾病，恐因执行而不能保其生命者，依检察官之指挥于其痊愈或该事故消灭前停止执行。第四百八十六条内开：依前条第四款情形停止执行者，检察官得将受刑人送入病院或其他适当之处所。等语。该检察官所拟办法核与《刑事诉讼法》规定尚无不合，应准照办。又查罪犯戒烟所已通令设立，凡该所尚未成立地方，准其参照此案办理，以资救济。如无此项戒烟医院并准按照《刑事诉讼法》规定送入适当之处所，至若尚未判决之烟犯应按照《刑事诉讼法》第六十六条、第七十四条、第七十九条、第八十条办理，不得滥行羁押。仰即转令一并施行。此令。

《令仰转饬江苏上海第二特区监狱就该监房屋划出一部改作戒烟所将所有烟犯集禁一处指令医士依医学方法令其戒除烟瘾以杜再犯并将办理情形具报由》

（二十年九月部训二一三六）

为训令事。比年烟禁厉行，各省吸食鸦片罪犯陡然增加，此种犯罪纯由嗜好所致，苟能去其嗜好仍不难为有用之国民，故执行之法宜先从戒烟入手。惟查各省监狱对于人犯戒烟事项均无相当之设备，若一经入监即与普通罪犯一体执行，势必至害及其生命，而失国家厉行禁烟之本旨。本部为贯彻禁烟本旨起见，业于民国十九年五月通令各省高等法院筹设罪犯戒烟所在案，该分院所属监狱自应一体办理。合行令仰转饬江苏上海第二特区监狱即就该监房屋划出一部改作戒烟所，将所有烟犯集禁一处，指定医士依医学上之方法令其戒除烟瘾，以杜再犯。并将办理情形具报。此令。

《指令据呈各监所呈请拨发没收烟土配制戒烟丸药应否依照禁烟法第十九条办理请示遵由》

（二十年九月部指一四〇九五）

呈悉。查《禁烟法施行细则》业已颁行,嗣后对于吸食鸦片或其代用品人犯除依法惩处外,其有烟瘾者应依该规则送入医院或戒烟所,限期勒令戒绝。在未经指定医院或设立戒烟所以前,如有由各监所制发戒烟丸药之必要,其所需鸦片自应依照《禁烟法》第十九条规定办理。仰即遵照。此令。

《配制戒烟丸药所需鸦片应候禁烟委员会核准公布施行再行决定由》

（二十年十一月部训二七五六）

案查前据该首席检察官呈,为各监所吸食鸦片人犯在未经指定医院或设立戒烟所以前,所需配制戒烟丸药之鸦片应如何指定机关办理一案,当经本部以配制戒烟丸药所需之鸦片自应视为医药用,依照《禁烟法》第十九条,静候国民政府指定机关办理。惟该项机关现尚未奉明令指定,而各监所所需之鸦片又系呈请在没收烟土内拨发,与另行采购者亦有不同,可否仍令查照原案,由该高等法院核拨。等语。转呈司法院核夺。在案。旋奉司法院指字第六九九号指令内开:查关于医药用之鸦片在未奉指定机关办理以前,为应有各监所需要急迫情形起见,应如何变通办理及免除流弊之处,事关烟禁,仰即会商禁烟委员会妥订办法。转饬遵照。等因。遵经咨商去后,兹准禁烟委员会咨复内称:经提交本会第一百〇二次委员会议讨论决议以焚毁鸦片及麻醉毒品条例尚未确定,应候该项条例核准公布施行后,再行决定。等因。咨请查照到部。合先令仰该院长、首席检察官知照。此令。

《令仰会商请上海市政府及特区工部局查照禁烟委员会原咨及本部十九年第一一〇〇号训令筹拨经费于上海地方合设罪犯戒烟所一处由》

（二十一年五月部训一〇六七）

为训令事。本部前以各省监狱烟犯充斥执行之法应从戒烟入手,业于十九年五月以第一一〇〇号训令通饬设立罪犯戒烟所,嗣准禁烟委员会于上年八月间来咨亦以疏通烟犯以设立戒烟所强迫戒烟为主,并声明已分咨各省市政府查照办理在案。兹查上海各监所烟犯仍属有增无减,亟应设法救济。除分令外,合行抄发原令咨令,仰该院、分院查照会同第二及第三分院、江苏高等法院及第三分院、江苏高等法院及第二分院商请上海市政府及特区工部局筹拨经费于上海地方合设罪犯戒烟所一处,以便将江苏第二监狱及上海各特区监所烟犯一律送所强迫戒烟,于必要时并可商请慈善团体协助,期底于成。并将办理情形具报。此令。

附发抄禁烟委员会原咨一件本部十九年第一一○○号训令一件

禁烟委员会咨
(字第一四七六号)

为咨达事。案照本会前次送据贵委员代表报告各法院烟犯增加监狱无法收容,而镇江常州两处尤为拥挤,各等因。当以疏通烟犯自宜设立戒烟所强迫戒烟为主。曾经咨行江苏省政府分饬镇江、常州两县迅筹的款,照章克日举办戒烟所以应需要,并分咨贵部查照,各在案。兹虑其他各市县或有不免与苏省镇江常州两县情形相同者,若能一律依照市县戒烟所章程迅筹的款克期设立,自必有所裨补。除再分咨各省市政府查照饬属举办外,相应备文咨达,即希查照为荷。此咨。

司法行政部

《指令据呈江宁地院看守所人犯戒烟过渡办法请核示由》
(二十一年六月部指一○八九五)

呈悉。所拟人犯戒烟过渡办法据称试办已有成效,自可暂行照办。惟呈称烟瘾如未戒断暂缓送监执行或开释等情,语意尚欠明了,兹分别指示于后,仰饬遵照办理。此令。

一、宣告徒刑之烟犯在烟瘾未戒绝以前,可照《监狱规则》及《修正看守所暂行规则》第二条第二项之规定,暂行留所戒烟。如果刑期届满烟瘾仍未戒绝,经本人同意,准其在所继续戒烟,但应自备口粮。

二、前项口粮如果无力自备,准由该所给予。

三、贫苦无力者准予酌量减免药本费,以示体恤。

《指令江苏高等法院第三分院转请拨给鸦片
以便配制戒烟药料未能照准由》
(二十二年十月部指一六二八四)

呈悉。查关于提拨没收烟土为监所人犯配制戒烟丸药一案,前据江苏高等法院首席检察官呈请前来,比以事关医药问题,经咨禁烟委员会刻办去后,旋准送由内政部卫生署派员研究。以鸦片中含有吗啡等多种膺碱,搀有鸦片之戒烟丸药如配制适度监督严密,对于有瘾者固未始不可收渐次戒除之效,否则滥用结果其流弊将甚于吸食。故欲戒除各监所吸烟人犯似应依照《禁烟法施行规则》

第十五条之规定,仍以送请医院限期勒令戒除较为妥当。等由咨复。本部转饬遵办在案。该管监所事同一律自应一并遵照办理,原呈咨随令抄阅。此令。

计发抄件二件

(一)江苏高等法院首席检察官原呈

呈为呈请事。窃查各监所吸食鸦片人犯,前因配制成戒烟丸药需用没收烟土,曾经呈奉准拨有案。嗣因关于医药用之鸦片及其代用品应由国民政府指定机关办理,《禁烟法》第十九条已有规定。在未奉指定机关办理以前,为应付各监所需要急迫情形起见应如何变通办理?并奉钧部咨商禁烟委员会提交第一百〇二次委员会会议讨论。决议以焚毁鸦片及麻醉毒品条例尚未确定,应俟该项条例核准公布施行后再行决定。等因。于二十年十一月奉钧部第二七五六号训令行知在案。现已时逾年余,各监所烟犯甚多选据各看守所附设之戒烟所以戒除烟瘾,急需配制戒烟药品,而药品中原料非有鸦片成分不可。际此司法经费异常竭蹶,纷纷援照从前呈准成案请予在没收鸦片案内拨用。前来所有上项条例可否催请禁烟委员会从速核定公布,俾得遵例拨取烟土原料制发戒烟丸药,借以戒除烟犯烟瘾,而免瘐毙之处理。合具文呈请仰祈鉴核示遵,谨呈。

司法行政部部长罗

(二)禁烟委员会咨文

案准

贵部第九六七号咨略开:

案据江苏高等法院首席检察官王思默呈:关于各监所吸烟人犯前因配制戒烟丸药需用没收烟土,嗣以焚毁鸦片及麻醉毒品条例尚未确定,应俟该条例核准公布施行后再行决定在案。兹已时逾年余,各监犯亟须配制戒烟药品而药品中原料非有鸦片成分不可,际此司法经费异常竭蹶,拟请咨催禁烟委员会从速将上项条例核定公布。俾得遵例拨取烟土配制戒烟丸药,借以戒除烟犯烟瘾而免瘐毙。理合呈请核示。等情到部。相应咨请查核办理见复。等由准此。查《焚毁鸦片及麻醉毒品条例》系根据十七年九月十七日府令公布之《禁烟法施行条例》第十八条之规定拟订,上项条例已于十九年二月十日奉令废止,同日公布《禁烟法施行规则》。该规则内并无须另拟《焚毁鸦片及麻醉毒品条例》之规定,业经本会会同内政部呈请免予制定在案。兹准前由。事关医药问题,经提本会第一二三次委员会会议讨论决议,函请内政部卫生署派员研究决定办法。去后兹准复称(上略):查鸦片中含有吗啡等多稀膺碱,搀有鸦片之戒烟丸药如配制适度监督严密对于有瘾者固未始不可收渐次戒除之效,否则滥用结果其流弊将甚于吸食。故欲戒除各监所吸烟人犯似应依照禁烟法施行规则第十五条之规定,仍以送请医院限期勒令戒除较为妥当。等由准此。相应咨复即祈查照核办为荷。

此咨。

赦免假释保释

《通令颁发办理赦免案件一览表式并办理大赦案件注意事项仰遵照由》

（二十一年七月六日部训一五五四）

案查大赦条例及再犯预防条例业经通令遵办在案。本部兹特制定办理赦免案件一览表式，并将办理大赦案件应行注意事项开列七款以资遵循而免分歧。除分令外，合钞原件令发该院仰即遵照，并饬属一体遵照，仍将奉文日期报部备查。此令。

计钞发办理赦免案件一览表式四纸

办理大赦案件注意事项四纸

办理大赦案件注意事项

一、凡已判决确定之案件统限于本年九月三十日以前办竣。应赦免人犯除具有《大赦条例》第三条或《再犯预防条例》第二条情形者外，统限于令到十日内一律开释。

二、高等法院所在地以外之各监所人犯应责成各该地之高等法院分院或地方法院或地方分院或地方分庭或县法院之首席检察官或司法委员或兼理司法之县长或设治局逐案审查，如认为应赦免者，除具有《大赦条例》第三条或《再犯预防条例》第二条情形者应依各该条例办理外，准先具保，俟呈经高等法院首席检察官核准后，再传案谕知开释，免除具保之责任。

三、案件在上诉或覆判中者，开释人犯毋庸再候卷宗，如有必须参考之处，可电请该主管法院查明电复。

四、凡赦令颁行前已经缓刑或假释之人犯应减刑者仍应依大赦条例办理。

五、已判决确定之应赦免人犯于核准后由高等法院首席检察官按照颁发一览表格式填表陆续具报，未经判决者应于办结后造具清册连同裁判或处分书送由高等法院首席检察官详加复核，按月汇报备案。其系属于最高法院者，由最高法院检察署发交各该高等法院首席检察官具报。如具有大赦条例第三条或再犯预防条例第二条情形者，应于该表备考栏或清册内分别说明。

六、减刑案件依照刑事案件报部办法（分别专报月报季报年报）另文报核，不得与普通刑事案件混合具报。于该犯减刑刑期届满时，如认有大赦条例第三条或再犯预防条例第二条情形者，应随时报部备案。

七、赦免减刑人犯因犯罪所生之附带民事诉讼仍应由该管法院刑事庭办理，并得适用管收民事被告人规则，其未经起诉者应谕知，及时依法请求。

办理赦免案件一览表

犯人姓名	性别	罪名	原判刑名	原判所引法条	原判机关及日期	核准赦免官署	开释日期	备考

《令监犯经大赦减刑后依保释条例办理保释时是否仍依原判刑期计算经过刑期请核示由》

（二十一年十月部指一七六六四附原电）

感代电悉。依《大赦条例》减刑之监犯如有合于《监犯暂行保释条例》者，计算经过二分之一之刑期，应以所减之刑期为标准，其原处有期徒刑者执行之日数准算入减刑后之刑期。《大赦条例》第六条已有明文规定，并仰知照。此令。

附原代电

司法行政部部长罗钧鉴：窃查监犯依《大赦条例》减刑后如合于保释条例其二分之一经过刑期是否依原判刑期计算，抑依所减刑期计算（如原判二年减为一年是否仍须逾二年之二分之一，抑仅须逾一年之二分之一），如依减刑后之刑期计算，则减刑前执行日数能否合并算入，颇滋疑窦。理合电请钧长鉴核示遵，浙江高等法院首席检察官郑畋叩感。

《令为准司法院函转该首检电请解释大赦减刑后办理假释疑义一案令仰知照由》

（二十一年十月部训二五七五附原电）

案准司法院本月八日第二四七号公函开：据浙江高等法院首席检察官支代电称，据开化县县长呈：为无期徒刑人犯于大赦减刑后办理假释应如何计算执行刑期一案转电请示到院。事关大赦，相应抄送原电函请查核径复，等因。附抄电一件到部。查无期徒刑人犯在执行中已有悛悔实据者如大赦减刑后溯及其最初受刑之日计算执行刑期已逾二分之一，自可办理假释。合行令仰该首席检察官转饬知照。此令。

抄原电

南京司法院居院长钧鉴：案据开化县县长谢任难呈称：查执行无期徒刑之人犯如有悛悔实据者限十年以上即可呈请假释，历经遵令办理有案。现奉令办理大赦后无期徒刑既已裁定减处有期徒刑十五年,如执行中已有悛悔实据者,则减刑后之办理假释可否连最初受刑合于减刑二分之一以上即可办理,抑或仍须连最初受刑满十年以上方可办理。职县未敢擅专,乞请电示祗遵。等情到院。案关法律解释,理合呈请钧院迅赐解释,俾便饬遵。浙江高等法院首席检察官郑畋支印。

《令青海高院为准司法院函转该高院呈请解释常业罪大赦减刑疑义请查核径复一案查不发生减刑问题令仰转饬知照由》

(二十一年十月部训二五七五)

案准司法院本年十月十七日第二五一号公函开:据青海高等法院呈称:据西互地方法院呈,为关于常业罪大赦减刑疑义一案,转请核示到院。事关大赦且原呈各节在法律上并无疑义,相应抄送原件函请查核径复,等因。附抄原呈一件到部。查刑法上之常业罪犯既犯在本年三月五日以后自不发生大赦条例上之减刑问题,合令仰该院长转饬知照。此令。

附原抄呈

呈:为转请解释事。案据西互地方法院院长李俊藩呈称:呈为转请解释事。窃查本年六月二十五日公布施行之大赦例第一、第二两条,对于凡犯罪在本年三月五日以前除应予赦免及不予减刑各罪外或减刑三分之一或减刑二分之一规定甚明,固无问题。惟如以窃盗或强盗为常业之罪,核与行为为数甚伙,有在本年三月五日以前者,有在本年三月五日以后者,甚至前个行为较之后个行为为多,于是适用本条例时不免发生困难。兹有甲乙二说并各附其小疵如下:(甲)主张减刑说。谓以一罪之数个行为,虽有前后时期之不同,然以前后行为之多寡相衡,前者既较后者为多,当然在减刑之列,反是则否。果以此说为是,则其行为个数前后相等时,又应如何办理?(乙)主张不予减刑说。谓既以窃盗或强盗为常业,则其最后行为即为实施犯罪行为完成之日,若发生在本年三月五日以后,应以现在时期为准,自不得以前后行为之多寡而遂定其减刑与否。果以此说为是,则其行为个数若计于十,其九个在前一个在后,取一舍九未免有失大赦之本旨。事关法律疑义,理合备文呈请钧院查核转请解释,俾有遵循。谨呈。等情据此。除指令外,理合具文转呈钧院迅予解释,以便转饬遵照,实为公便。谨呈。

《指令浙江高等法院首席检察官假释犯如无人具保可由管狱员自引监督或委托雇主监督由》

(部指七〇九五)

呈悉。查呈请假释监犯除法定条件外,尚须具有实质上之条件。业经本部于上一月以训字第二四二号通令饬遵在案。兹据来呈所举甲项情形,既无自治团体具保,亲属又均已亡故,自属特殊情形。其救济方法如果出狱时该管狱员能为介绍相当职业,即由该管狱员自行监督或委托该雇主为监督人均可准予假释。至所举乙项情形,该居住地之自治团体所具假结自可适用,但仍须遵照前项通令办理。仰即饬知。此令。(二十四年四月二十三日)

《假释人犯行状调查报告令》

(部训三七二六)

　　案查假释管束规则第十三条规定,假释者行状之良否,职业生计之种类,及勤惰亲族关系等被委托监督者,每六月一次须作调查书送由委托之监狱查考,并经本部于民国二十年八月六日以第一八五七号训令通饬,认真监督按期造送调查书(二十年八月二十二年日第一百三十六号司法公报)以资查考,各在案。兹复厘订调查表式通行遵办。此项调查表经被委托监督者填送到监,应由该监狱郑重考查,对于行状善良者随时加以赏誉,其有职业怠惰或亲族不能融洽暨其他状不良者,应施以通信教诲,或径派教诲师就地训导(若假释者现在地址系在他处,并可委托就近监狱教诲师办理),俾免再犯。俟假释期间终了时,该监狱并应将监督经过情形详细报告,转呈本部查核。除分令外,合行令仰该首席检察官知照,转饬所属各新旧监狱遵照前今训令切实办理,毋任违延。此令。(二十三年十一月二十日)

附监狱假释监犯假释期间行状调查表

某某监狱假释监犯假释期间行状调查表						
罪名			姓名			
刑名刑期			年龄			
出狱日期			籍贯			
出狱时所得作业赏与金额			现住地			
刑期终了日期		承受人	姓名			
			住所			
监督机关或亲族故旧姓名			关系			
起讫期间	行状良否	职业种类及勤惰	生活状况	亲族关系	其他事项	
年　　月起 年　　月止						
备考						
中华民国		年　　　月　　　日调查				

填载说明

　　本表内罪名、刑名、刑期、出狱日期、出狱时所得作业赏与金额、刑期终了日期、监督机关或亲族故旧姓名年龄、籍贯、现住地、承受人姓名、住所关系、起讫日期各栏,于监犯假释之月份起,每六个月一次,由委托之监狱按表填就,发交被委托监督者将应行调查各点切实填载,送还委托之监狱查考办理。

《令江苏高院准内政部咨请转饬本京监狱将期满或赦免人犯有再犯之虞者送交警察机关酌监护一案令仰转饬遵照办理由》

(二十二年五月部训一四五二)

为令饬事。案准内政部咨称:案据首都警察厅呈称:窃维调查户口为庶政之要图,近世文明各国对于户籍异常重视。盖以察奸除暴保护安宁端资户籍为依据,稽察若详于平日,薰莸立判于当时。举凡身份之记载,受刑之有无,户册规定详载靡遗。本厅举办户籍以来,亦本斯恉从事进行。唯以住民之中间有曾受徒刑处分者,每不肯自行陈述,因之登记查察殊感困难。且我国于受刑出狱之人保护制度未见实行,一朝恢复自由,使无适当之安置监护,则环境压迫易致发生再犯、累犯之弊。不特有背刑期无刑之至,意抑亦足贻地方治安之隐忧。本厅职责所在,为防患未然促进感化计,对于曾受徒刑之住民尤觉有明了之必要。思维再四,其初步办法拟凡本京住民若有曾受徒刑者,由法院期满释放时即行饬令捺印指纹,填明通知单,连同该犯交由所在地警察机关随时登记,遭令归家酌施监护。其余缓刑赦免反省各犯亦循斯例办理,若非本京住民亦应由法院按照前例交由警察机关会同押令出境。若贫无归资者,法院或监狱仍应按照监狱规则酌给川资,以示体恤,庶免流离。此外假释出狱之人自应遵照司法行政部颁布之假释管束规则办理,切实施行,藉收效果。自此法警两方互相联络俾曾受刑者迁善改过有所警惕,不致故态复萌贻害社会,庶于地方之治安户籍之前途两有裨益。兹谨拟具期满释犯通知单、缓刑通知单、反省期满通知单式敬呈察鉴。如蒙俞允,即请转咨司法行政部核饬遵照。先于本京试办,一俟办有成效再行推诸全国,以归一致。理合附呈通知单式备文呈请鉴核施行。等情。附呈通知单式三纸。据此,查所陈各节系为社会治安防患未然起见,綦关重要。如何办理之处,除指令外相应抄送原单式三纸咨请查照核复以凭饬遵。等由。并抄送单式三纸,到部。查此项办法系为酌施监护预防再犯起见,用意甚善。惟查本京监狱人犯收容既多,释放亦众,其中不乏改过迁善之人,似无概行监护之必要,若均送警察机关未免太烦,且监护人少事多亦难兼顾。兹准前由,除首都反省院尚未成立本京现无反省人犯外,应由本京江苏第一监狱按照前北京监狱呈准办法及上年公布之《再犯预防条例》将期满或赦免人犯有再犯之虞者,填明通知单连同指纹送交所在地警察机关酌施监护。其余各犯仅送指纹及通知单以便登记而省烦渎。除咨复外,合行抄发期满释犯通知单式一纸令仰该院即便转饬遵照办理。此令。

《指令据呈为无期徒刑因大赦减处有期徒刑最高度之刑期 其原执行日数不得算入减刑后之刑期于人犯不利请核示由》
（附苏高首检官指令一〇六三附原呈）

呈为呈请事。案查司法行政公报载司法行政部指字第一三一三六号电开：如原判为无期徒刑因大赦减至有期徒刑，最高度之刑期其已执行日期自不得算入减刑后之刑期，等因。查本监在监人成绩考核法原因累进制度分甲、乙、丙、丁四级，如有期徒刑刑期已逾二分之一及无期徒刑之期以逾十年，又以行状善良已达甲班一级呈请假释者，有老毛等三十余口。兹查有无期徒刑人犯刘殿邦、刘金山、马金标等三名均合于刑法第九十三条之规定，业经会议通过办理假释，正在办理间。该犯等因此次大赦经裁定减处有期徒刑最高度之刑期，复奉司法行政公报所载指令，其已执行日数不得算入减刑后之刑期之办法，则该犯等再经过相当执行时期方与刑法第九十三条有期徒刑执行已逾二分之一得许假释之规定相符。查大赦原为国家一种恩赦，如此对于原处无期徒刑已经执行多年有假释希望之各犯转得不利益之结果，殊非国家恤囚之道。应如何变通办理，以资救济而昭平允之处，事关法令，雄未敢擅专。理合备文呈请钧处鉴核转请核示祗遵，实为公德两便。谨呈。江苏高等法院首席检察官王

（附指令）

江苏高等法院检察官指令
（字二〇六三号）

呈悉。确定判决执行之无期徒刑犯因大赦减至最高度之有期徒刑时，如经过执行刑期十年或已逾所减刑二分之一，行状善良悔悟确有实据，自可依照刑法第九十三条办理不受《大赦条例》第六条第一项后段之拘束。仰即知照。此令。

《办理大赦于手续上发生疑义乞核示由》
（附苏高院指令及训令）

附原电

江苏高等法院院长林、首检官王钧鉴：兹本监奉办大赦于手续上发生疑义数点。理合列案于次伏乞分别核示祗遵。江苏第四监狱典狱长孙雄哥：

一、已判决确定之应赦免而无再犯预防条例第二条所列情形之一之人犯，呈请核准时，可否只造具犯人名籍犯罪节略时期及引用法律条文等清册，抑应检同原判决书、执行书等一并呈核。

二、有连续犯数罪，其犯罪时间在三月五日前后不等，而判决主文合并科刑

者应如何办理。

三、有军事机关如前淮扬护军使署及绥靖督办公署军法官等判决人犯。现该军事官署已裁撤者,应送由何种官署核准或裁定。

四、合于前条例第七条减刑之犯判决确定人犯,最后审理事实机关审远且非在一处(如本监收容淮阴、涟水、镇江等县移禁人犯),兹为便捷计,可否就近函请南通县法院裁定。

五、合于减免人犯,原审机关裁撤或因日久判决文件实无从抄录,而关于事实法律两点不明了者,应如何办理。

(附指令)

江苏高等法院指令
(字五一八号)

哿代电悉。关于第一点应于奉令十日内将应赦免人犯连同原判决、原执行等书列表送就近之县法院首席检察官声请裁定。关于第二点连续犯罪其犯罪时间有在本年三月五日以后者,自不在应赦之列。关于第三、第四、第五各点应如何办理之处,仰候转呈司法行政部核示饬遵可也。此令。

(附训令)

江苏高等法院训令
(第三九七号)

案奉

司法行政部第一三八九〇号指令,本院呈为转呈江苏第四监狱办理大赦发生疑义请核示由,内开:呈悉。兹将来呈所列各点指示如下:(一)军事机关判决人犯应查照本部八月二日一七一〇号训令办理。(二)裁定减刑,无须提讯受刑人,应最后审理事实法院就卷宗审查书面裁定。(三)判决文件无从抄录者,应就事实上予以调查,非得有确切之证明不能遽予减免。仰转饬知照。此令。等因奉此。合行令仰该典狱长一体知照。此令。

《假释监犯务须审查行状尤应遵照假释管理规则办法由》
(十七年五月前司法部指令福建高等法院第一二七三号)

呈暨附件均悉。查假释监犯以审查行状为最要,兹据呈送浦城县监犯俞新先行状录,甲种摘要栏内并未将事由记入,遂致查定栏之考语不免笼统。且乙种行状录照章每六个月须审查一次,该管狱员自十三年四月起至十七年三月底止,仅有一次之审查办理,殊多不合。惟查监犯执行期已逾二分之一,残刑仅余一年数月,并据查定确有悛悔实据且有警察署及该犯亲故徐襄贤等监督,其假释期内之品行与刑律第六十六条暨旧监狱呈请假释办法尚属相符,姑准假释出狱。仰即转饬该县监遵照假释管理规则妥慎办理,先将出狱日期具报备查,嗣后呈办假释务加注意。附件存。此令。

《修正旧监狱呈请假释办法》

（附训令）十八年九月十八日司法行政部训令各省高等法院第一四九四号

一、旧监狱按照中华民国刑法第九十三条呈请假释者,须呈送下列文件:

（一）该假释者之判决誊本或案情。

（二）该假释者之身份簿、身历表及行状录。

二、呈请假释者除前款文件外,该假释者与社会之感情、出狱后之职业、生活方法、家族状态等须详细说明,填载表册。

三、该假释者之居住地与监督者距离之远近须另册呈报。

四、该假释者之监督权除在公安局外,须将被委任人之籍贯、年龄、职业及与该假释者之关系等另造清册,由被委任人签名盖印随文呈报。如在团体时其主管人亦同。

除前项外并须该假释者居住地之自治团体出具保结连同呈报。

附训令

为令行事。查旧监狱呈请假释办法四款系民国三年所公布,其第一款内应送文件业经本部先行补订施行在案。兹查该办法各款之规定多与现行法规不符,亟应酌加修正以便施行。除分令外,合行印发修正办法令仰该院长转饬所属旧监狱遵照施行。此令。

《普通罪犯应切实适用缓刑假释制度由》

（十九年六月部训令一一六六）

为令行事。案准江苏省政府咨开:近查苏省各县监所押犯日形充斥,固由于各县审理迁缓致未决人犯久羁囹圄,而已决犯之有增无已亦属最大原因。自非就审理、判决、执行三者分别加以整顿,殊不足资救济。关于审理一项,应依照现准适用之《县知事审理诉讼暂行章程》第十四条第一、第二两项规定办理。业经另函高等法院并通饬各县严遵法定审限在案。至判决、执行两项,前者于短期自由刑人犯有缓刑制度,后者于长期自由刑人犯有假释制度,苟能运用得宜,于减少犯罪不无裨益。乃查各县对于审判执行案件纵有合于缓刑及假释之条件者,往往不予宣告声请。非惟押犯增多监所蒙其影响,揆诸立法精神亦未能贯彻现行法律。既有缓刑及假释之规定,除反动案件别具主义专以反革命为目的,势非经过相当训诲难期改善不宜予以适用外,其余普通犯罪自不妨通饬各省法院切实办理,以收实效。是否可行,相应咨请核办见复。等由准此。查缓刑假释为刑法总则所明定,对于普通罪犯自应切实办理。除咨复外,合行令仰该院长、首席检察官转饬所属分别遵照。此令。

《通令监犯假释案件须详加审核毋得率予转呈以防冒滥由》
(十九年十月部训一八九五)

为令遵事。查监犯假释载在刑法,本部为励行起见,并经通令饬遵在案。惟查假释一项为行刑累进制最后一阶级,于监狱威信、社会治安关系均綦重要。故应呈请者固不可稽延,不应呈请者亦不容冒滥,至假释所需之文件如判决书、执行书、身份簿、身历表等(新监另有作业表、视察表、赏誉表、惩罚表、人犯身份关系一览表)均不可少。尤以行状录(新监分甲、乙两种)为最重要,各该监狱长官必须按期审查据实填载,其有特别行为足供行刑上之参考者必须随时记入,以为将来应否假释之基础,不得因办理假释而始行补造。该首席检察官监察执行见闻较切,遇有呈请假释案件对于人犯之行状是否善良、悛悔有无实据,以及书表薄录是否为临时所补造,均须详加审核,毋得率予转呈,以防冒滥。除分令外,合行令仰遵照并转饬各监狱一体遵照。此令。

《指令湖北高院据呈为军事人犯可否援例办理假释保释祈核示由》
(二十年六月部指八三五二)

呈悉。《陆海空军刑法总则》第十五条内载刑法总则之规定与本法不相抵触者适用之,等语。是刑法总则假释规定当然适用至保释暂行条例,民国二十年军政部拟定军事犯疏通办法已准援用。合行抄发办法仰即转饬遵照。再上年办理大赦军事犯曾准军政部咨请由省政府转报,经本部以第一七八〇号训令饬遵在案。此项假释保释自行酌照前令程序办理并仰知照。此令。

《指令河北首检据呈监犯保释暂行条例第三条规定
发生疑义请解释由》
(二十年七月部指二六〇三附原呈)

呈悉。查来呈所称之监犯不得保释,仰即遵照。此令。

附原呈

呈:为呈请事。窃查《监犯保释暂行条例》第三条规定,犯刑律第三百四十九条第一项罪之监犯不得予以保释,兹有犯刑法第二百五十七条第二项,和诱妇女并使被诱人与为奸淫之监犯,若就和诱言之,当与刑律第三百四十九条第二项相当即不在条例限制之列,当然得予保释,若就奸淫言之,实已逾越刑律第三百四十九条第二项范围之外,似又不得保释。且两法比较,其大体上刑法第二百五十七条第二项比诸一项科刑较重,有类于刑律第三百四十九条第一项;刑律第三百四十九条第二项比诸一项科刑较轻,有类于刑法第二百五十七条第一项,则此诱奸罪犯更难遽施宽典。惟事关法律疑义,两法条文又复不尽符合,若不明予解释,从事修正法制既嫌失于整齐,适用亦殊感于不便。理合具文呈请钧长俯赐鉴核准予分别解释修正,至为公便。谨呈。

《指令据苏院首检呈为各县监狱呈请保释监犯如已设有地方法院或县法院者应否由该县长核转抑应归检察处核办祈核示由》
（二十年八月部指一二五五五）

呈悉。查县监狱保释监犯事项应由该管狱员陈报县知事转呈者,系根据《各县监狱看守所规则》之假释办法,与兼理司法之县长有检察职权者无关。嗣后凡已设地方法院或县法院各处,保释案件自应仍由各该县长核转,仰即遵照。此令。

为令遵事。查假释之真正目的在改善犯人以保护良善公民之安全,西哲已有明言。顾犯人假释后能否改善,全视监督者能否尽职。以为衡监督者果能尽职则犯人正业可就,善行可保,不难复为社会之良民。否则善无人劝过无人规,势不至作奸犯科,妨害社会之安全不止。殊非办理假释之本意。本部制定假释管束规则于监督职权规定至为明晰,自应一体遵办。乃查各省监狱假释犯人几不知监督为何事,假释者于其职业生计既不按期报告于监督者,监督者于假释者行状之良否、职业生计之种类及勤惰亦多未按期制作调查书送由委托之监狱查考,而监狱亦若以假释者一经出狱即与监狱无涉,至于假释期间内之行状如何,职业生计如何,茫无所知,甚至或犯撤销假释之处分亦竟漫无觉察,是有监督之名而无监督之实。欲求犯人改善以保护社会之安全必不可得。嗣后监狱假释犯人直接监督者监督权固应认真行使,其被委托监督者对于监督权亦不容任意放弃,至委托之监狱并应随时督促务使监督者按期造送调查书以资查考。似此则犯人改善可期,社会安全可保,而假释之真正目的乃能达到。除分令外,合即令仰该首席检察官转饬各监狱一体遵照。此令。

《天炎未决犯应察其情节厉行保释令》
（二十二年八月国府令）

盛夏恤刑,古有明训。本年天气异常炎热,京内外因案羁押人犯充塞监所,难保不酷热薰蒸发生疾病,或罹死亡,殊堪悯念。著由各该管官署长官认真清理,将在押未决各犯察其情节轻重依法厉行保释,用示国家矜恤庶狱之至意。此令。

《训令各省高等法院院长、首检切实疏通监狱以免拥挤由》
(二十一年二月部训三一七)

为令遵事。查本部前因各省监犯拥挤,曾于民国十九年六月以训令第一一六六号通饬厉行缓刑及假释在案。近查视察报告各省监狱人犯仍形拥挤,疾病丛生,死亡相继,殊非人道主义之所宜。合再令仰该院长、首席检察官即便遵照转饬所属,对于未决已决各人犯合于缓刑及假释或保释条件者,务须切实奉行,以期疏通而资救济。毋得视为具文,仍将奉文遵办情形呈报查核。此令。

《通令假释人犯按照监狱规则应备具身份簿以资考核仰迅予转饬各该监狱及视察员遵照办理由》
(二十一年二月部训三六五)

为训令事。查监狱假释人犯按照监狱规则应备具身份簿方得呈部核办。乃近查各监呈请假释案件对于上列簿表照章填送者固多,而编制不全者亦复不少,殊不足以资考核。兹将本部前颁发视察监所报告单内六项下另添一项文曰身份簿:甲、新监身份簿(其编订目录:一、执行书判决书,二、身历表,三、作业表,四、视察表,五、赏誉表,六、惩罚表,七、行状录,八、身份关系一览表,九、书信表,十、人相表。)乙、旧监身份簿(其编订目录:一、执行书、判决书,二、身历表,三、行状录。),并将原报告单七八两项改为八九两项,自本年一月份起并应视察新旧各监身份簿是否照章编制,其中人犯行状录是否按月审查,仍随时加以督促。所有视察情形应据实详细填报,以便稽核。至二十年十二月三十一日以前,旧监各前管狱员历年延误未将身份簿查填者,如人犯在监确有悛悔实据并已逾法定刑期,姑准由该管狱员详叙逐年具体事实,提出监所协进委员会调查,明确附具该会调查报告书即行呈请假释,以示宽大而昭慎重。为此令仰该院长、首检迅即转饬各该监狱及各视察员遵照办理。切切。此令。

《令饬转行租界内监狱关于假释保释一律遵照办理由》
(二十一年三月部训六七一)

为令遵事。案查本部前因各省监狱人犯拥挤,当经通令厉行假释保释在案。兹查上海第一特区地方法院判处罪刑人犯,多系送公共租界内监狱执行,所有假释保释办法为刑事政策攸关,自应一律适用。为此令仰该院长、首席检察官知照,即便转行公共租界内监狱按照关于上海公共租界内中国法院之协定第七条第二项后段规定遵照办理。仍将转行情形具复备查。此令。

《指令江西高院据呈寄禁军事人犯假释事件
是否由法院抑军事机关核办乞示由》

（二十一年十一月部指一九七三九）

沁代电悉。查此项军事人犯虽在普通监狱羁押，然系寄禁性质，其假释事件自应仍归军事机关核办。仰即遵照。此令。

《指令江西高院据呈覆监犯王鹤松张大元二名依法
不合保释祈鉴核由》

（二十二年十月部指一五七二五）

呈悉。查《监犯保释暂行条例》第二条所称，三等至五等有期徒刑人犯系援判决刑而言（即依现行刑法判处五年以下徒刑人犯），该犯张大元前据呈称判处徒刑四年，刑期过半尚合保释。仰即转饬知照。此令。

《通令办理假释必须具备实质条件以昭妥慎由》

（二十三年一月部训二四二）

案查办理假释除法定二条件外，尚有一实质上之条件，即证明本人出狱后之生计或在足以信任之境遇，而能确保其为良民生活者是也。若缺此条件，虽具备法定条件亦不得为假释之声请。现在各省办理假释对于实质条件多不切实声叙，殊有未合。除分令外，合行令仰该首席检察官即便转饬各监狱遵照。嗣后办理假释务须将本人出狱后环境如何、生计如何并从事何业等项切实调查明白，详细开列清册连同身份簿册等件一并呈送核办毋违。此令。

《指令河北高院据呈人犯病笃必须出监医治拟委托该驻在地法院
就近审查后呈报以期敏捷而维人犯生命请示遵由》

（二十二年十月部指一五七二八附原呈）

呈悉。查核所拟变通办法系为便利起见应予照准。仰即转饬遵照。此令。

附原呈

呈：为呈请事。案据永年县县长耿之光呈称：案据本县管狱员潘彦槐呈称：据看守韩法贵报称：执行八年匪犯张贵林前患泄泻病症，服药稍效，近仍泄泻如前不思饮食，禀请验报。等情据此。管狱员查验无异当，经医士诊断，据称该犯张贵林系患泄泻劳伤病症，宜再用加减八珍汤调治。等语。除饬医士妥为调治外，理合呈报钧府鉴核备案。等情，附呈药方一纸。据此。查该犯张贵林系永年地方法院送监执行犯,患病既重,可否保外就医之处,理合具文呈请鉴核示遵。再此后凡关监病人犯可否径请地方法院审核办理,以免垂危贻误之处,并乞核示。等情据此。当经本院以张贵林患病沉重,如果认为监狱内不能施适当之治疗时,自可遵照《监狱规则》第六十六条之规定办理。惟应饬其取具妥保,始准出监医治。仰该县长随时察考。如该犯病势稍痊即责令原保交回,收监继续执行,并将该犯出监日期先行具报备核。至嗣后人犯如遇病沉重必须保外医治者,径由地方法院审核办理一节,除呈部核示后,再行令知外并仰知照。等语。指令在案。查《监狱规则》第六十六条雇精神病、传染病或其他之疾病认为监狱内不能施适当之医治者,得斟酌情形呈请监督官署许可保外医治或移送病院。又司法院院字第七二九号训令内开:查监狱之监督权依《各省高等法院院长办事权限暂行条例》第四条第十五款属之,高等法院人犯在执行中患病,如有须保外医治或移送病院时,应由监狱长官或旧监狱之管狱员呈请高等法院核办,各等语。是前项规定及解释极为明晰,原无问题。惟在事实上行之颇有窒碍,因在监人犯如果患病甚重确系已臻危笃,期间若必须呈经高等法院许可后始准保外医治,诚恐远在数百里之外,公文辗转需时,实有缓不济急之势,是于人犯生命殊感危险。该县长所呈亦不无见地,拟请嗣后如有高分院或地方法院驻在地之新监狱,即由本院先行委托该高分院或地方法院院长就近审查,凡遇人犯病笃必须保外医治时经由各该监狱据实具报,即予处理,一面呈报本院备查。至各县旧监狱已决人犯遇有保外医治者,可报由各该管辖诉盼之地方法院院长办理,仍报查考。似此酌予变通,于维护人犯生命实有裨益,是否可行。理合呈请钧部鉴核示遵。谨呈。

《指令苏高检处据呈无判决副本办理假释应如何办理由》
(附原呈)

呈:为假释监犯因无判决副本,将原送执行机关无从抄录判决公函证明,可否之处,祈转核示由,呈为呈请转核示事。查本监管理人犯系采累进制度,凡行状达于甲班一级人犯,如刑期合于《刑法》第九十三条者,均经呈请假释在案。办理以来,人犯不无日新月新蒸蒸向上之势,但查本监各县移禁人犯原有未准附送原判决副本,而以行状善良曾经呈请假释以无原判决副本致被驳回,嗣经函请各原送执行机关补送去后,或因原判机关如前淮扬护军使署之类早经裁缺,或以年久案卷散失无从抄送为辞。查假释原为鼓励人犯一种方法,而本监所采用制度如果行状已达甲班一级,自应一视同仁。况此项判决副本缺少情形原与各犯本身无涉,若因此使之不能得假释之享受,殊非待遇平等感化人犯之道。雄为救济此项缺点计,拟嗣后关于办理人犯假释,如有无法抄送判决副本情形时,拟将原送执行机关无从抄录判决公函附卷以资证明,可否之处,未敢擅专。理合备文呈请钧处转请司法行政部鉴核示遵,公德两便。谨呈。案奉司法行政部第一二〇五七号指令,本处呈为假释监犯因原判决书遗失无从抄录,应如何救济？请示由内开:呈悉。查假释监犯如果原判书及执行书委实无从抄录,应将移禁原文及查复文件一并订入身份簿内,以凭稽核。仰即转行遵照。此令。等因奉此。合行令仰该典狱长知照。此令。

《通令厉行保释假释由》
(二三年三月部训八一五附原呈)

案准中央执行委员会秘书处第二九九六号公函内开:顷奉常务委员交下浙江省执行委员会呈为转呈,余姚县第十次全县代表大会决议疏通监狱应厉行保释及假释条例案,祈核转施行。等情。奉批交司法行政部相应抄同原呈函达,即希查照核办为荷。等因。查各省监犯拥挤,迭经通令厉行保释假释在案。准函前因,除分令外,合行抄同原呈令仰该院长、首席检察官即便转饬所属切实遵办。毋违。此令。

计发抄呈一件

抄原呈

呈:为据情转呈事。案据余姚县执行委员会呈称:查本县第十次全县代表大会交下,疏通监狱应厉行保释及假释条例案一案理由。查司法部曾经三令五申命饬厉行保释及假释条例,而各地迄未实行。本县监狱罪犯预算额定已决犯五十五名,近查在监执行人犯数达百余名之多,超出定额一倍以上。每逢夏秋,人犯拥挤疾病丛生死亡相继,殊有背于人道主义。况该人犯中未必均不可教诲感化者,其有行状善良悛悔有据,合于保释及假释之条例者,拟请实行保释。及假释以期疏通监狱,救济人犯,并为悔过自新者劝。当经大会决议逐级呈请中央,转函国民政府令司法行政部通饬各省市依照前令切实奉行,并交县执委会转函县法院转饬管狱员遵照部令办理,记录在案。复经本会第二十三次会议决议呈请省执行委员会转呈记录在卷。理合录案备文呈请,仰祈钧会鉴核迅予转呈。等情据此。除指令外,理合备文转呈仰祈钧会鉴核,转咨施行。谨呈。

《据代电请示人犯减处徒刑二年执行过半者应否仍受监犯保释条例第二条下段之拘束等情查须合于该条所列各条件时始得准保释电令知照由》
二十三年二月部电七〇附原厂电

司法行政部代电
苏州江苏高等法院胡首席检察官览江代电悉。查减处徒刑二年执行过半之

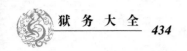

监犯须合于监犯保释暂行条例第二条所列各条件时,始得保释,仰即知照。司法行政部筱印。

抄原代电

江苏高等法院快邮代电第五七号

司法行政部部长罗钧鉴:案据句容县县长严锡久呈称:查监犯保释暂行条例第二条犯三等至五等有期徒刑在监执行逾二分之一得保释出监,查以前办理保释案件凡所犯法条其科刑范围在五年以上因减等处五年以下者,皆不得保释。兹查司法行政部公报,本年第四四号第八六页指令,江西高等法院所称三等至五等有期徒刑系援判决刑而言,即依刑法判处五年以下徒刑人犯。该犯张大元前据呈称判处徒刑四年刑期过半,尚合保释。仰即转饬知照。此令。等因。设有犯一年以上七年以下科刑范围而判决减处二年执行过半者,应否仍受监犯保释条例第二条下段之拘束,不无疑义。理合具文呈请钧长鉴核,据转令遵,实为公便。谨呈。等情据此。理合据情具文呈请鉴赐解释令遵。等情据此。案关解释法律,理合据情电恳鉴核解释,令示祇遵。江苏高等法院首席检察官胡诒谷叩,江印。

监所协进会出狱保护会

《县监所协进委员会之当然委员应以农会干事长工会理事商会主席充任由》

（二十年五月部指九二〇七）

呈悉。查县监所协进委员会之当然委员关于农会、工会、商会应以农会法第十九条之干事长、工会法第十一条之理事、商会法第十八条之主席充任,仰即转饬遵照。此令。

《已成立司法公署之县监所协进委员会应设立于司法公署以司法委员为委员长由》

（二十年六月部指一〇四一六）

呈悉。据该省各县自司法公署成立后,监督监所之权属于司法委员。等语。所有县监所协进委员会自应设文于各该司法公署,即以司法委员为委员长,如设有二人时,以主任司法委员为委员长。仰即遵照。此令。

《据呈称据镇宁县呈请解释修正县监所协进委员会暂行章程第三条及第六条疑义转请鉴核示遵由》

（二十三年三月部指四四七八附原呈）

呈悉。查该章程第三条所称之代表，应由商会、农会各举一人，各工会联合推举一人。至委员及委员长，如因其个人本职更调，不具备本章程第三条至第五条所定资格，自应照章分别更调改选。又图记一项，在未经颁发定式前，可暂由该会自行刊用。再本章程于当然委员不定名额、任期，并不发生组织困难问题。第三条第五款所称之区长应以正区长为限。仰即转饬遵照。此令。

原呈

呈：为据情转呈事。案据镇宁县县长胡庆雯呈称：案奉钧院第一〇三六号训令抄发《修正县监所协进委员会暂行章程》饬遵办理一案，等因奉此。遵即召集具有当然委员之资格各员等，假本府开会筹备成立，讨论时佥谓暂行章程第三条内载农会、商会及各工会推举之代表为当然会员，究竟是否农会、商会各举一人，抑或每工会各举一人，或各工会共举一人，明文并未规定。又第六条内载委员及委员长姓名应报告该省高等法院转呈司法行政部，更调改选时亦同，惟改选并未明定期限，其个人本职更调是否与全会发生关系，此不可不请待解释者。加之既未奉发图记，又未奉发式样制用，于信守有碍。至于当然委员名额、任期均无限制，组织不无困难，即以本县中区而论，以正区长一人为当然委员乎？抑以副区长三人同为当然委员乎？因此发生疑虑，当即一致通过请示解释后，再行正式成立。以上各情皆经记录在案。理合备文呈请钧院俯赐查核，指令祗遵。等情据此。查该县恳请解释各节，尚无不合，除指令外，理合据实转呈。伏乞钧部鉴核指令祗遵。谨呈。

《出狱人保护事项应由法院长官提倡办理令》

（十九年五月部指福建高等法院及首核官五三七三）

呈悉。所拟办法自属正当，惟查该规则第三、第四等条系规定请奖之程序至当办理之，各该院长官等资望较高提倡自易，不得尽委之典狱长及各该地方司法机关，仰即遵照。此令。

《据广东高院呈报筹设出狱人保护会情形附缴章程草案暨钤记小章式样祈鉴核示遵由》

(二十年一月部指二四六)

呈及附件均悉。查修正人民团体组织方案第三节第七项规定团体组织完成其章程,经当地高级党部复核后,呈请政府备案。等语。该保护会系人民团体之一种,此项章程草案曾否经当地高级党部复核来呈,未据声叙,仰即查明具复。余准备案。此令。

《通令出狱人保护会应极力提倡组织由》

(二十一年四月部训九八三)

为令遵事。查在监人出狱保护事业与预防再犯关系至为密切,本部曾于民国十九年颁布出狱人保护事务奖励规则,并通令联合地方人士及各种团体极力提倡,以期多所成立,各在案。迄令已逾二年,呈报成立者尚属无多,亟应重申前令,以资督促。除分令外,合行令仰该院长遵照督饬所属各典狱长及各县监所协进委员会委员长切实劝令当地工商各界暨慈善团体迅速组织出狱人保护会,俾得保护而免再犯。仍将办理情形随时具报查核,毋稍迟延。切切。此令。

《通令转饬所属各监所协进委员会对于募款事项应慎重由》

(二十三年一月部训一五四)

查县监所协进委员会原为协助改善各县监所而设,施行以来不无裨益,本部历年派员视察各省司法事宜,据报各省县监所大都建筑窳败,地狭人稠,改建修葺刻不容缓。唯念各省财政支绌,此项改善经费纯由国库支出万难办到,故有时由地方募款协助实出于万不得已。该会与闻其事,加以协助利之所在,弊或随之,势恐不免。近据浙江杭县律师公会呈称:自监所协进会成立以来,影响司法之声誉,公正士绅啧有烦言。(略)本会深以为危,兹读暂代定海县法院院长金平森经验录内称:劝募开始即为司法人员与地方人士交接应酬之媒介,捐款者以我既有惠于法院,难免乘机请托,而法院因望其热心劝募,却之未便,允之违法,易招左右为难之苦。狡黠者或借此得出入法院,因而招摇撞骗其,害有不可胜言。从而法院负不洁之名,殊可痛也!(原文见《浙江司法》半月刊第四卷第二十二号)在金院长固因廉洁自持而痛心,在不肖者或即借此而为堕落司法信誉之行为。殊失钧部整饬法官杜绝交游之原意。等情到部。查该会所呈各节不无见地,合行令仰各该高等法院转饬所属各县慎重将事,以杜流弊。切切。此令。

反 省 院

《准中央训练部函据江苏反省院训育主任倪弼呈为条陈改良各节应核择施行至请变更隶属系统一节似毋庸复更仰查照办理由》

（二十年八月院训五五三附原呈）

为令行事。准中央执行委员会秘书处本月二十日公函（第一五五二三号）开：顷准中央训练部函开：案据江苏反省院训育主任倪弼呈，为陈述该院情形并条陈意见，恳祈鉴核以利进行，等情到部。查反省院之设立意在使反省人诚意接受感化，成为三民主义之忠实信徒。院内虽分设总务、管理、训育三科，然总务科责在处理文书事务，管理科责在消极管理，而其中心工作全在训育一科。训育主任必由中央指派，其地位之重要，任务之艰巨，可想而知。迩来各地设立反省院其内容大都无异，于普通监狱总务、管理两科相当于普通监狱第一、第二两科，训育科相当于普通监狱之工场及教诲室，以此而欲收反省之实效，势何可能？该主任所陈各点，不无可采之处。经本部详加审核认为：（一）反省院训育主任之待遇应较优于总务、管理两主任。（二）反省院训育主任之下应设训育员，训育员之下再设助理员。（三）反省院训育经费应占全院经费四分之一至三分之一。上列三项应请中央函交司法院转饬司法行政部令饬各地反省院院长遵照办理。至该主任呈请变更隶属系统一节，查反省院训育主任既为中央所指派，则其工作实施自应秉承中央意旨办理，实无待言，隶属系统似无变更之必要。以上各节是否有当，相应抄同原呈函达查照转陈核办。等由准此。经陈奉常务委员批，如拟转交司法院照办，除函复外特抄同原附抄呈函达，即希查照办理。等由准此。合将原呈抄发令仰该部转饬各地反省院查照办理。此令。

附抄原呈一件

附江苏反省院呈

为条陈意见，恳祈鉴纳以利进行，而收实效事。窃职奉钧会指派，为江苏省反省院训育主任，遵已到院工作。于院内组织设备工作概况及反省人住院情形详为考查，由钧会对于训育工作责望之殷，益觉仔肩艰巨。兹将考查所得，详具意见，为钧会陈之。

（一）院内概况。属院院长由江苏高等法院院长兼任，内分总务、管理、训育三科，承院长指挥监督分别办理所属事务。除训育主任由钧会指派外，总务及管理主任系由院长呈请司法行政部遴选。论性质则总务管理相处于普通监狱之一、二两科，训育科直无异工场教诲室之变相。在职未到以前，总务、管理两科已先行开始办公。总务科助理员录事计十二人，管理科八人，训育科亦由院长派定助理员三人、录事二人,仅司审查反省人阅读书籍之准否事项,余无工作可言。

(二)反省人自本年五月一日起先后移送来院者现共有一百三十七人,在案情方面,大多数系共产党反革命案。在知识方面,则有幼稚园上递研究院之差,而以农工份子较多。住院分独居、杂居两种,成立至今尚无关于反省人精神调剂之设备。每日仅由管理督率从事肢体运动。待遇上固无殊于监犯生活。在考查后认为欲增进工作效能完全训育任务,达到训育鹄的,关于训育方面之系统隶属职权扩大,及工作人员待遇之改善等项,特陈述下列之意见。

1. 隶属系统之变更。查反省院之设,原为使误入反革命歧途之份子省悟其过去思想之错误,而加以党义之灌输启迪,俾反省三民主义之伟大的陶镕,确定其对社会国家及革命之认识与理解,并改造其人格目的。固不仅希望反省人于出院后消极的不再陷入反革命之危险,而尤在积极的养成为有社会之成员,则训育工作之深入与繁难较之院内各科实有较大之等差。训育主任在反省院条例上明定由钧会指派,亦显示其职务及革命之重要。而属院暂行处务规则(现在呈请司法行政部转呈司法院核定中)第二条规定,总务管理及训育主任概系由院长之命处理事务;又《训育规则》第八条之规定:"反省人请求阅读私有书籍时,训育主任须具适否意呈请院长核定之"。在职权时间上同受程序之拘束。事实上不免因牵制而停滞工作之进行。职意以为,关于全院事宜固由院长全权处理,训育主任则受其指挥督率自不能超立于法定范围以外,而关于训育上一切计划及方案似应直接秉承钧会意旨,在院长督率之下实施训育工作。犹之从前军队政治部受直接上级机关之指挥,施行政治训练,不必遇事请求主官之允许而后行。此在前例,概无害于本机关之系统与组织,而工作实得莫大之便利与成效。故就系统言,应请隶属于钧会,俾直接有所秉承,并恳详定训育方案严行督责,以便商承院长,切实实施。

2. 职权之扩大。训育工作在反省院之重要既如上述,为完成此艰巨之任务,亟宜改设训育处扩大原有训育之职权,增加助理员之名额。关于训育计划、甄用职员应授训育主任以全权,使其同于前军队政治部之地位,在训育范围内事权独立。按之反省院条例并无抵触,至于助理员之人选尤有关训育工作之效能,由训育主任甄选合亟提请院长任命,人选之标准自必因职务之密切而认识较为情确。此应请钧会迅函司法院转饬司法行政部将反省院条例补充之修正,以收训育之实效。

3. 工作人员待遇之改善。查年来反省院虽有数省先后设立,而成效尚未臻显著。其原因或系组织简陋或系办理不良。如安徽反省院内容几与看守所无异;浙江反省院开办最早,其所设训育亦不过聘请教员作机械式之教课,结果徒耗公帑,仅有反省院之虚名。诚以反省人之主观的谬误思想与客观的反动原因,转移警觉多赖于考查测验之随时提示,决非专长教室训练所能为功。反省人知识程度既有高低之差别,对于曾受大学教育反省人之训育必须罗致精通党义、社会科学、政治、经济及史地、工商,学问之高深人才担任助理员。于考查测验训育上,始能判断辨别,对反省人之谬误症结予以纠正或启示。属院预算于助理之生活费定为每月八十元、六十元、五十元、三十五元四级,此在总务、管理两科职员属于事务性质者尚属相当,若欲以低微之生活费聘用学识丰富之人才担任训育,殊为不可能之事实。拟请对于训育助理员之待遇酌予提高改善,以利工作。而属院经费充足尤不应专骛紧缩而对于训育仅止于奉行故事。

以上所陈,纯为求副钧会对反省人施行训育之意旨,即所以间接谋社会之福利与革命基础之巩固,务恳俯赐采纳。予直接隶属并函由司法院分别饬办实为党便。谨呈。

《反省院训育主任之待遇应较优于总务管理两主任经费应占全院三分之一仰转饬遵照具报情形由》
(二十年十一月院训)

为令行事。查该部前呈报之各省反省院训育情形表件,业经本院转送中央执行委员会训练部查照兹准。复开:查各该项表册填报均颇详尽,各该院对于训育工作均尚属努力。惟训育经费不甚充裕,训育主任之下未设训育员。办事人员不敷分配,训育工作殊难积极推行,此为一般之缺点,应请贵院依照本部前次呈准中央转交贵院照办。对于反省院训育改进办法:(一)反省院训育主任之待遇应较优于总务、管理两主任。(二)反省院训育主任之下应设训育员,训育员之下再设助理员。(三)反省院训育经费应占全院经费四分之一至三分之一各点。再令司法行政部转饬各该反省院切实遵行,以期训育目的得以贯彻,反省院之成绩得以充分表现,并将办理情形见复。等由准此。合行令仰该部转饬各省反省院于训育改进三项办法切实遵行,并将办理情形于一月内具报以便核转。再关于增加训育员名目,前据该部呈请修改反省院条例一节,业经转呈并准文官处函知已交立法院审议,合并知照。此令。

《据江苏反省院训育主任倪弼请解释增加训育员及经费支配等情除逐项解释指令外仰转饬遵照办理由》
(二十年十月院训七一一附原呈)

为令行事。准中央执行委员会训练部本年十月八日公函(第一七六一二号)开:据江苏反省院训育主任倪弼呈请解释关于增设训育员及经费支配疑义。等情到部。除逐项解释指令该主任知照外,相应抄录该主任原呈及本部批答该主任令文各一件函达贵院,即希转令司法行政部饬江苏反省院院长遵照本部解释各点办理。等由准此。合行抄发原件令仰该部转饬该反省院院长遵照办理。此令。

附原抄呈

附中央执行委员会训练部令

令江苏反省院训育主任倪弼呈一件,为呈请解释关于增设训育员及经费支配疑义由。

呈悉。查反省院训育工作异常繁重,主持训育工作人员责任至为重大,反省院办理有无成绩全视训育工作有无效能以为断,中央重视反省院训育工作意即在此。前据该主任条陈改进该院训育工作意见,经本部详加审核,拟具意见三项:(一)反省院训育主任之待遇应较优于总务、管理两主任。(二)反省院训育主任之下应设训育员,训育员之下再设助理员。(三)反省院训育经费应占全院经费四分之一至三分之一。呈准中央执行委员会批交司法院照办并令知该主任在案。该院训育科现只设助理员,自应斟酌需要,另聘训育员若干名,以期职有专司。俾训育人员胜任愉快,训育效能得以增高,此为解释者一。训育员之人选应罗致学力充实之人才,较之助理员名义既已提高,责任更为重大,所有任务亦必更为繁难,则其待遇自应较优于助理员。此为解释者二。训育经费应占全院经费四分之一至三分之一应依据实支总额而定。此为解释者三。设备费应属于开办费,经费比例应就全院经费而定,并非除去某一之部分再行计算。此为解释者四。以上解释各点,除函达司法院转饬照办外,合行令仰该主任知照。此令。

附江苏反省院训育主任呈

呈为请求解释事。窃职于到院工作之初详述属院情形条陈意见,旋奉钧部第一六九四九号指令认为:(一)反省院训育主任之待遇应较优于总务、管理两主任。(二)反省院训育主任之下应设训育员,训育员之下再设助理员。(三)反省院训育经费应占全院经费四分之一至三分之一。当蒙呈准中央批交司法院照办,具见钧部重视反省院训育工作之至意。惟按之属院情形及事实上之需要,尚须请求解释者如下:一、关于增设训育员者。此为变更反省院条例规定之组织,自应俟司法院令司法行政部饬属院,院长遵办时再行遵照备订。属科现有助理员八员,依处务规则所定,分课务、考核两股。事实上则两股职员之职掌并无分别,因属科按反省人学力分为一、二、三、四四组。第一组每周授课二十四小时,其余三组每周授课三十小时。考查有行状、起居、运动、疾病、接见、接信、发信、阅书、工作、受课、旷课、课后十二种,另有作品、日记、作文、读书、笔录之审查、书籍检查、缺课统计、总考核及临时与定期之各项考查测验,考试工作人少事繁,难期兼顾。若欲训育人员之胜任愉快与训育效能之增高,变更组织时自应于现有助理员外另聘训育员,而训育员之名额须有四员至八员始敷分配。俾职有专司,庶能兼程并进。此应请解释者一。属院原预算规定助理员薪给为三十五元、五十元、六十元、八十元四级,并定支八十元者十六人,六十元者六人,五十元者三人，三十五元者十九人，而实际上各员薪级尚不及预算所定。细译钧部"反省院训育主任之下应设训育员，训育员之下再设助理员。"之文意，及顾虑以低微生活费罗致高深训育人才之困难，则训育员之待遇自应较优于助理员，拟订月薪八十元至一百二十元，以便罗致学力充实之人才而收训育之实效。究应如何？应请解释者二。关于经费支配者，属院预算原定月支八千七百八十一元，系以反省人六百名计算。现因反省人未足定额，故八月份实支数为四千余元（尚未造出决算），而事实上反省人数之影响经费支出者仅膳食、衣被与守卫之名额，训育方面各种设备决不因人数多少而生多大之差异。故训育经费（四分之一至三分之一）之标准，究系依全预算总额抑仅依实支总额，应请解释者一。属院院长对于钧令所定标准就实支数除反省人用费及守卫月饷外，计算八月份训育经费已达二分之一之比例，并以设立图书室之图书设备、工场之石印机等各种用款亦算入训育经常用费，若依此项解释则除去反省人用费及守卫月饷而外，所余者仅总务、管理、训育三科用费。似此三分之一之比例，训育经费仅得与总务管理、两科平均若四分之一之比例，则尚不及平均数矣。岂非与反省院认训育为主要工作之至意大相刺谬。以职之意设备费不应属于经常费而应属于开办费，此为理论所当然。经费比例亦无有就总额除去某部分再行计算之前例。究应如何？应请解释者二。上列两项皆关系训育工作之进行及效能，未便缄默迁就。特据实缕陈，务恳查核，赐予明白解释，俾便商承属院院长切实遵行，无任企望。谨呈。

《据呈反省期满认为无须继续反省者自可即由该院
给予自新证书由》

（二十年十月部指七四〇）

呈悉。查设立反省院主旨原以感化反革命人为目的，反省期间自应从实施训育之日起算，至反省期满后依《反省院条例》第六条规定，如经评判委员会议决认为无须继续反省者自可即由该院给予自新证书，毋庸先行呈部核示。仰即转饬遵照。此令。

附原呈

呈：为呈请事。案据江苏高等法院院长兼江苏反省院院长林彪呈称：为反省人反省期间应自何时起算，期满不应再受反省者是否经评判会议决即可给予自新证书出院，请核转释遵事。窃照《反省院条例》第六条规定，反省期间以六个月为一期，而期间之起算日条文内未经定明。如确定成立于本年五月十五日，开始收容乃在是月二十三日，而实施训育则在八月十三日开始。所有在院之反省人反省期间究应自解送入院之日起算，抑应自实施训育之日起算。又该条条文内有"期满后经评判委员会认为应继续反省者，应再受反省处分"之语。其期满认应出院者是否亦经评判会议决即可由院给予自新证书出院，毋庸先行呈部核示。事属创端，办理不无滋疑。理合具文呈请钧部鉴核，转请解释指令祗遵。等情据此。理合据情转请钧院鉴核令遵，以便转饬遵照。谨呈。

《据呈审理危害民国紧急治罪法之罪犯遇有应送反省院反省者可否即送江苏反省院请核示由》
（二十年十月一七九七一）

呈悉。查此项人犯自可照送，仰即遵照。此令。

附原呈

呈：为呈请示遵事。窃查民国十八年十二月二日国民政府公布之《反省院条例》第五条载，凡有下列情形之一者入反省院，本条第三款列载反革命罪宣告一年以下有期刑徒者。又查民国二十年三月九日国民政府公布之《危害民国紧急治罪法施行条例》第六条载，危害民国紧急治罪法之罪犯仍适用反省院条例之规定。各等语。是凡审理危害民国紧急治罪法之罪犯其判处徒刑在一年以下者，均应移送反省本院。对于该项案件依法有管辖第一审之权，如审判该项罪犯所宣告刑期为一年以下有期徒刑者。判决确定后可否即送江苏反省院反省，本院成立伊始事无先例，院长未敢擅专。理合具文呈请钧部俯赐鉴核指令只遵，实为公便。谨呈。

《少年犯应酌予寄禁于反省院仰即遵办具复由》
（二十一年四月部训九六〇）

为训令事。查反省院本系注重教育并无刑罚性质，核与本部改良监狱方案内所列之少年监办法相同。惟少年监现因经费关系一时尚未着手筹备。现查该省反省院实收人数尚未足额，应于相当隔离之下将附近各监狱二十五岁以下之普通罪犯，刑期在三个月以上而无前科者，酌予寄禁，俾受教育。为此，令仰该院遵照办理，并将办理情形具复查核。除令该省反省院、高等法院外，此令。

《令各省反省院为据浙江高院兼反省院长呈以刑期终了或免除其刑之反省人如遇顽梗不化应如何处理一案经中央执行委员会常务委员批示办法令仰查照办理由》
（二十二年九月部训二七六四）

案查前据浙江高等法院院长兼反省院院长郑文礼呈：以刑期终了或免除其刑之反省人如遇顽梗不化应如何处理，祈核示，等情一案。当经指令并函请中央执行委员会秘书处转陈核示,去后兹准。函复内称:经陈奉常务委员批查,上列反省人如无新罪证自不能适用《反省院条例》第九条之规定,及依据现行法令而再判其刑。故各该省如遇上项情形之反省人,其惩处方法只可就各该省必要情形,于管理规则内加以严格适当之规定。即由各该评判委员会提议修正,并报由司法行政部及中央备案,以资补救,借收反省之实效。但依同条例第五条第五款之规定,经中央党部议决送反省院之反省人并非依法免刑,如有犯罪事实未经司法机关审判而不能受感化者,则可呈中央核示办理。特此函复。即希查照转知,并通令各省遵照办理为荷。等由准此。除分令外,合行令仰该院查照办理。此令。

其　　他

《司法院解释军人犯罪审判机关疑义三点仰知照由》
(部训三七八九附原咨)

案奉行政院十一月二十二日第五五〇八号训令内开:案查本院前以军人犯罪审判机关等疑义三点咨请司法院解释,见复在案。兹准覆咨院字第九九六号内开查此案业经本院统一解释,法令会议议决:(一)军人犯罪之审判机关依陆海空军审判法第十六条之规定,既以发觉时是否在任官任役中为准则。已决普通监犯在徒刑执行中越狱入军,如发觉在入军以后,自应由军法会审审判。若入军前已经监狱发觉,即不应由军法会审审判。(二)已决人犯在徒刑执行中越狱投军,其徒刑之执行既尚未完毕自不因投军而消灭其余之刑期。但与应否适用军法会审审判之问题无涉。(三)已决人犯在徒刑执行中更犯徒刑以上之罪,在更犯未决中自无碍于前犯已决徒刑之执行。相应咨复查照。等由准此。除分令外,合亟抄同原咨令仰知照并转饬所属一体知照。此令。等因奉此。除分令外,合行抄同原抄咨令仰该院长、首席检察官知照。此令。

抄本院原咨

查军人犯罪在任官任役前而发觉在任官任役中者,按其官级以军法会审审判之。此为陆海空军审判法第十六条前段所明定,惟已决监犯越狱入军与该条前段情形似有不同,应否仍由军法会审审判之。此应请解释者一。

再查受刑之宣告执行未终结者,按照一般法例不得丧失其原来之身份,若已决犯人在徒刑执行中越狱投军,能否认为丧失其罪犯身份而取得军人之身份,以适用军法审判。此应请解释者二。

又查裁判于确定后执行之(刑事诉讼法第四七六条),而在徒刑执行完毕前再犯徒刑以上之罪,依照刑法第六五条之规定不得视为累犯。此为贵院院字第二五五号解释有案,则已决犯人在徒刑执行中更犯徒刑以上之罪,此时关于其已决部分之罪刑能否先为执行此。应请解释者三。

上述三点关系法律适用疑义,相应咨请贵院查照解释见复,至纫公谊。

此咨。

《咨覆捏造事实侮辱监狱一案严行交涉除令派员详查具复抄同原电咨请查照转饬查明见复由》

(二十年二月部咨一七)

为咨复事。本年一月二十日准贵部第三一号咨开:本月二十七日据哈尔滨吉林第三监狱单典狱长巧日、效日两次代电,以日本电通社驻哈特派员本桥寿一捏造事实侮辱监狱一案,请严行交涉等情。除令吉林特派员详查具复外,相应抄同原电咨请查照。即希转饬查明并见复为荷。等由。查此案前仅据该监于上年十二月洽日、巧日两次代电呈报本部,详情如何? 未据该管高等法院呈报。准咨前由,当即将原附件抄发吉林高等法院查明具复。兹据该院长、首席检察官会呈称:查此案发生于十九年十二月七日《满洲报》新闻栏内载有滨江监狱人犯因虐待罢食且有冻毙情事,披阅之下不胜骇异。当经电饬该典狱长单作善迅速查明声覆以凭核办。旋据函呈,职监平安无事,唯恐事出滨江看守所。复于庚日电饬详查具覆。据真代电称,庚代电敬悉。因职监从未订阅汉字洋报,故此次捏造事实得之较晚。嗣经查询,始知日本电通社日人本桥凭空捏造宣传中外,意在妨害收回领事裁判权,其手段卑污令人发指。唯此事小则关系三监名誉,大则关系国体。侮辱吉林监狱即是侮辱国民政府。职为各界先明切实真相,从后再根据办理交涉起见。当于本月十日午前十二时邀请哈埠全体报社暨驻哈日本总领事馆藏本书记官同到职监参观,全部即时共同证明不但无罢食殴毙情事,且认为全监人犯衣食住待遇为东北各省冠。日人电通社任意捏造,实属容心侮辱妨害国交。职当面向日领藏本书记官提出抗议四条:一、驻哈日本领事向监狱正式道歉。二、电通社即日发电更正。三、日领须保障以后不再有此种宣传。四、对于原发电之日人本桥驱逐出境。不然由全国新闻扩大宣传,一致对外。并请由哈尔滨交涉员署提出正式抗议。该日领书记官允于明日答复。俟有结果暨中国各报代为更正,陆续呈报。外并请钧处按照满洲报捏造事实、公然侮辱、破坏监狱、妨害国交,向日方严重交涉。惩办发稿人员,无任盼祷。正核办间,又据呈称:窃查日本电报通信社日人本桥寿一于十二月五日捏造,职监监犯罢食等情宣传中外各埠。业经各方证明真相提出条件,向驻哈日领交涉。电复在案。兹于十二月十一日午前十二时,由驻哈日本领事馆书记官藏本英明偕该日电报社员本桥寿一来监道歉。表示以后不愿再有此种事情发生,有碍中日友谊。并即日发电更正以前消息绝对错误等情。职当以新闻错误即时更正,为各国之通例。惟监督官厅对于此等办法,认为恰当与否,尚未可知。交涉如此,是否有当。理合检同日人电稿及哈埠各报备文呈请鉴核。各等情前来。当以日本电通社日人本桥竟凭空捏造事实,宣传中外,实属有意妨害。检同电文报纸及函稿等件,据情转请吉林省政府鉴核,并乞转行交涉署严重交涉,以重狱政。及指令各在案。嗣奉吉林省政府第一二三二七号指令内开:呈件均悉。查现值撤除外人领判权进行时期,该日人本桥无端造谣实含有作用,非访闻失实之比。既据该典狱长提出抗议,除道歉、更正两项业经照办应免置议,其三、四两条仰候令行外交部特派员提向日领严行交涉,务期履行。仍由该处详述事实,分送中外各报广为宣布俾共了解。附件存。此令。等因。当即一面将日报捏造事实前后情形撰成特别布告送登各报,俾中外人士共同了解,并将该监续呈到处之铣、巧两电(即奉钧部抄发巧、效两电)指令此案已呈省政府令行交涉署严重交涉矣。仰即知照。各等情亦在案。奉令前因,理合遵将办理此案前后经过情形具文呈覆钧部鉴核施行。等情据此。相应咨请贵部查照。此咨。

《据安徽高院呈改良狱政提高监所职员资格拟设立安徽监所职员训练班情形祈核示由》
(二十一年一月部指五八附原呈)

呈悉。所请应予照准。惟教授科目有应酌加修改之处,合行开列于后,仰即遵照办理。并将开学日期具报备查。此令。

计开:

一、党义

二、监狱学

三、现行监所法令

四、刑法及刑诉法大意

五、会计

六、实务练习(分为下列七种)"卫生""作业""经费保管""教诲及教育""管理""建筑""新式簿记及表册"

附原呈

呈:为呈请事。窃院长自到任以来,遴选管狱人员深觉专习监狱者不如纯粹习法政者之多,似宜加以特别训练,庶足以副钧长改良监狱之意。兹为提高监所职员资格以备改良监所起见,拟设立监所职员训练班。学员以具备下列资格之一者为限。一、曾任新监候补看守长以上职务经部令核准有案者。二、曾在国内外法政学校或警监学校毕业得有证书者。三、曾任各级法院学习书记官以上职务,经部令委派有案者。四、最近继续在安徽各监所充看守或在法院充录事以上职务二年,中文常识确有基础者。五、安徽第一届管狱员考试及格人员。六、曾经部令核准委派之管狱员。该班拟教授下列各科目,一、党义,二、安徽法院判决录,三、现行监所法令,四、监所卫生,五、作业问题,六、监所经费之保管,七、教诲实习,八、监所管理问题,九、监所会计,十、最近欧美、日本之监所改良,十一、监所建筑训练。以六月为期,并由本院酌定学费以充开办及维持费用。是否有当,理合备文呈请,仰祈钧部鉴核示遵。谨呈。

《咨教育部为各法校应加监狱学科目请查照办理由》
(二十一年四月部咨七四二)

为咨请事。查行刑与审判有密切之关系,故以前各法校均定有监狱学科目,用意甚善。现在高等及普通监狱官考试条例业经公布施行,此项科目需要尤切。惟查近来各法校监狱学科目已不多见,不特应监狱官考试者难具专门学识,即将来判案之司法官对于行刑要旨亦不免多所扞格,应请分令各法校仍旧加添监狱学科目以宏造就。相应咨请查照办理。此咨。

《通令为法官等不准介绍看守仰即饬遵由》
(二十三年四月部训一〇九八)

案查监所看守不准由法院法官及书记官暨视察监所人员介绍,以免弊病丛生。业进本部于二十一年四、九两月间以第八二四号及二二三一号令饬遵在案。乃近查各监所所用看守仍不免有上列情弊,自应重申前令,以资警惕。为此令仰该院长、首席检察官转饬各该员等切实遵照,并饬监所长官嗣后如遇有前项情弊应即举发。切切。此令。

《通令各省高分院及新监狱应分别冠以地名由》
(二十三年五月部训一六一二)

查现在各省之高等法院分院及新监狱概称为某省高等法院第几分院及某省第几监狱,究竟驻在何地殊欠明了,应分别冠以所在地名,以资识别。其式如下:

一、淮阴江苏高等法院第一分院,永嘉浙江高等法院第一分院。

二、南京江苏第一监狱,杭州浙江第一监狱。

除各该院监原颁印信暂准沿用外,所有公用文书嗣后应即依式冠字。合亟令仰该院即便遵照办理,具报备查。此令。

《颁发押捺在监人犯指纹纸式及应注意事项令》

（部训令二七七六二十四年六月）

为令遵事。查各监狱现行指纹方式分类太简,检查不易。兹拟改订方式,俾便推行。亟须调集多数人犯指纹以资参考。合行检发指纹纸样式及押捺指纹注意事项,令仰该院转饬所属各新监遵照,迅将在监人犯每人押捺指纹一份,并将指纹纸正反面各栏应填载事项详确填载,限令到一月内呈由该院汇齐呈部核办。嗣后新入监人犯并应按月押捺汇报,毋得违误。此令。

押捺指纹应行注意事项:

一、未押捺指纹前,应将指头以火酒(即酒精)净洗拭干后押捺之。

二、司捺者与被捺者可不紧靠押捺台,司捺者应立于被捺者左侧,互成直角,两人间须有一尺之距离。

三、押捺时切忌摇动,捺下或提起手指时不可稍有迟延,否则指头隆线重复,有破坏指纹内特征之虞。

四、指纹中心与三角(请指纹纸式样)押捺不明时,再为押捺。若再不明则视中心或三角之形状,以笔给明于侧。其中心或三角损伤者,应于备考栏内注明。

五、正栏押捺时,司捺者先将被捺者左手食指涂油墨后斜置于指纹纸,食指押捺栏内,与铺平指纹纸互成直角,然后徐徐回转至再成直角时为止。食指押捺毕,即顺次及小指,最后则为拇指。右手各指仿此。

六、副栏押捺时,先以食指、中指、环指、小指同时涂油墨后,平置于指纹纸副押捺栏内相当之处,稍微力提起即成。两手顺次押捺之。

七、押捺完毕后,应将指纹纸正面及反面姓名等各栏详确填载。

八、指纹纸邮递时应用木板夹好不将卷折。

九、指纹纸材料应用国产厚纸(如原样),但印刷时铅印或石印均可。又填写各栏将用毛笔。

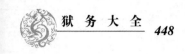
指纹纸正面

姓　　名	别号及绰号	年龄	职业	性别	分类符号	

本籍		出生地	
住所		生年月日	

<table>
<tr><td colspan="5" align="center">正　押　捺　栏</td></tr>
<tr><td colspan="5" align="center">左　　　　　手</td></tr>
<tr><td>1.食指</td><td>2.中指</td><td>3.环指</td><td>4.小指</td><td>5.拇指</td></tr>
<tr><td></td><td></td><td></td><td></td><td></td></tr>
<tr><td>（折）</td><td></td><td></td><td></td><td></td></tr>
<tr><td colspan="5" align="center">右　　　　　手</td></tr>
<tr><td>6.食指</td><td>7.中指</td><td>8.环指</td><td>9.小指</td><td>10.拇指</td></tr>
<tr><td></td><td></td><td></td><td></td><td></td></tr>
<tr><td>（折）</td><td></td><td></td><td></td><td></td></tr>
<tr><td colspan="5" align="center">副　押　捺　栏</td></tr>
<tr><td colspan="2" align="center">左手</td><td colspan="3" align="center">右手</td></tr>
<tr><td colspan="2"></td><td colspan="3"></td></tr>
</table>

押捺年月日及官署	民国　　年　月　　日于	司捺者签署		备
分类年月日及官署	民国　　年　　月　　日于司法行政部	分类者签署		
核对年月日及官署	民国　　年　　月　　日于司法行政部	核对者签署		考
复核年月日及官署	民国　　年　　月　　日于司法行政部	复核者签署		

指纹纸反面

犯罪次数	受判决姓名	笔名	刑名刑期（含罚金）	宣判年月日	刑之始期	宣告之法院	执行之监狱	出监事由及年月日	备考
一									
二									
三									
四									
五									
六									
七									
八									
九									
十									

人犯签署栏	不能签署时捺左食指印
身体上特征栏	

人事变更栏

种别	变更年月日	呈报官署	呈报年月日	变更原因
	年月日		年月日	
	年月日		年月日	
	年月日		年月日	
	年月日		年月日	
	年月日		年月日	

第四编 公 文

监狱看守所构造概说

狱制改良以前,构造监狱无须特别技术亦无所谓构造法,故构造法者乃出于秩序的狱制改良开始以后也。狱制改良之方法经多数学者之研究、多数国家之经验始有定论,监狱构造法亦然。往者改良之说主张不一,异说百出,致使巨额经费投诸空劳。无补之地亦复不少。此改良监狱者所以必先讲求构造法也。兹特逐项分述于下:

（一）概则

甲、须不用戒具或其他器械之拘束而可以确实监禁,在监者不致有逃走之虞。

乙、房舍之配置务求便于管理及节省经费。

丙、须有保全卫生上之必要设施。

丁、须便于实行个人的或分类的适当区别在监者。

戊、为经理(如工场、病监、炊所、教诲室、教堂等)所必要之营造物,须配置于适当之地位。

己、以质朴坚牢为主,毋流于美术及外观之虚饰。

庚、监狱周围之墙壁与内部房舍间隔之余地必在二十五尺以上,以防囚人之脱逃。至墙内之余地不可有树木等妨害视线,监狱之外沿墙当留三十尺以上之巡回道路。此外尚须留有空地,以免民家建造房舍。

辛、凡监房工场等在监入所居之处,当以外来人不能窥见内容为宜。监房工场门扉之锁钥当取坚牢简单,其式样务必相同,其构造不可复杂。然亦当令人不易以伪造之匙开放监房,之中尚宜有特别之装置,以便非常时可以令全监一齐开启。

壬、官舍务宜广设,以足敷典狱以下各吏员之用为宜。其位置当散在监狱之周围表门及非常门前。

癸、蒸汽炉室之位置当令其运转之音响不达于监房及病监等处,其附近可附设炊所、浴场、洗濯场、干燥室、薰蒸室、发电所、暖房等,俾利用同一之汽管。

（二）建筑物之种类

建筑物大别为二种,专备在监者之用,如监房、工场等,则名曰本然的建筑物,其他事务室、教育室、教诲堂、病监、浴室、炊所、洗濯室、仓库、墙垣门、卫室、水道、沟渠、暖室、接见室、官舍、运动场、刑场等,则名附属的建筑物。

（三）规模

男监狱之规模以收容三百人以上五百人以下为标准。过小则不独建筑费太多,即平常经费亦不能节省;然过大则又不能适于个人待遇之要旨。惟分房监狱则可收容五百五十人乃今日之定说。女监狱之容额约以拘禁百人以上二百人以下为限度。因须使女性官吏任一切管理之责,故规模不宜太大也。

（四）位置

监狱不能筑建于市街繁盛之地固不待言,即将来市街扩充区域或工业繁盛地方亦不相宜。盖此等地方不独非费巨价不能得广大之面积,且监狱竣工后势必使其附近地价骤贱,将来必为工场及贫民住屋所包围,而监狱之卫生及纪律必蒙不良之影响,故监狱之位置以沿铁路旁之小都会附近而离车站不远之地方为适当（监狱与市街之距离须在一启罗密达以内）。若不得已,须在大都会地建筑监狱,亦当择市外交通最便之地方建设之,如江苏第二监狱在上海漕河泾,去龙华车站仅三里许,汽车又能达漕河泾,可谓交通最便也。欲全监狱之效用虽以位置及构造二者兼全为贵,而以位置选择为尤要。盖构造稍有缺点,发现时尚能补救改造修理之。若位置选择不当,则一切障害行刑本旨悉自外界而来,影响所被浸润及拘禁之人,凡行刑之威信、纪律之严明、德性之涵养、作业之督励与其他卫生清洁等事均失其利益,虽竭意经营需费甚巨,则结果如同水泡矣。务宜特别审慎也。

（五）地势

监狱地势宜平坦而稍高。务求空气流通,狱内固不宜有死水之停滞,即其附近地方亦不宜有沼池、深林、高阜及可以俯视监狱内容之高楼,且建筑基础或沟渠工程须费巨款之地势亦不宜用也。

（六）地质

地质宜干燥坚硬,务求水气易于渗泄、湿气不致上壅,且须查明有无足以供监狱内所必要之多量水,用水之数量每人每日平均约须一百利脱儿（五斗五升）,工场作业所需之水量亦当预计,如织工科所需之浆纱漂染等之水量即其例也。

（七）地形

地形以正方或横方为宜,决不可用屈曲偏斜之地,若用横方形则宜东西长而南北短,监房及其他房舍均宜面南。

（八）地域

地域之大小以收容人数之多寡为标准,大约在监人一名需地二十坪（六方尺谓之坪）或三十坪,收五百人之监狱约有一万五千坪或一万八千坪之面积即足矣。但此专就平房言,若建筑楼房或分配杂居房,则其地域亦可于相当范围内适宜增减之。

（九）围墙

监狱内部之房舍布置得宜，则围墙自可短缩围墙之高，约四五密达即足，墙之厚薄自监狱管理周密言，本无特别关系。惟技术上须注意无害于坚固而又能节省材料之法，不问围墙之内外，不得有连接墙壁之建筑物，出入口不可太少，除正门外尚须多设非常门，正门之内便宜上可设门卫室、人民待见室、看守宿室，围墙之外务有附属于监狱之余地，以备非常时在监者避难，平时令少数在监者耕作及建筑官舍之用。官舍须斟酌官吏在社会上之地位，备相当之规模及体裁。不问房舍之大小，皆须各别建设，勿使比邻，日常生活上有互相接触之机会。监狱与官舍之间当设非常报知器。

（十）监舍

监狱之房舍最忌分列，分列则不能于一目之下周视全监，管理上生出种种困难。故构造监狱之形式有采用十字式者，有采用扇面式或采用光线式者，无非以自各舍集合之中央点得以通视内部一切建筑物为原则也。

十字式系以直角形联结四翼房舍于中央点（中央看守所），通例以四翼为监房，另建事务室。此式不独空气流通，日光射入大有利益，且其集中处系直角形，并可杜绝各翼间利用窗户互相通谋之弊也。

扇面式系以四翼监房与一翼事务室联结于中央点者，若收容人数较多而又不能建筑楼房时，则当采用此式。

光线式系以五个或六个之监房翼联结集中者，若欲在狭隘之地域收容多数在监者，则当采用此式。但此式与十字形较则管理卫生上皆不免有种种不利益之缺点。

中央看守室须开大窗，使完全受日光，通空气。其隅角可设惩罚室、书信室、洗面室等，若系楼房则以地下层充设备中央发热火炉之处，而于事务室翼背楼上回廊设一台为看守守望之所。

监房翼中间须有四密达或四密达半之走廊，两侧监房之数以十八房至二十二房为度（指分房言），各翼以接近中央看守所之一房或以翼端之一房充洗濯室，走廊除大窗外尚须设大窗于翼端。若系楼房，则走廊之构造须自地下通至屋顶楼上监房之前，绕以回廊，宽约十分密达之九，务选择适于防火之材料，廊外有设铁网者，上下走梯设于中央看守所及各监房翼之中央。

交　代

《某典狱长咨交印信人犯等暨缮具各项清册希点收见复由》

为咨交事。兹敝任奉令卸职所有经管铜质方印一颗，文曰某监狱之印，以及员士、男女人犯、文卷、款项、器具、簿册等,除作业部分另案咨交外,兹分别造具各科所职员名册、主任看守及看守监丁等名册、文卷清册、会计书表清册、服装册、枪弹清册、器具戒具清册、囚棉清册、收发名籍各种簿据清册、各种簿表零件清册、保管簿据清册、教诲簿籍清册、监犯花名清册、男女犯花名清册、各一本连同男犯＿＿＿名女犯＿＿＿口计共＿＿＿名口相应备咨,移送贵任,请烦点收并希见复为荷。此咨。

新任某监狱典狱长某姓

计咨送方印一颗,各项清册共计＿＿＿本男女人犯＿＿＿名口。

卸任典狱长某姓名

《咨为补送三科作业现金清册请点收见复由》

江苏上海第二特区监狱咨第＿＿＿号

为咨交事。查敝任所管印信、人犯、员士、经常款项、器具簿册等业经造册,咨请点收在案。兹续将所管作业款项、成品材料、器具等分别造,具资产总册、现金清册、成品清册、材料清册、债权清册、债务清册、财产目录各一本,相应备咨补送贵任,请烦点收并希见复为荷。此咨。

《某新任典狱长咨请补交作业部分短少不符并簿记册表经费部分请速移交由》

为咨请事。案准贵任咨交作业部分之款项、材料成品、器具等清册本,准经照册查点,当发现短少及不符之处甚多,又关于作业部分之各种簿记册据及未经造报之各种月报表册等项,均未准贵任咨交。相应开单咨请查照,希即分别补交,以清手续。再查贵任经费现金部分至今未准移交,迭奉院长面谕严催,并应咨请迅速办理,幸勿再延为荷。此咨。

《呈请委派专员监算交代仰祈鉴核由》

呈:为呈请委派专员监算交案仰祈鉴核施行事。窃典狱长接印视事日期业连同履历呈报在案。所有典狱长应接前任交案,遵照交代条例,自应恳请派员监算盘查以昭慎重,理合备文呈请仰祈钧长鉴核施行。谨呈。

《咨送补造有价额器具清册及债权花名册请查照由》

为咨复事。案准贵任咨开为咨请事。案准贵任咨交作业部分之款项、材料、成品、器具等清册四本,准经照册查点,当发现短少及不符之处甚多,又关于作业部分之各种簿记册据及未准造报之各种月报表册等项均未准责任,咨交相应开单咨请查照。希即分别补交以清手续。等由。计咨送清单一纸,准此案查作业部分之款项、材料、成品及器具等项有短少及不符之处,当经饬原办人员查照单开各点,分别向三科核对补交抵消清楚,兹补造有价额器具清册及债权花名清册各一本。相应咨复贵任查照,并希主稿会报以资结束为荷。此咨。

《呈报奉令清点前任移交清册簿记清单等情形由》

呈为呈复事。窃奉钧长发下某任咨复一件清册二本移交簿记清单一份,并令某等会同清点具报。等因奉此。遵将会点情形逐一陈明于后,仰祈鉴核施行。谨呈。

典狱长某

计开:

一、器具清册逐一点查无讹。惟所列价额系购入之数,历时两年之久,应照章折旧计算。又册列总数为一二六四、一七七,核与二十一年度末日在库资产器具项下为一三八九、四九四,相差一二五、三一七,系消耗物品。应请咨复前任于年度结算一并报清折旧及核销。

二、各户债权清册计洋一九七、六七〇,除于本任内收回一二一、四二八,尚有某某等七户计洋七六、二四二,均已去职无从收取,应请咨复补交或径报核销。

三、簿记移交清册已照数点收无讹,并分别代注年度。

四、查咨文称:"查作业部分之款项、材料、成品及器具等项有短少及不符之处,当经饬原办人员查照单开各点分别向三科核对补交抵消清楚"等语,系去年七月二十七日接收查点三科资产呈复之材料、成品增减数目遍询三科各负责人,均称不知此事。该项增减数目应请咨复从速补交,以清手续。

计缴呈清册二本清单一纸。

某某同呈　某月某日

《江苏高三分院令所有应接前任移交各款项
未据会算具报仰查催办理由》

(训字第 229 号)

为令饬事。查办理交代期限公务员交代条例具有明文规定,该典狱长接任迄今已逾两月,所有应接前任移交各款项尚未据会算具报,殊属延宕。合亟令仰查催办理,克期会算以重交案,并将现办情形呈复查核。此令。

《上海第二特区监狱谢前任咨为二十一年度囚粮节余款项无款移交请查照由》

为咨复事。案准贵监单开:查得二十二年六月份囚粮款项清册载明,截至本月份结存数本籍洋二万七千八百八十六元三角一分、外籍洋一千六百零五元九角七分,两款应由何项抵补? 未准声叙。等由准此。查敝任二十一年度截至六月份止,囚粮款项清册节余本外籍犯囚粮共计洋二万九千五百零二元二角八分,此款系照上年度及本年度概算规定每人日支一角六分数目所节余,二十一年度概算迟至本年度终了,仍未奉准核定。因在未奉核定以前,所有逐月请领逾额囚粮,送奉江苏高等法院第三分院,系按照每月实支不敷数目酌发,并非照概算规定每人一角六分给领,是以此项节余既未拨发,故无款移交。除呈报江苏高等法院第三分院备案外,相应咨复贵任即希查照为荷。此咨。

《上海第二特区监狱会呈为交接清楚并送清册仰祈鉴核由》

呈:为呈报监盘本监谢前典狱长交代接收情形,仰祈鉴赐核示遵事。

案查雄接收本监谢前典狱长交代前,经呈奉钧院令派世涣监盘,世涣遵于本年五月二十五日到监,会同雄将谢前典狱长所送交代清册逐一盘查清楚,理合缮同各项交代清册具文会呈,仰祈钧院鉴赐核转示遵,实为公便。谨呈。

江苏高等法院第三分院院长梁

附抄呈送款项交代总册(余册从缺未编)

江苏上海第二特区监狱典狱长谢任(自民国二十年八月一日至二十二年六月三十日)经手收支经常临时作业等费曾于二十二年七月六日以后陆续造册移交孙任接收,复于二十三年五月二十五日经监盘委员吕世涣监同会算清楚,兹将交抵各款开列于后。

计开:

交款项下:

一、二十年度结存临时费洋七百一十八元八角七分。

二、二十一年度结存经常费洋一千四百二十九元二角六分。

三、二十二年五六两月份,外役收支相抵,盈余洋六元二角。

四、银行存款利息洋九十一元一角三分。

五、捐补邮费洋一百零七元二角六分。

六、二十年十月至二十二年一月看守代班余款洋六十一元四角七分五厘。

七、作业结存现金洋一千三百零八元七角伍分四厘。

八、作业结存器具洋一千零一十一元三角四分二厘。

九、作业结存成品洋二百六十五元二角四分二厘。

十、作业结存材料洋六百零七元三角二分五厘。

十一、作业结存债权洋一百二十一元四角二分八厘。

以上共计洋五千七百二十八元二角八分六厘。

抵款项下：

一、二十年度不敷经费洋三百九十五元八角六分。

二、作业器具合洋一千零一十一元三角四分二厘。

三、作业成品合洋二百六十五元二角四分二厘。

四、作业材料合洋六百零七元三角二分五厘。

五、作业债权合洋一百二十一元四角二分八厘。

以上共计洋二千四百零一元一角九分七厘。

除抵应交洋三千三百二十七元零八分九厘，计交现金洋三千三百二十七元零八分九厘。

附注：

一、查此次盘查各款收入数目，业开单呈奉江苏高等法院第三分院指令核对相符，支出数目系照谢任各支出计算书表底册清算，如将来该书表呈报设有数目多少错误情事，仍由谢任补交或领回。

二、二十年度经常费各月份共不敷洋三百九十五元八角六分。查该年度计算书表虽经呈送，尚未奉准核销。在未奉准核销以前，此数应准暂作抵款。

三、查囚粮清册底册载截至二十二年六月止，节余本外籍囚粮共计洋二万九千五百零二元二角八分，因谢任关于囚粮经费系实用实支并未照预算规定日支数目领收，故移交实际上绝无此项现款，业由谢任咨请孙任查照。

四、谢任移交捐补邮费洋一百零七元二角六分，系寄发在监人平信邮资不能取得邮局盖戳证明，自行捐款弥补之数，由谢任于呈送二十一年度六月份支出计算书表内，声明在案。应由孙任照收列报。

五、二十二年五六两月份外役收支数目原列入经常费造报，现因奉令剔除，改列作业项下。所有该项外役用费收支相抵，计盈余六元二角，应由孙任拨归作业收入。

六、二十二年七月一日至五日项代任内经手收支各款为数无多，且经当时拨算清楚，故本册未予列入。

七、查作业器具价值册列一千三百八十九元四角九分四厘，内有已经耗费器具价洋一百二十五元三角一分七厘，应由谢任呈请核销外，尚存器具价洋一千二百六十四元一角七分七厘。查上项器具将届两年，其中破旧事所不免，查移交价额均系原价，兹照器具折旧办法作八折计算，计实价洋一千零一十一元三角四分二厘。上项折旧价洋二百五十二元八角三分五厘，应由谢任呈报二十一年作业书表时,作为亏损呈部核销。

八、查作业材料增出五元七角四分,减十一元一角七分九厘,相抵不敷洋五元四角三分九厘。又印刷科多列十元四角七分二厘,系漏列木造纸三百七十四张,合洋十元四角七分二厘。复查无异,自应删去。又成品短少竹尺合洋十六元九角九分二厘,业另由谢任补交十元,不敷六元九角九分二厘,及材料增减相抵不敷洋五元四角三分九厘,上项两数因原主管人员业已去职,只得由孙任饬科在将来作业杂入项下设法弥补,以资结束。

九、查册列作业债权洋一百九十七元六角七分,除由孙任陆续收回洋一百二十一元四角二分八厘,尚有张观成等七户计洋七十六元二角四分二厘,或人已离申或无一定住所,均无从收取。应由谢任查照作业规则第十六条报请核销,将来如奉指驳仍由谢任负责。

十、查谢任前向江苏高等法院第三分院借到作业基金洋一千元,已归并作业资产内。

十一、此外人犯印信、文卷、器具、作业、成品、材料、器具、债权簿册等另造清册附报。

卸任江苏上海第二特区监狱典狱长谢福慈
新任江苏上海第二特区监狱典狱长孙雄
江苏高等法院第三分院监盘委员吕世涣

《上海第二特区临时罪犯戒烟所呈报结束由》

呈:为遵令具报戒烟所结束情形,缮具各项移交清册连同诊断书,仰祈鉴核报令遵由。呈:为遵令具报戒烟所结束情形,缮具各项移交清册连同断瘾诊断书,仰祈鉴核转报事。窃于本年八月三十日奉钧院训令第一八○号内开:为令遵事。查江苏第二监狱新建监房现已落成,奉部训令,该新监房专备收容上海第二特区监狱烟犯及其他短期人犯之用,所有该所烟犯自当并送新监收禁。该临时罪犯戒烟所应即裁撤,以节经费。合行令仰该兼所长遵照办理,并将关于所内一切事件结束具报。此令。等因奉此。遵经所长督同看守长胡延龄等赶办结束,当于九月十一日先将戒烟男犯高亚林等一百四十四名,女犯徐洁英等二十四口,总计一百六十八名口,函请捕房协助饬派囚车分批押解江苏第二监狱新建监房收禁。所有本所员士除看守长、候补看守长各一员,因江苏第二监狱新监房预算并无此项员缺,已饬令另候任用。又开办时由职监调去之主任看守邵华廷一员、看守张德光、傅茂顺、许宪图、何平、钟鳌等五名仍着回本监服务,未列入交册外。原有医士李立群一员、主任看守周裕涵等两员、看守二十四名一并造册,函请江苏第二监狱查照前次订定收容人犯办法酌量继续任用,以资熟手。一面以本所办理已届七月彻底戒断烟瘾人犯达五百一十二名,期满出所者尚不在内,在职员士不无微劳,遵奉面谕仰体德意,于九月十三日发放各员士九月份全薪一个月,借示优恤。此移解人犯遣散员士之结束情形也。复查本所成立之初系租赁民有楼屋八幢装修应用,现既裁撤自应恢复旧状,以符原约。经所长首饬市面工匠估计最低须洋二百九十余元,次商由职监第三科估修订定工料银一百八十元,较之招匠核估可减少一百元有零。计九月十六日起开工,并派看守长胡延龄、候补看守长惠而孚随时督饬进行,经营十余日兹已一律恢复原状。此修理房屋之结束情形也。至本所现有各种器具除江苏第二监狱新建监房适用各件已造册移送该监狱接收外,其余剩余部分连同文卷簿籍一并移送职监点收保管,俾资清结。奉令前因,理合遵将戒烟所办结情形缮具各项移交清册各一份,附同戒烟人犯断瘾诊断书五百十二张备文呈报。仰祈钧长鉴核转报并乞指令祗遵。谨呈。

江苏高等法院第三分院院长

计呈送　戒烟人犯断瘾诊断书五百十二张

移交人犯名册二份

移交职员名册一份

移交器具清册二份

移交文卷簿籍清册一份

江苏上海第二特区监狱典狱长兼临时罪犯戒烟所所长孙雄

改 良 建 设

《司法部改良监所方案》

分为疏通、整顿、建设三步进行(二十一年)

查监狱为执行刑法之所,监狱不良感化主义难期实施,纵使法院普设,审判公平亦不易收司法改良之效。本部在训政时期分配工作年表内已将各省应设各种新监(如少年监、普通监、外役监、肺病及精神病监之类)详细规定,分年进行。卒因时局未定、经费困难、前项计划未能如期实现。罗部长莅任后,以监所改良刻不容缓,饬由主管司拟具改良计划,分为三步进行。第一步疏通,第二步整顿,第三步建设。而在此三步计划之先,对于培养人才尤为注意。恐司法人员与行刑方面多所扞格也,则拟咨请教育部通令各省国立及公私立大学、独立学院或法政专科学校内之法律学系增设监狱学科目,因整理监狱需用真才也。则拟咨请考试院举行普通考试监狱官考试,及训令各省高等法院举行特种考试监所看守考试,并拟呈请《监狱官练习规则》及制定《监所看守训练规则》分别公布,俾资实习以重经验。其于现任监所职员则以近世监狱学术日益复杂未便以从前所学故步自封,拟即设立狱务研究所,俾得入所研究以资深造。业经拟订《狱务研究所章程》呈准公布施行。至监所看守事事与人犯有直接关系,职责极为重要,薪资过薄难期得人。现在生活程度日益增高,亟应规定增加数目,以资维持。当经拟定新监所看守月薪自二十元至三十元,其充主任看守者得给至四十元,县监所看守自十四元至二十元,其充任主任看守者得给至三十元,在训练中者均给予八元至十二元。已通令各省高等法院按照上列标准酌定等级,分别拟具新旧监所看守薪资等级表,于文到十日内呈部核办。培养人才已如上述。再将三步计划分述如下。

第一步疏通:查各省区监所多以人犯拥挤,管理每难合法,应即设法疏通,以便整顿。缓刑、假释固载刑法,监犯保释亦有条例,至交保责付刑事诉讼法规定尤为详细,各法院监狱每多不能切实奉行。当即通令各省高等法院转饬所属对于未决已决各人犯合于缓刑、假释或保释条件及交保责付之规定者,务须切实奉行以期疏通而资救济。此外又制定监犯保外服役暂行办法,已指定苏、浙、赣、陇四省为施行区域,其期间则定为六个月(自二十一年四月一日起至同年九月三十日止),业经分令遵照。又以监所拥挤实以烟犯为最多,复制定疏通烟犯办法,即(未决犯如经诊断确有烟瘾可先依法具保,勒限戒烟。其遵限戒绝并取有医院证明书者,经法院覆验属实,得斟酌案情依法宣告缓刑,予以自新之路。至于已决烟犯应迅设罪犯戒烟所强制戒烟,在该所未成立前,准送当地医院戒除。)其他法律之修改亦在分别进行或已呈请核办或正在拟议之中云。

第二步整顿:(甲)关于整顿新监者,以给养、卫生、教育、教诲作业及出狱人保护为最要。兹逐一说明于下:(一)给养。查囚粮为人犯性命攸关,各省新监囚粮分量有有限制者,有无限制者,而有限制之中又有以干米分量或熟饭分量为标准者,不特各省不能一致,即一省之中各新监所定分量亦复参差不齐,稽核殊多困难。正在拟定划一标准,通饬施行以杜流弊。又以粮食市价涨落不定,各新监囚粮往往因款项不足随时零购,既不经济又易滋弊,并拟令饬各省分期投标(每三个或六个月一次,各该管高等法院酌定),将每期应用囚粮按照标价立约定购,并由该管高等法院监视开标,垫付定款,按月于所领经常费内扣还。囚粮之外,囚菜亦极关重要。据报各新监人犯所食菜蔬以盐菜、萝卜干为多,数致酿成青腿牙疳等症。嗣后须以应时新鲜菜蔬为主要,当即酌定菜蔬分期表,令发各省高等法院转饬所属各新监遵照办理。(二)卫生。查监狱本旨在改善人犯,使之复归于社会,故锻炼身体亦为监狱教养之要务。近查各新监对于人犯体育未甚注意,每月不过散步三十分钟,殊于卫生有碍。正在酌定运动方法通令实施,以强健其身体。(三)教育。查在监者除十八岁以上而刑期不满三月者及监狱长官认为无教育之必要者外,应一律施以教育。为监狱规则第四十八条所明定。民国十三年六月间司法部又公布《实施监犯教育计划》十条,通令切实办理。近查各监狱实力奉行者寥寥无几,现已另定办法严饬遵行,并定期由视察员考验成绩报部查核。(四)教诲。查监狱教诲师之职务在处务规则规定本极繁密,乃近查各新监教诲师均未能切实奉行,典狱长亦多不加以督促,每月仅作讲稿数件呈部塞责,于人犯毫无实益,以致监狱中视教诲师为闲散之职。应即严加整顿。已训令各省高等法院转令各新监典狱长督饬教诲,嗣后务须遵照处务规则切实施行,并将甲月工作于乙月五日以前,按日详叙事实报告查核。如果报告有浮饰及捏造情事,一经查出,定予严惩。其例行之讲稿反教诲月报表则毋庸呈送。(五)作业。查近来各国办理监狱多有侧重于自给自足主义之趋向,故于作业一项极端重视。盖一则借此训练监犯使能自食其力,而于出狱后不至再犯;一则可以作业之收入补助国库,一举而两善备焉。以各省新监作业未能发达,一切开支均仰给于国库,将来地方多设一新监,国家即增一新支出,欲达改良监狱之目的势必不能。正拟通令各省新监推广工场及农场作业并扩充外役,务向自给自足方面努力进行。又恐监狱出品不能畅销,作业亦难期发达,必须先请各机关将一切公用物品尽先交监狱承办,以资协助。除本部业已首先施行外,复拟呈请行政院通令所属各机关一体遵照。惟欲贯彻自给自足之主旨,自不能不有奖励之方法。并拟将前司法部颁行之监狱作业余利提成给奖规则,酌予修正通令施行。(六)出狱人保护。查出狱人保护事业与预防再犯关系至为密切,本部曾将前北京司法部公布之出狱人保护奖励规则修正施行。惟吾国社会事业尚在幼稚,此种出狱人保护事业自难发达。正拟通令各省典狱长劝令当地工商各界及慈善团体组织出狱人保护会,并斟酌情形随时予各会员以面会监犯之机会,俾得深知其性情而便保护。(乙)关于整顿旧监所者,本部拟先从铁路沿线或江河沿岸及汽车可通各县办起,次第推及其余各县。着手之初,先由部按照前项区域于每省指定一县,派员会同该管高等法院设计改革以作模范,其余即照第三步计划办理。

第三步建设:每省依地方交通情形分为若干区,每区设新监一所,所有该区内各县监所均由该新监典狱长秉承高等法院院长规划改良。此项办法先于已设新监区域实行,各该区新监典狱长于奉令后应按照本部划定县份前往调查,切实规划,并估计经费,随时呈由高等法院审核后加具意见,呈部核办。每一县监狱改革就绪,即改作该新监之分监以执行判处轻刑之人犯(刑期在三年以上者拨送该新监执行),管狱员即改称为某某监狱某某分监长兼某某县看守所所长,其监督权分监由本监典狱长任之,看守所仍由该县县长任之。似此办法,区域既分范围较小责任亦专,规划进行自属易易。至各区内应设新监尚未成立之县,择定地基实不容缓。拟即训令高等法院院长从速商请省市政府指拨相当官地,如无官地可拨,应即备价购定民地以资应用。该县管狱员有补助高等法院筹设新监之责,似应提高其待遇,以期得人。将来拟援照广州、洛阳等监狱成例,改为典狱长。惟查监狱建设首重经费,每省应设之新监除新设省分外多则十余处,少亦七八处,每处建设经费多则数十万,少亦十余万。而各县监之改革费(每县约三万五千元看守所在内)尚不在内。非指定的款分期进行,则全国监狱永无革新之望。现正呈请行政院转饬财政部每年每省指拨监狱建筑经费二十万至六十万，或指定司法收入若干成以十年为限，俾得依期实行。此外各省新式看守所与法院有连带关系应于筹设法院案内详细规划云。

《我国训政时期改进监狱制度工作大纲》

（节录司法行政工作大纲）

筹设全国各种新监

甲、筹设少年监。

第一年起：

一、预定本年内全国共筹少年监二十八所。

二、督促各省司法长官依照法院监所工作等表所列次序、地点、办法，将上开各少年监实行设立。

第六年：

一、预定本年内全国共筹设少年监一十九所。

二、督促各省司法长官依照筹设法院监所工作等表所列次序、地点、办法，将上开各省少年监实行设立。

乙、增设普通监。

第一年：

一、预定本年内共筹设普通监三十二所。

二、督促各省司法长官依照筹设法院监所工作等表所列次序、地点、办法，将上开各普通监实行设立。

第二年：

一、预定本年内全国共筹设普通监四十四所。

二、督促各省司法长官依照筹设法院监所工作等表所列次序、地点、办法，将上开各普通监实行设立。

第三年：

一、预定本年内全国共筹设普通监共四十九所。

二、督促各省司法长官依照筹设法院监所工作等表所列次序、地点、办法，将上开各普通监实行设立。

第四年：

一、预定本年内全国共筹设普通监四十八所。

二、督促各省司法长官依照筹设法院监所工作等表所列次序、地点、办法，将上开各普通监实行设立。

第五年：

一、预定本年内全国共筹设普通监三十二所。

二、督促各省司法长官依照筹设法院监所工作等表所列次序、地点、办法，将上开各普通监实行成立。

丙、筹设累犯监。

第四年：

一、预定本年内全国共筹设累犯监三所。

二、督促各省司法长官依照筹设法院监所工作等表所列次序、地点、办法，将上开各累犯监实行设立。

第五年：

一、预定本年内全国共筹设累犯监一十六所。

二、督促各省司法长官依照筹设法院监所工作等表所列次序、地点、办法，将上开各累犯监实行设立。

第六年：

一、预定本年内全国共筹设累犯监三所。

二、督促各省司法长官依照筹设法院监所工作等表所列次序、地点、办法，将上开各累犯监实行设立。

丁、筹设外役监。外役监另详司法行政部移犯垦殖计划。

戊、筹设肺病及精神病监。

第六年：

一、预定本年内全国共筹设肺病及精神病监二十一所。

二、督促各省司法长官依照筹设法院监所工作等表所列次序、地点、办法，将上开各肺病及精神病监实行设立。

整理原有法院监所

甲、扩充或改善各项设备。

第一年：

一、预定本年内扩充及整理原新监一所（详各省筹设法院监所工作年表。）

二、随时派员实地调查各省法院监所最近实况其建筑及他项设备查，有不敷用或不适用者，加以扩充或改善。

三、各省旧监所查有积弊者，严行剔除。在新监未成立前，并一律使之注意清洁卫生，励行感化教育兴办或扩充犯人作业。

四、厘定法院监所各项簿册用纸定式，注意简明便利，通令依式仿行以昭画一。

第二年：预定本年内扩充及整理原有新监五所。

第三年：预定本年内扩充及整理原有新监十一所。

第四年：预定本年内扩充及整理原有新监四所。

第五年：预定本年内扩充及整理原有新监十五所。

第六年:预定本年内扩充及整理原有新监五所。

乙、甄别并训练现任职员。

第一年:

一、调验各省法院法官书记官及该所职员凭证办案文稿或办事成绩书类,详加审查分别去留。

二、随时派员实地调查各省法院监所职员是否称职,以凭黜陟。

三、严令各省司法长官遵照法院监所职员考绩办法,随时认真考察,分别举办。

四、严令各省法院监所实行设立研究会,使各项职员悉受陶镕。

丙、增设少年法庭。

第一年:厘定增设少年法庭办法。

第二年:督促司法长官依照厘定办法,于各省原有地方法院内增设少年法庭。

第三年:扩充少年法庭即于各省商埠及其他地方原有法院内增设少年法庭,以适合需要为度。

《前司法总长改进司法革新狱制计划书》

司法独立为立宪国之要素,亦即法治国之精神。然必具完全无缺乏之机关,而后可立司法之基础;必审缓急后先之程序,而后可策司法之进行;尤必有一定不易之方针,而后可谋司法行政之统一。前清筹备宪政亦既有年,司法一端区画甚详,而言之或不能遵行,行之未必其遵效者,匪惟制度之阙略,障碍之丛生,人民信仰之未坚,京省情形之互异也;人才之消乏,财力之困难,实为一重大原因。而督抚之牵掣,州县之破坏,士夫之疑义,幕胥之阻挠,犹不与焉。非造车而合辙,乃求剑而刻舟。此而欲司法之独立,譬航行绝流断港,而靳至于海,盖必无之事矣。民国肇造,政体更新,潮流所趋,万方同轨,国民心理渐次改观。将欲挈中外而纳于大同,其必自改良司法始。世英德薄能鲜,适当改革漩涡责任所关,固不敢放弃职权重负国家之委托,亦不敢冒昧从事,致贻欲速不达之讥。早作夜思,殆忘寝馈。深虑凭夫理想则易于立言,征诸事实则难于责效。受命数月,苦心擘画,粗已得其纲领。窃谓做事谋始,必熟究其利害之所存。苟利一而害百,废而莫举可也。利十而害十,仍循其旧可也。若事关于约法,关于国体,关于外交,关于全国之生命财产,而又有百利无一害,则当殚精竭虑,赓续励行,图之以渐持之以恒,出之以至诚公正之心,深之以坚固不拔之气,通力合作期于必成。已有者力与维持,未有者急图建设,对于旧日积习贵有螫手断腕之谋;对于改良前途贵有破釜沉舟之概。庶司法独立可实见诸施行,而领事裁判权终有拒回之一日。爰就千虑所及,约举数端。以内外协商为统一之方针,分年设备为进行之次第,执法官吏为固定之机关,慈善事业为公家之辅助,仍就人才、财力两大问题为根本之解决。如组织法庭培养人才,厉行律师制度,试办登记改造监狱,改良看守所幼年犯罪之法庭,并感化院以及监狱协会、出狱人保护法皆有互相维系之端,即为递年应办之事。谨撮举大概,分条说明,用资商榷,惟大君子裁择焉。

请先言分年设备之理由。工师之营室也,必先相度地势,若者宜堂,若者宜房,若者宜庖湢,规划既定树立基址,然后继续。长增高为垣埔、为栋宇、为牖户,最终乃饰以丹膜,而室之能事毕顾。其始之经营、鸠工、庀材、穷年累月,断非一朝夕之功、一手足之烈也。吾国司法方在萌芽,基址未臻巩固,非常之原又为黎民所惧。闻人且侈为平议,矧在庸流;通都尚胥动浮言,矧为僻壤。况法律知识未尽灌输,骤语以宪法之条文,共和之真理,鲜不色然骇者。至于法院则更多不识其名,故组织法庭当以开通之地为先,而偏僻之地稍从后焉。此斟酌地方之情形不能不分年者也。承学之士近十年中国内外卒业者不乏其人,而聚之一隅则有余,分之四方则不足。况法官资格法定綦严,监狱人才经验并重,若于一年之内即欲全国法院监狱完全成立,无论势所难行,亦万无如许合格之官吏。此审察人才之消长不能不分年者也。军兴以后,元气大伤。虽造新邦,实承旧敝。军旅疲于供亿,闾阎困于输将,遽谋普及全国,必多惊扰。稍一不慎,訾议随之。欲设法以济其穷,宜宽限以纾其力。否则利国转为蠹国,福民适为厉民。始则百废皆举,继则百举肯废。前车不远,覆辙可寻。此酌量财力之盈虚不能不分年者也。现定以民国三年至民国七年为设备各行省法院检事局监狱之期,每年皆是七月起至来年六月止,用符预算之年度。至藏、蒙、青海等处则俟行政区划确定后,再行着手进行。分年设备之理由既如上述,请申言分年设备之法。吾国广土众民,为省二十有二,为县一千七百有奇。就司法区域而言之,以法理论,司法区域本不必与行政同,以习惯论,前设之法院多与行政区域合,以实际论,设法院本所以便民,采四级三审之制,若使地方法院区域过广,则初级上诉之案道途辽远诸多不便。故为今之计,只仍以行政区域为司法区域,每一县设一地方法院,附郭之初级法院即合设于其内,其因事繁设二初级法院以上者,则当然分立。综计全国已设之审检厅外大约不及十分之二,其余有正在筹办而中止者,有全未筹办者,有逐渐添设者。俟司法会议调查报告到部,当可得其实数。现拟自今日起至民国三年六月以前,先就已设之审检厅,次第改组。俾苏喘息而便预筹。统计全国应设院局二千有奇,分为五年设备,每年至少期以成立五分之一为率,扣至第五年一律完成。先由各省就地方之情状分开办之先后,院局之设备大略如此。

若夫监狱制度,则与刑罚裁判有密切之关系,狱制不备,无论法律若何美善,裁判若何公平,一经宣告,执行之效果全非。外人领事裁判权所以绝对不肯让步者,大抵以吾国法律、裁判、监狱三者均不能与世界各国平等故,常借为口实,实吾国莫大之耻辱。今改良法律、改良裁判而不急谋,所以改良监狱犹未达完全法治之目的也。世英前年赴欧美考察司法制度及参与第八次万国监狱会,时曾有监狱会报告一书,力请改良。本年八月初就职时,即通电各省派员调查各县监狱实况及将来划分区域建筑之地点,以为筹设监狱地步。约计二十二行省次第举行,亦当分为五年。去年则先开办北京监狱,树全国之先声,二年以后筹办各省会及各商埠监狱。除已设者益求完善外,须设已决监六十余所,建筑及开办费约需四百万元左右。至三年七月一律成立。四年以后,则筹办各县之未建设者。然一县一监势难办到。拟选各县交通适中之地,合数县设监狱一所较易集事。计全国一千七百余县,以六七县共设一监狱核算,当有二百四十余所。平均每监以十万计之,需建筑及开办费二千四百万元左右,扣至七年七月一律告成(合计五年之内可成监狱三百余所)。按四年均摊每年只通筹五百余万元,谅不至艰于措理。建筑监狱之法容留二百五十人以下者,采用单十字形;容留五百人者,采用双十字形。经费固可节省,管理尤属便利。若常年经费全国监狱既拟设三百余所,每所容罪犯五百人,每年所需当在五万元左右,三百余所合计共需一千五百余万元。就表面观察,增加此种巨款似属骇人听闻,不知东西各国经费大半由作业收入,国库支出只其少许。吾国游手好闲者固多,一经犯罪入狱势难责其各执一艺以偿所出。然能假以数年之物的教育,更得官吏之切实董劝,则监狱作业所入当可收入一千万元上下,而国家所补助者度不过五百万元。即有参差亦复不中不远。至拘禁制度,纯取杂居,既生罪恶传播之弊害;纯取分房,又起需费浩穰及易罹精神病之问题。惟折衷二者之利害,厉行阶级制度(以分房杂居假出狱为三级,而执行其刑。例如一犯人处有期徒刑三年,初入使居分房监六月或一年,是为第一级。期满移居杂居监,是为第二级。在此期内如实能迁善改过,则使之假出狱,是为终级),庶于刑事政策、经济政策两无妨碍。然此仅就已决监狱而言。查各国监狱通例,分已决、未决两种。未决监用以拘禁刑事被告人,命意所在不过预防逃走与湮灭证据二点,此系为辅助裁判进行之机关,而非监狱之一种,乃各国学者所主张也。吾国旧制如待质、看守等所皆系拘禁刑事被告人,本与教养局习艺所性质绝不相同,窃谓此种制度适合法理。拟将未决拘禁之所与已决监狱截然分立,别订为待质所,名称不在监狱范围之内,其筹办方法即就初级地方各法院所在地之旧监或看守所推广改良,以谋裁判之便利而期名实之相符。此已决未决监之设备也。

　　以上两端系就财力问题先为解决,然徒法不能自行,则培养人才、允为当务之急。培养之法分为三种:一曰振兴学校。吾国疆宇广大,需用之法官、狱官须计五年完成,时法官逾四万人,狱官将及二千人。国内外已成之学者为数本尠,又况所学多系政治、经济两科,亦复不适于用。至于监狱之学,攻者益鲜。法官为人民生命财产、名誉自由之所寄托,典狱看守长为执行自由刑之官吏。若以不学者而治之,是无异立朝夕于运钧之上檐竿而求其末,盖不可得也。今拟于中央设一司法专门学校,内分为普通、特别两科。入普通科者限于中等学校以上之毕业,入特别科者限于三年法律之卒业。普通学科则注重民刑法与诉讼法及各国监狱法并德国文字;特别科学则专授以民、刑、监狱实务之学。其宗旨在养成一般高尚之法官、狱官,而期见诸实用。各省如能仿行则更众擎易举。一曰注重经验。学识、经验二者并重,此为古今中外所同。世英既拟于民国三年着手推广法院监狱矣,则所用之官吏即合格之学生所患者不在无学识而在无经验,此东西各国所以重见习一门。我国旧法院编制法所以有学习一途,盖学识为体经验为用,有经验而后学识之用乃宏。现拟将民国三年各省应用之法官及监狱官吏皆于明年就合格之人分发已设各院局监狱实地练习,以为三年院局监狱成立之预备。凡新院局监狱之长官则于已经为法官及监狱官吏中选之,以资熟手。筹备期内更用递推之法。甲年养成乙年任用,乙年养成丙年任用,此对于有学识而加以经验之办法。其未经毕业而曾任推事检察官各员,投闲置散亦殊非爱惜人才之道。本部业已提出旧法官特别考试法,经由国务院会议议决送交参议院公议在案。如果议决通过,即可举行考试。合格者即行任用,以为过渡时代人才缺乏之补助。此对于旧法官而特重经验之办法。以上二者皆系培养国内人才之方针。当兹二十世纪列强竞争,吾国之所以劣败者,虽由于海陆军不能振兴,亦由于法律之不完善,且由于施行法律者不知文明各国法官之威信、法庭之整备、公开之秩序、审讯之周详、与夫一切诉讼手续之繁密,故治事多与法理相违,恒为外人所蔑视。又况监狱学问日新月异,较诸吾国牢狱实有霄壤之分。若仅凭法制而未觇先进国之实施,终多隔阂。有此种种,则吾料领事裁判权永无拒回之期。领事裁判权既不能拒回,则国家永无强立之望。试观埃及、土耳其诸国,能不触目惊心,引为殷鉴乎。今拟自民国三年起,每年遣派通晓外国文字合格之法官四十四员,各按其所学分往各国实地练习法庭实务,以二年为期,扣为五年。以每省高等院局有六人为限,至监狱官吏亦如法定遣派之法,但每省一人为限。如此办理,庶练习员既灌输文明之知识,而列邦亦真知我国改良之趋向,将来提议修正条约谅不难就我范围,此对于有学识者增以世界成绩经验之办法。三者若果具备,世英敢断言必收良效。一曰先行试办全国法院之建设,既期之五年,则未设法院之处所若纯由行政官担任,事务殷繁实际上必不能兼顾。现拟于未设院局之县亦选合格者专充审员,每县以三员为率。使司法行政逐渐分离,一旦敷设院局即可改为法官,既资驾轻就熟之才,自有事半功倍之效。兹事山东全省业经试办,全国仿行或无流弊。天下事取精乃用宏,有备斯无患。此对于人才问题宜为之审慎周详,而求其完备者也。

　　以上数端皆为分年设备之事。其有不关于分年设备而亟须创办者,则莫重于律师。律师为司法三职之一,大抵拥护被告人权利者为多。前清采用检察制度而律师从略,按诸世界通例殊为缺点。夫搜索证据为检察之职,主于攻击代人辩护为律师之职,主于防御设检察官而不设律师,是有攻击之方并无防御之术也。吾国人民法律知识尚为薄弱,如刑事、如民律、如商律、如民刑,诉讼条理精密手续繁重,又皆吾国素所未行,国民耳目所未尝闻见。一旦强之以所不知,则积疑而生。畏责之以所不习,则盲从而盲违。故必律师能尽辩护之职权,而后法官得行公平之裁判,公庭既可资以折服,刁健不得肆以诪张。凡法官之偏断,罪犯之狡供,以妇女废疾之紊乱法庭秩序诸弊,得律师以为之指导,皆无自而生。故厉行律师制度亦改良司法之一端。世英前已订定律师暂行章程及登录章程通行全国,并请大总统提交律师法及施行法、考试法、惩戒法各案于参议院矣。惟律师重才学又重道德,始不至枉直作曲混是为非。否则未受律师之利,先蒙律师之害,其祸将不可胜言。此世英对于今后之律师,而抱无穷之希望者也。

律师既实行矣,则保障人民权利之道尤宜多方为谋。登记一事似亦不容过缓。考登记之法防自欧洲,流传日本,考其种类,则有不动产登记、商业登记、船舶登记、夫妇财产契约登记、身份登记以及其他一切登记。名目虽有不同,而究其原因其为确定私权预防侵害,用意实相一贯。第千端万绪并举为难,审度国情宜先从不动产登记入手。今请略言利弊:(一)关于诉讼之便利。诉讼以证据为先,而证据以登记为确。举凡关于私权之创设、变更、消灭,既无不登之簿籍,则遇诉讼按图而索,是非可以立判。其利一也。(二)关于人民之便利。权利转移为人民日用必需之事项,而对不动产关系尤大。今以登记簿公之于世,则各人之财产状况彼此皆知,断不虞有虚伪诈欺之举。其利二也。(三)关于经济之便利。司法收入以登录税为一大宗,此征于各国成规可以概见。中国不动产之额数合计全国宁复可量?今税率假定以千分之五计之,收额当已甚巨,以充司法经费亦可稍轻国库之负担。其利三也。具此三端,是不动产登记实应提前赶办毫无疑义。说者为氓之蚩蚩难与图始,开办之际人民恐未周知,奸黠之徒冒为登记。将来法庭据为法要,则便民之具反足害民,将如之何?应之曰:吾将假登记之法以救之。一年之内凡有登记者皆不发生效力,并将登记簿宣布于外,俾众周知。经过一年无人反抗,则其登记即为确定。确定之后即不许再生异议。如此办理尚属可行。或者又曰:假登记虽可以济冒认之穷,而未经确定之先诉讼烦兴从此多事,又将如之何?应之曰:国家兴利除弊只当为百年久远之谋,不应为苟且目前之计。须知此等诈欺诉讼即不办登记,何日无之?特一则散之于平时,一则聚之于一日耳。明知不可避之困难,与其拖延日月,权利永无确定之期,何如缩短范围,使诉讼早有澄清之望。权其轻重,利害昭然。综上数点观之,实觉有利而无弊。迨至岁时稍久不动产登记见信于民,则其他登记更不难推行尽利。世英往岁在奉天厅丞任内曾办一登记讲习所,由各州县各选送一人入所学习登记方法,业已毕业。拟先从不动产登记入手,曾经呈明前法部有案。乃以未奉部覆事遂中止。兹事关系甚巨,望我同僚共加意焉。

此外,尚有为世界上最新之学说吾国所宜采用者,则幼年之法庭。从前刑事立法多明报复主义、事实主义,自法学昌明遂一变而为感化主义、人格主义。故幼年犯罪处分成为刑事政策上一大问题,通人博士论说纷繁。盖少时血气未定,偶罹罪罟出于无心者为多。审判不得其宜,或自认为有罪之人,末由渐被转以汩其良知,恶习从而浸润之,累犯所以日多也。幼年犯特别审判制度为各国法学家所主张,瑞士已编制法案,期于实行。凡不满十六岁之幼年、不满十九岁之少年均归特别审判法庭审判。而对于幼年、少年犯罪之审判又各有不同之点。例如幼年有罪审判,衙门得察其性格及其出身关系,依教育原则施行处分:一谴责;一交付学校管理员惩罚;一于适当之处为八日以下之拘留,令教诲师监视;一交付其家庭或教育医治监护,并于此项判决不视为刑事之宣告。少年犯罪则适用刑律,而以谴责代罚金及禁锢,或以罚金代自由刑。少年非与成年人同时为公判者,审判均不公开,盖以消其桀骜不驯之气,使之趋于感化向善之途。意美法良,较减轻责任年龄之学说尤为适当。拟即采用此制。凡发现此等案件于地方法院内临时组织幼年法庭,其详细办法另以法律规定,经费既无出入而与风俗人心裨益匪浅。

幼年法庭既拟设立,即当有感化院以为之助,庶审判确定后乃有归宿之区。盖法庭纯属裁制,感化院则重在预防。德礼之不修乃专恃刑威以齐其末,非正本清源之道也。自近世发明感化制度以来,欧美各国之士夫以及慈善宗教各家竭力经营,惟日孳孳。国家复发帑金补助,薪达其感化之目的。英国感化院分为两种:一、授产院。收十四岁以下放纵游荡或将流为乞丐,及十三岁以下初犯禁锢或其他之轻刑者。二、矫正院。收十六岁以下之犯罪由法官判定送入者。两院皆以小学教育为主。德国并收家庭教育不良之男女及精神不健全者教育,专重教育。荷兰则规模尤备,择地必远城市,组织无异乡村。院有田园、有森林、有河、有畜牧、有工作、有家庭、教育一以资质为断。意大利虽组织不如他国,而罗马一院则设有教授、电机、气机各学科,亦其特长之处。至于经费,英则由地方会担任,国家补助感化生之父母津贴;德则内部出三分之二,地方会出三分之一;荷、意与德微异,而皆归行政官厅监督。故感化性质纯与监狱不同,一经入院概以学生资格待遇,养其性天远夫耻辱,民德归厚有由来矣。世英往者第八次万国监狱会报告书曾请由前法部或前民政部先行创建感化院于京师,以为提倡。并通行各省切实讲求,多方劝导以期普及全国。条上办法四宗,迁延至今未能举办。民国新立首重人权,而欲民俗之善宜当先知人格之可贵,故设立感化院亦为吾国今日万不可缓之图。庶幼年人犯在法庭则以审判代教育,在感化院则以教育代审判,道德之扶持固远胜于刑法之制裁也。

感化院固为补助幼年法庭之机关,亦为补助监狱之机关。监狱协会出狱人保护法则专为补助监狱之机关,监狱属于官吏范围,协会保护法则系社会性质。

不惟可以辅佐监狱改良之进行,并可以神妙监狱改良之作用。何则?犯人一入
囹圄便与家属隔绝,饮食居处疾病医药无一不仰给于公家,为官吏者管理待遇或
因性质而判宽严或视勤惰以分奖罚,又无一不根据于法律而不能以意为重轻。
故监狱事理至为琐屑,监狱职务至为繁难,监狱学问至为精密。觇国是者且以狱
制之文野定其国家进步之迟速,与其人民知识之高下。吾国监狱甫议改良,制度
疏略,前无所承。经费拮据,时虞不给。开创草昧,苟无良好之导师擿埴寻途,将
茫然无所措手。欧美各邦于监狱事业殚竭心思成效卓著。复得监狱协会以资救
济,规划日精,日本维新亦有监狱协会之设,是以进步迅速。今谋改良监狱而不
谋所以协助之,是南辕而北其辙也。盖协会要点在蒐辑万国之狱制,研究监狱之
学术,调查监狱之状况,平议形式之良楛,比较程度之优劣。不特拘禁、改良、防
遏犯罪、清洁卫生之法各有意见皆可在会发表,以贡献于国家。即未入监前、已
出监后何以维持调护,俾无妨害社会之方法,亦可常常研究,建为学说,编为杂
志,供当途之采择。各国凡裁判员、警察、地方自治会员及慈善家宗教家均得入
会,共同讨论集思广益收效宏多。此创设监狱协会之不可从缓者也。凡人初性
本善,未有生而犯罪者,其不幸而陷于刑网,大抵皆出于迫不得已之行为。即如
盗贼困于饥寒,杀伤起于相抗。若此之类更仆难数。然既成为有罪之人,即不齿
于齐民之列。吾国人之心理对于犯罪者常有贱恶之思,对于出狱者遂不免存猜
嫌之念。避之若浼,弃之如遗。甚或外与周旋,内存顾忌,防备之不暇,尚何保护
之足云。然而特此观念永永不变,则曾经犯罪者虽欲迁善改过而既为社会所摈
弃,亦遂甘心作恶,荡然无复廉耻之萌。就令刻意自新而无术谋生,弱者转乎沟壑,
强者安于攘夺。再犯日众,狱费日繁,国民之负担日以增重。亦殊非社会和平之福
也。泰西诸国由私人公立出狱人保护会,凡罪人释放后该会即与之交接,解衣衣
之、推食食之,无所栖止者则为之筹居处,无所职业者则为之谋生,计或给予资本使
自为营生,或备贷器用使不至空乏,或与以旅费使之回籍以免于流落。虽为慈善之
用心,实得人心之大顺。出狱人之便利不一端,即出狱人保护之法亦不一端。要而
言之,涤其旧染之污开其更生之路,是保护会之唯一宗旨。各国此会甚盛,日本之
保护法即源于此,其则不远,又吾国所宜取法者。

　　综上诸说,略举大凡。未敢谓司法改良遽尽于此,而过渡时代此实为必经之
级阶。院局监所组织固赖乎人才举办断资,夫财力司法行政纯粹为国家行政,则
取给予国家税者法所当然。理无以易顾国家税与地方税一时猝难划分,自当有
通融办理之法。既免因噎废食之嫌,乃无废事失时之诮。世英拟由中央编制统
一预算,于税则未分以前,由本省量度。本省财力暂照向来习惯实行支配,或酌
盈而剂虚或挹彼而注此。本未雨彻桑之计,为三年蓄艾之谋。其隶于官府者,固
宜思艰图易同任仔肩;其属于慈善者,尤望度势揆时共为提倡。方针既定,自有
整齐划一之规程序可循,渐收法律普及之效。机关无缺,则形式已底于完全;精

神即昭，其严肃庶中华之名誉。可以抗衡欧化之文明逼处之强邻，不至狭小汉家之制度，采大同之主义，增人民之幸福，实维热心诸君子是赖。世英力小任重，覆𫗧时虞。值新陈递嬗之交，措施难洽。处指视丛集之地，责备恒多。唯求毋忝于国民不负乎职守。将以法权之巩固，垂民国之荣光，即以此日之敷陈作后来之希望。尚祈同心协力勉为其难，内谋秩序之安全，外审环球之趋势，主动者强得全者昌三权分立乃非托诸空言，而司法前途庶乎有豸。至编纂法典为中央专责，现已从速起草，送院议决。克日颁行蒙、藏、青海等地方，则俟确定行政区域后随时筹办。总之世英对于司法计划抱积极宗旨，行稳健手段。区区意见如斯而已。海内宏达幸匡助之。

《前清宣统元年法部奏设模范监狱折》

窃维方今狱政改良为司法所特重，各省监狱叠经臣部奏催，先就省城改建为模范计。至京城设立新监狱尤模范中之模范，其规庑不可不宽博，其教养不可不完全。良以省监所收仅各府招解重囚，余皆首府一处人犯耳。京城则地面既广，各行省人众莫不麇集鳞萃，良莠错杂，犯法日伙。五方之所荟萃，斯万国之所观瞻。范围视省城为倍宏，建筑遂视省城为较费。是以臣等于九月初一日奏办，第二年成绩折内首陈，京师模范监狱地址业经奉拨。惟所筹经费不敷尚多，声明俟切，实估工后再行陈办在案。两月以来，督员讨论将比年所采东西各国成法逐行考校，妥绘详图。应先将详细办法为我皇上陈之。查奉拨监地综计东西九十丈南北一百丈，拟筑内外围墙二层，墙以内洼地运土补填，墙以外余地挖河留道，为第一入手工夫。该地局势向东，建屋必自西而东，略分前中后三区。为正式监房分南北平列，各为扇面形五道。有夜间分房，有昼夜分房，有八人杂居房，有十五人杂居房。其扇式两柄处各为圆式大楼房，上为瞭望楼，中为教诲室，下为惩罚室、看守、书信等室。其西南、西北、正西扇口处共为工场三正西，工场之后别为横阔长方之墙以界之。其中以炊事场为主，而浴场、而仓库、而石炭等库、而水井水槽、而机关置物消毒等室附焉，皆后区也。一中区为中央事务所，大而典狱室、南北仓库、会议室、课员室、戒具室、高等应接室，小而看守室、宿值室、书籍室、阅览室，囚人接见所调、所扣、所等靡不毕具。此中区也。一前区中为大门，门内为甬路，左为品物陈列所，右为看守教练所。又其旁各为看守合宿室。前区之北为病监，有杂居病室，有分房病室，而诊察药术等室居其中，浴室尸门居其外。前区之南为幼年监监房，为十字形，东西为昼夜分房，南北为杂居房，北为夜间分房，而虚其中为看守所。辟其东南为工场，幼年监与病监南北对峙，各自为墙以拱于大门以内，皆前区也。其余如食堂、如工具置场、如运动场、如汽楼、如走廊、如更衣所、如便所、监内所在皆有，及一切名称繁碎者，不复缕举。凡此三举，共须筑内外围墙六百七十八丈八尺，病监、幼年监、炊事场围墙一百九十八丈。共须建房屋七百八十余间。并先期垫补基地之土方、修挖河道之人工召匠，广估核计实需工料银二十三万一千二百余两正。此外工程之公所处巡警更夫之墙外顿舍，图画之摹影，修改监工之薪水、火食，书役之纸张、笔墨、油烛、津贴计工两年，又约需银二万两。除前奏原有南洋商人苏秉枢、戴春荣等报效粤洋十三万元折银九万一千两，臣部特支项下余银三千五百余两，已革科布多大臣瑞洵案内银四万五千二百余两三项，实合已有银十三万九千七百余两，尚不敷银十一万一千五百余两。臣等复于无可核减之中，再四筹商，查前区拟设之幼年监一项，据现在各项罪犯中年未及十五岁者向不多见，拟先划留地址，仅置围墙暂行缓设，计可省银三万余两。此外计共不敷银八万两。臣部著名清苦，实在无款可筹。而当此水旱频仍司农仰屋，臣等忝权法政忍弗统筹兼顾，重赔宵旰焦劳。然人心风会之所趋一，若不设司圜以收教，罢民无以起沟隍而登衽席，斯又不得不仰体钦恤，上乞恩施。查大理院奏修法庭及看守所用款二十八万两，经度支部遵旨照拨有案。现臣部模范监狱工程不敷银八万两，可否仰恳天恩，俯允饬下度支部如数拨付。臣等当酌派监督、提调各员鸠工建筑，实用实销，以期工料坚固，款不虚糜。于臣部第二年宪政期限庶免贻误，至将来开办经费、常年经费两项需银若干，一俟建筑略有成绪，即当公同商酌，另行奏请。谨奏。

《前北京监狱王任呈请改建女监暨养成女监狱官吏由》

查本监狱纯然为徒刑监，业于第二次筹办情形呈内申明在案。惟徒刑之中尚有幼年监、女监两项均未筹备，查前清法部奏设京师模范监狱折内称，现在各项犯罪中年未及十五岁者向不多见，拟先划留地址，仅置围墙，暂行缓设，等语。此次开办预算表内又未将该项建筑费列入，拟俟开办后察看情形再行筹划。惟是女监一项，则有急急不容缓者。查监狱法草案第三条，各种监狱均须严别男监、女监。良以男女性质不同，故执行刑罚其待遇亦自有别。本条之规定不特欲断绝男女之交通，且使适女犯之特别待遇便于实施。其独立建设之必要与幼年监相若。欧美各国女犯皆收容于特设之女监狱，其官吏悉用女子。日本现亦指定枋木岛、原弓町、米泽、八王子等各分监为女监，以为独立建设之准备。大势所趋，万国一辙。民国初建自应急起直追，从事监狱者尤宜努力前进不落人后。本监狱当前清建筑之初为日本小河博士所规划所定，拘禁场所仅及徒刑男犯而女犯不与焉。原其用意，亦以待将来女监之独立建设耳。故此次筹办元增亦不敢于拘禁男犯之场所妄收女犯，以为民国狱政前途之玷。若欲强为区划，勉事收容，已为地段所限，势亦有所不能。统筹全局尚无长策，惟改良监狱使女犯不得其所，既无以收完全之效果，更难仰称总长慎重狱政之苦心。查前清法部北监房屋虽不可用，然以其砖木就其地所改筑新监，所费尚属无几。若因其同在司法部构内出入不便，不妨划为一区，另立门户。如是则女犯有独立收容之处，而元增此后得专为幼年监之筹设矣。再女监既设,尤宜选任女官吏以理其事,查监狱官制正在起草,似应将女监狱官吏一项加入,至此种人才又应设女监狱学校监。

《前京师第二监狱拟修周围并呈图样估单由》

呈:为呈请事。窃本监狱由习艺所改组而成,因陋就简殊不完备。虽经逐渐改良规模粗具,然而缺点尚多。即如监狱墙垣于犯人之防守最关紧要,自应力求完固,乃可以昭慎重。无如本监狱僻处荒郊,傲居庙宇旧址,其墙垣参差不齐,要皆高不逾丈,未免失之过卑。况旧墙尤多,失修之处若不及时修理,瞬届冬令天寒地冻不能兴工,设有坍塌更难修补。悉心筹划,与其苟安缄默误狱防切要之图,何若曲突徙薪为消患未然之举。现拟将本监狱周围大墙择其尺寸较低者一律增高,并将其损坏之处一并拆修完固。所有工程做法业经交由永兴祥等木厂逐一勘估,永兴估计工料共洋一千二百四十二元五角,祥盛兴估计工料共洋一千二百三十五元一角八分。当因该木厂估较大,本监狱又自行逐段查勘切实,核估共需工料洋一千零一十六元八角五分四厘。两相比较,若使该木厂承修则不如本监狱自行修理为合宜。盖自修只用料价洋四百九十元零八角五分四厘,而工价一项则可节省。惟是财政支绌,明知公费不易筹拨,然不能不力为其难。冒昧请款,诚以墙垣不修在在以人力防范恐难周密,稍一怠忽仍不免有疏脱之虞。凡此情形,实非得已。况典狱责任攸关更不容因循漠视。此项工程几经熟筹审思,实为万不可缓。拟恳钧部、钧厅转呈司法部体念苦衷,准予派员查勘,迅赐筹款兴修,以期完善而裨狱政。除分径呈高等检厅外、司法部外,所有拟将本监狱大墙加高修葺。各缘由是否有当,理合绘检同图估单呈请钧部厅鉴核批示、施行祗遵。谨呈。

《前京师第二监狱请开工派员监工暨追加预算由》

呈为本监工程克日开工,拟设工程处,请派员监工并拟添派员额暨追加预算情形,恳祈鉴核批示只遵事。窃锦汉前呈,遵饬将本监工程核减经费缩短期限恳请鉴核一案,奉钧部批呈单均悉。所拟该监工程核减价目尚属切实,应即准予照拨六万元存贮备用。惟改建期限尚宜缩短,应自民国五年起至六年底止一律竣工。并应于本年内预备一切。仰即遵照。此批。等因奉此。查此项工程浩大,且由囚人自行建筑,虽比之普通包工较为坚固,亦比之普通作工稍为迟延,竣工之期恐在民国六年以后,唯有从速兴修认真督饬务期早日告成。但开工伊始头绪纷繁,拟设工程处以董其事,并请派员监工以昭慎重。该处拟责成第三科看守长胡焕华兼任,该看守长管理工场事务较繁,一人兼理力恐未逮,拟添派候补看守长一员襄办一切。至监房动工后地方散漫戒护綦难,拟添派主任看守二名、看守八名分班管理,并拟添雇瓦木工师四名以便管工。如蒙允准,查有本监一级主任看守崔凯廷熟悉工程办事勤慎,此次改建本监绘图规划多赖经营,拟请派为候补看守长,以资熟手。其主任看守二员即以钧部委派练习员吴鳞锵、史逢寅二员充当,看守工师另行雇募。至薪饷一项另具清单合计月共支洋二百二十四元,恳请追加预算,准予给领此款应归工程处开支。一俟工竣即行裁撤所有本监。克日开工设立工程处拟请派员监工并添派员额追加预算各情形,理合具文,附呈履历清单呈请鉴核批示祗遵。实为公便。谨呈。

附司法部批

呈悉。所请添派员役追加预算各节,系为慎重工程起见,事属可行。除监工一差已另饬派刘澐前往外,该监主任看守崔凯廷应升充候补看守长,每月追加预算二百二十四元,应准归入工程项下开支。余如所拟办理。仰即遵照。此批。

《贵州第一监狱筹拟修建监房围墙由》

为呈请事。案奉钧厅饬开:据该典狱长呈请核示,前贵筑县署废址划归贵阳县监狱建筑工场一案,当经转呈在案。兹奉巡按使批呈图均悉。此项地段既经该监狱呈准划拨圈入作为劳作场,以便囚人肄习栽种。应准暂缓变价。惟贵筑废后改设息烽,所有购署一切经费在前戴巡按使任内业已批准以贵筑地价移充,现在此项经费均由公家挪垫,将来如何归款?应俟统筹酌剂后,此项地址能否留归公用始能决定。据呈各情自系为公益起见,现准暂缓变价。仍候饬知财政厅妥议呈复核夺,仰即知转饬遵照。此批图存。等因奉此。合行饬仰该典狱长遵照。此饬。等因奉此。伏查前贵筑县署废址自圈入监狱即经范模监狱典狱官请款修筑围墙,督令粗笨囚犯从事开辟。两年以来,始归平治。惟所筑墙垣纯系垒土而成,高仅一丈二尺,前临三育学校后抵贵阳县街,均属空旷。近来种植囚徒日渐加增,且多系乡愚,性质粗野,防范稍疏,脱逃堪虞。若长令其陋简相仍,大非慎重狱务之道。兼以土质松散,一遇阴雨时有倒塌,岁修亦复小少。典狱长再四筹思,拟请一律改建砖墙以严戒护。至省岁修庶为一劳永逸之计。曾经面陈厅长允许,当饬科召匠切实估计,据称直长四十丈横广十三丈零,仿照监狱内墙修高二丈,下砌石脚二尺五寸。计每丈方须瓦砖六百块,灰一百五十斤。工程五个,共计二百方丈。应用瓦砖十二万块,每千块生银六两;石灰三万斤,每千斤生银二两;砌工一千名,每名生银一钱七分。统计工料合生银九百五十两。典狱长明知财政困难,建筑工场之费尚未筹定,何能更动巨款以为修建之用。惟查围墙筑成原有内墙即可拆卸,所有砖石即可移作将来扩充工场及建筑监房之材料。且围墙不修即欲扩充工场监房亦无地址之可添设,现筑墙工程虽估计千名,将来动工时择其技艺较精者十余名着手修筑,至搬运小工均以囚犯充役,计可省十之五四,一转移间所费不多。围墙工场以及监房均可告成。实于狱政大有裨益。如蒙核准,所需款项即由前存改修大门之款先行动工,一面仍饬科督率工匠认真建筑,撙节开支以期坚固而昭核实。至将来应如何扩充工场添设监房之处,除绘具图说另文呈报外,所有筹拟修建监房围墙以重戒护。缘由是否有当,理合呈请查核批示饬遵。谨呈。

《贵州第一监狱请添修病监炊所由》

为呈请事。窃本监狱建自前清,设措诸不合法。现值改良之际,自应极力筹划,克日进行。典狱长任职以来,详加考查,见工场狭隘容人无多;病监空气不通,难资调养;教诲堂梯路斜陈,讲演不便;其他浴室、饭厅向未设备。种种缺点均属有碍进行。惟经济困难,改弦更张殊非财力所及,因陋就简又恐成效难期。仅于无可如何之中为补偏救弊之计,先将大炊所移于前里门外原有炊所及空房数间量加装修,改作餐室。旧有传染病监构造甚不合法,拟将板壁打通,开办木工场,就院心内添修房屋五间,设置洗濯、草履各工场办公室。西边空房修为沐浴、理发处所。里门内原有东西瞭望两座,楼下向为暗室,卑湿过甚亦不合用。拟周围开窗,嵌以玻璃。以左边为教诲所,右边为医务所。并将教诲堂中楼梯拆去,建置墙外。庶地址宽阔听讲能容多人,规模上亦觉整肃。至病监为病人休养之所,原仅窗霤一面,空气不能流通。现将各监监房后面加窗户一堵,照旧式贯以铁条。庶呼吸有所更换,调养易于收功。此外又改造大杂居监房八间,原系遵饬试办之件。以上各节均就现有房舍酌量改修,以期期节节进行,冀收事半功倍之效。惟雇工购料需款甚殷,预算各项费颇不赀。典狱长再四筹思未便,因款项无着长令简陋,致负我厅长整饬狱务之至意。查监狱二三年度经常费节存已如数呈缴,其临时项下尚节存四百余元。拟请将此项节存款拨作改建各项工料之用不敷之数,俟将来工竣再行呈请筹补,至前奉钧饬兼辖贵定等十三县监犯应添建各室及感化院工场等件,除另行造具追加预算书呈报外。所有恳请将监狱二三年度临时项下节存之款,拨作现在改修各项工料费用。是否有当,理合呈请厅长查核批示祗遵。谨呈。

《贵州第一监狱呈添修工场进行改良由》

呈:为条陈改良监狱情形恳请委员莅勘以便遵办事。窃查本监狱建自清末,尔时监狱制度政府尚未颁行,各省改良时代犹居绑缚,建筑监狱人员非必有监狱学识。入民国后,各前典狱长继续经营已多进步。惟根本不完精神受困。典狱长到任后视察全监构造未尽合法,女监地点尤为不合,似非拆改新建不能达圆满之目的。但筹款维艰进行匪易,纸上空谈于事何济。爰就目前经济方面通盘计

算,力能改良一部暂先着手进行。至以后如何筹划酌量情形,再行随时请示。兹特胪陈如下:

一、拟里门添修披屋。查本监狱里门为入监总门向在,里门外面设岗看守,面门伫立。昼间里门洞开,仅为员役便于出入,而戒护上似未严密。现拟将里门槛内添修披屋一间,门中添竖栅。通常阖门左扇开右扇,内外各置看守一名,输值守卫,兼司右户随时开阖。预算工料共需银二十七两七钱三分六厘,另列册报。

二、拟开拓工场以谋推广。监犯作工学成职业,在监有特种之技能,斯出狱有谋生之希望。感化宗旨实寓其间。本监工场以织布牵纱为主要,而屋宇尚形狭窄,以现禁人犯为比例作工者,仅十之五六。倘议增修工场,款难应付。拟将原有工场四间,各就天井伸地八尺增梁一架,每工场可增织布机六架,四间可增二十四架,织布牵纱可增犯人四十名。又量拓屋后之天井宽计二丈,屋顶各开玻璃窗两门,于光线并无障碍。又拟就此四工场内腾置食饭桌凳地点,纺织犯人即就工场食饭。除东食厅仍旧外,拟将教诲室后之披屋移在西食厅前,展宽一架改为织席,打草鞋工场(教诲堂后之楼梯改置堂内,免碍光线,此项修改楼梯工价在经常办公费内开支,不另请款)。似此增加作业,除女犯在女监内责令织带缝纫及病犯外,未业者均令在内劳役。以上开拓工场食厅核实估计应需银一百七十两零九钱五分六厘,另列册报。

三、旧存瞭望亭拟拆改他用。查工场天井内东南、西南两角旧建四方瞭望亭,各前任对于此亭向未置役瞭望,久成虚设。因有监房适中之瞭望楼,则此两亭本属骈指。且逼近墙垣不无妨碍,细察木料尚堪适用,拟将该两亭拆毁,柱料瓦片移作增修工场之用,利用废物庶乎费省而事举。又工场天井东南墙角附近槐树一株,并拟砍伐以免妨碍。

四、监房拟酌量开窗以通空气。查本监监房纯采杂居制,计分八监。合有五十房间,房各一窗。人多窗少,空气不易流通,暑夏郁闷尤碍卫生。现拟增壁窗,流通空气,但以易于巡视者为限。勘定前里门甬道两旁,即东四西四两监之背面,此两间各系二大房间,每间添开一窗合计四窗。后里门甬道两旁即东一西一两监之背面,此两监各系四小房间,每间添开一窗,合计八窗。至于东二、东三、西二、西三共四监,各就内面之山墙,添开一窗,合计四窗。总计窗壁共一十六门,规定纵二尺四寸横一尺六寸,穿砌铁栅。窗内添设窗门便于犯人启闭,务期坚固耐久。预算材料工资银四十八两八钱四分,另列清册。至女监犯人尚少,病监旧有二面窗户改良均从缓。议似此酌量开窗先其所急,卫生上不无裨益。

五、拟免犯人出外运水以杜弊端。查本监用水向为监犯出外挑运。看守监视虽从严密,妨碍实多。现筹变通办法。在本署西南墙角就石壁凿成水仓,复穿垣贯以石槽,自石槽注水入仓,可省运水道途三分之一。仓可容水二百挑,一供饮料,一备消防。另雇挑运水夫五名,所需工资在经常费内挪支。此次开凿水仓业经举办需银五两一钱,工竣便可改章,以免犯人外役。

六、拟闭后里门内之非常门。查后里门内西南角有木栅门,系通行刑场之非常门。此门外通炊所,内通工场。犯人在内作工有与外通消息之隙。现拟砌墙闭塞,严防范于未然。又查西三监西侧设置非常门,终年锁闭。嗣后遇行刑时,由此通出亦为便利。估计墙高一丈三尺,宽七尺。应需工料银一十九两三钱八分。另列册报。

七、拟增筑大门内腰墙一堵。查本监狱大门内天井与办公室天井溷合,向无隔别。现拟在西段添筑腰墙一堵,南北宽二丈七尺,除用劳作场余存石料旧砖不敷外,计估工料银十二两五钱六分。另列册报。

八、拟修改监房门洞以便巡视。查各监房内向开方洞推板在内自外反锁,视察殊不便捷。现拟方洞修改自外抽槽,由监视人顺手开闭,毋庸加锁。此项工资在经常费内开支不另支款。

以上条陈八端,均就目前已办理或急需办理者切要言之,未敢执空阔之谈,漫渎清听。唯财政为庶务之母,财不足济,政何以施?典狱长通盘筹划谨守范围,核实估计此项增修披屋工场壁窗及开水仓砌墙等款,预算应需黔币四百三十七元八角零三厘。查吴前典狱长锡恩咨交修围墙余款黔币二百七十七元二角七仙一星,又咨交四个月滚存经费黔币一百一十五元七角五仙八星,共三百九十三元零二仙九星。拟请照数动支所有,不敷黔币四十四元七角七仙四星,再由典狱长在五六两月节存经费项下筹补,事竣造册核销。所有条陈改良监狱情形理合造具估勘工料银两清册,备文呈请鉴核并恳委员先予莅勘,是否有当,指令饬遵。为此谨呈。

《附贵州高等检察厅指令》

呈及条陈均悉。据该典狱长条陈改良监狱情形,恳请委员莅勘一案到厅。当经指派本厅首席检察官石镇湘、书记官胡洪度前往查勘,去后旋据该员等呈称:案奉钧谕查勘贵阳监狱改良情形,兹就该署原呈八件逐一据实报告,伏乞鉴核。一、原呈拟就里门添修披屋。查监狱墙垣内外不宜配置附属物以备不虞。里门为该监出入咽喉最关重要,原呈拟在里门槛内增修披屋一间,本为重要戒护起见。惟查此项披屋其墙壁、柱梁、竖棚、门扉等物均可视为阶梯之资料,似于戒护上不无危险之虞,可否如呈办理。抑或指令该署另筹妥善办法,应候钧裁。二、原呈拟开拓工场以谋推广。查原呈拟就原有工场四间各就天井伸出八尺织布牵纱,可容工人四十人。此为开拓工场扩充作业起见,自属切要之图。惟食厅与工场前既划分此项,仅就工场扩充办理毋庸强与学理相合。至教诲堂后之披屋既与该堂光线有碍,自应拆毁。将原有材料移作增修工场之用。三、原呈拟将旧存瞭望亭拆改他用。查该监原有瞭望楼一座,所有东南西南两瞭望亭几成赘疣，应准如呈办理。至槐树一株亦应砍伐，以免妨碍。四、原呈拟就监房酌量开窗以通空气。查监狱首重卫生而监房光线之巨细尤与卫生上有密切之关系。细察各该监房其光线不甚适于卫生。原呈拟请开窗一节，原系注重人道。但查各监房墙壁甚低，房内床架高约二尺余，监犯立于床架便可沿壁猱升，恐不免发生危险。此项办法是否可行拟请酌核。五、原呈拟免犯人出入运水，以杜弊端。查该署就西南墙角凿成石渠，其水由墙外贯入，容积约二百挑之谱。一供饮料、一备消防，费省事举，办法最善。现已计工但须不时派役视察，勿使水内少有污秽，以重卫生。六、原呈拟闭后里门之非常门。查该门外通消息自应筑墙闭塞，以严防范。该署内劳作场余存旧砖及石块应准移作增修此项墙垣之用。嗣后行刑时即由西三监侧旧置非常门通过较为便利。七、原呈拟增筑大门内腰墙一堵。查此项腰墙亦应建筑，唯可暂从缓办。一俟该署饶有余资，再行估工修筑。八、原呈拟改修监房门洞，以便巡视查。原呈拟将监房门洞自外抽槽，由监视人随时开闭。此项办法最为妥善。等情前来。复经本检察长核阅。如里门添设披屋，于人犯不无疏虞，毋庸修建大门；内增筑腰墙非目前改良要图，暂从缓议；至于开拓工场、拆毁瞭望亭、酌开监房窗户、不使犯人出外运水以及闭后里门之非常门修改监房门洞各条，所费无多，于事有济。着照所拟办理。合行指令仰该典狱长遵照，切实估计即行修筑，并须另造预算书呈报，以凭核夺。再该署工场墙角附近槐树一枝，如距离较远，即可毋庸砍伐。并仰知照。此令。清册存。

《贵州第一监狱请砌砖墙隔别东西工场暨修建里门披屋由》

呈：为呈请事。窃维建筑监狱宜隔别不宜贯通，配置工场宜分界不宜集合。诚以监狱为纪律之府，戒护为命脉所关，思患预防懔为炯戒。属监现有房室迭经改革未尽完善，固原于根本之不良，亦出于财力之未逮。典狱长筹度内部情形，间隔工场实为要图，第事关经济，断难工无米以为炊，而政待施行又未便因噎而废食。查属监纺纱织布四场东西合面，并与初创靴鞋绩蔴各工场混合一处，似非严行间隔，无以便管理而重防闲。爰勘定后，里门东西内园砖墙，东连种植场围墙，即东一、东二监之背面迄西直达西二监之背面，计长十丈、高一丈四尺。拟将此墙拆除移，砌后里门入工场之甬道间隔东西四工场，墙之起点自东一监北山墙直达食厅天井，计长十四丈高九尺。东西食厅接连模砌腰墙计长五丈高九尺，又在东一、西一两监接连墙角增建后里门，入东边工场者开门折入，而东入西边工场者入门径达。复于西一监后墙外之更巷砌墙塞堵，上开非常门，通常锁闭。接连直西围墙外增置厕所坑一所，除原有大砖石脚计可敷用，不须购办外，约计需用盖墙长方石板十四丈，每丈银四钱，计银五两六钱。石灰九千斤，每千斤银二两四钱，计二十一两六钱。石工一百名，每名银一钱七分，计一十七两。其他泥水工二百名,每名一钱七分,计三十四两。总计约需银七十八两二钱。其他泥水小工由本监犯人服役,应给奖金在经常费内开支。此墙修竣以后,东西工场略有间别较易管理。并查外围墙高于内围墙拆改新修并无何等之妨碍,另纸绘图附陈钧鉴。又查上年五月条陈改良监狱案,内拟就前里门添修披屋一项,呈请令驳。惟查该门为出入咽喉关系重要,增修披屋添设内岗不特昼间多一人防守,且夜间看守驻宿于内,戒护较为严密。查勘修建屋檐期与监房平列无虞危险,拟请仍照原案办理。原估工料需银二十七两七钱三分七厘,合之修墙项下共需银一百零五两九钱三分六厘,属监经费支绌,拟在前任移交修围墙余存黔币二百七十七元二角五仙一星款内动支,统俟工竣,如有伸缩,再行核实报销。所有呈请动用围墙余款,修筑墙屋缘由是否有当,理合绘具甲乙新旧图二份随文呈送,伏乞俯赐查核。指令示遵。谨呈。

《江苏启东县呈拟建筑监所情形由》

呈:为呈报启东县筹建监所情形检同捐款册式组织大纲谨请鉴核事。案奉钧部第一七三号训令,以筹设启东县监所地基,亟须设法添购并饬将建筑围墙办法先行规划呈部核夺,至监所详细图样俟本部制就后另令遵行,所需建筑费如有不敷究由何处筹拨,仰一并具复。此令。等因。奉经转行遵办去后。兹据启东县县长袁希洛呈称:奉查职县筹设监所前已购入县政府西边底面地四千步,计去地价洋一千六百元。经部派员查勘不敷,又向北放长至大横沟为止,购入底面地三千步,计去地价洋一千二百元。至向西放宽应至民房迤西之小直沟为止之地基现正委员商购尚未就范,一俟价格议决即为购入。此添购基地现在办理之情形也。基地购就拟先填平沟渠,建筑围墙。规划着手次第:(一)在基地上自行烧窑,专为烧砖以备围墙建筑之用。交由看守所长主办,既能价格较低复可运费大省,并可使监所已决人犯提倡作业。(二)就已决人犯刑期最短者平治沟渠,不足再加苦工助理之。以上两项逐渐举办,容俟沟已填平,砖已烧出,即行招工将四面围墙建筑。此规划围墙拟议建筑之情形也。至建筑费一项,职县所领财政厅建设县治费现时仅收到洋一万元,除购置县政府办公厅基地银八百十五元七角五分,尽拨归建筑监狱费用。在职县分治之先,本有拨付建设费三万元之议,后节减为两万元。实只拨到一万元,尚有一万元迄经请领迄未拨发。但已领此一万元,除购买县政府建筑办公厅基地八百十五元七角五分,实数为九千一百八十四元二角五分,再除两次购置监狱地基,已用去二千八百元。又前看守所长孙传福修理看守所支用银洋五百四十二元五角零五厘,又印刷募捐簿册支用银洋二十四元,统计共用去银洋三千三百六十六元五角零五厘,所余不过五千八百余元。再为添购迤西基地尚需银约二千元,刻均专案另款存储。此提用建设县治费确定数目之情形也。至募捐一层,已将劝募簿册分发各市乡,经募员议决劝募额暂定四万元,由各市乡认额分期募缴。无如现时无一缴纳者,职县为敦促进行起见,特于县政府内设立监狱建筑委员会,并于三月八日十一日两次召集会议,公推龚良佑为保管主任,施怀之为劝募主任。业经委员会组织大纲议决通过。此非巧立名目,因督促进行,非有专员负责不无推诿延缓之嫌。兹将组织大纲缮正奉请钧院俯准备案。日前奉发捐款改良监所奖励章程亦已加印分发,借资策励。此办理劝募捐款之情形也。除俟募款得有确数另行具报外,理合备文呈请鉴核备查。再监所详细图样请转催司法行政部制发以资遵办。合并陈明。等情据此。除指令将不敷地基照原定计划迅速商购并将用余银洋悉数妥为保存,一面积极多方劝募期早成功。所拟之烧砖平沟两种办法应候转请核示再行饬遵外,理合检同组织大纲暨前送捐款式一并具文呈报,仰祈钧部鉴核示遵。谨呈。

《湖北高等法院训令颁行清理囚犯办法及外役简则等由》

案准

湖北民政厅治字第一〇一六六号公函内开:

案奉省政府民字第六九三三号训令开:案查前据该厅呈赍遵令会拟本省清理囚犯实施办法及监犯外役简章请核转一案。当轻转呈并指令在卷。兹奉国民政府军事委员会委员长南昌行营治字第七五四二号指令开:呈件均悉。核阅赍到各件规定尚属妥善,应准照办。此令。件存。等因奉此。合行令仰该厅分别函转一体遵照。此令。等因奉此。查此案前奉省政府训令以奉军事委员会委员长南昌行营令,为清理各省囚犯使服相当劳役,特制定办法十一条,仰拟具实施计划一案。饬遵照会拟具报等因,经即函请贵院暨各厅处会同拟具《湖北省清理囚犯实施办法》暨《湖北省新旧监狱犯外役简章》并由本厅主稿会同保安处、财政厅、建设厅、教育厅呈复省政府鉴核,转呈在卷。兹奉前因,除分函外相应函达,即希查照。为荷。

等因。旋准函送《湖北省清理囚犯实施办法》及《监犯外役简章》一份到院,除分行外,合亟抄同上项办法及简章并行营颁发《各省清理囚犯办法》,令仰该院县监遵照并转看守所、管狱员、分监遵照。此令。

《各省清理囚犯办法》

第一条　国民政府军事委员会委员长南昌行营为清理各省囚犯使服相当劳役毋为废民起见,特制定本办法。

第二条　凡未决人犯暨年在四十以上与个性暴烈或诡谲之已决犯及确定刑在二年以上者,均按其技能职业在监所内服役。

第三条　凡已决人犯性行纯良年在四十以下确定刑不及二年有家室而无逃

亡之虞者,均服外役。

第四条　内役以简易作业如织草鞋、毛巾、线袜、缝纫、洗濯竹木、泥水皮匠等类为宜,外役以筑路、浚河、拖石子或修缮公署时充泥水匠等类为宜。

第五条　囚犯内役应于监所内筹设简易工厂,外役应酌派看守若干,以资管束。遇必要时得以麻绳联绊之,并商由公安机关派警协同戒护。

第六条　囚犯服役应予相当报酬,并改善其待遇。

第七条　囚犯除服内外役外,应施以军事政治训练。

第八条　本办法颁行后一个月内,各省政府应即依照各规定会同各该省高等法院拟具实施计划,宽筹经费,呈报本行营核定施行。

第九条　本办法应指定省区先行试办,徐图推展。其施行省区之先后以命令定之。

第十条　囚犯移垦办法另定之。

第十一条　本办法自公布之日施行,如有未尽事宜得随时修正之。

《湖北省清理囚犯实施办法》

一、武汉新监所应就原有科目加以扩充或添设科目。

二、各县旧监所应遵照行营颁发清理囚犯办法第四条筹设简易作业,并筹给基金。

三、各县旧监所如无相当房屋设备工厂应筹款修建。

四、监所预定就外役人数。

五、各机关遇有前办法第四条外役工程应通知监狱提选人犯前往服役。

六、外役戒护事宜由监狱会商附近公安机关或保安队部派队警协同戒护。

七、讲授政治科目,新监所由典狱长、看守长、教诲师、所长、所官担任,旧监所由管狱员担任。并得聘请有政治经验人员莅监所演讲,其讲授科目列后。

《三民主义》《建国大纲》《建国方略》《模范公民》《政治常识》。

八、军事训练由监所函请当地保安队部派员训练,其科目及办法列后。

甲、训练科目及训练时间

(一)徒手体操(采用体操教范)每日早晨分班举行一次。

(二)各个教练(班教练侦探步哨)各动作每星期举行二次。

(三)军事讲话(采用中学教授本)每星期举行二次。

乙、训练实施办法

(一)由监所与当地保安队商定计划表,由保安队派定官长或资深班长按表施行。

(二)每次训练由监所长官在场监视。

九、军事训练在监所内或在便于戒护公共场所行之。

十、各地监所筹给作业基金从二十三年度起分为三期,以半年为一期,其实施之程序列后。

第一期：

第一监狱增加作业基金五千元，第二监狱筹给作业基金八千元，第一分监增加作业基金二千元，武汉两看守所各筹给基金一千元，宜昌、襄阳、江陵三县各二千元，共需作业基金二万三千元。

第二期：

专员驻在地蒲圻、蕲春、随县、天门、郧县五县各二千元，法院所在地黄冈、黄陂、孝感、应城、浠水、武穴(即广济县)荆门七县各二千元，共需作业基金二万四千元。

第三期：

其余五十四县每县一千元，共需作业基金五万四千元。

各县监所就原有工业酌量扩充，无则筹设并按人犯多寡及适合地方需要之工业，由县长、管狱员拟具计划及预算呈由高等法院核转财政厅核拨。上项作业基金应呈由省府核准，在二十三年度及二十四年度预备费项下开支。

《湖北省新旧监狱监犯外役简章》

第一条　监犯外役除法令别有规定外，暂依本简章办理。

第二条　监犯合于各省清理囚犯办法第三条之规定方得使服外役。

第三条　外役工作暂以筑路、浚河、拖石子或修缮公署时充泥水匠等类为限。

第四条　应服外役人犯由监狱长官缮具姓名清册四分呈由湖北高等法院分别函呈备查。

前项外役人犯姓名清册须将年龄、籍贯、罪名、刑期及执行年月日、期满年月日并残余刑期详细填载，以备查考。

第五条　监犯外役由监狱选派得力看守员士率领，并应函由当地公安机关或保安队派军警武装协同戒护。其看守员士及军警人数依外役人犯之多寡临时酌定之。

第六条　外役工作之实施应由主办工程公署派员到场指挥之。并得指导看守军警为注意之戒护。

第七条　外役人犯一律佩带符号施用联绊，但遇必要时联绊得由督率看守员士商同主办工程公署所派指挥员酌量解除之。

第八条　外役人犯遇有监狱规则第二十七条所列事项发生时，看守及军警得使用刀枪以资弹压，但事后须将当场实在情形报告监狱长官，转报备查。

第九条　负戒护责任之看守及军警须终日在监犯服役场所四周监视回巡，不得任意远离，致出视线之处。

第十条　监犯外役得酌给荤菜，但不得吸食烟酒及其他零星杂食。

第十一条　因外役所得之收入概归国库,但服外役者得给相当赏与金,其金额应遵照监狱规则第四十三条之规定办理。

第十二条　每日上午八时半为就役时间(八时在监狱开早饭),十二时半至一时为休息时间,下午五时半为罢役时间。

第十三条　外役地点以交通便利一日能往返者为限。

第十四条　外役人犯于就役罢役时,率领外役之看守员士须持册各点名一次。

第十五条　人犯就役罢役往返时,看守及军警须一同列队随行。如不在场随同督率或在服役场所有早走情事,查出由各监督长官罚办。

第十六条　外役人犯应用之器具什物由主办工程公署购备之。

第十七条　本简章如有未尽事宜得随时修改之。

第十八条　本简章自呈奉行营核准后施行之。

《山西第二监狱呈报历次改良各端由》

(附指令)

呈:为呈报事。窃查职监自民国十九年九月职到任起至二十一年十月止,历经改良各处及逐日实施有效工作等情形,敬为我院长、首席分别详细陈之。

一、大门外筑土墙、建照壁屏蔽内外,以除煞气。

查本监大门外道西原有南北土墙一道,墙外均系民地,自民国十六年因雨倒塌后迄未修理。每出大门满目破败,一片散沙,颇属不宜。因于十九年九月用砖与土培建筑照壁一座,高一丈三尺、宽一丈,旁边筑打土墙十二堵,高六尺、长九丈五尺,不惟道巷成局整齐可观,且门前煞气借以免除。

此改良者一也。如甲图。

二、改良每日运送尿粪方法。

查运城每届夏令,气候特别炎热,卫生极宜注意。本监自民九开办以来,每日运送尿粪行走大门前后地方窄狭,极感不便。冬季不甚要紧,一交春令经夏徂秋,三季中每日臭气传播。各监房工厂等处及前后办公各室人皆厌之,均云极应设法改良,然想不出办法。今春预筹改良计划,从围墙北边西头墙根凿池与外僻静处相通,池道长五尺池口方圆二尺余,上下左右均安有大石条,中贯铁柱,极坚固严密。围墙外修有粪尿池各一,傍筑小墙以屏藩两池,亦极整齐。池里安有坚固小门,用则开启,不用关锁。每日各处厕所尿粪顺围墙巡逻路线不见人面运送此池分别流出。屎尿各有所归,不惟便利且臭气不至如前之传播前后各处令人难堪者可比也。是十余年之障碍从此革除,殊觉分外痛快,莫不称便。此改良者二也。如乙图。

三、增添女监运动场以资活动。

查本监女监房间不敷，院心窄狭，运动无地。本年六月间在女监南边空地加筑围墙，高一丈二尺周围面积十二丈零。从女监东南角开一便门，与女监打通，每日女犯不惟运动有地，且借以调换空气，不似从前之昼夜聚集一处，腥秽之气欲除而不能除者另有天地也。此改良者三也。如丙图。

四、移厕所以重卫生而除障碍。

查本监第一工场中间外部南边靠运动场北边安有大厕所一处，不惟为运动场与巡逻视线之障碍，且臭气逼近工场甚碍卫生。因于本年七月间将此厕所拆去，另移东头僻地共修造二间，长一丈七尺宽七尺高一丈三尺。厕所北墙后另筑套墙为屏蔽厕所外池以避污秽，又在厕所套墙面北开一小门，掏茅屎时开启，不用关闭。内与工厂通，另作小门，人犯不出工场即可入厕，以防逃逸。厕所厦顶开有天窗，臭气由上直出，不至传入工场。如此办理不惟运动场多年之障碍从此革除，且对于卫生亦极有益。此改良者四也。如丁图。

五、整理散乱而归划一以重卫生。

查本监甲乙两监及二三工厂东头厕所散乱，原日所修厕所外池南北共长六丈七尺逼近东围墙，路线显露外边，每逢巡视臭气扑鼻，间或遇雨水灌池内，屎尿冲出流散外边，秽气传播达于街道。有碍卫生，常为警察干涉。十余年来未曾改革。本年八月间将此地厕所外池加修墙垣屏蔽污秽，北头开一小门备掏茅屎之用，南头向东开门，门内另留空地一块，备放尿罐、粪筐、尿桶等家具。用时取出，不用收藏。此地既不散乱，又益卫生，且表面上不似从前粪尿之污秽显露，浊器之狼藉陈列，令人厌恶者之可比。较前另有清洁整齐气象，此改良者五也。如戊图。

六、改造监门以防暴动。

查本监乙字监系分房制，内寄押人犯均系未决重罪。因该监院门与中央楼傍总门直接，戒护上最难防范。于上年春间将原门堵塞，从西头南边向南另开一小门，与总门相背以防暴动而资戒护。此改良者六也。如己图。

七、修葺房屋整理围墙以防危险。

查本监监房工厂围墙多系残土筑成，年久内虚外臌均不坚固。一遇风雨，各处非墙皮剥落，即厦顶透漏，时有损坏发现，惟随坏随修，尚不至出大危险。本年内陆续修理围墙内外共计五十九处，监房工厂共计三十八处，因地点过多未便详载，故图内未列此改良者七也。理合声明。

八、逐日实施有效工作，却疾病以免死亡。

查本监自民九开办以来，人犯每年发生疾病颇多死亡，约在二百名上下。虽原因复杂难以枚举，然静心思之，犯罪之人一入囹圄，自由既被剥夺，忧虑时结胸中，日久血气不和，若无解劝方法较普通人最易发生疾病。因选择前司法部规定各种劝诫词编为唱歌（另缮清册附呈），每日于运动时先令游走唱歌，俾其发泄胸腹之郁结。复令练习八段锦以和动其血脉，每日早晚二次，每次三十分钟。行之既久，男女各犯工夫皆熟，每日到运动时如兵营之队伍列阵操练，颇有可观。实行年余以来，伊等精神倍常，大异凤昔之委靡不振者，似有改头换面之气象矣。又洗澡一节，平时半月沐浴一次，剃头一次，洗换衣服一次。在防疫时期三日沐浴一次，十日剃头一次，衣服一星期洗换一次。又女监向无澡堂，欲设无地。因购备大瓷盆四个，由澡堂抬送热水。平时及防疫时期之沐浴与洗换衣服之次数与男犯相同，亦异常洁净。又于围墙周围及各处空地病监等处均栽种各样花草遍地生气。且借以吸收炭气增加养气，到处有清香扑鼻。人犯触目惊心乐而忘忧，不似从前之遍地枯槁、生气缺乏、炭气弥漫、愁闷莫解者，有天渊之别。又采用阶级制，分上、中、下、红、蓝、白三等赏表，按其平日之行状分别升降以资鼓励。种种方法解伊等之郁结，和伊等之血脉，令习工艺讲解格言运动唱歌，每日出此入彼，心有所用，身有营干，终日不闲日复一日强者服从懦者振志。俾伊等均上轨道，以狱为家，不以在监为苦，而以入狱为造就本领之好机会。于是伊等心理变换，转忧成喜。病者大减，死亡渐无，故今年监外虽发生瘟疫而监内平安无事。以视往年监外无瘟疫而监内日见死者相差奚若也。总而言之，本监之难办在水土不良，气候特别，建筑不合加以人犯多系长期囚，其性情刚暴者多（民十、十二、十四等年均起暴动，幸知觉较早，设法弹压未成事实）柔顺者少，倘是拘泥一隅不因地制宜，如医者之治病不能因病下药，结果下来，恐成效未睹祸败先见矣。此系年余以来实施有效工作，全赖上下人员同心协力逐日进行毫无懈怠之所致也。此改良者八也。

　　九、整顿工艺以裕收入。

　　查本监工艺自十九年九月职到任后，适值各科办事情形多系旧监性质，漫无秩序，人犯之康健更谈不到，已病者七八十名，未病者多身弱气虚危险堪虞。监内之情形如此，兼之各军队纷纷调回满城，是兵加以飞机扰乱人民恐慌。此时米炭缺乏，有钱难购。市面情形不堪言状。内忧外患双方交迫，每日非忙于疗治病犯救济人命不遑，即苦于四外收购米炭维持现状弗暇，焉能顾及整理工艺。迨后时局稍平，督同承办工艺人员竭力进行悉心筹划，改良成品多贴广告，以资宣传而利推销。不意本年前半年天久不雨，本地遭荒。各商均属萧条，监内之成品滞销，以致余利较少。自本年七月以后，天降透雨，世事稍活。工艺成品渐有销路，各月余利按三七比例均能及格。自后年景转来，工艺余利有升无降，可预卜也。此改良者九也。

　　以上所陈改良各处及逐日实行各项事务，理合具文呈报，祗祈钧院处鉴核施行。再历经改良修理各处均系由经费内开支，未曾请领别款，合并声明。谨呈。

《附山西高等法院检察处指令》
（监字第二八〇七号）

呈暨图说等件均悉。查阅各件具见该典狱长力图兴革巨细靡遗，殊堪嘉尚。除将改进情形俟年度终了汇案呈部外，仰仍赓续进行，俾臻完善，是为至要。附件存查。此令。

《河南高等法院呈为遵令改置第一监狱便桶处所暨筹建开封地方法院看守所请鉴核由》

呈：为呈请事。案查接管卷内奉钧部训字第一七五一号训令内开：据本部视察员报告，视察开封监所应行改良各节到部，合行开列于后，仰即遵照分别办理具报。此令。一、河南第一监狱。查该监五人杂居，房气积不足，应改容三人，其藏置便桶处所设在监房中心，尤属未妥。应设法移置于监门之左隅或右隅。二、开封地方法院看守所。查该所拥挤污秽，不堪言状。改建计划早经本部于十八年间核准，迄未进行。现在此项建筑费既有五万一千二百余元，应即就此款查照二十年一月间计划，拟具图说先建一部，毋庸俟有八万之成数再行计划估报。等因奉此。当经分别转饬遵照。去后，嗣据第一监狱典狱长张家本呈称：查本监收容刑事已未决人犯及军事人犯每月总在五百名左右，若将五人杂居房改容三人，实不敷用。至移置便桶处所应俟五人杂居房改容三人，将木床撤去一边后，方能办理。惟独该监房三十四间，拟将藏置便桶处所改设监门之右隅，招工估计一平一起，计需洋灰工料洋一百一十一元。理合开单呈请鉴核，迅予筹拨，以便领用，等情。当以改藏便桶处所工事简单，尽可选犯自办，除工价不计外，所需材料费洋五十五元，为数无多。饬由经费杂支项下撙节动支，工竣报查。复据开封地方法院院长邓济安将该院看守所现有地址量明丈尺，绘具地图。呈请设计前来。当经前任院长孟昭侗规划布置，未及就绪交卸。院长到任即以改良监所为急务，除派员前往各县旧监所认真视察，随时随事督饬改进外，查开封看守所押犯之多实形拥挤。虽经竭力疏通，但地居省会案件日繁，押犯日增，自非速建新所终难敷用。乃亲诣该所周履查勘度势规划，拟筹设八百名容额新所。正设计间，又奉钧部监狱司颁发该所图式，本官遵照招工估计从事兴修，惟该所羁押人犯现达六百余名，陆续寄禁开封监狱者一百八十名，合计在七百八十名左右。实已超过颁发总图规定容额，自不得不预为扩充以免将来之拥挤。故于男刑所东西五人杂居室北端各增十间，以资容纳。又查二十年一月间经专电呈报，该所建设费洋八万元，除二十二年度法收概算内列建筑费洋二万元、设备费洋八千元，自当竭力整顿，以期足额拨用外，至十九年度法收概算，虽经钧部就原报之数编列十分之三嗣以奉准垫发，十九年四月至十月分补薪该款已挪用无存，仅二十年度留院法收存建筑费洋一万元、设备费洋六千五百七十四元,二十年度留院法收存建筑费洋三万元、设备费洋四千六百八十一元,共计实存之建筑、设备等费只洋五万一千二百五十五元。以豫省现时工料之昂贵,就建筑部分据工程师依图估计,不尚美观只求坚固,实需洋八万一千一百四十九元六角八分七厘。非特超出概算,即额定建设各节现亦未积足数,若先建一部,仅能完成男刑所,而女所、病所、民事管收所、炊场、工厂、仓库、接见、浴室、办公厅等一时难期告成。而收容之隔别、管理之散漫必在在感觉困难,若将拆卸旧料定价标卖以资挹注,则有资力者既不屑购用此项旧料,贫寒者又无需于此即减值出卖,几经折耗其值不过与燃同况。此种旧料其未损坏者多系榆木,干料实较新料含有水分者为优。故男女各病室、各民事管收所、女刑所、医务所以及炊场工厂、仓库依照旧料尺度设计,将木料砖瓦概行参用。不惟于地域、容额、气积、光线均无妨碍,且可节省建筑费洋八千零八十八元一角四分八厘。计尚需洋七万三千零六十一元五角三分九厘。就二十年度法收概算编列建筑费洋一万元,二十一年度法收概算编列建筑费洋三万元,二十二年度法收概算编列建筑费洋二万元计算,共洋六万元。二十二年度甫经开始,将来能否收足尚难预料,即姑以六万元计算,尚不敷洋一万三千零六十一元五角三分九厘。拟先在现存建筑费内开支,再由设备项下挪移应用。其二十二年度编列之数另行筹垫,陆续归还。如年度终结尚有不敷并拟在二十三年度法收内拨补。至于将来设备,除旧有器具外,不尚奢华务求实际,似无须两万元之巨,并可使新所全部易于完成。此不得不略变图式,参用旧料之大概情形也(详见说明书)。又查该所原址不敷应用,现已就西边购进民地。新购之地共计十亩零六分三厘七毫,以备扩充之用。惟该处地势低凹,尚须用土填高。依照图式用全部新料先筑围墙及男刑所独居、杂居各室,俟完成之后即将就有东西刑所被羁押人悉数移入,至民事管收所被管收人亦暂时移入管收,但与刑事被羁押人有所区别。旧有女刑所羁押之女被告人拟暂移第一监狱女监寄押,旧有病所暂移旧民事管收所。男女刑所、民事管收各所及病所迁移完竣,即从事拆卸。各旧所参用旧料建筑,新男女各病所、各民事管收所、女刑所俟完成之后,即将各暂寄押及迁移之被告人分别迁入,再用全部新料从事建造大门、候见室、办公厅,并利用旧料建造炊场、工厂、仓库、接见室、看守室、职员厨房、男刑所浴室及厕所、停尸各室。此拟议修建次序调度人犯之大概情形也。综核以上各情,开封看守所之须建筑实有刻不容缓之势,但一则限于经费再则限于基地,迭经通盘筹划,故于图样有不得不量于交通之处,并屡用旧所材料以资节省,总期工归实在款不虚糜。并且转瞬秋尽冬来,一交冬令工作困难,尤非亟待兴工不可。至关于建筑各种详情均已分列图说,所有筹建开封地方法院看守所各缘由是否有当,理合检具平面图、侧面图、估计表、估计工程总说明及作法说明书等件备文呈请钧部鉴核。伏乞迅赐指令祗遵。再此次工程如蒙核准拟即以开封地方法院院长首席检察官、看守所所长本院会计科主任、书记官、监狱科主任、书记官、组织工程委员会专理其事,以专职责而重工程。合并陈明谨呈。

司法行政部部长罗

《湖北第一监狱呈报监房工场因危极已修之部分业经完工祈鉴核派员验收并恳转呈准在囚粮节余项下权为挪垫至危极难缓与人犯自修各部分并请转呈指定的款以便提早修理由》

窃职监建筑于逊清光绪三十一年自落成迄今已逾三十载,其间辛亥之变、北伐之役两经兵火破坏,所余腐朽不堪。前后各任限于经费间有修补,皆因陋就简。职莅任已后,组织营缮一科芟刈荆棘、铲除瓦砾、配置玻璃、挖砌墙壁、添装地板,长年修葺亦不过补苴罅漏而已。瓦下椽桷、墙内撑柱以及工程浩大之处均苦于筹措维艰未易举办。虽总部两次考察,各团体联翩参观,批评奖许率据表面之清洁为片段之节取,实则形体虽具,险象全伏,一经风雨必酿意外。此职心所谓危昕夕难安者也。本年三月杪狂风骤至,暴雨乍乘,分监及武昌看守所围墙相继倒塌。职监围墙虽如故,因汽楼过高覆瓦甚稀,一时飞沙走石、凉窗落脱、屋瓦掀腾、残片破屑随雨四溅,内监梁柱随墙歪斜,炊场间墙倾已过半,工场屋角倒塌有三,而各场梁柱墙身或崩裂或脱落。幸木作科存料尚多,尽量撑持得免于难。然监内气象朝暮悬殊,整理数年则不足败坏一时。而有余风雨之劫竟如兵火之灾,零落凋残惨不忍睹。越日即以上项情形及危险状况呈报钧院。蒙派二监监工委员顾培亮诣勘估计急修办法,约需洋八千余元。缓修办法约需洋八万余元。旋经承修二监袁瑞泰估计急修办法需洋一万七千五百余元,顾委员所估范围较为狭小,袁瑞泰所估全部包括在内。职之愚见以为耗费数千元仅能及于表面局部,不若从袁瑞泰全盘计划较为完善。第兹事体大未敢轻举,正考虑之际适职有赴沪购机之行,意拟返鄂另作整个计划。乃甫到京,浴室倒塌各监各场亦岌岌危殆。告急之书一日数至,职由京函呈钧座,请其权准在囚粮节存项下假借二千元范围,先修其已倒及危险部分。至返鄂之期在开工之后,浴室已成监房将拆正拟呈报,不期汽楼裙板拆卸瓦底水板,墙内栏柱凡钩心斗角之处非松脱即腐朽。该袁瑞泰本其承修二监之眼光计,欲全行除旧,职顾念经费之困难意在略事更新,意见参差事难预定。故凡易一柱添一椽须亲加指示,料若何工若干亦虽临时较量拆卸一处,始知一处朽腐之真相。修竣一方始定一方,耗费之概数留缓救急择要补新。今日尚不知明日工程为如何现象也。今后始知补旧与建新难易迥有不同也。原初估计数目承修者不肯认为确定。职亦不敢贸然上呈。工程一日一变,呈报碍难一日一易。值兹溽暑风雨难测,职监监房工场在在堪危。必俟手续完备方从事修理,则呈报辗转往返需日。深恐在呈报审查之际,一旦狂风猝至,暴雨经日,工场监房两无躲闪,全体人犯非死则逃。处非常情况之下,而拘牵例行手续坐昧权宜之计,万一事出意外,布置无方咎将谁属?看守所之往事猝不及防,职既知前车之覆,应凛来轸之戒。斟酌数四,因将监房先行修整。万一风雨在夜,工场倒塌,则人犯生命固可幸免。风雨在日,即罢役还监,迁避亦有余地。此职在囚粮节存项下挪借经费先修一部之详细情形也。兹谨将该承修人原估清册名为甲册,分已修、自修、危极、缓修四部分详为签注。已修清册名为乙册,决定第一二签注。浮滥假定八折为钧院缕晰呈之。

计甲册原开数目为一万七千五百五十二元九角六分,提出已修部分二千四百五十五元三角九分,缓修部分四千一百七十二元三角二分,其他危险部分尚需洋七千一百九十三元一角八分,令人犯自修部分尚需洋三千七百三十二元零七分。严格核减危极待修部分照八折需洋五千五百元有零,人犯自修部分仅需料质赏与金可核减为一千四百元,谱两共需洋七千一百元。内外至乙册第一卷已修工程所列数目为三千八百五十九元六角一分,因其料质抛费过多,又以天气炎热工作时间短少按八折拟减为三千零八十七元六角八分八厘。乙册第二卷实修工程所列数目为三百四十八元,按八折为二百七十八元四角。一二两册总共八折为数三千三百六十六元零八分八厘。拟恳按签注核对,至折减办法是否有当,乞鉴核批示。并恳一面派员验收,一面据情转呈,准在囚粮节存项下权为挪垫,至危极难缓与人犯自修部分按承修人所开数目合为八折,及拟令人犯自修核减之数尚需洋七千有零。理合备文详呈钧院。伏乞并案呈部,指定的款以便提早修理,免致临时周章耗费益巨。再原册内提出已修部分之数与实修部分之数因预算计划与实施工程微有不同不免出入,前文已叙,合并申明。

《安徽第二监狱呈为谨按本监实况条陈改进意见仰祈鉴纳施行由》

查本监现在收容人犯四百八十余名口,超过定额颇巨。将来续有增加,收数当在五百人以上。所有监房工场亟应计划扩充,其他设备亦须及时兴办方能适合。兹据本监实况拟具改进意见谨陈鉴核。

一、变更杂居间人数。查本监男监监房计五人,杂居六十四间,独居间数相同,共容男犯三百八十四名。现有男犯四百六十余名,监房不敷分配。拟将五人杂居改为七人杂居,变更之后可增容男犯一百二十八名,嗣后人犯虽有增加亦可无虑。惟人数增加空气容最不足,因床亦难容纳。拟一面于杂居间两翼楼上下各监室靠走道之砖墙中间离地四五尺处添开窗户一口,一面添置两层架床三十二架(该项因床用于楼下杂居间,每间一架,计如上数。已另文呈请在案),以重卫生而资适用。

二、平房改建楼房。本监地址处在城内，四周民房无向外发展余地。现在囚额增加工场等项亟图扩充，而房屋缺乏，允宜设法建筑。在监内外既无可供建筑隙地，只有将平房改建楼房之一法。查本监第一、二、三、四四个工场均系单翼平房，墙基木料均极坚实，距离外围墙一丈有奇，改建楼房既无须全部拆毁之劳，人犯又无从楼上外跃之虑，允称相宜。

三、扩充工场。查监房劳役为组织自由刑之要素，非仅养成人犯勤勉习惯，以为复归良民生活之准备。且作业发达监狱得以自给，于国家经济裨益匪浅。本监作业经职一再推广，成绩不无可观。但原有工场七所除一、二、三、四等工场范围较大容犯较多，余均嫌狭小。现在人犯骤增，工场不敷，难以分配工作。拟待第二、第三两工场改建楼房后，添设制鞋科并将织布等科竭力扩充，以达人人有工可做之目的。

四、建筑教诲堂。查近代行刑首重感化，本监仅有教诲师一人兼理教诲教育，平时颇感困难。现在人犯将增至五百名之多，如无教诲堂之建筑（本监中央楼虽有一小教诲堂之设置，但事实上殊难适用，现已改为看守室），纵尽一人之力，恐难收感化实益。兹拟将第四工场改建楼房后，特辟一大教诲堂以重感化。

五、筹设小图书馆。查监狱之设原所以促罪犯之悛悔，而使阅读良好书籍不仅可以增其学识，且可培植道德，俾能改过迁善。本监拟待第一工场改建楼房后，遵照奉颁办法辟一小图书馆，以供人犯浏览。

六、辟设烟犯收容所及幼年监。查本监现有烟犯三十二名、幼年犯二十八名，该项人犯前者无重大恶性，后者易于濡染罪恶，均不宜与普通人犯相处一处，而有隔离之必要。拟将第五工场腾出，改辟烟犯收容所，给药戒除俾断瘾。并将原有第五工场改建幼年监，以与成年犯隔绝。如此办理不特个人处遇得宜，且可减少男监人数不致拥挤。

七、训练看守查监所。看守一职上以奉行长官之指挥命令，下以执掌人犯之管理戒护，关系极为重要，非经审慎之考选，严密之训练，实不足以资任使而策进行。本监看守均未经过考试，如设所训练与部颁监看守训练规则不符，且需费较多，殊非撙节之道。兹为兼筹并顾计，拟督同主科看守长，于看守服务休息时间酌定钟点分班教授看守服务规则及需要科学，以收实效而期改进。

上述各端，均系本监目前急不容缓之图，如蒙采纳，所有详细计划图说、临时支出概算书等件自当另文补具呈核。是否有当，伏乞钧长查核赐令祗遵。

《河北第二监狱呈为拟就本监行刑场建筑讯问室三间缮具估单仰祈查核由》

呈：为拟就执刑场建筑讯问室缮具估单仰祈查核俯准事。窃查北平人犯判处死刑者，其执行刑场原设北平地方法院看守所内，民国十六年夏移设本监，计移来绞刑机一具、铅丝照棚一架,设置于本监西北墙角院内。当拟建筑讯问室一处,以作检察官讯问之所。卒因经费支绌竟致不果,迁延数年迄未成立。惟是历年以来执行死刑者颇不乏人,检察官茬临时均在露天讯问,夏雨冬雪极感不便,兹经开会集议,拟就院内刑场之北建筑北房三间,以作检察官讯问之所。并拟于开春后即行动工,所需材料除将前拆主任办公室之木料瓦片移作此项需用外,只须添置大条砖、青灰、麻刀、席箔并由本监犯人自行建筑,无须雇工。切实估计共需工料洋四百八十四元七角六分,其款拟不另请,即就本监作业盈余项下开支。可否之处,理合具文连同估单呈请钧长查核指令祗遵。谨呈。

河北高等法院院长胡

附呈估单一件

派署河北第二监狱典狱长李

中华民国二十三年一月二十六日

《河北第二监狱为现拟建筑工场二座以为容纳囚犯作业之需绘具建筑图样及说明书送请查核由》

案查本监收容囚犯向均分布各工场配制作业,务求人皆工作,不使闲居。从前曾有砖窑一科,容纳工囚一二百人,以故在监人犯均有工作无一闲居者。自国都南迁,市面萧条,建筑无人,窑科遂即停废。于是在监人犯苦无工作,未役者常有百数十人,如现在收容七百四五十人,未役人犯竟达五分之一。长此以往殊有未合,亟应详为规划俾策进行。但从前窑科工作系在工场外服役,今窑科不能复兴,自应创建工场方有容纳之处。竹勖拟就本监西北隅列张二监之后,拓开大墙建筑工场二座,即将西后亭开门,俾便出入。兹将建筑程序分列于后。

一、西后亭外西头面积广大,可建面宽二十八公尺、进深十一公尺之大工场一座。于工场西头附建器具室一间,东北角附建厕所一间,切实估计需工料洋三千五百十二元七角六分。

二、西后亭外东头面积较小,只能建筑面宽十九公尺进深八公尺之小工场一座。于工场东头附建器具室一间,西北角附建厕所一间,切实估计需工料洋二千二百零四元。

三、西后亭通过至工场甬道应建走廊一段,长七公尺阔六公尺于走廊两边分建洗面室各一排,需工料洋五百零八元。

四、西后亭后原有看守宿舍一栋,今因建筑工场将其拆卸,改建于西工场之西北,拓为六间。面宽十九公尺、进深四公尺。需工料洋九百六十七元。

五、西北隅原有大墙加以推广,新建大墙二段,计长八十七公尺、高四公尺、厚七公寸,需工料洋一千三百四十三元。

以上五项,共需工料洋八千五百三十四元九角二分,此项建筑费用拟恳即在本监作业余利项下动支,不另请款。兹谨绘具建筑平面图样连同估单说明书送请钧院查核,俯赐照转,准予施行,实为公便。谨呈。

《山东第四监狱呈请添购地基由》

案查本监地居山东青州,适当胶济铁路要冲,领有临淄、广饶等十二县之旧监,非有广大之监房不足以宏容量而资开拓,又非速添女监不足以救济外县旧监之龌龊而维人道。本年六月钧宪偕同司法行政部王司长莅监视察,以本监既具开拓之必要兼有开拓之可能,当奉面谕着即设法添购地基以资扩展。并将益都县看守所移建附近以便戒护。等因奉此。查本监西邻及北邻均系法姓所有地,计共大亩十一亩八分二厘一毫,合官亩三十八亩三分。再西邻法姓之西有王姓地大亩三亩,合官亩九亩七分二厘。以上法王二姓之地共计大亩十四亩八分二厘一毫,合官亩四十八亩零二厘。地形平方而又紧抱本监西北两面,以之收作本监扩充地基不惟添建分房监、监房工厂及女监均甚相宜,即修筑看守所及职员看守等宿舍亦均敷用。节经觅具中介召集各该地主晓以本监需添地基之必要,与该地户等应负让卖之义务。该地户等初以利害关系颇尚顽梗,嗣经再四劝导始皆释然。惟仍囿于私利,始终欲抬高价以博微利,屡饬中介往返磋商,减而又减无可再减,结果每官亩一亩大洋一百零八元另二分六厘计地官亩四十八亩零二厘,需洋五千一百八十七元三角五分,外加百分之二中介费计洋一百零三元七角四分七厘,百分之一丈量费计洋五十一元八角七分三,共需洋五千三百四十二元九角七分。现已接洽妥协除约,同中人四邻及原业主丈量清楚,立具临时草约,并付定洋三十元外。如蒙俯允,即请派员来青主持,换立正式契约,点交地价以完手续。是否有当,理合检同临时草约备文呈请钧院鉴核,俯赐转呈实为公便。再查本监四周均系空地,如再有需要仍可随时收买,合并陈明。谨呈。

《山东第四监狱呈为拟具整理邹平县监所办法并送预算书等由》
（附训令）

案查本监前经拟具整理邹平县监所办法检同预算估册等件呈蒙钧院加具意见书,转奉司法行政部第一一五六〇号指令节开:查邹平县监所整理办法及该院附呈修改意见均属可行,估价亦尚平允,应准照办。等因令转到监奉此。自应照办。惟遵照钧院意见书所示各节,则原来计划不能不稍有变更,谨附列下:

一、"将管狱员室与女看守室相互迁换"。查女看守室房屋低矮势将倾圮,若改作管狱员办公室势须改修。

二、"女监与女看守室前面加建围墙一道"。此墙为原预算所无。

三、"将炊事室存储室二间改作独居房二间"。此二间改作独居房尺寸须稍为加大,房屋亦须另行改修。

四、"浴室南端空地另建炊事室及存储室各一间"。照此计划,炊事室一间恐不敷用,拟增为三间。此三间与存储室一间共四间,均为原预算所无。

基以上改建房室加大尺寸、添修围墙房间等项则原来预算不能不略有增加,兹经按照司法行政部所颁特种监房构造图重行绘图,估计造具预算书、估计书、说明书、理合备文再呈钧院鉴核转请示遵,实为公便。

《附山东高等法院训令》

(字第一七七六号)

案查该监前呈重拟改修邹平县狱图说预算富经本院转呈在案。兹奉司法行政部指字第一六七○○号指令内开:

呈及附件均悉,所拟改建房室加大尺寸添修围墙房间等项事属可行,估价亦尚平允,应准在二十二年度留院法收岁出概算所列各分监建设费项下动支,仰即饬遵。附件存。此令。

等因奉此。合行令仰遵照克日兴工修建,俾便早日完成。此令。

《山东第四监狱呈送所拟承修邹平县监所办法》

案查本监前呈改修邹平县监狱预算图说等件,案奉钧院第一七七六号训令转奉司法行政部第一六七○○号指令核准,自应遵照,克日兴修以速完成。兹查本监建筑科内分木瓦两作,所有本监全部围墙以及病监工厂等各项工程均系该科所建筑,详查各项工作较诸普通工人包修者尚属坚固。现在邹平县监狱改建计划业经奉准,拟即遵照本年八月钧院监字第六○四号训令,抽选该科熟悉工囚前往修建,以符功役而资历练。除拟具办法造具外役人犯清册暨外役看守清册呈核外,再此次派赴邹平外役主任看守及看守带有手枪三枝子弹四十二粒以重戒护,并请发给护照以便携带而利服务。又长山分监筹备员陈健午现在长山分监尚未奉准兴修,在长山分监未兴修以前,拟请派员暂行筹备邹平县监狱工程以资襄助。可否之处,理合检同所拟囚犯外役办法及外役囚犯清册暨外役看守清册一并备文呈请钧院鉴核指令祗遵。

《浙江第四监狱函请将旧道署废弃未用空地画拨作本监增建工场之用附呈图式祈永嘉县政府转请财政厅暨保安处准予照拨俾增建工场得以早日观成由》

案于本年六月二十三日奉

浙江高等法院第一七一〇一号训令内开:前准浙江省政府函转军事委员会委员长颁订清理囚犯办法计分内役、外役、军训、政训四端,终已分别拟具实施计划意见书,转函省府呈奉南昌行营令准施行。原计划外役、军训、政训三端暨关于经费部分并准省府函达。已函请省党部及分令保安处、民政厅、建设厅、财政厅分别遵照到院。经院饬将关于军训之操场政训之教室令饬先事筹备各在案。原计划关于内役之推广,第一期为设有新监所地方之杭县、鄞县、金华、永嘉、嘉兴、吴兴、绍兴七县,计新建工场十五所、扩充工场四所,完成时间兹拟定为二十三年七月至十二月。案经奉准,自应依照计划予以实施。除分令外,合亟摘录第一期计划原案清单,令仰该监知照,即便详细规划呈候核办,其工场房屋甫经筑成或已有预备事实上毋庸新建,或增建只需设备费及基金即可,积极推广各监所并仰一并拟议呈夺。此令。等因,计摘发计划原案清单一份奉此。查敝监原已成立之工场仅有五所,均甚狭小。每所只可容工犯二十余人,五所合计仅能容工犯一百余人。刻下收容男女人犯已达五百八十余名,口内役人犯尚不及三分之一,事实上非增设工场即无法扩充。伏查奉发计划原案清单内载敝监应增设工场二所,建筑经临各费亦已拟定,自应遵期筹建完成,以仰副军事委员长为使囚犯服相当劳役毋为废民之至意。无如敝监地址面积不满十亩,隙地无多,增建工场二所实所难能。查间壁旧道署与敝监仅一墙之隔,现有浙江省保安处官兵驻防于内,其后面有长二十五丈宽三十八丈空地一方,除西面一部分建有球场外,东面因有沟渠废弃未用,若将上项废弃未用地址划拨长二十丈宽十九丈为敝监增建工场,足敷应用。凤仰贵县长为国宣劳不遗余力,维护狱政早所钦迟,且莅任已久,对于敝监缺少隙地建筑工场及旧道署现有废弃未用地址知之甚详,以废弃未用之地址移作建筑有用之工场,谅表同情。除呈复外,相应绘具敝监拟划拨旧道署地址图式二纸备函送请查核,烦即转请浙江省财政厅暨保安处准予划拨,俾增建工场得以早日观成,实纫公谊。

《山东少年监筹备经过情形及将来改进之方针》

(甲)筹备经过情形

1. 呈准参观京沪各注重职业化、军队化等学校及中央研究院关于研究犯罪心理部分,借以酌定少年犯之分配实课学课及测验犯罪到监后各种心理以便施行感化教育。

2．因少年监在吾国系属创举,关于一切章规既应参照东西列强各少年监办法。尤须酌量本国舆情,延用一素有研究之人,以资咨询而便助理实有必要。素稳现任江苏第一监狱主科看守长陆长康研究少年监办法颇有心得,呈准调派来监帮助筹备。

3．军事训练为国民所必需,欧美日本等国对于中等学校均列入军事教育一科,且复有服兵役为国民应尽义务之规定。至监狱内实施军队化之训练则当以美之哀尔美拉感化监为嚆矢。吾国当此外侮日偪之秋,非特中等学校以上均列军事训练为必需科目,即各界均有自动起而组织团体受军事训练者。吾少年监狱自应设施军事训练以为全国监狱之创,奈本监地而狭窄无适当之运动场,特请准于本监东偏新购房地约九分余拆卸原有土草小房二十间,辟为运动场,东北南三面建筑土墙上树木桩设以电网,以资防范。

4．查监犯惩罚宜合理化为近世各国所取行刑要点之一,如体罚之绝对废除及施行惩罚时不得妨害监犯身体及精神健康等之设计均是。本监承山东第五监狱旧规尚无暗室之设备,不可谓非施行惩罚时之一大缺点。而事实上于少年犯之施行惩罚甚感不便,特于义字监首建设暗室一间,顶留气眼、壁镶絮布、门凿递送饮食之孔,以备少年犯违背规则时量加惩罚之用。

5．本监犯人所食面粉、米面向来纯用人工磨制,不惟此项工作系一种粗笨劳作无足谋生之可能,且用人过多有妨于工艺及教育少年犯之作业,应培植其工业常识使知发动机之利用,呈准添设机器磨一座,以省少年犯劳力而增知识。

6．本监房舍向不敷用,此次创办少年监增添教师及看守更为拥挤,将旧存成品室修改粉刷装设电灯,权作教务所。分为内外两部,外部为教师办公室,内部作教师等宿舍。

7．少年监应有之教室、图书室、音乐室、健康诊察室等均尚未添建,乃将原有印刷添工、藤竹洗濯等科归并,腾出房屋加以修改,作为第一、第二、第三等教室,而图书音乐附焉。又以病监现无病重人犯,暂将轻微病犯数名住在监房,腾出原有病监施行健康诊察,迨诊察完毕而轻微病犯有移归病监之必要时,再行移回。又以印刷归在其他工场无地容纳,将织布科后廊房东段添砌砖墙安设玻璃窗,由织布科后墙开门统属于织布科内,并于廊房立柱修砌砖垛抹以洋灰以图坚固。

8．预计少年监开办关于教室教务所之设备,少年犯游艺用品健康教育购置等项,共计需款一千余元。呈请指拨以备应用。

9．拟定少年监犯暂行办法及教育实施方案、教务所处务规则、阶级处遇规程、健康诊断规则呈奉核准照办。

10. 因本监员看守等对于少年监一切办法未能明了，将全体职员看守等分为三班，每日由典狱长施行演讲，使各明了而便办公。

11. 拟定少年犯遵守总则及监房、工场、教室、接见室、炊场、运动场等少年犯各应遵守分则，并监内职员等佩戴徽章样式，呈核备案。

12. 拨出年在二十五岁以上人犯，计未决犯三十五名，已决犯二百二十二名。接管前山东第五监狱原有少年犯计已决犯五十三名，未决犯二十九名。收由各监解入少年犯计未决犯十八名，已决犯一百四十一名。

13. 少年犯收齐后，按阶级处遇规程，将全监犯人分类分级。计分在第一类者二百三十八人，分在第二类者三人，各犯均列在强制级。俟后按其得分之数，再行分别升降。

14. 举行非文字团体智力测验，并考其曾否学习工艺。就其智力高低、工艺优劣及特殊情形编定教育班受教一览表。实施《特殊教诲与教育一览表》《因病暂时免学及工艺精良暂留指导少年犯工作各一览表》，又《教师职员任课少年犯分习实课学课各时间表》，于八月一日一律上课开始按采分法采分。

（乙）将来改进之方针

15. 现在糊盒一科既乏艺术性且无教育功用，唯因包糊火柴盒一时未能完竣，故尚仍旧制作现在选择相当工作。俟火柴盒于最短间告竣，即易其他艺术工作。

16. 作业材料之使用、成品之制作及考察课程等事宜，应纯由第三科经办，以归统一。前北京京师第一监狱已办有成效，惟各省新监为预算所迫，看守额少皆由二科戒护看守办理，二三两科恒发生争议，事实上亦多有阻滞，拟请添置看守名额，仿照前京师第一监狱办法办理。

17. 工囚赏与金为引起犯人练习工艺之兴趣，维持贫民生活之基本。一面可以提倡家庭社会工业之发达。少年犯赏与金已在阶级处遇表规定拟，逐渐增进至所定赏与金计算率之最高额，以资提倡而利民生。

18. 监狱作业纯取手工制，一因劳力可以利用，一因机器无资购买。但世界工艺均进于机器化，少年犯工作于熟悉手艺后，尤须使明了工艺利用机器之大要，开启其使用或制作机器之志念。拟将来于织布工场内装设马达机一架，以增出品而提倡青年发展工业之知识。

19. 少年犯应励行平等化，所有一切从优待遇及避免劳役等请求一律禁绝。凡关于犯人扫除便溺及一切施行清洁等事，将全监人犯排定班次按期轮流办理。

20. 延请宗教名流于星期日来监讲演，以期增进犯人之道德，并演映幻灯、开唱留音机以助长其知识，陶淑其性情。

21. 本监地势狭窄，房屋密积，人犯应使利用空气、阳光，不宜终日闭禁一室。故于其动作上不得不略予松活,即不得不多设岗位,严密监视。故少年监预算虽对于看守名额所减无几,但实际上不惟旧看守不能减少,反增出三处教室,管理看守三名,教务所服务看守二名,事务紧张、看守薪微。拟呈请增加数名以利公务。

22．本监前在山东第五监狱期内呈准扩充房舍一案,迄今房地尚未购买完竣,而施行少年犯一切感化教育事务对于使用房舍尤属急不容缓。拟于本月内将购地事办结,以次进行测量、绘图、修筑垣墙及内部房屋建设等事务。计将来拟请添建之房屋等,有昼夜独居及昼杂居、夜独居两种监房,教务所一处,教室四处,教诲室、音乐室、图书馆、看守训练所仓库、职员厨房各一处,病监附医务所一处、瞭望楼一座,渗水井三眼(本监地势内低外高,水不能出,故经再三询问各工程师,须凿井渗水)、大规模之运动场一处。

23．教务所为实施感化教育之根本地应有健全之设备。本监现有教务所因时间、地势及经济等关系局促一隅,种种均感不便,实有大加扩充之必要。拟于最近期间先建一教务所,其一切环境之设备当于全监中占一重要地位,以利教育而收感化之效。其内部组织如教师之进修、教法教材教具之研究、教育环境之设计、测验统计成绩等股之施行,在在均与普通学校不同。现在虽已各有设施又当进一步作健全之企图。

24．本监向为地势所限,办公房屋极不敷用。故从来无职员厨房之安置,近来添设教师出署就食,尤感不便,直接影响于教育时间,间接影响于受教人之利益。拟于最近期内特建一职员厨房,以资便利。

25．本监现有医病用具殊为太简,不敷应用。拟于病监建设时附以健康诊察、卫生预防、疾病治疗等室,而对于治病器具酌量添备,以便使用而保少年犯健康。

26．本监现有教育班甲、乙、丙、丁、戊、己六班,其分配法系依各少年犯之智力与技能。但最近于教育时考察甲班中有智力特高者,乙班中有智力最低者,每牵掣全班教学之进程,使教师艰难应付不能引起受教者之兴趣。此等犯人将来拟分设天才教育与低能教育两班,专添教师以教育之。而收行刑感化之效。

27．对于出狱人预防其再行犯罪,莫如组织出狱人保护会。因刑余之人常为社会所轻视,凡就业之困难及环境之不良常倍于犯罪前,其陷于再犯也甚易。本监创办伊始愿追随地方各界慈善人士之后,于最近期内将济南出狱人保护会从速组成。直接为出狱者励行保护事业,间接谋济南社会之秩序与安宁,俾大众均获幸福。

28．查不定期刑制欧美各邦已有施行,大势所趋群相仿效,吾国不应久落人后。现少年监成立,厉行阶级处遇规程,俟办理有效,拟先施行假释制。嗣请试办不定期刑制,以趋世界之大同。

29.其他未尽事宜,拟随时设法改进之。

《浙江第一监狱分期改进计划书》
(附呈及令)

谨按本监最近实况拟具分期改进计划胪列款目开陈钧鉴。

计开:

第一期:限一年以内完成。

第一,改进戒护设备。

监狱事务首重戒护,发生缺憾一切改进无从措施。本监现收人犯约三百五十名,其中无期徒刑占七十,十年以上有期徒刑约占全额之半。从前对于此种长期人犯工作者较少,施以戒具者为多。现为遵照本省政纲改良囚人待遇起见,所有戒具已先后撤去,并令在工场服役。关于戒护布置允宜及时改进,除对于服务人员加以切实训练外,现拟改进者七端。

一、酌设警备看守十名

从前北京各新监为戒护周密起见,特设警备看守二三十名。去年江苏第一监狱亦添加警备看守二十名,本监按现在收容人数计划,拟先设警备看守十名。每名平均按十六元计算,月需追加预算洋一百六十元。在预算未追加以前,请暂由十六年度额定经费项下移项流用、搏节开支。至将来第二期工程完竣后,以监房工场扩充,尚须增设警备看守十名。

二、添设瞭望楼二座

本监在工场及外役服役人犯每日率在三百名以上,监视防护尤应周密。拟于工场墙隅及炊所后院各建瞭望楼一座,加岗戒备。每座约需洋五百元,共计一千元。楼上附设警钟各一口,以备遇警时鸣钟召集。每口约需洋二十元,共计洋四十元。

三、监房后之运动场加筑围墙

本监监房周围虽均设有电网,惟木桩细小,日久虫蛀多不结实。为实际防护计,拟于运动场缺口各筑围墙一道,计共长十五丈,需洋二百二十五元。

四、增高种植场围墙

种植场围墙与工场围墙毗连,高仅八尺殊不相宜。拟增高丈余,期与工场围墙一致。惟原有泥墙墙基狭窄,加高不能坚固,势非重新建筑不可,计长约一百丈,每丈需洋十五元,共需洋一千五百元。

五、监房出入总口装置铁门一道

本监监房翼口及事务楼前围墙均装有铁门,唯出入总口尚未装置,为慎重防护计,拟于出入总口装置铁门一道,并派看守专司启闭,计需洋二百元。

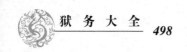

六、置备手枪

兵可百年不用,不可一日不备,监狱之置备武器其理亦同。拟购置新式手枪四支,每支价约一百元,共需洋四百元,以备防范及镇压之用。

七、添置大号水龙及防火器

本监原有小号水龙一架,系杭州张洪福号出品(腰圆式,直径二尺横径尺半,用一寸水龙皮带),机器太小出水太弱,使用不甚合宜。拟向杭州严聚兴号购置大号水龙一具,连皮带共需洋三百二十元。又制备救火器具约需洋百元。庶几有备无患。

第二,扩充工场

本监原有工场八间,每间至多容三十人,合计二百四十人。现在收容人数在三百五十人以上,而各工场出品如毛巾、藤竹、印刷、木工等科销路畅旺,求过于供。正可及时扩充,限于工场无从发展。拟于大门右旁园地划出一区,建筑看守、工师、丁役宿舍及教练所等二十间,看守、厨房、浴室等附焉。每间约需建筑费三百元,共需洋六千元。一俟工竣,即将监房后面之看守宿舍迁入新屋,腾出房屋改作工场四所,计可容工囚一百二十人。照此设备,全监人犯均可从事工作,将来容额增加,再于第二期进行计划中一并筹及。

第三,设立售品所

工场既增,出品自伙,推广销路不容或缓。按龙翔桥下设有小菜场,与本监相距甚近,日用品易于销售。拟于大门右首建筑售品所一处,售货即便监督亦易,似较署外另设售品所者为宜。计共房屋五间,每间需洋四百元,共需洋二千元。至售品所内部布置及装潢应俟房屋落成后再行筹划。

第二期:限三年以内完成

第一,添造昼夜分房及夜间分房

各国最近狱制多采用累进制,国内各大新监亦已次第施行。本监开办至十七年之久,尚系全部杂居制,此为本监最大缺点。拟仿照北京第一监狱建筑北新监办法,于种植园南部建筑昼夜分房两翼计八十间,夜间分房三翼计一百二十间,限二年以内完成,计共监房二百间。每房平均按一百三十元计,算共需洋二万六千元。

第二,添建工场

全监容额既增,工场亦须添筑。拟于新建昼夜分房、夜间分房,翼端各建长六丈宽三丈之工场四所,约可容工囚二百名。每所需洋二千七百元,共需洋一万零八百元。

第三,添筑瞭望楼

全监房屋既增,戒护尤应周密。拟于外围墙东西两隅各建瞭望楼一座,每座需洋五百元,共需洋一千元。

第三期:限一年以内完成

监房已采用累进制,工场亦足敷应用。惟教诲堂只可容四五十人,无集合教诲之处所,不无缺憾。拟于现在工场东首空地建筑大教诲堂一所,宽约四丈长约八丈,计可容三百人听讲,约需洋四千八百元。

工程之实施

监狱建筑方法通常用招商投标或自行督囚建造二种,投标法之长处在价目比较便宜,完成较为迅速,其短处则为偷工减料,建筑物多不坚固。自行督囚建造长处在工精料实费省,但构造不合法,戒护不得力,建筑费审核不周密则流弊滋多。是故本监建筑工程如采用投标法,则已若须督囚自造,则宜参照北京第一、二监狱建筑新监事例,条拟办法于后。

一、组织工程队

(一)设技士一员,专司计划工程绘图及监督工程实施等事宜。

此项人员拟请钧院选派或转呈司法部指派,每月薪金至少五十元。

(二)雇泥水木匠各一人

此项工人专司教授人犯工作及实施工事,一应事务每人每月工资二十四元,计四十八元。其他工匠有必要时酌量添雇。

(三)设看守长一名、主任看守一名、看守八名,专司戒护人犯。看守长月薪五十元,主任看守月薪二十二元,看守每人平均十六元,计一百二十八元,每月需追加预算二百元。

(四)服役人犯择行状较良合于假释条件或残余刑期在三年以下者,选三十名以上八十名以下,其工作勤奋精速者,酬给赏与金(按五十人计算,每人每月约七角,月需洋三十五元)。

二、建筑费之预算、筹集、保管、支用及审核

(一)预算

预算项目大别为三:

1. 追加经常费;

2. 增加设备费;

3. 工程费。

1. 追加经常费预算

期别	总目	细目	每人月支薪津数	合计	附记
第一期	改进戒护设备	酌设警备看守十名	每名平均一六·〇〇〇	一六〇·〇〇〇	此项经费至工程完竣为止
	组织工程队			五〇·〇〇〇	
		技士一员	五〇·〇〇〇		此项经费至工程完竣为止
		工师二名	四八·〇〇〇		此项经费至工程完竣为止
		主任看守一名	二二·〇〇〇		此项经费至工程完竣为止
		看守八名	每名平均一六·〇〇〇	一二八·〇〇〇	此项经费至工程完竣为止

以上二项追加预算四百五十八元，在预算未追加以前，添设警备看守经费，月需洋一百九十八元。可由十六七年度额定经常费内移项流用撙节开支。组织工程队经费月需洋一百六十元。可由工程费内开支。

2. 增加设备费

期别	总目	细目	计算单价	总价	附记
第一期	改进戒护设备	设警钟二口	二〇·〇〇〇	四〇·〇〇〇	
		监房出入总口装置铁门一道	二〇〇·〇〇〇	二〇〇·〇〇〇	
		置备手枪四枝	一〇〇·〇〇〇	四〇〇·〇〇〇	
		添置大号水龙一具	三二〇·〇〇〇	三二〇·〇〇〇	
		添置防火器具	一〇〇·〇〇〇	一〇〇·〇〇〇	

以上五项共需洋一千零六十元。

3. 工程费

期别	总目	细目	计算单价	总价	附记
第一期	改进戒护设备	添设瞭望楼二座	五〇〇·〇〇〇	一,〇〇〇·〇〇〇	
		运动场加筑围墙约十五丈	一五·〇〇〇	二二五·〇〇〇	
		增高种植园围墙约一百丈	一五·〇〇〇	一,五〇〇·〇〇〇	
	扩充工场	看守宿舍等二十间	三〇〇·〇〇〇	六,〇〇〇·〇〇〇	
	设立食品所	房屋五大间	四〇〇·〇〇〇	二,〇〇〇·〇〇〇	

以上第一期合计一万零七百二十五元。

期别	总目	细目	计算单价	总价	附记
第二期	添筑监房	昼夜分房二翼夜间分房二百间计二百间	平均单价一三〇·〇〇〇	二六,〇〇〇·〇〇〇	
	添建工场	工场四所每所长六丈宽三丈合十八丈共七十二方	一五〇·〇〇〇	一〇,八〇〇·〇〇〇	
	添筑瞭望楼	瞭望楼二座	五〇〇·〇〇〇	一,〇〇〇·〇〇〇	

第二期合计三万七千八百元。

期别	总目	细目	计算单价	总价	附记
第三期	建筑大讲堂	大讲堂一所计长八丈宽四丈合三十二方	一五〇·〇〇〇	四,八〇〇·〇〇〇	

第三期合计四千八百元。

统计三期工程费合洋五万三千三百二十五元,再加上开设备费一千零六十元,共需洋五万四千三百八十五元。

（二）筹集

本省财政困难已非一日,各机关额定经常费尚不能按期支给,新增建设经费更无待论。惟改良监狱即为本省政纲所明定,而与各省比较,本省又未便独后。再四思维,计惟就本监全体员役竭智尽忠铢积寸累之所得,专充本监建设及扩充经费之用。兹分年筹划于后。

年度	经常费结余	作业盈余	合计
十六年七月至十七年三月实存	四,三六六·〇六四	六,七四一·九七七	一一,一〇八·〇四一
四月至六月约计	一,五〇〇·〇〇〇	一,二〇〇·〇〇〇	二,七〇〇·〇〇〇
合计			一三,八〇八·〇四

结算至本年六月终止。关于第一期建筑费及设备费已足敷用,进而筹划第二期建筑费如下：

年次	年度	经常费结余	作业费盈余	合计
第一年	十七年度	四,〇〇〇·〇〇〇	五,〇〇〇·〇〇〇	九,〇〇〇·〇〇〇
第二年	十八年度	四,〇〇〇·〇〇〇	六,〇〇〇·〇〇〇	一〇,〇〇〇·〇〇〇
第三年	十九年度	四,〇〇〇·〇〇〇	六,五〇〇·〇〇〇	一〇,五〇〇·〇〇〇
第四年	二十年度	四,〇〇〇·〇〇〇	七,〇〇〇·〇〇〇	一一,〇〇〇·〇〇〇
合计				四〇,五〇〇·〇〇〇

预计至二十年度止,如无特别情形,则第二期之建筑费亦足敷用。至第三期建筑费数仅四千八百元,而第五年结余经费及作业盈余足有万元以上。除充建筑费外,尚可充新监设备及开办费之用。

（三）保管

工程费筹定后,应以浙江第一监狱工程处名义专款存入妥实可靠之银行,经常费无论如何困难不准动用。

（四）支用

凡需用各种材料应由工师估计确实数目,经技士审核无误后,应于期前用投标法或比价法购买,支款在十元以上者一律开记名支票,五百元以上者用划线支票,以昭慎重而便查核。

（五）审核

（甲）工程费审查委员会专司审核工程款项设委员五人如下。

高等法院院长指派一员、高等法院首席检察官指派一员、本监典狱长、工程技士、本监第一科科长。

（乙）建筑费支出单据责成会计员妥为保存，每月月终造具建筑费收支四柱清册，连同单据送交工程费审查委员会审核。

（丙）每月收支款项经审查会审核无误后，应即呈报。

高等法院每期工程完竣，经审查无误后，应专案呈报，请派员验收。

以上所拟计划仅就大体加以概括的计算，至详细图样及作法说明书暨用款细目应由技士精密测算另行呈核，所有拟具本监分期改进计划是否有当，理合呈请鉴核令遵。谨呈。

浙江高等法院院长殷

附呈浙江高等法院文

呈为拟具职监分期改进计划书，恳祈鉴核转呈事。窃职监最近实况业于十六年十二月间缮具报告书呈送在案。近数月来，收容人犯日益增加，作业出品销售亦日见畅旺。以工场太小监房太少，未克及时扩充。现为积极改进起见，拟以职监每年作业盈余及经常费节余之款专充本监建设及改进费用。谨拟具分年改进计划书及图样各二份呈送钧览，是否有当，恳祈钧长鉴核转呈施行。谨呈。

浙江高等法院院长殷

附浙江高等法院指令
（第四二〇二号）

呈及各件均悉。查该监以从前建筑及组织之未甚完备缺点殊多，丁兹建设伊始，确有改进之必要。查核该典狱长书列各节筹划计分三期完成，期以五载，拟以该监历年作业余利及经常发搏节款项专供建设及改进之用，并不另筹专款。事属轻而易举，除候呈部核示另令饬遵外，仰即知照。各件存。此令。

附浙江高等法院训令
（第五六四一号）

案查前据该监呈拟分期改进并送图书一案，业经令复并转呈司法部核示在案。兹奉大部指令内开：呈及图书均悉，该典狱长为积极改进起见拟以逐年节余经费及作业余利专充该监建设及改进费用计划周详，深堪嘉尚。所拟图样及改进办法大致尚妥，均准照办。图书存。此令。等因奉此。合亟令仰该典狱长遵照办理。此令。

《江苏第四监狱孙任呈报募款开井暨请给奖由》

呈：为呈报募款开井情形并送册据仰祈鉴核备案。暨请将经募人南通县县长张栋及捐户大通公司等分别从优给奖，以资鼓励事。窃查本监原有土井质味不佳,水量亦少,收容人犯众多且漂洗毛巾等件须水颇多,不足供用。若雇夫挑运则因经费有限无从开支,故向来系派看守带领人犯出外挖运,约每次用囚工十余人,每日须挑十余次之多。看守既不敷支配,戒护尤感困难。雄有见及此,爰有商同地方绅耆发起募款开凿洋井之议。幸承南通县政府县长张栋热心赞助经募洋三百元,商会主席委员成纯一经募洋二百五十元,大通公司捐洋二百五十元,大达公司捐洋一百五十元,律师黄苏捐洋一百元,通和陈和记俞林记共捐洋二十元,以上共计捐得一千零七十元。遂共同商议在本监炊场院内开凿新式水井一口,计深三丈口径五呎,全国用洋泥由上海亚洲凿井工程所顺常兴包做。又工厂附近开凿土井一口及修土井二口,系由王林记包做。共计用工料洋四百七十六元七角三分,除支下存洋五百九十三元二角七分。上项新开水井之质量尚在试用中,如能合用拟将存款再在女监开凿新式水井一口,及在炊场做滤水池一个。如此则本监全监用水饮水问题完全解决矣。所有募款开井情形是否有当,理合造具收支清册连同单据等备文呈送钧院,仰祈鉴核转报备案,至为公便。再查南通县县长张栋经募款项在三百元以上,南通县商会主席委员成纯一经募款项在二百元以上,大通公司捐洋在二百元以上,大达公司及律师黄苏捐洋在一百元以上,拟请照《江苏省捐款改建监所奖励暂行章程》分别从优给奖,以资鼓励。至南通县长张栋平日于狱政进行莫不极力赞助,并拟请一面转函民政厅从优奖叙。可否之处,伏乞一并裁夺施行,合并陈明。谨呈。

江苏高等法院院长林

《江苏第四监狱孙任购置公墓地募捐启》

生存华屋,零落山丘。跃马卧龙,终归黄土。人生末路总可矜怜,矧在罢民尤堪哀悯。呻吟斗室罕见亲朋,长闭一棺谁为料理。免尸骸之暴露,宜囷囵之绸缪,监狱之有公墓用意深矣。江苏第四监狱久已建议购地筹备公墓区域,以绌于经费迄未实行。遇有人犯病故,大抵付以标志,葬之四郊。地域既无一定,丛草又易混淆。风雨剥蚀,牛羊践踏,标本或致沦亡。坏土渐成平土,荒烟蔓草,行路唏嘘同人等心焉伤之。拟募集款项在附城购地四五亩,专为故犯厝棺之所。缭以短垣,树以碣石。挨次以葬,聚类而居。设置园丁为之守护。俾暂厝者归骨有期,不至张冠李戴;永葬者藏形得所,居然马鬣牛眠。固有司之职掌亦仁者之用心也。昔者泽及枯骨爰造有周,掩埋胔骼遂兴丰氏。倘荷诸公大发慈悲,慨助巨款,共襄义举,同结善缘。魂魄有知,允当九京铭感功德无量,胜造七级浮屠矣! 是为启。

《江苏第四监狱孙任呈报募款修理监房地板暨请给奖由》

呈:为呈报募款修理监房地板情形并造具收支清册,仰祈鉴核。转报备案暨请将捐户顾伯言、冯耐寒等从优给奖,以资鼓励事。窃雄视事以后,因监房地板腐败,曾呈请拨款修理。旋奉指令,已将修理地板编制预算送请省政府核议拨发,俟复后再行饬遵。各在案。嗣后历时数月,迄未蒙拨发。而地板腐坏日甚,枕木已几全数朽烂,修理实刻不容缓。而工程浩大又非经常修缮项下所可奏功。爰有募款修理地板之发起,承南通江苏银行行长顾伯言及冯耐寒热心公益,各捐洋一百元,共收洋二百元。购用木料将全监监房地板概加修葺完竣,计工料共用洋一百八十七元四角,下余十二元六角,拨入慈惠费项下以资结束。所有募款修理地板缘由,是否有当,理合备文并造具收支清册呈请钧院鉴核转报备案,至为公便。再捐户顾伯言、冯耐寒各捐款在一百元以上,拟请照《江苏省捐款改建监所奖励暂行章程》从优分别给奖,以资鼓励。可否之处,并祈裁夺示遵。谨呈。

《江苏第四监狱孙任呈报购置墓地暨请给樊由》
(附指令)

呈:为呈报捐款购办公墓地情形,并造具收支清册检同契据单据等件,仰祈鉴核,转报备案。暨请将捐户吴慈堪、经募人单宗潞等从优给奖,以资鼓励事。窃查本监人犯多系客籍,历来所有故犯尸骸由亲属领回安葬者寥寥无几,其余均由本监棺殓交地保安葬附城义地。虽皆立有标木,而历时较久易归湮没。偶有故犯亲属请领遗骸,每有不得其所之叹。雄有见及此,爰有捐款购办公墓地之发起。幸承律师单宗潞热心赞助共募得洋三百元,又承前江宁地方法院首席检察官吴慈堪捐洋一百元,又经募洋五十元,又雄捐助洋二十五元,购得本城南门尽街头西首于姓地基千步,计价洋四百元。约可容葬千冢,以本监过去死亡率计,足供五十年之用。余资另建青砖表门一座,上竖石碑题有江苏第四监狱墓地等字,借垂久远。嗣后人犯病故,编列号数,逐次安葬,并竖碑石以资识别。遇清明及其他节令等月,拟派看守提短期善良人犯为之祭扫,借以引起一般在监人犯忧乐与共之同情心,亦一感化之一道也。所以有捐款购公慕地缘由,是否有当,理合造具收支清册二份抄同契据二纸连同单据等件备文呈送,仰祈钧院鉴核,转报备案,至为公使。再前江苏江宁地方法院首席检察官吴慈堪捐款在一百元以上,又查律师单宗潞募款在三百元以上,拟请照《江苏省捐款改建监所奖励暂行章程》从优分别给奖,以励好善。可否之处,祈并裁夺施行。谨呈。

附江苏高等法院指令

(字第一五六四号)

呈件均悉。该典狱长捐募款项购办公墓,俾故犯遗骸不致湮没无考,具征仁心毅力,应予嘉奖。至该吴曾善捐款一百元、单宗潞募款在三百元以上,核与捐款修建监所奖励章程第一条第一款及第五条第一款均尚相符,应由院核给奖证各一纸。兹随令附发。仰即查收,分别给领。并候呈部备案。此令。

《江苏第二监狱(田典狱长立勋)呈请设法疏通由》

(附指令)

呈:为呈明在监人犯众多序乱时危,仰祈查核疏通,以维险状事。立勋接任伊始,点查人犯一千九百余名。继以易禁还押及地方法院同时解送者络绎不绝,截至今日已有二千余名。而地院尤复纷解不已,所有工场地位一时俱作监房,纵横插禁,病患日多。呻吟之声,达于禁外。益以暑气渐蒸,时疫并起,若不早日疏通,必至死亡相继。立勋睹此危机,昕夕忧惧。唯有仰恳钧座迅施维护,或明令保释派员专办,或指示方略设法移监,或转呈中央提前大赦。庶可拯罢民于将死,维狱政于临危。否则藩篱既决,非徒立勋覆㻬仰负裁成。即钧座临机失察,将累盛德于无辜矣。彷徨失措,莫知所云。是否有当,理合具文呈明钧院查核,迅赐指元,俾有遵循,实为公便。谨呈。

《附江苏高等法院指令》

(第五九六号)

呈悉。所称该监人犯逾额,卫生管理困难各情,尚属实在。查大赦条例业已公布,仰将合于赦免及减刑人犯查明造册径呈本院检察处核办。如有合于保释条例人犯并应厉行保释以资疏通至移禁一节,近来新旧各监俱感拥挤,应毋庸议。并仰知照。此令。

《江苏第二监狱田典狱长电部请设法疏通暨条陈意见由》

南京司法行政部部次长罗郑钧鉴:勋自奉命调沪,深惧弗胜。即至面聆训示,意念稍平。旋于本月一日到沪接任。当查人犯已有一千九百余名,凌乱之状实所仅见。益以前任寄禁各犯由杭州押送而回,上海地方法院亦因短期判决者无处羁禁,遂亦随时解送,络绎不绝。截至今日止,共计旧管新收竟有二千三百余名。而地院尤复纷解不已。所有属监工场地位一时俱作监房,纵横杂插,患病日多。呻吟之声,达于禁外。近复暑气渐蒸时疫并起,若不速筹疏通之法,必至疫症流行死亡相继。立勋目击艰危,昕夕忧惧,重以责任所关,彷徨无计。不得不据实呈明,仰恳钧部训示方略。至于疏通之则,与夫救护之方,以立勋管见所及厥有数端,谨为我钧长简节陈之。一曰保释。查沪上杂居流寓者人数较多,近来犯罪行为,类多烟赌判处轻罚者十居七八。前项保释似宜速施厉行,并令由江苏高等法院委派专员协同办理。此为疏通较易举行较速之一法也。一曰移监。历查距离属监较近新旧各监因其地非冲要故在押人犯或未足额或逾额不多拟请令行高院查明。转饬,俾属监得以奉行移禁,是亦疏通之一法也。一曰提前大赦。此案前月报章所载早经立法院拟定条例,即待举行。立勋为罢民请命,拟恳钧部察夺。可否将属监特殊情形提交会议,先期赦免之。处是非立勋所敢妄冀必行也。以上所陈实缘危机已伏,溃乱堪虞。故不避越级之嫌,渎呈钧听。是否有实,理合代电呈明,伏乞迅示转饬,俾有遵循。不胜悚惶待命之至。江苏第二监狱典长田立勋叩。虞印

附司法行政部复电

上海江苏第二监狱田典狱长览,虞代电悉。已令江苏高等法院院长首席分别依法迅予办理,妥筹疏通矣。仰即仍将卫生事项切实注意,以免疫疠,是为至要。司法行政部文印

《江苏高等法院令苏二监移解人犯暂资疏通由》

为令遵事。案奉司法行政部训令第一六三〇号,以据该典狱长虞代电称:人犯拥挤溃乱堪虞,谨呈管见三端,电请迅赐转饬遵循等情。饬即分别依法迅予办理,妥筹疏通,以资救济。仍将办理情形具报,等因奉此。查监犯保释节经本院通令各监切实遵办,应由该典狱长查照,迭次训令,迅将合于该暂行条例人犯,备具保释报告书呈候本处核办。又查大赦条例业已通令颁行,所有应行赦免及减刑人犯,应即依法办理。赦免案件注意事项由监查明送由该管地院首席检察官审查核办,并应于限内办竣,借资疏通。除移禁一则,已于本院于无可腾挪之中。令饬酌提刑期较轻人犯二百名分送南京第一监狱及宝山县监继续执行,暨呈复外合行令仰该典狱长遵照办理,具报查考。切切。此令。

《福建高等法院呈报积极筹建新监特开第六次筹款委员会议决进行事项各情形并检送议事录由》
(二十二年九月十一日)

窃查本院前因建筑福建省会模范监狱工程甚巨,需款孔多,特组织筹款委员会,以捐款补助省库财力之不足,当将成立日期连同简章呈奉核准在案。

院长去年接事后,即于十一月十一日召集本会委员开第五次会议,讨论进行各事宜。唯前请省府每年由省库拨给建筑费十万元至二十万元之数,至今未能照办。而财政厅保管厦商黄清安、陈尚彩等捐助供建新监费五万元,迭经函催清

还，又未拨付。至于北较场建筑新监，地址曾以平地填湖，不适于用。本年二月间复经福建省政府委员议决，将该地址拨充农林中学校作为农场。由法院另觅相当地址，函请核办，函知到院，当将北较场地址照案交还。而本院所寻觅本市东门内东湖官地及毗连空地，迭经函请福建省政府转饬财政、教育两厅会商收回，迄今尚无确定办法。但筹建新监为当务之急，未可置为缓图。本院长职责所在，对于筹建一事无论环境如何尤应积极进行，以达刷新狱政之旨。近日侨商胡文虎由南洋回国，当其莅省时，院长因向其劝募，承允慷捐八万元以供建筑新监之用。如果此款一经交到，则从事建筑自必较易着手。再查筹款委员会简章原规定各节，按之现在情形尚未适合，殊有修改之必要。所有修改各条另文呈报。基上种种原因以及其他应行讨论各事项，遂于本年八月二十六日召集本会全体委员开第六次会议，以期合群策群力共底于成。除俟地址拨定捐款收齐，另将办理情形随时具报外，所有本院因积极筹建新监特开第六次筹款委员会谨将议决事项并连同第五次会议议事录一并具文，呈乞钧长鉴核示遵，实为公便。谨呈。

附司法行政部指令
（指字第一四六二二号）

呈及议事录均悉。仰即按照二三四等项决议案分别切实进行，具报备核。议事录存。此令。

《福建高等法院呈送修正福建筹筑监狱委员会简章乞核示由》
（二十二年九月十一月附简章）

查本院前因建筑福建省会模范监狱，特组织筹款委员会。业将成立日期并抄同简章呈奉钧部核准备案。唯原简章规定各节按之现在情形多未适合，殊有修改之必要。因于本年八月二十六日开第六次会议时提出修正，议决通过。其修改重要之点除筹筑之范围不限于省会外，按照实际情形对扩充委员人数，财政厅长及建设厅长因有拨款与地皮公路等关系均当然为委员而本省新设之建设委员会，其委员半系海外华侨，因兴建监狱为建设事业之一，故亦得为委员。此外除原有委员外，并添聘地方人士以示公开，俾便募集。其他修正各点，则系因办事便捷；或使文义明了，理合缮就修正。当建筹筑监狱委员会简章具文呈乞钧长鉴核备案，实为公便。谨呈。

附福建筹筑监狱委员会简章
第一条　本会以筹款建筑本省监狱为宗旨。
第二条　本会附设福建高等法院院内。
第三条　本会设委员九人以左列人员组织之。
（一）高等法院院长

（二）高等法院首席检察官

（三）财政厅厅长

（四）建设厅厅长

（五）省政府代表一人

（六）禁烟委员曾代表一人

（七）建设委员会代表一人

（八）由会函聘地方人士二人

第四条　本会委员为名誉职。

第五条　本会设主任委员一人,主持一切进行事宜,由委员中互选之。

第六条　本会设筹款、建筑二股,各股办事人员由高等法院职员中调充之。

第七条　本会经募捐款人员,除以各县行政司法各长官充任外,其有热心狱务声望素孚者,得由本会函请充任之。

第八条　筹得款项应交本会存储国家银行,以备随时提交高等法院,充建筑监狱之用。

第九条　收入捐款存储银行后,如有提款,须得委员过半数同意。

第十条　本会遇有应行讨论事宜,由主任委员或委员二人以上之请求召集会议。

第十一条　关于建筑新式监狱应由高等法院先行编造计划书及经费概算书,送终本会议定后,交由高等法院呈请司法行政部核定。

第十二条　本会办事细则另定之。

第十三条　本简章由高等法院呈请司法行政部并函省政府备案。

第十四条　本简章如有未尽事宜,得随时修改之。

《绥远第一监狱呈拟请筹拨巨款俾资整顿由》

（附训令）

呈:为拟恳转请筹拨巨款俾资整顿事。窃查职自莅任以来,对于职责兢兢自励未或稍懈。惟计三年之久,追溯往迹,亦不过仅能革除旧日之贪贿、赌博、虐待犯人等恶习。委以经费支绌,其应设之工厂等要政尚不能较比内地。至如外人之赞许,报章之奖誉,亦不过能以此少数之经费东挪西补、百计弥缝,得设有工厂数处,容百数囚犯活动其间,全监人犯不致有绝食饥饿之苦。以必不能为之事而为之,较为不易耳。然职抚躬自问,愧憾尤多。例如监房墙壁单薄,伸拳可倒;门窗朽腐,力挤可损。炎夏无地板隔潮,人人泄泻;严冬无燃料御寒,四壁皆冰。囚衣囚被一无所有,败裳败絮比比如斯。卫生之道既已难讲,以致患病之后医疗不痊,医药之费比照预算溢支数倍,而死亡之数终不减少。即此一端,实应从速改善而不容稍缓者也。况其他应行整顿各事项尚有多端。且狱政之良窳有关国体之文野,司法不完每借口于外人。无如款项缺乏经费无多,即维持每日三四百囚犯之口粮尚须力竭声嘶东挪西补,转相告贷继日维持,负债累累索讨盈门。职唯有日坐愁城,谋法应付。所有其他应办事项安遑顾及。然当官而行责无旁贷,每思整顿愧无斡旋之长才,欲谋建创恨乏点金之妙术。尸位素餐,无地自容。兹奉钧谕饬令筹划整顿并交下吉林省第三监狱报告一本作为参考资料,奉阅之下,实深景慕。方悟天下之事,事无大小在人为之耳。盖彼监狱未有的款以前,其腐败状况困难情形与我监狱相去能有几何哉!而被典狱长竟以演唱慈善义务戏得款五千余元,官绅商各界复捐助洋一千六百余元,东北筹赈会捐助洋壹万元。得此巨款,卒能将监狱诸要政逐一改良,臻成完美。邀取外人奖誉,国体增光。我绥情形虽系特殊,然在官言官,亦应当仁不让。欲升高必自卑,欲临远必自迩。积步步之程可行千里之路,聚点点之水能成万顷之波。要在为与不为耳。职虽不敏,亦当奋勇追随,效法贤能。用以上副列宪检拔之鸿恩,下慰积年规划之凤愿。矧我院长同我主席均极注意狱政,维持指导不遗余力。果能准如职之所拟办法办理之,敢谓一年之后,则我绥监狱种种设施纵不能臻诸完美,亦可以大具规模矣。谨将职监应行整顿各事项及需款数目在在撙节分别开折附呈。仰恳院长鉴核,俯赐转请省政府援照吉林省办理由赈款余存或禁烟项下拨洋一万元,其余不敷并准由官绅商各界捐募,以及演唱慈善义务戏借以补助。如蒙允准,不独人犯感受鸿恩,遗惠将来亦功德无量矣!伏乞鉴核俯准施行。谨呈。绥远高等法院院长

侯附呈送清折二扣

谨将职监拟行整顿方面及约计用款数目开折恭呈,仰祈鉴核。

计开:

(甲)关于工场方面者

一、扩充碾磨科。查本监于十七年冬季呈奉添设碾磨科,粗具规模。嗣因地面涩滞,困于毫无资本,粮价昂贵,周转艰难。卒未能长久开办,殊属可惜。兹拟呈请拨款一千元作为材料资本,所有工师及带工看守等薪饷统由盈余项下开支,不另呈请。

二、扩充裁绒科。查本监裁绒出品历称优良,而且价廉工省,易获盈余。惟仅有机器两架,堪容工囚六七名,更且无资购料,以致出品有限。兹拟呈请拨款一千元,再添机器两架,余作资本之用。

三、扩充毛衣科。查本监于十八年夏间曾经开办毛衣一科,所有大小毛衣、洋袜、手套、围巾等皆能自制,而且优良。唯因困于资本不能多购材料,以致未至冬日成品已出罄尽。厥后购者踵至,无品应付。查现在绒毛行情价格低廉,若能购存多数,将来盈余必在数倍以上。且绒毛为西北特产,每年输出国外不下数百

万元,而绥地手工营业尚在萌芽时代,虽有工厂几家,然皆规模狭小,未能扩充,不足以挽回利权。职监若有相当基金,即此一科工艺亦可获取厚利。然则操有利权地方且沾余益,又何虑经费时有不足之虞,因粮每有断绝之患。惟巨款难筹,兹亦拟呈请拨款八百元作为购料用途,以备逐渐推广。

四、扩充牛毛毯及麻绳科。查本监牛毛毯出品异常精细,麻绳出品异常结实,颇为社会所赞许。无如资本缺乏,购料维艰,销路虽畅而出品有限,时有不足应付之感。兹拟呈请每科各拨洋三百元,合洋六百元,以资添购材料之用。

五、恢复鞋靴木器石印四科。查本监原有以上四科,各该科所需器具虽不十分齐全,添补亦属有限。唯自民国十六年即经停止。渐逮于民国十七年八月接任后,当经恢复石印科。嗣因资本缺乏,购料为难。临时赊欠吃亏太甚。不惟盈余难得,而月终计算竟至亏折三四十元,无法弥补。以致未及两月即行停止。兹呈请每科各拨洋二百元,共八百元。作为添置器具购买材料之用。

以上五项共洋四千二百元

(乙)关于土木工程急需修理及应行建筑方面者

一、修筑监房墙壁。查本监监房墙壁原用土坯筑成,仅于墙外裱砖一层,甚不牢固。且每间均有尺许宽,烟洞一个,尤为单薄。最易起挖窟逃走之心,极不利于戒护。职于上年曾拟因陋就简,仅将每间烟洞用砖补实,但须三四百元,卒因无款未能与修,以致冬季发生越狱之事。兹拟重新改筑内外砖墙,里墙再裱以石灰,约计每间需洋四十元,四十八间共需洋壹千玖百贰拾元。

二、改修监房顶棚。查本监监房顶棚早已破烂不堪,不但观瞻不雅,有碍卫生,且易于藏匿危险物品,检查不易。虽经屡次修补,而经费影响未能完全齐整。兹拟一律改为木板,裱以泥灰,约计洋八百元。

三、修理各工场及各科办公室顶棚。查以上各室顶棚上年阴雨漏坏,当时亦以节用款项,不过略为修补,旧新混杂,殊不雅观。兹拟一律糊裱见新,约计共需洋贰百八十元。

四、围墙加盖荆棘。查监墙荆棘不惟防杜逃越,抑且壮于观瞻。本监墙头荆棘早被雨水冲毁无存,曾于十八年拟行修补,但因款无几,仅于病监以及内外墙角等处加盖一层。至于外围各墙需材过多,费款颇巨,以致未能办到。兹拟筹洋贰百元。

五、围墙加高。查本监行刑场在外围墙东北角,围墙之外非常门在行刑场北端,墙壁甚低且于临近教堂。房舍接连极易攀登,历前发生变故,皆由此处逃窜。更可虑者,设有外匪跳入,易滋祸乱。若此不为加修,实属阴患难防。兹拟将非常门墙壁加高并于外围墙东北角加高,约需洋贰百八拾元。

六、重换监房门扇。查本监监房门扇多数朽腐,用力猛挤即破,戒护稍有不慎,肇祸只在目睫。此种现象诚堪顾虑。兹拟一律换新,约需洋壹千贰百元。

七、重筑厕所。查职监监犯厕所五间,均属年久失修,破烂不堪。且墙壁甚低,设乘放风时间骤起变故,亦为堪虑。兹拟拆旧换新。约需洋四百元。

以上七项共洋五千零八十元。

（丙）关于整顿卫生方面者

一、监房添设地板。查本监地址近于河滩,监房又不向阳,更属异常潮湿易于得病而难于调养,以致历年因病死亡之数出人意料。每一念及,引咎难已。然以职监医费规定每月仅有十五元,而自职到任于兹将近三年,每月实需之费未曾下六十元以内,亦不为不注重矣。无如地气潮湿,夏虫蚤堆,积洒以臭油石灰石碳酸不见甚效,因而死亡终不能免。推厥病源,实为地气下湿所由致,自非安设地板别无他法补救。兹拟呈请拨款壹千贰百元作为安设地板之用。

二、筹备囚衣。查本监预算囚衣连同看守制服费每年共领洋七百八十元,看守三十余名若每名各给单棉一身,连同帽带须洋二十元上下,再每年添换五六身皮衣已将预算超出,是囚衣一项直等无有。故历来办法,除备囚衣百套棉衣外,其看守制服以其所添补。似此情形无论看守制服不敷即囚犯棉衣亦属不敷应用,御寒犹且不得,如何能卫生。兹拟除以后预备囚衣统由扩充工场以后之盈余项下及原有囚衣费项下筹办外,先备单衣三百八十套,使全监囚犯一律换给囚衣,俾重卫生而免肮脏不堪,以预备再有囚犯入监之用。但每套估洋六元,约需洋二千二百八十元。

三、购置囚铺被。查本监向无公备铺被,监房土坑木板所有铺被均系囚犯自带,但居少数,其多数者无论冬夏皆系身着木板。渐迏曾于前年冬季自行捐廉,各给薄毡一块,早已破烂无存。上年冬日绥地生活增高,渐迏自顾不暇,又因其他公费均感不敷,以致徒叹奈何耳。兹拟各给毛毡一块、外棉被一张,毡被均加布单,以便浣洗。不惟对于衣服可省摩擦,而实于卫生方面补益非浅也。先备三百八十套,每套估洋九元,共需洋三千四百二十元。

四、购置盥洗器具整修浴室。查本监旧有浴室已经破坏,兹拟重新整修并设备盥洗室应用器具,约需洋二百元。

五、添设戒烟自新室。查绥远历来囚犯多数染有嗜好,一经入监禁止吸食百病丛生,医药罔效,为死亡之一大原因。兹拟添设戒烟室一处,购备戒烟良药,凡入监犯人有嗜好者即先予以相当调剂实行戒断后再入监房,庶不致死亡相继不已也。约估洋二百元,以为开办之用,至于经费由工场盈余筹备可也。

以上五项共洋七千三百元。

以上甲乙丙共洋一万六千五百八十元。

附绥远高等法院行知

（第四七九号）

为行知事。查前据该监拟请筹拨巨款整顿监狱检送清折乞核示一案,当经转呈,指令在案。兹奉绥远省政府政字第一一〇五号指令内开:呈及清折均悉。兹经本府第一百三十一次例会决议,先由该院于法收项下筹拨,如不足时,由本府再行筹拨。等因仰即遵照筹拨并督饬该典狱长分别切实整顿,仍将办理情形报府查核此令。折存。等因奉此。合亟行仰该监狱知照,特此行知。

《桂林广西第一监狱呈拟改建工场文》
(二十二年五月)

呈:为呈覆事。案奉钧院第八五号训令开:为转令章案奉司法行政部训字第八四八号开:查吾国监狱旧式居多,建筑设备固属简陋,管理亦多欠缺,欲一一改良而经费支绌,事实上自难办到。以致各省法院对于监狱往往徒尚形式,而不讲求狱政之实际。所谓狱政,实际其最要者莫如使囚犯身体健康工作勤勉及施以有效之感化教育。此项狱政事在人为,本不待新式之建筑。如能于房屋上加以改善,管理上加以认真,未始不能收改良之实效。除分令外,合行令仰该院长转饬所属各监所长官就现时经济状况切实计划,据情报部审核,饬遵。切切。此令。等因奉此。除分令外,合行令仰该典狱长即便遵照办理,呈院转报。切切。此令。等因奉此。自应遵办。查职监系新式改良监狱,于前清宣统末年按察使王芝祥委任留学日本毕业生颜楷计划监工,仿照日本监狱形式起造,坐落桂林北门大街,面积直长八十丈横宽六十丈,合计四千八百方丈,定名为广西模范监狱,至民国八年改为广西第一监狱。一切均遵照部定狱规办理,内分男监、女监二部,男监分杂居、独居,屋宇宏敞,面积宽阔,光线空气充足,甚为适宜。对于卫生有运动、沐浴、洗衣、剃头,囚犯有病设有医生诊治,由公家支给药资,寒暑均有公衣公被发给。各监舍只前面有窗后面缺如,杂居有高铺,分房监未置,有碍卫生。于民二十年冬,当经典狱长呈准将监舍后面开窗流通空气,分房监增设高床以避潮湿,使囚犯身体健康。对于感化有教诲师逐日按囚犯性质、罪质、刑期、环境分别施以相当教诲,化莠为良不使再犯。对于教育有教师施以相当教育,增加囚犯常识。对于作业有工场聘工手教以织布、染布、织毛巾、织袜,加以缝纫、织席、上鞋打底、绩麻搓线以及竹木器,养成囚犯技艺,以谋将来出狱生活出路。各项工作均按照成员,酌提纯利二成赏与,以励勤勉。对于农工则有种植蔬菜、豆麻等工作,并炊所事务均令囚犯服役,养成耐劳耐苦,设施可告完备。惟惜当年起造工场位置监狱西边,接近围墙妨碍视线,前后无墙围断,殊嫌涣散。且一、二、三工场接近相连,囚人声息相通,于戒护上诸多不便,开工收工时尤难防范。故对于重罪囚犯受感化未久尚未改过迁善者未敢提出工作,颇有缺点。兹奉前因遵令,就现在经济状况切实计划加以改善,除第三工场俟将来有余款时再行改建外,拟将一工场改建杂居监右边,二工场改建杂居监左边,前后左右均筑围墙,即由监舍巷道内开门通入工场。如此凡重刑囚犯皆可工作,且因人运动晒衣均在工场围墙内,监舍墙外戒护上颇多便利,实为一举两得。曾经招工估价,泥水工料约需毫银一千七百零一元一角六分,木工工料约需毫银二百五十一元四角,合计需银一千九百五十二元五角六分。现计职监历月结存经费约有二千零三十元,尚敷开支。如蒙核准,再行招商投筒。以上所拟改建工场办法由因,是否有当,理令造具计划书绘就甲乙二图具文呈请钧院查核转报,敬候指令袛遵。谨呈。

附计划书

谨将改建一、二工场开具计划书呈请鉴核

计开:

(甲)泥工项下

一、筑土墙二堵。计长三十丈、高九尺,工银一百〇八元。墙头用火砖砌盖,需砖四千块,每千一十三元,算计洋五十二元。粉墙角石灰三千斤,每千八元,算计银二十四元。纸筋五百斤,每百斤七元,算计银三十五元。以上共计工料银二百一十九元正。

二、拆旧工场砖瓦约五十工,每工七角,算计银三十五元。

三、原有工场前后系窗左右砌墙,土砖、火砖各半,现拟一律用火砖。工场二座计墙六堵,共长三十七丈二尺、高一丈一尺,除原有火砖不计外,须添新砖六万二百八十八块,每万一百三十元,算计银七百八十三元七角四分四厘。石灰八千一百斤,每百斤八角,算计银六十四元八角。河沙一万斤,计银一十元。扎篾计银三元六角。人工三百六十八个,每工七角,算计银二百五十七元六角。以上合计工料银一千一百一十九元七角四分四厘。

四、盖两工场瓦及做屋脊滚筒需人工六十个,每工七角,算计银四十二元。石灰二千斤,计银一十六元。纸筋二百斤,计银一十四元。以上合计工料银七十二元。

五、改建工场须用土,工场地基高低不一,并须改路平地,砌廊檐石及须修设,须人工九十个。每工七角,算计银六十三元。石灰三千斤,每千八元,算计银二十四元。河沙五千斤,计银五元以上,合计工料银九十二元正。

六、起造厕所两个,须砖九千〇七十二块,每千一十三元,算计银一百一十七元九角三分六厘。瓦三千,每千四元五角,算计银一十三元五角。石灰八百一十斤,每百斤八角,算计银六元四角八分。河沙一千斤,计银一元。人工三十五个,每工七角,算计银二十四元五角。以上合计工料银一百六十三元四角一分六厘。

以上泥工共计银一千七百〇一元一角六分。

(乙)木工项下

一、拆旧工场二座，需人工六十四个，每工七角，算计银四十四元八角。

二、起回工场二座，需人工一百二十八个，每工七角，算计银八十九元六角。

三、旧工场经历年久，柱脚、窗户、腰板、脚枋多有损坏，一经拆卸即难修复原样，须添木料，计银五十二元正。

四、添耳门、串子、推门共四扇，计工料银三十四元。

五、添箍柱、铁皮及洋钉，计银一十三元正。

六、起造厕所二个，需工料银一十八元正。

以上木工共计银二百五十一元四角。

以上总计泥木工料毫银一千九百五十二元五角六分。

《江苏第二监狱添建监房投标简章》

本署拟在漕河泾建筑新监房一所，兹将投标手续开列如下：

一、投标人须曾经承包洋式工程，其一次在五万元以上，成绩优良而资本殷实者。

二、投标人应将曾包工程履历详细开陈。

三、投标开价除开包价洋元总数外，应附开各项工料单价细账以凭核对。

四、投标人于领取图样说明书时须随缴押标费银五百元，不得标者于开标后缴还图样说明书时如数发还，得标者于签订合同时发还之。如得标后无故不能承揽者，应没收其押标费。

五、投标人于开标日视定时间，届时亲自携标到视定地点投交当众开标。

六、得标应取最低价格，倘有因故不能承揽时，应以次递选。

七、开出之最低价格如超过本署预算过巨，则本署得将该次标价作废，另行招投。

八、得标人应于开标后三日内到本署议订合同，过期不到该标作废，并没收其押标费。该标应由次低价格递补。

《江苏第二监狱增设监房建筑委员会招标通告》

为通告事。本委员会为上海漕河泾江苏第二监狱添建新监房公开招标。凡愿承揽是项工程者，须参照下列投标简章，于四月十四日起至二十日止为报名日期，报名后经本委员会派员调查，凡与投标简章第一条资格相符者于四月二十一日起至二十五日止来会领取图样及工程说明书，详细核估拟定标价，于四月二十九日下午二时携至本委员会投标，即于是时当场开标。特此通告。

投标简章列下：

（详前）

任 免 奖 惩

《前司法部呈拟订典狱长为荐任官缺改正监狱名称并荐任京外监狱典狱长由》

为拟订荐任官缺,改正监狱名称,并择尤荐任京外监狱典狱长员缺,缮具单呈仰祈钧鉴事。窃监狱官制业于本年九月十七日奉申令公布,应即遵奉施行。查前项官制第四条内开:监狱置典狱长一人。第六条内开:典狱长受司法部及该管高等检察长之监督,掌理监狱事务,指挥督率所属职员。各等语。是典狱长一职管理全监,任大责重。拟请比照各项荐任官酌定典狱长为荐任官缺,以重职守而专责成。又查京师监狱改良就绪者实有二区,其一为从前京师模范监狱现称为北京监狱,其一为从前顺天府习艺所现称为宛平监狱。然两监同在京畿,职权本各分立,名称虽已酌改,名义仍有未安。现拟将北京监狱改称为京师第一监狱,宛平监狱改称为京师第二监狱,似于名实较为相符。即将来再事扩充冠以第三、第四等字样,统系尤为分明,名称亦不致庞杂。以上两项如蒙批令照准,所有京师暨直隶组织完备,各监狱典狱长员缺即由部就现时管理狱务各员择尤呈请荐任。兹查有:办理北京监狱典狱长事务前奉天地方检察厅检察官王元增,办理宛平监狱典狱长事务前吉林地方检察厅检察官梁锦汉,办理直隶清苑监狱典狱长事务前司法部司长田荆华等三名,均系派充在先,任事日久,著有成绩,堪以分别荐任各该监狱典狱长员缺。除各省监狱典狱长拟俟查取成绩随时呈明办理外,所有拟订荐任官缺、改正监狱名称暨择尤呈荐各员缘由,理合具呈缮单附列于后,谨乞大总统训示施行。谨呈。

《前京师第二监狱呈请拟将出力人员择尤给予奖章由》

呈:为维持监狱在事出力人员拟请择尤给奖恳乞鉴核事。窃查此次战事变起仓促,城厢内外大兵云集,风声鹤唳,人心惶惶。本监僻处北郊,地方辽阔,戒护尤觉困难。当时锦汉督饬在职人员尽力保守,一防外侮侵入,一防内乱发生。在在堪虞,异常吃紧。迨至七月十二日黎明,因人猝闻炮声,几欲蠢动。幸赖各员同心戮力,维持现状得保安全。现在大局敉平,该员等不无微劳,拟请择尤给奖用彰劳勋。查有看守长梁寿昶、候补看守长崔凯廷在职三年有余,平日服务勤奋,此次戒护尤为异常出力,拟请将看守长梁寿昶晋给一等银质奖章,候补看守长崔凯廷给予二等银质奖章。核与钧部奖章条例第一条第六款之劳绩相符,是否有当,理合具文呈请鉴核令示祗遵。谨呈。

《前京师第二监狱呈请拟将医士王世镖给予二等银质奖章由》

呈：为呈请事。窃本监自开办以来，囚人疾病每届春季死亡较多。不独本监为然，即在京各监情形无稍或异。查本监医士王世镖素娴医术，任事热心，平时对于卫生治疗各事项无不特别注意，极力研求。故自本年一月以迄于今三月有余，并无死亡人犯。虽有重病发现，均能治疗，得手立即就痊。现在囚人健康疾病稀少，实属勤劳卓著成绩优良。核与钧部奖章条例第一条第六款之劳绩相符，拟请给予二等银质奖章，以示鼓励。是否有当，理合具文呈请钧部鉴核令示祗遵。谨呈。

《江苏第四监狱呈请委冯超暂代三科看守长由》

呈：为职监三科看守长拟恳暂委冯超代理并检同该员履历仰祈鉴核施行事。窃以职监三科看守长尚未蒙委派，当此改组伊始，对于作业非得一老成练达之员办理，不足以专责成而利进行。查有南通江苏第七中学暨京兆财政厅会计研究所毕业冯超一员，曾充当京兆第二监狱主任看守有年，办事勤能经验宏富，于本地商情尤为熟悉，堪以委代三科看守长一缺。惟查该员于委任狱官资格尚欠充分，前经呈请委充看守长未蒙照准，兹拟变通办理恳祈委任该员暂行代理三科看守长职务，以专责成。所拟是否有当，理合检同该员履历呈请钧厅俯赐鉴核施行，至为公便。谨呈。

《江苏第一监狱呈覆主任看守实难裁减暨学习主任遵改为看守由》

呈：为呈覆事。本月十三日奉钧厅指令第五九〇七号开：呈一件云云此令。又奉指令第五九〇八号开：呈一件云云此令。各等因奉此。窃查职监原定月支预算数目系三千三百九十八元，日后人犯日增，工资、电灯、药费各项不敷开支，业呈奉由作业余利项下月拨支一百六十元，合计月支三千五百五十八元。本年办理赦案人犯锐减，月支预算数节去银二百八十九元，月实支银三千二百六十九元。业造具经费计算比较表呈奉钧厅指令第二四一七号核准，从二月份起支在案。查该表所列第一项第三目薪水项下核减月支预算数系二百五十五元，备考栏内注明教诲师一员月支三十四元，西医一员月支三十元，中医一员月支二十元，药剂师一员月支十五元，主任看守七员各月支二十元，女主任看守一员月支十六元，合支如上数。又查职监原定预算主任看守八员，各支薪二十元，计一百六十元。旋因事务繁多，主任看守不敷配置，渐增超一倍以上，不过薪水一项向以各人事务繁简资格深浅酌分阶级，约从十二元起至二十元止，曾于历年各月经费计算书表内造请核销在案。本年奉令核减经费，主任看守减为七员，合月支一百四十元。表面上本只减少一员,第实际上遽减至规定人数。至于各该主任看守在职颇久勤劳素著,碍难多裁,姑勿具论。且以事务分配论,若一科办理会计人员、保管人犯金钱物品各员,二科之教练、消防、领班、外役各员,三科之经管成品材料以及作业主任工场稽查各员,莫不责务繁重,且对于看守均负有指挥之责。若不予以主任看守名义,实难收指臂之效。此主任看守员额不得不超过之实在情形。不过薪水一项,仍照旧例酌分等第,不足之数则以女监人犯减少后,裁去女主任看守一员,又以西医兼药剂师即以此两项节余之款以弥补之。故依七月份职员支薪清单计算,合计薪金俸额为六百八十二元,与核减月支薪水之二百五十五元之数相较,亦并不超过。至于八月份支付预算,书职员支俸清单所列之学习主任周舜、赵连生、吴伯康等三员实因近来人犯逐渐增多已达四百六七十名不得不添募看守以资派用,该员等投效前来,察其资格或曾由师范毕业或曾充正式陆军军官且各有妥实保人,因予以学习主任看守名义,仍派办理看守事务,以资练习。且所支薪水均由俸给项下撙节开支,并未分文超过。总之本监于经费一节酌量情形舍轻就重,稍为掊注则有之,浮滥虚糜则实不敢。兹奉前因,学习主任看守名目遵即取消,更为看守至主任看守。当此人犯有加无已,事务日繁实难再裁减。理合开具名单呈送钧厅,伏乞垂察俯赐核准,至为公便。

《江苏吴县地方检察厅看守所所长呈请辞职由》

呈:为体弱病多难膺剧任,拟请派员接管所务以重防范而便休养事。窃职所于某月某日疏脱押犯甲乙丙等三名,业经报请处分在案。职惩前毖后悚惧不胜,近日对于戒护各端皆亲自查察,夜以继日,自觉操劳,枕席不安。触发血病,故静心医养于戒护则患不周,强力从公恐病症转而加剧。除一面督饬所丁长及所丁等认真值勤外,理合具文陈明病情,仰恳钧厅俯允转呈请先派员接管所务,俾息仔肩。至职任内疏脱押犯应如何议处,仍候明令祗遵。谨呈。

《江苏第三监狱保举二科看守长由》

呈:为看守长某某资劳卓著拟请量才擢用仰祈鉴核事。窃查看守长某某于民国十五年三月奉调到监,主管第二科事务,对于平日戒护临时警备均见策划周密旰夕宣劳。其督饬看守待遇囚徒纪律极其严明,劝诫尤为详尽。该看守长置身狱界已历十年,办事勤能,曾经前江苏高等检察厅检察长周考核成绩保以典狱长,存记奉令照准在案。某保荐属吏是为勉励在官襄善,不涉阿私酬庸,非为市惠所有。该看守长某劳绩卓著,拟请尽先擢用,俾展长才。缘由是否有当,理合具呈。仰祈钧院鉴核施行,再该看守长履历前已呈核在案,故未检送。合并声明。谨呈。

《江苏第三监狱为看守长陈文炯积劳病故呈请褒扬由》

呈：为看守长陈文炯积劳病故，拟请给予褒扬以光泉路，谨检送履历仰祈鉴核转呈事。窃职监看守长陈文炯因劳成疾，于本年一月三十一日在沪身故，业经呈报在案。查该员自民国十年五月调充本监候补看守长暨升任看守长等职，历在二科服务。对待囚犯赏罚必论功罪宽猛用以兼施，秉性至诚犯等多知所观感。故其成绩卓著，曾奉前高等检察厅厅长许记功一次，并奉司法部奖给一等银质奖章，均有案可资考核。当去岁七月间，江浙战事发生，风鹤频惊，监内戒护尤为紧要。其时该员已在病中，仍以职务为重，不分昼夜梭巡内外劳苦不辞。职监得庆安全，皆赖佐治之力。讵其疾不速瘳竟尔溘逝，追思良佐恻惜殊深。综计该员在职已满四年以上，依照文官恤金第十七条之规定，似可援例呈请为因该员家道殷实毋用给恤，拟请以其遗族应受恤金易以褒语之旌扬，锡以荣宠慰幽冥，即以励在官。所有拟请褒扬缘由是否有当，理合缕呈该员劳绩并检送履历表，仰祈鉴核俯允转呈施行。谨呈。

《江苏第三监狱保举办事员鲁瑛升候补看守长由》

呈：为候补看守长文彬已奉令升署遗缺，拟请以办事员鲁瑛升补，谨检送履历凭证仰祈鉴核转呈事。窃职监候补看守长文彬成绩卓著，经呈请钧厅转呈司法部已奉令升署看守长在案。兹查办事员鲁瑛自派代理候补看守长以来，其司理案牍名籍诸务确能运以精心行以实力，每岁考绩均是最优。综计该员前后在新监服务已三年以上，以之补充候补看守长一职，信能胜任愉快。职监为事择人，不徇不隐，酬庸非市恩惠，任贤即叙官方。所有拟请以该员补充候补看守长用资策励缘由是否有当，理合具文并检送履历凭证仰祈钧厅鉴核转呈。

《湖北第一监狱呈报奉令嘉奖请领奖银与全体职员看守人犯等同沾赏赐祈鉴核由》

案奉

钧院第二九九号训令内开：

案奉

豫鄂皖三省剿匪总司令部法字第一三五六号训令内开：为令遵事。据本部军法处长仇鉴报告，湖北第一监狱典狱长赵新宇为国内办理监狱不可多得之材，宜予奖励以劝贤能。等语。应准特予奖勉，并赏洋五百元。除令本部经理处照发外，合行令饬仰即转令该典狱长遵备印领，径赴本部经理处请领。务宜循此奋进,力求完善,蔚为模范,本总司令有厚望焉。此令。等因奉此。合行令仰该省狱长遵照办理。此令。

等因奉此。窃新宇上承钧长之指导,下得职员之努力,任职以来幸无陨越,迭奉总司令部传令嘉奖,实深惭恧。除遵备印领前赴经理处请领奖银与本监全体职员看守及全监人犯并驻监保安队同沾赏赐益加旧勉,并分呈外,理合将分配数目开单呈请鉴核。谨呈。

《湖北第一监狱答谢嘉奖并辞津贴由》

呈:为谨申谢悃并辞津贴仰恳鉴核事。本月十九日奉湖北高等法院二九九号令转钧部法字第一三五六号训令,以据仇处长调查报告对于新宇特予奖勉并赏洋五百元,饬循此奋进,力求完善,蔚为模范。同日复奉钧部法字一三六六号令,饬新宇前赴汉口军人监狱帮同整理,以四月为期,月支津贴八十元。各等因奉此。窃新宇去岁奉令奖以勤能,已荷褒勖之荣。兹复奉令勉以模范兼庽责成之重,而锡以百朋委以差务,异数之叩层见叠及。顾维谬劣冒此殊眷,感重甚于戴山,惧实深于临渊。钧座正值戎马倥偬之秋,犹垂念末吏囹圄之事,幽隐不遗巨细在抱,自当仰体德威,矢勤矢慎,砺廉砺洁,以完善治狱之功,不负期许之意。尤有呈者,新宇两蒙嘉奖,谬膺宠锡,殊荣、厚赏迭颁,洊速欲报涓埃,深苦无由。适蒙委以帮助整理军监,此正新宇图报万一之时也。乃优给津贴体恤周至,钧座布策励之道,固足起懦顽之舞;新宇邀过分之宠,恐来覆悚之虞。当此库款奇绌诸须紧缩,既属公务人员应各尽其天职,理繁治剧原属一身。一身以外别无他劳,矧知遇之报,虽捐糜在所不惜;良心之激,即枵腹亦可从公。新宇原职薄俸差能自给,何忍拜令兼禄,以速愆尤。除遵令备具印领赴处,只领赏银与百余员役、九百人犯同沾分润,以彰大赏赍外,所有月给津贴坚恳准予辞去,借免咎戾。以上申谢悃忱及辞去津贴各缘由,统乞钧座鉴核令遵。谨呈。

豫鄂皖三省剿匪总司令蒋

《湖北高等法院奉令转令嘉奖典狱长赵新宇由》

案奉

豫鄂皖三省剿匪总司令部训令开:为令遵事。本部党政委员会监察处主任张难先签呈称:窃职前赴武汉各机关考察,见湖北第一监狱内部布置整齐,清洁异常,花木菜蔬栽培适宜畦径井然,点缀有致,俱含美术性质,即墙边屋角亦无荒芜碍目之处。际此经费困难之时,该典狱长赵新宇独能苦心经营措置有序,拟请钧座准予传令嘉奖,以昭激劝。是否有当,理合签呈鉴核施行。等情据此。湖北第一监狱典狱长赵新宇应即传令嘉奖以昭激劝,合亟令仰该院长即便转饬知照

并通饬所属一体知照为要。此令。等因奉此。除分令外,合亟令仰知照并转饬
所属一体知照。此令。

《福建高等法院呈报侨商胡文虎捐助新监费八万元被伪政府
财政部非法支取并请将该款捐助及劝募各员给予奖励由》

(二十三年三月十五日)附训令

查去年八月间侨商胡文虎由南洋回国,当其来省时,院长会约集绅耆面约劝
募建筑新监经费,承允于捐助福州医院之二十万元内先拨八万元为兴修新监之
用。同年九月间呈送筹款委员会第六次议决案时曾报明有案。嗣准胡文虎函知
该捐款八万元电汇前省府蒋主席收转,并准省政府函同前由。适事变发生,未交
到院。院长此次回任之后,切实调查该捐款保管情形,曾函准福建省政府覆开。

当即检阅旧案卷,该款经前省府于事变后移送伪府财政部。惟原稿未
经用印,亦未注明发行日期,但查稿内载有附送中国银行支票一纸(内载大
洋六万八千七百九十四元四角),抵解借据一纸(内载大洋一万一千二百零
五元六角),合计八万元正等字样。究竟该支票已否被其提取,经函请福州
中国银行覆开:查胡文虎先生前应交省府蒋主席洋八万元系于二十二年
十月二十八日经蒋主席收讫。至省府支票大洋六万八千七百九十四元四角
系由伪财政部于二十二年十二月八日支取。

又本院函准福州中国银行覆开:

查胡文虎君汇款八万元经前省府蒋主席收存往来户内于二十二年十一
月二十二日支出大洋一万一千二百零五元六角,又十二月八日支出大洋六
万八千七百九十四元四角,两共八万元,现在并无余存。

各等由到院。查此项捐款虽因事变未交到院,致伪政府财政部支取。而胡
文虎认捐巨款以供建筑新盈经费,其热心狱务慷慨好义究未可没,又劝捐此款虽
由院长提倡,而胡文虎斯时系充福建省建设委员会委员,得力于该会委员前福建
改务厅长蔡凤机、前福建教育厅长黄琬、前福建闽侯县县长林鸿辉之赞助为多。
除黄琬曾在伪人民政府下服务未便奖叙外,若蔡凤机、林鸿辉之出力劝募,见义
勇为,亦足以风世。以上胡文虎、蔡凤机、林鸿辉等三员拟请依照本省呈准,援用
《江苏省捐款改良监所奖励章程》第一条七款及第五条第七款之规定,将捐款及
募款者由钧部转请国民政府颁给匾额,分别给奖以资鼓励。俾捐施者有所慰藉
后来者知所观感。庶几政府嘉奖美举之德,意可使国人共喻而慈善事业更将从
此益宏。如何之处出自钧裁鸿施,所有侨商胡文虎捐助建筑新监款八万元被伪
政财政部非法支取并将该款捐助各劝募各员拟请给予奖励,各缘由理合具文呈
请钧长鉴核指令祗遵。谨呈。

附司法行政部训令

训字第一七一六号

案奉

行政院第二六〇五号训令内开:

案查前据该部呈为胡文虎等热心狱务请转呈颁发匾额以资奖劝等情。当经据情转呈在案。兹奉国民政府第九三八号指令开:呈悉。准予题颁胡文虎"善行宏施"、蔡凤祀"见义勇为"、林鸿辉"仁心为质"各匾额一方,仰即转发具领匾额题字随发,等因奉此。合行检发原件令仰该部转发具领。此令。

等因并奉发题字三分到部,查此案前据该院呈请,当经指令并转呈在案。兹奉前因,合行检发原件令仰该院转发具领。此令。

执 行 戒 护

《前北京监狱呈请通告执行人犯须附送判决副本由》

为呈请事。查东西各国凡判决人犯入监时,须具有判决书及执行指挥书,而后监狱方得收受,所以寓保护人权之意也。我国监狱律草案第二十五条,监狱中非具备命令票或判决书及指挥行刑与其他适法之文书者,不得收监。刑事诉讼律草案第四百七十九条,指挥执行裁判应以书状为之,并以审判衙门书记所作裁判书之缮本或节本添附于后。各等语。其用意正当,胳合我国狱制改良。现已着手而各草案均未颁布,一时无所依据。所有收监事项自应采取各国成例,以为标则。恳请通告京师各级审判检察厅,嗣后如有判决人犯移送本监狱,执行者须于执行书外附以判决副本,俾资考证。谨呈。

《前北京监狱典狱长请通告人犯期满由监径行释放由》

为呈请事。民国元年十一月十九日准京师地方检察厅函送人犯李文泰等十名。内开:俟执行期满,仍由该厅备文提回。等语。查检察厅之职务始于提起公诉,终于指挥行刑。监狱之职务始于收监,终于释放。故东西各国凡人犯之执行期满者,径由监狱释放,检察厅不复顾问,其权限至为明晰。民国初建一切法令尚未颁布,自应暂照各国成例,凡执行期满者由本监径行释放无须原检察厅备文提回,以期便捷而清权限。除咨覆该检察厅外,恳请通告京师各级检察厅一体知照,实为公便。谨呈。

《前京师第二监狱呈请拨调巡缉队驻防由》

为呈请事。窃绍敏自接办宛平监狱一切均谨遵钧令,按照监狱规则实行整顿。惟本监狱墙屋多属欹斜，隆冬不能修筑，罪犯则日来有加无已，地旷则格外堪虞。现在各看守人等为数极形单弱，经绍敏时加训练，虽复昼夜巡逻不惜劳瘁，然只能敷监狱以内戒护之用。若派在监围以外，实难兼顾。绍敏因商同各科人员斟酌再四，拟请拨调巡缉队二十名驻守监狱，似此则声势弥坚防范较密。理合备文呈请总、次长俯允所请，并赐文拨调该队兵迅即前来，以资保卫。实为公便。谨呈。

附司法部指令

据该监狱呈称：本监狱看守人等仅敷监狱以内戒护之用，不能兼顾外围。请拨调巡缉队二十名驻守。等情。当经本部函致步军统领衙门酌拨队兵以资防守，兹准。覆称：现值冬防，地方吃紧。游缉队兵分布地面尚觉，地广兵单。令准前因，自应勉为拨派游缉队一分队，计长兵十二名前往驻守，并饬附近驻扎队兵随时巡防。等由前来，合即令行该监狱遵照。此令。

《前京师第二监狱呈请换领新枪添配子弹由》

呈：为呈请事。窃监狱之枪支原为非常警备而设，要非精良完备实不足以资防守。乃查本监狱接收前习艺所移交枪弹仅有套筒毛瑟枪十枝，套筒毛瑟子弹十二颗；老毛瑟枪二十六枝，老毛瑟子弹一百七十颗；天门锁枪十六枝，天门锁子弹七十五颗。所有各种枪支除套筒毛瑟尚属完全适用外，其余老毛瑟、天门锁两种或多损坏、废弃，或因旧式弗良，皆不适用。即可用之套筒毛瑟，亦无子弹。至于看守部长应需手枪更未置备。以本监之地点僻处郊外，人犯日多，若不严加防范，诚恐或生意外，甚非慎重狱政之道。锦汉再四筹维，欲求妥慎非领换新枪添配子弹不可。现拟请领新式大枪三十枝，每枝各带刺刀，枪带新式大枪子弹五千颗，子弹盒九十个，子弹盒皮带三十条。自来得或拐尺子手枪五枝，手枪子弹五百颗。此外添领套筒毛瑟子弹五百颗。俾新枪与旧枪搭配应用，将来新枪发下再将老毛瑟、天门锁枪弹全数缴还。庶看守之武器稍可整齐，即狱务之警备亦可较为严密矣。所有本监狱原有枪支不能适用，现拟领换新枪添配子弹各缘由，理合缮具清单呈请钧部鉴核，俯赐准领给发，实为公便。谨呈。

《长沙监狱呈请拨警驻监镇摄由》

呈：为请咨拨警察队驻监以资镇摄事。窃本监收容人犯已达五百余名，犯罪之人大都凶悍不法，兼又本监所收多属长期。现值滇乱发生，防务吃紧。监狱为拘禁人犯之地，尤当特别注意。本监看守仅三十六名，平日并未操练，枪械又复不全，诚恐变起仓促，不足以资镇摄。查本监于民国元二年时曾驻有警备队十余名，嗣因人犯减少地方安静，始行撤去。兹本监人犯骤增，又值戒严之时，除由管狱员督率看守严密防范外,理合呈请钧厅转咨警察厅援照前例酌拨警察队驻监,藉资镇摄消患无形,不胜迫切待命之至。谨呈。

《长沙监狱为监犯张瑞庭横蛮不法送请究办由》

呈:为监犯张瑞庭横蛮不法请予究办事。窃监犯张瑞庭于三年八月二十七日送监时,违犯规则屡戒不悛。本月八日夜因与在监人何福生等赌博被看守林循周察觉当即叱责,何福生等俯首无辞。乃张瑞庭抗言:"我等恶瘩赌亦寻常,何用干涉?"且出种种恶言。因报告处罚,张瑞庭抗不遵依,将其拖出加以手铐脚镣,因之大肆咆哮,逞口詈骂。乃将其拨入暗室,亦复詈骂不休。本日早餐声称入厕,竟乘看守不备,持瓦钵盛粪向看守林循周掷掣,幸未击中。犹复口称非拼死林循周不可。本监惩罚至暗室已极,似此强暴胁迫侮辱官吏若不严行罚办恐效尤者众,而纪律扫地矣。用特将该犯呈解钧厅依法严办以儆效尤,而维狱政。谨呈。

《前司法部令各省高等检察厅嗣后判决执行人犯附送判决副本由》

据奉天司法筹备处呈称:案据沈阳监狱呈称:监狱为执行刑罚机关而行刑权之发生实基于收监时各级审检厅所送来之文书。若该文书有不合法,匪惟行刑之条件难以证明,即犯罪之事实亦无从考察。拟请援照北京监狱成案,转呈部饬各级审检厅,凡遇有判决人犯应执行者于所送执行书外另附以判决副本,俾资考证。等情。理合呈部鉴核施行。等因前来,查东西各国规定人犯收监条件至为详晰,既有执行书以资证明,复有判决书以备考察。法良意美,裨益尤多,北京行之已久。该处长所呈各节不为无见,相应通令各该高等检察厅转饬各级检察厅,嗣后判决送监之犯于执行指挥书外并须附送该犯判决副本以供参考,而重狱政。除指令奉天司法筹备处外仰即查照办理。此令。

《前司法部令京师第二监狱注意戒护职员均着制服
并咨陆军部发给枪弹由》

监狱戒护至为重要,凡在监服务人员应时时如临大敌,庶几无懈可击,得以消患于无形。即偶有意外之虞,亦不至张皇失措,否则精神不振难免百密一疏。前事之师,可为殷鉴。嗣后各该监狱职员除技士、教诲师、医士、药剂士外,均应照章著用制服。看守等尤宜勤加操练,授以击刺等技术。并应于工场、监房、大门、瞭望楼各处,以外另派武装看守巡逻驻守,以便策应而备非常。京师第一、第二、第三各监狱应准各添主任看守二名、看守二十名,京师分监应准添主任看守一名、看守十名,俾资分布。所需枪弹等件,另由部咨请陆军部发给,为此令仰遵照切实办理,并将配置情形呈报备查。此令。

《长沙地检厅饬军警驻监得以相机行事由》

为饬知事。本月九日奉靖武将军行署饬第九〇五号开:为饬知事。案据警察厅长张树勋呈称:为防护监狱巡警责任重大拟恳相机行事以资镇摄事。案查地方检察厅看守所司禁湾长沙旧监、小吴门长沙分监三处,兹奉钧饬,拨警防术。业经遵照,分别派驻,呈覆在案。兹查看守所人犯众多极关重要,该长警等自奉派到差以来,极力防范幸免贻误。惟本月一日城外硝厂失慎,轰然一声,全城惊疑。是时看守所内各人犯群以为乱事发生,行将独立。全所秩序顿紊,不听约束毁坏镣铐七十余具,并有人大声疾呼,号召乘机出所。幸经巡警举枪恐吓,得以安戢无事。前车不远,来轸方殷。值此风鹤频惊,难免无前项事故发生。拟请嗣后驻守巡警遇有此种紧急场合,得以相机行事。如有监犯不受制止妄行暴动者,即格杀勿论,以维秩序。倘蒙俞允,即请转饬地检厅查照,并由警厅出示。于各监所庶使巡警临事方有把握,监犯有所畏慑不敢轻于尝试。是否有当,理合具文呈请查核示遵。等情据此。查该警厅长所拟办法原为保护周密起见,自属可行。除批准印发外,合行饬知并仰转令所属一体知照。此令。

《江苏第三监狱函知送押军犯须备正式公文由》

径启者:案准贵院副官处函开:兹有犯兵卓景三一名送来贵署监禁三月,祈押为荷。等由计送犯兵卓景三一名准此。查敝监收押人犯应由发送机关备有正式公文,盖用印信或关防图记方合法定手续,被判决人犯年岁、籍贯、罪名、刑名、刑期以及起止年月日均应一一开列,便可查照执行。嗣后贵院送监执行人犯务祈改用正式公文,并将上开各节详细见示,以凭登簿造报。如无正式公文,则送来人犯碍难照收,特应函知贵院,请烦查照为荷。

《江苏第三监狱函请公安局派队协助护送人犯由》

径启者:敝监奉院令拨人犯七十名解赴武进县,定于本月二十九日上午六时出发,乘九点钟火车起程。诚恐沿途戒护不密,相应函请贵局酌派骑巡、保安各队护送到站,并请转知东北区署行知各分所饬岗警于人犯经过时特别注意,以资镇慑,而免疏虞。实纫公谊。此致。

《江苏第三监狱电知武进县政府派队协助解送人犯由》

武进县政府鉴:敝监奉院令拨人犯七十名转禁贵县监狱,定于本月二十九日乘苏州早九点钟快车起行,特请于是日先期派队至车站协同戒护,以免疏虞。至

盼。江苏第三监狱。感印

《安徽第二监狱呈为拟就识别人犯行状标记办法附送式样呈请通令本省各监一律仿行祈核示由》

窃维监狱之执行在监者首重管理。管理方法之良窳,攸关行刑之效果。但欲求管理方法之适宜,必先洞悉在监人之行状如何。监狱人犯众多,欲一一知其行状之良否,又非易事。是识别人犯行状之法尚焉。兹本监拟就是项办法一种,法将人犯分为四类行状:稍良者在左袖上给以用白布一方,中辍红布一条之臂章;良者给以中辍红布二条之臂章;最良者给以中辍红布三条之臂章。由一而三逐级递升,若无该项臂章者即为行状不良之犯,施以严切之教诲。行状至红布三条而合于刑法第九十三条之规定并确保其出狱后为良民生活者,予以假释或保释。——惟审定行状必须于狱务会议时详加考查,以昭慎重。上项办法在职员方面一见即知其行状之良否,而施以适当之处遇。在人犯方面,其良者可以益加勉励,不良者亦可自知警惕。于行刑上不无相当价值。本省各监似可一律仿行,所有拟就识别人犯行状标记办法,请通令本省各监一律仿行。各缘由理合附送式样备文呈请,是否可行,仰乞钧长鉴核。示遵。

《湖北第一监狱呈报驻军经过利弊及组织警备看守与应开支经费各项情形附呈清册及章程祈鉴核示遵由》

窃监狱系执行刑法之场,为秩序纪律之府。职官眷属既不能携居,军队警察尤不可杂处。防范戒护只能求之本身,毋庸假借外力,免失形法之尊严,坏纪律之大防也。自时局多故,治狱者为救济目前计,往往借重军警,请求分队驻扎。一至宁帖请之而来不能挥之而去,供给招待耗费不赀,纪律秩序破坏堪虞。此种流弊非一省一隅为然,各省各监多有同情。以职监言之,军警驻扎沿习二十年,前仅一排后加至一队,核其出勤人数不过十余名,而笔墨、纸张、水炭之供给,床铺、桌案、器具之设置,均以一队为率。浮费既多,管理尤难。纪律荡然,秩序莫保。正委曲求全之际,忽公安局有撤防改编之举,驻防之队易名为请愿警,所有薪饷制服及夫役各费用一律由请愿机关担负。计正副班长各一员,月支二十二元或二十元,一级警月支饷十三元五角,夫役各支十元,每警一名月各缴制服费五元。以职监门岗计之,须配置警备队一班,每班十二名,每名照一级警,月各支饷十三元五角;班长一名,月支薪二十二元;副班长一名,月支薪二十元;共支薪饷二百零四元。每名服装费五元,月需洋七十元,加夫役工食二十元,每月共需洋二百九十四元。床铺、器具、水炭、纸张、笔墨尚不在内。是现时明白规定之款较以前暗中消耗之费,实相倍蓰无论。此项巨资难于筹措,即款有着,面呈转之手续,经过分局。管辖之权限仍属公安,节制调遣,监狱不能过问。表面借重保护,实际受其束缚。稍不如意,纠葛旋起,弊窦百出,将有不可思议之者。上月准公安局函开上项各情形,及所附请愿警章程。披览之余,觉该项章程条件过苛,职监碍难接受。乃听其撤防,自组警备。警备看守名额定为十二名,正副主任各设一名,就原有看守中挑选精于操练者六名,以二名提充正副主任,以四名充当警备看守。另设看守十名,以二名补普通看守之缺,以八名合挑选四名编为一班,共十二名。应另行开支者,警备看守八名、正副主任各一名,计警备看守每名暂定为十二元,共九十六元。警备主任暂定为二十元,副主任暂定为十八元,总共应开支一百三十四元。拟请暂准由职监囚粮节存项下开支,庶于戒备周密之中兼寓审慎搏节之意。费用既减,事权一致。揆之监狱组织尤为完善无缺。谨将驻军经过利弊及组织警备看守与应开支经费各项情形造册备文,呈请鉴核。是否有当,伏乞批示祗遵。谨呈。

《湖北第一监狱呈请添加临时看守在囚粮盈余项下开支祈核示由》

窃查本监主任看守、看守规定额数,按照每犯十名设看守一名之原则已属不敷分配,历任为办公便利均系按照预算规定数目酌量增添。惟人犯日有增加,溢出定额近三百名。管理戒护工作营缮在在需人,以故仍苦不敷应用。新宇到任之始,即感看守班次之不敷分派,为仰体钧座整顿监所之意,旨未敢稍有因循。遂加添主任看守二名,每名月饷二十六元,计五十二元;看守十二名,每名月饷十六元,计一百九十二元。初意原拟在办公杂费项下酌最把注,不另呈请。无如办公各费按月有亏无盈,此种添设之看守为数亦属不少,长此以往亏累何堪。欲裁去不用,深恐公务废弛,将仍事增设薪饷又无从出。筹思再四,唯有仰恳准予每月暂在囚粮盈余项下开支二百四十四元,一俟人犯疏通,即行裁撤。在公家既不追加预算而办公得免疏虞。是否有当,理合具文呈请钧长鉴核。如蒙俯准,拟自本年四月份起支并祈指令祗遵。谨呈。

经 费 款 项

《前京师第二监狱呈报人犯增多囚粮不敷请增加预算由》

(指附令)

呈:为呈请事。窃查囚粮一项,民国五年由钧部总务厅第三科发交预算单一纸,其囚粮数目每月定为一千四百四十元,即于五年二月计算,书之预算栏内遵照填列。至本监实领囚粮数目则系每月以七百人计算,每人每天食米之数量系按二十二两计算,每米百斤系按四元合计。自民国三年七月起,以迄于今,并未更改。两年内不但粮价之贵贱大相悬殊,且自本监改建工程兴工以后,营缮科及窑科因人每日不下四百余人,此两项工作劳力既异寻常,食粮自宜增益。是以每月因粮平均每人每天食米总在二十六两以上。然实领因粮仍敷开支者,盖因本监因人实不及七百之数,虽粮价数量有增无减,尚可酌盈济虚借资挹注。现在新监房屋建筑完竣,添收因人势必不敷,不得不陈明因粮实在情形,请加预算。兹经切实核计,每月暂以七百人计算,每人每日食米以二十七两计之,每月三十天,共应食米三万五千四百三十七斤。每百斤按四元八角合,共需因粮米一千七百零一元。应请自本年二月预算起,按月如数增加,所有本监狱因粮实在情形并请增加预算缘由,理合具文呈请钧部鉴核照准,实为公便。谨呈。

附司法部指令

呈悉。据称人犯增加因粮不敷,自系实情。惟粮价涨落不定,以每百斤四元八角计算,似觉稍巨。兹姑准暂照每月一千七百零一元数目核发,嗣后粮价稍低仍仰实报实销,以资撙节。此令。

《前江苏司法厅令各监狱订定整理监狱款项办法由》
（附办法）

为令遵事。查监狱经常费之出纳为第一科主管事务,作业费收支为第三科主管事务,各科均有科长负责。现行法令规定綦明。各新监久已奉行罔或稍渝,军兴以来更调频仍,各典狱长于监狱经常作业等费往往不遵定章,另行委人管理,而各该科长反致不能与闻,殊于法令不合。兹经订定《整理监狱款项办法》六条,除分令外,合行令发该监仰即切实遵行,是为至要。切切。此令。

计发《整理监狱款项办法》六条:

一、收入款项须随时登记账簿,除酌留若干应用外,存放妥实银行索取支票。

二、支票由各该科科长保存,存折及用作印鉴之图章归典狱长存储。

三、酌留现金至多不得过一百元。

四、款项之存入或取出,须随时登记现金出纳薄。

五、存款利息须登入账簿。

六、关于一切经营收支等事项,须遵照监狱处务规则第二十六条及二十七条末项办理。

《前江苏司法厅咨财政厅请拨发第一监狱积欠米款由》

为咨请事。案照江苏第一监狱上年积欠米商洋一千七百余元一案,迭据本城汉西门锦源祥、南门巨康、浮桥玉兴等三米铺合词呈诉各节,并请迅饬照账偿还,到厅。当经先后令行该监查复办理,在案。据兹该监现任典狱长马衡呈复称:遵查前项囚粮米账系十五年职监涂前典狱长所欠,其移交册存款项下列有财政厅短发职监经费一万七千二百四十六元以资抵还各项欠款。案奉江苏高等检察厅派员会算在案,查财政厅短发经费除上年九月龙前典狱长领到一千元外,尚欠发一万六千三百四十六元,继经罗、胡两典狱长示以无款,未能清偿。衡本年八月十六日接任时,并无分文。接收亦未准胡前任时将米商欠款列册移交,所有前项商欠虽属实在,但未领到财政厅补发以前,短欠经费实无由代替偿还。究应如何归还之处,伏乞示遵。等情前来。查该监结欠此项米款,系因经费短领甚巨,因粮不敷发放,陆续商由该米铺等赊垫无法归还。业经高等检察厅派员会同算明,自属实在情形。按省政府第六次政务会议议决江苏贫儿教养院经费一案:(一)各机关经费自革命军到达之日起,由政府清理核发。以前积欠概不负责。(二)慈善性质或有特殊情形之机关得通融办理。等语。监狱性质核与议决案第二项相符,且所欠均系因粮,商民资本攸关亦未便置而不理。据呈前情,除指令外相应咨请贵厅查照恳即通融,拨发洋一千七百元俾便将该锦源祥等三米铺欠款如数清偿,以符议案而示体恤,实纫公谊。此咨。

《长沙监狱为缴谷困难呈复财厅由》

呈:为缴谷困难呈请查核事。案奉钧厅饬开:为饬催事云云至此饬。等因奉此。查本监先后贷借省仓囚谷九百石,自应遵限缴还,曷敢延搁。无如谷价昂贵,无从购办,以故至今未缴。此中困难情形,谨为钧厅详晰陈之。缘本监因粮额定每人日银五分,最高银价计算,只合钱七十余文。米、菜、盐、炭同器具以及一切杂用俱在其内。故米价每石如在六千上下,诸事省节略可支持。若米价稍昂或银稍低,无论如何难得一饱。前岁蒙钧厅发购仓米以资救济,旧岁夏秋之交,仓米停购。其时市面米价奇昂,束手无策。欲请追加因粮实报实销,财格于预算已定,卒不得请。而监内人犯众多,一殍不饱则又危险万状。不得已援照各县押借仓谷之例,请领谷石。蒙钧厅格外体恤准予按月给领,以救一时之急。谷每石押款三千,外加挑力做工,即米每石约价六千二三百文,每月因粮开支仅可敷用,毫无盈余。只冀秋收谷价每石不出押款三千之外,尚可买谷还仓。不料秋收后谷每石价即需三千,日增月长无有已时。日思买谷还仓以清手续,苦无款项可以弥补,夙夜忧虑焦灼万分。兹奉前因,理合将困难情形呈请钧厅查核,可否即以押款作抵,免缴谷石以苏困苦而济艰难,不胜迫切待命之至。谨呈。

附财政厅饬文

为饬催事。案查本年该旧监狱先后贷放省仓囚谷九百石,并据缴押款钱二千七百串,文具有秋收后备谷还仓切结各在案。现在秋收已久,未据缴谷前来。本厅前因谷价日昂诚恐各属借贷谷石观望不还,业已通饬限旧历年内一律交缴谷石。如再逾限,即责令加收息谷,以杜取巧。该旧监狱所货之谷务须赶于旧历年内购谷还仓,毋得逾限致加息谷。仰即遵照,切切。此饬。

《河北第二监狱呈请拨款添制看守制服及囚衣由》

呈:为拟请添制看守夏季制服及囚人单夹衣裤缮具估单仰祈鉴核事。窃查本监看守制服暨囚人衣类向分夏冬雨季,酌量添制。历经办理有案。现在时交春令,气候渐暖,所有看守夏季制服以及囚人单夹衣裤亟应预为筹划,分别添制。刻经主管人员将原有制服囚衣详细检查,除夹囚衣外,内有半数腐旧破烂不堪再用。本年夏季亟应添制看守白单制服一百套,每套合材料工线洋二元二角,需洋二百二十元。工师监丁蓝单制服十四套,每套合材料工线洋二元五角,需洋三十五元。白单制帽一百二十六顶,每顶合材料工线洋三角五分,需洋四十四元一角。青帆布单鞋一百二十双,每双合材料工线洋九角一分七厘,需洋一百十元零零四分。共计需洋四百零九元一角四分。又在监囚人应添制灰色夹衣一百零二套,每套合材料工线洋二元五角,需洋二百五十五元。白单囚衣六百五十套,每套合材料工线洋一元五角,需洋九百七十五元。共计需洋一千二百三十元。以上二项合计,总共需洋一千六百三十九元一角四分。复经竹勋一再审核,确系急需。添制之件实属万不可减之款,理合备文连同估单呈请钧长鉴核,伏乞准予照数拨给,俾便添制而资应用,实为公便。谨呈。

作　　业

《京师第二监狱呈请拨借开办窑科煤费洋五百元嗣后分期陆续缴还由》

呈:为呈请事。窃查本监狱收监人犯近来日渐加多,工艺一端亟应力为扩充以广造就而便执行。无如振兴工艺动需巨款,当此财政困难,几至无从措手,然狱政改良不容稍缓,又未便借口无款意存诿卸。锦汉再四思维,唯有择其需款少而成品易销者先为照办。查工艺中用本较少销售最易而获利亦最厚者莫若砖之一物,况本监改组以前原有砖窑四座,因从前办理未善以致废弃,虽该窑半多坍塌然尚不难修理,此刻继续开烧事半功倍,究属轻而易举。现经延订工师督饬在监人将旧窑一律修理整齐,业已开烧。惟砖窑用款以煤斤为大宗,每烧窑一座计须用煤七八吨之多,以四窑核算用煤匪少。加以时或阴雨,煤斤尤必须多为购备。统计购煤一项,必须银洋五百元方能周转。本监狱实系无款可筹,拟请钧部先行筹拨五百元作为借款,将来即以售砖所获余利分期陆续缴还。在公家不过暂时挪借款非无著,在本监得以借兴工艺裨益良多。此为变通之计,尚属至善之法也。伏乞鉴核,允准施行。

附司法部指令

据第十九号呈称:拟将该监废弃砖窑从新修理开烧砖块,用款无多而成品易于销售。请由部拨款五百元作为借款,将来即以售砖余利陆续缴还等语。查开烧窑砖于作业一端最为便利,所称借款兴工将来归还办法亦为妥善,应即照准。仰派员赴部具领,唯须审慎将事,无任窳弃是为至要。此令。

《京师第二监狱请领扩充窑科所需添筑大窑暨开井工程费请鉴核照准给领由》

呈:为本监狱扩充窑科,请添筑大窑暨开凿水井工程费缮单,恳祈鉴核照准给领事。窃查本监狱因人作业以窑科为大宗,而售品获利亦以窑科为较厚。惟去岁事属创办,仅筑小窑四座销路虽畅,然苦于出砖无多。今年原拟大加扩充,力图进步。况蒙钧部定购大开条砖五十万,按月送交尤属不容延缓。所以添筑大窑、开凿水井皆为必不可缓之举。锦汉前以监狱窄狭地不敷用,曾经面陈筹拟办法,并请在于作业余利项下拨款购地以资扩充,当奉允准。遵将扎拉芬毗连监狱东西地一段共计二亩七分四厘六毫二丝五忽备价购妥,业将办理情形另案呈报在案。现已购妥此地,所有窑科应行扩充各事亟应极力进行。兹拟在监狱东院添筑大窑两座,并新凿水井一眼,以为砖窑之用。监狱大门外靠近砖坯场亦开凿水井一眼,以为成做砖坯之用。以上要工均经分别切实估计,大窑两座共需料价洋二百二十九元八角,工资洋五百四十九元。水井两眼共需料价洋一百二十六元六角二分二厘,工资洋三百元。此项工程拟由本监狱自行建凿,除将工资扣除不计外,尚共需料价洋四百一十六元四角二分二厘。应请如数给领,从速兴筑,以免迟误。所有本监狱扩充窑科请领需添窑开井工程费缘由,理合缮单呈请钧部鉴核,迅赐照准给领。俾可早日兴工,实为公便。谨呈。

附司法部批

呈单均悉。查该监狱前以扩充购地经费请由作业余利项下拨支,当经照准在案。此次添窑开井请给经费仍应作为借款由作业余利项下清还以归一律,兹准由本部暂行垫借洋三百五十元,俾资兴办,仰即派员赴部具领可也。单存。此批。

《贵州第一监狱呈请监犯学习种植事由》

窃查监署外左手巷道土围墙，业经呈由前司法司周转照准，发给银三百余元，建筑尚未动工。在案。兹典狱官伏查前贵筑县衙门地基现在房屋拆尽空着无用，监内有等囚犯系属狌苗拨入，工业工场习艺蠢愚无知，难于教育。听其饱食逸居毫无所事，殊失待遇之道。愚昧之见，拟请将此旷地一并围入作为菜园，置备锹锄器具，令该苗囚等前去开挖成块。雇一谙习圃学之人酌购种子肥料，教导学习种植。俾该囚等将来限满出狱各有资生之道，不致再蹈非法也。并且预备将来推广监狱，添修陆军监狱即可就此地基毋庸另觅，亦属两有裨益。是否有当，理合呈请处长查核示遵。此呈。

《江苏青浦县监狱呈请将电池材料变卖由》

虽为拟将接收电池半制品材料等项变卖以免废弃，仰祈鉴核转请查核示遵事。查雄去冬接收工场电池科半制品材料两项，共计银八百九十五元零五分五厘。除前两项当由徐前任补入银二百零八元三角一分一厘不计外，实共银六百八十六元七角四分四厘。查半制品项下各号铅筒占银达四百元，材料项下锰粉炭精等项占银一百五十余元。又查上项铅筒锰粉炭精等品均极忌潮湿，若秋冬间时常翻晒尚可保全。本年入春以来，窃以上项料品未使久搁，力筹恢复工作。并向沪上厂家接洽销路，一切业有头绪。讵料军事遽形紧张，交通梗阻，只又中止。兹则默察时局，恐非短期间内所能解决。上项料品若任其废弃，殊为可惜。兹有耀华电池厂到署接洽，除碎铅招牌纸木头三项计银七十三元二角五分外，共计货银六百十三元四角九分四厘，概愿接置。不过因原移交价系以陈前任移交时价，目为标准均高越市面，前经呈明。刻下铅筒一项又以日久起锈未能全数作用，业再三磋商，约共须折损银九十二元零二分四厘一毛，除折损外，实偿银五百二十一元四角六分九厘九毛。当议付现银一百二十一元四角六分九厘九毛外，银四百元平均分两期付清，即阴历本年二月底付银二百元，三月底付银二百元。并有大成和药号盖章担保，自无违误。惟事关工场基金亏损，是否可行，未敢擅专。理合具文呈请鉴核，俯赐转呈江苏高等检察厅查核示遵。再该厂并愿订约在监包制电池业提数犯试办，俟有成效，当再具报。合并声明。谨呈。

《长沙监狱呈报工业成绩情形由》

呈：为呈报建设工场办理工业成绩情事。窃管狱员于民国三年一月接办长沙监狱事务，其时监内既无工场之设备，亦无工作之人犯。不独麕集坐食，无所事事，即需用一切物品无论巨细概向商店购买，其屋宇什物稍有损坏亦必外雇工匠修理。而经费有限动形阻滞,因之应用表册器具多难备置齐全,房屋墙垣甚有任其朽败者。管狱员睹此情形,亟图改革。拟拨监犯中之素有技业者令其工作,凡监内应用工程物品均自制造,庶几费省事举,而改良监狱之基础亦于兹可植。无如开办之初置备器具购办原料在在需费,作业场所且付阙如。再四筹划,只得将监房前面看守室数间设法腾出,权作执役之用。并挪借款项置备各项工作器具,择配犯人之素习泥工、竹木、裁缝、印刷、刻字等业者一律令其分科作业,不设工师由管狱员督令看守长亲自指挥,行之数月颇著成效。惟场所逼仄不能扩充,复就看守室对面隙地添建工场三间,共长五丈三尺宽一丈四尺,其费用即在常年费修理项下撙节开支,未另请款。于是将原设各科逐渐推广,工作之人犯既多,应用器具亦须陆续添置,计至三年四月开办,始至五年三月止,购置器具共借洋二百二十六元五角。又因看守不敷分配,另雇看守一人,专司工场事务。月支洋八元,自三年八月起至五年三月止,共支洋一百六十元。两共借垫洋三百八十六元五角。第自开办以来,工作出品多系本监自用之物,绝无余利可以弥补垫款。幸蒙钧厅、高等检察厅设法维持,凡应用印刷品发交本监代印,工料而外并承稍给余利。结至本年三月底止所得代价除归还成本及弥补看守津贴犯人赏与金外,尚余洋二百一十二元,以之偿还垫用购买器具之费所差无几。所有现存器具自应另列清单呈赍备案。至工作成绩则以泥木两科为最,印刷刻字次之,裁缝又次之。泥木两科之最著者如三年秋添建工场,同年冬改修事务室,四年冬添建女监。各工程均系管狱员督率该两科犯人自行建修,落成以后莫不称为工坚料实。又石印刻字于本监自用表册外兼制高等审检两厅文件图表簿册等项亦复不少,且称精美。若裁缝一科不过制作本监看守服装因人衣被而已,如蒙酌给资金借以周转,则当更有起色。所有建设工场办理工业成绩各情形,理合备文呈请钧厅俯赐查核,并请转呈高等检察厅核示祗遵。谨呈。

《黑龙江高等法院呈复设立新监选犯垦植尚多窒碍请暂从缓议由》

呈:为呈复事。案奉钧部第五一八号训令内开:为训令事。比年以来各省灾害频仍,人民迫于生计因而触犯刑章者日见增加,以致监狱均有人满之患,势非设法疏通不足以收执行之效。查自人能开拓土地,土地能感化人之说,兴监狱颇有注意农业之趋势。吾国边省荒地尚多,如能选择人犯输边垦植,不特于疏通监狱感化人犯两有裨益,即于捍卫边疆关系亦非浅鲜。本部有见及此,拟在该省设立新监选犯垦植。惟此项新监非有确实地点无从规划,合行将下开各节仰该院长就近调查逐项详复以凭核办,切切。此令。等因奉此。当即呈请省政府转饬民政厅查明去后,旋奉黑龙江省政府训令第三三○号内开:案据该院呈奉司法行政部训令,拟在本省设立新监,选犯垦植。请饬厅照令开各节,查明指示以便转复。等情。当经令据民政厅复称:查所拟择地修监移犯垦植事项均关重要,似应转请东北政务委员会核示办理。复经呈奉指令开：呈悉。查司法行政部拟在该省修筑新监移犯垦植实际不无窒碍，仰即按照实在情形径行复部可也。等因奉此。查司法行政部移犯实边非特疏通监狱，亦以捍卫边围。用意诚有深远，惟按之本省现时情形尚多窒碍。（一）就地理上言之。本省地处边陲，交通阻塞。近年以来所有附近膏腴之区悉行丈放开垦无遗，此外边远县分类皆沙域不毛之地，居民鲜少，胡匪充斥，若置监狱于其间，不惟交通地利两不相宜，即于看守管理上亦非易易。（二）就犯罪之原因言之。虽或为生计所迫然属于先天犯罪性者居多，即于狱内施以工作犹恐疏脱，若释出监外力农对于管理看守之上尤属困难问题。（三）就感化之原理言之。在人烟稠密、军警林立之区监视较便，且良莠杂居易收观感之效。若置群犯于边远地带，深恐野性益恣或至铤而走险，不惟无以捍卫边疆，且虞更扰及国际。综上各节，似可暂作缓图，一俟伏莽稍靖，外交和平再行切实调查，从容布画较为有裨。合行令仰该院即便遵照复部可也。此令。等因奉此。理合备文呈请鉴核施行。

《江苏高等检察厅呈拟以作业余利比较定奖惩办法由》

呈：为呈拟苏省各新监狱作业余利比较标准仰祈鉴核事。窃查办理新监固重平日教导感化，而成绩之表现则在振兴作业务使增加余利，以济目前财政之穷。诒诃自十二年调苏，考察各新监作业不见发达。虽主其事者未便尽属自便私图，而办理之不得其法无可讳言。随于十三年春核定各新监余利比较额，通行遵照。嗣后以江浙战事起，作业受其影响，致未能及额。现在时局平靖，各监作业亦已恢复原状，急应酌定划一标准以便稽考。此后第一、二、三、四各监及第三分监每月作业余利概暂以人犯平均数除以十分之三，作为疾病老幼不能工作及新收学习工作人犯并炊场杂役等项不计外，其余十分之七，每名以一元五角计算为最低之比较额。各该监工场虽均感不敷分布，但第一监狱基金较厚，官司业素称发达；第二第三监狱基金较少，现受负业均有进步；第四监狱第三分监作业亦已有基础，均不难得此比较额数。约计第一监狱平均收犯七百五十名，每年余利一万元。第二监狱收犯七百名，余利九千元。第三监狱收犯四百名，余利五千元。第四监狱收犯一百八十名，余利二千元。第三分监收犯一百名，余利一千元。此为暂定比额，各监办理人员能稍为精核定可有增无减。如按月册报余利超过比额年终考绩当优予奖励，倘不足额各该典狱长应负全责，并将主办作业人员分别惩处，以儆玩忽。兹为实行整顿杜绝弊端起见，理合具文呈请钧部迅赐核示，以便通饬遵照。谨呈。

《江苏司法厅训令四监狱、一分监购入材料物品须由他科人员会同点验由》

为令遵事。查作业规则第三十条规定,点收购入材料应注意后列事项,并由典狱长派他科人员会同点验。一、品质合否。二、数量是否。三、货色优劣。四、单据与实物是否相符。五、单开价目与投标价或约定价目是否相符。等语。此项规定无非为实事求是起见,经常费购入物品与作业费购入材料事同,一律自应一体遵办。除分令外,合行令仰该典狱、分狱长遵照,自十月份起无论作业费与经常费之支出,其发单上须加盖某科某员曾同点验字样,否则不准核销。切切。此令。

《江苏司法厅训令监狱、县长按月依限造报作业书表等件由》

为令遵事。查各厅县监所甲月书表应于乙月上旬造报,业于本年六月下旬通令遵照在案。就中作业书表等件关系綦重,尤属不容稍缓。兹查各新旧监狱作业书表等件按月造报者固属有之,而积延未报或数月汇报者实占多数。历来不肖狱吏往往利用积延缓报之法,以遂其营私舞弊之计。本厅为防微杜渐起见,合亟重申前令,除分令外,即仰该监、县转饬该管狱员遵照前次通令依限办理,毋再违延致干未便。切切。此令。

《江苏司法厅指令一监呈为航空处请拨监犯修筑飞机场可否请核示由》

呈悉。查囚人在监外服役不免有背自由刑之本旨,故近今各国皆已缩减其范围。《监狱规则》第三十六条之规定已显示限制外役之意,惟既准航空处来函请拨,应准就现无工作人犯中酌量选派人数,以四十人为限至多不得过六十人。选择之法以下列各类为标准:(一)刑期在一年以上,残刑不满三个月者。(二)行状善良在监外不至违犯规则者。(三)原来职业不妨就外役者。(四)无逃走之虞者。此外尚须准备下列各项:(一)囚衣须整齐清洁。(二)须用廉耻帽。(三)须用联锁。仰即遵照办理。至外役人犯工价应如何增加,戒护应如何设备,应由该典狱长筹划妥善,径与航空处接洽。仍将接洽情形连同选定人犯清册呈候核夺,再行令遵。此令。

《炳记布厂（以下简称炳记）代销江苏第一监狱（以下简称监狱）各种出品合约》

一、监狱所出各种布疋、毛巾、洋袜、藤器四项炳记担任分销，其余出品亦可分销。

二、布疋除原价（按原价系指料本及、工钱言，说明附后），人造丝光每疋加盈利四角，丝光布每疋加盈利三角二分，线纱布每疋加盈利二角八分，单纱布每疋加盈利二角四分。

三、毛巾除原价，每打加宽巾加盈利洋三角，特巾二角五分，甲巾二角，乙巾一角五分，丙巾一角二分，丁巾一角。

四、洋袜除原价，丝光袜每打加盈利二角十四，支纱袜每打加盈利一角五分，冲毛袜每打加盈利一角。

五、藤器除原价，藤包每个加盈利一角，藤箱加盈利三角，藤睡椅每张加盈利三角，藤靠椅加盈利四角。

六、各种货物每届月终由监狱派员清点一次，凡经销售及售零之货（如不成半疋之布疋、不成打之毛巾、洋袜类），均须按价付洋，不得分文短少。

七、如不合销售之货得退还监狱，但有售零退色损坏情事不许退还，并须按价付洋，不得借词拖延。

八、付款以现洋为准，不得带用期票小洋。

九、收付货物用货折，双方加盖图记为凭。

十、炳记取货合计不得超过洋八百元以上。

十一、炳记须取具担任八百元以上之殷实铺保两家，交监狱收执，负炳记货款完全责任。

十二、如遇兵灾火患等情，所有货物损失归炳记负完全责任。

十三、炳记商牌广告得载明代销监狱各种出品字样。

十四、炳记对外一切交涉与监狱无涉。

十五、此约暂作为试办，双方无论何方得提出理由修改或解除之。倘试办有效，经双方同意再规定期间继续进行。

十六、此约两纸经双方及中证人签字各执一纸即生效力。

江苏第一监狱代表人押

炳记布厂经理人押

中证人押

年　月　日

《江苏第四监狱以时局变化作业刻难发达覆高院长函》

院长钧鉴：敬禀者。昨奉手谕敬审，硕画宏猷，兼筹并顾，额胜景仰。某奉典四监二年，于兹建设毫无，徒滋愧负。前蒙拨给基金，窃以为多财足资善贾，于作业一项正好督饬主管各员力图发展。上以裕法收，下以答鸿慈。讵江浙问题适焉暴发，售品所则无人投包，出品则销路更窒，欠款则一钱不价。改进既未，困难转多。再四思维，只得暂维现状，稍俟时事平稳，再作更张之计。而区区图报之心，目前又徒呼乌乌而已。至属监经费规定本狭，当此时事吃紧国库奇绌，除万不得已之增加临时看守外，其他如有可以节减之处及他不急之需自应遵命尽力撙节，借副钧长殷殷下顾之心。南通秩序如恒，监内人犯亦各安静。知关厪注，谨并上闻，肃此敬请钧安。伏乞垂鉴。

《河北第二监狱为遵令呈报本监推广作业情形仰祈鉴核转呈由》

案奉

钧院训令第四八五七号内开：

　　　　为令行事。案奉司法行政部第四〇五五号训令开：查人犯作业为执行自由刑之要件，迭经本部令饬各监狱极力推广以期普及。其有工场未设或基金无着者，并经令饬在监外服役，或实施承揽业及其他委托业各在案。……为特令仰该院迅即督饬各监狱励行作业，务使全体人犯皆有工作以重劳役。并将推广作业情形随时具报。此令。等因奉此。合行令仰该监遵照办理。此令。

等因奉此。遵查本监所有在监人犯共计七百四五十名，而作业人数平均常在六百名以上。其作业种类分制面、藤竹、缝纫、纺织、金工、印刷、洗濯、理发、制鞋、木器、农作、畜牧等科，共有工场十座。但在监人中除党犯及病囚共六十余名外，尚有未役者六十余名。奉令。前因为竭力推广作业起见，拟于西后亭外另建工场二座，以期人皆作业免致无所事事。俟奉令准，便可兴工。历年以来积欠成品颇属不少，去岁于本监大门外设售品所一处，派员二人经理其事。所有货品颇形畅销，唯以地处偏僻对于市民购买极感不便。现拟在城市内择相当地点另设售品所俾利市民。但因增设售品所所需房租铺捐以及经理工资开支较繁，深恐得不偿失。刻正详细商讨，尚在审核之中。以上均系本监推广作业情形，理合备文呈报钧长查核，予以转呈，实为公便。

《山东第四监狱遵令拟具使役人犯承修邹平县监狱工程办法开呈鉴核由》

计开：

一、本监遵令承修邹平县监狱工程，所有建设费领到后，照章由第三科保管。

二、购买材料支付款项经典狱长核准后交第三科会同筹备员负责办理。

三、材料配置及做法尺度遵照钧院转奉司法行政部颁发图说办理，由典狱长及筹备员指挥之。

四、戒护人犯及督促工作由本监外役主任看守及看守担任之。但拟请饬由邹平县政府派警协助，并由该县管狱员帮助戒护。

五、外役人犯开工时先用十四名，将来酌量情形得扩充至二十名。

六、外役人犯先尽本监建筑科人犯选用，不足时得就邹平县监狱酌拨。

七、此次外役以本监人犯残余刑期在半年以下而与监狱规则第三十四三十五条不冲突者充之。

八、外役人犯食粮由本监筹备宿舍暂借邹平县监狱监房。

九、外役人犯另编番号，并以红布制字缝于背后，以示标志。

十、外役人犯遵照监狱规则第二十五条之规定得使用联锁。

十一、本监看守不敷调遣，拟暂添三名（新补看守留在本监服务，抽调有经验者担任外役。），每名月支十元，计共三十元。先尽本监经费项下撙节开支，如不敷时再由本监二十二年度作业岁出概算增员超俸项下支用，以工程完竣之日为限。

十二、各房梁架及门窗由本监木工科遵照图式及尺度先期制就，运往应用，免致迟误。

十三、外役人犯每工以大洋一角八分计算，但所拨邹平县监狱人犯，为非素习木工瓦工者，得减支三分之一。

十四、承修此次工程除支赏与金运费旅费外，如有盈余，即为本监作业收入之款。

十五、竣工期限约计二个月。

十六、本办法自呈准之日施行。

《浙江第四监狱第三科函为成立排席工场致起纠纷奉浙高院令由科函达永嘉草席排工业职业工会及席商知照由》

本月十四日奉典狱长交下

浙江高等法院第二七六号训令一件，并饬本科函转贵会知照，等因奉此。查原令内开:案据该县草席排工业职业工会东日代电称:万急。第四监狱违背原议,勾结奸商故意扩充排席,减少工资。致奸商任意压迫工人歇业有三四十人之多。妨害生计,怨声载道。迅赐电令制止,实行监督以免后祸。临电无任迫切。等情据此。查各监承揽手工委托业,与商家议订工资原不必与一般普通工人强同,或多或少本不容外界干涉。在商家亦不能以监方议订数目作为普通工价之标准。据电前情均属不免误会,合亟令仰该典狱长即便转达该工会及原商店知照。此令。等因。相应录令函达即希查照为荷。此致永嘉县草席排工业职业工会。

《浙江第一监狱谨拟分年扩充作业计划书》

一、扩充作业标准。本监现有作业计二十余种,其中工程建筑各种工作均系公用,未曾计算工资。织缎、摇丝、摇经工作因绸业衰落,难期发达。缝纫、艺术、藤工、竹工、木工、铅铁各项工作,所制均系日用必需之品。就原有工场尚有改进扩充可能,但成品出产过多,不无积滞之虞,故不宜添设工场。毛巾一科销路最畅,月出千打尚觉求过于供。织布一科关于民生至巨,国货能多出一疋,舶来品即减少一疋。且购置机器所费无多,销路亦无虑积滞。以上两科拟积极扩充。印刷一科现在只有石印及木板印刷二项,将来拟筹办铅印、排字、铸字、装订各工场。盖印刷工业为促进文明利器,外界印刷工场辄因工潮关系未易发达,如监狱出品能工精价廉,必受社会欢迎。从前北平第一监狱仅印刷一科每年盈余常在万元以上,此扔十数年来所经办者。至织袜科因杭州厂家较多,出货亦勇。仅就现有工场加以改进,将来察看销路徐图扩充。其他因社会需要急切有增设必要者,当另行筹设。兹将分年扩充计划列表于后(详第一表)。

二、筹备基金标准。照前开,计划以棉织品工场为本监作业中心。按杭市工厂普通办法,须有每月出品额二倍至三倍之资本方足以资周转。其他工场所需基金亦须有出品额一倍或倍半以上方可应付。故扩充计划表所需流动基本金数目即依此标准而定者。

三、出品免税。作业为行刑生命,欲期作业发达,必须出品物美价廉。现在各商家出品呈准财政部概免厘税者不乏其例,监狱作业尚在萌芽时代,国家当有提倡奖励之法。从前监狱出品免税历经办理有案,现在国府尚无免税明令。应请转呈,凡监狱出品概免厘税,俾资畅销。

四、增加作业转运基金。本监原有作业基本金四千元,结至十八年终止,除拨支工程费外,积有盈余万余元以上。扩充作业足资周转。因经常费欠发至二个半月以上,囚粮、看守工资等费均由作业费项下暂行垫付。近因盈余垫付迨尽,作业扩充坐失机宜。刻售品所将次工竣,即须开办各项出品均应及时赶制。以故作业转运基金有增加必要,谨拟办法二项于后。

甲、恳转商财政厅,将职监经费比照陆军监狱及公安局经费发给之例按月拨发。或由钧院设法垫付二个半月经费。

乙、在经费未能按月领到以前,恳钧院拨借作业基本金四千元,一俟经费按月领到即行归垫。

五、添聘作业技士。职监既以棉织工场为作业中心,对于出品之指导检查、研究改良,以及工场之设计、组织,于销路畅滞工作效能成本盈绌关系至巨。非有专门人才随时指导督促,难收实效。应酌聘棉织技士一员月薪五十元以上,此项薪金应由作业盈余项下开支。

六、添建工场。照扩充作业分年计划表在五年内应添设织布、毛巾工场各四所,印刷工场二所,共十所。除由职监分期改进计划案内添设工场三所外,尚应建筑工场七所。其建筑费及设备费详第二表。

附浙江第一监狱拟扩充作业计划呈

呈:为拟具职监分年扩充作业计划仰祈鉴核示遵事。窃职监收容人犯日益增加,作业为行刑之生命允宜先期筹划,积极扩充。谨拟具分年扩充作业计划书一份。是否有当,理合呈请鉴核训示施行。谨呈。

附浙江高等法院指令第四六一七号

呈一件呈送分年扩充作业计划书恳请拨借作业基金由

呈及计划书并悉,该监以棉织品工场为作业中心,分年扩充。所见尚是应准如拟进行至称原有积存余利据已垫支经常经费等项核尚属实。准由院暂行拨借工场基金银四千元,借资流动。仰即查物收,具复。仍于经费足资周转时,陆续缴还,以凭归垫。并仰遵照计划书存,此令。

《浙江第一监狱售品所简则》

一、本监为扩充监狱作业推广出品销路起见,特设售品所。

二、售品所设主任一员,并按事务繁简酌雇事务员及工役,其人数标准及薪金数目规定如下:

(一)主任员比照监狱委任待遇职员支薪办法,月支薪金四十元,其成绩优良得按年进级。

(二)事务员二人比照本监看守支薪,月支十四元至十八元,但服务精勤办事得力者得酌加津贴。

(三)工役一人比照本监监丁月支工资十三元。

前二、三项员役如因事繁不敷支配时,得商由本监第三科长酌量添派协助或呈请增加额数。

三、售品所主任以曾在工业或商业学校毕业经验宏富熟悉当地商情并操守廉洁者为合格。

前项人员由典狱长呈请高等法院选派,事务员由本监看守中选派,并加实务训练。

四、关于售品所每月开支,月终由主任检齐单据,交由本监第三科列入作业项下报销。

五、售品所应置备下列各种簿册单据:

（一）售品日记簿

（二）售品现金簿

（三）售品债权簿

（四）成品收入簿

（五）成品售出簿

（六）成品收售总簿

（七）成品点存簿

（八）本监开支日记簿

（九）售品二联发单

（十）售品三联收据

（十一）售品日报单

（十二）售品月报册

上列簿册除日报单及月报册另定式样外,其余悉参照监狱作业规则所定格式制备。

六、本所售品以现金为主,欠账限当月收清。如有亏欠,应由售品所主任负责赔偿。

七、本所售品现金连同日报单收款证等每日交由本署第三科核收。

八、本所存储成品每月月终由第三科派员会同清查一次,如有短少应由售品所主任负赔偿责任。

九、本所得寄售本省各监狱优良出品,但应扣除售价百分之五充售品手续费。

前项手续费得提取半数充员役津贴。

十、寄售物品账目应与本所账目划清界限,并报告第三科备查。

《安徽第一监狱呈送农场计划书》

呈:为拟具农场计划书仰祈鉴核转呈示遵事。窃查劳动乃人类生存上之必要条件,在监人之应服劳役为组织自由刑之要素。近今刑事政策之趋势,莫不以此为依归。而劳役必须斟酌人犯年龄、罪质、刑期、身份、职业等以科之者,无非适应个人之关系。以经济言,尤不可不采择生产较多之种类,俾达感化教养之目的,而期行刑之公正也。本监羁禁人犯近于农事事业者实居多数,现时人犯所服劳役不过择其与卫生、纪律、经济三者均无妨碍以课之,对于农业尚无相当工作。查监狱未成年者之劳役,学者多主张农业。其说本于法国学者德美滋兹氏之主义,故法国特设有幼年农业监狱,其他如英德荷瑞比以及北美合众国等亦均有类似农业监狱之设备,近年农场式监狱欧美尤为盛行。吾国本以农业立国,人民习此者十居六七。本监旧有囚出三处:一官塘冲、一车津洞、一官田畈,其最近者为官塘冲,田种六石,每石照习惯上称为四亩。职于前六月间曾亲至各处调查,以官塘冲一处之实际而言,面积甚广较二十四亩约多三倍以上。今若以之辟为农场,初则创办园圃、砖窑各业,因地制宜循序而进,将来逐渐推广,不独出产所获当较每年纳租为巨,而化游惰无业之徒为有独立生活之能力,刑事政策于以贯彻所赖实大。兹拟具农场计划书分为甲乙两项共十八节,一得之愚,是否有当。与合检同原书备文呈送钧院鉴核转呈司法行政部核示祗遵。谨呈。

安徽高等法院院长陈
附呈安徽第一监狱农场计划书一件

《湖北第一监狱呈报本监作业情形并拟添置铅印机及铸字机附呈预算书祈鉴核准予拨款派员督同购办由》

窃职迭奉钧长面谕,饬扩充工场推广作业,务使全监人犯皆有工作免致坐食,并准予拨款购办。等因。遵经督饬将原有各工场增加作业人犯并筹划推广,以期仰副钧长殷殷注重工作之至意。正筹办间适奉钧院第三三五六号训令内开:

案奉

司法行政部训字第四〇五五号训令开:查人犯作业为执行自由刑之要件,迭经本部令饬各监狱极力推广以期普及。其有工场未设或基金无著者,并经令饬在监外服役或实施承揽业及其他委托业各在案。各监狱如能切实奉行自不难日起有功。乃本部长此次视察苏、赣等省监所工场设备既多不全,作工人数亦复无几,甚有简单工作亦未开办,致令多数人犯终日坐食无所事事,殊失本部注重作业之本旨。为特令仰该院迅即督饬各监狱励行作业,务使全体人犯皆有工作,以重劳役。并将各监狱推广作业情形随时具报为要。此令。等因奉此。除分令外,合亟令仰该监遵照办理以重劳役而资普及,仍将该监推广作业情形随时具报以凭转呈毋稍违延。切切。此令。

等因。查本监原有毛巾、织袜、织布等科,所有成品值此市面萧条竞卖兜售之时,均属不易推销,自难再事扩充。惟印刷一科铅印与铸字既合需要,且易学习并可容多数人犯工作。拟即添置铅印机及铸字机二种,先行举办,成效可期。

经派员赴商店估计铅印机约需洋一千九百二十元、铸字机约需银六千四百七十元,两共需价银八千三百九十元之谱。上项添置机器钧院指定的款一次拨发以便举办固属甚善,万一因需款过巨一时筹拨不及,拟先购办铅印机一部,着手试办。该项印机连同铅印材料费二百元,计需洋二千一百二十元,谨分别造具预算书二份呈请钧长鉴核施行。如蒙俯准拨款,并请派员督同购办以昭核实。再查本监织布、毛巾、木工三科旧有作业人犯三十八名,现添聘工师多提人犯学习刻已增加人犯二十名。种植科旧有作业人犯三十名,开垦监后荒地,栽植菜蔬花卉现已增加人犯十八名。其他藤竹、洗濯、鞋工、营缮、畜牧等科旧有作业人犯八十二名,现已增加二十名。以上各科增加作业人犯共计五十八名,连同旧有作业人犯及缝纫、印刷、理发、炊食、豆腐、制药、导纱、理鬃八科总计作业人犯四百五十余人。现时收容人犯七百零二名,除肢体残废者五名、双目失明者十二名、患花柳梅毒者五十名、老赢筋骨疼痛者二十余名绝对不能工作外,其余未提工者不过七八十名之谱。若印字铸字工场成立,则全监即可无坐食之人矣。合并呈明。谨呈。

《河北高等法院训令河北第三监狱恢复作业及处置残余料品办法由》

案奉

司法行政部第一九五六号指令,本院呈报该监拟自十九年一月一日恢复作业,并处置前残余成品、材料各情形及各项书册从新造报抄呈清册请核示一案。内开:呈册均悉。该监所拟整理作业办法尚属可行,惟前任移交款项、成品、材料等记载方法应照下开各节办理。至于该监官司业以前虽经停止而承揽业仍照常施行,所有作业收支计算书据仍应自十七年七月起按月造报,并仰饬遵。册存。此令。等因奉此。合行抄录合开各节令仰该监遵照办理。此令。

附抄单一纸

一、作业款项即将移交实数转入新账旧管项下,但须注明前任挪垫经常费洋若干元不在内,作业收支计算书及作业款项四柱清册同。

二、旧存成品材料应各照此次估定价格转入新账,其作业收支计算书册内即照下列各款记载。

作业收支计算书:应于在库成品及在库材料各项备考栏内注明内有前任移交数若干。

四柱清册:应于旧管实在项下各将前任移交之数(但列总数不必分科)与后任经营之数分别开列,其有开除时亦同。

四柱分册:即将前任移交成品或材料在摘要栏内标明(不必列举品名),并按照估定价格结成总数列入旧管及实在项下(不必列举数量价格)。但遇零星售出,应将所售品名数量及单价于开除项下分别载明。

《河北高等法院指令呈为整顿作业添设科目请拨给基金请查核由》
(附原呈)

呈册均悉。查监狱作业事项亟应力求改进,迭经本院令饬遵办在案。兹据呈,以扩充作业估需基金五千二百元,拟请准予借拨,俟一年后分期缴还,所得余利专款保存。等情。查册列数目尚属实在,所拟借款一节自属可行。惟借拨之款俟作业发达,一年后分期缴还未免期限过久,应改为自拨款之月起六个月后按月缴还三百元,嗣后关于作业项下无论基金余利均须另款存储,非经呈准不得擅自动用。除据情连同原册一并转请备案外,并仰将计划清册补具一份呈院为要。此令。

附三监原呈

呈:为本监作业应行整顿及添设科目,谨开具详细计划,恳请拨给基金,仰新鉴核指令照准事。案查接管卷内本监作业原称发达,基金亦甚充裕。旋因财政支绌积欠经费,历前任遂动支基金为挹彼注此之计,洎乎近年挪用尽净,以致影响作业渐就停顿。嗣力谋补救,招商承揽或作或辍,权操自商,利之所入至为些微。典狱长历办狱务无不以开发工场为先,勤求作业为急。必使在监人犯得学技艺,俾出监谋生勉为良善,此乃新监唯一之要务。典狱长调权本监有鉴于此,体察情形就其轻而易举者如原有织毯、毛巾二科设法整顿,木工、鞋工二科添设开办。核实估计约需基金洋五千二百元,分别计划开列说明。此系因陋就简之法,无可减少之数。其余如原有之缝纫、制面、豆腐、糊盒四科或仅供本监用度,或利用短期罪犯既难期乎发达,自无须乎扩充,惟加以改革庶臻完美。第前项所需基金本监无款可拨,合亟仰恳钧长准予拨给,俟将来作业发达一年后分期缴还所得,余利由本监专款保存,候示祗遵。所有整顿作业添设科目拟请拨给基金,开具计划缘由,是否有当,理合具文呈请钧长鉴核,俯赐照准,实为公便。谨呈河北高等法院院长胡,

谨将本监作业应行整顿及添设开办科目并需基金数目分别计划开列,呈请鉴核。

计开:

一、织毯科。查本科原有织机十九张,每月共用毛线一千三百三十斤,棉线六百六十五斤,计共需洋一千三百三十元。每月可出地毯十九条,约值洋一千九百九十五元,除付工师工资及赏与金二百一十六元外,约计可得纯利洋四百四十九元。惟此项作业用本既多,成品最易稽压。应备双本方资周转约计需基金洋

三千元。

二、毛巾科。查本科原有可用毛巾机三十架，又附设织布机十架，每月共需洋棉纱四包，可出毛巾七百打，出布一百五十疋。除付工师薪资及赏与金外，约计可得纯利洋二百二十元。此种出品行销最易，苟资本充裕易于扩充，估计约需基余洋一千元。

三、木工科。查本科在监狱为最要工业，而本监现付阙如，自应选雇工师亟为开办。惟购置器具约需开办费洋二百元，制备材料应需基金洋八百元，约共计洋一千元。

四、鞋工科。查本科用具甚少，所费无多，雇用工师薪资亦微。其所出之品易销市面，第加子布料必须购备，约估需基金洋二百元。

说明：查新式监狱无不以工作为要图，狱政之良窳全视作业之兴衰。本监作业原甚发达，基金亦尚雄厚。嗣因财政支绌，经费积欠过巨，所有基金经历前任挪用尽净，以致周转不灵，作业渐就停顿。近年以来，虽力谋整理，招商承揽，稍得工资。然或作或辍，以商人为转移，成效既属难睹，收入尤嫌微薄，雕败之余自难久持。本监现在收容人数已达一千四百余名，除老弱疾病及服杂役者外，可资就役工作约十之六七，每因工作无多类皆郁闷滋事。倘能扩充工场讲求作业，人犯皆得学习专技，期满出监易谋生活，化莠为良莫善于斯。典狱长接事伊始，观察情形窃以整顿作业不容或缓，爰就易于进行期有成效者列举以上四科，约共需基金洋五千二百元，拟请钧院准予拨给，俟作业发达一年后分期缴还其所得，余利由本监专款保存。候示祗遵。至其余如缝纫、制面、豆腐三科本监本有设置，惟其作业仅供本监应度，既无待资本，自无须扩充，应就固有范围渐求进益。再原有糊盒一科，专以利用短期人犯不用资本，拟仍旧贯加以改革，庶期完善。如此办理，在公家垫拨基金为数无多，在本监整饬作业得以周转，一举数善，实为本监当务之急者也。合并声明。

《桂林广西第一监狱呈拟扩充作业文》

（民国二十年十月）

呈为呈请核转事。案奉

钧院第七五四号训令开：本月三十二日案奉

广西高等法院院长朱鬯电开：查该监应速扩充作业，仰林院长就近督饬。该典狱长拟具相当计划，酌定基金额数，核明转呈来院，以凭核夺。等因奉此。合行转令该典狱长仰即遵照办理，迅予拟具相当计划书呈送来院，以凭核转。切切。此令。等因奉此。窃维职监建设之始为全省模范监狱，工业发展全国比较列在第三。至民十以后，迭遭政变，所有基金材料器具均被损失，工业因此挫废。

至十六年易前任虽请领基金工业有恢复之望，不意湘军祸桂，省币废弃，基金损失。迨职抵任之初，仅接收李前任移交工业款项七元一角一分一厘，区区微数无法设施。然不能因噎废食，唯有勉为其难。调查男囚中有能缝纫、织布、上鞋、印刷、种植、作竹、木器者提出工场作业，女囚中有能搓麻、绩麻、打底者即在女作业，多系领办性质，只收工价，聊作无米之炊。积之年余，始获余利二百余元，基金薄弱未能扩充。兹奉前因，遵即悉心筹划，分别缓急，拟具计划书分期进行。除将原有缝纫、机织、鞋工、印刷、木工、竹工、农工各科斟酌扩充外，机织科拟增加织袜，鞋工科增加革履，印刷科拟增加石印，并添设漂染、织席两科，其中仅有织布、革履、漂染、石印四项须各雇技手一名，其余各科皆毋庸增雇技手。查男犯现有三百余名，内有技能者四十七名，除老弱及行状未改善者二十余名外，能习艺者一百四十余名。所拟办各科能容工囚一百六十四名，拟分三期教授，以一月为一期。查女犯现有三十六口，内有技能者二十二口，除老弱及携带子者十四口外，其余皆能作业。惟计划搓麻、打底、绩麻三项能容女囚三十二口，俟有收入，女囚再行补充。上项计划作业共十科，能容男女工囚一百九十六名口，共需原料器具基金毫银三千一百五十九元正。一俟基金扩充囚犯增加时，再行添加藤器、打铁、油漆各科，仍设售货所，恢复模范旧规，以期仰副院长整饬狱务之至意。至添技手四名，除预算规定原有一名月定薪工毫银二十四元作为织布技手不计外，其余石印技手一名每月拟定薪工毫银二十元，革履技手每月拟定薪工毫银二十五元，漂染技手一名每月拟定薪工毫银一十六元，合计月需薪工毫银六十一元正。所有奉令扩充作业酌定基金额数各缘由，是否有当，理合缮具计划书备文呈请钧院查核转报，敬候指令祗遵。谨呈。

教　　务

《贵州第一监狱呈请开办看守教练所由》

为呈请立案事。窃维实行刑律以改良监狱为先，改良监狱以培养人才为本。监狱看守为直接管理罪囚之人，职务极为重要。苟无学识经验，则改良之实效难收。查部定监狱看守考试教练规则，看守一职须具一定资格及相当程度，或经考试合格加以三月教练始准服务。法良意美，允宜遵行。无如本监狱看守每员薪饷月仅六元，除去伙食两元，每员每月仅给薪饷四元。若照部章考试合格加以三月教练然后补充看守，不惟聘请教员经费无着，本省人民亦绝无自备伙食投考看守学习三月而求一月给六元之看守者。是以看守教练所从未设置。兹幸值我厅长下车之始百废俱兴，整理监狱不遗余力。典狱长左右思维，惟有变通部章设法办理。拟将本监狱现充看守人员于服务休息时间酌配钟点，按照部定科目督饬看守长各员担任教务。惟查普通学校钟点每日规定六小时，本监狱看守均应执行职务,每日只规定二小时,应将修业时期延长,以九个月为毕业期。似此办法,则该看守等肄习科目,随时可资经练,执行事务逐处可证学识,实于狱政进行多所裨益。惟是该看守等素无学识,不免见异思迁,计九个月期限中有因违反本监狱规则而被斥革者,有因昼夜服务辛苦而自行辞退者,有因薪饷过薄而改习他业者,至毕业时期能否与开办时名额相符,尚未可必。唯有随时补充随时教练,程度参差不齐亦莫可如何。现已于七月一号开所教练。所有筹办教练看守各缘由,理合造具教练简章并看守人员姓名、年龄、籍贯表册具文呈请钧厅核准立案。示遵。

《贵州第一监狱呈请继续补习看守教练由》

呈:为呈请事。窃维狱政改良先在教练,看守具通晓法规之知识乃有执行刑罚之精神。查属监前于民国四年开设看守教练所一次,该班学习期满,任用服务距今日久。或因私事退职或因公令免除,随时招补程度不齐,屡生窒碍。典狱长召集职员会同筹议,佥云任用看守非经教练不足以符定章而收实效。因查上年设立教练所月支经费一百余元,目下财政困难未易筹兹巨款,势不获已。乃采节用之方法,以储合格之人才。现拟于属监开设教练所,自十一月十一日起,每晚六时至八时令退勤看守入所补行教练三月,并另招预备看守十名一同入所教练兼资实习,遇有看守空额即行依法传补。复查教练所内照章应该职教人员均以属监职员充任,纯尽义务免给薪资。惟预备看守十名每月每名给伙食费二元,合计二十元。又印刷讲义费及灯油费每月约计十元。均于公经费节存项下核实开支。似此办法费用尚属无多,教练必期有效。所有属监补行看守教练并在公经费节存项下提支费用缘由,理合具文呈请俯赐核准。示遵。

《浙江第一监狱呈送实施教诲状况并改进计划办法由》
（附原呈及训令）

呈:为报告职监实施教诲状况,拟具积极改进计划,恳鉴核转呈事。本年一月十六日奉钧院第三一一号训令开:案奉国民政府司法行政部第二三号训令开:为通令事。查改良监狱应重感化,感化以教诲为先。是以监狱规则及教诲师处务规则对于教诲事项均经明白规定公布施行。惟教诲方法原分三种,个人类别两种,每因人犯众多轮流匦易;集合教诲一种,又因讲堂狭隘容纳为艰。以致在监人犯徒受教诲之虚名难获教诲之实益,殊失改良监狱注重感化之本旨。应即悉心计划积极进行,总期每犯每周最少须受教诲两小时以上。又教诲师一职关系极为重要,尤应慎重选派严密考核,以收为事得人之效。为此,令仰该院长遵照并转饬所属各新监迅即妥慎规划,切实施行,并将遵办情形具报查核。切切。

此令。等因奉此。除分行外，合行令仰该典狱长遵照，迅将该监教诲事项妥慎规划切实奉行，并将遵办情形呈报核转。切切。此令。等因奉此。查职监教诲教育实况业于十六年十二月呈送钧院，转呈司法部在案。奉令前因，遵即悉心规划，缮具实施教诲状况暨积极改进计划书呈请钧长鉴核转呈司法行政部训示祗遵。谨呈。

计开：

一、请选派教诲师一员，专任教诲事务。职监原有教诲师一员，十六年度新预算实施后，裁撤所有教诲事宜，由典狱长及各看守长分任。惟各职员原任事务本多繁重，兼任教诲不无顾此失彼之虞。拟请选派教诲师一员，专任教诲事务，以专责成。其薪俸在十七年度未追加预算以前，拟暂由每月结余经常费项下移项流用，撙节开支。十八年度以后，请将教诲师薪俸一项编列预算以维永久。

二、提前建筑大讲堂。职监教诲堂狭小，只可容四五十人。拟建筑大讲堂一座，业于本监分期改进计划案内列入第三期建筑。呈奉钧院转奉司法部令准在案。现为便于实施集合教诲起见，如第一期工程完毕款有剩余，拟将大讲堂提前建筑，俾收实效。在大讲堂未完成以前，暂用原教诲堂及各工场为集合教诲之所。

三、设置图书室。为辅助教诲教育起见，拟设图书室一所，购置有益身心及教育实业常识等各种应用书籍。俾在监人得按时阅览或借给阅读，所需费用由额定经常费内撙节开支，不另请款。

四、编印旬刊。择在监人行状优良文理通畅者编撰旬刊，凡关于教诲、教育、实业及人生日用必需之常识随时选择编辑，由第三科作业股印刷发售。俾在监人得按期购阅增长学识。

五、邀请热心社会事业人士作德育讲演。集合讲演首重教材及讲演者之人格，从前张之江先生在京师第一监狱讲演时，听众至四百人以上，历时至三小时之久。因其热诚毅力，听众每多感悟而无倦容。本监职员无多，又未设专任教诲师，教材恐不甚丰足，特邀请热心社会人士来署讲演德育，俾在监人易于领悟。现在每星期来署讲演者计有高等法院监狱科主任书记官许季占先生、惠兴中学教务主任张均先生，日后允来署讲演德育者为青年会德育部各职员，此后并拟随时敦请当地有德望之人演讲，俾收训教之益。讲演要旨以不涉迷信，有益人生日用或修养身心者为主。

六、悬挂名人格言以资警惕。职监现在由职员中指派一人选择名人格言随时缮写悬挂，凡工场、运动场、教诲堂及人众出入之处遍悬名人格言，此后更当按时更换以资警惕。

七、拟分组研究学术以广识见。职员中不乏热心教育人士，在监人中不无天资特出之才。拟择在监人之行状善良志愿研究学术者，由职员指导分组研究应用学术,如医药、卫生、法制、经济、农工、商业、书画、雕刻、美术之类,总以所费无多而在监人得受实益者为限。

八、拟添设音乐班以陶冶性情。在监人性情类多愁闷抑郁,缺乏活泼勇敢之德性,而长期囚尤多精神怠倦萎靡不振者。拟仿照从前京师第一监狱办法,添设音乐一班,择在监人之有音乐天才者从事练习。当教诲教育之余,使之及时演奏,俾鼓励听众之兴趣而矫正其偏执之习性。试办之初,先用原有之风琴并酌添中国乐器以资练习。将来拟酌购西乐及留声机片,借资谙练以便演奏。

九、拟购置教育实业幻灯或影片以补教诲教育之不足。从前教育部袁希涛先生由欧美带回教育实业幻灯片发交各校试演,观众增进实业常识不少。商务印书馆出品亦不乏佳片,宜择其足以辅助道德增进实业知识者酌量购置。其款拟以经常费存贮银行之利息充之。将来本省各监狱如需借用亦可轮流借给以广传布。

十、教诲之时间教材之选择及教诲师应注意之事项。

甲、教诲师一员,星期一至星期六每日上午十时以前施行个人教诲,按人数多寡酌定钟点。十时以后轮流至各工场监房施行类别教诲,每日被教诲人数以百人为率。星期日或纪念日等施行集合教诲,总以每犯每周最少须受教诲两小时以上为准。

乙、选择教材要在切理切机。如个人教诲,宜先洞悉在监人犯罪原因及其环境与教育程度对症施药,切忌浮泛不切无关痛痒之语句。在类别教诲,说理宜平易近人并审察多数人之缺陷,指示迷途力予纠正。在集合教诲,宜先说明题旨广征博引,遇紧要处宜聚精会神抑扬顿挫,如父师之耳提面命,必使之心领神会乃已。

丙、教诲师须具备伦理上及心理上之人格方得收教诲之实益。一方宜崇尚德行本身作则,一方必使在监人衷心悦服,毫无疑忌藐视之心。

欲使在监人悦服宜注意后列各事:

一、有感化囚人宏愿,不存五日京兆之心。

二、态度须和蔼可亲如慈母然,切勿有官僚习气。

三、精神宜振作不宜怠惰。

四、身体要健康切忌力疾从公。

五、衣服宜整洁不宜污秽。

六、语言宜清楚,不宜含糊,不明了事毋强不知以为知。

七、见闻宜博,记忆宜强,思想宜敏。毋先后自相矛盾。

八、遇在监人失意事,宜多方解譬,宽其既往勉其将来。

九、做事要决断,要自信,要贯彻,毋犹豫不决毫无定见。

十、犯罪学、犯罪心理学、智力测验个案方法、刑事政策、伦理学、宗教学、演说学、教育学等须加意研习,庶几教诲有方,易收感化之效。

以上所陈各节,是否有当,理合呈请钧长鉴核训示祇遵。谨呈。

附浙江高等法院指令
(第二四五三号)

呈书并悉。所拟计划十条尚属周详,仰于已办者积极进行,未办者次第举办,以期早收感化之实效。至拟提前建筑大讲堂一项,应俟该监第一期工程完竣,察看财力如何再呈核办。除已令派黄维翰一员充该监教诲师,并于十八年度预算案内将该员薪水提出增加及汇案转呈司法行政部查核外,并仰遵照。此令。

附浙江高等法院训令
(第三三○六号)

案奉

司法行政部第二六八八号指令。本院呈为呈复各新监拟具教诲办法检同附件转请核示由,内开:呈及附件均悉。查该新监等所拟教诲办法尚属可行,应准照办。唯第一监狱编印旬刊一节,应将原稿呈由监狱长官审定后再行印刷。第二、第三两监狱教诲时间每周每犯能否受教诲两小时以上,应再明白呈复。仰即转令遵照办理可也。附件存。此令。等因奉此。查各新监拟具教诲办法一案,业经本院转呈司法行政部核示在案。兹奉前因,除分行外合行令仰该典狱长遵照,于饬在监人编印旬刊时,务将原稿由该典狱长核定后再行付印。此令。

《江苏第四监狱孙任呈请拨款开办看守教练由》

呈:为职监开办看守教练拟在作业条例项下酌拨用费仰祈鉴核示遵事。查看守教练于狱务进行所关至巨,职监于上年五月奉令饬克期开办。曾由董前任拟具简章课表呈报备核有案。嗣因军务紧急,戒护重要,未及实行。职于九月接事以后,复以日暮渐短,冬防吃紧,办理困难。仅于每星期三、六两日午后召集看守训话,提举纲目分类讲演,借资补救。此职监看守教练所以延未开办之实在情形也。目下天时渐长,冬防已过,所有看守训练事宜亟应赓续进行以资造就。惟应用书籍、讲义、纸、笔等费每名约需二元,以现用看守三十名计,算共需洋六十元之谱。职监公杂困难,委实无此财力,拟请在作业余利项下如数拨用,以便开办。所拟是否有当,理合备文呈请钧院鉴核令示祇遵,至为公便。谨呈。

附江苏高等法院指令字
(第九一八八号)

呈悉。所拟开办看守教练所事属可行,应准照办。所需书籍、纸笔等费准其由作业余利酌拨四十元俾资应用,如有不敷仰即在该监经常费内撙节挹注,毋稍靡费。切切。此令。

《招考看守训练布告》
附招考简章

为布告事。照得本监现因看守人才缺乏,特招考练习看守十名,加入看守训练班训练,以资造就而备补用。如有志愿投考者,仰即遵照后开简章到本监收发处报名可也。此布。

《招考练习看守简章》

一、本监因看守人才缺乏,特招练习看守十名,加入看守训练班训练,以资造就而备补用。

二、合于下列各项资格者方得应考:

1. 年在二十岁以上,四十岁以下者。

2. 在高等小学毕业或有相当程度者。

3. 身度在四尺五寸以上,体格健全无传染病及嗜好者。

4. 未曾受刑事处分及破产宣告者。

三、报名自五月九日起至十一日止(每日上午九时至下午四时)。

四、考试科目:国文(文体语体听便)、算学(加减乘除)、珠算笔算(听便)、身体测验。

五、考验期间定本月二十日上午八时,自备笔墨到监听候考验。

六、取录者应觅殷实铺保并填具志愿书,经本监查验实在,即拨入看守训练班学习。

七、预备看守因学习所需讲义书籍由本监发给,其学行最优者,在学习期内遇有缺额并得随时提前补用。

《江苏第四监狱孙任呈报看守教练生毕业并送成绩及名册备案由》

呈:为呈报本监看守教练所毕业日期,并送考试平均分数表、看守毕业名册等,仰祈鉴核备案事。查本监看守教练所自本年五月十六日成立开始授课,会终呈报并奉钧院一一五五八号指令核准在案。兹查至上月底止,所有各科均次第授完。旋即分科举行考试,并由典狱长亲率各员监视,于本月七日考试完竣。复将各看守考试成绩评定甲乙,计考列甲等祝庆芝等三名,乙等姚世明等四名,丙等李汉丞等十三名,丁等陆少卿等七名。除陆少卿等七名,因总分数平均不满六十分未能毕业外,所有考列丙等以上二十名均经发给毕业证书。理合造具考试平均分数表暨看守毕业名册备文呈送,仰祈钧院鉴核备案,至为公便。再查方开课时,期呈送看守姓名单内有娄德奎、陈福增、靳可钦、黄永茂、吴鸿章、刘鸿钧等六名均先后请假去职,当以李汉丞、刘炳元等二名补入,及学习主任看守胡子祥

有志向学,亦准予同时授课,故此次所报名册与前册不符,合并声明。谨呈。

卫 生 给 养

《前京师第二监狱置办囚人被服开呈价单乞照准筹款给领由》

呈:为呈请事。窃查本监狱未成立以前,习艺所本非监狱不知请求狱政,囚人被服一无所有。造改组后,其敝百端待举,又限于财力奇绌,事事困难,以致衣服卧具概未置备。去冬仅领旧军衣勉为补缀应用,而被褥一项则不能顾及。此本监狱向无被服之情形也。现在天气渐寒,瞬届冬令,囚人应需被服不得不亟为筹备。检查去年旧军衣类皆破烂已成废物,非从新制备不可。兹经预算以囚人六百名计之,应须新制棉袄、裤六百套,棉被六百床,单褂裤一千二百套,袜子一千二百双,皂鞋六百双。随将各件数目开列清单,赴各军衣庄探询实价,一面往北京监狱调查其自制囚衣价,值使其切实估计开具价单。并饬军衣庄阜华、华丰厚各开价单,并送布样以资比较。查核各单价格内,北京监狱共计估价银五千一百六十元,阜华六千三百四十二元,华丰五千七百二十四元。惟值此财政奇窘之际,综计此项被服至省亦须五千一百六十元。非不知为数过巨不易筹拨,但此被服囚人健康上有莫大之关系,苟不置备势必有冻毙之虞,将来疾病丛生更所不免。况各监狱被服均属完全而本监狱独付阙如,是同一罪犯而给养迥别,亦殊失狱政之平。某责任攸关碍难缄默,凡此情形实非得已。如果实系款无所出,只可于万难核减之中为节省变通之计,即以现在两次领到单军衣作为单挂裤,讲将单开单挂裤一项删除暂不添置,然其余棉被、棉袄裤以及鞋袜实属万不能少。以上各件按单计算仍须四千一百六十四元之多,实已无可再减。应请如数发给,以便置办。谨将北京监狱估开价值缮具清单理合检同阜华等号开送价单布样具文呈请钧部鉴核,并恳体念本监狱困难苦衷,准予筹款如数给领,不唯众囚得免寒苦,感戴鸿慈,实于狱政前途有裨益矣。谨呈。

《浙江第四监狱呈复浙高院干饭用米以一与二八为比例差及稀饭用米每餐四两为最高额实行困难情形并现在拟用米量请查核准予变通而保安全由》

案查本年三月十七日奉

钧院第九八四八号训令内开:

查每米一两足以成饭,二两八钱依实验所得,大率不相上下。各新监所如果依此标准支销米粮数额,本属毫无疑问。兹审核各监所造报囚粮用款四柱册表,其结算月报备考栏内所列每顿发给干粮数量,核与各该监所呈报每餐给饭两数尚有未尽相符者,每人每餐溢列干粮一钱,每百人日即多支生米二十两,每人每餐溢列干粮一两,每百人日即多支生米二百两。稀饭用米有每餐列支三、四、五、六两不等者,以一个月计以一百人以上计,为数即属可观。似此任意列支,其在监所长官或有未悉底蕴,一任承办人之设法列报。本院循名责实,要不能不惟长官之是问。除分令外,合亟令行遵照,自本年二月份起本院审核各监所用米标准,即就各该监所前报每餐给饭数量以一与二八为比例差,稀饭每餐用米以四两为最高额,其有超越标准数擅便列报者,认为报销不实论。仰即遵照办理毋违。此令。

　　等因奉此。自应遵照办理,惟查职监人犯食粮向系依其劳逸规定数目,给以干燥饭食。大约每米一两煮饭二两四钱三分,余在各人犯亦习以为常,饱食暖衣历年相安无事。兹奉令指示前项标准,典狱长即于次日督饬二三两科主科看守长将少数斤两之糙米就小饭锅内试验,其结果每斤糙米煮饭四十四两零,每米一两约成饭二两七钱五分余,但饭身已湿。第三日乃实行煮用,其结果每斤糙米煮饭四十四两三钱余,每米一两约成饭二两七钱七分余,饭身更湿。及至放饭,即有甲监十一、十二、十三、十四等号监房人犯推定王银川、项志钏、李阿清、金奶儿四名报告今日饭太稀,不惟吃不饱又吃不惯,请求照常发给以示体恤。因于是日晚饭仍少放水,其结果每斤糙米煮饭四十一两零,每米一两约成饭二两五钱七分余,饭身较燥。发放时各监房人犯尚无异言。嗣后拟暂按此标准办去,否则现在收容男女人犯已达五百七十余名口,其间盗匪、反革命居其多数,平时管理即感困难,深恐强令受食激成变故,反难收拾。至于稀饭用米以前每名每餐支白米五两左右,查因粮结算日报表载每日吃稀饭者大概一百四五十名,自奉令改为四两,每日吃稀饭者只有三四十名(因平时盛稀饭碗较大,用米少则过于稀之故)。以每日百人吃稀饭易而为吃干饭之米数计算,公家损失似属不少,以一个月计算为数亦觉可观。自不得不稍予变通,每名每餐暂用米四两五钱以惠因食藉省公帑。奉令前因,理合将干饭用米以一与二八为比例差,及稀饭用米每餐四两为最高额实行困难之处,并现在拟用米量一并备文呈请钧院查核,伏乞俯念职监特殊情形,准予变通而保安全,实为公便。谨呈

附浙江高等法院指令

令第四监狱典狱长叚良琛

　　呈一件,呈为奉定用米标准尚有困难,拟具用米数量恳准酌予变通由。呈悉。据称糙米成饭分量奉定标准迭经试验微有不足请准量予变通,姑以该监日用米身系属糙米,应准量予变通,仍由该典狱长督率经办人员认真办理,勿任滋生流弊,仰即遵照。此令。

《湖北第一监狱呈请临时添雇医士二员及增加药费由
囚粮盈余项下开支乞令遵由》

窃查本监执行人犯恒达千名以上，超过容额，极形拥挤。疾疫发生自所不免，时当夏令尤为特甚。以故本监人犯患病常居全监十分之一二，中西医士各仅一员，内科外科分别担任。按名治疗已属难周，精细诊断更不可能。药费一项预算规定月仅百元，以百名病犯计之每名仅得药费三分，药价高昂何能敷用，是以药费月有超过。夏令已届需药尤多，此皆事实上之困难。新宇职责所在，未敢长此因循，而际此政费紧缩之时，呈请迢加预算自属难能，为挽救囚命又未便因噎废食。拟请暂时添雇医士二员，月各支津贴三十元，并临时增加药费六十元，由囚粮盈余项下开支。以囚人用费之所余用之于囚人之身，一举数善，未始非整顿狱政之一道。是否有当，理合具文呈请钧长鉴核令遵。谨呈。

《湖北第一监狱呈本监监房拥挤气候转寒病犯增加及
督饬整顿经过各情形祈鉴核由》

窃查本年夏秋之际气候极燥，秋分以后骤然转寒，以致疾病丛生。本监收容人犯月有超过，尤以钧院检察处及警备司令部发监执行在所羁押已久之长期徒刑人犯居多，此种人犯平日既未劳动，体质多不健全，且衣被欠缺，一遇气候失时风湿最易侵入。以言疏通，分监仅能容额二百二十名，现已收至二百三四十名，势难再拨。即令有额可转，亦只能就短期徒刑之犯，而五年徒刑以上仍为法令所限。至于第二监狱仅成立一部，组织不备，不惟长期徒刑人犯不便拨解，即短期人犯体质孱弱者亦难转禁。故该监开办以来，仅拨体壮男犯四十余名，此外保释假释虽月有举办而合法定条件者究属寥寥。此疏通困难之实在情形。近旬日来阴雨连绵气候突寒，病犯较增。查各监患软脚者已增至百数十名之多，每日发中药计在百剂以上，西药亦五六十剂不等。迭经饬令中西医士研讨病原及补救预防方法，金以服食糠秕、薏仁、红枣较为适宜，连日均系大宗购买给食，并督饬中西医士加紧治疗，延长诊断时间三小时。各该医士等均能恪尽职务，自朝至暮潜心诊治。拟于各该员正津贴之外，再酌给津贴，以示体念勤劳之意。此时但求于病犯有济，防止纵法，款归何出容再筹定呈报。以上监房拥挤气候转寒病犯增加及督饬整顿经过各情形，理合备文呈请鉴核。谨呈

《湖北第一监狱呈报监犯过多天气炎热急病丛生拟具暂行疏通
办法祈鉴核示遵由》

窃查本监收容人犯常达千名左右,在平时已嫌拥挤。本年入夏以来天气异常炎热,以致各监急病丛生。新宇早虑及此,督率各医士昼夜巡视,未尝稍懈。惟近日以来,暑气更烈,每日陡生急病者不下数十人。幸预防周密,一遇有瘟疫发生,则立时扑灭。虽死亡尚为无多,而传染已极堪虞。去岁武汉水灾,本监连同汉口各监所寄押人犯收容已达一千三百余名,较本年羁押人犯尤多。其所患病稍少者只以天雨时多气候较凉,现在将进初伏,即异常酷热,似有日剧一日之势。若不设法疏通,倘疫症层见叠出,势必防不胜防。查湖北军人监狱执行人犯尚有空额可资容纳,拟将本监军事人犯暂拨三百名送往继续执行。恳祈钧院转请驻鄂绥靖主任公署及武汉警备司令部转令军人监狱知照收容,以资疏通。并恳转函检察处令饬武汉两地方检察处将判决短期人犯由各看守所另辟一号暂事监禁,一俟天气转凉仍行解送本监执行。是否有当,理合备文呈请鉴核示遵。谨呈

赦免假释保释

《前北京监狱呈请将人犯贾丫头假释由》

为呈请事。查本监狱人犯贾丫头即贾万和一名,系顺天府宛平县人,于前清光绪二十八年系强盗供获首盗罪,依章程伙盗供出首盗罪限内拿获减为斩监候,秋审缓决十次,例应减遣。照新刑律施行细则第四条第四款改处徒刑十二年,于元年十一月转入本监算至三年三月期满,现在刑期已过十分之九。兹届第一次行状审查期间审定行状善良确有改悔之据,自应依据暂行刑律总则第六十六条呈请假释,唯该犯转入本监仅及四月,未敢率尔举行。当即检送行状录一纸,函请监狱司转饬前刑部监暨前管守所各职员将该犯在旧监时之行状逐项填写,送回本监狱以凭参考。去后兹准监狱司将该职员等所填该犯行状录函复前来,核与本监狱所查相符。是该犯改悔行状已确凿,可据理合将身份簿一册及前提牢官弼敬前守管所总管守长傅绍儒等所填该犯行状录一纸呈送鉴核,是否可行,恳请指示。再《假释规则》第一条假释者须受居住地该管警察署之监督,等语。查该犯现住西直门外龚村归宛平县西郊第四区自治会管辖,该处警察署尚未设立,所有监督一项可否由大部行知内务部转饬该区自治会办理,请一并指示遵行。谨呈

附司法部指令
(二百五十三号)

据北京监狱呈称:本监狱人犯贾丫头即贾万和于前清光绪二十八年系强盗供获首盗罪,依章程伙盗供出首盗限内拿获,减为斩监候。秋审缓决十次例应减遣。照新刑律施行细则第四条第四款改处徒刑十二年,于民国元年十一月转入

本监,算至三年三月期满,现在刑期已逾十分之九。兹届第一次行状审查审定行状善良确有改悔之据,自应依据刑律呈请假释并附呈关系书类六件送请指示。等因。查北京监狱人犯贾丫头即贾万和由斩监候秋审缓决十次改遣后改处徒刑十二年,通计在监日数已逾刑期十分之九,在监行状善良确已悔悟,证据俱甚完备。核与暂行刑律第六十六条所载假释条件悉相符合,应即准予假释。又据呈称该犯现住西直门外龚村归宛平县西郊第四区自治会管辖该处尚未设立,警察所有监督一项可否由部行知内务部转饬该自治会办理等因。查该犯居住地既无警察机关,自应变通办理。除函达内务部外仰该典狱长查照假释规则第十四条斟酌办理,并将办理情形报部备案。此令。

《江苏第三监狱呈高检处监犯李阿恺等二十名行状善良拟请保释出监由》

呈:为监犯李阿恺等二十名行状善良拟请予保释,谨填送报告表仰祈鉴核事。窃查执行人犯李阿恺、王得富、王阿有、施金林、何元庆、周盘、顾朝聘、包金生、刘如元、袁寿贵、徐邦桢、吴河云、朱和尚、陈幅全、唐锦芳、钱阿二、朱锦生、时逸斋、尹金生、卢焕林等二十名自执行以来颇能遵守规则悔悟前非,其经过刑期均逾二分之一。案由罪名核与保释条例尚属相符,兹职监容犯早经超过定额,为疏通号舍并策励人犯自新起见,拟请准予保释。除取具各该犯监督人保结饬候示遵外,理合填具报告表备文呈送,仰祈钧处鉴核施行。再该犯卢焕林、施金林二名均犯刑法第二百五十七条第二项之罪,尚无监犯保释暂行条例第三条第十二款之情形,兹将该二犯执行之原判决书附送呈核,合并声明。谨呈。

《前内务部训令警察署应按照假释管理规则注意办理由》

准司法部函称本部依据暂行新刑律订定假释管理规则,暨假释证书已于本月十五日送登政府公报。唯此事关于警察署者甚多,系属贵部管辖范围之内,希转饬京外各警察署于假释者监督事项遵照规则切实办理等因。除前项规则已由司法部送登第二百八十二号政府公报公布外,合行通令遵照切实办理可也。此令。

《司法行政部指令湖北高等法院首席检察官呈送监犯苏环琴等假释文件由》

呈及附件均悉。据查该监苏环琴、赵华三二名执行刑期均逾十年,并有悛悔实据。核与刑法第九十三条尚属相符,应准假释。仰即转饬遵照假释管束规则妥慎办理,并将出狱日期具报备查。再查各该犯作业表行状录等自十三年五月起至十七年三月止均付阙如,当系各该前任典狱长向未遵填,至十七年四月以后行状录审定一栏亦未加以按语,殊嫌疏漏。嗣后务须注意。附件存。此令。

附原呈

呈:为呈请核办事。案据第一监狱典狱长郭昭呈称:案查中华民国刑法第九十三条规定受徒刑之执行而有悛悔实据者,无期徒刑逾十年后有期徒刑逾二分之一后,由监狱长官呈司法部得许假释。属监上年曾按照该条例先后呈经钧处转奉司法部核准陈道坤、陈有送、刘大旺、龚有太等假释出监在案。兹查监犯苏环琴原于民国八年三月十日由湖北高等审判厅以其共同杀人判处无期徒刑,陈方备于民国八年五月十九日由高等审判厅以其和奸杀人判处无期徒刑,复于同年八月一日经大理院判决上告驳回,赵华三于民国八年二月十七日由大理院以其杀人判决无期徒刑。执行均在十年以上,该犯等行状善良,确知悛悔。前在军阀负固革命军围城,囚粮断绝,有期徒刑人犯奉令放免一空。该犯等日啜稀粥一次,绝无怨言。民国十六年十一月监犯希图暴动脱逃之际,苏环琴适充杂役帮助当班看守将其大号铁门急加锁闭,力为阻止。陈方备在工厂服务不独自行检束并能劝导一般囚人恪守狱规,尤属有功。于监狱按照新刑法第九十三条假释之规定适相符合。特于四月二十六日开监狱职员会议,佥以该犯等悛悔有据,正宜准予自新借昭激劝。当经讯据苏环琴报请委任,其表亲赵文升、陈方备报请委任,其族叔陈锡周或族弟陈楚珍、赵华三报请委任,其叔祖赵庆生为各该犯监督人。即以各该监督人能力如何,能否负完全责任,依照假释管理规则第十四条第二项规定办理无从悬揣,分函武汉市公安局东区公署及黄冈行政公署黄陂司法公署传唤各该监督人到署,察看确系本人并无顶替。取具妥保切结,并饬各该监督人各具保请释各该犯,保状等件分别署名盖章。核定函送转呈去后。兹准武汉市公安局武昌分局暨黄陂司法公署先后函复传唤各该监督人到署预讯,确系本人并无顶替情事。又准黄冈县政府以据陈锡周等函称陈方备居住雅淡区,与锡周等隔绝大江监督不便,惟伊亲属陈波澄等居近咫尺朝夕相依,情愿出甘结监视一切等情。复传陈波澄等询明确系实情,函复并各附保状等件前来。属监复查所送保结等件,惟苏环琴无监督人,赵文升保结另由徐海清具保,赵华三无监督人,赵庆生保结另由张永茂保前监督人与属监原定办法稍有参差,然各该监督人均于事项清册内署名盖章手续似亦完备。理合检同保结及各该犯身份簿、刑名、刑期事项清册并抄录原则及属监职员会议同意书,具文呈请鉴核,俯赐转呈。又前函各县传讯监督人时尚未奉钧处转发假释管束规则,故援引系用旧文,合并陈明。等情据此。当查陈方备一名执行刑期尚在十年以内与法不合,除指令发还外,其苏环琴、赵华三二名核与假释条例尚属相合。理合检同身份簿等件具文呈报钧部鉴核示遵。谨呈。

《江苏第三监狱假释会议同意书》

本日会议为监犯某某某若干名,历届行状审查期间均认为确属善良悛悔有据,其经过刑期无期徒刑者已逾十年有期徒刑者已逾二分之一,依据刑法第九十三条应予呈请假释。是否同意,特开会议公决之。

提议者　　典狱长

同意者　　看守长

看守长

看守长

候补看守长

候补看守长

候补看守长

教诲师

教　师

主任医士

不同意者

无

民国　　年 月 日

假释保结式

具保结人＿＿年＿＿岁住＿＿＿＿＿＿＿＿今具到江苏第三监狱,案下情因＿＿＿＿＿＿＿＿一犯蒙办理假释,民人愿甘保领该犯出狱并负完全责代,如有违反假释规则及不法情事,当即声请撤销假释。所具保结是实。

具领人

住

中华民国　　年 月 日

店主

住

《江苏第三监狱令查对保结由》

查监犯许得胜、潘诵楣、任桂友、陈七大等行状善良,拟办假释一案,业经会议同意并取具保结在案。所有各该犯之保领人杭柏英、陆步升、倪鸣卿、朱肇芬、李宗贤、任培德、沈小弟、马和尚、陈阿士实在有无其人,其所盖店戳名章是否先征同意愿甘担保并负完全责任,合行令仰该员立即前往各该处切实查询明,确据实具复以凭核办，毋稍率延。切切。此令。

计发保结四纸辨毕仍缴

《江苏第三监狱办事员查复保结报告》

呈：为呈覆拟办假释各犯保领人调查经过情形仰祈鉴核事。案奉钧长令开：查监犯许得胜、潘诵楣、陈七大、任桂友拟办假释一案，所有各犯之保领人实在有无其人，其所盖店戳名章是否先征同意愿甘担保并负完全责任，合行令仰该员前往切实查询，明确据实具复。切切。此令。等因奉此。遵即前往实地查询，查得许得胜、潘诵楣、陈七大三名之领保人均与保结上相符，惟任桂友之具领人任培德系该犯胞弟，保结载明临顿路孙同兴糖果店内，其实在孙同兴门口摆摊。家住北街周通桥一号门牌，担保人与保结相符询据以上各该领保人佥称所盖店戳名章委系先征同意，愿甘担保并负完全责任。各等语。理合将调查所得情形具文呈覆，仰祈鉴核。

《江苏第三监狱呈请假释许得胜等由》

呈：为监犯许得胜等行状善良拟请假释，附送身份簿会议同意书及保结，仰祈鉴核转呈事。窃职监执行人犯许得胜、潘诵楣、任桂友、陈七大四名自入监执行以来颇能痛改前非恪守规则，历届行状审查期间均认为确属善良悛悔有据。其经过刑期无期徒刑者已逾十年有期徒刑者均逾二分之一，核与刑法第九十三条之规定均属相符，经职提出，监狱会议已得各职员一致同意。理合检齐身份簿会议同意书及保结一并随文附送，仰祈首席鉴核，转呈指令祗遵，实为公便。谨呈

江苏第三监狱假释人监督委任状

根存状任委

江苏第三监狱假释人监督委任状

兹有本监假释人　　名在假释期间内一切

行为委任　　监督仰即查照假释管

束规则办理此状

计开假释期间

自　年　月　日起

至　年　月　日止

中华民国　年　月　日

委字第　号

状任委

江苏第三监狱假释人监督委任状

兹有本监假释人　　名在假释期间内一切

行为委任　　监督仰即查照假释管

束规则办理此状

计开假释期间

自　年　月　日起

至　年　月　日止

中华民国　年　月　日

《江苏第三监狱通知假释人家属到监领受由》

为通知事。案查本监人犯许得胜、潘诵楣在监执行以来行状善良应予呈请假释，业经传知，并据各该犯亲属送到保结在案。兹奉江苏高等法院检察处转奉司法行政部指令照准。本监订于阳历十月十四日（即废历九月十二日）下午二时举行假释，合仰该家属迅将该犯出狱后居住地所辖公安局区署查明，即日报告前来，以凭核办。并仰该家属觅同监督人陆步升、朱肇芬暨原保人杭伯英、倪鸿卿届期到监具领，勿误。特此通知。

《江苏第三监狱函知假释人原判法院由》

径启者：案查敝监执行人犯潘诵楣吴县人因犯行使伪币罪判处徒刑五年。该犯于十五年九月三日经前吴县地方检察厅送本监执行，应算至民国二十年八月十六日期满。历届审查均认为行状善良悛悔有据，业呈由江苏高等法院检察处转呈司法部请予假释，奉指令照准在案。兹定于本月十四日下午二时举行假释，并遵照假释管束规则第一条委托该犯之亲属监督。除查照同规则第四条之规定分别函知外，相应函达贵处请烦查照为荷。

《江苏第三监狱函知假释人所隶公安局照章管理由》

径启者：敝监执行人犯潘诵楣因犯行使伪币罪判处徒刑五年应算至民国二十年八月十六日期满，历届审查均认为行状善良悛悔有据，业呈由江苏高等法院检察处转呈司法行政部请予假释，经奉指令照准。兹定于本月十四日下午二时举行假释。查假释人应由该管公安局照假释管束规则办理，该假释人潘诵楣现住苏州城内桑叶巷四号，系贵局所属北区署管辖，除遵照假释管束规则第一条另委该犯之亲属朱肇芬监督外，相应函请贵局行知该管公安区署查照办理为荷。

《江苏第三监狱呈报假释日期暨检送影片由》

呈：为具报假释人犯日期谨检送影片仰祈鉴核事。案奉钧处第三七七二号训令开：案奉司法行政部第八六一〇号指令本处云云，此令。等因，遵于十月十四日将人犯许得胜、潘诵楣二名提至教诲堂举行集合教诲，详加训诲。并集合在监人合摄一影以资观感而留纪念，事毕即将该犯等分交各监督人带领出监。除已函知原审判衙门暨各犯居住地公安区署照章监督外，理合具文呈报并检送影片仰祈鉴核转呈，实为公便。

《山西第五监狱呈报假释人犯雷二黑则等出监日期由》

呈：为呈报假释人犯雷二黑则等情形并出监日期事。案奉钧处监字第三〇五号训令内开：案查前据该监呈请假释犯王万林等一案业经本处转呈司法行政部核示，并指令知照在案。兹奉指字第一〇四九七号指令内开：呈悉。监犯王万林、贺刘氏、雷二黑则、冯南厮、燕金生等五名准予假释，仰即转饬遵照假释管束规则妥慎办理，并将假释出狱日期呈报备查，保状发还余件存。此令。等因计发还保状五本奉此。除将保状存查外，合行令仰该典狱长遵照办理。仍将遵办情形及日期呈候转报此令。等因奉此。除燕金生一名于八月二日复准原审灵石县政府函送该犯减刑裁定扣算刑期早届期满，当于八月四日依法开释外，所有人犯雷二黑则、王万林、冯南厮、贺刘氏等四名口除遵于本月十八日集合全监罪犯并提该雷二黑则四名施行假释教诲后，分别谕知给予假释证书依法假释出监外，并遵照假释管束规则分别函请该雷二黑则等居住所在地之县政府饬令公安局并原保人等于该犯出监后切实监视，务使各务正业不得再有违法行动，以滋咎戾。兹奉前因，理合将该雷二黑则等四名口假释情形并出监日期具文呈报鉴核，转报施行。谨呈

《湖北第一监狱呈为无期徒刑人犯经大赦减为有期徒刑者可否仍以入监之日起依法办理假释请据转部核示饬遵由》

窃查无期徒刑人犯在监行状善良悛悔有据，执行刑期经过十年以上者，依法本可办理假释。惟此次大赦减为有期徒刑系以减刑裁定之日为刑期起算之日，其执行已经过十年以上者及在执行中迄至减刑以后刑期经过十年可否办理假释，不无疑问。理合备文呈请钧处鉴核示遵。谨呈。

附湖北高等法院检察处
（第三〇七六号指令）

呈悉。查

司法行政部二十一年十月十五日第二四七三号训令浙江高等法院首席检察官郑畋略开：查无期徒刑人犯在执行中已有悛悔实据者，如大赦减刑后溯及其最初受刑之日计算执行刑期已逾二分之一自可办理假释各等语。该在监人既在无期徒刑执行中迄至减刑以后刑期经过十年以后均属行状善良悛悔有据，自可依刑法第九十三条第一项办理，仰即知照。此令。

附司法行政部训令字第二四七三号二十一年十月十五日案准司法院本月八日第二四七号公函开：据浙江高等法院首席检察官支代电称，据开化县县长呈为无期徒刑人犯于大赦减刑后办理假释应如何计算刑期一案，转电请示

到院。事关大赦,相应抄送原电函请查核径覆等因附抄电一件到部。查无期徒刑人犯在执行中已有悛悔实据者如大赦减刑后溯至最初受刑之日计算执行刑期已逾二分之一自可办理假释,合行令仰该首席检察官转饬知照。此令。

附原电

南京司法院居院长均鉴:案据开化县县长谢任难呈称:查执行无期徒刑之人犯如有悛悔实据者限十年以上即可呈请假释,历经遵令办理在案。现奉部办理大赦后无期徒刑既有裁定减处有期徒刑十五年如执行中已有悛悔实据者,则减刑后之办理假释可否连最初受刑合于减刑二分之一以上即可办理,抑或仍须连最初受刑满十年以上方可办理,职县未敢擅专,乞请电示祗遵。等情到院。案关法律解释理合呈请钧院迅赐解释,俾便祗遵。

《江苏高等法院检察官训令苏二监组织假释保释临时审查委员会办法由》

案奉

司法行政部第一七三六号训令内开:案据本部监狱司司长王元增呈称:据报江苏第二监狱现收人犯二千一百余名,合于大赦条例即可释放者不过二百四十余人。其余人犯仍超过定额一倍以上,其中合于保释假释者本不乏人,只以历年办理不善物议沸腾,以致束身自爱之人恐招物议不敢继续呈请,即或照章呈请而高等法院亦因有所顾忌未能尽行核转。故本部虽叠经通令励行假释保释而呈报仍属寥寥,可否由部派科长或科员,并令该管高等法院及上海地方法院各派检察官一员,会同该监典狱长组织临时审查委员会共同审查,其合于假释保释者立由该典狱长照章呈请,以资疏通。等情。事关整顿狱政,自应准予所拟办理。除令委本部科员李兆铭会同该首席检察官所派之检察官前往组织临时审查委员会从事审查外,合行令知仰即遵照办理,并将遵办情形呈报备查。此令。等因奉此。除令派本院检察官沈秉谦及上海地方法院检察官吴德莹共同审查外,合行令仰该典狱长即便知照,并将遵办情形呈候转报。此令。

《江苏第二监狱(田典狱长立勋)因人犯拥挤请提前办理大赦借资疏通由》

呈:为囚徒猬集,疫疠时乘,兹奉大赦,盼切疏通,仰祈矜察,提前核办事。窃某某接任之初,点查在监人犯已有一千九百余名,继以易禁还押及地方法院日常解送者络绎而来,截至本日止,共计旧管新收竟至二千一百余名。而地院判决者尤复纷解不已,所有属监工场地位一时俱作监房,纵横插押,病患日多。呻吟之声达于禁外。加以酷暑蒸腾时疫并起,若不赶急疏通,必至死亡相继。某某目击心酸,昕夕忧惧,所幸赦令颁来,深为慰藉。不能不恳请钧处鉴其情有特殊,委派专员提前核办,庶可拯疲民于将死,维狱政于临危。此事实异寻常,用敢临歧请命,是否有当。理合具文呈请钧处鉴核迅示祇遵,实为公便。谨呈。

《江苏第二监狱呈办大赦减刑并送清册请查核由》

呈:为呈送裁定大赦减刑人犯花名清册仰祈鉴核存转事。案奉

钧院首席检察官第四二一号训令内开:案查办理大赦凡应赦免人犯应于令到十日内一律开释,即凡减刑案件亦限于本年九月三十日以前办竣。已奉部颁办理大赦案件注意事项第一条声明在案。诚恐各监所有他县寄禁之判决确定人犯或因原判决书遗失而无从核办其原审机关抑或有因案犯移禁他处漏未查案呈请减免者,合行通令饬查,仰该典狱长遵照,务于文到十日内将该监内他县移禁人犯合于赦免者列表呈报,并限本月内将所有应行减刑人犯造册呈报。此令。等因奉此。当经卷查历任移禁他县人犯,得有数起,业将上海地方法院裁定减刑书分别函送。旋准奉贤、川沙、松江、宝山各县与苏省临时收容所江宁地方法院先后函复照书执行。又查寄松江之吴孝山、寄禁嘉定之金小宝在监病故,徐三一名于本年四月经松江县法院保释,吴三、赵如春二名在嘉定脱逃,俱经各该县府呈报钧院在案。惟查金山、无锡、宜兴、太仓等县迄今多日尚未接准来函,莫悉究竟。至本监现押减刑人犯有由他县判决寄禁者早经先后函知各原判机关,检送判词同时并已造册呈报钧院。继将陆阿康、曹福全二名呈明,迭经奉到指令内开,仰候汇案核办。等因。旋复函催上海地方法院将此次应行减刑人犯提前赶办裁定送监,去后月来综计已送裁定赦免者五人、减刑者四百四十六名口,除一面待送齐全另报结束外,理合先将已送之胡子康等四百五十一名口造具清册备文呈送,仰祈鉴核。存转指令备案,实为公便。谨呈。

疾 病 死 亡

《前北京监狱请令传染病犯先送医院诊治由》

为呈请事。顷据本监狱医务所长董之云报告,本月四日入监人犯二百七十二号、二百七十三号,六日入监人犯二百七十九号、二百八十二号,八日入监人犯二百九十一号,十日入监人犯一百○三号、二百九十四号于施行健康诊断时发现一种传染热症,业经留在病监医治。近得开滦矿务公司西医安德禄报告,该处发生累热症传染甚速死亡者约百分之十五,核其病状与该犯等所患相同。本监狱

在监人犯现已达三百余名,若不严行预防危险实甚。除商同第二科于工场监房等处励行消毒外,可否呈请司法部通告京师各级检察厅嗣后凡有患病人犯暂行停送,若入监时有类似此种之热症者可否拒绝其入监以杜传染等语。查东西各国监狱法对于患传染病者本有得拒绝其入监之规定,唯我国监狱法尚未颁布,各种传染病名亦未规定应否拒绝无所依据。本监狱传染病室仅有四间,地方检察厅每次所送人犯有四五名或一二十名之多,隔离之法无从实施。拟请通令京师各级检察厅嗣后判决人犯应送本监狱执行者请先电知以便派医士前往会同该看守所医士先行健康诊断,如发现有传染病之疑似者径由该厅送交医院诊治。一俟痊愈再送本监狱执行以杜传染而重生命。是否有当,恳请指示祗遵。谨呈。

《前北京监狱呈请将病重犯薛润生保外医治由》

为呈请事。本监狱病犯薛润生系犯诈欺取财罪,经京师地方审判厅判决处徒刑三年,于本年二月二十七日由地方检察厅送至本监狱执行。本月十日该犯患寒热病,当即收入病监疗治。兹据医务所长董之云报告,本月十日诊得该犯病状,恶寒发热、大渴思饮、舌唇干燥、脉搏九十九度、热度百零二度,当即投以下剂。十一日其热度上升半度,即与以退热之剂服之。十二日热度仍升不退,十三日热度仍稽留不退,并见重听、耳鸣等状。现与以强壮之剂服之,恐其将陷虚脱。据该犯病状热度诊断,系肠窒扶斯病症。现在病势加重,恐有不测等语。当即通知该犯家属旋经该犯胞弟薛顺起暨母舅任华卿等来署请求保释医治,查监狱律草案第一百三十九条罹精神病、传染病或其他之疾病认为监狱内不能施适当之治疗者,斟酌情形得经监督官署认可交付亲属或移送病院。又本条第二项认为有紧急情形者,典狱得先为前项处分,再请监督官署承认等语。唯现在尚未颁布,未便引用,可否保出之处,恳请指示祗遵。谨呈。

《江苏第三监狱呈报保外医治人犯病故由》

呈:为具报停止执行人犯沈荣魁因病身故仰祈鉴核备案事。窃职监执行人犯沈荣魁系犯贩卖鸦片罪判处四等有期徒刑一年八月,并科罚金四百元,因在监患病甚重,业于本月十九日呈奉钧院检察官第六号指令准予停止执行保外医治。职监遵于本月九日将该犯提交保人某某带领出监,经呈报在案。兹据该保人某某报称沈荣魁于本月一日下午十一时在本宅身故,当经派员复查属实。除函请吴县地方法院检验外,理合具文呈报。仰祈钧院鉴核备案,实为公便。谨呈。

《江苏第三监狱电因寄押军犯伤重请核示由》

国民政府军事委员会钧鉴:本月六日准钧会残废军人教养院函送不法伤兵

丁兆焕一名到监,年十八岁、北平人,请代为收押。等由。该犯兵右腿中断,左胫内藏弹片伤未治愈,厥状极惨。查监狱规则内载精神丧失或因监禁不能保其性命之虞者得不收之,职监为执行机关自应注重人道,当以该犯兵伤势最重恐于生命有关,依法拒不收容,而教养院迄不见允。现在丁犯在监日夜呻吟,妨碍纪律,几无法制止。职监向无治伤医士,如发生不测谁负此咎?为此电请钧会俯察下情,此项伤兵应否羁禁监狱,仰祈鉴核令遵。江苏第三监狱叩。虞印

《江苏第三监狱函请派员检验保外医治病故人犯由》

径启者:敝监执行人犯沈荣魁一名,四十岁,淮阴县人,因犯贩卖鸦片罪判处徒刑一年八月并科罚金四百元。因在监患病甚重,于本月十九日呈奉江苏高等法院指令第六号准予停止执行保外医治在案。兹据该犯保人甲报称沉荣魁于本月某日下午十一时因病身故。等语。当经派员覆查无异,相应函请贵院派员莅关门外胡家墩检验,以便棺殓,至纫公谊。

《前北京监狱函请派员莅验病故犯张树森由》

径启者:本监病犯张树森一名,年五十六岁,系三河县人。因贩卖人口犯案经京师地方审判厅判处徒刑五年二个月,于本年正月二十八日经贵厅移送执行在案。入监时自称曾患痢疾,经本监狱施行健康诊断尚无异状,惟体格薄弱营养不良,至二月六日痢疾复发,当即拨入病监医治。二十二日据该所长董之云报告,该犯系患肠结核性溃疡症,令服止痢剂时重时轻,至二十一日精神恍惚,二十三日昏瞆殊甚,病势危急,呈请核办。前来。当即通知该犯家属,未及二时又据该所长报告,该犯于是日下午四时呼吸短促、脉搏沉细、粪便自流不止,灌药不能下咽,于四点半时气绝身亡。等语。典狱长覆查无异,应请贵厅派员莅验,以便瘗埋。

《浙江第四监狱呈报浙高院监犯孙碎苟未经保外医治祈鉴核备查由》

案于本年六月九日奉

钧院第一四九二二号指令,职监呈一件呈:为在监人孙碎苟患湿温重症,可否予以保外,缮送清册祈核示由。内开:

呈件并悉。该犯孙碎苟所患湿温症既据日趋沉重在监无法治疗,准予保外一月俾资调治。限满责保交案还监报查。除函请本院检察处查照外仰即遵照办理,册存送。此令。

等因奉此。自应遵照办理,惟查奉令之日该犯孙碎苟病势适有转机,似无保外医治之必要。经饬科提出,该犯谕知保外医治案业经呈准保外一月俾资调治,限满仍须回监执行残余刑期,与其保外医治限满仍须回监,曷若乘此服药见效之时仍以在监治疗,待执行期满再行出监较省周折。该犯当即遵从。现查其刑期执行将满,病已全瘳。理合将未经保外医治缘由备文呈报,仰祈钧院鉴核备查,实为公便。

附浙江高等法院指令

呈悉。该在监人孙碎苟既据病已稍痊,未经实行保外,应准将因病保外原案予以注销。仰仍录案分报本院检察处查核备案。此令。

脱　逃

《江苏金坛县呈报人犯越狱请通缉由》

为呈报监犯徐宝川等暴动伤人乘间脱逃,仰祈鉴赐通缉事。本年八月二十三日,据管狱员沈炳文呈称:窃自蒋总司令宣言辞职后,此间人心不无浮动。炳文鉴于狱中囚犯多系年久老囚刁顽异常,深恐乘间图逃,看守只有四人戒护难周。正拟呈请钧署酌派游击队协助戒护间,不意于八月二十一日晚七时许监犯突然暴动,手持板凳哄至内监门,看守阻止遭殴。炳文闻声出现,众囚如蜂拥上,拳足交加。炳文因局势已危,奋不顾身督同看守竭力抵御,奈囚犯众多抵挡不住,炳文被囚犯将手中所持板凳击伤头部,晕跌在地。看守胥金山、朱尔详亦被击伤。在此慌乱时,各囚犯夺门而出。幸炳文先已遣役飞报公安局,蒙派巡警到监,始克制止。点验监犯已有四名逃脱,随即报告公安局,一面面禀县长奉派巡警及游击队会同看守跟踪追捕,至丹阳门城外河内捕获逃犯王细狗一名,除先将获犯呈请迅办。其余三名仍督饬看守上紧追缉外,理合将监犯暴动脱逃暨炳文等被击受伤情形连同逃犯名单具文呈报,仰祈鉴核俯赐验明伤痕。一面通缉逃犯归案法办,实为公便。等情。正核办间,即据游击队长报,解缉获逃犯王细狗一名到案。当经开庭提犯研讯,据供:此次越狱是徐宝川起意的。十天前他和小的与姚洪、孙耀汉商量逃走,看守都未听得。二十一日上灯时,徐宝川、姚洪各拿木棍、麻绳二根,徐宝川首先动手,我与姚洪、孙耀汉上前帮助。先由徐宝川撬开监门,看守及管狱员们前来拦阻均被我们击退,一同逃至城上用绳缒下逃逸。我最后缒绳,失手跌伤,不能逃走,致被拿获的。管狱员们的伤不晓得被那个打的,他们三人预备逃往西旸塔山蒲干村地方。质之看守胥金山等以及同号监犯毕腊鸡等,均供不知他们起意,余与管狱员呈报相同。当以监内不应备有麻绳、木棍,使监犯得有凭借。乃向管狱员详加追诘,据称该犯等向在监内结网,致被私制麻绳。所有木棍亦系结网时套网所用。等语。随将王细狗严予管收。一面督同检验史验得管狱员左太阳穴接连左眼胞有木器击伤一处,横长皮破血结浮肿青紫色,右臀有跌伤一,莫成片,皮已擦破,血痂紫红色,已肿。看守胥金山左臀有木器伤一处,斜长皮破血结已肿。看守朱尔祥右乳上有拳伤,围圆样,青红色已肿,左肐窝有拳伤一处,围圆不整,青红色,已肿,左腿有踢伤一处,斜长,青紫色,已肿。开单附卷经派员赴监勘验,据复略同,并据公安局长呈报,会同游击队捕获逃犯王细狗情形,附解逃犯所遗木棍麻绳等件。前来。据此查职县监狱距离县署约有二里之遥,此次监犯暴动县长闻警即派游击队前往制止,奈鞭长莫及,致徐宝川等四名乘机逃脱。管狱员沈炳文不能先事防范咎固难避,然于监犯暴动时尚能竭力抵御,奋不顾身,卒以众寡不敌,身被击伤。以致徐宝川等四名乘机越狱。查核情形,该看守等尚无贿纵情弊,除严加申斥,获犯王细狗押候鞫讯法办,一面加派干警勒限追捕,并分别咨请邻县令行各警区一体协缉,务获解究外,理合开具逃犯名单备文呈报,仰祈鉴核俯赐饬属通缉,至该管狱员应受何种处分,候示祗遵,实为公便。谨呈。

《司法行政部呈复调查济南地院看守所人犯脱逃各节由》

呈:为呈复事。案查本部于本年八月六日奉钧院八月二日第三六三号密令开:奉国民政府第一一号密令,以山东法院检察官廖凤升、潘荫庭等屡纵共党,应撤职拿京究办。仰遵办具报。同月七日又奉钧院八月六日第三六四号训令内开:准中央执行委员会秘书处函开:据山东省党务整理委员会呈:为山东高等检察处检察官潘荫庭、廖凤升通共,首席检察官董玉墀、济南地方法院院长朱鼎菜、看守所所长朱庆彝纵共,请分别撤职严究。等情。奉常务委员批交院撤究令,仰查办具复。同月八日复奉钧院八月七日第三七二号训令,抄发山东省党务整理委员会原呈一件,俾资参考。各等因奉此。查此案,本部前据山东高等法院院长易恩侯、首席检察官董玉墀分报济南地方法院看守所共犯暴动脱逃及山东省政府将山东高等法院检察官潘荫庭等看管各情形,当派本部参事徐声金、科长王锐、廖维勋等前往查明核办。旋奉钧院第三六三号密令,即将该首席检察官董玉墀调京,令原代理江宁地方法院首席检察官周起凤继任。与该院院长易恩侯一同将该检察官潘荫庭、廖凤升严重监视。一面复。因本案真相究竟如何,未据调查报告无从确知。又派本部科长余谷、科员李元熙前往协同办理,并面授机宜,如潘荫庭确有嫌疑即行押解来京,听候讯办。各在案。兹据徐声金等呈称:呈为呈报事。窃奉钧长第一一九八号及第一一九九号训令,关于济南地方法院看守所共犯暴动脱逃及山东省政府将山东高等法院检察官潘荫庭等看管情形,饬即前任查明呈报核办一案。声金等遵于上月二十九日乘平浦通车前往,次晚行抵济南,投宿于中西旅馆。翌晨即着手调查,先就山东高等法院院长易恩侯、首席检察官董玉墀、济南地方法院院长朱鼎菜询问,复至看守所查勘,并赴山东省政府分谒代主席(陈主席离济来京)、民政厅长朱熙、秘书长刘复详询。当日易院长在省政府会议报告及将潘、廖两检察官看管各情形连同询问。被看管潘检察官荫庭、廖检察官凤升并提集在押。前看守所长朱庆彝、主任看守孙丁辰、马彩章、看守陈子河等及追获逃犯同号押犯隔别研讯。谨将调查所得各情形分款陈明于下:(一)看守所共犯脱逃。查济南地方法院看守所设在法院之后身,与法院共一总门进出。内部建筑甚为坚固,门户重重亦颇曲折(绘图附呈)。如果平日戒护有方看守得力,纵有暴动情事亦不易于脱逃。乃该看守所长及看守等对于管理戒护漫不经心,号舍各门日间曾不加锁。押犯不特可以任意穿号,并可随便叫菜购物。内外各门除放封运动及夜间收封外,均洞开不闭。头门虽设有铁质叠折门,而右扇业已锈坏不易关闭。是以七月二十一日共犯多名一拥而出,无法拦阻。该所共犯原分别押在第六重门内革面洗心各号。据前所长朱庆彝等及看守等称:因同号押有多数命盗案件要犯,该共犯在押日久,多事鼓动恐发生事变,遂将共犯移押于第四重门内礼字号舍。所逃者均系礼字号押犯,义字号仅有一名。按礼字号舍共有十间(除一、二、三号押犯未逃外,余号有全逃者,有逃走一二者。抄单附呈。)与义字号舍同一号筒,西首总门常年封锁,东首总门日间向不关闭。门首仅有一徒手看守站立瞭望。自该号而出,仅信字号舍有看守一人,亦属徒手。头门虽有门岗二名,有枪而无子弹,且均属生手无应付能力。至于当时押犯借词出号,以石灰(据看守等称石灰系因号舍潮湿撒在地上)打看守,及拥至头门抢枪(据看守称红缨枪挂在头门内墙上)刺所长各情。查与山东高等法院报告相符,惟查逃犯十八名现已捕获十二名,除王凤歧系六月间收押,张福林、纪子瑞、刘兆章等系七月收押(入所即未加镣具)外,该李玉培、张锡文、孙志卿、刘海峰、王仁瑞、徐新斋、张子炎、黄伯云等均系四月间收押。据各犯供称,入所未及旬日,看守所长即将镣具开去。彼时山东高等法院尚未移济(五月二十三日迁移济南,二十八日开始办公,报部有案),概由看守所长作主。事前固未请示,事后亦未报告。该所长朱庆彝亦已承认不讳。其戒护之不周诚为无可掩饰之事实。(二)山东省政府看管潘、廖两检察官。查山东省政府于七月二十六日委员会议据易院长恩侯报告,在押共党脱逃潘廖两检察官有重大嫌疑。并提出廖检察官潘检察官注有开锁去镣各押票,及准许通信单据为证。刘秘书长面告,会议前易院长谈及报告此事,伊即问其是否为脱逃之原因。此事系司法事务与行政上无关,可由主管长官办理,不必报告。朱民政厅长面告易院长,在会议席上请商办法,各委员以为潘廖两检察官既有重大嫌疑,遂邀董首席与会。陈主席并一再声明省政府非愿敢冒不韪,乃董首席坚不负责,只得暂留在府。电请中央核办(抄省政府会议录附呈)。比时各委员未及详察,以为易院长有此报告,该潘廖两检察官自不无通共或贿纵嫌疑,当交易院长核办。易院长以不属权限范围为词,商由省政府电邀董首席检察官带同潘廖两检察官到府。陈主席当将易院长报告事实宣布,责成董首席检察官以潘廖两检察官为现任官吏其处分于法亦无不合,一再声述不能负看管查办之责。各委员以其答复为不圆满,不得已遂将潘廖两检察官留府,电部核办。(三)潘廖两检察官在押票上批注去镣开镣字样及准许共犯通信。查潘检察官收押共犯刘清峰在押票上批明"去镣"二字,据潘检察官声称:系因讯其情节并不甚重,且年仅十六身体瘦弱,由平原县解省面有病容,是以准其去镣。又廖检察官收押反革命人犯崔继顺、崔继孔、崔汉亭、张照远四名,在押票上注明"开镣严押"四字。据廖检察官声称:崔继顺四名均非共产党徒,在济案未解决时,因受反动派刘春普之雇用,持有空白委任状三张代为送递,被地方团局查获解送到院。嗣经讯问,以犯情并不甚重,虽须羁押尚无上镣之必要,是以批有开镣严押四字。押票理由格内"有逃亡之虞"五字系由蒋书记官照例填写,一系羁押之理由,一系戒护之关系,各具意义并不矛盾,云云。调卷查核均尚相符(抄供词附呈)。此次脱逃人犯该刘清峰、崔继顺、崔继孔、崔汉亭、张照远等五犯并未加入暴动随同逃走。再查潘检察官单列共犯张子炎、丁恒甫、黄伯云、丁王氏、王惠卿、李庆连、孙志卿、李玉培、张锡文、王云庆、王仁瑞、徐元龙、宋占一、刘一萝、蓝志政、王凤歧等十六名尾开,准其与家属通信,但每信必须经所长检查。未署名盖章,亦未注明日期。据看守所长朱庆彝称:此单交有一个多月。潘检察官声称:开此单时系以案经侦查行将起诉,特往看守所查问,因无再行禁止通信之必要,是以开单准许,俾各被告之家属得知情形,为其主张法律上之利益。一面或可借此侦知其他证据,而又恐有他虞,复嘱看守所所长须一一检查处分不为不慎,云云。核与押犯宋占一(未逃)、主任看守孙丁辰所述大致相同。该所押犯平常收信未立簿记(附款信件立有收信簿另抄呈),经所长检查后,即交由看守送给犯人。而发信则有簿可考,经调查核该单列十六名中如丁王氏、王惠卿、张锡文、王云庆、王仁瑞等即未见有发信,其余各犯所发书信簿内摘抄要旨大都为要钱、要衣或请律师(发信簿抄呈)。据看守所长及看守等称:从未发现有何关系信件,所有共犯概禁接见并交逐期(星期一三五六接见)条核阅,并无各犯接见家属亲友情事。自难执此谓为脱逃唯一之原因。总之济南地方法院看守所此次脱逃共犯李宗鲁、纪子瑞、李士安、李玉培、王惠卿、张锡文、李庆连、孙志卿、刘兆章、刘海峰、王仁瑞、王凤歧、王永庆、徐新斋、张子炎、黄伯云、蓝志政、张福林十八名,虽已捕回十二名,尚有李宗鲁、李士安、王惠卿、王永庆、蓝志政、李庆连等六名未获,决非寻常疏于防范者可比。该看守所长及看守等自不免有故纵情弊,其有监督责任之长官对于该所之管理戒护平日漫不注意,职务废弛,无可讳言。又王惠卿系一重要共犯,迭经湘省清乡总司令来电请提解惩办,该承办检察官潘荫庭未加注意,责令看守所从严戒护,疏忽之咎难辞。所有奉令调查各情形,理合具文报告,连同讯问笔录抄件呈请鉴核。等情。据此，查该检察官廖凤升于本年七月十五日所发羁押反革命嫌疑人（非共党）崔继顺等四名，押票注有"开镣严押"四字，在该检察官以为该嫌疑人等犯情既不甚重，尚无得施戒具之情形，为之开镣又以其究具羁押原因复令严押，于法既无不合。而崔继顺等四名此次并未随同脱逃，据前看守所长朱庆彝陈述极明（见七月三十一日部委讯问笔录），似难执此项押票遽指廖凤升为通共。又该检察官潘荫庭于本年七月十七日羁押共党嫌疑人刘清峰一名，因其年幼体弱并无得施戒具之情形，在押票上注明去镣，既难谓为违法。此次共犯脱逃并无刘清峰在内，据朱庆彝所述亦甚明白（见同笔录）。至所开清单虽共案张子炎等十六名与家属通信，然经批明每信必须经所长检查。朱庆彝又称：潘检察官说可以准他家属通信，不过叫我检查明白，查出来有别的情形就报告，没有检查出来我没有报告过（见同笔录）。且此十六人有未经发信者，有虽轻发信第为要钱要衣等事者，照抄被告发信簿载甚明。此外又未发觉该检察官有如何可疑情形，亦难执上项押票清单为潘荫庭通共之根据。惟于王惠卿一犯迭经湘省清乡总司令电请提办，乃未特别加以注意，严令戒护，自不能辞疏忽之咎。再阅绘图济南地方法院看守所位置，在法院后并与法院出入共一大门，建筑既非不坚，门户又甚繁复，看守当非困难。乃前看守所长朱庆彝及主任看守孙丁辰等于头门锈坏漫不经心，号舍各门日间不锁。其余内外门户除放封运动及收封外，亦复洞开。且任羁押人自由穿号，叫菜买物。该前所长为各共犯开镣，事前既不请示，事后又不报告。王惠卿一犯先期并有鼓动他犯情形，当日李士安等复与看守吃瓜，丁恒甫经部委诘，以看守们得钱放走的吗？据答称，可是奇怪，怎样没有受伤的。张锡文等更将逃犯李士安、王惠卿、蓝志政等平日有钱情形言之历历（均见八月二日部委讯问笔录），李玉培等复指孙丁辰有要开镣喜钱之举（见八月三日地检官侦查笔录）。是该前所长虽于仓促间经逃犯刺伤，然综合诸种情形恐与各看守等不无故纵情弊，并是否由于得贿亦非无可研求。至看守所依法应由高等法院院长监督或委托地方法院院长等监督，该高等法院院长易恩侯固称高等法院移济前曾委托地方法院院长朱鼎菜代行监督权。移济后，复谕朱院长详加防范。朱鼎菜亦呈明随时督饬情形。似查该看守所防范疏虞，弊端百出。既与高地两法院近在咫尺，而高筹法院迁济南两月，何以该院长等竟置若罔闻。知及共党脱逃后，于自己监督范围内事既未筹适当措置，经舆论指摘该高等法院院长一经查得前项押票及清单复不加察，遽指检察官为有通共嫌疑。即令所指不虚，乃于纯粹司法范围事不与首席检察官商同办理，竟向行政会议报告，致负有嫌疑之检察官亦不获相当之处置。是该院长平时既未能严行监督，一旦事发则又张皇失措，希图卸责。据调查所得情节至明，若首席检察官董玉埠于会议当时以为检察官等处分尚非违法，又别无刑事嫌疑，不负看管之责，未尝不持之有故。但该处检察官既被指为负有嫌疑，乃不速谋相当处置措施，究非适当，且于王惠卿一犯，亦未于事前令检察官潘荫庭特别注意,其懈于监督亦复无可讳言。除朱庆彝及看守等据山东高等法院首席检察官电呈已经起诉,仍电令解京听候核办。董玉墀已调京,朱鼎荼正在辞职中,并其他涉及行政处分问题均另案办理外。理合将派员调查济南地方法院看守所共犯暴动脱逃及山东省政府看管潘廖二检察官各情形,连同调查文件呈报钧院鉴核。再该检察官廖凤升、潘荫庭等是否仍应拿京究办之处,并请示遵。谨呈。

《前司法部指令京师第一监狱典狱长王元增、代理典狱长职务杨宗立呈报本监藤竹科人犯暴动始末情形由》

呈及报告书均悉。查此案变起仓促,该典狱长奋往弹压以致身受重伤,又查该员平日办事认真深资得力,所请褫职之处应毋庸议。著给假半月以资调治,该监事务繁要需人主持,所有典狱长职务派看守长杨宗立暂行代理。看守长千秉枚看守廖炳湘等受伤并应速予医治,所有该员等医药各费均准事后实报实销。看守李恒春因公致死殊堪怜悯,应给一次恤金银元二百元,即转知该遗族到监具领。主任看守唐凤鸣将要犯高五当场拿获,奋勇可嘉,应升为候补看守长。看守刘昌骏等捕获逃犯三名亦属恪尽厥职,应各给奖五十元,以示鼓励。第二科看守长孙鸿图职司戒护,当日上午并为该员值班之时,事先既未预防,临事束手无策,实属咎有应得。着即免职。藤竹科主管看守马云彤,门卫看守曹振华、南瞭望楼看守李升祥均属放弃职守,着一并开革。南监主管看守靳向谦未能截堵,亦属不力。惟据称有帮同截获高五情事,着从轻记大过二次,以示惩儆。再救护典狱长人犯十七名及被胁迫而不附和暴动各人犯急公守法,均堪嘉许。应由该监狱酌拟奖励办法候核。余如所拟办理,仰即遵照。再查该监狱现有兵警分驻,所有工作事务仰该代理典狱长督率各员照旧进行,毋任久停。其余善后事宜,并仰妥速筹办,是为至要。此令。

《司法行政部指令江西高等法院呈报南昌地方法院看守所押犯暴动脱逃请鉴核由》

电呈均悉。查该看守所押犯暴动一案,据报格毙李桃芳一名,脱逃刘继才等六名,情节异常重大。该所长潘明典应即撤任示惩。至此次暴动原因,既经该院派员查系领班辜建元、看守朱得胜、潘蔚成防范不力所致。是该领班看守已不免过失嫌疑,并应交地方法院讯明法办。仰即饬遵,仍将本案办结情形具报查核。再查地方法院对于所属看守所有直接监督之权,该看守所之呈报不经南昌地方法院核转亦属不合。并仰饬嗣后遵照。此令。

附原呈

呈：为呈报南昌地方法院看守所疏脱被告人刘继才等六名，并登时格毙李桃芳一名情形，仰祈鉴核示遵事。案据南昌地方法院看守所所长潘明典呈称：窃所长任职以来，对于被告人戒护各事时加注意，一年之久未尝疏懈。自去年十二月二十二日起，复以冬防期内，羁押人犯日多，更将每班值班所丁八名之外，加派预备班所丁二名补助勤务，以期周密。本月二十五日上午十时至下午二时系第三班值，乙班勤务领班为辜建元，一岗在头门系徐赍臣，二岗在二门系徐默识，三岗在总门系胡升，四岗、五岗在纪律门外，系朱得胜、潘蔚成，六岗、七岗在纪律门内，启闭号门系吴顺祥、王咏。外有补助值勤熊福海、师升弹压收提人犯。是日上午十时许所长正在办公室内办公，忽闻扰攘之声，即出室询问。见该犯数十人已蜂拥喧叫而出，即由二岗所丁徐默识将二门关闭，所长率同所丁等共同防守。一面饬丁用电话报告钧院及南昌地方法院暨公安局第八区警察署派警维持，转瞬二门复被打烂，冲锋而出。虽竭力抵御，夺回被抢之枪二支，而人众势凶，逢人便打。所丁等情急势迫开枪数响，是时所丁长赵志侠适在二门内屋中为所丁黎炳生、黎鲲图书写请假外出证，即率同请假之所丁持枪截止。而该押犯等拥至二门，即将二门毁坏冲出。在后者仍继续而来，凶猛异常，无力抵御。并有所丁黄瑞芝持枪向后追来，同时各开枪响格毙李桃芳一名。该逃犯等其凶稍戢，遂乘机将冲出二门外之逃犯拦回，连同已经出号之犯一并押归原号。当该犯等毁坏二门时，在头门之一岗所丁徐赍臣亦同来二门抵御，致首先冲出之逃犯熊梅生等八人夺门而逸。当由雇员傅作尧偕同第二班领班及所丁等跟踪鸣警笛尾追，复喊同第八区警士将袁大头、雷羊皮二名截获。其余熊梅生、刘继才、雷三髻头、胡爱婆、李凤则、蔡恒照等六名四散奔逃，追捕未及。正紧急办理间，适南昌地方法院院长及首席检察官率同法警先后来所，始将各号室收封点名。一面请首席检察官分别提讯，并将李桃芳尸身检验填格。据所丁长赵志侠报称：今日上午十时第三班值乙班勤务，当由该领班辜建元照向例监视提押犯出号倒洗便桶。计五人一次，先由第一号、第二号依次倒洗完毕，及提第三号押犯出号倒洗尚无变动。忽于归号时该押犯熊梅生、刘继才等行至总门内有三名疾走，有二名落后故意拔鞋扎袜，其前疾走之三名突将纪律门外两岗所丁朱得胜、潘蔚成抱住，将枪抢夺，并大呼叫："快打呀！"而落后二名向将总门口所丁之枪抢夺未被夺去。同时一二三四各号内全体哗动，先由第三号内押犯打破号门蜂拥齐出，拾石乱击，值班所丁力难制止，幸子弹均未被夺。所丁潘蔚成急鸣警笛，亦被押犯夏南女子猛力夺去，遂由押犯熊梅生照刘继才、蔡恒照等向前冲锋而出，将抢获之枪见人乱刺。二门口岗丁徐默识急将二门关闭，又被击破拥出。当时所丁长正在房间为所丁黎炳生、黎鲲图书写请假外出证，即督同请假之所丁二名持枪出而截阻，见势凶猛穿过律师接见室而后，众犯凶拥呐喊二门打坏紧急万状，不得已开枪一响适中逃犯李桃芳。适所丁黄瑞芝由后首侧面追赶亦开一枪同中李桃芳,因而格毙。二门外亦开枪数响,逃犯等凶焰消息始得拦回。复督同第三班领班将各犯押归原号等语。查格毙之逃犯李桃芳系窃盗案,内奉钧院提讯尚未判决之犯。在逃被告人六名中计刘继才一名系强盗案,内奉钧院提讯未决人犯。胡爱婆、熊梅生、雷三髻头三名均系窃盗案,李凤则一名系诱拐案,经南昌地方法院提讯未决之犯。而蔡恒照一名系寄押第一监狱,移来时待释潜逃军事犯。除将已毙逃犯李桃芳殓埋另行呈报并开具在逃各犯姓名、年龄、籍贯分呈协缉外,窃以此次该犯等暴动先夺枪支用意甚狡,幸值班所丁极力抵拒未将子弹夺去,而该犯犹复凶焰鸱张,实明知所中丁役无多不能制止,迫将李桃芳一名格毙其凶稍戢,始得拦回。所长自莅任以来,谨慎防护未敢稍涉疏忽,然才力不及咎实难辞。其应请如何严予处分之处,理合将此次押犯暴动及处置各情形备文呈报钧院鉴核。等情。据此当经令派职监院狱科书记官徐瑛前往该所实地调查,旋据该员呈覆调查情形大致与该所长原呈相符,至其疏脱最大原因则为领班辜建元、第四、第五两岗看守朱得胜、潘蔚成防范不力,致手持之枪亦被夺去,无法抵御。等情前来。伏查该所长潘明典任职年余,未尝疏懈。此次该被告人等乘机暴动事出意外,其情不无可原。除依照《监所职员惩奖暂行章程》第二条之规定将该所长潘明典记大过一次,该看守辜建元、朱得胜、潘蔚成等一并革斥,以示惩儆。其在逃之刘继才六名函请本院检察官饬所属通缉务获究办外,所有南昌地方法院看守所疏脱人犯办理情形是否有当,理合具文呈报钧部鉴核示遵。谨呈。

《司法行政部指令云南高等法院呈报第一监狱监犯邓有福脱逃情形请示遵由》

　　呈暨清单均悉。在监人逃走捕获事项按照《监狱报告规则》第二条第四款之规定应于事故发生时呈报,不得延至限满之后。惟于呈报时除业将逃犯捕获或该管职员有犯《刑法》第一百七十二条之嫌疑外,其合于《县知事疏脱人犯扣俸修监章程》或《监所职员奖惩暂行章程》者,应由该院照章议处一并报核。否则声叙详细事由,在官吏惩戒委员会未组织成立以前由本部酌予惩处,仰即遵照。并令催昆明地方法院迅将本案侦讯,详情报由该院,连同拟议该典狱长惩戒处分呈报查核。清单存。此令。

附原呈

　　呈:为呈报事案。据云南第一监狱典狱长罗俊霖呈称:窃查职南偏外围墙因雨倒塌,当经雇工修筑,派管理犯工卫目张尉廷率带犯工补助一切,以期早日完工,俾免疏虞而昭慎重。不意犯工邓有福竟于十一月二十九日下午三时乘机逃逸无踪,当经检卷查阅,该逃犯邓有福原系江川县属李宗村住人,娶有妻室现尚存在嗣,该犯复到安宁官相街上门入赘,安宁方面亦有家室。典狱长即予限十日责成该卫目张尉廷率带看守向江川、安宁两县跟踪追缉,务获究办以张法纪在案。现在限期届满,该逃犯仍未弋获。查该卫目看管犯工竟令邓有福得以乘机逃逸实属异常疏忽,迫该犯逃逸多日又未能依限弋获,缉捕不力尤难辞咎。本应即予撤差,用示惩儆。唯念该卫目在监服务多年不无微劳,此次疏脱犯工尚无故纵情弊,姑从宽酌记大过三次,并罚月薪十分之五以示薄惩。典狱长职司典狱责无旁贷,督率不严亦难辞责。理合自行检举,呈请钧院照章议处以重狱政。至该逃犯邓有福原案系犯伤害罪,经宪兵司令部判处一等有期徒刑。十四年于民国十年五月发监,本年减刑案内业蒙减定刑期为十年又六月,应扣至十九年十月刑期届满。该犯既邀减刑之宽典,犹复乘机逃逸实属怙恶不悛,殊堪痛恨。除仍督饬该卫目看守等上紧侦缉外,理合开具该逃犯年岁籍贯清单备文呈送钧院,恳请通令严缉,务获究办。并乞示遵,实为公便。计呈清单一纸。等情到院。据此查该监狱因围墙倒场雇工修筑,派卫目张尉廷率带犯工补助一切。该典狱长应如何督饬该卫目认真看管,乃竟漫不注意,致使该犯邓有福乘机逃逸,殊属疏忽。且事阅多日始行具报,逃犯又未弋获,本应即行呈惩,姑暂勒限十日,令饬该典狱长迅速加派丁役人等严密侦缉该逃犯邓有福,务获究办。届限有无缉获,并据实饬呈。该再行核办。覆卫目张尉廷有无故纵情弊,并是否因过失所致,应饬咨送昆明地方法院依法侦讯,务得确情,分别办理以符法制。除指令该典狱长遵办,并通令各属协缉暨分报省政府外,理合具文呈报钧部鉴核示遵。再嗣后监所人犯脱逃事件是否仍照旧章先由职院勒限严缉至多不得过一月,若限满不获再由职院酌核情节分别呈请惩处。如系情有可原者,在兼理司法之各县县长及行政委员等均照前司法部订定《知事疏脱人犯扣俸修监章程》办理,在监所职员即照《监所职员奖惩暂行章程》办理。如系情节重大不合上两项章程者,除合于民国刑法第一百七十二条之规定应归入刑事案件办理外,余俱由职院声叙事由呈请钧部查核惩处,统祈钧核训示,以便遵循。谨呈。

《江苏司法厅指令盐城县长呈报监犯脱逃及拿获枪毙一案情形由》

呈单均悉。查参观监狱不得携带武器接见人犯,如有通谋作弊或妨害监狱纪律者监狱官得停止其接见。该管狱员于不识姓名之军官身着军服手持盒子炮到监声称接见监犯时,既未经详询来历于前,复不能解除武器于后,以致脱逃人犯二十六名。虽经获八名,枪毙一名,尚有十七名之多在逃未获,实属异常疏忽,应即撤任,听候查办。该县长并系有狱官姑念到任伊始免予置议。除派吴颐接替及通令协缉并派本厅特务员夏咸彪前往彻查分别呈报外,仰即转饬遵照,并着选干警严密侦缉务获究惩。切切。此令。

杂 件

《江苏第四监狱工作报告编辑缘起》

不进则退,庶政皆然。得失鉴观,是资记载。雄厕身狱界念载于兹,自愧驽骀毫无建树。十九年秋调长四监,察其内部应兴应革所在多有,汲深绠短,陨越时虞。幸荷长官督饬、各界指导,数月而还,渐有起色。综计两年来,如研究党义已届第六期;看守训练毕业者凡二十余人;举行集合教诲达一百零九次;讲稿积至百余篇;人犯教育初级补习两班,课程授毕者共一百十八名;设置图书室,计捐集书籍数百种;办理戒烟,凡染有嗜好人犯均设法戒除。管理则采用累进制,将在监人操行工作成绩按日记分,评定甲乙,以为考核张本。假释曾办四次,计假释男女犯三十六名。作业则注重手工业,就役人犯达全监总数十分之七。凤夜黾勉,未敢苟安。其他如防疫、寒衣改良、饮料、筹置墓地,诸承地方耆老热心赞助,慷慨输将。仁风所被,图圄生春。崇水琅山,义声永著。惟是人犯拥挤疫疠堪虞,推广监房刻不容缓。而际此国难当头,库藏空虚,工程浩大拨款维艰,则募捐兴修实为当务之急。至出狱人保护事业尤与国家改良狱政地方安宁有密切关系,均宜切实进行。斯有所望于当地贤豪者。兹雄奉调他职,谨将十九年九月任事始截至二十一年十二月止,所有经办大端,纪之此编,例行诸事概从省略,所以自镜。倘荷明哲进而教之,则幸甚矣。

民国二十二年二月平江孙雄识于江苏第四监狱

《江苏第四监狱呈覆各科所均照章组织暨会计并未设科由》

呈:为呈覆事。案奉钧厅训令第三九一号开云云,此令。等因奉此。窃职监自奉令改组,即查照《监狱处务规则》第一条之规定组设三科两所,其各科之事务职权之支配系遵照同规则第二十三、二十四、二十五各条及教诲师、医士处务规则办理。经常作业等费向分别划归一、三两科主管,由各该科长负责,并无会计科之设置。各科应用各种新式簿记业已制备齐全,着手办理。典狱长负管理全监之责,自应督饬各该职员妥慎将事,仰副我厅长整理狱政之至意。至于各项经费关系更为重要,自应严加考核,免滋流弊。其他各项簿记报销表册遵即饬令各该科长嗣后分别署名盖章,以专责成。兹奉前因,理合将遵办情形备文呈请厅长俯赐鉴核备查。谨呈。

《前北京政事堂礼制馆呈遵核监狱官服制由》

为遵令核定监狱官服制恭呈仰祈钧鉴事。准政事堂钞交法部呈拟订监狱官服制请鉴核公布一案,奉大总统批令交政事堂礼制馆汇案核定,呈候颁布。附件并发,此批。等因钞交到馆。窃维贯索九星应于嘉石之下,建康三官昔与延尉并崇。诚以严棘之地,简宪攸昭;幽圄之司,科防斯寄。惟夏台之既肃,斯汉斧之无臀。民国肇兴,迭颁茂矩。当法度更新之会,置监狱典守之官。荐委区为两阶甄选次于法吏,诚重之也。往者司法各官咸经规定制服,于以维持风纪振肃威仪。惟兹典狱之班尚阙章身之制,揆诸邦兴洵有未周。调部前已有见及此,议而未行,兹复赓续,筹维斟酌修正。举凡冠缕之饰、襜领之缘、钩佩之华、服刀之耀,繁杀各视其秩,考订已极其详。惟服御之有章,益重明刑之典,亦镕裁之悉协,无乖五服之箴。允宜守在官司,勒为典制。特是佩服富以尺度为别和非权不可施,原表注称所用尺度,以营造尺库平制为准,其库平制三字既戾事实,宜予删除。又近岁舶品日繁,漏巵莫塞。值兹官服之待定,自当就国货为取资。草案第三条载服制、帽制等料均用本国出品,用意良为周善。顾所谓本国出品者,盖指质地而言,而原表于地质一项仅称冬黑夏白,言色而不言质,似不无阙略之嫌,亦应于冬黑夏白上加入"用本国料"一语,用臻完备。其余各节胥可照行。伏思监狱改良之要国论攸归,官吏制服之殊列邦并尚。狱吏既分专职,平典实系法权,等威之办岂惟圜土具瞻;制度之颁,抑亦明时所亟。谨加铨核,上待鉴裁。伏候颁行,用昭典重。所有遵核监狱官服制缘由,是否有当,理合检同清折图表呈请大总统鉴核,训示施行。谨呈。

《江苏司法厅呈司法部为废止监狱掌责办法请鉴核示遵由》

呈:为废止监狱掌责办法请鉴核示遵事。窃查监狱处罚人犯前有掌责之一法,江苏第一、第二、第三等监狱均经呈准援用各在案。惟查掌责人犯本系狱制改良最初时期之一种权宜办法,并不在监狱规则之内。自未便常此援用,似应即行废止以重人道。是否有当,理合具文呈请钧部鉴核示遵。谨呈。

《江苏司法厅批青浦县孙管狱员雄条陈改良苏省监狱意见乞采择由》

据呈,于新旧监狱实在情形了如指掌,所陈改良各条均由十余年经验得来,直如庖丁运刀洞中肯綮,足见于努力工作之中,已寓刷新狱政之意,非真具有革命思想与精神者不办。至所陈善后事宜归重于创办,囚人出狱保护会社事业与改良监狱相提并论,尤为切要之图。本厅长极为嘉许。除存候采择施行外,合行批仰知照。此批。

(附原改良苏省监狱说帖)

为胪陈改良苏省监狱管见,以备采择仰祈钧鉴事。猥以监狱为行刑机关,苟狱制不良,纵裁判如何公平,立法如何完善,断难收刑事制度圆满之效。吾国审判监狱向为各国诟病,致有领事裁判权种种不平等条约之缔结。辛亥以还,虽适应世界趋势之新法次第颁行,而比年以来各新旧监狱囚犯莫不满坑满谷。固由政治失轨,道德沦胥,伧夫猾子作奸犯科视若寻常所致。而监狱之未能切实改良,适足以变为研究罪恶场所或流为奖励犯罪机关,亦为罪犯增加一大原因。雄服务新旧监狱已历十有四年,其中一切利弊闻睹较为确切,欣闻厅长荣膺西曹,法令一新。窃不自揆,谨就管见所及,酌察地方情形,划为新监旧医两项,目前亟应改革各点,妄效刍荛之献,敢冀菲葑之择,请为吾厅长分别陈之。

(甲)关于新监方面者

一、教诲所有职员均须分任,并须注重个人教诲,借收实效。查道德薄弱为犯罪最大原因,教诲即为培养道德之专门工作。以言感化,实为主要。故新监有教诲师之设置,而以苏省论,一、二、三各监人犯常在七八百名,四监亦在三百名左右,而以最繁且重之事业以教诲师一人任之,且责以教育事务,精神能否顾全,工作是否普及,当不言而喻。故近来新监教诲师一缺人多忽视,等若闲曹。求其积极进行,引为重要者殆不多觏。大凡天下事若强人所难,所得结果每每如是。欲图救济,添设多员,目前财力既所难能。莫如暂通令各新监职员自候补看守长以上,不分科所均须担任教诲,仍以教诲师董其事。同为牖民觉世之助,庶可勤期密普遍,并须每周各将教诲工作编为浅说呈报长官查核。尤须特重个人方面以期适应个性,如医生之对症下药,古圣之因人设教,随时随地现身说法,天下无不可化之人,岂有不沉痼立起者乎。若徒尚形式,或每周集合举行一次,或逢年节、国庆纪念等日举行一次,一曝十寒决无成效。况并此形势而废之者,此新监教诲拟请通令职员均须切实分任,以期普遍者一也。

二、教育宜打破年龄限制以图普及。查监狱规则第四十九条未满十八岁一律施教育,但满十八岁有自请施教育或监狱官认为必要时亦得教育之。按该条意义未满十八岁方有施教育之必要,窃查犯罪者之年龄二十五至三十五者占十分之八,未满十八岁者仅百分之二三耳。故民国十三年北京开办感化学校,每省所送幼年人犯不过数名或十数名,此其明证。又查各监教育多未实行,以苏省论,仅一监及四监开办有年。四监开办教育其时雄适任该监一科长,主张打破年龄限制,故就学人犯能达四十名之多。又查犯罪人不识字者占十分之八五,强而年龄规定有受教育之必要者又不过百分之二三,是监犯教育即按照规则办理亦不过纸上谈兵,徒成具文。如此而言教化罪囚,如此而言改良监狱,不亦大相刺谬乎!窃以犯罪者苟非残废衰老而有施教育之可能性,一律必先施以普通教育,并次第授以高深科学。第四十九条之年龄规定亟应改正,庶教育可期普及,人犯能受实惠。此监犯教育年龄拟请从新规定者二也。

三、作业宜多设科目且不得以盈亏定奖惩。查无恒产无恒业实为人民堕落原因,故监狱作业主义纯在养成人犯勤勉生产习惯,为将来出狱后谋生之计,与普通工厂性质大殊。查监狱规则第三十五条服劳役者须斟酌其年龄、罪质、刑期、身份、技能、职业及将来之生计、体力之强弱科之,又查一般犯罪千态万状,品类极不一致,工作一项非多设科目,则断无斟酌选择因人施教之余地。但科目多设,则所用技师、器具、管理人员亦因之而多。多则开支繁,则影响盈余,而与北京司法部所颁以作业盈亏定奖惩办法适相背驰,监狱长官及经办人员决不肯为。窃以监狱作业之旨首期不背经济主义与无侵蚀中饱之弊,其奖惩办法自当以作业人数多寡及出品精粗为标准,方可望日起有功。不然上以是求,下以是应。如二监前办之毛巾、织袜、藤竹等科皆因余利不足废止之,易以缝袜头、糊洋火盒之受负业为大宗,查此两宗均不得称为一种工业,在社会上亦不能借以谋生,不过以其简而易行费轻易举且有工资可图也。四监前有漆刻一科出品尚精,三监有草席一科出品亦不劣,闻皆同此原因先后停办。四监则易以发网一科,置有美术观念的工业而不暇顾,孜孜唯利是图,均势使然。统观苏省各监作业年来盈利虽微有起色,而工作出品人数并无进步,此监狱作业拟请通令多设科目且变更考核成绩办法,以期发达者三也。

四、分房监禁须增订附带条件郑重施行以免流弊。查监狱规则第二十二条在监者概以分房监禁为原则,查分房制度意义一在隔离以免罪恶传播,二使之独自猛省易启忏悔自新之念,意至美矣。然以雄历年经验所得,分房制度不善用之,适足以使自由刑为身体刑之变相。夫吾人无论智愚贤不肖莫不好群与喜自由,一旦身陷囹圄原为人生至不幸之事,复令终日独闭一室,举目别无一人,人非木石何能遣此?尝察分房囚犯莫不愁思抑郁,宛转呼号,精神痛创无逾于是。追悔已晚,妄念复起。故其结果多自杀,多瘵死,多形神消瘦。查监狱规则第二十四条之分房访问,本为分房人犯精神痛苦上谋救济,然监狱官对于监房访问能身体力行者实不多睹。此种制度各国多主张采用或因情形不同或因办理得当,而在吾国行之,若不另加条件,实有百害而无一利。兹拟具分房监禁须具备之条件于次,以备采用。(一)未满十八岁者不得分房监禁。(二)刑期未满三年者不得分房监禁。(三)分房监禁者非有特别情形不得逾三个月。(四)分房监禁人犯须令服役。(五)分房监禁人犯,监狱官员每日至少须访问一次。(六)监狱长官办理分房监禁如违背上项条件,一经察觉或由在监人申诉须受惩戒处分。此分房监禁请加具条件施行,以示郑重者四也。

要之改良监狱,倘徒改良待遇,饥为之食,寒为之衣,为之医药以疗其疾病,为之筑美室以为容身之所。而不于上举教诲教育作业诸端努力,切实积极举行,如师保之诱其弟,父兄之训其子,使之渐涤旧恶日积于善。则感化罪囚机关转为引诱犯罪工具。雄民十一年间服务上海分监,每届寒冬,一般再犯络绎而来,视狱舍为旅邸,以犯罪为职业,刑罚威严早已扫地。兹拟新监应改良各节,爰并陈之。

（乙）关于旧监方面者

五、各旧监老犯（俗称笼头）宜通令拨解新监监禁，以绝弊根。窃以新监重在兴利，而旧监则惟弊之是务去。然兴利难，去弊更难。旧监之弊，弊在老犯，在看守不在狱员。狱员本去弊之人，但欲言去弊，须先去舞弊之人方可以绝弊根，至此外其枝叶耳。查旧监弊根莫如老犯与不肖看守通同诈索新入之犯，被害者虽严加质讯亦不敢吐实。民十三金山监犯曹来全被老犯勒索不遂，竟有被踢身死之案。其手段辣恶，有如是者。雄民十四年秋奉密令调查溧水监犯诈索一案，虽原控事实鲜明，而再三查询终不得要领。厅令迭经严禁，此风亦不过稍敛耳。查旧监多系杂居，此项老犯即令发觉并无隔离处所，又鲜其他救治办法。况狱员以看守力量单弱之故，亦多存多事不如少事之见，且不如利用之，足为看守之补助（查有笼头之旧监，脱逃事较少），脱犯案件可望减少。姑息因仍，无可讳言。窃以欲图根本解决，目前既不能将旧监彻底改良，只得通令各旧监查报有老犯及凶恶之徒者，概呈请解送新监执行，如新监不敷收容，新监人犯则转解旧监。一方面狱员对于新入之犯妥为开导，狱中则勤密巡视，看守则遴选贤人。根株既除，枝叶自无从而生。此老犯拟请拨解新监执行，以绝弊源者五也。

六、旧监铺位宜编号数以免借端需索。窃查老犯诈索新入人犯多始于铺位与倒洗便桶二者，因旧监类多狱舍，狭隘拥挤不堪，新入监者每逼卧于龌龊处所，甚至迫近便桶之地，便桶亦须负倒洗之任。稍有身份之人为顾全体面及避污秽计，只得出资与他犯更换铺位，或代洗便器。于是二三狡黠老犯遂从中巧立名目大肆敲诈，看守亦难禁止。此种情形各旧监大多难免，而以江北尤甚。雄民十五年秋奉调任青浦狱员，密查狱中亦有上项情事。因筹一救济方法，将每一狱室划为适当铺位若干，装以木条以资隔离。复将铺位编为若干号，某号空额新入监者即编入某号，卧睡某号不准私自更动。号内废除便桶，另用白铁所制之便斗装置。号外并派定杂役人犯随时洗涤，此项杂役人犯由公家酌给赏金，不准私人给钱。行之数月，虽未敢云风清弊绝，而老犯伎俩实无所施。此种办法本若寻常，琐屑卑不足道，而于整顿旧监尚不无一得之愚。此人犯铺位拟请通令编号以免借端需索者六也。

七、囚粮须改用米麦数量为准率以免偏枯。查旧监所囚粮预算规定已决每名每日八分，未决七分。各属一律。表面待遇本极公平，殊不知江南江北情形迥异，生活程度判若天壤。江南习惯向系食米，近年以来次米每石总在十三元左右，每名日食平均以米七合计算，即须洋九分一厘，而柴煤蔬菜油盐尚不在内，考之目前情形江南人犯无论如何难得一饱，遂有呈请换用豆麦以资救济之举。而向食白米人犯一旦改用杂粮，大觉苦遇竟多起而反抗者。十六年二月松江旧监改用杂粮，致有纠众绝食举动。至江北习惯则大半食麦，麦价既较低廉，数量又可减少,其他杂粮尚可掭用。故囚粮一项,不徒毫无困难尚有余裕。窃以新编预算囚粮一宗,须以米麦两种数量为准。率先调查食米食麦各若干属,及其麦价各几何,并日各须几何数量方可得饱,以便审度情形分别从新规定。以雄度之通盘计算或不至超越原有预算,而囚犯得实受其惠。此囚粮拟请以米麦为准,从新分别规定者也。

八、狱员俸给须分别人犯多寡酌分等级。查现在狱员各属俸给一律月支洋四十元。窃以俸给系服务人一种权利,且不啻工人一种工钱。权利与义务,工钱与工作向成正比例。查狱员工作繁简以人犯多寡为转移,理至浅鲜。复查苏省各监人犯数目十一年度报告每日平均人数无锡为三百三十七名,高淳则为十一名,两数相较为百与三之比,事务繁简当不可同日而语,而所得之俸金同为四十元之数,不足以昭平。允查狱员俸给法尚未颁行,目前暂应以人犯多寡分为四等。三百名以上者列为甲等,二百名以上者列为乙等,一百名以上者列为丙等,未满一百名者列为丁等。而计算人犯多少数目,又要以最近三年每日平均之数为标准,以昭实在。此狱员俸给拟请酌分等级以昭平允者八也。

九、宜附设大规模看守教练所俾资应用。查看守为直接管理人犯之人,即为人犯表率之人,关系至重。且大若用非其人,则弊窦丛生。且非品行端方稍有监狱知识之人,亦断难收指臂之助。故新监看守尚须先加训练,旧监监房简陋,管理全恃人工,看守尤关紧要。惟各旧监所用看守名额有限,设班教练势所难行。此项人才每虞缺乏,救济之策莫若于江苏第一监狱附设一大规模看守教练所,所招人数大概以各旧监所须看守为准,其余均照看守教练所规则办理,并可就近实地练习。一俟毕业派赴各监服务,所费少而收效宏。此看守教练拟请附设举办以资应用者九也。

尤有进者,窃以治狱不过防已然之事,狱政虽整收效尚浅,故预防之方与善后之策其事较治狱为先。预防在一国政治组织如何,非单纯司法部分所能起而有功,善后则吾司法当局难辞其责矣。查东西各国改良监狱地方必办有囚人出狱保护会社,因囚人在初出狱时为极危险时期,所缺乏者为职业、境遇、身份三者,于此三者若不予以辅助或保障,仍不免堕落之虞。出狱保护会社事业即就其所缺乏而与之,或设工场收容,或为介绍职业,或贷与金钱。俾能独自营生,意至善法至美。关于此项善后问题尚无人过问,当此国家庶政鼎新,拟请与改良监狱相提并论,借收圆满效果。区区愚忱,是否有当,祈并裁择。至此外旧监首宜次第举办,工业看守工资过少,狱员俸给微薄未足养廉,当均在钧虑之中,无俟鳃鳃。所有胪陈改良监狱管见缘由谨,缮帖具陈,伏乞鉴赐采择。

《江苏上海第二特区监狱晓谕在监人布告》

为晓谕事。照得本监人犯安分守法者固多,而顽梗藐玩者所在亦有。致不免有违反纪律之事发生,员士加以干涉不惟不知悔改,有时反敢出言不逊,甚至胁迫叫骚,殊属越轨已极。尔等须知犯罪入监自由已被剥夺,照 部颁在监人遵守事项,对于官吏命令须绝对服从,言语行动处处应受限制。尔等即对于官长处理意有未惬,尽可随时申愬,静候解决。如果借端叫嚣,扰乱秩序。依照《监狱规则》第二十七条一至三项之规定,监狱官吏有使用武器制止之可能。本典狱长治狱多年,管理人犯向持宽大。一切武器慎重使用,盖终以人命身体为重,故宁失之宽纵。乃有少数人不察,以为监狱对于人犯违犯纪律除戒具数种别无制裁方法,遂至任意妄行,叫骚胁迫。若长此宽容,其将何以安良善而维秩序。为此照录《监狱规则》第二十七条一至三各项于后,俾众周知以明利害。嗣后深望尔等各安本分恪守纪律力图自新,俾早得假释出狱,切不可再蹈故辙,自贻伊戚是所切要。此谕

附录《监狱规则》第二十七条一至三项

监狱官所携带之枪或刀若遇下列事项之一得使用之。

(一)在监者对于人之身体为危险暴行或以将为暴行之胁迫时。

(二)在监者持有足供危险暴行所用之物不肯放弃时。

(三)在监者聚众骚扰时。

中华民国二十二年　　月　　日

典狱长孙　雄

《前司法部组织出狱保护会布告》

得情勿喜,先哲之格言;视民如伤,古圣之深抱。民国肇兴,与民更始。刑法草创,期有合于大同;监狱改良,首有事于感化。然被告人,刑期既满,还我自由,出狱以还,自营生计。而社会心理往往视为刑余之人而羞与为伍,致无谋生之道而穷无所之。因陷身绳墨,重入囹圄。是非出狱人故为公敌之愆,实社会上未尽保护之责。此东西各国于出狱人保护事业所以掷巨资、集群力而不稍顾惜者,职是故也。伏望海内仁人、硕学,发起大心,组织出狱人保护会,担出狱保护之责任,达犯罪预防之目的。我他两利,悲智双修。务使无告之氓同登仁寿之域,国利民福实依赖之。此令。

《江苏第四监狱以候补看守长实难裁减覆高院书记官长函》

某公赐鉴,顷奉手谕,敬审公私两适为颂。敬肃者,敝监因改组伊始,各项开支较为浩繁,致上年度终结超过预算三百余金。事前未能量入为出,实疚于心。值此厅款减缩,竭蹶万分之际,叨蒙院座暨吾公准予特别通融,慨予设法拨发现金。祗领之余,感激莫名。又候补看守长三员预算本未规定,上年某某以此项人员实为监狱办事需要,恳请添设业蒙照准。近间因经费不敷开支,前奉院令饬,酌量裁撤,以资撙节,正在筹维。兹奉来示,复承以此节见嘱,自应谨遵办理,曷敢烦渎。然实有不获已之苦衷,不得不再为吾公一陈之。查敝监候补看守长三员之中,有两员在旧监时代即充主任看守有年,并派执行科长事务。上年改组咸,不免有所希冀,唯以资格不充分,未敢冒昧以看守长请委,乃退而以候补看守长呈请暂代之。固以事务繁重,要非因人而设,而亦不无量才酌用之处。且改委以来,将届一年,均能恪尽厥职,毫无贻误。今若实行裁撤,或改充主任看守,虽随事变更,权原操我,而无端见黜,令人心灰,亦情之常。况现有主任看守,亦鲜安顿之策,又监狱官制有主任看守积资得递升候补看守长之规定。原所以重历练而资奖进,今并此阶级而裁之,似无以示鼓励。此刻下未能遽行裁撤之苦衷也。惟丁此法款异常支绌,此项人员之俸薪,嗣后,拟除由呈准暂行裁减看守长一员之俸给及裁减女看守两名之薪资,扫数挹注支用外,其余不敷之数,拟统在经常费项下撙节弥补,再不敢有丝毫逾越。且以后此项人员遇有辞职或因故去职者,即不呈请另补,借符原案。至此次因戒严添设之临时看守八名,已于上月底概行遣散,其他各项苟有可以撙节之处,自应极力遵办。囚粮余款,亦当妥为保管。惟前项人员未能遽减各情,尚祈代为婉达院座为荷。又某某供职一年,毫无成绩可言,复蒙呈请晋级,实令人感愧无既。肃达愚忱,敬请勋安。伏祈鉴照。

《贺司法总长就任函》

景瞻芝宇,徒深天末之思;抚念菲庸,妄冀龙门之侍。欣维某某法长座下,职综爽鸠,惠溥绵蛮。制五刑以齐礼,掌六辟而教民。法宗三民,布天下为公之义;衡持五听,本圣人哀矜之心。廷尉使天下皆平,秋谳无一夫不获。每瞻比部,益懔怀刑。某滥竽狱界,建树毫无,虽从公夙夜无敢怠荒,而景企西曹自惭庸废。欣闻荣莅,莫罄忭欢。专肃寸缄,驰贺升禧。并叩崇安,惟希亮鉴。

《贺县长就任函》

远荷存记,弥切瞻依。每企霁光,益思云树。敬维某某县长先生台下,望重生民,道宏党国。沛恩波于蔀屋,膏雨千家;饮杯水于花封,清风两袖。为廉洁之弁冕,普仁泽于闾阎。遥仰德辉,曷罄私颂。某某夙寄骈襟,谊同邑屋。只以驽下,未克奋飞。欣知仙凫之临,敢后竹骑而至。敬先肃缄,以迓下车。只请政安,并贺升禧。

《致院长保荐人员函》

（某旧属致院长保荐戒烟所裁撤员函）

院长钧鉴:谨肃者。窃某夙隶仁帡,山如鳌戴。久违慈宇,时切蚁驰。敬维乌府宣猷,霜台蔼瑞。治清肺石,园扉之草木皆春;誉著口碑,吴门之甘棠独茂。遥瞻山斗,虔颂莫名。某奉调某监荏苒数月,自惭栎樗,建树未能。时凛冰渊,幸无陨越,差堪告慰崖注耳。敬恳者。某兼管之某戒烟所业,奉令裁撤,该所内部办法悉与曩昔某某机关无异,惟是人数较多,管理綦难。幸赖某职某姓名某措置有方,故办理七阅月,彻底戒除烟瘾人犯达八百余名,谓非该员化导之功,曷克臻此。查该员曾于上年九月间呈奉钧长第二次以县监所职员审查合格,听候任用。该员资验甚深为守兼优,无如某某高院管辖只一监一所无法安插,是以急于投效。久仰　院长爱才若渴,故敢非分干渎,冒昧举陈。倘荷推爱,提前委用。不徒某君当竭诚图报,某亦感德无涘矣。临颖无任,惶悚之至。肃此,恭请钧安。伏乞

慈照。

某某谨肃

《上海第二特区监狱典狱长诫僚属限制预支俸薪令》

查本典狱长前以现在俸津工饷设法按月发给,嗣后预支非经过月中及确有特殊情形不得率请预支,各科所长非经查明确亦不可随便盖章照转,致成具文。谕知遵办。在案。乃日来呈条借支者日仍数起,几于应接不暇。核其用途,大都不外为日常衣食住所需,似此情形实轶出原谕范围之外,良用惋惜。查目下公家经费原属万分困难,即此按月发给调度支配,业已煞费苦衷。欲求余款以供随时预借之用,殊非现时财力所胜。谅为诸同仁所共喻。至日常家用虽属要需,究非特殊情形,义自难于假借。再本监员士俸薪原视内地为优,苟能力崇俭约严戒浮奢,实行量入为出主义,自有收支适合之方,使常以借支为生,寅支卯粮,势将坐困拮据。弥缝无术,纵能予取予携,又岂必于诸同仁有补。本典狱长萧目时艰,于体念僚属之余,寓兼顾公用之意。嗣后预借俸薪仍须遵照前谕办理,以资挹注而维现状。并望诸同人谅之。为此通令各科所长遵照,并仰转饬所属一体知照。此令。

《烟台山东第二监狱（田典狱长立勋）创办烟台
出狱人保护会募捐启》

窃维出狱人保护会之设，缔造于美洲，仿行于日本、英、德、法、俄诸国，亦于十八世纪急起直追踵成善举。始由政府担任，卒归社会维持。名称虽或各殊，目的初无二致。其保护出狱人之殷勤周密，洵属法良意美。推之四海皆准，放之六合皆行。人天交感，稽首皈依；贤愚输诚，同声赞叹。茫茫禹甸，改建三民。法部主裁，鉴于西哲夫焉。格伦氏之言曰：监狱设立之目的须有善后之作用，必得社会的道德事业。有出狱人保护会事业之整饬，始能达其目的，而收犯罪遏止之效果。迭经通令各省官民热心公益依法组织在案。除闻广州市业经遵行外，余尚因循观望，延未奉行。不惟无以收改良监狱之实效，免再犯法律之行为。且令外人笑我好善程度之幼稚，其于国家前途之关系良不止于一端也。尤有说者，刑余之人无所比数，国人心理亘古如斯。每逢出狱之人多含排斥之意，非特对于下流无耻，其厌恶而屏弃之者，不少宽假。即上智中才，偶因一念之差，不免羁身法网，事非出于得已，情则各有可原。而褫夺公权，不能选举，不许考试，不准经营公共事业，种种限制泾渭不分。大有投之豺虎，豺虎不食；投之有北，有北不受；再举而投之，四夷誓不与同种、同国之概。其在读书明礼者义命自安，心灰意冷杜门谢世，无意事功，霖雨苍生任人期望。若夫桀骜不驯，少年阴险之辈，素不安分又或遭冤啸，侣呼朋共图报复，同盟结党斩木揭竿。小则妨害社会之安宁，大则扰乱国家之秩序。彼非甘心而为之，实不啻有人迫之胁之，出于势所不得不然者也。孔子曰：人而不仁，疾之已甚，乱也。其斯之谓欤夫？天下无不可化之人，视夫化之者之居心操术何如耳。虎豹虽猛，犹可豢养于牢笼，得其捍御防卫之力。矧其人也，圆颅方趾，同此形骸；饥食渴饮，同此性质。果能不责小过，不念旧恶，宽其既行，予以自新。譬之枯涸之苗，忽得清风，旋来甘雨，徐徐吹嘘而润泽之，行见其蓬蓬勃勃，生意益然。不必牛酒祈神，鸡豚赛社，而实发实秀，满篝满车，有不期然而然者。人亦何独不然欤！当其陷身图圄，目无所见耳，无所闻行止，不能自由谈笑，不能自便，身非美玉，无殊韫椟而藏；地异咸阳，几类含生而葬。百身莫赎，万念皆灰。迨至脱离苦海，幸得生机。富贵健康者流宗族交欢，阎闾存问固无保护之必要。第人类不齐，境遇非一。固有孑然一身，家徒四壁，素行不轨，下愚无知，容貌不足惊人，言语不能炫世，亲戚视之若秦越，乡里畏之若豺狼。又或耳目丧能，手足均瘵，或为女子，或属少年，或届年高，或隶外省，日暮途穷，徘徊四望，乡关何处，朋旧谁依。老者谁为安全？幼者谁为收养？关山难越，谁为失路之人；萍水相逢，尽是他乡之客。鼓屈原之枻，莫泛渔舟，吹伍胥之箫，何来芦管。英雄气短，天日为愁。忽然意外遭逢，困中活泼，涸鲋得施江水；焦桐顿遇知音，如伯牙之有钟期、老骥之逢伯乐。解悬恤厄，仗义施仁。欲饮食而饮食惟饱;欲衣服而衣服惟暖;欲归而行囊不乏;欲留而职业可谋。举凡力量所不能,意想所未到者,无不丰隆委婉,举以相遗。幸也何如,感也何如。斯时半惊半喜之情,欲舞欲歌之态,有如流水之就下,沛然莫之能御。而生平不可对人言之事,无不尽情倾泻于知己之前,洗涤心肠改易面目,较蛟射虎,晚盖图功,放下屠刀,立地成佛。从前种种譬如昨日死,此后种种譬如今日生。不待旁人之劝勉,而天良发现。欲不改过从善,而扪心自问不禁汗流浃背,毛骨悚然。从有冥顽亦当变化。此势所必至,理有固然者也。惟西儒有不主张收入工厂保护女囚,虽从人情物理中实地研练而来。而我国情形迥然独别,穷乡僻壤十室九空,贱子愚夫食难衣窘,多依赖之性质,欠独立之精神。而保护事业举国尚不多见,何论夫一乡一邑欲不收入工厂而安置无法,欲不保护女囚而流弊尤多。自应因地制宜,变通办法。而兵戈四起,风鹤频惊,时局艰难,人心怯懦。贫者有志而不逮,富者守钱而莫施。如或拘执定章,势必终无成效。而况个中难苦,又非历经其事血性过人者亦不能体贴入微实心从事。立勋肄习法学,三易春秋。主持狱政,念载于兹。接近诸囚,痛苦深悉。夙有此心,责无旁贷。为此曾分函各界人士及诸慈善家,深蒙赞同。故自愿牺牲一切,拟以半载节衣节食之资,作为百年树德树人之倡。以六百元供办所需,然而独木难支,众擎易举。四海之内岂乏同志?精神所至,金石为开。填海移山,采花酿蜜,当仁不让,有志竟成。尚望诸君子大发慈悲,广结善缘,捐资多少在所不计,各尽其力,以行其仁。斯会之成,指日可待。此启。

《江苏第二监狱田典狱长立勋谕知接见原有规定及严防流弊布告由》

为布告事。照得在监人犯亲属接见之程序及其限定之日期早经按照成规逐条公布在案。乃日久玩生,渐滋流弊。风闻本监从前尝有不肖之徒借端索费,而该犯亲属人等亦为便利取巧计,遂尔因缘为奸,苟且时见。竟至陋习相沿,贪黩不避,殊堪痛恨。本典狱长历官鲁、鄂十有余年,早日清白自持,廉隅诚友,遵誓词不妄取一钱;守宣言不滥用一人。此次调长沪监,仍不敢稍渝初衷,惟期整顿。凡本监从前陋习志在必除,为此布告本监员士及监犯亲属人等一体知悉,嗣后来监接见者俱应遵照后开之规则按期接见,切勿受人愚弄,希图便捷,自蹈前非。至于本监员士尤应洁己奉公和平接待,倘有弄权玩法等情事,一经察觉定即依法严惩,决不徇免,各宜遵照勿违。切切。此布。

《江苏第四监狱孙任募开凿自流井捐启》

盖闻凿井而饮,唐氏兴帝力之歌;井养不穷,周易受王明之福。耿恭行军而拜特湛灵源,达摩导民以金顿成福地。井之时义大矣哉!通城地带斥卤井水苦咸,饮料非宜,卫生有碍。县府附近以及监所人口稠密,需水浩繁。春夏汪洋汲运已感不便,秋冬枯涸缺乏尤属堪虞。拟假人为之功,开凿自流之井,弥天然之缺陷,树改造之先声。事莫急焉,德乃大矣。惟是库藏空虚,点金乏术。县局困难,筹款无方。言念及兹,曷胜扼腕。伏愿仁者发心,宰官喜舍,结五根而成性,宏六度以为檀。昔时德沛苍生须烦伯益,此日泽流崇水端赖群贤。踊跃争先,伫看千金集腋,锹锄具举,何难九仞及泉。仗诸公义粟仁浆,成此间廉泉。让水寒光时带南寺,玉泉香气偏饶西城。甘井凿乃成而源不竭,多任取亦少无盈。解渴除饥居然八功德,水饮和食德胜造七级浮屠。是为启。

如荷。

慨助巨款,除将台衔勒石永垂不朽外,并由江苏第四监狱查照江苏省捐款改良监所奖励章程呈请

层峰,给奖借资纪念,谨此附注。

《江苏第四监狱凿井合约》

立承揽凿井工程,上海亚洲凿井工程所今凭傅彻千先生介绍承揽得江苏第四监狱开凿新式水井一口,所有工程材料价额等项条例于后。

一、工程地点:在南通江苏第四监狱内。

二、井之大小及深度。口径五尺,深三丈。此项尺度概以英尺计算。

三、井之做法。用洋灰、青砖、黄沙、铁筋混合筑成,五寸厚之。井墙下部周围通设水眼,并安设铁梯一架,以备将来修理上下之用。

四、完工期限。自开工日起,以五十日为限,不得挨延。

五、抽出水量。以每日最少抽水百石为标准。

六、抽水帮浦。井口另装帮浦一个,由承揽人负责装置,帮浦由监狱购备。

七、包用年限。自工程完竣日起,包用十年。在包用期限内,如有损坏,应由承揽人负责修理,不得索取工料用费。

八、工料费用。计通用洋五百元,所有勘占来往工资路费及一切应用器具材料工食一并在内。

九、付款期限。分三期交付,第一期工人及材料到监付洋一百五十元;第二期井开至二丈深时付洋一百五十元;第三期工程全部完竣,验收无讹,付洋二百元。所领款项另由承揽人出具收据。

十、担保工程。由承揽人觅具殷实铺保,于本承揽上加盖店章分执为据。

十一、承揽收执。本承揽共缮二分盖章合钳监狱及承揽人各收一纸,经三

方签字后,即发生效力。

承揽人上海亚洲凿井公司工程师
委托人江苏第四监狱典狱长
担保人傅仞千
中华民国二十一年一月　日

《江苏第四监狱狱囚公墓碑记》

周官言,恤刑至三又尽矣,而于墓盖阙然。考之遂士云,于其遂肆之三日;县士云,就其县肆之三日。三日后必瘗埋之可知。又考蜡氏掌除骴及国之骴禁,不与墓。大夫冢人同列春官,而独系于秋官司寇之属,则所谓除骴云者,安知不有刑余人耶。世衰道坏,古义荡然。诛戮之后,听其藁葬,积尸遍野,暴骨荒郊,磷火往来,见而生悸。夫罪至于死无以复加,忍令飞鸟逐肉,而不一援手乎。北平创设罪犯公墓,盖矜之也。孙典狱长雄莅吾通有年,本明刑弼教之义,踵而行之。费不足集,同人佽助。购县南郊地五亩,为瘗葬所。以江苏第四监狱狱囚公墓名,凡被刑者具埋骨于是。夫而后犯法而死者,葬是墓而知所感矣。畏法而惧者,睹是墓而知所儆矣。则此公墓之设立,其有刑期无刑之意乎!正匪徒泽及枯骨已也。墓域定将勒石垂久,远县人袁绍昂为之记。

《河北第三监狱报告绪言》

本监在前直隶第一监狱时代,设备完全,规模宏大,为全国有名之监狱。惜后以经费无着,措施维艰,狱务遂形退化。自民国十七年七月改称今名以来,历经各任典狱长竭虑殚思,以事整顿,筚路蓝缕,始又渐臻完善。凯廷继典狱务两载,于兹勉竭驽钝,步循萧规,上承长官之指导,下赖同仁之匡襄,于狱务亦稍稍有所尽力。试就历年改进事项略举言之,如全监屋宇已次第营缮完整,无复渗漏坍塌之虞。官营作业已扩充至十余种,就役者日达千数百人。给养充足,卫生适宜,在监人疾病死亡日渐减少。他如管理、戒护、教诲、教育诸端亦趋合理。上年罗部长西巡归来,道经津埠,莅监视察,认为办理尚属妥善,传谕嘉勉。平时中外人士来监参观,亦博赞许。兹将本监沿革、建筑、经费、组织、管理、戒护、作业、教诲、教育、给养、卫生等事项撮其大要汇辑成书,附以图式照片及统计表类报告于世,所冀海内贤达赐以教正。俾善者因之,不善者改之。是则凯廷之所祈祷而亦斯编之本意也。

中华民国二十三年二月二十四日署
河北第三监狱典狱长崔凯廷识

第五编　指纹概述

苏俄之监狱制度

苏俄之刑法乃根据非情感之人道主义,同时采取冷静之态度,依据本国之基本原理为出发点,若数学之几何公理然。此种基本原理乃马克思主义及列宁主义,由此主义而产生下列之刑罚基本原理。

（一）"过失行为"及资本主义社会数百年来所传下之结果。

（二）若干个人乃不易改变其旧有习惯,以适应新社会秩序者。

（三）若干个人乃易改变其旧有习惯而构成新习惯模型,以适应新社会秩序者。

（四）"刑罚"之目的为保护社会之安宁。

（五）社会应注意应用教育学上及医学上之各种新方法,以改变"过失"行为者之态度。

（六）凡不能改善者均须使其与社会隔离,以保护社会之安宁。

上列之原理,其中一部分乃出自马克思主义及列宁主义,一部分乃根据现代科学。依照此种完善之原理,苏俄政府运用其全部精力与热诚,采取各种新方法以从事于改良犯人。

苏俄政府采取上述之宽和政策,决定无论如何,必须依据共产主义以改造个人对于社会之态度。各个人不能以自私自利为目的,其行为须以社群之福利为依归。社会必须运用其机能——教育宣传及强制力量——以创造个人之共产态度及行为模型。如其不能屈服或社会不能使其建立行为之新模型之时,惟有使其与社会隔绝。

苏俄之刑罚制度其全副之精神乃注重于改良犯人之行为,相信犯人之发生乃资本主义制度传下之不良习惯之结果,故努力于工业之训练,运用智力与体力以谋生,使个人之思想仰合共产主义之社会秩序。苏俄领袖认明资本主义社会不能立刻改变为共产主义社会,所以采用社会主义为过渡时期。在此过渡时期,对于旧有文化当然有相当保存之必要,但无论如何必须尽其速率,使个人于短期内进于共产主义之思想。刑罚已以改正个人之过失行为及防止其妨害个人与社会秩序为目的,则于刑罚期内自可严密监督或教导之,并于可能范围内令其移与社会上良善之份子同居。其主要宗旨已然为工业训练,故监狱皆成为大工艺学校。

苏俄之刑罚制度中更足使人兴趣者，即普通之学说以为监内之工人乃与监外之自由工人之利益绝对冲突，而苏俄政府不但使其不相冲突，且能使其发生密切之关系，引导监内犯人与监外工人团结一致。监内之犯人并非被放逐之人而乃为国家劳工力量之一份子，如犯人为工会之会员，则其于犯罪入监之后并不失其会员之资格或损失其与工会之关系。在事实上如果犯人在监内之工作及行为均能表示其为劳工群众之一份子，则于刑罚之末期派往工厂服务。当犯人被派往工厂服务之时，其他工人并不因其曾犯罪而加以侮辱，而且予以特别之待遇。

苏俄刑法同时许可行为良善及养成工业习惯之犯人请假回家助理家人之一切工作，为试验其是否稳当起见。此种给假回家之时期规定于刑罚之末期予以一日至三星期，在此时期内须不发生越轨行为，否则即取消之。此种给假之方法即近代之假释制度。在犯人给假时期内由厂中工友或在乡村中之地方苏维埃监督之。

根据上述刑罚目的之学说，苏俄政府废弃无期徒刑，其最高刑期为十年，如果一个人不能于十年之内改变其行为，那自然是没有改变之希望。关于少年犯之案件法官须与监狱官合议后始定其判决。

监狱内对于犯人须采取宣传及社群压制之方法，以养成其适当之思想（共产主义）及态度（劳工态度），如监内犯人原为工人或农民者或原非农工而能适合苏维埃主义者可加入监内所组织之文化团，为会员以继续其活动工作。在此文化团内，可依据苏俄之统治思想尽量发挥个人之意见。壁报每日贴在墙上，充分灌输苏俄之主要文化思想；口号在各处壁上，呼唤列宁及马克思主义之书籍杂志时刻布列眼前，马克思、安志示［恩格斯］、列宁、斯大林等要人之著作引略随处皆可阅。及余如俱乐部、讲堂、研究团体、游艺、音乐会等皆可参加，此皆苏维埃主义所宣布给予之权利。上述各种团体之组织皆为自治之活动，监狱中亦有给予自治团体执行监内次要之纪律者，但此种自由活动只限于农工阶级与同情于无产阶级之犯人。

苏俄之新刑法已不顾及古代对于重罪犯罪与轻罪之类别，故其对于一切"过失"皆认为违反社会秩序之行为，因此在历史上占有重要地位之古代刑事分类法至是破坏净书。苏俄对于"过失行为"分为三类：（一）违反国家社会及经济制度者。（二）侵害个人者（过失发自个人之动机）。（三）违反警章者（妨害警察对于公众卫生健康等之管理规则）。在新修改后之刑章，对于从前之分为资产阶级与农工阶级已完全取消。现行之刑法对于违反苏俄政体之行为处罚最重，妨害个人之刑罚次之，侵害财产之刑罚又次之，最重之杀戮人命罪其最高刑期为十年，非预谋之杀戮人命罪其最高刑期为五年，其他犯罪行为之刑罚则少于上述之刑期。死刑虽仍存在，但只适用于不能悔改之恶性犯人。

新刑法之基本刑罚原理可分为，（一）刑罚之目的为改良犯罪行为或感化；（二）为保护社会及感化犯人起见，刑罚必须有分类之系统。最危险之犯人须与非最危险之犯人隔离,初犯须与恶性之累犯隔离。为适应个别待遇,每进一级必须附有较多之自由与权利;(三)恶性犯人必须独居。

指纹法大要
孙雄、金绍丞编述

一、指纹学之沿革

时无古今,地无东西,种族无论黄、白、棕、黑,年岁无论老幼少壮,而于十手指纹之结构,从未闻有雷同之者。盖恒河沙数个人,即有恒河沙数个指纹。谚云,"人心不同如其面",指纹之不同亦如是也。是研究个人识别方法无有愈于用指印者。在指纹法未发达以前,法人巴提龙氏所倡之人身测定法,欧美各国咸视为个人识别良法。而今则多易以指纹法矣。夫古时科学尚未昌明,各国用指纹印以为标识者已伙。我国昔时于制造品上(如瓷器等)以及于买卖人口房屋地产各种重要契约亦常以指印为主要之信记,至军营之于目丁则向有箕斗册之设施,法庭之于诉讼两造每令用指印为切结之表示。征诸他邦如印度孟加拉省人缔结契约多用指纹,于阿弥陀佛经内并有以"捺指印为信条"之经文。土耳其人出外必携带墨块,以备随时捺印以代图记之用。日本人多在票据上捺用指印,故有"手形"之名。英美各国引用指印者,则专为迷信而设,举行大典礼时(各婚嫁等礼)捺用指印为必需之手续。当时虽已施用指印,但只知其为迷信之条件或代不识字者为印鉴签字之用,绝不知能为证明之如是准确,个人识别之不二法门耳。至一千八百二十三年,德人布尔景译氏始根据科学之经验发明指纹学。分指纹为九类,著有《触觉及皮肤组织生理上之研究》一书。一千八百五十八年,英人郝智尔威廉氏任印度孟加拉省内务官时,鉴于法院中之罪犯常有冒名顶替之风,乃在该省河雷县试用指印。凡诉讼案件及注册之文据务使首众各犯或当事者捺指印于其上,核对存查以杜假冒,是为世界第一使用指纹者,亦即指纹以科学方法运用之起点。不数年英人佛尔时氏观察刑事案犯非指纹难以收效,乃尽力提倡,发表缀字分析法,并著《指纹印》专书以备参考。一千八百九十年,英人葛尔登佛兰雪斯氏以研究之所得分指纹为三类,并著《指纹分析法》及《指纹》二书,详述指纹之种种及其他事实。一千八百九十四年,英国政府鉴于指纹之功效确与国家人民有密切之关系,乃设指纹部于警监部,正式采用。一千八百九十七年,印度各省全体采用指印。一千八百九十九年,伦敦警察长亨利爱德华氏根据葛尔登氏之法精益求精分指纹为四种八类,著有《指纹之分析及功用》及《证明罪犯之指纹法》二书。今英国各地及上海公共租界巡捕房所用之二部八类法,即沿用斯法,我国内政部警官高等学校亦习用之。同年德国汉堡市警察长若休氏著有《指纹法》一书,其后警察总监卢锡氏根据若休氏之指纹法改编为汉堡式指纹法,分指纹为三种九类,我国中央军官学校军官研究班曾习之。近代阿根廷警察长所述奥人佛斯谛克之指纹法简明精密切实易行,法兰西、西班牙、罗马尼亚、南美各国皆已采用,是法分指纹为四类。民国二年,吾国司法部特设一指纹研究会,聘佛氏讲演,即以佛氏之法通令各省新监先仿照兴办。二十年来因指纹发觉再犯而检举加重其刑者时有所闻,故我国监狱方面迄今尚沿用佛氏之法。一千九百年世界第一指纹部在比国成立,一千九百零八年美国芝加哥警察长依文思爱德华氏亦以研究指纹之所得著有《指纹指南》及《指纹心得》二书,并设办银行支票之指纹。日本政府鉴于指纹效用之伟大乃遣派学生赴德专习指纹,故其所用之指纹法均以德国汉堡式指纹法为根据。一千九百十年法人勃太柴氏以算学推算证明全世界无两个相同之指纹,所谓指纹之不同亦如人之面也。斯时欧美各国对于指纹之设备已极完善。一千九百二十七年我国刘柴菀先生以研究指纹之所得著有《中华指纹学》一书,分指纹为三种六类,倡设中华指纹学术研究会于首都,设分会于上海及各省,并与万国指纹会互通声息。一千九百二十八年我国教育部通令各大学增设指纹学一科,去年我司法行政部及内政部鉴于我国各机关对于指纹之施用殊不一致,乃会同颁布召集指纹专员会议规程以谋统一,设指纹学术研究委员会于首都,并拟筹开指纹学校,训练专门人才。今后我国指纹之设施当由分歧而入于统一时期矣。

二、指纹之特性

指纹之特性有四:(一)每人指纹自始生而壮至老及死后皮肉未腐烂以前,其纹路绝不变更。(二)集合全世界人之指纹无有两个相同者,无遗传性,虽母子亦不相同。(三)指纹虽时与物件接触亦不易磨灭。(四)指纹路线中有汗液孔,时出汗液,一经触物其纹路即遗留于物体上(物件较硬平滑者能存在二十四小时,物体较软稍粗者可存十二小时)。如以药粉洒之立可发现,可为检发犯罪及个人法律保障之根据。

三、指纹对于司法之功用

法律之为用,一方面保护人民之权利及天赋自由,一方面制止人民之滥用自由。故人民之一切法益完全操于司法官吏之手,如法官于案情真相未明,必致黑白倒置、泾渭难分。若全国推广指纹法,则民事于身份权利等足资证明,刑事于侦查拘捕等不易漏网,岂徒真伪易明差误得免耶?! 况初犯、累犯既处刑不同,而行刑待遇复宽严有别,盖累犯恶性较深感化为难,初犯恶性较浅劝导自易。更可虑者,在拘禁之中如不注意犯数严密隔离,则罪恶之传染必致蔓延。至于发现累犯又以指纹法为最有效而最确切之方法,是以司法机关于指纹之施行如果办理完善,在裁判中于犯罪人证之搜索、侦查种种固便,而于事由虚实与案情之真伪亦易明了,在执行中则识别准确不致有互相顶替、张冠李戴之弊,其有裨益于国家刑事制度实非浅鲜。

四、指纹之地位

人之手指计分三节,施捺指印以手指之首节指甲之反面全部为主,如手指之首节残缺应作缺指计算,不能以手指之第二节或第三节盖捺也。

五、指纹之凸凹纹

指纹印于纸上其纹似有凸凹之别,实则凹纹者因凸纹之凸出而形其凹下也。研究指纹应以指纹之凸纹即隆纹为实据。

六、指纹之汗液孔道

汗液孔道人之周身无处无之,流汗液之管口至肌肤最外层为止,时出汗液。急性暴动后,汗液流出尤多。故捺印时指纹上沾以油墨能将全纹捺下,如手触物,因汗液中含有食盐与尿质亦能将其触物之指纹全部留下。

七、指纹之纹线

指纹之纹线种类极多,研究指纹应先明了各种纹线之式样,始能进而分类编号及储藏。兹约略说明于次:

(一)普通弓形线……普通弓形线者,其纹线如弓之形也。如图(1)。

(二)突起弓形线……突起弓形线者,其纹线突起如弓之形也。如图(2)。

图　(1)　　　　　　　　图　(2)

(三)箕形线……箕形线者,其线如箕斜向左或右者也。如图(3)、图(4)。

图　(3)　　　　　　　　图　(4)

（四）变体箕形线……变体箕形线者,因其箕形线系弯曲而成也。如图
（5）。

（五）螺形线……螺形线者,其纹线由内而外环行如螺丝形也。如图(6)。

图 （5） 图 （6）

（六）斗形线……斗形线者,其纹线系由多数环线相叠而成者也。如图
（7）、图（8）。

（七）接合线……接合线者,两线头相接合而其下分歧者也。如图(9)。

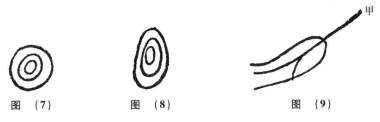

图 （7） 图 （8） 图 （9）

（八）棒形线……棒形线者,其线之形状如棒者也。如图(10)、图(11)。

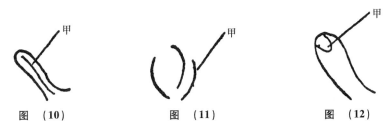

图 （10） 图 （11） 图 （12）

（九）有胎线……有胎线者,即于中心箕线内有小而相对之弓形呈现者也。
如图（12）。

（十）标准线……标准线者,即左三角之下线伸于右三角之上或下以测其线
者也。如图（13）之甲线为上出标准线、图（14）之甲线为下出标准线。

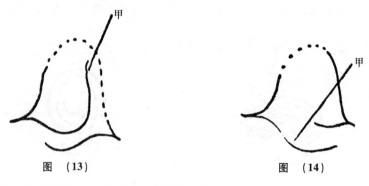

图 (13) 图 (14)

（十一）拳形线……拳形线者,其线之曲折如人之拳形者也。如图(15)。

（十二）叶形线……叶形线者,其线之形如花木之叶者也。如图(16)。

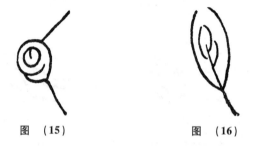

图 (15) 图 (16)

（十三）花形线……花形线者,其线之组织如花者也。如图(17)。

（十四）钩形线……钩形线者,其线回行如钩者也。如图(18)。

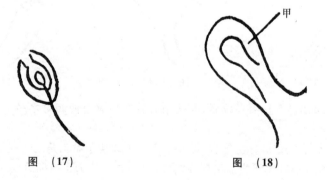

图 (17) 图 (18)

八、指纹之中心三角

（1）指纹之中心

指纹之中心者,即指纹之最中心点所为"内端"者是也。如图(19)、图(20)。

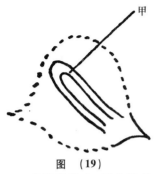

图 （19）

此箕形线中,其内端在其三角相对最外之右肩（如甲点）

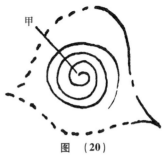

图 （20）

此螺形线（属于斗形）中,其内端在其起始之始点处（如甲点）。

（2）指纹之三角

指纹之三角者,即指纹之左右两下方产有形成三角之纹线,所谓"外端"者是也。外端（即三角）有"二根线接合之外端""二根线并行之外端",二根线接合之外端者曰"纯外端"。如图（21）。二根线并行之外端者曰"假外端",如图（22）。

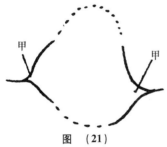

图 （21）

此图斗形线之左右两个外角皆为两线接合,故皆为纯外端（见甲点）。

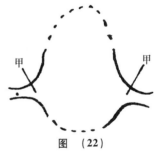

图 （22）

此图左右两外角皆为并行线非接合线,故皆为假外端（见甲点）。

九、指纹之分类

指纹之分类不一,我国古时习惯分指纹为二种,长者曰箕、圆者曰斗。此项分类法失之过简,不适于研究学术之用。而亨利氏之指纹法类别虽精复杂,不免检查既非易易,练习又觉维艰。至佛氏之法简切适用,吾国法院监狱仿行以来已二十年。用纸式样虽几经更改,而分类捺印储藏等一仍其旧。且因之发觉再犯为数甚伙,其收效不可谓不宏大。是编故根据佛氏学说,分指纹为四类。兹说明于下:

（一）弓形纹……弓形纹由弓形线组织而成,指纹之隆线似弓,由左达右或由右达左而无回环者也。此种纹线计有二种：（1）普通弓形纹（如图23）、（2）突起弓形纹（如图24）。

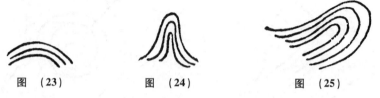

图（23）　　　　　图（24）　　　　　图（25）

（二）内箕形纹……内箕形纹者为箕形纹中之第一种，由内箕形线组织而成。指纹之隆线似箕，由左向上复归于左，非若弓形纹由右达左或由左达右者也（如图25）。但箕形线之组织须在三根以上，如无三根以上之箕形线则非箕类。

（三）外箕形纹……外箕形纹为箕形纹中之第二种，由外箕形线组织而成。指纹之隆线似箕，由右向上复归于右，非若弓形纹由右达左或由左达右者也（如图26）。但箕形线之组织须在三根线以上，如无三根以上之箕形线则非箕类。

图（26）　　　　　　图（27）

（四）斗形纹……斗形纹者乃指纹中之第四类也。其纹线系回环组织而成，左右两下角各有一三角（如图27），但其回环之纹线须有三根以上，否则非斗也。

十、指纹似是而非之分类

指纹之分类已详前段，但纹线式样繁杂，非有一定标准殊难确定其为某类。凡弓类纹线须确有三根以上完整之弓形线存在，始称为弓。箕类纹线无论内箕、外箕须确有三根以上完整之箕形线存在，始称为箕。斗类纹线须确有三根以上完整之斗形线或螺形线存在，始称为斗。兹再说明于下：

（一）属于弓形纹者

（甲）有箕形线，有内端而无纯外角且内端与假外角间无可计算之隆线者（如图28）。甲点为内端，乙点为假外角，丙线为箕形线，但甲点至乙点无可计算之隆线，故曰弓（即弓形纹）。

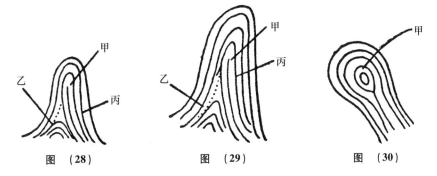

图（28）　　　　　　图（29）　　　　　　图（30）

（乙）有箕形线,有内端,有纯外角,但内端外角间无可计算之隆线者。如图（29）,甲点为内端,乙点为外角,丙线为箕形线,但自甲点至乙点无可计算之隆线,故曰弓（即弓线纹）。

（二）属于箕形纹者

（甲）箕形纹中有类似斗形之拳形线,而箕形线在三根以上者。如图（30）,甲线为拳形线,但拳形线之外有箕形线三根以上,故曰箕（即箕形纹）。

（乙）箕形纹中有类似斗形之花形线,而箕形线在三根以上者。如图（31）,甲线为花形线,但花形线之外有箕形线三根以上,故曰箕（即箕形纹）。

（丙）箕形纹中有类似斗形之叶形线,而箕形线在三根以上者。如图（32）,甲线为叶形线,但叶形线之外有箕形线在三根以上,故曰箕（即箕形纹）。

图（31）　　　　　　　　　　图（32）

（三）属于斗形纹者

（甲）螺形纹……螺形纹虽非真正之斗形纹,但其环绕之线在三根以上者,仍为斗类其纹之形状。如图（33）。

图（33）　　　　　　　　　　图（34）

（乙）有胎箕形纹……有胎箕形纹可分为三：（一）钩形有胎箕形纹（如图34）、（二）螺形有胎箕形纹（如图35）、（三）斗形有胎箕形纹（如图36）。以上三种如环绕之线在三根以上者，则均属于斗类（即斗形纹）。

图 （35）

图 （36）

（丙）双胎箕形纹……双胎箕形纹计有二种，（一）螺形双胎箕形纹（如图37）、（二）普通双胎箕形纹（如图38）。以上二种均属斗类（即斗形纹）。

图 （37）

图 （38）

（丁）变体纹……变体纹有二种，（一）纯变体纹（如图39）、（二）混合纹（如图40）。

图 （39）

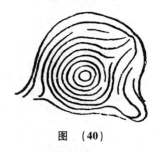

图 （40）

十一、指纹之编号

（1）右手大拇指为种,如弓形纹为甲种,内箕形纹为乙种,外箕形纹为丙种,斗形纹为丁种。

（2）左手大拇指为类,如弓形纹为甲类,内箕形纹为乙类,外箕形纹为丙类,斗形纹为丁类。

（3）弓形纹之符号为1,内箕形纹之符号为2,外箕形纹之符号为3,斗形纹之符号为4,指纹不明之符号为⊙,指纹残缺之符号为?,指纹之编号以1、2、3、4为编号代替字。如右手大拇指、食指、中指、无名指及小指皆为弓形纹时,则得甲种1111。如左手大拇指、食指、中指、无名指及小指皆为斗形纹时,则得丁类4444。余类推。

十二、指纹之储藏

指纹之储藏备有甲种、乙种、丙种、丁种储藏指纹柜四座,每种柜下又分甲、乙、丙、丁四类抽屉。其中共分十六个屉,以1、2、3、4为记号,如1111至1144在第一屉,1211至1244在第二屉,如此类推至4411,至4444则在第十六屉。如后表。

十三、指纹现场检查法

现场检查法者,乃于犯罪地点发现指纹而施以检查手术也。如犯人破门而入,其手必触门,则此门上必有犯之指纹。又如犯人于保险箱内偷取金钱,则保险箱上必有犯人之指纹等等。如详细检查,敷以药粉,则其纹全露矣。将发现之指纹照下,或用胶纸取下携回,与原有指纹纸检对,即可知其何人。并可据此以定再犯、累犯及缉捕逃犯矣。

指纹柜列号表

类	序号	上码	下码
甲	1	1111—1444	1111—1124
	2	1111—1444	1131—1444
	3	1111—1444	2111—2444
	4	1111—1444	3111—3444
	5	1111—1444	4111—4444
	6	2111—2444	1111—1244
	7	1111—2444	1131—1444
	8	2111—2444	2111—2444
	9	2111—2444	3111—3444
	10	2111—2444	4111—4444
甲	11	3111—3444	1111—1124
	12	3111—3444	1131—1444
	13	3111—3444	2111—2444
	14	3111—3444	3111—3444
	15	3111—3444	4111—4444
	16	4111—4444	1111—1124
	17	4111—4444	1131—1444
	18	4111—4444	2111—2444
	19	4111—4444	3111—3444
	20	4111—4444	4111—4444
乙	21	1111—1444	1111—1124
	22	1111—1444	1131—1444
	23	1111—1444	2111—2444
	24	1111—1444	3111—3444
	25	1111—1444	4111—4444
	26	2111—2444	1111—1124
	27	2111—2444	1131—1444
	28	1211—2444	2111—2444
	29	2111—2444	3111—3444
	30	2111—2444	4111—4444
乙	31	3111—3444	1111—1124
	32	3111—3444	1131—1444
	33	3111—3444	2111—2444
	34	3111—3444	3111—3444
	35	3111—3444	4111—4444
	36	4111—4444	1111—1124
	37	1114—4444	1131—1444
	38	4111—4444	2111—2444
	39	4111—4444	3111—3444
	40	4111—4444	4111—4444
丙	41	1111—1244	1111—1144
	42	1111—1244	1211—1444
	43	1111—1244	2111—2444
	44	1111—1244	3111—4444
	45	1311—1444	1111—1144
	46	1311—1444	1211—1444
	47	1311—1444	2111—2222
	48	1311—1444	2223—2444
	49	1311—1444	3111—3444
	50	1311—1444	4111—4444
丙	51	2111—2244	1111—1444
	52	2111—2244	2111—2444
	53	2111—2244	3111—3444
	54	2111—2244	4111—4444
	55	2311—2334	1111—1444
	56	2311—2334	2311—2221
	57	2311—2334	2222
	58	2311—2334	2222
	59	2311—2334	2222
	60	2311—2334	2222
丙	61	2311—2334	2223—2234
	62	2311—2334	2241—2242
	63	2311—2334	2243—2244
	64	2311—2334	2311—2312
	65	2311—2334	2313—2322
	66	2311—2334	2323—2332
	67	2311—2334	2333—2334
	68	2311—2334	2341—2342
	69	2311—2334	2342—2444
	70	2311—2334	2411—2444
丙	71	2311—2334	3222—3221
	72	2311—2334	3222
	73	2311—2334	3222
	74	2311—2334	3222
	75	2311—2334	3222
	76	2311—2334	3223—3234
	77	2311—2334	3241—2344
	78	2311—2334	3311—3444
	79	2311—2334	4111—4244
	80	2311—2334	4311—4444

（续表）

丙 2341—2444 1111—1222 81	2341—2444 1223—1444 82	2341—2444 2111—2144 83	2341—2444 2211—2222 84	2341—2444 2223—2244 85	2341—2444 2311—2444 86	2341—2444 3111—3222 87	2341—2444 3223—3444 88	2341—2444 4111—4222 89	2341—2444 4223—4444 90
丙 3111—3332 1111—1244 91	3111—3332 1311—1444 92	3111—3332 2111—2144 93	3111—3332 2211—2222 94	3111—3332 2223—2244 95	1131—3332 2311—2444 96	3111—3332 3111—3222 97	3111—3332 3223—3444 98	3111—3332 4111—4222 99	3111—3332 4223—4424 100
丙 3333 111—1444 101	3333 2111—2221 102	3333 2222 103	3333 2222 104	2222 3333 105	3333 2222 106	3333 2222 107	3333 2222 108	3333 2222 109	3333 2222 110
丙 3333 2223—2444 111	3333 3111—3211 112	3333 3222 113	3333 3222 114	3333 3222 115	3333 3222 116	3223—3244 3223—3244 117	3311—3244 4111—3244 118	4111—4222 4111—4222 119	4223—4444 4223—4444 120
丙 3334—3344 1111—1222 121	3334—3344 1233—1244 122	3334—3344 1311—1344 123	3334—3344 1411—1444 124	3334—3344 2111—2221 125	3334—3344 2222 126	3334—3344 2222 127	3334—3344 2222 128	3334—3344 2222 129	3334—3334 2223—2241 130
丙 3334—3344 2242 131	3334—3344 2242 132	3334—3344 2242 133	3334—3344 2242 134	3334—3344 2243—2244 135	3334—3344 3111—3222 136	3334—3344 3231—3444 137	3334—3344 4111—4222 138	3334—3344 4223—4244 139	3334—3334 4311—4444 140
丙 3411—3444 1111—1222 141	3411—3444 1223—1444 142	3411—3444 2111—2144 143	3411—3444 2223—2244 144	3411—3444 2311—2444 145	3411—3444 3111—3222 146	3411—3444 3223—3444 147	3411—3444 4111—4222 148	3411—3444 4223—4444 149	3411—3444 4223—4444 150
丙 4111—4244 1111—1444 151	4111—4244 2111—2444 152	4111—4244 3111—3444 153	4111—4444 4111—4444 154	1311—4334 1411—1444 155	4311—4334 2111—2222 156	4311—4334 2223—2444 157	4311—4334 3111—3444 158	4311—4334 4111—4222 159	4311—4334 4223—4444 160

（续表）

残情类别										
丙	4341—4344 1111—2222 **161**	4341—4344 2223—2444 **162**	3341—4344 1111—3444 **163**	4341—4344 4111—4244 **164**	4341—4344 4311—4444 **165**	4411—4444 1111—1444 **166**	4411—4444 2111—3444 **167**	4411—4444 3111—3444 **168**	4411—4444 4111—4222 **169**	4411—4444 4223—4444 **170**
断弯屈损六指手指指	同 **171**	同 **172**	同 **173**	同 **174**	同 **175**	同 **176**	同 **177**	同 **178**	同 **179**	同 **180**
右手及（或）右手全断	**181**	甲右手二指 **182**	甲右手三指 **183**	甲右手四指 **184**	甲右手五指 **185**	甲左手一指 **186**	甲左手二指 **187**	甲左手三指 **188**	甲左手四指 **189**	甲左手五指 **190**
断弯屈损六指手指指 右手大指右手大指及其余一或数指	**191**	乙右手二指 **192**	乙右手三指 **193**	乙右手四指 **194**	乙右手五指 **195**	乙左手一指 **196**	乙左手二指 **197**	乙左手三指 **198**	乙左手四指 **199**	乙左手五指 **200**
右手大指及左手大指或左手大指右手大指及其条一或各指及其数指	**201**	乙右手二指 **202**	乙右手三指 **203**	乙右手四指 **204**	乙右手五指 **205**	乙左手一指 **206**	乙左手二指 **207**	乙左手三指 **208**	乙左手四指 **209**	乙左手五指 **210**

（续表）

断弯屈损六指手指指	右手大指或左手大指及其余数指 丁1111—1244 1111—1444 211	丁右手二指 212 同	丁右手三指 213 同	丁右手四指 214 同	丁右手五指 215 同	丁左手一指 216 同	丁左手二指 217 同	丁左手三指 218 同	丁左手四指 219 同	丁左手五指 220 同
		丁1111—1244 2111—2444 222	丁1111—1244 3111—3444 223	丁1111—1244 4111—4444 224	丁1311—1444 1111—1444 225	丁1311—1444 2111—2222 226	丁1311—1444 2223—4244 227	丁1311—1444 3111—3222 228	丁1311—1444 3223—3444 229	丁1311—1444 4111—4444 230
	丁2111—2244 1111—1144 231	丁2111—2244 2111—2444 232	丁2111—2244 2111—2444 233	丁2111—2244 4111—4444 234	丁2311—2334 1111—1444 235	丁2311—2334 2111—2222 236	丁2311—2334 2223—2444 237	丁2311—2334 3111—3222 238	丁2311—2334 3223—3444 239	丁2311—2334 4111—4444 240
	丁2341—2344 1111—1444 241	丁2341—2344 2111—2222 242	丁2341—2344 2223—444 243	丁2341—2344 3111—3222 244	丁2341—2344 3223—3444 245	丁2341—2344 2111—4222 446	丁2341—2344 4223—4444 247	丁2411—2444 1111—2444 248	丁2411—2444 3111—3444 249	丁2411—2444 4111—4444 250
	丁3111—3334 1111—1144 251	丁3111—3334 1211—1244 252	丁3111—3334 1311—1444 253	丁3111—3334 2111—2221 254	丁3111—3334 2222 255	丁3111—3334 2222 256	丁3111—3334 2222 257	丁3111—3334 2222 258	丁3111—3334 2222 259	丁3111—3334 2222 260
	丁3111—3334 2223—2242 261	丁3111—3334 2243—2244 262	丁3111—3334 2311—2444 263	丁3111—3334 3111—3144 264	丁3111—3334 3211—3244 265	丁3311—3344 3311—3344 266	丁2111—3334 3411—3444 267	丁4111—4334 3111—4144 268	丁3111—3334 4211—4244 269	丁3111—3334 4311—4444 270
	丁3341—3444 1111—1144 271	丁3341—3444 1211—1244 272	丁3341—3444 1311—1444 273	丁3341—3444 2111—2221 274	丁3341—3444 2222 275	丁3341—3444 2222 276	丁3341—3444 2223—2241 277	丁3341—3444 2242 278	丁3341—3444 2242 279	丁3341—3444 2243—2244 280

（续表）

序号	代码一	代码二
281	丁 3341—3444	3211—2344
282	3341—3444	2411—2444
283	3341—3442	3111—3224
284	3341—3444	3223—3244
285	3341—3444	3311—3322
286	3341—3444	3323—3444
287	3341—3444	4111—4144
288	3341—3444	4111—4222
289	3341—3444	3223—4244
290	3341—3444	4311—4444
291	丁 4111—4244	1111—1414
292	4111—4244	2111—2444
293	1411—1244	3111—3444
294	4111—4244	4111—4444
295	4311—4334	1111—1444
296	4311—4334	2111—2222
297	4311—4344	2223—2444
298	4311—4334	3111—3444
299	4311—4334	4111—4222
300	4311—4334	4223—4444
301	丁 4341—4344	1111—1444
302	4341—4344	2111—2222
303	4341—4344	2223—2244
304	4341—4344	2311—2444
305	4341—4344	3111—3444
306	4341—4344	4111—4222
307	4341—4344	4223—4241
308	4341—4344	4242
309	4341—4344	4243—4244
310	4341—4344	4311—4444
311	丁 4411—4442	1111—1444
312	4411—4442	2111—2222
313	4411—4442	2233—2233
314	4411—4442	2311—2444
315	4411—4442	3111—3444
316	4411—4442	4111—4222
317	4411—4442	4223—4241
318	4411—4442	4242
319	4411—4442	4423—4244
320	4411—4442	4311—4444
321	丁 4443	1111—2444
322	4443	3111—3444
323	4443	4111—4234
324	4443	4311—4441
325	4443	4444
326	4443	4442
327	4443	4442
328	4443	4442
329	4443	4442
330	4443	4443—4444
331	丁 4444	1111—2244
332	4444	2311—2444
333	4444	4111—3444
334	4444	4111—4244
335	4444	4311—4441
336	4444	4442
337	4444	4442
338	4444	4442
339	4444	4442
340	4444	4442
341	丁 4444	4443
342	4444	4444
343	4444	4444
344	4444	4444
345	4444	4444
346	4444	4444
347	4444	4444
348	4444	4444
349	4444	4444
350	4444	4444
351		
352		
353		
354		
355		
356		
357		
358		
359		
360		

十四、发现指纹之物体

指纹内有汗液孔,时出汗液,手若触物其纹即行留下。若喜怒哀乐及动作过激时,则汗液孔道排泄之汗汁及分泌之脂肪更甚,其所留之指纹更为明显。故罪犯之指纹恒处于过激之动作中,故纹线尤为显明而易检查。但各物体质不一,面积粗糙平滑不等,有可留纹者,亦有不能留纹者,其遗留指纹性之长久亦不相等,物体较硬平滑者能存在二十四小时,物体较软少滑者可存十二小时。兹略述于次:

（1）玻璃　玻璃为最易遗留指纹之物体,并可存在二十四小时。如玻璃上发现指纹可于其背面滴以"依的儿"（Aether）,即行明显。若哈气于其上指纹亦可发现,惟不甚明显耳。若照相时,于其后面贴以黑纸,指纹即可照下。

（2）陶器　瓷器、漆器等等,陶器、瓷器及漆器等表面光滑亦易遗留指纹,与玻璃同。若有其他颜色时,可以易于明显之药粉散之,指纹即能现出,如白色而施以黑粉散是也。

（3）金属　凡金属类,其面平滑者与陶器瓷器同,施以药粉即可以显指纹,存在时间亦与玻璃同。

（4）瓦类　凡光滑之瓦类亦可以遗留指纹,惟其存在时间不如玻璃金属之久耳。

（5）涂料品　凡各器具涂以漆或粉类而表面平滑者亦可发现指纹,惟施用药粉须于五小时内方能明显。

（6）纸类　凡表面光滑及小硬之纸类最易遗留指纹,并可存在十二小时或八小时之久。

（7）墙壁类　凡平滑之墙壁亦易遗留指纹,其存在唯与涂料品同。

十五、药料检查之物体

以药料检查物体上之指纹,方法不同。有以干燥之药粉散之使其明显者,有以液体药料施之使其明显者,又有以蒸气哈之使其明显者。兹分解于下:

（1）凡玻璃类、瓷器类、陶器类、金属类、漆器类、纸类及表面光滑之物体,以各种颜色之干燥药粉敷之,最易明显。

（2）凡表面粗糙之木料、硬质之纸（如名片、书皮、皮夹、书夹等）及银铜铁生锈之器物,以液体药料施之,最为合宜。

（3）凡硬质之纸及镀镍之金属,以药制之蒸气哈之,即能明显。

十六、药料名目

现场犯事地点发现指纹时,因物类之关系,必施以各种药料始得明显而易辨明及摄取。此种药料名目甚多,兹约举如下:

(1)固体

固体药料乃以各种方法制成之各种药粉是也。凡白色药粉用于黑色物体,黑色药粉用于白色、灰色或水绿色等物体,红色药粉用于青、黄、白各色物体,蓝色药粉用于白、黄及其他淡色物体,绿色药粉用于白色及黄色等物体。兹开于下:

(甲)白色 银灰散(以水银与白铅粉相合而成)。

(乙)黑色 黑粉散(以黑铅粉磨细而成)。

(丙)红色 红铅粉(以章丹一两四分、滑石六钱,相合而成)。

(丁)蓝色 蓝锭粉(以上蓝十分、滑石一分,相合而成)。

(戊)绿色 绿青粉(以绿青粉十分、滑石一分,相合而成)。

(2)液体

液体药料用于玻璃、木器、纸类、金属之生锈等物为宜。兹开如下:

(甲)硝酸银水溶液,(乙)硫化安母尼亚。

(丙)赤青墨水,(丁)沸化水素。

(3)气体

气体药料用于金器及纸类上,其药名如下:沃度。

十七、药料使用法

(1)药粉使用法

使用药粉先将药粉装于散粉器内,距离发现指纹处约八寸渐至二三寸粉吹敷后,再用无药粉之撒粉器吹之,则指纹上之药粉完全现出,他处之药粉即被吹去。若无撒粉器时,可先将药粉撒上,再以软毛刷刷之(最好以骆驼毛所制之刷),则指纹上之药粉全留而他处之药粉扫去矣。

(2)液体使用法

使用液体视药料而异,如于木类或硬纸类发现指纹时,可用五比一或八比一百之硝酸银溶液,将纯洁毛笔轻涂于木类或硬纸类上,晒于日光中,即现赤褐色之指纹矣。涂布时,溶液过多及不平均或晒时过长则全部或一部即成黑暗色。欲防止其变色,先以冷水洗液之,再用亚硫酸曹达溶液洗之,以后即不再变色矣。

(3)蒸气使用法

使用蒸气以沃度为最佳,而沃度即碘蒸之使用。以银器类、硬纸类及表面平滑且比较坚硬之木类用之为宜。盖沃度本有挥发性能,若稍加热度则有暗紫色之蒸色发散,故蒸于指纹上时可现褐色之隆纹。若用于银器上则变为沃化银,其指纹则现黑色,并可永久不致变化。用于木类及纸类可现褐色,但为时稍久即行消灭。

十八、指纹捺用法

（1）捺印法

指纹捺印法有二种:（一）三面捺印法、（二）平面捺印法。三面捺印法:先右手大拇指,次右食指,三右中指,四右无名指（即右环指）,五右小拇指,捺完后,可先捺左手大拇指,次左食指,三左中指,四左无名指（即左环指）,五左小指。此项捺印法先将指纹纸铺于捺印机,以压纸器镇压后,司捺者立于被捺者之右方,使被捺者对桌而立,捺者以左手大拇指及食指紧捏被捺者之应捺手指之中节之两旁,将被捺者之手指第一节之指面向捺印之人,以被捺指甲触印板为度,转捺至指甲反向,捺印人则三面全部沾有油墨矣。但此种捺油墨之指末节转弯处须适合印板之边,使被捺者之臂成一直角形方善。此油墨捺完后,即将被捺之指移至指纹纸之上应捺之格,司捺者再以右食指捺被捺者之指甲,左手紧捏其应捺指之中节,仍如于印板上捺油墨法转捺于指纹纸上,则手续完毕矣。司捺者左大食指及中指捺被捺者每指中节时须紧而有支配性,轻轻转捺不使被捺者任意旋转,右手五指轮次捺毕,再捺左手五指,此即左右十指三面捺印法也。至平面捺印法先捺左手后捺右手。司捺者将十指三面捺印毕,指纹纸则不少动,再用左手握住被捺者之左手腕,用右手将被捺者之食中环小四指并拢（除大拇指）,放于印板上,再以右手指轮次轻捺其四指指背后,即将其手移至指纹纸"左手四指印"格内（手指少向右斜）,用右手指再一一轻捺其指背,即告成功。再将右手指捺后,则捺印手续完毕矣。此即四指平面捺印法也。

（2）捺印备要

普通人及罪犯之手指常时污秽不堪,于捺印上大有妨碍。故于未捺之先若其手污秽时,先以水洗净后捺之。如其手捺有汗斑时,又须用火酒洒于布上擦之,因火酒最易揩去汗斑,否则模糊难以分辨。再若手指皮肤粗糙不便捺印时,又须先将其指用热水浸浴后,以布擦干再捺,则显著矣。此种备要为捺印最应注意者也。

（3）油墨印法

油墨之用法为捺印者应注意之点,若油墨不匀则所捺之印易于模糊。故油墨须先涂少许于印板上,用滚轴滚匀。若油墨过厚时,则另将纸铺在印板上,用滚轴滚后则油墨自淡而匀矣。若油墨太薄,再用滚轴占少许油墨滚匀,方能清晰。又天寒油墨易于凝冻时,须将印板徐徐暖之即可溶化矣。但滚轴及印板上之油墨于未用之先,即用过后,皆须用火酒或火油洗静,是亦应注意者。

(4)捺印用具

指纹之设备应有完全之用具,此项用具种类甚多,价值不一,可以酌量经济情形分别采办之。兹将指纹应用之全体器具开列于后:

(一)捺印机

(二)印刷板

(三)筐

(四)滚轴

(五)油墨

(六)火酒

(七)指纹纸

(八)放大镜

(九)玻璃板

(十)指示针

(十一)压纸器

(十二)软毛刷

(十三)药粉

(十四)胶皮滚

(十五)照相胶纸

(十六)金刚钻

(十七)指纹夹

(十八)指纹拍照器

(十九)放大照相器

(二十)撒粉器

(二十一)储藏柜

第六编　教诲词说

德国之监狱制度

德国的刑罚制度最满意的就是感化院的发展,这种新发展其根本原因乃为德国的监狱制度没有受法律的限制,一切设施皆依据上级机关的命令。监狱法令已不受立法院的为难,自然是很容易自由发展,所以现在德国的监狱制度与十年前已大不相同,现在的刑罚政策完全以感化教育为主要宗旨。

刑法的实施虽然改进,但是监狱如果仍旧没有改良,就要失了刑罚的重要意义。因此德国自欧战后即开始改良监狱,这种改良不单是使监狱现代化,并且使监狱行政能够统一。所以德国监狱的改良要以一九二三年七月七日所公布的行刑新原则为最重要,这个行刑新原则乃德意志共和国各邦合议的结果,所以成效很大。

现代德国的监狱制度极受英美思想的影响,其最重要的改革为实行累进制。这种累进制在欧战前虽已提及,但是并没有完全实行。累进制为施行感化教育所必须的方法,因为感化教育是要按级渐进的。犯人的行为优良者即进级而得到较多的自由及责任,使其自己向前进展,及进至最高级的自由生活。与责任心亦同时扩充,与加重将来释出后必不致发生困难的问题。累进制分为三级,其办法与美国相同,故无多述的必要。这里只举出几个比较有特殊意义的来讨论。

(a)普通的累进制度多数将各级的犯人分居于监内,即由监内分立三部为容纳三级犯人之用,但是柏林则将各级的犯人分监监禁机关,犯人的进级者则移禁于高级的监狱,其降级者则移禁于低级的监狱。固然这种办法是不免引起了反对的理论,其主要理由即为妨碍犯人的感化。因为犯人在第一级的监狱,监狱官对于犯人的行为已很熟识,到了第二级的监狱就要发生生疏的困难。但是普鲁士政府认定这种办法是一种新发展,因为可以依据各级的不同性质而施行不同的治理,同时有些监狱官适合于第一级的严密纪律者未必能够适合于第三级的宽纵纪律,有了分立的监狱就可免除这种困难。

(b)萨仁舍的教诲师成效极大。教诲师为专门人员曾受特别的训练,对于监犯教育负完全的责任。监狱内的犯人除服役外,所余的时间须受教诲师的支配,如听受教诲,劝诫学校教育及解释疑难等,均收极大的效力。

(c)恶性犯人不适于累进制。普通累进制皆不适用于短期刑的犯人,但在德国则恶性犯人亦不适用。因为此种恶性犯如果与普通犯集合一处,难免影响及其他犯人的行为,及扰乱累进制。但是这种恶性犯人很难用普通的常识去判别,所以必须有可靠的审查方法,然后继不至于发生不公平的结果。因此引起了下列的分类方法。

德国监狱当局认定欲分类犯人必须应用社会学上及心理学上的测验,这种测验的重要目的不单是为了判定犯人的是否恶性难驯,并且要借此测验以收得犯人的个别情状为监狱官员治理犯人的根据。最近德国仿照一九二五年国际监狱会议时 Bavaria 所报告的罪犯研究所办法,在普鲁士设立一"新犯审查所",凡经法庭判罪后的犯人均须先送交该所审查后,再由该所分送各种监狱执行。

《教诲词说弁言》

监狱之有教诲教育,所以培养德性而启迪新知。唯犯罪者大抵良知薄弱,故教诲特重。周书曰"胥教诲民无或诪张为幻"亦此用意。其法或灌输党义以统一其意志,或宣扬宗教以坚固其信仰,或纪古今嘉言懿行为立身处世之规范,或新旧道德并取以示为善中外人类之一致。用本斯义,选辑多篇,为讲演资料,作劝善张本。诚恐人心日浮,苦口良言,听者藐藐,果能进一步寄诸歌乐,则情更切,情更切,则感人益深,感人深,则觉悟愈速。故复采辑囚人歌谱数则,以殿其后,借资传习,冀收感化圆满之效。谨叙数语,以纪始末。

编者

《怎样纪念总理诞辰》

今天是民国二十二年十一月十二日,又逢我们总理的诞辰。在纪念总理诞辰的时候,首先要知道总理的降生是为创立中华民国而降生,是应运而生。换句话说总理是中华民族的救星,中华民族自由的恢复是总理一生精力换来的。"数典不可忘祖""饮水便要思源",我们生于这个国家,歌于斯,哭于斯,当然要回想到这个国家的创造者——孙总理。

总理所创作的学说是多么光明正大,所经历的境遇是多么险阻艰难,所成就的事业又是多么轰轰烈烈。概括言之都是总理毕生精神的代价。总理逝世多日了,然而总理的精神却永久存在。

1. 总理百折不回的精神。总理生于满清淫威方炽之日,本着大无畏的精神而致力于革命事业。精诚无间,百折不回,愈挫愈奋,再接再厉。自乙未年第一次在广州举事失败之后,接连有庚子年惠州之役;丙午年萍醴之役;丁未年潮州、黄冈之役;同年惠州之役,及七月钦廉之役与镇南关之役;戊申年河口之役;庚戌年广州之役;辛亥年广州之役。前后共失败十次,在十次失败的当中所发生的困难不知凡几。单说第九次失败之后,粮尽饷绝将疲兵敝,革命党的同志大都唏嘘叹息,心灰气沮。总理仍是精神百倍,且用"败何足馁,所虑者只在吾人之无计划,无勇气耳。如果众志不衰,正不患无成功之日"。那些话来勉励他们,现在细心领会,他的语气是多么雄伟而壮阔。寥寥数语可以想见总理当日做事的果决、立志的坚忍。毕竟于辛亥年十月十日起义,武昌师出有名,各处响应,便把数千年的专制政体一旦推翻了。那一次的成功确是总理二十余年奋斗与努力的结果。

2. 总理的廉洁精神。总理一生俭朴,布衣素食,视富贵如浮云,视功名如敝屣。所富有的是亲爱精诚数十年如一日。逝世而后,家无长物,仅剩书籍数百箱。试想想一个这么伟大的人物,平生毫无蓄积,我敢说世所罕有。武昌首义而后,总理归自美国,经过上海的时候人多以为他带有巨款回来以助革命军,各报馆访员都来问讯。总理回答他们说道:"予不名一钱,所带回者革命之精神耳。"由此可知,总理廉洁自守都从事实上证明了。

3. 总理的节欲精神。在心理建设里面曾说:"人间之疾病,多半从饮食不节而来。上古之人,文化未开,天性未漓,饮食亦多顺其自然,故少受饮食过量之病。今日进化之人,文明程度愈高,则去自然亦愈远,而自作之孽亦多。如酒也、烟也、鸦片也,种种戕生之物日出日繁,而人之嗜好邪僻亦以文明进化而增加。"上面这一段话已经明白告诉我们,一个人的嗜好邪僻都是自作之孽。申言之嗜好邪僻是戕贼身心的大敌,大足以阻碍身心的发展,而且是骄奢淫逸。社会的不良、人类的罪恶都在这几句话揭破了。总理尝患胃不消化之症,后依名医"抵抗养生"之法,戒食一切肉类与夫辛辣之品,而每日所食则硬饭与蔬菜,病遂痊愈。总理于饮食常事其有节尚如此。其他更无论矣!由此可以知道,总理所以能贯彻他的素志,成就他伟大的事业,在于能屏除一切嗜好,有新洁的头脑,有健全的体魄,才能拿他毕生学力发挥而光大之。所谓"革命须革心",总理后此能驱除軷虏,正与他昔年能断绝嗜好同一精神也。

你们在监人吃官事的原因虽很复杂,但是疲萎不振、贪利、纵欲是三个最大的。即就这三点言之,如果能拿总理百折不回的精神来处身涉世,就可以医你们的疲萎不振的毛病。拿总理的廉洁精神来律己,就可医你们的苟得贪利的毛病了。再拿总理的节欲精神来克制私欲,则对己身心安全,对尔我无诈无虞,对社会彼此不相侵夺,不相争攘,这都是你们在监人纪念总理诞辰所应奉为圭臬而永矢弗谖的。

《总理逝世九周年纪念》

民国十四年三月十二日上午九时三十分是我们的国父孙总理在北平铁狮子

胡同行辕逝世的时候。总理毕一生精力于革命事业,是为全中国被压迫的民众谋解放,是为全世界被压迫的民族谋解放。总理逝世以后,不仅是我们中国失了一个大救星,而且是全世界失了一个大救星。所以年年到了今日,全中国全世界的人民都要举行哀悼纪念总理。

现在九周年了,追思总理当日本着大慈悲大无畏的精神,拿他极其光明极其灿烂的首创的三民主义来救人救世,真令我们永远不能忘记他。在我们今日纪念总理的当中,要誓遵总理的遗教,继续总理的遗志。

三民主义之中的头一项是民族主义,在民族主义第六讲里面,总理说"我们现在要恢复民族的地位,就要把固有的旧道德先恢复起来,有了固有的道德,然后固有的民族地位才可以图恢复",反言之,道德堕落,民族主义便不能完全达到目的。三民主义之中的第二项和第三项就是民权主义和民生主义,它的道理原是一贯的。如果头一项不能完全达到目的,那么第二、三两项也行不通了。所以固有的道德直接影响于民族主义,间接影响于民权主义和民生主义。恢复了固有的道德,便可以完成三民主义。固有的道德是,

忠——就是忠于事。做一件事总要始终不渝,做到成功。扩而充之,要忠于国,要为大多数人去效忠。

孝——狭义的是善事父母,广义的孝之一字,几乎无所不包,无所不至。讲到做人的道理,定要从孝字入手。

仁爱——也有广狭二义,狭义是对于家族要互相亲爱,不要有家族不睦的事;广义是对于社会也要互相亲爱,不要有相争相夺的事。

信义——就是说不要欺骗人家。

和平——就是说不要拿意气用事,要谋心境的和平,扩而充之,要谋生活的和平,要谋人类永久的和平。

上面所说的忠、孝、仁爱、信义、和平八个字是总理指示人们做人的法子,应该铭诸座右,永矢弗谖。

总理一生酷爱和平,态度从容,蔼然可亲。十三年十一月十二日那次到北平去,为的是什么一回事呢? 是为谋中国和平统一,所以放弃西南地盘,带病北上。仅四阅月竟溘然而长逝,他在弥留的时候曾连续反复的说"和平奋斗救中国"。这是总理最后的伤心话。总理以救中国为目的,要和平为什么又要奋斗呢? 因为革命尚未成功,要救中国便不能不奋斗。然而总理甚不愿中国战事延长,所以要救中国又不能不主张和平。要知道总理对于为革命而奋斗,认为不得已而为的事。永久和平乃是总理所欲早日达到的目的。

我们纪念总理是要切切实实的要拿总理所说的话做规范,要拿总理所做的事做表率,更不要忘记了总理最后的诏语才可以慰总理在天之灵。

至于你们吃官司的人,现在教你们负起这么重大的救国使命似乎是做不到,

其实不然。你们应该特别注意的有下面的两点。

第一点是——你们来吃官司的原因有的是犯了忤逆罪,有的是犯了欺骗罪、侵占罪、强盗罪、杀人罪、窃盗罪等等,所犯的罪名虽说不一,总可以一句话包括,无非是对于忠、孝、仁爱、信义、和平八个字没有做到咧。

第二点是——积人而成社会,积社会而成国家。国也者,人之积也。民国就是大家的国,并不是谁一个人的国。那么对于国内应做的一切事,也并不是谁一个人的责任,是要全国万众一心共同负责去做的。假若一国之内有一个人不负责任,那么一国之内便少了一个做事的人,这个不做事的人就算是国内的蠹虫,至于作奸犯科的人其咎更重,简直是国内的蟊贼。奸民比比,狱囚累累,想得一国文明强盛怎样办得到呢?

由第一点说你们是违背了总理的遗教,由第二点说你们是放弃了国民的义务,应负误国的责任。今后应该痛心忏悔改过,自新从忠、孝、仁爱、信义、和平八个字里面去努力实行三民主义,做出良好的大国民,以尽自己的天职,并赎误国之罪,才算是不辜负今日纪念总理的意思。

《在监人对于国庆纪念应有的感觉》

今天是民国二十三年十月十日,普通称为双十节,又称为国庆纪念日。为什么有这个纪念呢?就是民国纪元前一年的今日,武昌首义讨伐满清,各省响应。不到两月就光复了十几省,数千年专制政体推翻了,孕育艰难的中华民国产生了。所以每年到了今日全国人民都要欢欣鼓舞来庆祝一会咧。

可是今年今日我们在庆祝之中却有无限的感慨与忧愤,就是数年以来天灾人祸接二连三的发生,而今年北方的水灾和南方的旱灾又特别的厉害,受其害者竟达十几省。回想三年前九月十八日,日帝国主义者更乘我哀鸿遍野萑苻未靖的当儿,大肆其侵略手段,强占我东北四省。大好河山任他破坏,东北同胞随他宰割,这不是大可痛心的一回事吗?

国耻未雪,国难复临。覆巢之下,必无完卵。预料到将来的危险,那么在国庆纪念的当中切不可忘记了昔日的国耻,与近今的国难。更要想出一个根本的救国御侮的法子。

民国成立已经二十三年了,这二十三年当中,内乱频仍。致乱之由,虽不一然。总可以一句话包括,由于大多数的人民缺乏了完全的人格,因为人格的堕落,大家都抱着自利自私的思想干出种种不名誉、不道德的事件。消极的扰乱社会上的治安,积极的妨碍政治上的进展。这方面内乱不靖,他方面外患叠来。古语云"物必先腐而后虫生之,国必自伐然后人代之"。要知道日帝国主义者强占我东北并不是偶然发生的事,"履霜坚冰,至其所由来者渐矣"!因为他看出了我国人民的弱点——人格堕落，一定不能团结一致去抵御他，所以敢于大踏步地闯入。卧榻之侧，横行无忌。治病治本，为挽救国家民族的危机计，最紧要的就在全国人民都认识个人和国家的关系。都觉得要完全个人的人格来求整个的团结，以图整个的最后的胜利与幸福。"十年生聚，十年教训。"古人已有先例。在假使我国人民有完全的人格，有自强不息的精神，公而忘私，集零为整，有步骤的有纪律的一致的继续不断的努力于救国御侮。区区岛夷何足为虑。

"救国之道在和平统一，御侮之要在守法奋斗。和平为统一之基，守法为奋斗之本。望我全国同胞共同一致，努力于和平统一守法自强。二语以达，救国御侮之目的永为中华民国双十节之誓词，永矢勿渝。"这是我国民政府蒋主席三年前今日的诏语，已经明白指示了我们今后努力的标准在乎人格的修养，要求整个的团结。根本上要从个人方面做起，积人而成国，人人守法，人人和平。何患不能自强，何患不能统一。能自强，能统一，更何患不能御外侮。

你们在监人纪念国庆首先要自反省立身处世能和平吗？一言一行能守法吗？过去已不用谈了，今后总要深切地认识。个人人格的重要有关于整个的团体，拿"和平"做奋斗的标准，拿"守法"做行动的方针。狭义的个人不会有越轨的行动，推广的全国无误国的莠民。这是你们对于这次双十节应有的感觉，诚心接受的教训。

《六三纪念》

今日是我国历史最可纪念的一日，也就是全国国民不可忘记的一日。大家想一想为什么值得我们来热烈的纪念呢？只因为纪元前九十二年的今日是林公则徐焚烧鸦片的日子，也就是促进全国国民觉悟来反对毒品输入的第一声。

鸦片之为害甚于洪水猛兽，这是中外各国人人所公认的。然而在前清的时候，英人偏偏要把那种毒物大宗的运到中国，同时我国的意志薄弱的国民又偏偏要接受他的毒物，吸的吸，贩的贩，种的种，弄到现在全国各地都被那乌烟瘴气的毒物笼罩了。全国愚民仍前仆后继的，好像飞蛾扑火、苍蝇附蜜在这杀人不见血的勾当里面，不知断送了多少性命，这岂不是很可痛惜的一件事吗？！

当初次鸦片输入的时候，林公则徐独具先知先觉的见解，预想到鸦片流毒所至不可遏止，所以那时他毅然决然以扑灭鸦片为己任，屡次上书当局，把鸦片的害处陈述得淋漓尽致，几致于痛哭流涕。当局果然听他的话，便派他南下查禁。林公就任两广总督之后，便命所有侨粤的英商限三天内缴出所存的鸦片，一时雷厉风行，英人不敢违抗，全数缴出。林公便下令全数在虎门焚毁，英人的首领义律心大不甘，便开了几十只兵舰攻打广东，都被林则徐打得落花流水。英人看广东无机可乘，便转攻沿海各境，打到南京，闹得朝野上下一齐震动。那些腐败不堪的官吏都觉得洋人的本领实在高超,大家束手无策,反说是林则徐不该闯出了滔天大祸。当局便免掉他的职,鸦片战争就此告一段落。清朝便俯首下心的和英国订立南京和约,除赔偿二千一百万两兵费外,还把一个完完整整的香港送给他,并开广州、福州、厦门、宁波、上海五口通商。从此鸦片便大行其道,一决而泛滥汪洋不可收拾了。

我们试回忆到过去这一段伤心的历史,眼看到现在我们中国烟祸的流毒,更推想到将来演成不忍言的惨剧。我们真不得不卧薪尝胆,痛定思痛。自从林公失败以后的九十二年来,就个人而言,许多人因为一时的迷惑误走入万劫不回的途中,镇日价吞云吐雾废时失业,结果至于倾家荡产求死不得。就国家而言,外人不但继续不断地运鸦片到中国来,而且联合对我国施行政治上、经济上、文化上种种侵略的手段,订立了一切不平等条约的卖身契,使我们中国的人呻吟宛转于列强压迫之下,长此以往势必至民族衰弱国亡种灭。总而言之,国家方面和个人方面已经得到了这么深切而且沉重的隐痛,推原究底都无非是鸦片种下来的祸根。

我们只要细细研究林公那次得不到最后胜利的缘故并不是因为他个人拒毒不力,而是没有人可以继续他的志愿。因为没有一个拒毒的整个团体,以致偌大的事业全靠着他一个人的精神和毅力抵死去干,正所谓"大厦倾斜独木难支",所以终归失败。我们既然觉悟到这一层,那么今后应该大家一齐起来追念九十二年前今日林公拒毒的毅力和决心,从个人做起,誓死不吸鸦片,不贩鸦片,不种鸦片。一人如此十人如此,推之一乡、一邑、一省以至于全国都如此,除恶务尽,万众一心,努力的继续林公未竟的遗志,方才是今日纪念"六三"的重大意义。

本监内吃鸦片官司的人也很不少,有的自吸、有的供人吸食、有的贩卖也间有帮助人吸食的,受着诸般切身的苦恼,推祸之始都是九十二年来鸦片的流毒。在今日纪念的当中,各应有一种"猛回头"的觉悟,对于林公当日那种坚忍不拔的气魄和大无畏的拒毒精神和伟大的人格应有特别的认识而永远存留在各人的心上,抱定宗旨永不尝试,毒雾全消幸福无量。这便是"六三"纪念对于你们最大的贡献啊!

《在监人对于保释假释应有的认识》

世界上这么多的人都是忙个不停为的是什么这个问题很容易答复。为的是将来的"希望",譬如一个种田的人一到了春天便要手胼足胝的播种插秧,清早起来一直做到断黑才收工回去,不肯偷闲一时半刻。古人所谓"日出而作,日入而息"。在夏天天气很热的时候他们还是汗流如雨的在炎热如火的太阳底下做个不休,为的是什么? 为的是秋天良好的收获。譬如一个做工的人哪怕他所得的工钱极少,他还是不辞劳苦整年的干下去,为的是什么?为的是耐得目前的困难,终有个苦尽甘来的一日。再拿两个读书的人说,一说颜渊是孔夫子的学生,在求学的时候一箪食一瓢饮,旁人看来很是难过,然而颜渊还是快快活活的读书努力向上。范仲淹是宋朝的宰相,在他未得志的时候,断齑书粥苦得不堪,然而他不因贫寒而稍馁其求学的志愿。他们都是为的希望将来做成有名望的人。

总而言之,不论一个怎样艰难的人只要抱着"希望"两个字做下去,总有一线生机。假使没有"希望",那就会万念俱灰坐以待毙,还有什么生机之可言呢!换句话说"希望"就是人生,没有"希望"便没有人生。"希望"譬诸饮食,就物质方面说,饮食是维持生命的要素;就精神方面说,"希望"是人生的安慰者。人不可一日无饮食,便不可一日无"希望"。所以不论做那一样极辛苦的事,或是在很难过的境遇当中定要逆来顺受保持常度,能静能安不急不躁地向着"希望"的路上走上去。中庸上说"君子居易以俟命"也,就是这个意思。

就是你们在监的人虽然因为受了法律制裁剥夺自由,但是切莫自暴自弃,以为今生已矣,糊糊涂涂的混下去吧!要知道来日方长,"希望"甚大。只要能顿悟前非,一心向善,终究有复恢自由的"希望"。"希望"在哪里?就是保释和假释。

保释是救济短期的在监人,假释是救济长期或无期的在监人。至于保释和假释的标准都要行状善良悔悔有据,都要遵守监狱内规则。监长命令被保释及假释人都要受监狱的监督,遵守管理规则,专务正业保持善行。如有再犯及违背管理规则等情事时,保释假释均须撤销。其出监的日数不算入刑期之内。这是保释假释的大致规定,你们要明白此中理由,那么且听我下面所说的话。

政府对于在监人既已按照犯罪情节的轻重判定刑期的长短,那么自然不能变通。为什么刑期未满就可以保释假释提前出监呢?因为作好犯科的人并非个个生成恶性,也非个个安心作恶。何尝不是因一念之差,由小恶而变成大恶。又何尝不可因一念之转,由大恶而复于至善。孟子说:"习于善则善,习于恶则恶。"由恶而善一反掌耳!原不是极难的事。譬如现在的我固然是一个犯罪的我,然而将来的我便要做一个完善的我。对于这样能改恶从善的人,假若不设法救济,便不能及早恢复他的自由,未免太可怜了。所以政府特制定保释假释的条例颁布下来,用意实在是极其仁恕。换句话说就是给悔罪的人以自新的道路啊。

根据上面的理由,可以知道监狱这个地方并不是徒然把一般人犯监禁在里面就可以了事的。它的用意有二:一是惩恶。就是说一个人干了违背法律的事,便要用法律来裁制他。二是劝善。就是说要促进他的觉悟,使他以后一心向善,不致再有误触法网的事。以惩恶为始,以劝善为终。归纳的说,其目的在使现在一般被监禁的人们在将来便变成一般良好的国民。因为要达到这目的,所以对于在监的人不得不立法森严,处处施以限制,使他们感受一番痛苦,由痛苦而觉悟,由觉悟而悔改,而趋于自新之路,而止于至善之境。

上面已经说过了,保释假释是对于在监人的救济方法,也就是在监人将来的希望。那么在监人对于保释假释应有的认识有下面的两点:

第一点,保释假释是政府为及早回头的在监人而设。

第二点,要达到保释假释的目的,是要在监人自己从"行状善良悛悔有据"上去努力,不是管理监狱的人可以照例办得到的。

既然认识了这两点,那么要自己立定志向痛心忏悔。对于性情上、言语上、心术上、行为上处处都要合乎保释假释的重要条件——就是行状善良悛悔有据,到了年限,监狱长官就会替他声请提早出监。这是极有把握的事。愿你们此后切实悔过迁善,对于纪律要特别遵守,对于作业要力求精研,对于教诲要竭力照行,去恶务尽,善善从长,自然有保释假释的希望,幸勿因循自误。

《被假释者和在监人今后的努力》

今天是本监本年举行第二次假释典礼的日子,大家还记得吗?本年八月九日曾举行了第一次假释典礼,相隔仅四阅月又举行第二次。从表面看来,今后每年两次似乎是一件很平常的事。然而从实际方面观察,却是极隆重而稀奇的事呢。何以呢?因为每次被假释人的中间有的在十五年以上的有期徒刑,有的是无期徒刑监禁狱中度日如年,如果要待执行期满长期的已觉前途绝少希望,至于无期的更是出监无望。今乃于绝少希望或无望之中忽然得了恢复自由的宣告岂不是隆重而稀奇吗?不过大家要知道,每次被假释的虽属少数,然没有数目的限制,实在是多数在监人的生机所系。所不能决者不过时间迟早问题而已。所谓"罪宜惟轻""刑期无刑"就是"假释"的用意。换言之假释这种办法只要在监人合得上它的条件,任何人都有希望。不过其中有一句要紧的话就是"今后的努力"。

我的话要分做两方面说。

一、对于被假释人

1. 怎样努力于应付现今的环境。物质一天一天的文明,同时物欲也一天一天的增加,这都是目所能见的。如果一个人处于今日生活程度特高的环境中,只专心去求那目所能见的东西,衣食住都要满足自己的欲望,幸而满足适足以养成奢侈的习惯,不幸而求之不得便要增加精神上无限的痛苦,我相信决非前途的幸福。德国著名学者焚加仑白博士说:"犯罪与环境是极有关系。不愉快的环境、不适当的生存竞争都是多数犯罪的原因。"所以一个人为要求生活上的安全计,就要努力于应付环境。为应付现今的环境计,就要努力去求目所不能见的东西。这目所不能见的东西是什么?就是道德与灵性。申言之,就是不要单求外观体面要求,内心圣洁、屏去嗜好、勤俭为人确是处世的唯一方法。

2. 怎样努力于恢复信用。一个人在外面做事信用比金钱还要重要。金钱去了可以再来,信用失去是很不容易收回的。所以一个人只要有了信用,便不怕不能赚钱,不患不能维持生活。你们在监多日,一旦出去外面做事,社会上都以为你们是犯过罪的,一时断难信用你们,所以此次出监要努力于维持生活当然是你们今后的计划,不过有一个先决问题就是要努力于恢复信用。宁可少赚钱,不可不顾信用。信用恢复赚钱自不成问题了。为目前计,你们可以拿监内所学的职业做谋生基础,基础稳固信用自然恢复。上面两点是你们被假释人所应当注意的。

二、对于在监人

1. 怎样努力于耐处艰难。你们在监人的心理无非想恢复自由,而今眼见了人家马上出监,自然有一番"我不如人"的感想。要知道徒有感想是无补于事的,还要不急不躁耐处艰难。古语说得好呵:"素患难行乎患难。"意思说,即令在患难中也要欢欢喜喜。因为患难生忍耐,忍耐生达观达,观生盼望。这确是处逆境的法子。再进一层说,你们在监无论刑期长短终属暂时决非永久,能忍受暂时的拘束便可以得到永久的自由。

2. 怎样努力于早期出监。假释的好处是在监人个个可以得到的。你们不要徒然白白地羡慕人家。"坐观垂钓者徒有羡鱼情"是没有益处的,定要实事求是学被假释人的好样,脚踏实地一步一步的去做。到了相当的期限而且样样够得上假释,就可以提早出监。

总括上面所说作一结论,无论在监人或被假释人今后努力的共同点就是"安分守己、一心上进"八个字。"人生有命,吾惟守分而已",如果单用疏忽的眼光来看,像是老顽固而迂阔的话。但凭实际上的研究,实在"守分"不是老生常谈,乃是人生不可缺少的品德。因为守分并不是不做事,乃是要节制人的贪心和妄想,而努力于分内所做的利己利人的事功,得著真正的幸福人生。于世只要进一步挣扎,退一步着想,那么不论怎样难过的境遇决没有过不下去的,望你们仔细思索切实照行。

《怎么叫做仁》

"仁"字这一个字在古今中外讲道德的书里面都有这一个字。就是总理《三民主义》中说:"要恢复我国民族固有的地位,当先恢复固有的道德。"固有道德就有"仁爱"两字。可见得讲到道德方面是万万不能离开它。换一句话说,要讲道德首先要从"仁"字做起。假若没有"仁"字,便谈不到"道德"二字了。

孟子说"仁人心也",这句话的意思就是说仁就是人的心。人为万物之灵,是因为人的知识高尚，不论什么动物都比不上他。但是高尚的知识都是以心为主宰，没有心便没有高尚的知识。心以"仁"为主宰，没有"仁"，便是失了人心，可见人不可一日无"仁"。

上面说"仁"字，既有这样的重要，那么对于这一个字应有彻底的了解。可是它的意义，包含着很广阔很奥妙的道理，约分做下面的四种。

一、对于自身。"仁"就是天理人情，一个人不论做什么事总要合乎天理人情换句话说，人的动作都要依照仁的条件，才不会有错误。人的动作是什么，只是视听言动四样。仁的条件是什么，就是孔夫子告他的弟子颜渊所说的"非礼勿视、非礼勿听、非礼勿言、非礼勿动"。这四句话虽然浅易却有至理，所谓"终身行之，可以无过矣"！

二、对于家族。在家庭的时候应该孝敬父母友于兄弟。为什么要孝敬父母呢？是因为报答养育的恩。为什么要友于兄弟呢？是因为念及同胞的谊。总括说起来，这都是良心上的表现。良心就是"仁"，有子说"孝弟也者，其为仁之本欤"。

反面说起来，不孝不弟便是不仁。

三、对于社会。一个人不能离社会而索居，年幼的时候端赖父母提携，和社会接近的日子还少，年纪大了或置身学校或从事职业或因其他种种关系便要常常与社会上的人们接近。人与人相处是很不容易的事，假使不懂得做人的道理，便难与人久处，甚至还要干出损人利己事的。字一人如十人，如此社会便不安宁了。所以要在社会上和人们接近总要常常抱着"爱人""推己及人"的思想，也就是一个"仁"字。从前仲弓问仁孔子说，"……己所不欲，勿施于人……"。韩文公《原道》篇开首头一句就说，"博爱之谓仁"。拿"仁"字去对付人们，当然不愿侵犯人们的自由，至于作奸犯科的事更断然不肯去干了。

四、对于国家。国家是大多数国民组成的，国内一切的事不论那一个人都负有重大的责任，所以既是一个国民应该有"志士仁人""爱护祖国"的观念、肯牺牲精神或生命为国出力奋勇直前，才算是尽了国民的义务，才算是志士仁人。古来所谓"当仁不让""杀身成仁"就是说不论做什么事只要合乎仁，不肯推让只拼命的去做。

总而言之，对于自身家族社会国家以及于世界人类皆要有道德心。"仁"就是道德之本，能仁而后自身无过，能仁而后家族和睦，能仁而后社会安宁，进而国家巩固，再进而世界人类的和平可望。

你们犯罪的人都因为以前对于"仁"字上少做工夫，才到这里来。能把上面所说的那些话牢记在心内，一切从自己刻苦做起，自然有日新月新达到光明的境地。孔夫子说，"克己复礼为仁也"，就是这个意思。

《说合作》

合作就是共同工作、共同生活。换言之,人类为维持生活便不能不工作,要借工作而得到生活,便不能不合作。因为一个人的力量有限,而一切的工作极其繁难,假使一个人专靠自身有限的力量去担任那极其繁难的一切工作,任是智力充分的人断难做到。古老有句话说,"十人共驾一舟则易,十人各驾一舟则难",明明道破了合作和不合作的利害。

试回想到原始时代的人们,没有羽毛以遮蔽身体,没有爪牙以抵御危险,对于自卫的工具要算是完全没有。每日靠着两手出外觅食,还要和狞狞狰狰的野兽争斗,他们的生活是何等的不安全,他们的工作又是何等的艰辛。论理人和兽斗,兽力之大几十倍于人力,自然是兽得胜利。然而人类毕竟能战胜百兽,而不为百兽所降服,全由于人类合作兽类不合作的缘故。由此可以证明了,合作简直是人类图生存的工具。扩而充之,这么大的一个世界也就是这样继续维持下来的。我现在再拿几件很浅易的合作事实说给你们听。

1. 造屋合作。假若我们要造一所大房子,便要用砖或石头或木头来做材料。支配这些材料的用途便要雇请多少砖匠木匠和挑运泥砂的小工,各部分的工作归各部分的工人分担起来,各部分的工人运用各个的技能把各部分弄好,这是叫做人工合作。至于房屋须由砖头、木料、铁件、泥灰等等组织而成缺一不可,这是一种物质上的合作。把人工物质合作起来才能造成一所坚固而美丽的建筑物。

2. 邮政合作。在从前没有邮政的时候,甲和乙通信便要由甲专雇一人专送,假若路途辽远便要费去很多的金钱和时间去送那一封信。古人所谓"家书抵万金"、所谓"一封书到动经年"都是形容那时候通信不易。自从有了邮政以来,今昔大不同了。只费五分钱就可以寄信到中国各省,还可以寄到远在海外的日本,就是远隔重洋的欧美各国也只要二角五分钱。因为一个人雇一个人送一封信和一千个人合雇一个人送一百封信或一千封信,其代价是差不多的。所以能够节省这么多的金钱,全由于邮政是全世界大家合作的事业,不论何人只要费去少数的代价,就可以享受这合作的权利。

3. 家庭合作。一家之中有父母、有兄弟、有姊妹,家庭人多家庭的事业也。极繁琐,子女助其父母,弟助其兄,妹助其姊,是这样的分工合作,然后才有条不紊,才能增进家庭的幸福。

4. 身体合作。人的身体分为头部、躯干、四肢三部,头有耳、目、口、鼻。耳司听,目司视,口司味,鼻司嗅,躯干和四肢司运动。各部有各部的功用,似乎是各自为政,实在是合作。假若有一部分不完全,便有一部分失其功用,便会影响到全部感觉不便。由此可以知道,身体是一个合作的机关,要有健康的身体便要有合作的精神。

从上面的四个比喻既然证明了人生日常的事业都要合作,不合作便不成功。推想到社会和国家,又何尝不是一样。所谓"乡里同井,出入相友,守望相助,疾病相扶持"。所谓"民为邦本,本固邦宁",都是说要全体民众大家合作,才有安宁的社会和富强的国家。反言之,如果全体民众都抱着畸形的个人主义合作精神,丝毫没有以争夺为能事,以排挤为可喜。人心如此,社会那得不崩溃,国家那得不衰弱。

再从比喻里面可以看得出"合作"二字不是随便可以做得到的,要做到合作先要具有下面的两个条件。

1. 服从领导。不论什么合作事业都要有一个领导者主持其事,没有主持其事的便会各自干各自的,不相统属甚至于背道分驰发生冲突。做房子的工头、邮政局的局长、家庭的家长、身体的头颅都是领导其他各部分工作的,如果其他部分不听从领导者的指挥,便谈不到合作了。

2. 遵守纪律。纪律就是一种共同遵守的规约。大家依照规约做事才没有自私自利的意见,才没有越轨的行为,不以规矩不能成方圆。建造房屋、设立邮政、治理家庭、调护身体都要有好的纪律才有好的合作现象。

由前之说,人类生活的安全、社会的良善、国家的永久和平端赖全体民众大家合作而建设成功的。由后之说,要大家合作。首先要大家服从领导、遵守纪律,而后合作事业才可以发挥得光明远大。人人为我,我为人人。群策群力,相衷共济。所谓"只知有我不知有人"的恶行为决不致发生于社会里面了。

你们在监人所犯的事原因虽很复杂,但是可用一句话来包括,就是由于不合作或自己不和人合作或破坏他人的合作,如兄弟或夫妇相打是对于家庭不合作,如犯和奸是破坏他人家庭合作,如犯妨害公安是和社会不合作,犯反革命罪是和党国不合作,或公然破坏党国的合作。所以不合作三个字确是你们吃官司一个很大的原因,上面所讲的话是要特别注意的。

《走到光明的路上去》

今天和你们谈谈走路,我所讲的题目是《走到光明的路上去》。原来光明的路的反面就是黑暗的路,前者是一条很安全的路,后者是一条很危险的路。这两条路明明是南极北极迥然不同,我相信没有哪一个人不怕危险不想安全,那么哪一条路好哪一条路不好,当然应彻底的认识。该向哪一条路走愿意向那一条路走,也当然有正确的决定。

再拿一个比喻说给你们听,假若日里行走有青天有白日,平地洼地看得分明,可以放心大胆走去,是何等的舒适。晚上行走没有月亮又没有星光,前后左右莫辨宽广,高低不分不提防就会碰着头跌着足,又是何等的可恼。试问你们还是愿意日里行走呢?晚上行走呢?你们若是明白了利害关系,自不难立时答曰"我愿意日里行走"。正所谓"孰吉孰凶,何去何从,不待智者而后知也"。

现在由走路推想到人生,虽然所行的途径不一,归纳的说起来总不外善恶两途。因所行的途径有善有恶,而所得的结果便有幸有不幸。背道分驰相去日远,大有天堂地狱之别。古人有言"一失足成千古恨,再回头已百年身"。唉!世事茫茫,浩如烟海。不可疏忽、不可虚度的人生全在一个人当初好好的择定呢。

善恶两途生死攸关,好生恶死人之常情。为什么有许多人偏偏会走到那万恶的路上去呢?要明白这个理由,那么且听我下面所说的话。

《四书》上说,"性无善无不善也",又说,"性可以为善,可以为不善",又说,"有性善,有性不善"。我现在要拿这三种说法来证明人生分做三个时代说。

第一个时代是孩提时代。一个人在这个时代早晚在父母的怀中,时而哭时而笑,饥思食渴思饮,一任乎天然的本性,绝对没有丝毫的勉强,没有丝毫的成见,这就叫做"性无善,无不善也"。

第二个时代是儿童时代。年纪慢慢大了,他的知识一天一天的增加,同时他的模仿性也逐渐的发达起来。不论所闻所见是好是坏,很容易照样做去。将来为圣为贤为盗为跖就在这个时代做了一个萌芽的始基,所谓"习于善则善,习于恶则恶"。实在是极有经验的话,这就叫做"性可以为善可以为不善"。

第三个时代是成人时代。由儿童而进为成人,既然有了充分的色食性欲,便容易染着社会上的恶习。自制力强者遂趋入于正轨,缺乏自制力者遂尔堕落。为善为恶判若两途,这就叫做"有性善有性不善"。

拿这三个时代的人生来和行路比较。第一个时代好比是一条平平坦坦的路,大家可以在这条路上安心乐意的走去,原没有什么差异。第二个时代好比到了分叉路上,有的向左有的向右,道不同不相为谋,各人走各人的路,那其中便生出差异来了。第三个时代好比有的到了光明路上,有的走入黑暗途中,悬殊得不可以道里计。

照上面的一段话说起来,第二和第三个时代的中间实在是人生最紧要的一个歧点,这个歧点便是入世的总门,便是生死的关头,一念之差一定会由小误而铸成大错。所以一个人不入世则已,不顾及生死则已,如果要入世,要顾及生死,那么要依照下面的两个法子做下去。

1. 认明目标。目标就是眼目的标准,认明就是要看得清楚,绝对不可马马虎虎的干下去,若是稍不留心便有极大的危险。在前面俗话说"盲人骑瞎马,夜半临深池",形容得一点不错啊。譬如你们远行千里,山重水复分歧处处,走到一个分叉路上,你们便要停住足仔细看清了指路碑才肯再向前走。万一那处没有指路碑,你们一定会向附近的人家问个明明白白,决不肯糊糊涂涂的信脚踏去。上面这个比喻证明了人生做事第一要有一个确定不可易的标准,依照标准做事才不会有迷失。第二要屏除私欲,抱着良心做事。私欲和良心是势不两立的。当私欲和良心交战时,若是良心为私欲所蔽,结果良心失败。私欲为良心所制,结果私欲失败。所以遇着困难的时候便要努力战胜私欲,拿良心做指路碑,事事问问良心绝不会有一差半错。

2. 意志坚决。不论做什么事一定有些阻力在里面,其事大者其阻力愈大,意志不坚鲜有不畏难中止者。所谓人生的曲线就是说人生历程不是直线的,是要经过许多曲折才可以达到平坦的境地。譬如你们要到一处地方,一条路可以直达,另一条路是弯弯曲曲的,比较得要远一点。可是直达的那一条路是黑漆漆的,是昏沉沉的。而那弯弯曲曲一条路是有电灯照得光亮亮的。你们一定宁愿绕着有电灯的路上达到你们的目的地。拿这个比喻来做事,只要是光明的正大的哪怕千折万磨还要自己耐劳忍苦努力奋斗,贫苦不足以制人,艰难不足以累人,安守本分坚持到底总可以得到安乐。许多堕落的人们总说,是为饥寒所迫不得不尔,其实是由于他们意志不坚的缘故。本来可以拿正当的职业讨得生活,只因一时妄想发财,便抛弃了求人不求己的技能去干那些不道德不名誉的勾当,结果弄得身陷囹圄噬脐莫及。论他犯罪行为本属可恶,论他误入迷途实属可怜。

已经堕落的你们猛速回头吧!"前路"是光明灿烂,只要拿"忏悔"做你们的救星,拿"良心"做你们的导灯,拿"忍耐"做你们的指南,慢慢的一步一步地向前走去,总可以破除"黑暗"寻到"光明"。

《义和利》

韩文公曰,"行而宜之之谓义",意思说不论做一件什么事总要预先想一想,应该不应该合不合乎道理,然后再定出做不做的标准,这是"义"字的解释。

"利"字的意义非常浅显,用不着要拿旁的话来解释,它的反面就是"害"字。利之为利,害之为害,谁也分得清楚,愿趋利而避害谁也不必讳言。然而趋利者每不得利,甚至求利不得而反招害。孔子说:"放于利而行多怨。"孟子说:"鸡鸣而起孳孳为利者,蹠之徒也!"近今有所谓"金钱万恶",依据古今人的说法,明明道出了"利"字是没有好处。

"君子喻于义,小人喻于利"。再拿这两句话来证明"义"和"利"的利与害,"君子"和"小人"两种人人格的悬殊当然是极端反对的,是绝对两样的。如果要判别何者为"君子",何者为"小人",只看他们所喻的是什么,喻于"义"者为"君子",喻于"利"者为"小人"。然则"义"和"利"比较,上薰一莸,不言而喻。

古往今来人类所以能维持至今,离不掉要拿"名利"两字来做媒介。不为名不为利谁也不肯做事了,有所谓"名缰利锁",有所谓"人无利息谁肯早起",有所谓"不为深寒不问火",都是说名或利是人情所共欲,人类所共趋。难道为利者全是跖之徒吗?全是小人吗?如果为利的便是小人,那么谁也不愿负此恶名,而为利不为利又将拿什么来维持生活呢?不吃饭不能做事,枵腹从公任何人也做不到。其实不然,并不是说利不可趋,实在是"利"字要跟着"义"字走,义和利便有绝大的相互关系,要明白这相互的关系便有下面的三种。

一、以义为利。就是说一个人替人家做事目的不在"金钱"而在"天理",只要合乎天理,便用尽自己的力量拼命去做,正所谓"见义勇为"。譬如救灾、恤邻、怜老慈幼以及种种公益事业,但求于公众有利益,便慷慨输将,甚至倾家荡产在所不惜。又如近年好几省发生水灾或旱灾,各大慈善家便捐出数百元、数千元、数万元或数十万元来赈济各地灾民,他们凭空用去这么多钱,为的是什么?非不为利也,他们心中所认定的利非利之为利,乃义之为利,更能认定义之为利其利为百倍于利之为利者。便能轻利而重义,舍利而取义。换句话说,就是牺牲个人的利益而服务社会,这叫做"以义为利"。

二、见利思义。就是说遇到利益的时候便要思量一会儿是不是分内应得,而后决定取舍。后汉时有个太守名叫杨震,他的朋友王密怀金十斤暗中给他,说道"暮夜无知者"。杨震心里想道,此人于暮夜送我这么多钱,便是私赠,问问良心决不可受。他便正颜厉色谢绝他,说道"天知、神知、我知、子知,何谓无知"。他那种"临财无苟得"的高尚人格就在他的答复里面表现出来了。

三、以利为利。就是说唯利是图,见了炫耀耀的金银便被它麻醉得人事不知,不管应得不应得,丧尽天良一意攫取甚至于为攫取金钱而断送性命而至死不悟。"人为财死,鸟为食亡"。古人的话简直是为这种人写照咧!"世上无如人欲险,几人到此误平生。"更说得淋漓尽致。社会的纷扰杀机的萌动都是为的一个"利"字,所造成的结果,大而言之十余年前欧洲的大战,最近国际间的纷争这其间的背景也无非是一个"利"字。金钱是制造罪孽者,并不是金钱制造罪孽,实在这罪孽是由于妄想金钱妄取金钱的人制造出来的。

上面所说的这三种人,以第一种为最少,第二种也占少数,而以第三种为最多。一与二比较,二与三比较,利害分明。为要趋吉避凶计,为要应付现今物质文明嗜好加增的环境计,纵不能做到第一种人,总要努力学做第二种人,然万不可做了第三种人。

重言以申明之,一个人只要安分守己,一心上进,不论职业的高低代价的多少,哪怕营工度日,总算干分内事得分内钱,取之以义用之有节,布衣淡饭便堪温饱,不妄想非义之财,更不妄取非义之财,身心是何等自在何等安全。此中自有至乐。望你们于"见利思义"一语深思之,笃实信仰之,尽力奉行之。

再讲一个浅易故事给你们听。

美国有一个地方某次因天旱失收饥民遍野,恰巧那地方有一位慈善家每日制出很多的面包大发赈济,当地灾民扶老携幼就食者日以千计,大都争先恐后择其大者而取之。其中有一年约八岁的小孩因为走路太慢常常后到并且拣取面包中的最小者,那慈善家看见他这么小的年纪却没有自私自利的心事,可怜他而又称羡他。某日特制一小面包内面藏几个金洋,那小孩取去后发现内面有钱,便忙忙地送去那慈善家,便向他说个明白才肯接受。

　　把这小小故事看来你们可以得到两种见识。

　　(1)一个知识薄弱的小孩值此饥饿难当的时候,还能保持他良好的天性,取其应得的分量,奖给了他的金钱还虑及误行置入送回原主。世人因饥寒而起盗心而肆行劫掠者视此能无愧色。

　　(2)那小孩能取其分内应得者,所以有重大的赏赐。见利思义而利益厚义也,利在其中矣,何必曰利。

《"贪得"和"进取"》

　　"贪得"和"进取"都是人的心里的欲望,这欲望是怎样发生的呢?是由于一个人因为要维持生活便感觉到缺乏,因感觉到缺乏便生出一种需要心,又因为谋生活上安适的增进便常虞不足,常恐不继,因而有"贪得心"或"进取心"。依照上面的解释,贪得和进取是普通一般人谋生的心理,似乎是一而二二而一,原没有什么分别。其实是一是二迥然不同,绝对的不可朦混。郑重地说,这两种心理实在是关于人的生死祸福悲喜忧乐,万不可不有彻底的认识咧!

　　譬如有甲乙两个人都是很穷困的,因为穷困一定要想法子来解决,他们的生活绝不会坐以待毙,可是他们所用的法子各有不同。甲呢,去干那些不正当的勾当,敛取钱财又因为赚钱不费力,钱一到手就用完了,用完了又去打冤枉主意,至于再至于三。到了末后,他的用度越奢,同时他的利欲也越炽,于是乎大显其盗贼手段。久而久之每况愈下,礼义哪、廉耻哪、都掉之不顾,坠落到十八重地狱,这就叫做"贪得"。而乙呢?却去找一样相当的手艺专心学习。立定志向拿他所学习的手艺做他将来谋生的工具,决不作意外的希冀。什么横财,什么幸运,都看做身外物,不为穷困而丧失人格,耐劳忍苦至于自立。这就叫做"进取"。根据上面的比较便有下面的两个断定。

　　一、"贪得"是犯罪的根由。调查近来犯罪的人,强盗罪实占多数。好端端的一个人为什么要做强盗呢?只因为在当时过不惯那凄凉而苦闷的生活,看得人家吃喝得好穿着得好顿时起了嫉妒心,恨不得自己也和人家一样的舒服。因为要达到他的目的,就不免利令智昏,马上发财的妄想便沸腾起来了!同时那损人利己的念头也跟着起来了!不管三七二十一,就想就做,由意想而变为事实了。结果弄得身败名裂,陷入囹圄,饱尝着铁窗风味,精神和形体都受痛苦。溯其根由,只由于"贪得"的一念来的。古人的格言"天下无穷不省事,皆由于重利之一念。利一重,则念念皆违人心,为盗为跖由此直入"。"贪得"的坏处就在这几句话说得明明白白啊!

二、"进取"是自立的根本。知识和技能是人类谋生必需的工具,"无财非贫,无业为贫"。人若有一技之长,便不愁没有饭吃。只要拿一种努力向上的"进取心"去求知识的长进,去求技能的精良,要用知识和技能来转移境遇,不要以心为境遇所转移,而抛弃固有的知识和技能。忍得暂时的困苦,毕竟可以得到将来的幸福。现在拿一个贫苦而能进取的人说给你们听。

美国有一位近代最大的发明家阿狄孙先生,没有那一个不知道他的,现在八十四岁了。当他十二岁的时候,因为他的家境太苦以致仅仅在学校读了两个月书便废了学。读书即做不到,等在家里也没有饭吃,不得已就在附近的铁路上做一个火车小贩,拿几块钱贩卖点书报和水果,朝出暮归,无事便滔滔不绝的读书,绿阴树下、铁道旁边随在是他的学校,乘车的客、过路的人个个是他的教师。人家看见他年纪小而又好学,都器重他,喜欢买他的东西,所以他的生意很好。他就把贩卖所赚的钱一个一个的积蓄起来,过了四年已经有了二千块钱,通通给他的父母使用,他仍然外出过他半工半读的生活。近来他已做了一个大发明家,市上通用的白热灯、风行一时的活动电影机等都是他所发明的。据他说,现在所有的发明都是他以前做工的时候试验所得的成绩。他尝对少年人说,"勤读书、勤作工就可以做一个轰轰烈烈的大人物",话虽平常,实在是良好的模范。

总而言之,一个人不论处在怎样难过的境遇当中,不可有"贪得心",然万不可无"进取心"。换言之,由妄想发财行险徼幸而求生活是不可能的,只有从很辛苦很正当的职业里面找得到永久而安全的生活,不过其间要注意的就是"努力"两个字。

《"自由"和"自立"》

一、自由的解释

"自由为人生幸福,曾费了多血铁得来,唯能遵守社会信条,能受法律束缚,而后有真自由"。

"不能服从规则不能自由"。

"无法律则无自由"。

二、自立的解释

"用你的两足站住"。

"人各立于自所欲立之地"。

上面这些话都是西哲名言,把"自由"和"自立"的真意义说得极其透澈。现在要把"自由"和"自立"的关系说一说。

一、能自立者必得自由。自由者并非任意的自由,必须遵守法律,服从规则,确是天经地纬。但是要能遵守法律服从规则,非经过长时间的练习与修养不可。换言之,要有自立的能力而后有真自由。因为人非生而能自立者,学而后能,如果能努力于自身的正当生活,便能生活于法律与规则,动作于法律与规则。习之既久,便成自然游泳其中,绝无勉强绝不会有越轨的行动。

小孩原非生下来就会走动的,满了一岁便要由大人牵着他慢慢的学步,发展他的本能,同时纠正他的错误。等到他脚力健了,步伐稳了,才让他单独的站着,自由的走着。有时为要导着他走向"正义"的路上,更要教他怎样举止端详,怎样步履合法。试想小孩学步不是极浅易的事吗?却要费去多时间的训练,才让他自由行走。如果站立不稳,便叫他大踏步胡行乱走,岂不是陨越堪虞吗!

由这件小事推测到做人的道理又何尝不是一样。如果一个人对于世情阅历未深,对于生活不能自谋完全,没有自立的实力便口口声声说要自由,岂不是和站立不稳的小孩要疾行快走一样的危险吗!

我国的法律,男女到了二十岁便算成年,就是到了自由的期限,要让他脱离亲属监督。为什么要有期限的限制呢?因为在二十岁以前,血气未定意志薄弱,必须要使他多受教育与相当的职业养成他良好的习惯,充足的知识与能力,到了成年的时候便能自立,同时便能自由。生活稳固了、知识充足了更不至滥用自由而作奸犯科。

二、在监人要恢复自由首先要能自立。你们在监人或盗或窃或伤害或略诱或背信诈财,凡此种种行为都是由于你们知识缺乏或道德堕落或生计逼迫而干出来的。简单言之,由于你们不能自立,所以受法律的制裁而剥夺自由。亡羊补牢知过必改前之错误,既如彼唯一的补救法就在及时注得于道德上的培养、知识上的增加、职业上的完成,那么出监后便能自由于法律范围之内,更以充分的知识与道德用于正当的职业上,衣食问题自能解决,衣食问题解决了,自不致再有犯罪的行为。反言之,如果在监时不注意于上面所说的几项,纵令期满出监依然故我,没有自立的实力便不能谋生活上的安全,甚而至于因无计谋生又复铤而走险依旧,生涯岂不是一误再误吗!

由此看来,形式上恢复了自由实际上依旧的痛苦,换言之,形体虽离开了监牢,精神却仍在无形的监牢中受罪。你们如果虑到将来的危险,那么在未恢复自由之先,要想打破将来的危险关津,全在及时发愤自立。

《"堕落"和"自新"》

"人为万物之灵",因为人的判别力比任何动物都要强。口之于味,目之于色,耳之于声,何者甘? 何者苦? 何者悦耳? 何者逆耳? 何者美观? 何者丑陋? 都分别得清清楚楚。至于人的行为都是有意识的,决没有无意识的行动。

还有一种人类所共有的特殊情感就是趋福避祸,以福可喜而祸可悲也! 所以人见福之来则喜之近之,唯恐其去;祸之来则忧之远之,唯恐其不去。

既然人有判别善恶力而又有趋福避祸的特殊性,为什么会走到堕落的路上去呢? 其中自有原因。

1. 人的心出入无定,见异思迁。所谓"意马心猿",所谓"心旌摇动",都是证明人心易放而难收的形容语。譬如一个素来不赌钱的人而且明明知道"赌是嚼人虎",偶然因一时见猎心喜便把持不住,始而逢场作戏,继而以身尝试,终而嗜赌如命,这是堕落的第一个原因。

2. 人性犹水,水性就下,人性亦然。明哲有言"为善如负重登山,志虽已确而力犹恐不及。为恶如乘骏走坂,鞭虽不加而足不禁其前"。学好难学坏易,这是堕落的第二个原因。

3. 据生物进化论说,"人的模仿性最重"。一个入世未深的人很容易沾染嗜好,因为意志薄弱,见人家有某种嗜好便不管三七二十一立意模仿,由模仿而成为嗜好而不可复振,这是堕落的第三个原因。

4. 现代是物质文明竞争的时代,现代的人大都注意于物质方,面衣食住都精益求精,尤其是在经济窘迫的环境之下的人为要注意于物质方面而却限于财力,欲望心生便胡行乱为。什么人格哪! 什么礼义廉耻哪! 都掉之不顾。这是堕落的第四个原因。

5. 现在科学的进步一日千里,固是社会的好现象,然而误用科学的人却拿化学方法制种种戕生之物,如鸦片哪! 高根哪! 吗啡哪! 海洛因哪……日出日繁,愈造愈奇。所以人的嗜好邪僻适与科学成正比例。试看通都大邑的人没有嗜好的十不得一,因为嗜好品的陈列汗牛充栋,需要那一样便有那一样供给,除了天上的星摘不下来。人欲横流、道德沦亡这是堕落的第五个原因。

综合以上的所说可以知道人的堕落的根由不完全由于甘心为恶,一时情感的冲动,环境习惯之不良实为厉阶。古语说"一失足成千古恨,再回头已百年身"。人不幸而堕落,难道以前的污点就不能洗涤吗?! 便要永远沉沦于历万劫不回的地位吗?! 实在不然。病要药来医,治病须治根。既然知道堕落的原因,便要想一个补救的法子。唯一无二的法子就是"自新","苦海无边,回头是岸"。就是"自新"的另一说法。

譬如一件很漂亮的衣服偶然著上污点或墨迹,绝不会把它丢掉,只要勤加洗濯,自不难换旧为新。为恶的人也只要灵性尚存立意悔改,纵然他罪大恶极,也可以回复到完善的地位。"放下屠刀立地成佛",由"堕落"而到"自新"是"折枝"之易。应如何做去有下面的五种法子。

1．自觉力。人只怕无自知之明，偶然做错了事还抵死不肯承认自己的谬误，文过饰非、刚愎自用是人生最大的毛病，也就是"自新"的障碍物。所以要"自新"，首先要"自觉"。自觉就是反省，曾子曰必三省其身，范仲淹就寝时必省其日间所为之事。反省就是回忆过去的谬误。当时不觉，每于静坐的当儿从回忆中而发现出来旦书所为之不善，每于清夜生悔恨心。

2．自制力。就是要有一种克制私欲的力量。孔子所谓"非礼勿视，非礼勿听，非礼勿言，非礼勿动"。意思说，要克制私欲，对于视听言动都要刻刻留意。曾文正少时有吸烟晏起的毛病，后发愿戒掉，起初总觉得倔强不能自克，而文正视之如大敌，必拔其根株而后已。由此可知古来做大事的人，他的克制私欲的力必强。

3．自信力。人既判定了善恶，择善而从便要有一种自信力，认定是善则终身行之，永不更改。万不可一曝十寒，事过境迁便恢复从前的故态。"心如止水，永不扬波。"这两句话就是说心里既然有了自信力，那么不论外物怎样引诱怎样迷惑，自信的我仍是无动于其中。

4．自决力。一言一动都以心为主宰，凡事实行与不实行全在自决。既然知道以前所做的是谬误，而又自信现在所做的是正确，那么要下最后的决心，要改就改，始终不渝，不回顾也不因循。孟子说："今有人日攘其邻之鸡者，或告之曰'是非君子之道'曰'请损之，月攘一鸡，以待来年而后已。'如知其非，义斯速已矣！何待来年？！"细细推测，寓言中的深意真真是一点不错啊。

已经堕落的你们猛速回头，照"自新"的路上走去吧！能自觉而后能知过，能自制而后能改过，能自信而后能寡过，能自决而后能无过。这是走到"自新"路上的步骤，望你们依照步骤做下去。"以前种种譬如昨日死，以后种种譬如今日生。"勉作新民吧！

《苦与乐》

（一）苦乐人生必经之过程，古云"生于患难，死于安乐"。即此意也。

（二）苦为乐之因。故苦中实含乐趣。能受苦中苦，方为人上人。苦尽甘来，此乐皆自苦来者。

（三）乐为苦之果。故乐中不可忘苦始能保其长乐，"不致乐极生悲"。

（四）精神上之苦乐是真苦真乐，身体上之苦乐是假苦假乐。你们明白以上所说意义，便知现在之苦从何处来，将来之乐从何处生。三复斯言，各自勉之。

《忍耐之功用》

（一）祸福关头在于忍耐与不忍耐。所谓忍耐得一时气，免得百日忧。一朝之忿足以亡身,诚不诬也。

(二)古今名人之所以能成大事立大功者,皆善于忍耐之修养所致。以越王勾践及总理孙文忍耐之事实证明之,足征忍耐者乃成功之诀,躁暴者为败事之媒。

(三)监狱为在监人修养忍耐心性之场所,你们现在环境既不能自由,则一切言语行为都要忍耐过去。将来出监后此种忍耐修养不无小补矣。

(四)你们犯罪的原因起初想是极小事体,以后酿成极大灾祸,都是由于不能忍耐的缘故。孔子云"小不忍则乱大谋",此之谓也。

《烟赌之害》

(一)鸦片是杀人利器。中此毒者面黄肌削,枯瘠如鬼,并且元气损伤,弱种流传,毒延子孙,害何可言。

(二)鸦片馆舍是废人制造场所。中毒之后身体衰弱精神萎靡,无论何事不能承任,致蹈于穷困之境,恶念丛生信用一失,不值半文钱矣!

(三)赌博亦是嗜好中最毒害之一种。损败精神、荒废事业就是疲劳极点还不肯休,即遇有重要事项亦不暇过问,结果必致两袖清风一事无成。

(四)赌博是倾家荡产身败名裂之媒介。所谓万金家产不难一夕而空,一回失信终身见疑者,皆赌博之所致也。

(五)总上烟赌之害胜于猛虎!你们走到虎口里去可谓危险万分,再不觉悟,悔之晚矣!

《自立》

(一)自立就是自食其力。事事都能自主不倚赖他人之谓也!又说自立就是自助,即自己不求助于人之谓也。

(二)自立须有自立之实力和自立之精神,遵守法度、维持名誉、讲求学问、精研技艺、保重身体、爱惜精神,此则自立之实力也。节衣缩食、练勤习劳、再接再厉、百折不回、不为境遇所移、不为外力所动,此则自立之精神也!

(三)倚赖最为危险。人所倚赖者不外财与人,须知千载田地八百主,十年世事小沧桑。金穴铜山岂能长保,此财之不足倚赖者也。人之最亲爱莫过于父母兄弟,须知世上无百年不死之人,亦无亘古不败之事,父母兄弟又岂能长存,此人之不足倚赖者也。总之倚赖家财,家财有时而穷;依赖人力,人力有时而败。故谓最危险莫过于倚赖也。

(四)你们犯罪的吃官司病根亦多在倚赖不能自立的缘故。到无可依赖地步,以致无计谋生铤而走险,造成种种罪孽。所以到现在结果。望你们急起直追,锻炼自立之实力,振刷自立之精神,脚跟站定屹然如山,将来之希望亦未可限量也。

《义勇》

（一）人固各有一死,然必当死而死,乃为义勇。不当死而死,纵不畏死,亦非义勇。所谓死有重于泰山者,有轻于鸿毛者,盖以义为断也。

（二）国事所在即大义所在,以国事自任,一本至公毫无私意,则举动自合于义矣。

（三）血气之勇大都丧道德犯法律,对于国家有损而无益。是故舍义而言勇,勇如不勇,且不如不勇。

（四）义勇与粗暴不同,审其事之合于正道,故不惜冒死为之。若恃一时血气之勇,激而成粗暴之举,牺牲一死甚无价值也。

（五）你们现在吃官司究为公乎抑为私乎？分别重轻就可分别有无价值矣。

《服从之意义》

（一）吾人对于正当之命令与管理悉应绝对服从,本乎良心之所安,意志之审辨,精神之驱使,而寝成为习惯也。

（二）明白人生真义,个人应绝对服从公理与正义。

（三）辨别公私界限,个人应绝对服从公众之主张。

（四）维持团体精神,当知少数应服从多数。

（五）你们现在地位已经剥夺公权,较之一般的人民更应绝对服从,毋因循毋疑虑,令行即行令止即止,就是你们的服从。

《何谓气度》

（一）气宇。此发于外者也,应轩昂沉着温重大方,接之也温良,望之也蔼然,则涉足社会也,人人自乐与之交而乐为之用,不致有訑訑之声音颜色,拒人于千里之外。此种工夫青年时代最应陶习,苟一落卑陋一涉轻浮,甚至骄蹇自用、礼貌荡然,孰与之交？行将远避之不遑矣！孔子曰："君子不重则不威",其斯之谓也。

（二）气量。此存于内者也,应宽宏敦厚浑然洒落,待人则忠恕而谦逊,接物则热忱而慈爱。须知宽宏之量全由平日涵养得来,涵养渐深德性日厚则度量自能日以宽大。古人有学吃亏者,盖惟其肯吃亏而后深藏不露,可以不遭人忌,此其度量宽宏见识卓绝之所致也。

(三)余幼年时犹记有一趣事。某时曾听师长言,宰相腹中可行船。余初不解,因问宰相腹何若是之大而能行船耶?师哑然笑曰,非真腹大喻其量大耳。

尔等干犯法纪,其原因虽极复杂,而由于气量偏小,或激于一时羞愤,或偶因小事争执,逆来未知顺受,以致举动越轨,身陷囹圄而尝此铁窗风味者,当非少数。望此时于气度两字三注意焉。

按自"苦与乐"至本题计七则系上海第二特区监狱教诲师萧健君讲稿,原文甚长,兹只节录大意耳。　　　　　　　　　　　　　　　　　　　编者识

《犯罪的病根及其医治方法》

一、监狱犹之一大家庭,在监人犹之大家庭中之子弟,监狱长官即大家庭中之家长。家长不能使其子弟吃饱着暖是家长不能尽其责任,故假使监狱长官不能使在监人吃饱着暖即监狱长官失其应尽之责任。但若家长只知养其子弟而不知所以教其子弟立身行世之道,则该家长亦不得谓贤明之家长。所谓"养不教父之过"者,即此意也。故贤明之家长必既养且教,贤明之监狱长官亦必既尽保养之责复尽教导之任。所谓给养与教诲并重者即此意也。

二、担任监狱教导之责者为教诲师,教诲师亦犹医院中之医生,在监人亦犹医院中之病人。医生不能给病人以对症之药,该医生即不能称为良医。教诲师不能施在监人以金石之言,该教诲师亦即不能称为尽职。故教诲师必切切实实教在监人以改过之方向善之道,所谓"教不严师之惰"即此意也。

医生之治病必先诊其病原察其症结,然后按症施方药到病除,教诲师之教导在监人也亦然。在监人之犯罪必有其犯罪之原因,考其原因何在,然后对症发药拔其根本。换言之,即改其劣性去其恶习,然后出监以后可以复归良民,不致有再犯或累犯之危险。故今日我之讲题为《犯罪病根及其医治方法》,盖欲为各在监人指出其症结所在,使各自反省而努力改过迁善也。

犯罪之种类甚多,有属于危害国家法益者,有属于危害社会法益者,有属于危害个人法益者。照现行刑法分则共有三十四章,且同一科名而犯罪者之心理与事实亦个个不同。以如此错综杂乱之犯罪原因,而欲施以对症发药之良方,岂非徒托空谈。虽然犯罪之事实固然个个不同,但犯罪者之心理有其相同者。在我今抽象的说明犯罪病根并抽象的说出医治方法。

大凡一事之发生必有其所以发生之因缘,缘者外界之情形与关系也,因者内在之本性与种子也。犯罪亦有其犯罪之因缘。犯罪之缘即为犯罪事实发生之条件,换言之即社会关系也。犯罪之因即为罪犯本人固有之种子,换言之即心理原

因也。

有因而无缘，则其事无由发生。有缘而无因，则其缘亦自归消灭。有犯罪之心理而无犯罪之机缘，则其犯罪事实必无由发生。有犯罪之机缘而无犯罪之心理，则其机缘亦不成其为机缘。若以佛家诛心之义言之，则有犯罪心理即成立为罪，不必有其缘而始谓为犯罪，则因之义重于缘者多多矣。

犯罪之关系种类甚多。有天时关系，譬如冬天犯强盗窃盗罪者多；夏天犯奸非罪、妨害风化罪者多。有地理关系，譬如北方民心多悍，盗贼纵横；南方文弱之邦，机诈是尚。近海之地多海盗，山林之区多盗匪。有年岁关系，凶岁盗贼蠭起，丰年民多安居。有气候关系，譬如寒地多伤害杀人罪，热带多奸淫毒杀罪，又如天旱多决水罪。有时局关系，时局不宁则犯罪者众，时局安定则犯罪者寡。有社会关系，经济活动则犯罪者少，经济恐慌则犯罪者多。有职业关系，譬如汽车夫易犯过失伤害杀人罪，医生易犯业务疏忽杀人罪，公司职员易犯侵占罪，公务人员易犯渎职罪，优伶之徒易犯妨害风化罪。有学说关系，学说萌兴而政治犯相继入狱，思想统一而政治犯绝迹囹圄。有习俗关系，旧礼教时代多妨害家庭罪，社交公开则多遗弃妻子罪。有交通关系，交通便利而犯罪者多，交通阻隔而犯罪者少。有禁令关系，同一事实而在某时期为犯罪，在某时期为不犯罪，或在某时期为犯轻罪，而在某时期为犯重罪。有国际关系，因国交之断绝与继续而有犯罪与不犯罪之分别。凡此种种，皆为犯罪事实发生或成立之条件与关系犯罪之事实个个不同，则其发生或成立之条件与关系亦个个不同，诚不能以一以概全也。

犯罪之事实既因外界种种关系而成立与发生，则欲使犯罪减少必先使外界种种关系消灭，然后犯罪之事实可以减少。譬如普及教育，安定秩序，努力生产，发展经济，制定礼乐，维持风化，宣传宗教，改正人心，凡此皆为国家减少人民犯罪关系之政策，固为当务之急，毋庸讳言者也。

虽然犯罪之原因固尽为外界之关系而发生矣。犯罪事实之发生固尽应由政府社会负其责任乎？则断断乎非也！犯罪者每多推其因于社会，诿其责于政府。不曰政治不良，即曰社会万恶。曾不反问诸己，痛自省察。此我国人民之所以日即于堕落而罪犯之所以日增无已也。

要知同一国家同一社会同一环境何以人不犯罪而我独犯法被絷囹圄？则我必有其犯罪之原因，与他人不同者在。况现今刑法注重证据与事实，法官审讯，公开辩论，不凭一面之词，不凭臆测之意。必也推原究委详察其有无犯罪之预谋与决意，其犯罪之事实是否出于故意与过失，如有故意则犯罪事实虽未发生而预谋亦足以成立，如无故意则过失之罪从轻处断，如并过失而无之，则虽有事实亦不成其为犯罪。用是知犯罪之原因在因而不在缘，在心理而不在社会。所谓无犯罪之心理则其机缘亦自归于消灭。故我今日特将犯罪心理详为指出而殿以医治之方法，此则我之主旨所在也。

　　大凡人之犯罪其事实虽千差万别,而所以构成其犯罪之条件者不外有三,曰身、口、意三业。言语口之所出也,举动身之所发也,作意心之所自也,侮辱诽谤口业之所招也,杀盗奸淫身业之所犯也,预谋教唆意业之所使也。身、口、意三业为犯罪之工具,而身口二业又受意之主使,则意业实为犯罪之根源。《大学》所谓正心诚意而后修身齐家,反言之,即心不正意不诚则身不修家不齐,可知心意不正实为犯罪之原因,欲减少犯罪其正心诚意乎。

　　然则心意何以而不正,此则非研究心理学不可。心理学分知情意三项,认识外界之事物为知,因认识外界之事物而发生爱憎之心理为情,因爱憎之情生而决意取舍之途径为意。而犯罪之心理即在此爱憎取舍之情意中而发生。盖天下之事物有限而爱惜之心理无穷,以有限之事物供无穷之爱憎,则必争也、夺也、伤也、杀也,而犯罪之事实遂层出而靡已。今试列表以明之:

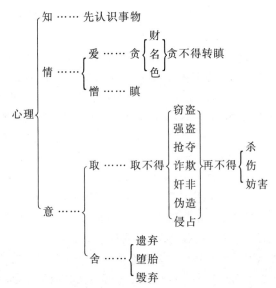

　　由上表观察,可知一切罪恶皆由意业而来,而意业又由于情想爱憎而生,情想又由于认识而起。欲灭罪恶先正意业,欲正意业先正情想,欲正情想先正认识。故正认识实为正心诚意之本,所谓致知格物而后正心诚意也。致知者正其认识之谓也,格物者克己而复礼之工夫也。故孔子曰:"有一日克己复礼而天下归仁。"颜子请问其目,子曰:"非礼勿视,非礼勿听,非礼勿言,非礼勿动。"动为身业,言为口业,视听为意业。盖必先正其视听然后所言所动皆不背乎礼矣!所谓身口二业又以意业为主者此也。而孔子必曰正其视听者,盖所谓正其认识也。今试列表以详之:

$$
（一）致知 …… 正认 …… 非礼
\begin{cases}
眼 …… 见色 \\
耳 …… 听声 \\
鼻 …… 闻香 \\
舌 …… 辨味 \\
身 …… 触觉
\end{cases}知
$$

$$
（二）格物 …… 克己 …… 勿
\begin{cases}
视 …… 眼 \\
声 …… 耳 \\
闻 …… 鼻 \\
言 …… 舌 \\
动 …… 身
\end{cases}五根
$$

复礼归仁 …… 正心诚意 …… 意根

欲灭罪恶先正其心诚其意,欲正其心诚其意则必先克己而格物,欲克己格物则必先致知正认。所谓致知正认者,于目之所见一切色,耳之所闻一切声,鼻之所嗅一切香,舌之所辨一切味,身之所受一切触,凡非礼者,勿视、勿听、勿嗅、勿尝、勿触,而后意之所存皆合乎礼,口之所言皆合乎礼,身之所动皆合乎礼,而修身齐家治国平天下不难运用如反掌矣!故子曰,有一日克己复礼而天下归仁。盖其于大学之道一以贯之也!

尝观孔子之非礼四目与我佛之四正勤仿佛相如,佛教修道之法有四勤,列表于下:

$$
四正动
\begin{cases}
正知 \\
正见 \\
正思维 \\
正精进
\end{cases}
$$

佛陀之所谓"正"者与孔子之"非礼勿"三字,其意正同用。是知古德古佛其教人之道皆于细处微处入手,必于眼耳鼻舌身五根严加约束,然后意根亦正。如任放逸,而目惑于色,耳惑于声,口惑于味,鼻惑于香,身惑于触,则贪情横生,百般计取而作奸犯科无不为矣!取而不得,则瞋心勃起杀人之罪种于此矣!贪瞋时起,则愚痴暗昧视犯罪如固。然一言一念一举一动无不是罪矣!可哀也。夫今试再以心理学中所谓潜意识者以表明之。

$$
心理
\begin{cases}
知 …… 见色 \\
情 …… 爱贪 \\
意 …… 取 …… 犯罪 …… 此犯罪之意思不问其发表与否 \\
\qquad\qquad\qquad\qquad 皆留有一种潜意识于心理中
\end{cases}
$$

$$
潜意识
\begin{cases}
知 …… 见第二次色 \\
情 …… 爱贪更烈 \\
意 …… 取更迫切 …… 犯罪更坚决更扩大
\end{cases}痴
$$

此潜意识即佛教中所说"种子"，义此种子藏于第八根本识，遇缘而现。若劣种子多，其人即愚痴；若善种子多，其人即贤慧。故我人不能不于六根门头善自留意也。

我人既知犯罪之原因在贪瞋痴三毒，而欲灭此贪瞋痴三毒则必先正其视听，所谓正知正见，所谓非礼勿视，非礼勿听，然此所谓"正"者，此所谓"非礼勿"者，应如之何而始能办到。孔子曰："我未见好德如好色者也！"荀子曰："饮食男女，人之大欲存焉！"孟子曰："食色性也。"食色既为人之天性，而一切犯罪事实又多因此食色二欲而起，则犯罪其为人之本性乎，犯罪既为人之本性，则医治云乎哉？教诲云乎哉？

曰医治之方即在此紧要关键也。盖人不能有目而不见，有耳而不闻，有见有闻则不能不分别，既分别则不能不起爱憎，起爱憎则不能不有取舍，有取舍则不能不有贪瞋，有贪瞋则不能不犯罪。故地藏菩萨曰，阎浮提众生举心动念无不是罪，无不是孽。故佛说，此世界名曰五浊恶世，所谓劫浊、见浊、众生浊、烦恼浊、命浊。此世界众生有男女饮食两欲，色之于目，众所好也，美色当前，谁不爱着，此亦爱之，彼亦爱之，两爱相并争夺斯起，争夺既起，犯法之事接踵至矣。况其爱之者，又不止于两乎！食之于腹，众所好也。土地不变生产有限，人类蕃生孳孳不息，以无限之人类就食于有限之生产，其不争夺也几希！争夺既起，犯罪之事实接踵至矣。况更逢天灾人祸，赤地千里，不得少有生产乎？故我今实言告汝等，此世界为苦恼世界，此世界之众生为苦恼而能忍之众生，所谓婆婆世界者即此意也。

医治之方法可分为二，一现实的、二究竟的。现实的医治方法即于一切外界事物，不起分别，不起爱憎，不起取舍，不起贪瞋，如之何？而能对于一切事物不起分别，即于一切事物看空是也。此看空之法，即为佛说般若妙智。可分心色二法，内无我心，外无境物，心境两忘，情执自遣，情执既遣，妙慧自显。故但遣情执，别无佛法可得。所谓于依他起性上空其偏，计所执性即当体便是圆成实性，更别无圆成实性可得可证也。盖我人心体本来是佛所谓心佛。众生三无差别，只为妄情执着，滞于五根，惑于五尘，溺于三毒，于是颠倒生死，轮回六道，永无了期。如能看破五尘，出离三毒，则妄情既遣，圣性自显。始知自心本来是佛，始知是心作众生自心，是众生是心作佛自心即佛。看空之法要学四念处。

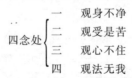

$$
\text{四念处}\begin{cases}
\text{一} & \text{观身不净} \\
\text{二} & \text{观受是苦} \\
\text{三} & \text{观心不住} \\
\text{四} & \text{观法无我}
\end{cases}
$$

观身不净者，无论绝色美女皆皮包肉肉包骨，望之如红粉佳人，拆之是骷髅白骨。况眼流泪、鼻流涕、口吐痰沫、身出臭汗、前尿后屎、五漏不净，此美女者非美女也,实化装粪桶也。反观自身亦一般无别,一床鸳鸯实是锦绣荒冢,斯有何乐? 能作是观,则美色当前,吐之若浼,贪念何由而起,犯罪云何哉!

观受是苦者,月无常圆、花无常好、人世无常、刹那不住。人生不如意事十有八九,灾祸之来忧心肠结,即有乐事富前,而事过境迁,乐极生悲。故苦是苦,乐是苦,不乐不苦亦是苦,所谓坏苦、苦苦、行苦,是为三苦,更有八苦如下:

八苦 ⎰ 生苦 …… 胎苦、活命苦。
老苦 …… 衰弱苦。
病苦 …… 痛苦。
死苦 …… 四大分散苦,其苦有如五牛分身肢解节落。
求不得苦 …… 贪而不得起烦恼。
爱别离苦 …… 生离死别,恩爱不常伴。
怨憎会苦 …… 怨家偏相会。
五取蕴苦 …… 色、受、想、行、识五蕴烦恼苦。

既明人生根本是苦,财于外界一切事物不起贪着矣。犯罪云何哉?!

观心不住者。此心念念生灭新新不已,暂觉动念已成过去,求现在心不可得,过去已归消灭,求过去心不可得,未来尚未生起,求未来心不可得。此心不在过去、不在现在、不在未来,则此心未尝生亦未尝灭。因有灭必有过去,既无过去即无有灭,有生必有现在,有当生必有未来,既无现在与未来,则此心无有生,亦无有当生。所谓本来不生今亦不灭,不生不灭即为常住。本性则于一切外界事物不生分别,不随染着,犯罪云何哉?!

观法无我者。众生大患即在一我字。但试问我在哪里,若说我在身里,则此身四大假,合地水火风四大,我在那一大? 若说在四大则我有四个我,况此身分头、身、四肢、毛发、爪齿便利、呼吸等物,若我在头里即不在身里,若在身里即不在四肢里。说俱在,则我有多我,况一口气吸,一口气呼,试问那一口气是我的?所以佛说人命在呼吸之间,入息不保出息,身内之物既无有我,况身外之金钱、房屋、田宅、车马与妻子家室等朝不保暮之物哉! 试问我在哪里? 那里有我的存在? 若能如是看破,则于一切事物都能不起分别不起染着矣! 无染无着是为大解脱,是为灭尽一切罪苦,是为医治犯罪之最要方法,亦各为现实的医治方法,因其于现生即能受用也。

至于究竟的医治方法者,即于外界一切事物究竟不起染着之心也。此心名为无住心,此无住心必须达到无生法忍然后永不退转。名为究竟无生法忍者,即于外界一切事物,洞明一相无相、无相实相之真理,所谓诸法皆如如如不动观,一切法皆无垢、无净、无生、无灭、无增、无减、无彼、无此、无大、无小,即诸法空相之谓也。欲得此无相妙慧,必须目不见色,耳不闻声,鼻不嗅香,舌不尝味,身不受触,意不念法,所谓无六根、六尘、六识,十八界一切皆空,方名究竟者,此也。虽然在此五浊恶世，有身不能不养，养身不能不食物，欲食物则不能不尝不见不闻不嗅不触不念，而种种分别染着皆因之而起矣！况为人又不能不生子，生子又不能不成家，成家又不能不娶妻，娶妻又不能不见色，而种种染着贪着亦因之而起矣！故在此世界而欲眼无生法忍即诸相而悟离，相于生灭而悟不生不灭，除非有大智慧者不办。是以我佛如来悯念众生，为开一大方便，说念佛法门，教众生往生净土。往生净土者，往生西方极乐世界阿弥陀佛国土也。阿弥陀佛国土何以名为极乐，因其国众生无有众苦但受诸乐，故名极乐。又其国有七宝连花、七宝房屋、七宝莲池、七宝树木、七宝罗网、七宝栏楯，黄金为地，七宝为道。众生思食即有上妙饮食，思衣即有上妙珍衣，而复有天眼通、天耳通、神足通、他心通、宿命通、漏尽通等种种功德可以供养十方，如来亲近十方诸佛，可以昼夜闻法自然，念佛念法念僧，无有一时一刻不念三宝，不行正道。况且再有无量菩萨、罗汉俱会一处，有无量阿弥陀佛化身为之说法，而阿弥陀佛光明无量，寿命无量，众生亦藉乎佛光而知见无量寿命、无量自然，得无生法忍，永不退转，广度十方无量众生，而一生成佛。此种境界与我娑婆世界之境界真是天壤之别。所以十方诸佛异口同声劝众生往生西方，我佛如来亦金口亲宣恳勤教训，劝众生往生西方。我佛在此世界，说此方便，殊胜法门自知。为一切世间所不信，故自叹曰，甚难甚难。但我佛毕竟成道，说此大法，所以十方诸佛亦赞叹我佛功德无量。为其能于极苦世界为众生说此至高无上之妙法也。往生净土之法，别无捷径，即为老实常念南无阿弥陀佛六字。念得纯熟自然心地清凉，临终之时净土现前，阿弥陀佛与诸圣众现在其前，垂手接引。众生自见其身坐金刚台，于弹指顷往生西方极乐世界，七宝庄严，佛土见佛闻法悟无生法忍，然后不违，安养化度十方因缘成熟，毕竟成佛。故我最后结束一篇，唯一宗旨即奉劝各人一心专念南无阿弥陀佛。

因为阿弥陀佛曾发四十八大愿，都是为我众生而发，内中有一大愿，凡十方世界众生称佛名号，乃至十念而临终不得往生者，阿弥陀佛誓不成正觉。故知念佛往生为阿弥陀佛之大愿，众生有感佛必有应，此为诸佛之本愿，毫无疑义。而一经往生，则目之所见，耳之所闻，舌之所尝，鼻之所嗅，身之所触无非清净庄严，妙乐无比。五根五尘既经清净，则意根自然亦归清净，故极乐众生无时无刻不念三宝。意之所存既经清净，则其身口意三业所发之言行举动自亦无不清净，极乐众生常于清旦各以衣裓盛众妙华供养他方十万亿佛，并且极乐众生怜念十方苦恼众生，分身无数化度无边，故极乐众生永不退转，一生成佛。究竟证真常乐我净与我娑婆众生之惑于五尘，溺于三毒，难以超生，终堕地狱者，其相去奚止霄壤之别。故莲池大师大善知识，劝人人念佛，歌曰，普劝众生火急念佛，九品往生花开见佛，见佛闻法究竟成佛，始知自心本来是佛。火急念佛者，如救燃眉如救燃发，放下一切，勤敬念佛，一心念佛也。这便是究竟医治犯罪之无上妙法也。

附录　阿弥陀佛四十八大愿

第一大愿,设我得佛,国有地狱饿鬼畜生者,不取正觉。

第二大愿,设我得佛,国中天人寿终之后复更三恶道者,不取正觉。

第三大愿,设我得佛,国中天人不悉真金色者,不取正觉。

第四大愿,设我得佛,国中天人形色不同有好丑者,不取正觉。

第五大愿,设我得佛,国中天人不识宿命下至知百千亿那由他诸劫事者,不取正觉。

第六大愿,设我得佛,国中天人不得天眼下至见百千亿那由他诸佛国者,不取正觉。

第七大愿,设我得佛,国中天人不得天耳下至闻百千亿那,由他诸佛所说不悉受持者,不取正觉。

第八大愿,设我得佛,国中天人不得见他心智下至知百千亿那,由他诸佛国中众生心念者,不取正觉。

第九大愿,设我得佛,国中天人不得神足,于一念顷下至不能超过百千亿那由他诸佛国者,不取正觉。

第十大愿,设我得佛,国中天人若起想念贪计身者,不取正觉。

第十一大愿,设我得佛,国中天人不住定聚必至灭度者,不取正觉。

第十二大愿,设我得佛,光明有限量下至不照百千亿那由他诸佛国者,不取正觉。

第十三大愿,设我得佛寿命有限量下至百千亿那由他劫者,不取正觉。

第十四大愿,设我得佛国中声闻有能计量乃至三千大千世界众生悉成缘觉,于百千劫悉共计校知其数者,不取正觉。

第十五大愿,设我得佛,国中天人寿命无能限量,除其本愿修短自在若不尔者,不取正觉。

第十六大愿,设我得佛国中天人乃至闻有不善名者,不取正觉。

第十七大愿,设我得佛,十方世界无量诸佛不悉咨嗟称我名者,不取正觉。

第十八大愿,设我得佛,十方众生至心信乐欲生我国乃至十念若不生者,不取正觉,唯除五逆诽谤正法。

第十九大愿,设我得佛,十方众生发菩提心,修诸功德至心发愿欲生我国临寿终时假令不与大众围绕现其人前者,不取正觉。

第二十大愿,设我得佛,十方众生闻我名号,系念我国植众德本至心回向欲生我国不果遂者,不取正觉。

第二十一大愿,设我得佛国中天人不悉成满三十二大人相者,不取正觉。

第二十二大愿,设我得佛,他方佛土诸菩萨众生来生我国,究竟必至一生补处,除其本愿自在所化为众生,故被弘誓铠积累德本度脱一切游诸佛国修菩萨行,供养十方诸佛,如来开化恒沙无量众生,使立无上正真之道,超出常伦诸地之行,现前修习普贤之德,若不尔者,不取正觉。

第二十三大愿,设我得佛,国中菩萨承佛神力供养诸佛,一食之顷不能偏至,无数无量亿那由他诸佛国者,不取正觉。

第二十四大愿,设我得佛,国中菩萨在诸佛前现其德本诸所求欲供养之具,若不如意者,不取正觉。

第二十五大愿,设我得佛,国中菩萨不能演说一切智者,不取正觉。

第二十六大愿,设我得佛,国中菩萨不得金刚那罗延身者,不取正觉。

第二十七大愿,设我得佛,国中天人一切万物严净光丽形色殊特穷极微妙无能称量,其诸众生乃至逮得天眼有能明了辨其名数者,不取正觉。

第二十八大愿,设我得佛,国中菩萨乃至少功德者不能知是其道场,树无量光色高四百万里者,不取正觉。

第二十九大愿,设我得佛,国中菩萨若受读经法讽诵持说而不得辩才智慧者,不取正觉。

第三十大愿,设我得佛,国中菩萨智慧辩才若可限量者,不取正觉。

第三十一大愿,设我得佛,国土清净皆悉照见十方,一切无量无数不可思议,诸佛世界犹如明镜,睹其面像若不尔者,不取正觉。

第三十二大愿,设我得佛,自地以上至于虚空,宫殿楼观池流华树国土所有一切万物皆以无量杂宝百千种香而共合成,严饰奇妙超诸天人,其香普熏十方世界菩萨,闻者皆修佛行。若不如是,不取正觉。

第三十三大愿,设我得佛,十方无量不可思议,诸佛世界众生之类蒙我光明触其身者身心柔软,超过天人。若不尔者,不取正觉。

第三十四大愿,设我得佛,十方无量不可思议,诸佛世界众生之类闻我名字不得菩萨,无生法忍诸深总持者,不取正觉。

第三十五大愿,设我得佛,十方无量不可思议,诸佛世界其有女人闻我名字欢喜信乐发菩提心,厌恶女身,寿终之后复为女像者,不取正觉。

第三十六大愿,设我得佛,十方无量不可思议,诸佛世界诸菩萨众闻我名字,寿终之后常修梵行至成佛道,若不尔者,不取正觉。

第三十七大愿,设我得佛,十方无量不可思议,诸佛世界诸天人民闻我名字,五体投地稽首作礼,欢喜信乐修菩萨行,诸天世人莫不致敬。若不尔者,不取正觉。

第三十八大愿,设我得佛,国中天人欲得衣服随念即至,如佛所赞应法妙服自然在身有求裁缝捣染浣濯者,不取正觉。

第三十九大愿,设我得佛,国中天人所受快乐不如漏尽比丘者,不取正觉。

第四十大愿,设我得佛,国中菩萨随意欲见十方无量严净佛土应时如愿,于宝树中皆悉照见,犹如明镜睹见其面像。若不尔者,不取正觉。

第四十一大愿,设我得佛,他方国土诸菩萨众闻我名字至于得佛诸根缺陋不具足者,不取正觉。

第四十二大愿,设我得佛,他方国土诸菩萨众闻我名字皆悉逮得清净解脱三昧,住是三昧一发意顷供养无量,不可思议,诸佛世尊而不失定意。若不尔者,不取正觉。

第四十三大愿,设我得佛,他方国土诸菩萨众闻我名字,寿终之后生尊贵家。若不尔者,不取正觉。

第四十四大愿,设我得佛,他方国土诸菩萨众闻我名字欢喜踊跃修菩萨行,具足德本。若不尔者,不取正觉。

第四十五大愿,设我得佛,他方国土诸菩萨众闻我名字皆悉逮得普等三昧住是三昧,至于成佛常见无量不可思议一切诸佛。若不尔者,不取正觉。

第四十六大愿,设我得佛,国中菩萨随其志愿所欲闻法自然得闻。若不尔者,不取正觉。

第四十七大愿,设我得佛,他方国土诸菩萨众闻我名字不即得至不退转者,不取正觉。

第四十八大愿,设我得佛,他方国土诸菩萨众闻我名字不即得至第一忍第二第三法忍于诸佛法,不能即得不退转者,不取正觉。

《挽回劫运说》

自有世界以来,到了今日今时真可算极其痛苦了。在这最近二十年内,欧洲一场大战、俄国实行共产、日本大地震死伤的人一共有几千万。我们中国的天灾人祸几无虚日,死伤的人也着实不少,单讲最近的大吉轮失事,烧死溺死的人也有四百多个,真是伤心惨目,从前百多年的太平世界真不算一回事。于今为什么弄得这般地步呢?说到这里,总是众口一词说是劫运如此唉!劫运之来真是厉害。常言道黄巢杀人八百万,在数者难逃。此次天生港张某原意次日往扬州收账,因为东家催他即日动身,不幸也在劫中。唉!劫运真是可怕。但我有四个问题要提出来叫你们细细想想。

一、要想劫运是从那里来的。
二、要想我自己能否有把握幸免劫运。
三、要想劫运有没有方法可以挽回。
四、要想万一自己不能幸免还是坐以待毙呢?还是要设法挽回呢?
我今来把四个问题替你们一条条来解释一下子。
(一) 劫运是从那里来的。要知道仍不外自作自受的道理。末世众生贪瞋痴三种毒念格外来得厉害,因此不顾天理国法人情无恶不作,造出杀盗淫种种恶业,真是擢发难数。其中尤以杀业为最,差不多世界之中杀气腾腾漫天满地日月无光。古人有言和气致祥乖气致戾,于今世上尽满罩着乖戾之气,又从那里感召天和呢? 古语云,欲知世上刀兵劫,但听屠门半夜声。劫运实是由众生的恶业感召而来的。考察历史上陈迹,每每太平得百数十年又有一次大劫,大劫之后人心渐归于善,太平日久又骄奢淫泆无所不为,日积月累劫运又相因而至。往复循环,历历不爽。譬如平日滥用金钱,任意欠债不肯清偿。到了腊月三十日总结账期一到,债主是丝毫不肯放松的。近数十年来普通刀兵水火之劫已经是了不得,还更有地震的火灾每每突如其来,叫人无可防御。从前日本、美洲、本年的尼加拉瓜的地震真不由人不怕,然而总离不开自作自受四个字。

(二)凡人之情莫不贪生怕死。劫运一来就是铁石人也寒心,然而一天天悠忽过去,以为我自己未必就在劫中,或者就在劫中还可以幸免。但是究竟在不在劫中呢? 能不能幸免呢? 我倒要问你一声,你有什么方法能逃出自作自受的范围呢? 你试返躬自问,曾否怀着贪嗔痴的毒心,曾否干过这杀盗淫的恶业。讲到这层,不要说你们在监人有显明的事实,就是世界上一般人谁也不敢夸此大口。如果平日真不欠人家分文,那就无论何时都由着你关门睡觉。否则总结账期一到,债主是要登门索讨,决不任你抵赖的。所以大家不可作不在劫中之想,更不可存徼幸苟免之念。

(三)至于要挽回劫运,这方法却极是平常。因为劫运之来既由于众生贪嗔痴的毒心造出杀盗淫的恶业,乖气致戾的结果。只要大家觉悟,熄灭贪嗔心,扫除杀盗淫业,使世界上全笼罩着慈祥和蔼之气,自然灾祲不作天下太平。欲得世界无兵劫除非众生不食肉,譬如昏天黑地一经和风荡漾,立现出青天白日了。你们须知三界唯心万法唯心,这世界种种全凭众生之心理而立。祸福苦乐都系众生共业所感召,众生心地恶浊所以刀兵水火一齐到;众生心地清净,世界就永远太平了。这就是挽回劫运的方法。

(四)劫运之来既如此厉害,又谁肯坐以待毙呢? 人人都要来设法自无待言。在普通人固然如此。至于你们从前的行为无非极力发挥贪嗔毒性干了许多伤天害理,杀盗淫业都是招致劫运的祸根。事到于今应当痛念造孽可怕在数难逃,急起直追设法挽回。从今后各人时时在自家心地上切实加以省察的工夫,务将贪嗔毒念扫除净尽,再不起损人利己之心,再不作害人损物之事,并要保养心中太和之气,时刻以利人济物为念。量力做些功德,自然和气致祥,永无灾患,劫运潜消,天下太平了。譬如原来欠债的人第一步要办到不借债,第二步要办到储蓄,如此做法,不仅没有债主来索债并且还可由小康而成富人了。总之劫运是共业感召来的,要挽回劫运须得要大家努力,望你们实力奉行为要。

《放得下》

（原文长，节录大意。）

一、放得下之意义。

放下即是放下身心，放下万缘，通身放下，放下屠刀种种意义。

二、放得下之作用。

（一）为去恶迁善之不二法门。放得下即是君子，是圣贤仙佛。放不下便是小人，是元恶大憝。

（二）为离苦得乐之唯一坦道。放得下便随遇而安，无在不乐。放不下即自寻烦恼痛苦无穷。

三、放不下之症结。

（一）受贪之害。人生大概为财色两关打不破，不惜用尽智力以供贪心之驱使，其结果无非是丧身亡家。

（二）受嗔之害。人生大都自以为是，不肯平心静气，一朝之忿甚至亡其身以及其亲。

四、故事。

（一）孔子蔬食饮水乐在其中。

（二）颜子箪瓢陋巷不改其乐。

（三）释迦佛之雪山苦行，节节肢解不起嗔恨。

《放得下》（续前篇）

（原文长，节录大意。）

一、放下之工夫。

（一）要放下便放下，切莫游移。

（故事）月攘一鸡——如知其非义，斯速已矣！何待来年。

（二）一放下永放下，切莫翻覆。

（故事）冯妇搏虎——攘臂下车，众皆悦之，其为士者笑之。

二、放下是对治贪嗔之良药。

（一）治贪。

（1）欲火一起，即作亲观、怨观、不净观，淫心自息。

（2）盗心一起，即作人为财死、日食一升诸念，盗心自息。

（二）治嗔。横逆之来自反而非，其咎在我。自反而是，禽兽何难。

三、放得下之模范。

（一）曹鼐驿亭拒色。

（二）川藩司临财不苟。

（三）韩信胯下受辱。

四、放下乃积极工夫。

对于名利、财色、荣辱、生死关头放得下，方有肩得起大事业重责任的真本领。

五、在监人对于放下二字之反省。

（一）种种犯罪总缘放不下而来，应当痛念——努力改过。

（二）在监犯规亦缘放不下而起，应当痛改——安心守法。

《因果故事实事之一》

我今天讲一件因果故事给你们听。这件事就出在南通。当前清乾隆初年，南通州地方有一位姓王的，他家中很有钱，做广东广州府知府。是一个好官，平日视民如伤，德政很多。那年广州大饥，王知府因为请官发赈，每每拘文牵义难收实效，从家中寄款又路远山遥缓不济急，因此寝食俱废忧形于色。那时候广州有一家大典当是福建林姓开的，那典当姓周的管事时常来往署中，和王知府还谈得来。一日来署见王知府心中不乐，询悉缘由，因说敝东林某富而好善，太尊若向他要几万银子先救目前之急，将来府上银子寄来再还他想可做到。王知府就以此事托他接洽，并一面叫家汇款来。次日周管事来说林老板已允借银三万两即日交兑，王知府大喜就马上施赈，并亲自监督发放。广州饥民因此全活，自然是颂声载道。不久王家的银子汇到，知府请了周管事来交他三万银子还给林老板。乃林老板坚不肯收，并且说王大尊做官的可以做好事，难道不许姓林的做点好事吗？这笔款子无论如何我是不能收回的。那个周管事两边往来，一个定要还，一个不肯收，无法解决。因说道："依我之见，现在青黄不接，穷民还是很苦。不如即将此款再行放赈，以钱尽为度。"林老板、王知府都说那好极了。于是接连又放两次，那广州穷民一个个都欢欣鼓舞。后来王知府不爱做官告老还乡。到了乾隆末年，王知府已经去世。他的冢孙媳身怀有孕，将落蓐之前，一月家中忽来一个老和尚，说："府上喜气洋洋，主生贵子。但不免有灾星，那时老僧当前来设法。"后来临蓐果然难产，七日未下，危乎其危。那天老和尚真正来了，画了一道符给产妇吞下，产妇吞符后就睡着了，梦见七个尼姑向她作礼，一惊而醒已产下一个男孩。到了三朝那一天，那个和尚又来说："恭喜府上生了贵子，老僧已替他取名广荫，以后渠辈兄弟取名均宜用广字冠首。"当时家人非常喜悦，但命名之意却没有人理会得。后来广荫长成，少年科第中了嘉庆癸酉科举人，旋点了道光三年癸未科榜眼。那科状元是福建林某，探花是广东周某。后来彼此相会互通家世,才知道那科的三鼎甲都是当年在广东办赈出力的林王周三人的后裔。那个老和尚命名之意,至此方才恍然大悟。广荫后来官至一品(工部尚书),于今南通人尚多有知道此事的。现在公安局面前有一个榜眼及第的石牌坊,上面镌着王广荫三字,你们将来出狱后可到那里去参观。这就是我要和你们讲的一件因果故事。

孔子说:"积善之家,必有余庆。积不善之家,必有余殃。"佛经说:"善恶到头终有报,只争来早与来迟。"阴骘文说:"近报则在自己,远报则在儿孙。"据方才讲的故事讲起来,祖宗积了功德,子孙就发了科名。天公报施善人如此不爽,绝非偶然之事,你们想都相信。就拿他们放赈的功德来比较一下子,那林老板以毫无责任之人居然牺牲巨款算得是真正乐善好施,所以他的功德要称第一。王知府爱民心切,毁家施赈,功德实是浩大。但因为他本有守土之责,究竟是分所应为,所以要比林老板稍逊一筹。周管事虽未破费一文钱,然来往斡旋,却是出力甚多,所以功德也是不小。看他们的子孙三鼎甲支配,真可谓天公地道。由此可知,有心为善不在乎有钱无钱,也不在乎钱多钱少。出钱多固然是功德,出钱少也是功德,费了钱是功德,即不费一文也是功德。只要是心出至诚,无所为而为之,便自功德无量。就如开汽车的车夫、摇船的水手能够小心谨慎视人如己终身不失事,这个功德都很大的,否则其过也是不小。你们不可不知。

"因果报应"的事实你们想也见闻不少,但"因果报应"的道理你们未必明白,待我约略讲给你们听。要知道"因果"二字就是自作自受的道理。因就是自作的,如所播的种子。果就是自受的,如所获的果子。俗语说的"种瓜得瓜种豆得豆",就是"因果"二字的注脚。种什么因就结什么果。世上没有种豆得瓜种瓜得豆的事,也没有种黑豆得黄豆,种冬瓜得南瓜的事,所得的那个果与他所种的种子总不差毫厘。种善因就得善果,种恶因就得恶果。所以自作的是什么自受的也是什么,善恶的因你既然作下去了,那苦乐的果就无论你喜欢不喜欢却不由你不受。纵是有齐天的本事,总逃不去这自受的圈子。所以称为因果律丝毫没有侥幸的。不过我还有一个问题要和你们研究一下子,即如广州办赈出力的林王周三人的后裔,天公要报答他给他状元榜眼探花,尽可或先或后也是一样。为什么定要限在这癸未一科的三鼎甲呢?你们懂得的可说说(为的是要使大家知道),对的。这三鼎甲定要在同一科表示出来,实在是天公要使大家都相信世界上的事体因无虚弃果无浪得的一番苦心。就是那个老和尚也决非无因而至的。你们要知道,因果的事实理由固然信而有征,然天机总是玄妙,明眼细心的是看得见的,粗心人总是忽略过去不肯用心参究,往往视而不见,听而不闻。拨无因果胡说乱道,不仅自己上当还要连累一般人,大家堕入苦海,沉沦不返。所以天公慈悲,故意透露一点消息,使一般人共见共闻。明白人能知其理,普通人也相信其事。从此诸恶莫做众善奉行,人人齐登道岸世界可望太平。这个关系真大不可不知。就讲现有一般新人物自命通家,提倡破除迷信甚至连因果都一概抹杀,其实事实彰彰不可磨灭,你只管不相信,这"因果"二字,总总是废不掉的。其实说来说去,所谓道破不值半文钱。这"因果"二字并非有高深玄秘的意义,还不过是一个自作自受的一桩公案。好比你自己开一个药方到药店去配药,甘草红枣是自己开的,苦参黄连也是你自己开的。可是一桩配来的药总是没有退手,可见得主权在握毫不求人。六经说:"祸福无门,唯人自召。"又说:"自求多福",真是信而有征的。从前久远的事且不谈,单讲民国十九年来,无论大事小事又谁能逃出这"因果"范围之外呢? 就是那不信因果的人也生生束缚在因果之中,又何曾逃得出呢? 并且据我眼光看起来,现在的因果比从前更明显更迅速捷,如影响丝毫不爽,真是森严可畏。即如你们现在此间守法,虽衣食住三者与普通生活无异,但自由剥夺总是一个苦果。然试回光返照把自己当日的行为平心想想,究竟种了些什么因,无论哪一种罪名总是害人终害己的结果,逃不出这自作自受的圈子。诸般罪孽既由自造,一切苦恼自然是自己承当。何能怨天又何能尤人呢? 我今现身说法,替你们指引前程,教给你们两个法子。一顺受已结之果,以了从前之因。自作自受无可侥幸。你能耐心顺受,终有苦尽甘回的一天。苦果之大,莫大于无期徒刑。无期徒刑过十年,只要行状善良悔悔有据,便可邀假释之恩。小些的更不用说了。若违背定律种因逃果不设法将恶果消灭反要增加恶因,魔障更深一层,恶果且加倍长大。终日苦恼愁锁双眉作茧自缚,不是生疾病便要犯规则,度日如年。他的苦果就格外难完了。常言道,"祸是福之机,苦乃甘之渐"。人生得祸吃苦,不是今孽便是夙业。顺受其果以消其因,自然祸消祸至苦尽甘来了。一是慎种现在的因,以获将来的果。阴骘文说,欲广福田,须凭心地。六祖说"一切福田不离方寸",世人得恶果只缘坏了心术,从今后如将方寸地方好好培护,排去妄念保存觉心,芟除蔓草培植嘉谷,不种恶因自然没有恶果,能种善因并且要结善果。总而言之,因无虚弃果无浪得,事在人为,一不靠天二不求人,毫无侥幸并非迷信。愿你们一个个打起精神自求多福,勉之勉之。

《前司法部对于减免人犯劝告文》

本年一月一日奉大总统减免刑事案犯之令,历经本部分别办理在案。须知此次减免刑罚实与前代恩赦有殊。一因犯罪情节本异,顽凶或迫于平日之饥寒,或出于一时之愤懑误蹈法网,情有可矜。二因入监以来深受感化,勤慎作业恪守狱规,旧污渐就涤除前非已知痛改。有此二因,即放免出监亦可保其无再犯之虞。故乘宪法公布之时,予以改过自新之路,此本部奉令办理减免之原因也。诸君遇此良机,尤宜觉悟。前此犯罪之时其原因或出于不得已,然一考其结果则被害者之身家性命、社会之秩序安宁均已大受损失。执行开始,国家又岁费巨金教诲以启其良知作业,以授之工艺。平心思之,此诚诸君对于国家对于社会所负之债务也。受恩必报,负债必偿。报偿之道,无他,亦惟勉为善人而已。未出监之时,技艺之未熟者应思所以习成之,根性之未善者应思所以铲除之,习惯之不良者应思所以改革之。更宜独居,深念因果报应理有固然,勿稍存自私自利之心,以侥幸于万一。修养既纯,虽遇外诱恶缘亦终不为所动。出监以后不独不至于再犯,且应随时随地为国家社会有所尽力。则诸君前此所负之债务庶几少偿,即此次之减免亦得略收实效矣! 竭诚敬告,幸勿河汉斯言。并赠四好格言如下:

存好心、说好话、行好事、做好人。

《江苏第一监狱欢迎郑、戚居士莅监讲演词》

近岁国家待遇罪囚,有衣有食有医药,有工场习以手艺,有教育贯以知识。厥事虽备,而对于囚人之感化收效尚浅。窃谓治囚富先治心,心为善恶枢机,一念之差圣狂系之。然兹事体大,非一手足之烈所能起而有功。又狱事夸者鄙之不屑措意,兹幸有邓戚居士发菩提心出广长舌,毅然为人所不为,以感化在监人犯为己任,于沪于苏继莅我宁。某等根性庸劣他无所知,惟有馨香沐浴,谨缀数语以颂之。词曰:

人性本善,习染则恶。洗之革之,归真反璞。
悠尔罪囚,懵然罔觉。误陷囹圄,夸者所薄。
幸有贤哲,闻广学博。婆心苦口,启信断惑。
谨率侪辈,斋戒沐浴。忏悔前障,皆大解脱。

《监狱是苦海慈航》

"苦海慈航"四字佛寺神庙多有悬挂此项匾额,你们大都是曾经见过的。这句话的用意是说,佛菩萨运用慈悲心肠救人度世,使得脱离苦海诞登彼岸,犹舟航济众一般。我说监狱是苦海慈航,就是说监狱是救世度人的慈善事业,凡人吃官司总说是吃苦头,监狱明明是个苦海,何以说他是苦海慈航呢? 你们猝然听得恐怕还有些不相信,须知道叫人吃苦实在真是救人的慈航。这慈航的作用就是要在苦海里面施展出来，待我将理由讲给你们听。

想明白监狱之作用须先知刑罚是什么主义，原来刑罚就是慈悲主义。为什么呢？（一）刑罚所以惩恶。孔子云："小惩大诫，小人之福。"凡人作奸犯科总是误入迷途，苦无人指引前程叫他及早回头，势必一错到底，不可收拾。宋朝时宰相吕文懿公告老还乡，海内尊仰如泰山北斗。有一乡人醉而詈他，吕公不动，告其仆人说醉人不必与较，闭门谢之。逾年，那人犯死刑入狱，吕公乃大悔说，使当时稍与计较，送公家责治，可以小惩而大诫。吾当时只欲存心于厚，不料养成其恶，以至于此。《易经》说："小人不耻不仁，不威不惩。"可见为恶不惩，徼幸漏网，殊为非前途之福。所以刑罚是慈悲主义。（二）刑罚所以劝善。孟子说："人恒过然后能改，困于心衡于虑而后作，征于色发于声而后喻。"这段书的意义是说，常人之情每每事前疏忽须待事后弥缝，必到境遇穷蹙才肯奋发有为，必到事势显明才能警悟通晓。因为受一番激刺就增一番经验，受一番惩创就生一番觉悟。常言道，贫贱忧戚玉汝于成。又说道，处顺境为善难，处逆境为善易。人生到了颠沛流离山穷水尽无路可行的时候，必能幡然觉悟，深知作恶之苦为善之乐，生其悔过之机坚其迁善之念。这就是刑罚的目的。待目的已达，又设赦免减刑保释假释种种法子来救济他来成全他。所以刑罚之表面虽含有威吓主义，其实乃是劝人为善的慈悲主义。

刑罚的主义已经说明了，再和你们谈监狱的作用。监狱是执行刑罚之场所，与刑罚相为表里。立法是极其严肃，用意却极其慈悲，实含有惩恶劝善二义。凡人作奸犯科总非生成恶性也，非安心作恶。或因一时血气用事，或因一时贪图便宜，或早丧父兄无人管束，或幼失教养见识不周，或为恶人所引诱，或为穷困所逼迫，一时迷失本性，堕入苦海。总而言之，大概不外乎生计缺乏和教育不足两点。论他扰乱社会原属可恶，念他犯罪情事又实在可怜。我国自古以来以五刑折狱，其意偏于惩恶，或断送性命或伤残肢体，死者固不能复生，生者也不复齿于人类。虽有悔罪之忱，终无自新之望。后世废除肉刑，改为笞杖徒流，要算改良不少。但笞杖也是身体刑，视犯法人如牛马，拘拿到堂轻则数百重则数千，笞杖交加血肉横飞，人格无存体面扫地。小窃之流笞后即释，再犯再笞，所谓一打了事也。不问其人将来能改过否，能自谋生计否。至于监狱不过用为圈禁罪人之地，叫他备尝艰苦就是已尽能事，于心理上生计上应如何替他改良如何替他筹划毫不顾及，想收刑期无刑之效又何可得呢？近年改良监狱大事刷新，从根本上改革，实行感化主义，教养兼施劝惩互用，如给予衣食以养其性命，注意清洁运动卫生以保其生命，为之医药以救其生命，因其生计困难就教以工艺为预筹其生活，因其不明道理，即施以教诲以涵养其德性，因其年长失学，即厉行教育以启迪其知识。有一毫之善即加以赏遇，有一毫之过即加以惩罚。诱其善念唯恐不及，矫其恶习唯恐不周。善善固然从长，除恶尤为务尽。监狱之目的原在使你们去恶迁善，如你们恶习复萌稍予优容不为随时矫正,监狱官吏不仅有溺职的嫌疑,还要受良心上之谴责。你们想想,事不干己谁肯多管,自己好福气归你享受,自己坏祸事归你承当。惟其对待在监人如父母之于子女,如师长之于弟子,希望你好唯恐你坏,希望你成人唯恐你不成人。所以衣之食之教之诲之,劝善唯恐不及,矫恶唯恐不周。苦心孤诣,只愿自今以往你们一个个涤除旧染,一个个勉力自新。恶人变为善人,蠢民变为良民,流浪子变为实业家。改良人格莫失机缘,你们试想想监狱所做的是不是慈善事业呢?是不是救世度人的苦海慈航呢?尝调查民国近十余年中在监人状况,有一字不识得通文理的,有折节读书著作等身的,有身体柔弱变成强健的。至于化强暴为和平,矫游惰为振作,诚心忏悔,恶性消磨尤所在皆是。至于得邀保释假释恩典的,及期满出狱的,或安分守己,或创业兴家,或开复原官,或恢复公权,为国家出力,为社会服务,较入狱以前声名更为鼎盛,事业更为发展的,更指不胜屈。非经此一番惩创,未必有此良好结果。监狱是苦海慈航这话是丝毫不错。想你们在监人自堕入苦海以来,久已受诸苦恼,大都时刻有希望脱离之念,既知监狱是苦海慈航,就各宜茹苦如甘得目前之安乐,由苦得甘谋将来之幸福。常言道,"苦海无边,回头是岸"。可见苦海虽大,只要肯回头,不愁没有登岸之日。你们试放开眼界,我佛如来已在这洪涛骇浪的苦海之中放下许多慈航,前来引渡。想登彼岸及早回头,幸勿错过机缘,有负玉成之意。勉之望之。

《保释假释为在监人生机所系》

保释属于短期间在监人,假释属于长期在监人。保释尚须分别罪名,假释无论任何罪名全无限制,这是保释假释不同之点。至于保释假释的标准都要悛悔有据,都要尊重监狱长官意见(即赦免及减刑也都相同)。保释及假释人均须受监狱之监督,均须遵守管束规则,均须就正业保持善行,有再犯及违背管束规则等情事时,无论保释假释均须撤销。其出狱日数不算入刑期之内。这几种却是完全无异。我这所举的虽未能条分缕晰,然保释及假释规程大致不外如是,想大家都明白了。我今再和你们来谈理由。

国家对于在监人按定情节轻重判定刑期长短自然是公允平当,为什么刑期未满又许他保释假释提前出狱呢?想明此中理由,要先知道刑罚的作用。原来刑罚的作用意在惩恶,所谓小惩大诫小人之福,一面意在劝善开其自新之路,奖其改悔之心。在监人因为作恶所以用国法来制裁他,把他禁置监中夺其自由予以苦恼,使他感受痛苦,由痛苦而觉悟,由觉悟而改悔。又多方劝诱设法成全,饮之食之,教之诲之,过则罚之,善则赏之,使他有悔过之诚,使他有迁善之实。监狱专为惩恶劝善而设,恶的已经不恶,毋庸再惩。善的已经向善,劝以收功。到了这一宫,实无再令久禁监狱之必要。国家岁糜巨款并非对于在监人有什么深仇大怨,无非是要达到惩恶劝善的目的。今已去恶迁善,不叫他出狱又留在此地干什么呢?并且一桩人非圣贤孰能无过,若因一朝失足令他茹苦含辛不见天日,不能及早恢复自由生活,殊非用平恕之道。所以不得不用保释假释的方法以资救济。打个譬喻给你们听,监狱犹如医院。一般因为身体生病就入医院,入医院的目的就在医病,病一医好目的已达,就要移出医院,因为医院待遇纵好终不是长久安身之地。如入院之初病势沉重,医士诊察预定一个月方可告痊,后来因为病人肯遵守医士命令,肯安心调养病情,格外好得快,不过半月已经痊愈,那自然提早出院了。保释假释就是这个意思。这是从国法上讲的,至从天理和因果方面讲来,福善祸淫固然天道如是,但天公极其公平,应福应祸毫无私心。《左传》说,"天道无亲,惟与善人"。谁善就谁得福,谁淫就谁得祸。不仅毫没私心,并且绝无成见。书经说,"惟上帝不常,作善降之百祥,作不善降之百殃"。比如前日作不善,上帝已经降殃。今日作善,上帝就要降祥了。须知道天心仁爱神道慈悲,人不自绝天不绝人。人心果能悔过,天心即可悔过。祸罪不怕大,只要肯悔。孽不怕多,只要肯消。罪悔孽消,福祥自至。凭天理和因果讲来,能悔过迁善的人终可以得到保释假释的机会。

唉!在监人只因一时糊涂行为悖谬,陷入樊笼备尝艰苦,即短刑期也觉得非常惨痛度日如年,至长刑期更是长夜漫漫何时达旦。一线之生机就在保释与假释。回生起死是你们切要关头,也是国家绝大恩典。你们没有不日夜盼望此种恩典的,此种恩典也是人人可以得到的。但不过一桩,这假释保释并不是一达时期就可以照例办到的。其最要条件就是要确认其悛悔有据,并得监狱长官会议多数同意,不然期限虽达不得声请。怎么叫做有据呢?就是要在你们性情、心术、言语、行为上严加考察,有无其实悛悔证据。明中察访,暗中探听,遇事察看,随时注意,还恐一人见闻不确致受蒙混以假乱真,所以必得多数同意。蒙得一人,蒙不得众人。混得一时,混不得永久。所以要格外慎密。此条够得上,就是年限差些再过三年五年总可办到。此条够不上,始终无法成全的。要确认为悛悔有据,就是要保证将来能务正业保持善行,不致有再犯等情,如果无从保证,便是含混办到。将来再犯国法除掉普通加重,还要将残余刑期补足执行,这样一来,不仅非你们之福,还怕要沉沦到底了。不过据我看来,这保释假释之权不在长官却在于自己,要做到便做到,绝无难事。如果要金钱,穷人办不到。如果要势力,平民做不到。如果要巴结,耿直人做不到。好在此事银钱不用一文,势力也无用,巴结也是白费心思。只要自己立定志向,诚心忏悔,打起精神,奋勇前进,便可达到目的。拿得住靠得稳,真是求己不求人的工夫。所以你们不要白望着保释假释起念头,要在自己行为上注意。自问平日行状真正善良否?忏悔真正有据否?果真是行状善良悛悔有据,到了年限,监狱长官没有不成全的。自去年以来，所办保释的人数不少，就是假释也办了几个，内中如无期徒刑张某，刑期刚满十年，已经替他将假释办到。还有许多长刑期的，论他行状实在够得上假释，只要期限一到，就要替他声请。可见得真是极有把握的事体。

保释假释为在监人生机所系，生机之根本就在品性善良悔悔有据。能从根本地方切实扶植培养，将来才有生发。若萌芽甫苗，即行挫断，生机一绝，那就前路茫茫不堪设想了。你们以后各宜拿定主见，打起精神，急起直追，切实悔过迁善。将平日行为仔细思量，纪律能遵守否？作业能精研否？教诲能力行否？未做到者各宜日起有功，已做到者更当力求进益。现在生机勃勃的，就当加意培植，使他扶摇直上。生机微弱的，更当十分爱惜，注意灌溉，令他生气潜滋暗长，慢慢发达起来。须知监狱对于在监人一如天公待人，福善祸淫一秉大公，绝无恩怨，岂有爱憎。谁能悔悔有据，就是谁先出狱。就从前声名太坏也自有法挽回，只要你痛改前非，更无人再念旧恶，生机不息总有回生之道，总有再生之日。这保释假释的目的，将来终可达到的。唉！浮生易逝，人事无常。悠忽因循，后悔何及！在监人生机何在其各猛省。

《在监人新年应有之感想》

现在不是已经到了民国十二年吗？在这时期叫做新年自然更有一番新气象。虽旧历沿用甚久，民间习惯一时难以更新，对于阳历都是敷敷衍衍，并无多新点缀，然政府方面对外对内都用阳历，即如你们的刑期也是用阳历计算，所以阳历很是重要。兹当一年之始，特把新年为题来和你们说说。

日复一日年复一年，推迁转移都有一定，看来似没甚新奇。然物极则反，剥极必复。却是天道循环无往不复的消息。当秋冬时候，草木山川到处都是一种憔悴可怜之态，及至腊尽春回，景物维新，那种荣华葱茏的气象又日新月盛，蔚然可观起来。这就是天道除旧布新之理。现当旧年既去新年又来，别是一番新气象。睹物兴怀，对于新年应有一种感想，万不可敷衍因循，糊涂混过。

天道既有除旧布新之理，人生却应如何呢？据普通心理看起来，人情都有厌故喜新之思想，如居室就喜新华，衣服就喜新艳，材料要新奇，花样要翻新，饮食就讲究新鲜口味，这都是人情，原不能说是罪恶。但从根本上讲来，居室目的在足以蔽风雨，新旧绝无分别。衣服新艳不过博人家叫一声，漂亮与体温不生关系。口味新鲜只有口舌三寸地方领略，总是同一果腹。这样看来，这居室、衣服、饮食三项，新与不新简直没有关系，原是可以新可以不新的。此外却有几项东西万不可不求新的，望你们特别注意。是什么东西呢？知识是要求新的。事物无穷，见闻有限，随时考究知识，日新学问是要求新的，学无止境，求新自精，日就月将，缉熙光明。技术是要求新的，凡事所忌故步自封，推陈出新要肯研究，思想是要求新的，思想腐败妨害人格，能求新颖自然高尚。道德是要求新的，涤除旧染、咸与维新、道德日增、止于至善，这几样东西比居室衣服、饮食要紧百倍，总要与时偕行，新新不已，日新月盛，做个新民。天地不老，我亦不老，体态虽老，精神常新。凡人通弊，最系恋的是过去，最希望的是将来，最悠忽的是现在。须知过去已成逝水无可系恋，未来茫茫如捕风无可希冀，只有现在一境，或穷或通，当行当止，自有当然之道，应尽之心。要及时抖擞精神，拿定宗旨，猛勇进取，才能有成就。若悠悠忽忽敷衍因循，日月不居韶光易逝。老大徒伤，悔之何及！凡人一生有一生之计，一年有一年之计。当此新年开始，对于前事应详加思索，设法补救，对于后事，应立定方针，急图进取。凡人对于新年都应有此种思想。

至于在监人当此时节应如何着想呢？在你们自己心中总以为饱尝了铁窗风味度日如年，急想恢复自由，快过去一日即恢复自由快到一日，恨不能立时立刻就脱离这苦恼场，这也是人情之常。但你们如果仅有此种思想，只图微幸苟免，于国家叫你们吃官司的作用和你们在监应有的任务全不知考求，仍是如醉如痴毫未觉悟，那就真正可怜。你们吃官司就不说冤枉，我却要说你们冤枉吃官司了也。知道国家叫你们吃官司的作用原是叫你们改过自新吗？你们在监狱也知时时省察勉作新民吗？须知涤除旧染咸与维新是国家所希望于你们的，除旧布新消灾致福是你们自己所希望的。所以你们当此时之感想，应思一年来对于狱规能处处遵守否？不良之习惯能件件革新否？恶劣之性质能严加针砭——刷新否？对于各项技艺能练习纯熟，推陈出新否？对于教诲能拳拳服膺温故知新否？对于卫生能切实讲求，精神日新否？凡兹种积，应潜心体察省去岁之功过，定今年之方针。已做到的当如何再促进行，新新不已。未做到的当如何鼓勇急进，竭力求新，预先筹定，悬于胸中。努力赴功，不容稍懈。果能如此做去，从前种种譬如昨日死，今后种种譬如今日生。纵有万般罪孽都如雨过天晴，如龌龊衣服洗涤如新，如皮肤溃烂去腐生新，恶习日消道德日进，真要算好好一个新国民了。既然做到新国民，自然可得到新生活，恢复自由极是容易。短刑期可以保释，长刑期可以假释，就是无期徒刑，一过十年也可办到。这样看来，能够安分守法，改过自新，不仅无度日如年之苦，还可收度年如日之功。你们果能自新作得新民，又何难舍旧谋新呢？商朝有个汤王，他虽是圣人，自己时常自省，唯恐沾染恶习，德性有亏。因在他的沐浴盘上刊了九字铭，说是"苟日新，日日新，又日新"。借以自警。你们看他一个圣人尚且日日求新，你们本来染有恶习德牲有亏的人更当时时求新了。兹当新年之始，特为阐明些新义，说几句新语，望你们大家努力自新，勉作新民为要。

《集合教诲词》

北平第二监狱

天地生人，其初禀赋本是善的，原无恶性质含杂其中。迨至感受社会种种状况习染日深，而善恶即由斯判。习于善则善，习于恶则恶。大要原因，习于恶者或以贫寒窘迫，遂作窃盗。或以忿争意气挺斗殴伤，或以引诱被动误入迷途，或以一念之差希望非分。种种行为，皆为造恶之端，亦均属不法之甚者。国家维持人类与国法，故特设监狱以济其穷。因犯罪之大小定刑期之短长，所以拘禁之束缚之实，藉以化其强暴，开其愚蒙，俾犯罪者有改过自新之日，即以还其本初性善之真。尔等须知，能自迁善此是自然好的，所有待遇自必从优。若怙恶不悛，就是坏根性完全未除，惩罚在所必施，尔等自身亦永受其痛苦。好坏之分，孰得孰失，在乎尔等所以自处。今切实教诲尔等，盖以所犯各罪大率不外乎所说前四种犯罪行为，有一于此即为法律所不容，拘禁监狱势所必至。尔等今既拘于监狱矣，能知悔否？予观尔等所犯尚未不可教诫者，详告一切，尔等听之。尔等在监，诸宜谨慎。毋轻言，毋妄动。官长命令须绝对服从，本监规则须绝对遵守。所与工作要黾勉为之，所讲诲词要仔细听记。通信接见自有定章，不得无故要求。有病不能隐瞒，无病不可假托。要知尔等居今日监狱，寒则有衣，饥则有食，比从前私刑拷打忍饥受冻者已不啻天堂矣！今国家仁慈恻隐，衣之食之，教诲之，工作之。所以然者，实望尔等期满出狱，有业可执，复为良善。尔等当亦知所感否！尔等从此立定愿，痛改前非遵从毋忽。典狱长所最喜欢的是一种悔改迁善之人，无不予以优待。果能如此，则略事宽恕，不俟期满即可以假释出狱的。倘尔等不知悔改，诸事违背，则必从重惩罚。尔等一身或不足惜，独不念及尔等父母妻子乎？！既无养给之人，势必流为乞讨。旁人不但不为救济，犹且指而骂曰，此某犯人之父母也！此某犯人之妻子也！凡为人者，上不能奉父母，下不能养妻子，已自抱惭不置，况再因自己犯罪，使父母妻子为人唾骂，问心不更难安乎！古语云："祸福无门，惟人自召。"予甚愿尔等在监召福，他日出监恢复旧日之名誉，显亲扬名不难做到。从善之机由兹而长，旧恶之染由斯而除，岂不好吗？尔等务宜勉之。

C调　　　明朝　　　2/4

```
5 3 3 2 | 3 5 5 | 6 6 i 6 | 6 5 5 |
晓 日 红 兮   东 升     光 烂 缦 兮   气 清 明

5 3 3 2 | 3 5 5 | 6 6 5 i | 3 2 1 |
涤 吾 面 兮   洗 吾 心     日 新 又 新   汤 之 铭

5 3 5 | 6 i | 5 3 1 | 3 2 · |
愿 痛 改   前 非   愿 勤 习   生 业

5 3 5 | 6 i 6 | 5 1 3·2 | 1 — ‖
愿 罪 满   愆 消 永   为 党 国 良 民
```

F调　　　静夜思　　　4/8

```
3 3 5 5 | 6 2 2 | 7 7 6 | 5 3 6 6 |
默 默 静 夜   思 清 风   明 月 独   坐 时 善 恶

5 3 2 | 3 · 5 | 6 · 5 | 2 7 7 |
只 自 知   一 朝   失 足   驷 马 难

6 6 6 | 7 7 6 6 | 5 3 3 3 | 5 6 ‖
追 一 朝   醒 悟 后 悔   未 迟 贤 哲   改 过

5 3 2 | 1 2 ‖
明 达 知 非
```

乐　歌

《静夜思》

　　默默静夜思,清风明月独坐时,善恶只自知。一朝失足,驷马难追。一朝醒悟,后悔未迟。贤哲改过,明达知非。(悔过)寂寂静夜思,歌声琴韵绕梁时,字字入肝脾,动我天良,启我化机,去我残暴,禁我邪僻,习惯自然,迁善不知。(迁善)漫漫静夜思,人生到底是生计,一日不可离,不纺不织,谁为之衣,不耕不凿,谁为之食,衣食既足,万善攸归。(生计)惶惶静夜思,今是昨非总不知,天良发

现时日新又新,朝斯夕斯,教我育我,左右护持,感恩戴德,刻骨铭之。(感恩)

A调　　　　五更　　　　$^2/_4$

(仿秋之夜)

1	1 3	2 2⌒1	2 2 3 3	5 · 0
一	更兮	昏 黄	锁禁最凄	凉

| 6 | 6⌒5 | i̇ i⌒6 6 | 5 5 5 3 | 2 · 0 |
| 人 | 在 | 葫芦 闷 | 闷坐细思 | 量 |

| 1 | 1 1 | 2 2 5 5 | 3 3 5 5 | 6 · 0 |
| 思 | 量我 | 父母有子 | 如何不孝 | 养 |

| i̇ i̇ 2 2 | 6⌒6 5 5 | 6 6 6 2̇ | i̇ · 0 |
| 思量我儿 | 女 饥饿 | 谁人关痛 | 痒 |

| i̇ i̇ i̇ i̇ | 2 i̇ 6 | 5 5 3 1 | 2 · 0 |
| 苍天报我 | 惨我怨 | 苍天布罗 | 网 |

| 3 3 2 1 | 3⌒3 5 5 | 6 6 6 i̇ | 5 · 0 |
| 贫寒遭逼 | 迫又起 | 兵戈助恶 | 长 |

| i̇ | 1 1 | 6 6 5 5 | 3 3 2 3 | 5 · 0 |
| 但 | 当宁 | 死宁乞丐 | 怎与天违 | 抗 |

| 2̇ 2̇ 2 1 | 6 6 5⌒3 | 2 2 3 2 | 1 · 0 |
| 于今逸马 | 愿收缰 | 月照心头 | 朗 |

二更兮模糊,枕上梦蓬蓬。梦萦旧时事,三五人相呼。事事娱心愿,几多入手金银珠。仿佛当头喝,入手银钱竟何去?人生类如此,噩梦一场醒当悟。叹我梦中梦,前非不悟煎心苦。警觉从前痛定痛,莫把终身负。吁嗟一误入迷途,如何容再误?

三更兮寂寥,反复更牢骚。悠悠怨无尽,刑期尚遥遥。怨还怨当初,怎把良心齐送掉!贪饵误游鱼,触网轻身误飞鸟。鱼鸟不知悔,人具聪明胡不晓。改良促进化,道德刑心胜镣铐。今闻假释岁复岁,回头须及早。长官视察见秋毫,若个曾颠倒。

四更兮风凄,往事弗堪提。不耕复不织,如何食与衣。衣食关饱暖,生命由来重生计。良民被恶蠹,此身何以报天地。我亦具手足,耳目心思胡暴弃。官家催作业,端是因民利所利。保守工资累铢寸,远虑真千里。朝朝努力莫迟疑,争图好手艺。

五更兮鸡鸣,夜气更清清。百感从头起,善恶总分明。恶念昨日死,善念蓬蓬今日生。明夷蒙大难,往古来今有贤俊。我本健男儿,革面洗心须竞进。如磨白玉玷,如去尘污拭明镜。莹莹复我旧光彩,保我良知性。勉为党国良民,齐齐呼醒醒。

C调　　　　假释歌　　　　3/4

1 2 3 0	2 1 2 0	1 6 5 0
蒙假　释	恢复　了	自　由

1 2 3 0	5 5 2 0	2 3 1 0
从今　后	要力　争	上　游

5 5 3 5	6 0 5	3 1 2 0
迷羊　复	活　浪	子回　头

6 5 1 2 3	5 3 2 1 2	5 3 2 3 1 ‖
耐劳　忍苦	励志　进修	幸福自我求

C调　　　　江苏第四监狱狱歌　　　　4/4

1	1 — · 3	3 — · 5	5 — · 3	2 — · 3	i — · 65
维	我　狱	所　地	濒　海	滨　崇	水　琅

6 — · 3	6 — · 54	5 · 50	40 60 50 10	70 20 10 6
山	堪养　性	灵　维	我狱 规{教 赏	养认真德 罚严明有

6 i 6 5	3 2 1 5	5 — · 65	5 — · 65	i — · 65
智体育三 善必奖有	者并行 恶必惩}	今我　来	斯　感	愧　交

5 — · 5	3 — · 23	2 — · 5	2 — · 23	i — · ‖
并	立　志	迁　善	与　日	俱　新

C调　　　　　　努力歌谱　　　　2拍

5·	1	5·	1	6 1 2 3	2	0
5	3	5	3	2 1 2 3	1	0
6	5	3	1	5 (3 1) 3 2	1 6·	5·
6 5·· 6 1·	5	2	3 (2 3) 2 5	1	0
6 4	5	4 2	3	2 3 1 2	3	0
5·	1	3 2 3 5	5·	0	1	0
6 4	5	4 2	3	2 3 1 2	3	0
5·	1	3 2 3 5	5·	0	1	0
3 3 4 3	1 3	3	5 3 2 1	6	5
6 6·· 5 5··	1 1 6 6··	2 2 1 1	3 3 2 2
5	3 1	6	5	1 5 3 2	1	0
5·	1	5·	2	3 2 7 6··	5·	0 ‖

努 力 歌 词

分四组轮唱	全体合唱	一人独唱	全体合唱	一人独唱	全体合唱

（分四组轮唱）努力　努力　努力　努力　努力　努力　努力

（全体合唱）要进班升级　努力

（一人独唱）全在　要

（全体合唱）就要

（一人独唱）不论刑期

（全体合唱）不怕罪恶　不要灰心　要振作　努力走到光明的境地

（分四组轮唱）努力　努力　努力　努力　努力　努力　努力

（全体合唱）达到　努力

（一人独唱）各人怎样

（全体合唱）从现在怎样长大

（一人独唱）怎样自弃　不要自弃

（全体合唱）精神急起　走到光明的境地

（分四组轮唱）努力　努力　努力　努力　努力　努力　努力

痛改前非　努力图谋自立　努力求德行忠实　努力求性情忠细　努力求作业精新　努力求学识新异　美满的进班升级

（全体合唱）达到目的　努力

（一人独唱）达到目的力

（全体合唱）做到　只要马上忏悔　终有假释机会　不要委靡不迟疑　急起直追　光明的境地

《山西第二监狱囚人歌词》

（一）孝顺父母

我爹娘生我养我吃尽苦和辛，为儿不知行孝道怎么能算人。想求爹娘心欢喜，第一要保身，安分守己务正业，努力报亲恩。

（二）戒词讼

敬劝我父老兄弟切莫打官词，赢了也卖好光阴，输了更晦气。倾家荡产逞豪强，有害而无利。能忍能让是君子，大家要牢记。

（三）劝改过

常言道，人非圣贤谁能没有错。有错只要能悔改，心中也快乐。以前不知守本分，处处是罪恶。从今脱离魔鬼界，立地便成佛。

（四）知礼义

人无礼不如禽兽，终究是下流。尊敬长上守法律，才得真自由。举手鞠躬循规矩，处处把心留。同胞皆能知礼义，国运无疆休。

（五）个人卫生

人在世，性命为贵，注重在卫生。衣食房屋宜洁净，空气要流通。每天早晚学运动，积健便为雄。保身保家并保国，关系最非轻。

酒里边含有毒质，好喝损精神。冷酒伤肺，热伤肝，醉后语无伦，招嫌被怨惹大祸，耽误好光阴。劝我同胞早戒绝，免祸又保身。

请看那洋烟赌博，害人真可怜。伤害身体误正业，家产消灭完。官庭拿住按法办，受苦更难堪。劝我同胞快醒悟，莫赌莫吸烟。

看我们烟瘾戒完，同登极乐天。饮食增加容颜好，精力日健全。爹娘望见心欢喜，朋友另眼观。从此誓与鸦片绝，立志要持坚。

（六）劝有恒

圣人说人而无恒，巫医作不成。始则习勤，终又惰落，得劳无功。坚忍耐劳休间断，发愤是英雄。请看日月轮流转，年年一般同。

（七）公共卫生

各城镇人烟稠密，灾病易流行。街道每天要打扫，阴沟要开通。便溺要在厕所内，灰渣莫乱倾。处处干净空气好，个个得长生。

鸦片烟实在可恼，害尽我同胞。耽误事业化银钱，精力也消耗。日上三丈睡未醒，晨昏都颠倒。奉劝同胞早戒吸，快活直到老。

（八）戒纸烟

请看那纸烟害人，一枝几枚钱。耗损肺腑伤脑筋，精神不健全。愿我少年各自勉，万莫吸纸烟。节省银钱保身体，快乐享高年。

（九）劝勤学

我爹娘供我读书，望我能显扬。光阴一去不再来，勤学莫废荒。正在青年不努力，到老徒悲伤。自古将相本无种，男儿当自强。

（十）劝勤苦

凡为人总要自立，第一在辛勤。若能吃得苦中苦，方为人上人。男要做工女做活，发愤莫因循。不愁没钱没衣食，快乐养终身。

（十一）劝早起

每日间总要早起，爱惜好光阴。劳神劳心兼劳力，越劳越精神。日上三竿不起床，志气必消沉。公事私事都耽搁，终久成废人。

（十二）劝择友

但能得几个好友，胜似得黄金。志同道合如手足，朋友在五伦。有善相劝过相规，听受要虚心。能听好话做好事，才算是完人。

（十三）劝亲爱

四万万同胞兄弟，和气最为先。人人都能相亲爱，度日也安然。红莲白藕绿荷叶，同根本相连。齐心协力御外侮，团体要结坚。

（十四）劝知耻

为什么我不如人，思量这原因。譬如外国都富强，我国何弱贫？大家奋勇齐努力，振作真精神。扬我国威雪国耻，中华大国民。

（十五）劝爱国

请看那亡国百姓，受苦真可怜。真是奴隶和牛马，没有自由权。若是人人都爱国，家家都安全。愿我同胞齐努力，富强在眼前。

漫道是芙蓉美面，佳人再得难。越是欢娱越烦恼，好月不常圆。父母遗我千金体，怎忍轻弃捐？能不贪色割私爱，方算真奇男。

自古道人为财死，银钱真害人。不义之财勿轻取，虽贫不算贫。请看偷人骗人的，哪个能保身。莫为子孙作牛马，积德胜积金。

（十六）戒忿怒

好动气易生疾病，让人是要着。不争不辩不发怒，心胸多快活。大事化小有化无，烦恼都省却。两虎相斗必一伤，忍事最为乐。

（十七）戒打骂

好打人或好骂人，实在是野蛮。天赋民权人人有，贫富都一般。我能爱人人也爱，情理是当然。休谓世多不平事，总要礼当先。

（十八）戒骄傲

对待人总要和平，首贵是虚心。越有才学越谦下，切莫气凌人。穷富都要看得起，人格本平均。恃才傲物遭时忌，灾殃必及身。

（十九）戒奢侈

世界上最可恨的，是那浪荡人。好穿好吃好嫖赌，不顾后来贫。劝我同胞学俭约，俭约非鄙吝。有钱多把好事做，为富不如仁。

（二〇）戒说谎

好说谎久成习惯，关系最非轻。失却信用损人格，做事定不成。尖嘴舌薄偏自得，折福误一生。自欺欺人切宜戒，保守好身名。

（二一）戒恶念

世界上人禽分辨相差只一线，时时刻刻要留神。恶念须斩断，屋漏之中有帝天，莫谓人不见，凡事但能问过心，才算是为善。

请看那明娼暗妓，几个有良心。勾引青年骗银钱，认钱不认人。惹下便毒或鱼口，贻害及子孙。不早回头快戒绝，大祸要临身。

请看那缠足害人，疼痛实难堪。损坏筋骨伤血脉，行走也艰难。禁止缠足有明令，违犯罚从严。劝我姊妹快醒悟，莫再把脚缠。

（二二）教子女

为父母生儿养女盼望早成人，养不能教，禽犊爱娇惯害终身。男女八岁送学校，毋误好光阴。长大成人能自立，才算是真亲。

（二三）学工艺

我同胞游手好闲，成得什么人。家家都用外国货，民穷国自贫。劝我兄弟和姊妹，大家要辛勤。工艺改良国用足，富强可立臻。

（二四）做好事

社会上慈善事业，全靠大家做。富者出钱贫出力，酌量共补助。聋哑学堂贫儿院，教养讨生路。积蓄资财莫吝啬，同胞要看透。

（二五）忠职务

社会上正当营业，士农并工商。脚踏实地把事做，勤苦莫怠荒。鸡能司晨犬守夜，禽兽比人强。愿我同胞各自勉，毋负好时。

（二六）用国货

我同胞爱用洋货，经济吃大亏。民贫国病百事废，外债竟累累。劝我同胞用国货，节省莫浪费。将来土货日畅销，利权要挽回。

（二七）纪国耻

我中华堂堂大国，锦绣好山河。西境东邻争欺侮，利权丧失多。关盐、路矿、租界地，条约皆烦苛。劝我国民雪国耻，齐唱爱国歌。

（二八）种树木

无论是修屋筑路，都要用木料。树木越多越有益，到处都需要。空地都可种树木，五年见功效。调和气候除疠疫，并能备旱潦。

（二九）修道路

请看那文明各国，注重在交通。交通便利在道路，第一要宽平。旁栽树木固路脚，车马都能行。勤加修理勿损坏，同胞快兴工。

补　遗

监狱法起草要旨

一、现行监狱规则系就前清末年法律馆所定之监狱律草案而成，施行以来虽无重大窒碍，但删节过多不免有条文不备之憾。且以年来欧美各国刑事思想之变迁，自由刑之执行多采用累进制度，于减少犯罪颇著成效。本草案特增加累进处遇一章以资改进。

二、待遇人犯应标示宗旨。本草案于总则内规定待遇受刑者应以养成其守法耐劳之习惯及增进其道德为目的一条，即本此意。

三、执行刑罚之目的在使人犯复为社会之良民，对于社会情形不可不令其明了。故本草案增加监狱得发行出版物，并得记载重要新闻。

四、教育人犯于常课之外须加以补助方法，方易收效。故本草案于人犯阅读图书杂志之外，并得参加讲演、音乐、电影。

五、监外作业应与监内作业并重，故本草案扩充劳役范围以便使犯人从事于农业等工作。

六、各国对于绝食人犯恒用强制营养法，吾国各监人犯以绝食为无理要求者甚多，故本草案增加强制营养一条。

七、行状善良人犯应特别奖励以示信用，故本草案有接见不加监视之规定。

八、窄衣及暗室监禁于人犯身体精神大有妨碍，故本草案不予采用。

《监狱法草案》

第一章　总则

第一条　监狱属司法行政部管辖

各高等法院由司法行政部委托监督各该区域内监狱，关于监狱之位置、容额、收容区域及其他监狱行政之必要细则，由司法行政部定之。

第二条　监狱分为下列二种

一、徒刑监。为监禁被处徒刑者之所。

二、拘役监。为监禁处拘役者之所。

第三条　未满十三岁之受刑者应监禁于少年监。

前项之受刑者以满二十岁为限，但残余刑期未逾六个月者仍得继续监禁。

第四条　徒刑监、拘役监设在同一处所者，应严为分界。少年监亦同。

第五条　　各种监狱应严别男监女监。

第六条　　待遇受刑者应以养成其守法耐劳之习惯及增进其道德为目的。

第七条　　受刑者有服从监狱纪律监狱官吏命令之义务。

第八条　　受刑者不服监狱官署之处分时，于处分日起十日内，应经监狱长官提起申愬于监督官署或视察员。但在未判定以前，申愬无停止处分之效力。

前项申愬书监狱长官应加具意见转呈于监督官署，但与处分无关者得不转呈。

第九条　　不服监督官署或视察员之判定者，得再愬于司法行政部。但司法行政部之判定有最终之效力。

第十条　　申愬书不得有二人以上联合署名，已经判定之事件不得再申愬。

第十一条　　关于受刑者之待遇及其他重要事项，监狱长官应召集监狱官会议议决之。

前项会议不取多数表决制。

第十二条　　司法行政部每二年一次或二次，高等法院每年一次或二次，派员视察监狱。检察官得巡视监狱。

第十三条　　请求参观监狱者应声明参观者之职业及参观之目的，经监狱长官认为理由正当者，得许可参观。

第十四条　　易服劳役者不得与处徒刑拘役人犯同一工场，其无别异工场时，得交付地方官署执行监外工作或由地方团体保外服役。

第十五条　　依本法没收之财物充监狱慈惠之用。

第十六条　　本法不适用于陆海空军监狱。

应监禁于陆海空军监狱之受刑者，有该地军事最高机关嘱托暂禁时得收容之。

第二章　　收监

第十七条　　受刑者入监时应调查其判决书、执行书及其他应备之文件。

前项文件不具备时得拒绝收容，如不拒绝时应告知补送。

第十八条　　入监妇女请求携带子女者得许之，但以未满两岁为限。

前项子女满两岁后无相当之人领受或别无寄养法者得延期六个月，满期后得交付慈善团体收留。监内分娩之子女，依前二项之规定。

第十九条　　新入监者有下列情形之一而认为必要时得拒绝收容。

一、心神丧失或现罹疾病因执行而不能保其生命者。

二、怀妊七月以上或分娩未满一月者。

三、罹烈性传染病者。

第二十条　　受刑者入监时应检查其身体、衣类及携带物品并调查其身历环境及生理、心理状态，调查身历环境于必要时得咨询法院及行政官署。

第二十一条　于前条施行检查程序时,入监者之廉耻心应保全之。

第二十二条　受刑者入监时,应以遵守事项之要目训示之,并示刑期起算日及终结日。

受刑者遵守事项应刷印成本分置各监房。

第三章　监禁

第二十三条　受刑者依其种类分别监禁。

第二十四条　受刑者独居或杂居监禁之。

受刑者应独居或杂居监禁由监狱长官定之。

受刑者请求独居监禁时得许之。

受刑者之心神身体认为不适于独居时,不得为独居监禁。

第二十五条　独居监禁者令在独居房作业,但运动教育及类似事项得令与其他独居监禁者同一处所。

第二十六条　受刑者独居期间在六个月以上者,每六个月为一次,应征求医士同意。

第二十七条　少年受刑者非经医士同意不得为三个月以上独居监禁。

第二十八条　监狱长官医士每月访问独居监禁之受刑者一次或二次,其他监狱官吏应随时访问之。

前项监狱官吏访问所得之事项应即报告于监狱长官。

第二十九条　杂居监禁者之作业及其他运动等事项得在同一处所为之,但夜间得监禁于独居房或区划寝室。

第三十条　杂居监禁之少年受刑者应令夜间独居,但于心身状况不相宜者不在此限。

第三十一条　专为夜间独居之独居房不得为独居监禁,但下列各事项不在此限。

一、刑期不满一月者。

二、在释放前一月以内者。

三、预防传染病认为应先行隔离者。

四、惩罚事件在调查中者。

第三十二条　受刑者为杂居监禁时应以其罪质、性格、年龄及其犯数为监房及工场之区别。

第三十三条　拘役犯不得与徒刑犯共同工场,少年犯亦同。

第三十四条　徒刑监拘役监设在同一处所者,其病监教诲室得不设区别,但应依受刑者之种类病状分别病房及坐次,或分别诊察及教诲之时间。

前项规定,性别不同者不适用之。

第三十五条　杂居监禁者不得在监房内作工。

第三十六条　监房工场其气积定额及现在人数应揭示之。

第四章　戒护

第三十七条　监狱之大门出入门、监房门、工场门及其他处所门应严加闭锁，开放时应设置守卫，其锁钥由监狱长官指定监狱官吏掌管之。

第三十八条　受刑者除法律别有规定外其禁止交通范围由监狱官吏定之，其禁止谈话限度于不超过保安程度及纪律维持范围内定之。

第三十九条　监狱官吏每日一次或二次检查监房工场及其他监禁受刑者之处所。

第四十条　作业完毕后，监狱官吏应检点工场之作业器具材料，其由工场或监外服役回来者，应检查其身体衣类。

前项检查身体应注意第二十条之规定。

第四十一条　受刑者有逃走暴行自杀之虞者，或赴监外服役者，得使用戒具。

戒具为脚镣、手铐、捕绳、联锁四种。

联锁每二人以链绊系腰间加锁固之。

第四十二条　使用戒具非有监狱长官命令不得为之，但紧急时得先行使用。

第四十三条　受刑者移转他处所时，认为于健康有碍或其他有不得已情形者，应停止押送。并将事由通知关系官署。

第四十四条　押送受刑者不得男女同行，未满十八岁者亦不得与其他受刑者同行。

第四十五条　监狱官吏使用携带之刀或枪以下列事项发生时为限。

一、受刑者对于人之身体为危险暴行或加以将为暴行之胁迫时。

二、受刑者持有足供危险暴行之物，经喝令放弃而不遵从时。

三、受刑者聚众骚扰时。

四、以危险暴行劫夺受刑者或帮助受刑者为暴行或逃走时。

五、图谋逃走者拒捕或不服制止而逃走时。

第四十六条　监狱官吏依前条规定使用刀或枪后，监狱长官应将实在情形呈由监督官署转报司法行政部。

第四十七条　当天灾事变得令受刑者为防卫工作，并得请求军警共同援助。

第四十八条　前条天灾事变在监内无法防避时得将受刑者护送于相当处所，不及护送时得暂行解放。前项彼解放者由解放日起限二十四小时内至监狱或警察署报到，逾时不到者以脱逃罪科罚刑。

第四十九条　受刑者逃走后，除监狱官吏自行逮捕外，应以逃走之事实及其人相表通知监狱所在地及预料逃走处所经过地之警察官署逮捕之。

第五十条　受刑者逃走之事实，监狱长官应于二十四小时内呈报监督官署。

监督官署接到呈报后应即严令所属机关通缉,并转报司法行政部。

逃走者之缉获亦当为前项之呈报。

第五章 作业

第五十一条 作业之种类以适合卫生、教化及经济者为之。

第五十二条 受刑者之作业以监狱事务及其物品为主要工作,次及于其他官署之事务及物品。

关于其他官署事务及物品之工作应由监狱官署与该官署协定之。

第五十三条 上条以外之作业应视该地方需要物品或与私人订立承揽契约为之。

第五十四条 前条与私人订立承揽契约,非经监督官署核准不得为之。其制造官署以外需用之物品亦同。

第五十五条 监狱于附近区域内应设农场。

第五十六条 监狱得请拨公有荒地为受刑者垦荒及造林工作。

第五十七条 作业应斟酌受刑者之刑期、健康、技能、职业及满期后之生计为之。

少年受刑者之作业除前项规定外应顾及教养事项。

第五十八条 受刑者入监未满六月时,非受监督官署之许可,不得令其在监外作业。

第五十九条 作业时间,科徒刑者每日不得超过十小时,拘役者每日不得超过九小时,其时间由监狱长官斟酌节序及作业种类定之,但关于紧急作业农场作业得延长之。

前项延长时间不得超过同时期普通劳动者之时间。

教诲教育接见、询问、诊察、运动所需之时间得算入作业时间。

第六十条 受刑者之作业应定相当工作课程,其课程应以前条作业时间与普通劳动者每人平均工作分量为标准定之。

分配课程已毕而时间未到者应继续作业。

第六十一条 学习作业者及劳动能力不完者得不设一定之工作课程。

第六十二条 不能以工作分量为标准之作业应以第五十九条第一项之作业时间为工作课程。

第六十三条 免除作业日列下:

一、纪念日

二、星期日午后

三、祖父母及父母丧七日

四、其他认为必要时

就炊事、洒扫及其他经理或紧急作业者除前项第三款外不免作业。

第六十四条　作业收入归国库。

第六十五条　受刑者之作业得斟酌其行状、犯数、作业成绩给予赏与金。

赏与金给予数,科处徒刑者不得逾该地方普通劳动工价十分之四,处拘役者不得逾十分之六,依第六十三条第二项作业者以作业日为限,于应得之赏与金外再增给三分之二。

第六十六条　累犯之受刑者最初三月内之作业不给赏与金。

第六十七条　赏与金于每月末日计算之,次月十五日以前以其应得之数告知服役者。

第六十八条　受刑者因重大过失故意损坏器具、制造品、材料及其他物品者,得以其赏与金充赔偿费。

受刑者逃走后得没收其赏与金之一部或全部。

第六十九条　受刑者请求以赏与金充家属扶助费及赔偿被害人其他正当用途时,其积存达十元以上者,得酌付三分之一。

第七十条　赏与金于释放时交付之。

第七十一条　受刑者死亡时得以其作业赏与金交付本人之家属。

第六章　教诲及教育

第七十二条　对于受刑者除休业日应施以教诲外,于就役前后得随时教诲之。

第七十三条　受刑者得请求所信宗教之僧侣来监施教,但应得监狱长官之许可。

第七十四条　受刑者一律施以教育,但刑期不满六月者,监狱长官认为无教育之必要者不在此限。

第七十五条　教育应依受刑者之程度分级教授,其课程由司法行政部定之。

第七十六条　受刑者得许其阅读书籍,但非与本人教育程度相当及非经监狱长官认为与监狱纪律无妨者不得许之。

第七十七条　受刑者请在监房内使用纸笔时得许之。

第七十八条　监狱得设置图书室,置备与教诲教育有关之书籍、杂志,并得发行出版物。

前项出版物得记载重要新闻。

第七十九条　刑期较长之受刑者得用讲演、电影、音乐为教育之补助。

第七章　给养

第八十条　对于受刑者应斟酌其体质、年龄、作业给予必要之饮食。

前项饮食之种类分量价格由司法行政部定之。

第八十一条　给予疾病者及依第十八条携带子女之饮食由监狱长官定之。

第八十二条　受刑者之饮食以本人享用之适当程度为限得许其自备。

前项自备饮食之供给处所得由监狱长官指定之。

自备饮食之受刑者应与其他受刑者隔离。

第八十三条　受刑者禁用烟酒。

第八十四条　受刑者应贷与下列狱衣：

科徒刑者,灰色。

科拘役者,蓝色。

狱外之衬衣、卧具及日用必需之杂具一并贷与之,其种类材料件数或式样及其限度由司法行政部定之。

第八十五条　贷与疾病者及携带之子女所用衣类、卧具、杂具得由监狱长官定之。

第八十六条　前二条之贷与狱衣、用具,其经费由国库负担之。

第八十七条　受刑者请求自行置备狱衣、用具,除狱衣、卧具依照定式颜色制备外,其他衣类杂具于适合卫生维持纪律限度内得不拘式样。

第八十八条　监房工场于极寒时得设暖具,其病房之暖具应由监狱长规定之。

第八十九条　灯之点灭时间由监狱长规定之。

第八章　卫生医治

第九十条　监狱随时洒扫清洁,沟渠、厕所或便器应按日扫除洗涤。

第九十一条　监房及其他监禁受刑者之处所应预防虫虱,其日光空气尤宜注意。

第九十二条　受刑者于所住之房及用具应各自清洁,但体力不足者不在此限。

第九十三条　受刑者之须发应定期薙理,于卫生及风纪上认为必要者得令其薙净。

第九十四条　受刑者应令其入浴。

入浴次数由监狱长官斟酌作业种类及其他情形定之,但四月至九月至少三日一次,十月至三月至少七日一次。

第九十五条　受刑者所用之衣类、卧具及杂具依其种类认为有必要者应定期用蒸气或其他适当方法清洁之。

第九十六条　疾病者所用物品不得与其他物品混杂。

第九十七条　受刑者除有不得已事由外每日运动半小时,但因作业种类认为无运动之必要者不在此限。

前项运动得用体操。

第九十八条　独居监禁者不得与杂居监禁者共同运动。

独居监禁者运动时间得延长至一小时。

第九十九条　受刑者初入监时应由医士施行健康诊查,在监内每三月诊查一次,释放时亦同。

第一百条　对于受刑者得施种痘血清注射及其他预防传染病必要之医术。

第一百〇一条　监狱于烈性传染病流行时应严为预防,其受刑者来自传染病流行地或经过其地者,应为一星期以上之隔离,其携带物品应施行消毒。

第一百〇二条　监狱于烈性传染病流行时出入监狱之人及受刑者物品得限制之。

第一百〇三条　受刑者罹烈性传染病时应立即隔离施行消毒并报告于监督官署。

第一百〇四条　罹传染病者不得与健康者及其他疾病者接触,但受刑者之充看护者不在此限。

第一百〇五条　罹疾病者经监狱长官许可得以自费延医诊治。

第一百〇六条　遇特种疾病,医士请求以专门医士为补助时得许可之。

第一百〇七条　前二条之规定于助产士准用之,专门医士及助产士进监服务时应服从监狱纪律或监狱长官命令。

第一百〇八条　罹精神病传染病或其他疾病,认为在监狱不能为适当之医治者,得斟酌情形呈请监督官署许可,保外医治或移送病院。

监狱长官认为紧急情形时得先为前项处分,再行呈报监督官署核准。

第一百〇九条　依前条移送病院者视为在监执行,监狱长官应令医士及其他职员随时前往访问。

第一百一十条　为一百〇八条之处置后,认为情形已变换或条件有不合时,应即撤销其处置并报告于监督官署。

第一百十一条　罹疾病者诊断后医士认为病情危笃或预料不起者,应即通知其家族,移送病院者亦同。

第一百十二条　孕妇产妇残废者准用疾病者之规定。

第一百十三条　受刑者拒绝饮食,经劝告仍不为饮食者,得由医士施用强制营养。

第九章　接见及书信

第一百十四条　受刑者之接见以家族为限,但有特别理由时得许与家族以外之人接见。

第一百十五条　未满十四岁者不得与受刑者接见。

第一百十六条　处拘役之受刑者每十日接见一次,处徒刑之受刑者每月接见一次,于监狱服务时间内为之,其时间以三十分钟为限。

第一百十七条　前二条之接见,监狱长官认为有特别情形时,得放宽其限制。

第一百十八条　接见时应先调查接见之理由及接见人之品格,除依本章限制外,监狱长官认有妨害监狱纪律及受刑者之利益时得禁止之。

第一百十九条　接见人应遵守接见规则,违者得令退出。

第一百二十条　接见于接见室为之,但受刑者因疾病不能行动时,得就其所住之房接见之。

第一百二十一条　接见由监狱官吏监视之,但监狱长官认为毋庸监视者得在接见室外守卫。

第一百二十二条　接见时非经监狱长官许可不得用土语或外国语。

第一百二十三条　受刑者之发受书信以家族为限,但监狱长官认有特别理由时得许与家族以外人发受书信。

第一百二十四条　处拘役之受刑者每十日发受书信一次,处徒刑之受刑者每一月发受书信一次,但监狱长官认为有特别情形时得放宽其限制。

第一百二十五条　往来书信由监狱长官检阅之,如认有妨害监狱纪律者不许其发受。

书信之检阅发还交付程序务须迅速,其不许发受者立即以其事由告知受刑者。

第一百二十六条　检阅外国文之书信,得以受刑者费用翻译之。

第一百二十七条　书信除紧急者外,非休业日或休息时间不得书写。

第一百二十八条　书信之不能自书或阅览者由本人之请求得令监狱官吏为之,但外国文之书信得依第一百二十六条之规定。

第一百二十九条　发信邮费由受刑者自备,其信纸、信封、笔墨由监狱给予之,但余纸、剩墨及笔应收回之。

第一百三十条　交付受刑者之书信及文书经本人阅读后应保管之,于必要时得令本人持有,不许发受之书信及文书除有特别规定外应保管之。

第十章　保管

第一百三十一条　受刑者携带之财物经检查后保管之。

第一百三十二条　保管之金钱或有价证券非出狱后不得令受刑者持有。

第一百三十三条　受刑者携带之物品应依其种类清洁后于仓库保管之。

第一百三十四条　金钱或贵重物品于金库保管之。

第一百三十五条　受刑者携带之衣类或其他非日用品如无家属领去者得易为金钱保管之。

第一百三十六条　监狱长官于所保管之财物每三个月检查一次或二次,并为相当之整理。

第一百三十七条　无保存价值或不适于保存之物品得不为保管或解除保管。

前项不为保管或解除保管之物品,本人不为相当处分者得没收或废弃之。

第一百三十八条　受刑者请以保管之财物充家属扶助费之用或其他正当用途时,监狱长官得斟酌情形许之。

第一百三十九条　由监外送来之书籍、印花邮票、明信片、金钱、衣类及其他准许自备之物或认为必要之物者,得许收受。

前项准许收受之财物应依第一百三十一条之规定。

第一百四十条　由监外送来财物不许收受或送来之人住居不明及为受刑者所拒绝时得没收或废弃之,受刑者私自持有之财物亦同。

第一百四十一条　保管之财物于释放时交付之。

第一百四十二条　死亡者遗留之财物经其家族请求领回时应交付之。

前项受付人若在远地得依其请求变卖遗留物汇寄金价,但邮费归其自备。

第一百四十三条　死亡者遗留之财物自死亡之日起经过一年无前条请求人时得没收之。

逃走者遗留之财物自逃走之日起经过一年尚未捕获者亦同。

第十一章　赏罚

第一百四十四条　受刑者行状善良得为下列赏与之一种或数种。

一、面奖。

二、依本法接见及书信次数之规定增加一次至三次。

三、发受书信不加限制并许自备信纸。

四、酌提赏与金购买物品及书籍。

五、增给赏与金。

六、延长监房熄灯时刻。

第一百四十五条　受刑者违背本法或命令者得为下列各种之惩罚,其违背道德与风纪者亦同。

一、面责。

二、停止发受书信一次至三次。

三、停止阅读书籍一月或二月。

四、禁止购买书籍及物品。

五、停止使用自备之衣类卧具及杂具五日至一月。

六、停止自备饮食五日至一月。

七、减缩赏与金之一部或全部。

八、停止运动一日至七日。

九、停止监房点灯一日至一月。

十、慎独监禁三日至二月。

前项各款之惩罚得并科之。

第一百四十六条　前项惩罚在未满十八岁之受刑者得酌用学校之惩戒方法。

第一百四十七条　惩罚事犯之审理及谕知应由监狱长官行之。

第一百四十八条　惩罚事犯之在审理中者应与其他受刑者隔离。

第一百四十九条　谕知惩罚后即执行之，但在执行前或执行中受惩罚者有疾病或有其他特别事由时得缓其执行，有改悔情状时得免其执行。

第一百五十条　受慎独监禁之罚者在执行中应常令医士诊查健康。

第一百五十一条　受刑者于押送途中而有违反纪律之行为时由受领之监狱长官处罚之。

第一百五十二条　受刑者之违法行为应受刑事诉追者本章各条之惩罚，应于法院决定不起诉或谕知无罪后为之。

第一百五十三条　受刑者滥用第九条之申愬者得由受理之监督官署或视察员加以惩罚。

第十二章　累进处遇

第一百五十四条　刑期在六月以上之受刑者或三月以上之少年受刑者应适用累进处遇，但因心身之缺陷不能适用累进处遇者不在此限，依其累进处遇经过情形推测未来无收效之望者亦同。

第一百元十五条　累进处遇分为五级，新入监者从第一级起依其感化成绩以次递进。

第一百五十六条　受刑者行状善良工作勤恳者得递进一级。

第一百五十七条　受刑者之升级经监狱官会议或特别委员会之评判，由监狱长官决定之。

监狱长官在决定前应听取熟悉受刑者之官吏之意见。

前第一项会议每月应开一次，经过六个月累进处遇之受刑者均应提出审查。

第一百五十八条　受刑者有下列各款之一应撤除累进处遇。

一、缺乏改善之能力及意思者。

二、累进处遇不生效果者。

三、有恶化他人之虞者。

第一百五十九条　受刑者累进至上级而显与其级不相应者得降下其级。

第一百六十条　受刑者降级后经过审查期间其升级要件认为具备者，得令复级。

第一百六十一条　受刑者撤除累进处遇后，其撤除原因消灭后，得回复其处遇。

前项回复处遇者应从第一级起。

第一百六十二条　第一百五十七条之规定于降级、复级及累进处遇之撤除并回复均适用之。

第一百六十三条　受刑者于停止执行后,再执行时仍进停止执行所属之级。

第一百六十四条　受刑者所属之级应以襟章识别之。

第一百六十五条　受刑者在累进处遇中应与其他受刑者之场所隔离。

第一百六十六条　受刑者隶属于第三级以上时,在免役时间夜间及监狱官吏之监视程度减少时间,应与第一第二级之受刑者并第三级以上之相互间受刑者之场所隔离之。

第一百六十七条　受刑者升级处遇后除依本法第一百四十四条为赏与外如已进至最高级时,监狱长官并得斟酌情形,依法呈请假释。

第十三章　假释

第一百六十八条　认受刑者有应许假释情形时,监狱长官应将身份簿及本人出狱后生计调查书、生计能力证明书呈由监督官署转呈司法行政部。

第一百六十九条　假释出狱人在假释期间内应遵守下列各款规定:

一、就正业保善行。

二、受保护管束。

三、移居或十日以上之旅行时须有监督者之许可。

第一百七十条　假释出狱人有刑法第七十八条第一项及第九十三条第三项情形者,应由保护管束,监督官署加具意见书。经由该管高等法院首席检察官转报司法行政部,一面通知监狱。

第一百七十一条　保护管束监督官署认为假释出狱人违背第一百六十九条事项者,停止假释之处分。一面报由该管高等法院首席检察官,转报司法行政部并通知监狱。

第十四章　释放

第一百七十二条　因假释释放者由监狱长官应依定式谕知释放,并应交付证书移送保护管束监督官署,付保护管束。

第一百七十三条　期满者应于其刑期终结之次日释放之。

第一百七十四条　因期满释放者至少应于释放前三日为独居监禁并停止作业。

第一百七十五条　因期满释放者应于十日前调查其释放后保护事项及交付作业赏与金之方法。

第一百七十六条　关于被释放者保管之财物应豫为交付之准备。

第一百七十七条　被释放者无归乡旅费及衣类时得酌给之。

第一百七十八条　受刑者释放时认为有必要情形者,监狱长官得令吏役送至车站或码头,代买车船票交付之。

第一百七十九条　受刑者被释放时若罹重病请在监医治时依其情状得

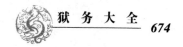

许之。

第一百八十条　重病者精神病者及传染病者释放时应豫先知照其家属亲族或其他之受领人。

精神病者传染病者释放时并应知照其居住地之公安局。

第十五章　出生及死亡

第一百八十一条　在监狱内分娩之子女应由监狱长官依一定程序式报告该管户籍官吏，但报告书中所载出生地不得用监狱字样。

第一百八十二条　受刑者不论病死或变死应由监狱长官会同检察官检验其尸体，并将检验果结记载于死亡检验簿，签名盖章。

前项检验簿应由医士记明其病名、病历、死因及死亡年月日时，并签名盖章。

第一百八十三条　死亡者之病名死因及死亡年月日应速知照死亡者之家属或亲故一面填具死亡证书由监狱长官会同检验官签名盖章呈由监督官署转报司法行政部。

第一百八十四条　死亡者之家属亲故请领尸体者得交付之。

第一百八十五条　死亡者之尸体经过二十四小时无人请领者，标明死亡者之姓名、年月日埋葬之经过，十年后得合葬之。

第一百八十六条　尸体或遗骨合葬后应依前条所规定之姓名、年月日记明于合葬簿，其合葬处并应立石碑。

第一百八十七条　受刑者之尸体得依命令之所定，送交医院学校或其他公所解剖。

第一百八十八条　死刑于监狱内行刑场执行，其日时由监狱长官定之。

纪念日不执行死刑。

第一百八十九条　执行死刑由检察官莅视并书记官在场。

第一百九十条　参与执行死刑之监狱官吏由监狱长官定之。

第一百九十一条　非参与执行死刑之人不得入刑场，但经监狱长官或莅视之检察官许可者不在此限。

第一百九十二条　执行死刑之笔录应由监狱长官会同检察官签名。

第一百九十三条　执行死刑于绞首后详细检验，应经十分至二十分后解除绞绳。

第十六章　附则

第一百九十四条　本条施行期间以命令定之。

看守所法起草要旨案

《看守所法起草要旨》

一、现在之看守所暂行规则系民初公布,内容过于简单,适用颇感不足,本草案酌予增加以期完整。

二、查刑事被告与已决人犯待遇固有不同,而管理方法大致无甚出入,本草案于看守所法应行规定之条文而为监狱法已具者均用准用规定,以省重复。

三、未满十八岁之被告血气未定最易传染恶习,故本草案规定为未满十八岁之被告应与年在十八岁以上为隔别之羁押。

四、未决人犯枯坐所中,于能力经济两俱受损。故本草案规定在不妨碍诉讼进行限度内,一经被告情愿即令从事工作。

五、原规定有待遇被告须与平民同之文,事实上未能办到,本草案因删除之。

《看守所法草案》

第一章　总则

第一条　高等以下法院或分院为羁押刑事被告应设立看守所。

看守所之女所应与男所严行隔别。

第二条　受死刑之谕知者应与其他羁押者隔别。

受徒刑或拘役之谕知者如有不得已情形得暂禁于看守所,但不得逾两个月。

第三条　未满十八岁之被告应与十八岁以上者隔别羁押。

第四条　看守所由高等法院院长或分院长监督之。

地方法院院长、分院长得因高等法院院长之委任,监督该地方法院或分院看守所。

第五条　高等法院院长、分院院长或地方法院院长、分院院长于所辖看守所除亲自视察外,高等法院院长应派专员视察,每年不得少于一次。

前项视察所得情况应报告司法行政部。

第六条　看守所对于刑事被告应在保全审判目的及本所纪律之必要程度内限制其自由。

第七条　刑事被告对于所中之处遇有不当者,得于出庭时申愬于推事或检察官,或在视察时申愬于视察员。

推事、检察官、视察员受前项申愬后应即分别报告或知照法院院长。

第八条　视察员依前条受被告申愬时应亲自调查所中处遇情形。

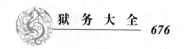

第二章　入所

第九条　看守所收容被告时应审查法院或检察官署押之文件，其由他机关嘱托暂时羁押者，应有监督长官之命令。

第十条　收所后应交收所证，于押送人提讯回所时亦同。

第十一条　对于入所者应迅即制作人相表。

第十二条　被告入所应谕知所中规则及应遵守事项。

所中规则及其他事项应印刷成本分置监房。

第十三条　入所者于入浴检查身体及衣服后，由所长或所官指定监房。

女被告为前项之检查时由女看守执行之。

第十四条　在所者应以号数代其姓名。

第十五条　入所妇女请求携带其子女者得许之，但其子女以未满三岁者为限。

在所产生子女者适用前项之规定。

第三章　检束

第十六条　被告入所应为独居但得依其身份、职业、年龄、性格分类杂居，其事件相关联者不得杂居一处。

第十七条　被告之饮食、起卧时间由看守所长官以命令定之。

第十八条　看守所长官每日检查所内各处各物有无破坏及图谋逃走等事，详细记载于检查簿。

第十九条　监狱法第三十七条第四十条至第五十条之规定准用之。

第四章　习业

第二十条　看守所长官得依被告之情愿许其作业，但其作业有碍诉讼进行者得不许可。

被告作业应遵守时间及受看守暨工师之指遵，非有正当理由不得请求罢辍或改作其他工作。

第二十一条　作业者得给予赏与金。

赏与金额数分别成绩，比照地方普通工价十分之五至十分之七核定之。

第二十二条　监狱法第六十三条第一项第一款至第四款，第六十六条至第六十九条及第七十一条之规定准用之。

第二十三条　作业赏与金于出所时交付之。

第二十四条　被告得阅读书籍，但私有之书籍非经检查不得许可之。

第二十五条　被告在分房羁押者请求在监房使用纸张、笔墨或阅读新闻纸时，得斟酌情形许之。

第五章　给养

第二十六条　被告应自备饮食，不能自备者应按时给予之，其依第十五条携带之子女亦同。

前项自备之饮食其供给之处所及价目应由看守所长官规定之,但由被告家族送致者不在此限。

第二十七条　被告得自备衣类、卧具及日用所必需物件,不能自备者由所贷与之,其依第十五条,携带之子女亦同。

第二十八条　监狱法第八十八条第八十九条之规定准用之。

第六章　卫生及医治

第二十九条　被告疾病请求在外医治者应速转法院或检察官裁定或核定之。

第三十条　监狱法第九十条至第一百〇七条及一百十一条至第一百十三条之规定准用之。

第七章　接见及书信

第三十一条　请求接见应声明接见之事,由及其姓名关系,并声叙请求者之姓名、住所、职业、年龄。

看守所长官许可时,应派本所官吏在场监视,或纪录谈话大要。

前二项规定律师接见时亦同。

第三十二条　被告有请求接见所属之宗教僧侣者得许之。

第三十三条　接见每次不得逾三十分钟,但有不得已事,由经看守所长官许可者不在此限。

第三十四条　接见时间每日午前九时起午后四时止,但有不得已事,由经看守所长官许可者不在此限。

第三十五条　请求接见者如有下列各款之一时,得拒绝之。

一、携带幼童。

二、形迹可疑。

三、同时三人以上接见同一被告。

四、法院或检察官指名不许接见者。

第三十六条　被告往来书信非经看守所长官检阅许可后不得发受。

书信检阅后如认为有可供审判上之参考者,应送法院或检察官。

第三十七条　被告对于法院或检察有所呈请时应迅速为之转达。

第三十八条　监狱法第一百十九条、第一百二十条、第一百二十二条、第一百二十六条、第一百二十八条至第一百三十条之规定准用之。

第八章　保管

第三十九条　入所者之财物应检查之,其代为保管者应记载其品名、数目,并由看守所长官及主管者自加印证。

前项保管之财物除灾变及不可抗力外,如有损失应负赔偿之责。

第四十条　凡物品不适于保管者应令本人为相当之处分,有危险之虞者得呈请监督官署办理。

第四十一条　由外送与被告应用财物应检查之,除食物外应发给代收证。

第四十二条　被告所存财物于出所时交还之,并应使其证明。

第四十三条　监狱法第一百三十二条至第一百三十四条、第一百三十六条、第一百三十八条至第一百四十条、第一百四十二条、第一百四十三条规定准用之。

第九章　惩罚

第四十四条　被告如违反看守所纪律命令得分别轻重为下列之惩罚:

一、面责。

二、一月以内停止书信接见。

三、二月以内停止阅读书籍新闻纸。

四、七日以内停止运动。

五、减赏与金之一部或全部。

六、五日以内之慎独监禁。

第四十五条　监狱法第一百四十六条至第一百五十三条规定准用之。

第十章　出所

第四十六条　看守所非奉有法院或检察官正式公文不得释放被告。

第四十七条　移送监狱执行者应附加人相表。

第四十八条　应释放者于第四十六条公文到达后十小时内释放之。

释放时应押捺指纹与人相表相对明确。

第四十九条　监狱法第一百七十六条、第一百八十条规定准用之。

第十二章　出生及死亡

第五十条　看守所内分娩之子女应由所长或所官依相当程式报告当地官署,但报告书中所载出生地不得用看守所名称。

第五十一条　被告死亡除报告法院外准用监狱法第一百八十二条至第一百八十六条之规定。

按以上两种草案业由司法行政部提出,全国司法会议审查通过,交立法院核办矣。

编者